Using Spanish Vocabulary

This book provides a comprehensive and structured vocabulary for all levels of undergraduate Spanish courses. It offers a broad coverage of the concrete and abstract vocabulary relating to the physical, cultural, social, commercial and political environment, as well as exposure to commonly encountered technical vocabulary. The accompanying exercises for private study and classroom use are designed to promote precision and awareness of nuance and register, develop good dictionary use, and encourage effective learning. The book includes both Iberian and Latin American vocabulary, and clearly identifies differences between the two varieties.

- Consists of twenty units, each treating a different area of human experience
- Units are divided into three levels which allows core vocabulary in each area to be learned first, and more specialized or complex terms to be added at later stages
- Vocabulary is presented in alphabetical order for ease of location
- Model answers for a number of the exercises in this book can be found on the book's accompanying website, at the URL http://publishing.cambridge.org/resources/ 052100862X

R. E. Batchelor is an experienced teacher of Spanish and the author of numerous books in this and related fields, including *Using Spanish* (with C. Pountain, 1992), *Using Spanish Synonyms* (1994), *Using French* (3rd edition, 2000) and *Using French Synonyms* (with M. Offord, 1993). He has also published numerous articles of literary, philosophical and historical interest.

Miguel Ángel San José is Deputy Head Teacher at the Instituto de Educación Secundaria "La Merced" in Valladolid, Spain. He is also a national examiner in various subjects. His studies have included technology, psychiatry, languages, law, politics and medicine and his rich and varied background has inspired his published writings, short stories and poetry.

Companion titles to *Using Spanish Vocabulary*

Using French (third edition)
A guide to contemporary usage
R. E. BATCHELOR and M. H. OFFORD
(ISBN 0 521 64177 2 hardback)
(ISBN 0 521 64593 X paperback)

Using Spanish
A guide to contemporary usage
R. E. BATCHELOR and C. J. POUNTAIN
(ISBN 0 521 42123 3 hardback)
(ISBN 0 521 26987 3 paperback)

Using German
A guide to contemporary usage
MARTIN DURRELL
(ISBN 0 521 42077 6 hardback)
(ISBN 0 521 31556 5 paperback)

Using Russian
A guide to contemporary usage
DEREK OFFORD
(ISBN 0 521 45130 2 hardback)
(ISBN 0 521 45760 2 paperback)

Using French Synonyms
R. E. BATCHELOR and M. H. OFFORD
(ISBN 0 521 37277 1 hardback)
(ISBN 0 521 37878 8 paperback)

Using Japanese
A guide to contemporary usage
WILLIAM McCLURE
(ISBN 0 521 64155 1 hardback)
(ISBN 0 521 64614 6 paperback)

Using Spanish Synonyms
R. E. BATCHELOR
(ISBN 0 521 44160 9 hardback)
(ISBN 0 521 44694 5 paperback)

Using German Synonyms
MARTIN DURRELL
(ISBN 0 521 46552 4 hardback)
(ISBN 0 521 46954 6 paperback)

Using Italian Synonyms
HOWARD MOSS and VANNA MOTTA
(ISBN 0 521 47506 6 hardback)
(ISBN 0 521 47573 2 paperback)

Using French Vocabulary
JEAN H. DUFFY
(ISBN 0 521 57040 9 hardback)
(ISBN 0 521 57851 5 paperback)

Further titles in preparation

Using Spanish Vocabulary

R. E. BATCHELOR

MIGUEL ÁNGEL SAN JOSÉ

PUBLISHED BY THE PRESS SYNDICATE OF THE UNIVERSITY OF CAMBRIDGE
The Pitt Building, Trumpington Street, Cambridge CB2 1RP, United Kingdom

CAMBRIDGE UNIVERSITY PRESS
The Edinburgh Building, Cambridge, CB2 2RU, UK
40 West 20th Street, New York, NY 10011–4211, USA
477 Williamstown Road, Port Melbourne, VIC 3207, Australia
Ruiz de Alarcón 13, 28014 Madrid, Spain
Dock House, The Waterfront, Cape Town 8001, South Africa

http://www.cambridge.org

First published 2003

Printed in the United Kingdom at the University Press, Cambridge

Typeface Ehrhardt 10.5/12 pt. *System* LaTeX 2_ε [TB]

A catalogue record for this book is available from the British Library

ISBN 0 521 00862 X paperback

Contents

Introduction	Acknowledgments; Abbreviations; Bibliography	*page* 1
Unidad 1 / Unit 1	El Ser humano / The Human Being	8
	a El cuerpo humano / the human body	
	b El lenguaje / language	
	c Los cuidados corporales / body care	
	d La sexualidad / sexuality	
Unidad 2 / Unit 2	La Personalidad humana / The Human Personality	37
	a La inteligencia / intelligence	
	b Los sentimientos / feelings	
	c La voluntad, deber y conciencia / will, duty and conscience	
	d La percepción / perception	
	e Las cualidades y virtudes / qualities and virtues	
	f Los defectos, vicios y delitos / defects, vices and offenses	
Unidad 3 / Unit 3	Los Alimentos, las bebidas y la ropa / Food, Drinks and Clothes	71
	a Las comidas / meals	
	b El vino / wine	
	c El vestido / dress	
Unidad 4 / Unit 4	La Salud / Health	103
	a La medicina / medicine	
	b La enfermedad / illness	
	c Los accidentes / accidents	
	d El tabaquismo / tobacco addiction	
	e Las drogas / drugs	
	f La muerte / death	
Unidad 5 / Unit 5	La Familia y la casa / Family and Home	137
	a Los miembros de la familia / family members	
	b Los grados de parentesco / family relationships	
	c La vida de familia / family life	
	d Los nombres de pila / first names	
	e La casa y edificios / house and buildings	
	f El mobiliario / furniture	
	g La luz y calefacción / lighting and heating	

Unidad 6 / Unit 6 La Ciudad / City Life 171
a Un vistazo sobre la ciudad / overview of the city
b La administración municipal / town administration
c La policía / police
d Los delitos / offenses
e La circulación urbana, carreteras y accidentes / town traffic, roads and accidents
f Las fiestas públicas / public holidays
g El hotel, café / hotels, cafés

Unidad 7 / Unit 7 La Sociedad civil y religiosa / Social and Religious Life 210
a La vida de sociedad / social life
b La justicia / justice
c El derecho / law
d La religión / religion
e Los derechos humanos / human rights

Unidad 8 / Unit 8 La Vida del campo y del mundo animal / Life in the Countryside and the Animal Kingdom 244
a La agricultura / agriculture
b La aldea y granja / village and farm life
c El cultivo de los jardines y de los campos / garden and farm crops
d La recolección / harvest
e Los vegetales / plants
f Los árboles frutales / fruit trees
g La vida de la selva / jungle life
h Los animales domésticos y animales salvajes / domestic and wild animals
i Las aves / birds
j Los peces, mariscos / fish, shell fish
k Los insectos, gusanos, reptiles / insects, worms, reptiles

Unidad 9 / Unit 9 El Tiempo (duración), cálculos, tamaños y dinero; recipientes / Time, Calculations, Sizes and Money; Containers 274
a La división del tiempo / division of time
b La hora y el reloj / time and the clock
c La edad y fechas / age and dates
d Las festividades / festivities
e Los números, cálculos y matemáticas / numbers, calculations and mathematics
f Los pesos y medidas / weights and measures
g El tamaño / size
h Recipientes / containers
i Las monedas / money and coins

Unidad 10 / Unit 10 La Naturaleza y el universo / Nature and the Universe 305
(1) a El cielo y los astros / the sky and the stars
b La tierra / earth
c El mar y los ríos / the sea and rivers
d La atmósfera y el tiempo que hace / the atmosphere and weather
e La ecología y energía / ecology and energy (vocabulary only)
(2) La ecología y energía / ecology and energy (exercises only)

Unidad 11 / Unit 11 La Vida económica (Sección 1) / Economic Life (Section 1) 349
a El trabajo / work
b Los oficios / professions
c El comercio, finanzas / commerce, finance
d La banca / banking

Unidad 12 / Unit 12 La Vida económica (Sección 2) / Economic Life (Section 2) 388
a La industria / industry
b Los seguros e impuestos / insurance and tax
c Las pensiones / pensions
d La seguridad social / social security

Unidad 13 / Unit 13 Transporte / Transportation, Transport 418
a El coche / carro M /car
b El ferrocarril / railroad / railways
c El avión / airplane
d El barco / boat
e La seguridad vial / road safety

Unidad 14 / Unit 14 Ocio (esparcimiento M) y turismo / Leisure and Tourism 455
a Los juegos de niños / children's games
b Los juegos de sociedad / social and recreational games
c El baile / dancing
d Los deportes / sports
e La pesca, caza / fishing, hunting

Unidad 15 / Unit 15 Educación / Education 491
a Las escuelas / schools
b Las clases / classes
c La enseñanza / teaching
d Los estudios y comportamiento / study and behavior
e La enseñanza superior / higher education

Unidad 16 / Unit 16 Letras y ciencias / Arts and Sciences 525
a La gramática, el estilo / grammar, style
b La literatura (poesía, novela) / literature (poetry, novel)
c La filosofía / philosophy
d Las ciencias de la naturaleza (física, biología, química, color y luz) / natural sciences (physics, biology, chemistry, color and light)

e Los sistemas de información, telecomunicaciones, correos / information systems, telecommunications, postal service

Unidad 17 / Unit 17 Bellas artes y artes plásticas / Fine Arts and Plastic Arts 563
a El dibujo, pintura, fotografía / drawing, painting, photography
b La escultura y arquitectura / sculpture and architecture
c La música, canto y radio / music, singing and radio
d La televisión / television
e El teatro y cine / theater and movies

Unidad 18 / Unit 18 La Geografía y la historia / Geography and History 592

Unidad 19 / Unit 19 La Política / Politics 627
a El gobierno y elecciones / government and elections
b Los sindicatos / labor / trades unions
c Las relaciones internacionales / international relations
d La Unión Europea / European Union
e Los disturbios políticos / political unrest
f La inmigración / immigration
g El feminismo / feminism

Unidad 20 / Unit 20 La Guerra y la paz / War and Peace 665
a El ejército / army
b La guerra terrestre / land war
c La marina de guerra / navy
d La guerra naval / sea conflict
e La aviación) guerra aérea / aviation, air war
f La paz / peace

Model answers for a number of the exercises in this book can be found on the book's accompanying website, at the URL http://publishing.cambridge.org/resources/052100862X

Introduction

How does a second-language learner acquire vocabulary? How does (s)he penetrate the complex web of differing meanings associated with a single item of vocabulary? How does (s)he organize around this single item synonyms, antonyms, metaphoric allusions, register levels and cultural references which come naturally in the native tongue? How do the multilayered meanings of a single word lodge themselves permanently in the learner's mind, or how do we remember terms of a second language so that they may be picked out from the memory as easily and automatically as if we had learnt them from our earliest childhood? Numerous volumes have been devoted to the topic, just as a welter of books have appeared which claim to increase our word power in a second language. Clearly, the real problem that presents itself to the learner of a second language is centered on the passage from first-time recognition of a term or expression to its firm retention in the memory so that it may be exploited meaningfully at a later date. In other words, the second-language learner must be encouraged to move from initial acquisition to a fixed and lasting grasp of words, and to their active and repeated use, in both oral and written discourse.

The present volume addresses these questions for those students who have already embarked on the study of Spanish since it offers a finely structured university course founded on the exploitation of semantic fields. This course contains more than enough material for at least three years of advanced study for students who have already progressed beyond a simple working knowledge of Spanish, both syntactically and lexically, although the vocabulary of a few units at level 1 includes some basic words. It places a strong, emphatic accent on the active use of vocabulary by relating it to exercises designed to foster the exploitation of words in a given semantic context. Work in the target language is the principal method chosen to direct the student towards a constant exploration and extra resourcefulness, carrying her/him beyond the passive and limp recognition of words.

The course consists of twenty units offering study of twenty semantic fields. Each unit is divided into three graded levels, so that there are sixty sections in all. These levels are broken down into subdivisions. The contents of the units and subdivisions are to be found before this introduction. With respect to the grading of the levels, the first one is, broadly speaking, less demanding than the second which, in turn, is less demanding than the third. It should be added here that in the vocabulary of unit 14 on leisure and tourism, which is so wide-ranging, this is not the case, so that level 3 does contain some material more appropriate to level 2, or even level 1. The exercises do, however, show a clear progression.

There exists no progress in intellectual challenge from unit to unit so that the professor, class or individual student may tackle, for instance, unit 9 before unit 6. Unit 4 may be studied before unit 3. There is no barrier here. It should be added that an attempt has been made to establish a thematic progression over the twenty units, but this does not constitute a rigid pattern, and it is conceivable that the order of presentation of units may not hold the same attraction for everyone. It should be further added that some subdivisions could appear in other units. Should "Mathematics" appear in unit 9 ("Calculations") or unit 16 ("Arts and Sciences")? It appears in unit 9.

The lists offered are far from complete but do provide a general indication of the kind of semi-specialized vocabulary that the well-informed Spanish speaker has at his/her disposal. These lists may be exploited in at least four ways. First, the learner should make a serious and systematic effort to memorize the terms in any given list. Second, (s)he should work through the exercises so that the vocabulary lists become part and parcel of her/his intellectual apparatus, and become second nature. Third, any given term should be studied with a view to developing groups or families of words which are semantically connected to the term originally studied. Fourth, any given term should encourage the student to find further terms organically associated with it. To take a simple example, it is not sufficient to recognize the verb *amar* and then pass on to the next term. *Amar* should attract the student's attention to *amor*, *amorío*, *amoroso*, *enamorarse* and so on.

It may be argued that the inclusion of some vocabulary in level 1 requires too much of the student. Some slightly more advanced terms do appear in level 1 in order to prompt the student to push beyond the notion of hermetically sealed units. This is for two reasons. The first is that, in his/her general reading (newspapers and magazines for instance), advanced words and expressions will inevitably be encountered. Second, the study of vocabulary is qualitatively different from the study of grammar which relies on the progression of building blocks. What is certain is that the generic term *caballo*, for example, appears in level 1 while *pingo*, an Argentinian word often used in *Es un buen pingo*, appears quite logically in a higher level. Numerous decisions over the inclusion of some vocabulary in one level or another have to be taken arbitrarily. It is evident, however, that the higher the level the more technical the word, and that the ultimate criterion for inclusion at any level is the alert and well-informed Spanish speaker's knowledge, and use of that knowledge, with respect to any term.

A helpful and even exciting feature of the book is the emphasis on register, or level of language. For practical purposes, four levels have been established, and these are indicated by R1*, R1, R2 and R3. R1* refers to vulgar usage, to be considered with care; R1 to colloquial usage; R2 to the standard, neutral language; while R3 indicates elevated, literary and increasingly technical language. In point of fact, the term R2 hardly appears in the book for obvious reasons. On occasions, R2/1 and R3/2 appear, suggesting that there is some movement between the registers, depending on circumstances, usage, tone of voice and so on. It could be contended, of course, that many of the semi-technical terms should be categorized as R3, and this does in fact happen in a few cases, but, here again, the criterion of the alert, enlightened Spanish speaker comes into play. Would (s)he have a given term available in a given context?

"Spanish speaker" requires comment. The volume is not limited in any way to Peninsular Spanish, but makes a consistent endeavor to embrace both Argentinian and Mexican Spanish. Any attempt to include the multifarious varieties of all Spanish America would be self-defeating, but it was considered that Argentinian and Mexican Spanish should be given proper and sustained attention in the vocabulary sections since Argentina and Mexico are unquestionably the two most populous countries in Latin America where Spanish is spoken. It will be noticed, however, that the Argentinian and Mexican varieties of Spanish appear much more frequently in units 1–10 and 13, 14, 15 and 18 where the vocabulary has, in numerous cases, a concrete and everyday flavor, as opposed to the units dominated by abstract thought which generates a language more commonly shared by Spain and all Spanish America. For instance, the language of architecture, politics or fine art differs little in Argentina, Mexico and Spain. Such a linguistic phenomenon creates on occasions a certain unavoidable imbalance in the presentation of the book.

There is a greater number of Mexican entries than Argentinianisms. This is for two reasons. The first is the proximity of Mexico to the United States. American students are liable to require Mexicanisms more than Argentinianisms. Second, the demands on space impose choices.

It could also be very easily argued that the Castilian of Spain is not necessarily the standard by which to measure the different varieties of Spanish. Indeed, it goes without saying that if over 100 million Mexicans speak their form of Spanish, then Mexican Spanish should offer the standard. All that can be advanced in favor of the establishment of a neutral set of vocabulary and expressions is that there does exist a core of words shared by all Mexicans, Argentinians and Spaniards, e.g. *comer*, *correr* and *ver*, although even here, as seen in the next paragraph, *platicar* would replace *hablar* as the standard verb for *to speak* if Mexican did replace the Spanish of Spain. The discussion could be interminable. It should also be pointed out here that the differences between Argentinian and Mexican Spanish are as great as those of Spain, and Argentina and Mexico.

The present volume does not aspire to assist the learner in unraveling the full, complex web of irreducible differences between the vocabularies of Argentina, Mexico and Spain, but it does offer plentiful helpful signs. It attempts, for instance, to deal with the ubiquitous verb *coger* in Peninsular Spanish, with its taboo R1* meaning in Argentina and Mexico (*to screw*, *to fuck*), and with the way in which Argentinian and Mexican Spanish deal with the Peninsular meanings of *coger* with recourse to other verbs. It does point out the common R2 use of *platicar/plática* in Mexico but R3 usage in Spain. *Hablar* is used much less in Mexico than in Spain. *Lodo* is similarly shown as R2 in Mexico but R3/2 in Spain. *Barro* would be used in Spain. *Afeitarse* is R2 in Spain and Argentina but R3 in Mexico, being replaced here by *rasurarse.* A Spanish *tortilla* is not a Mexican *tortilla. Rancho* is *soldier's food* in Spain, a *ranch* in Mexico and a kind of hut in Argentina. *Concha* signifies *shell* in Spain, but part of the intimate female anatomy in Argentina, classed here as R1*. *Colectivo* means bus in Mexico and Argentina, but does not have this meaning in Spain where it refers only to a social grouping. This latter meaning exists in Argentina and Mexico. *Zampoña* (*panpipes*) is R2 in Spanish America but clearly R3 in Spain. It is hoped that the learner will understand that *auto* is the preferred word in Argentina for *car*; *carro*, *auto* and *coche* are all used in Mexico, and nearly always *coche* in Spain. Although diminutives are common currency in Spain, they are used even more extensively in Mexico. *Ahorita* (*ahora*), *agüita* (*agua*) and *solito* (*sol*, *solo*) illustrate this particular point. Shades of meaning provide another source of difficulty. *Ocio* is a good case in point. In Mexico it means *laziness*, *idleness*, while in Spain it refers to leisure or diversion and could suggest a very strenuous activity as in *centro de ocio* = *leisure center. Laziness* is a very secondary meaning in Spain. The above are just some of the examples, among numerous others treated in the book, of differing usage in the three countries in question.

There are some exercises specifically based on the Argentinian and Mexican varieties of Spanish, although it is felt that many exercises of this type would be too limiting and idiosyncratic. A good number of exercises have an almost entirely neutral flavor. It should be added that the higher the register, the smaller the difference between Argentinian and Mexican, and Peninsular Spanish. Several passages from Argentinian and Mexican sources will illustrate this feature, so that some exercises based on them treat them as standard Spanish, characteristic of Spain, Argentina or Mexico. At the same time, in some passages taken from Mexican and Argentinian authors, distinctions will be drawn.

Numerous passages illustrating lexical features come from the pen of one of the authors, and, at the end of these passages, Miguel Ángel San José appears as 'M.A.S.'

Some attention is paid to revision. Frequently, the first exercise of levels 2 and 3 refers the learner to the vocabulary of the previous level.

Alphabetical order is observed throughout the book, in all subsections. Ease of location and clarity of presentation had to be weighed against the possible confusion of grouping according only to semantic context. The learner should also bear in mind that, as a consequence of ordering according to alphabet, gender marking with the definite article (*el/la*) does not appear as such in the book but is indicated by *m* and *f*. A term such as *municipales* followed by *fpl* in the book would therefore almost always be preceded by *las* in written and spoken discourse.

Although the book purports primarily to improve the student's lexical agility, it is not without its cultural aspects. Any speaker of any language speaks not in a void, but within a cultural environment. Thus, in certain units, i.e. on Religion, Arts and Sciences, and History and Geography, numerous historical or literary references are made, often supported by specific dates. *La Guerra de Secesión* means the *American Civil War*, while Hemingway's *For Whom the Bell Tolls* appears as *Por quien doblan las campanas*.

There exists a very slight overlap in the vocabulary subdivisions on *offenses* as they appear in units 2 and 6. This is also true of the vocabulary subdivisions on *town traffic* in unit 6 and the *car* in unit 13.

American English takes precedence over British English, both in spelling and in vocabulary. Where there exists an orthographical choice between American English and British English only American English appears. Where there is a lexical choice, American English precedes British English (i.e. *parking lot*, *car park*).

The student can rest assured that all the vocabulary in the work is in current usage. The problem confronting students of foreign languages when they consult dictionaries is that dictionaries are by their very nature all-inclusive, with the result that even some colloquialisms recorded by dictionaries do not sit easily with the discourse of most native speakers. Furthermore, the indication *A* and *M* identifies usage in two Spanish American countries only. To attempt more is to run the danger of being too comprehensive and too inaccurate. Some dictionaries, however good, suggest, for example, that *cese del fuego* is Spanish American but, in the experience of the authors, this is not the case. It is used in Argentina but not in Mexico where *alto el fuego* is used, as in Peninsular Spanish. Many such instances could be quoted.

Every attempt has been made to invest the book with a reader-friendly appearance so that, for example, *lavarse los dientes* is translated as *to brush your teeth*. The Spanish pronoun *se* is not translated by *one's* but by *your*.

Model answers for approximately three exercises per level for each unit are provided on the book's accompanying website, at the URL http://publishing.cambridge.org/resources/052100862X

At the end of this introduction, the student will find a number of reference works which will help her/him through the lexical maze. It is recommended that all-Spanish dictionaries be used more regularly than bi-lingual dictionaries which inhibit immediate access to the target language. It cannot be sufficiently stressed that consistent work in the language of study stands as the proven method for acquiring a lexical richness, a resourcefulness of expression and an individual way of expressing ideas and feelings which combats the stiffness and awkwardness of oral and written discourse accompanying excessive use of English as the vehicle of study. This explains the high percentage of exercises designed to encourage the learner to remain in the target language and avoid constant recourse to English.

Finally, it should be pointed out that the book does not provide a full course in the Spanish language for it should be used in conjunction with the study of grammar and usage for which there is an abundant supply of works.

It is hoped that the student using this volume will not only absorb the vocabulary of each semantic field but will work on her/his own initiative, adding to knowledge gained here, and going beyond the book and creating further thematic lists. Lexical acquisition is a never-ending, life-long process which should generate both intellectual pleasure and emotional satisfaction, for it enables the student not only to arrive at a deep and responsive understanding of Hispanic culture but also to enjoy the friendship so generously offered by Spanish speakers.

Acknowledgments

For all the time, assistance and expert advice that they have unstintingly and enthusiastically provided, the authors wish to express their sincerely felt gratitude to the following University friends and colleagues:

Jorge Larracilla, Adriana Núñez Regalado, Mariano Carricart and Guillermo Campitelli.

The book has benefited incalculably from their help and guidance with respect to Argentinian and Mexican Spanish.

Thanks go also to our copy-editor, Leigh Mueller, who has made a considerable contribution to the presentation of the text, and to Ann Mason, our eagle-eyed proofreader.

Abbreviations

A	Argentinian
f	feminine
m	masculine
M	Mexican
pl	plural
R	Register (see above)

Bibliography

Spanish vocabulary

Advanced Spanish Vocabulary, Isabel Melero (Stanley Thornes, 1995)

Diccionario de términos médicos, Inglés–Español/Español–Inglés, E. R. Albrecht and F. R. Albrecht (Madrid: Alhambra, 1986)

Mastering Spanish Business Vocabulary: A Thematic Approach, Meliveo, Knerr, Cremades and Knipper (New York: Barron's Educational, 1997)

Ocho Mundos: Themes for Vocabulary Building and Cultural Awareness, Brenda Wegmann (New York: Harcourt Brace, 1990)

Routledge Spanish Dictionary of Business, Commerce and Finance (London and New York: Routledge, 1998)

Schaum's Outline of Spanish Vocabulary, Schmitt (New York: McGraw Hill Book Company, 1996)
Spanish–English Glossary of Commercial and Industrial Terms, Rodrigues and Bernet Soler (London: Harrap, 1995)
Spanish Memory Book: A New Approach to Vocabulary Building, Harrison and Welker (Austin: University of Texas, 1995)
Spanish Vocabulary, Juliette Dueber (New York: Barron's Educational, 1990)
Spanish Vocabulary: A Complete Learning Tool, Caldeiro López (National Textbook Company, 1996)
Spanish Vocabulary Trainer, Sabine Segoviano (New York: Barron's Educational, 1997)
Spanish Vocabulary Puzzles, Burnett Smith (National Textbook Company, 1993)

Les Mots-Clefs de l'Assurance Espagnole, Rabit (Paris: Bréal, 1996)
Les Mots-Clefs de la Vente Espagnole, Rabit (Paris: Bréal, 1996)
Les Mots-Clefs du Transport Espagnol, Rabit (Paris: Bréal, 1996)

Monolingual dictionaries

Diccionario de la Real Academia (Madrid: Espasa Calpe, 2000)
Diccionario de uso del español, María Moliner (Madrid: Gredos, 1998)
Diccionario del español de América (Madrid: Anaya, 1990)
Diccionario esencial Santillana de la lengua española (Madrid: Santillana, 1998)
Diccionario Salamanca de la lengua española (Salamanca: Santillana, 1996)
Diccionario para la enseñanza de la lengua española (Barcelona: Vox, 1995)
Diccionario ideológico de la lengua española (Barcelona: Vox, 1990)
Diccionario general ilustrado de la lengua española (Barcelona: Vox, 1992)
Diccionario actual de la lengua española (Barcelona: Vox, 1990)
Diccionario escolar de la lengua española (Madrid: Santillana, 2001)
Diccionario para enseñanza de la lengua extranjera para extranjeros (Barcelona: Vox, 2000)
Nuevo Espasa ilustrado (Madrid: Espasa Calpe, 2001)
El Pequeño Larousse ilustrado (Barcelona: Larousse, 2001)
Diccionario básico de la lengua española (León: Everest, 2001)

Bilingual dictionaries

Collins Dictionary Spanish–English English–Spanish (Glasgow, New York, Barcelona: Collins, 2000)
Larousse Gran Diccionario, Español–Francés Français–Espagnol (Barcelona: Larousse, 1999)
Oxford Duden Pictorial Spanish and English Dictionary (Oxford: Clarendon Press, 1995)
Oxford Spanish Dictionary (Oxford, New York, Madrid: Clarendon Press, 2000)
Simon and Schuster Spanish–English English–Spanish Dictionary (New York: Simon and Schuster, 1998)

NB. The word lists of the present volume do not contain all the words referred to in the exercises. Access to a good monolingual dictionary is essential for a maximum exploitation of the exercises.

Unidad 1 / Unit 1

El Ser humano / The Human Being

Nivel 1 / Level 1

General

amigo/a m/f	friend
amigote m R1	pal
anciano m	old (person)
beba f A	female baby
bebe m A	male baby
bebé m	baby
bebé m/f M	baby
beibi m R2/1 M	girl/boy friend, baby *(used as form of address)*
bodoque m R1 M	kid
caballero m	gentleman
chamaca f M	kid (girl)
chamaco m M	kid (boy)
chava f M	girl
chaval m R1	lad, kid
chavala f R1	girl
chavo m M	boy
chica f	girl
chico m	boy
colega mf R2/1	friend
compadre m R1 M	friend, buddy
compañero/a m/f	friend
compinche mf R2/1 M	buddy, mate
conocido/a m/f	acquaintance
cuata f R1 M	(girl) friend, girl
cuate m R1 M	(boy) friend, guy, bloke
cuero m R1 M	attractive broad/chick
dama f R3/2	lady
escuincle m R1 M	kid, nipper
forro m R1 M	attractive woman/man
hombre m	man
individuo m	individual, guy
joven mf	young person *(also adjective:* young*)*
mamá f	mom(my), mum(my)
mango m R1 M	good-looking broad/chick, stunner
mina f R1 A	broad, chick
minón m R1 A	good-looking broad/chick, stunner
muchacha f	girl
muchacho m	boy, lad
mujer f	woman
nene/a m/f	baby, infant
niño/niña m/f	child/boy/girl
papá m	dad(dy)
pebeta f R1 A	girl, kid
pebete m R1 A	boy, kid
pelao m R1 M	guy, fellow
piba f R1 A	girl, child
pibe m R1 A	boy, child
señor m	gentleman
señora f	lady
señorita f	(young) lady
señorito m	(young) gentleman
tío m R1	dude, guy
tipo m R1	dude, guy
viejecito m	old person

viejito m M	old person
viejo m	old person *(also adjective:* old*)*

Cuerpo humano / Human body

Cabeza / head

boca f	mouth
cabeza f	head
calvo	bald
cara f	face
cerebro m	brain
coco m R1	head, nut
cuello m	neck
diente m	tooth
frente f	forehead
garganta f	throat
hocico m R1 M	mug, snout
jeta f R1	face, mug
labio m	lip
lengua f	tongue
mejilla f	cheek
muela f	(molar) tooth
napia(s) f(pl) R1 A	schnozzle, hooter
nariz f	nose
oído m	(inner) ear
oreja f	(outer) ear
pelo m	hair
pelón R1	bald
piel f	skin
pinta f R2/1	face, appearance *(suggests more state of mind)*
pómulo m	cheekbone
ponerse los pelos de punta	to stand on end *(of hair)*
raya f	part, parting *(in hair)*
trenzas fpl	braids, plaits
trucha f R1 A	mug

Tronco / trunk

barriga f R1	belly, paunch
cuerpo m	body
culo m R1*	butt, ass, arse
espalda f	back
hombro m	shoulder
pecho m	breast, chest
tronco m	trunk
vientre m	stomach

Miembros / members

brazo m	arm
cadera f	hip
codo m	elbow
dedo m	finger
mano f	hand
miembro m	member
muñeca f	wrist
músculo m	muscle
muslo m	thigh
palma f	palm *(of hand)*
pecho m	breast
puño m	fist
rodilla f	knee
uña f	nail

Piel y hueso / skin and bone

carne f	flesh
costilla f	rib
cutis m	skin, complexion
esqueleto m	skeleton
nudillo m	knuckle
piel f	skin
tejido m	tissue
tendón m	tendon
tez f	complexion

Físico y aspecto / physique and appearance

alto	tall
bajo	short, small
bonito	pretty
bueno R1	good-looking
chaparro A/M	squat
chico M	small, tiny
débil	weak
delgado	thin
derecho	right-handed
duro	hard
elegante	elegant
enérgico	energetic
feo	ugly
físico m	physique, physical
fuerte	strong
gordo	fat
grueso	thickset
guapo	good-looking
guay R1	cool, nice

hermoso beautiful, lovely
lindo A/M pretty
llenito M chubby
majo R1 nice, pretty
moreno dark-skinned, swarthy
pálido pale
pequeño small
ponchado R1 M strong, tough
regordete chubby
robusto tough, robust
zurdo left-handed

Órganos internos / internal organs

arteria f artery
corazón m heart
estómago m stomach
hígado m liver
intestino m (delgado) (small) intestine
intestino m (grueso) (large) intestine
riñón m kidney
sangre f blood
vena f vein

Órganos sexuales femeninos / female sexual organs

clítoris m clitoris
coño m R1* cunt
genitales mpl genitals
órgano m organ
sexual sexual
vagina f vagina

Órganos sexuales masculinos / male sexual organs

cojones mpl R1* balls
huevos mpl R1* balls
pene m penis
pito m R1 dick
verga f R1* M cock

Actividades y movimiento / Activities and movement

General

abrazar to hug, to embrace
abrir to open
agarrar to grip
agarrar un objeto de la mesa A/M to take an object from the table
agarrar una pelota M to catch a ball
ahogarse to drown
andar to walk
ánimo m courage, spirit
atajar una pelota A to catch a ball
atrapar la pelota M to catch the ball
aventar M to throw
beber to drink
besar to kiss
caerse to fall
cambiar de sitio to change places
caminar to walk *(suggests effort)*
cerrar to close
circular to circulate, to move around
coger to catch, to take, to get hold of
coger un objeto de la mesa to take an object from the table
coger una pelota to catch a ball
comer to eat
conducta f behavior, conduct
correr to run
cruzar to cross
dar la vuelta to go back
dar la vuelta a to go round
darse prisa to hurry
dejar to leave
devolver to return *(something to someone)*
enjugar to wipe
entrar (en) to enter / go in
escuchar to listen (to)
golpe m blow
golpear to hit, to strike
hacer to make, to do
ir to go
jugar to play
llevar to wear, to carry
lúcido lucid, clear
mirar to look (at)
morder to bite
morir(se) to die
moverse to move
nadar to swim
oír to hear

pasar	to pass
pegar	to hit, to strike
pescar la bola R2/1 M	to catch the ball
picar	to bite, to sting
pisar	to step/tread on
poner	to put, to place
quedar(se)	to remain
querer	to love, to like
quitar	to take (away)
respirar	to breathe
romper	to break
salir	to go out
seguir	to follow
subir(se)	to go up
tirar	to throw, to throw away *(usually has meaning of* throw away *in M)*
tomar	to take
tomar el colectivo A/M	to catch the bus
traer	to bring
usar	to use
venir	to come
ver	to see
vivir	to live
volver	to return *(rarely used in M which prefers* regresar*)*

Avanzada y retroceso / movement forwards and backwards

alcanzar	to reach
avanzar	to go forward
dirigirse hacia	to make your way towards
empujar	to push
empujón m	push
retroceder	to retreat, to withdraw
tirar de	to pull

Subida y bajada / ascent and descent

bajada f	descent, going down
bajar(se)	to go/come down, to get off
caer(se)	to fall
caída f	fall
coger una liebre R1	to fall, to come a cropper
darse un azotón R1 M	to fall, to crash down
darse un guarrazo	to fall over, to crash down
derrumbarse	to come crashing down
escalar	to scale, to climb
estrellarse	to crash
inclinarse	to bend
levantarse	to get up
montar	to get on
resbaladizo	slippery
resbalar	to slip
resbaloso M	slippery
salvar	to step/jump over
sentarse	to sit down
subida f	ascent
subir(se)	to go up, to get on
tirarse una plancha R1	to fall
trepar	to climb
venirse abajo	to crash down

Movimientos rápidos / fast movements

acelerar el paso	to speed up
aplaudir	to applaud
aplauso(s) m(pl)	applause
apresurarse	to hasten
apurarse A/M	to hurry
entrar corriendo	to run in
escapar(se)	to escape, to run away
espabilarse R2/1	to get a move on, to look lively
fugarse	to flee
llegar corriendo	to come running up
moverse	to move
salir corriendo	to run out

Cuidados corporales / Body care

afeitar(se)	to shave (yourself)
arreglarse	to get ready, to dress up
aseo m personal	personal hygiene
asqueroso	foul, dirty

bañarse	to take a bath
bañarse M	to take a bath/shower
bañera f	bath(tub)
baño m	bath, bathroom
brocha f	shaving brush
cepillar	to brush
cepillo m de dientes	tooth brush
champú m	shampoo
cubo m	bucket, pail
cuidado m	care, attention
curioso R3	clean
ducha f	shower
ducharse	to take a shower
ensuciar(se)	to make dirty / get dirty
espuma f	foam
fregadero m	sink
fregar	to scrub
frotar	to rub
grifo m	faucet, tap
hoja f de afeitar	razor blade
jabón m	soap
lavar(se)	to wash (yourself)
limpiar	to clean
limpieza f	cleanliness
limpio	clean
máquina f	(electric) razor
navaja f de rasurar M	razor blade
pasta f dentífrica	tooth paste
porquería f R1	filth, muck, dirt
rasurarse M	to shave
servicios mpl	washroom, toilet
suciedad f	dirtiness
sucio	dirty
tijeras fpl	scissors
toalla f	towel
tomar un baño	to take a bath
wáter m	lavatory, toilet

Sueño/sleep

acostar(se)	to put to bed *(when reflexive* = to lie down, to go to bed*)*
apolillar R1 A	to snooze
bostezar	to yawn
bostezo m	yawn
cansancio m	tiredness
cansarse	to get tired
coche m de ensueño	dream of a car
descansar	to rest
descanso m	rest
despertar(se)	to wake up
despierto	awake
dormido	asleep
dormir	to sleep
dormir como bebé M	to sleep like a baby/log
dormir como un lirón	to sleep like a log
dormir la siesta	to have a siesta
dormirse	to go to sleep
echarse	to lie down
ensueño m	daydream
estar dormido/durmiendo	to be sleeping
insomnio m	sleeplessness
levantarse	to get up
pastilla f para dormir	sleeping pill
pesadilla f	nightmare
roncar	to snore
somnífero m	sleeping pill
sonámbulo m	sleepwalker
soñar (con)	to dream (of)
sueño m	sleep, dream

Habla / Speech

a voz en grito	aloud
agudo	sharp, penetrating
callarse	to keep quiet
canción f	song
cantar	to sing
canto m	song, singing
charla f	chat
charlar	to chat
claro	clear
conversación f	conversation
decir	to say, to tell
dialecto m	dialect
en voz alta	in a loud voice
en voz baja	in a low voice
gritar	to shout
grito m	shout
habla f	speech
hablar	to speak
hablar fuerte	to speak loudly
idioma m	language

lengua f	language
lenguaje m	*(type of)* language
palabra f	word
suave	soft
término m	term
tono m	tone
voz f	voice

Nivel 2 / Level 2

Cuerpo humano / Human body

Cabeza / head

aliento m	breath
amígdala f	tonsil
arruga f	wrinkle
baba f M	saliva
barba f	beard
barbilla f	chin
barbudo	bearded (barbado M)
busto m	bust
cabello m R3	hair
coco m R1	head
colmillo m	canine tooth
corona f	crown *(of head)*
crisma f R2/1	head, nut
cuero m cabelludo	scalp
encías fpl	gums
hoyuelo m	dimple
incisivo m R3	incisor
manzana f de Adán	Adam's apple
mate m R1 A	head
melona f R1	head
mente f	mind
mentón m	chin
molar m	molar
muela f del juicio	wisdom tooth
nuez f de Adán	Adam's apple
oído m exterior	outer ear
oído m interior	inner ear
paladar m	palate
peca f	freckle
pera f R1 A	chin
pómulo m	cheekbone
quijada f	jaw(bone)
rizo m	curl
rostro m R3/2	face
rulo m A	curl
saliva f	saliva
sesos mpl	brains
sien f	temple
tímpano m	tympanum, eardrum

Ojo / eye

ceja f	eyebrow
echar un ojo (a) M	to glance (at)
echar un vistazo (a)	to glance (at)
entrecejo m	space between the eyebrows
iris m	iris
nervio m óptico	optic nerve
niña f del ojo	pupil, apple of the eye
¡Ojo!	Careful!
ojo por ojo	eye for eye
párpado m	eyelid
pestaña f	eyelash
pupila f	pupil
retina f	retina
sin pestañear	without flinching

Tronco / trunk

bajo vientre m	lower part of the abdomen
bajos mpl	lower parts of the body
bisagra f R1 M	armpit
cachas fpl R1 A	ass, bottom
cadera f	hip
chichis mpl R1 M	boobs
cintura f	waist
columna f vertebral	spine
complexión f	build, constitution
costado m	side
cuerda f vocal	vocal chord
delantera f R1*	knockers, tits
desnudo	naked
disco m	disc
domingas fpl R1*	tits
en bolas R1	naked

en carne viva R2/1	naked
en cueros (vivos) R1	naked, starkers
encuerado M	naked
figura f	frame, shape, figure
mama f	breast
melones mpl R1	tits
nalga f	cheek
nalgas fpl	butt, bottom
ojete m R1* A	butt, ass, arse
ombligo m	navel
orto m R1* A	ass, arse
pechuga f	bosom, cleavage
pezón m	nipple
pompis m R1	butt, bottom
pompis fpl R1* A	butt, ass, arse
poro m	pore
posaderas fpl R1*A	ass, arse
seno m R3/2	bosom
sobaco m	armpit
talle m	waist, figure, build
teclas fpl R1* M	boobs
teta f	teat
traste m R1 A	butt, bottom
tubo m digestivo	alimentary canal

Miembros / members

antebrazo m	forearm
bíceps m	biceps
cacha(s) f(pl)	*(well-shaped)* leg(s)
chueco A	bow-legged
dedo m chico	small toe
dedo m gordo	big toe
dedo m pulgar	thumb
descalzo	barefoot
diestro	right-handed, dexterous
doblar el dedo	to bend the finger
dorso m de la mano	back of the hand
extremidades fpl	extremities
gamba(s) f(pl) R1	*(well-shaped)* leg(s)
ir del brazo	to go arm in arm
mañoso	skillful, handy
pantorrilla f	calf
pata f R1	leg
patituerto	bow-legged
patizambo	knock-kneed
planta f del pie	sole of foot
pliegue m del brazo	crook in the arm
pulgar m	thumb
punta f del dedo	tip of finger
taba f	ankle bone
taba f R1 A	leg
talón m	heel
talón m de Aquiles	Achilles' heel
tendón m de Aquiles	Achilles' tendon
tobillo m	heel
tríceps m	triceps
zambo	knock-kneed

Piel y hueso / skin and bone

articulación f	joint
cartílago m	cartilage
espinazo m	spine, backbone
hueso m de la alegría	funny bone
médula f	marrow, medulla
médula f espinal	spinal cord
médula f ósea	bone marrow
ternilla f	gristle, cartilage
vértebra f	vertebra

Sentidos corporales / physical senses

audición f	*(act of)* hearing
bizcar	to squint
bizco	cross-eyed, squinting
ceguera f	blindness
ciego	blind
gafas fpl	glasses
gusto m	taste
lente f de contacto	contact lens
lentes mpl A/M	glasses
míope	short-sighted
miopía f	short-sightedness
mudez f	dumbness
mudo	dumb
oído m	hearing
oler	to smell
olfatear	to smell, sniff
olfato m	smell
paladar m	taste
presbicia f R3	far-/long-sightedness
présbita R3	far-/long-sighted
sordera f	deafness
sordo	deaf
sordomudo	deaf and dumb

tacto m	touch
tuerto	one-eyed
visión f	vision
vista f	sight

Físico y aspecto / physique and appearance

achaparrado	stunted, stocky
actitud f	attitude
adelgazar(se)	to make/grow thin
ademán m	gesture
apariencia f	appearance
arruga f	wrinkle
arrugado	wrinkled
aspecto m	appearance, aspect
atractivo	attractive
barbudo	bearded
basto	coarse, rough
bello R3/2	beautiful
bello M	good-looking
bichi R1* M	naked, starkers
blando	soft
bola f R1	fat person
calvo	bald
cerdo m R1	fat person
chaparro A/M	short, squat
chupado R1	skinny
continente m R3	bearing, mien
desmañado	clumsy, awkward
despampanante R1	stunning *(of a woman's looks)*
diminuto R3/2	tiny, minute
enano	dwarf, tiny, stunted
encantador	charming
encanto m	charm
engordar	to get/make fat
esbeltez f	slimness, gracefulness
esbelto	slim, graceful
escuchimizado R1	skinny
escultural	statuesque, elegant
espigado R3	lanky, tall and slim
estar en bolas R1* A	to be naked/starkers
flaco	thin
frescura f	freshness
gesto m	gesture
gigante m	giant (*also adjective:* gigantic)
gordinflón R1	pudgy, podgy
gracia f	grace(fulness)
gracioso	funny, graceful, elegant
hábil	skilful
huesudo	bony
largucho R1 M	lanky
larguirucho R1	lanky
mofletudo	chubby-cheeked
moreno	dark-skinned
morocho A	dark-skinned
mueca f	grimace
musculoso	muscular
(nuevo) look m	(new) look
obeso R3/2	obese
panzudo R1	tubby
pelado A	bald
peludo	hairy, shaggy
petiso A	small, short
porte m R3/2	bearing, demeanor
postura f	posture, attitude
precioso	pretty, lovely
rasgos mpl	features
rollizo	plump, chubby
salero m	charm, sex-appeal
seriedad f	seriousness
serio	serious
sesapil m	sex-appeal
severidad f	severity
sombrío	gloomy
taciturno R3/2	taciturn
tamaño m	size, shape
torpe	clumsy, awkward
tosco	coarse, rough
vaca f R1	fat person
vello m	body hair
velloso R3	hairy, shaggy

Órganos internos / internal organs

abdomen m	abdomen
apéndice m	appendix
bazo m	spleen
bronquios mpl	bronchial tubes
carótida f	carotid (artery)
célula f	cell
circulación f sanguínea	blood circulation
colon m	colon
diafragma m	diaphragm
digerir	to digest

digestión f	digestion
duodeno m	duodenum
esfínter m R3	sphincter
glándula f R3	gland
glándula f sebácea R3	sebaceous gland
laringe f R3	larynx
latidos mpl	heart beats
linfa f	lymph
linfático	lymphatic
nervio m	nerve
nervioso	nervous
páncreas m	pancreas
pulsación f	*(single)* heart beat
pulso m	pulse
recto m	rectum
respiración f	breathing
sistema m nervioso	nervous system
suspirar	to sigh
suspiro m	sigh
úreter m	ureter
válvula f del corazón	heart valve
vena f yugular	jugular vein
ventrículo m	ventricle
vesícula f biliar R3	gall bladder

Órganos sexuales femeninos / female sexual organs

concha f R1* A	cunt
labios mpl de la vulva	labia
lolas fpl R1* A	boobs
ovario m	ovary
trompa f de Falopio	Fallopian tube

Órganos sexuales masculinos / male sexual organs

bajos mpl R1 M	testicles
carajo m R1*	prick, dick
escroto m R3	scrotum
pellejito m R1 M	foreskin
pelotas fpl R1*	balls
polla f R1*	prick
prepucio m R3	prepuce, foreskin
próstata f	prostate
testículo m	testicle
vesícula f seminal	seminal tract

Hacer el amor / love making

acariciar	to caress
acoso m sexual	sexual harassment
acostarse con cualquiera	to sleep around
afrodisíaco m	aphrodisiac
amorío m	love affair
besar	to kiss
cachondo R1	sexy, horny, randy
caricia f	caress
chingar R1* M	to screw, to fuck
coger(se a) R1* A/M	to screw *(has different meaning in Spain)*
coito m R3	coitus, intercourse
condón m	condom
cópula f R3	copulation
copular R3	to copulate
deseo m sexual	sexual desire
diafragma m	diaphragm
DIU m	coil
enamorarse	to fall in love
escarceos mpl (amorosos)	amorous adventures
excitación f sexual	sexual excitement
flirtear	to flirt
follar R1*	to screw, to fuck
fornicación f R3	fornication
fornicar R3	to fornicate
forro m R1 A	safe, condom
gorrito m R1 M	safe, condom
hacer el amor a/con	to make love to
hule m R1 M	rubber condom
identidad f de género	gender identity
identidad f sexual	sexual identity
joder R1*	to screw
lesbiana f	lesbian
morrear R1	to kiss, to snog
ninfómana f R3	nymphomaniac
orgasmo m	orgasm
paracaídas m R1	safe, condom
preservativo m	condom
punto m G R1	G spot
romance m	romance
sexy	sexy
sobar R1	to feel, to paw
sterilet m	coil
súcubo m R3	succubus

Actividades y movimiento / Activities and movement

Subida y bajada / movement up and down

agacharse | to squat
arrellanarse | to sprawl
bajar corriendo | to run down
darse un porrazo | to crash down
derrumbamiento m | plunge, headlong fall
derrumbarse | to plunge
desplomarse | to collapse
erguirse R3 | to stand up, to straighten up
hundirse | to sink
incorporarse | to sit up
pararse A/M | to stand up
ponerse de pie | to stand up
repanchigarse | to lounge, to sprawl
repantigarse | to lounge, to sprawl
sentarse en cuclillas | to squat
subir corriendo | to run up

Avanzada / movement forwards

abrir la marcha | to lead the way
abrirse un camino | to make a way through
borrarse R1 A/M | to split, to clear off
cortejo m | procession
desfilar | to file/march (past)
desfile m | procession, parade
irse | to go away
largarse R1 | to split, to clear off
marcha f | march
marchar | to march
marcharse | to go away
zigzaguear | to zigzag

Cuidados corporales / Personal cleanliness

aftershave m | aftershave
aseado | neat, tidy, clean
aseos mpl | washroom, cloakroom
ataviarse | to dress up
atender sus necesidades | to see to your needs
báscula f de baño | bathroom scales
blanquear | to whiten, to bleach
botiquín m | medicine chest
cagar R1* | to crap, to shit
cepillar | to brush
cepillarse los dientes | to brush your teeth
con grela R1 A | dirty
cortarse el pelo | to have your hair cut
cortina f de la ducha | shower curtain
cuarto m de aseo | washroom, bathroom
cubo m de basura | trash can, rubbish bin
darse un regaderazo M | to take a shower
defecar R3 | to defecate
desengrasar | to remove grease, to scour
desinfectar | to disinfect
desnudarse | to undress
emperifollarse | to dress up
encuerarse R1 M | to get undressed
enjuagar | to rinse
enjugar R3 | to wipe
esmero m | neatness, refinement
esponja f | sponge
excusado m | lavatory, toilet
guarro R1 | filthy
hacer caca R2/1 | to do a poop/pooh
hacer del número R2/1 M | to do a pooh *(child's language)*
hacer pipí R2/1 | to pee
hacer pis | to pee
hacer popó R2/1 | to do a pooh *(child's language)*
inodoro m | lavatory/toilet bowl
jabonera f | soap dish
laca f | hair-spray
lavabo m | washbasin
lavarse los dientes | to brush your teeth
lima f | file
manopla f | face flannel
maquillaje m | makeup
maquillarse | to put on makeup
mear R1* | to piss
miar R1 M | to have a pee
mierdoso R1* | foul, filthy
mugre f | grime, filth

mugriento	grimy
navaja f de afeitar	razor
orinar	to urinate
palangana f	washbasin, plastic bowl
paño m de manos	hand towel
paño m higiénico	sanitary napkin/towel
papel m higiénico	lavatory/toilet paper
paquetón m A	elegantly dressed person
pasta f de dientes M	tooth paste
peinado m	hairdo
peinarse	to comb your hair
peluquearse R1 M	to have your hair cut
peluquería f	hairdresser's
peluquero m	hairdresser
perfumar	to perfume
perfume m	perfume
pillada f R1 A	piss
pillar R1 A	to piss
pintarse	to put on makeup
pintarse el pelo M	to dye your hair
polvera f	powder compact
puerco R1*	filthy
regadera f M	shower
retrete m	lavatory, toilet
rímel m	mascara
roñoso	filthy, grimy
sales fpl de baño	bath salts
secador m	hair drier
secadora f M	hair drier
secarse	to dry yourself
sombra f de ojo	eye shade
spray m	hair spray
tampax m M	tampon
tampón m	tampon
teñirse el pelo	to dye your hair
toalla f de mano	hand towel
tocador m M	restroom, bathroom *(used by females)*
vaporizador m	spray
vestirse	to dress
wáter m	lavatory, toilet
zarrapastroso	shabby, rough-looking

Sueño / sleep

adormecerse	to become sleepy
adormilarse	to doze
agotado	exhausted
amodorrarse	to become drowsy
apalancarse R2/1	to settle down
apolillar A	to snooze
cansado	tired
conciliar el sueño R3	to go to sleep
dormir a pierna suelta	to sleep soundly
dormir al raso	to sleep in the open air
echar la meme R2/1 M	to go to sleep *(used of children)*
echar la mimi R2/1 M	to go to sleep *(used of children)*
efecto m soporífico	soporific effect
estar hecho un tronco	to sleep like a log
hecho bolsa R1 A	exhausted
hecho pelota R1 A	exhausted
hecho polvo R1	exhausted
hecho pomada A	exhausted
meterse en la cama	to get into bed
pegársele a alguien las sábanas	to lie in
planchar la oreja R1	to sleep
sobar R1	to sleep
soporífico	soporific
tenderse R3/2	to lie down
tumbarse R2/1	to lie down

Habla / Speech

a media voz	in a low voice
a voz en cuello	at the top of your voice
a voz en grito	at the top of your voice
alzar la voz	to raise your voice
bajito	in a low voice
callandito	in a quiet voice/way
cantinflear R2/1 M	to talk nonsense, to talk and say nothing *(like Cantinflas, a Mexican comic)*
ceder la palabra	to invite to speak

champurrear A/M	to speak badly
chapurrear	to speak badly
chillar	to scream
chillón	shrill, loud
chismorrear M	to whisper
chismorreo m M	whisper
contar	to relate
cuchichear	to whisper
cuchicheo m	whisper
dar la palabra	to invite to speak
decir un discurso M	to give a speech
dirigir la palabra a	to address
entonación f	intonation
estridente R3	strident
hablador	talkative
hablar R3/2 M	to talk *(of something serious)*
hablar a tontas y a locas	to talk without rhyme or reason
hablar hasta por las orejas M	to talk a great deal
hablar por los codos	to talk a great deal
levantar la voz	to raise your voice
llamada f	call
llamar	to call
matizar	to make more precise
narrar	to narrate
parlanchín	talkative
penetrante	penetrating, sharp
plática f R3	conversation
plática f M	conversation
platicador M	talkative
platicar R3	to converse
platicar M	to talk, to speak
pronunciar un discurso	to make a speech
referir un cuento R3	to relate
relatar R/2	to relate
ronco	hoarse, husky
sonido m	sound
tartamudear	to stammer
tartamudeo m	stammer
tener la palabra	to hold the floor
timbre m	*(nasal)* twang
tomar la palabra	to begin a speech
tono m	tone
trabársele la lengua a alguien	to get tongue-tied

Nivel 3 / Level 3

Cuerpo humano / Human body

Cabeza / head

abota(r)gado R3	bloated *(of face)*
amalgama f M	*(tooth)* filling
aparato m dental	brace
bigote(s) m(pl)	moustache
bigotudo	with a big moustache
cachetes mpl R2/1 M	cheeks *(usually chubby and of child)*
cachetón R2/1 M	chubby-cheeked *(of child)*
campanilla f	uvula
caracol m óseo	cochlea
cerviz f R3	back/nape of neck
cóclea f R3	cochlea
cogote m	back/nape of neck
comisura f (de los labios)	corner of the mouth
con el sudor de tu frente	with the sweat of your brow
córnea f	cornea
cráneo m	skull
dentadura f	set of teeth
empastar	to fill *(teeth)*
empaste m	filling
facciones fpl	*(facial)* features
faz f R3	face, countenance
fosas fpl nasales	nasal cavities
globo m ocular	eyeball
hacer frente a	to face
hueso m maxilar R3	jawbone
ir con la frente muy alta	to hold your head high, to fear no one
labio m inferior	lower lip
labio m superior	upper lip
lóbulo m (de la oreja)	(ear) lobe

mandíbula f	jaw
maxilar m inferior	lower jaw(bone)
maxilar m superior	upper jaw(bone)
mofletes mpl R1	*(children's)* chubby cheeks
mofletudo R1	chubby-cheeked *(of children)*
morro(s) m(pl) R1	lips, chops, snout
ojos mpl saltones	bulging eyes
patillas fpl	whiskers
pelón	bald, close-cropped *(of hair)*
quijada f	jaw
ralo	sparse *(of hair)*
semblante m R3	face, countenance
tapar una muela M	to fill a tooth
trompa f de Eustaquio	Eustachian tube
úvula f R3	uvula
ventanas fpl de la nariz	nostril

Tronco / trunk

ano m	anus
axila f	armpit
bilis f	bile
clávicula f	shoulder blade
corpulencia f	corpulence
corpulento	corpulent
de todo corazón	with all my/your, etc., heart
entrañas fpl	entrails
epiglotis m R3	epiglotis
esófago m	esophagus, gullet
estatura f	stature
esternón m	sternum
faringe f	pharynx
flanco m	side, flank
gaznate m R1	gullet, windpipe
glándula m	gland
hiel f	gall, bile
laringe f	larynx
omoplato/omóplato m	shoulder blade
pancita f R2/1 M	tummy
panza f R2/1	paunch
panzudo R2/1	pot-bellied
pelvis f	pelvis
pezón m	teat, nipple
pubis m R3	pubis
región f lumbar	lumbar region
tórax m	thorax
tráquea f	trachea, windpipe
tripa f R2/1	guts, belly
vello m púbico R3	pubic hair
vísceras fpl	entrails

Miembros / members

alargar el brazo	to stretch out an arm
andar a trancos	to take big steps
anular m	ring finger
caminar de puntillas	to walk on tiptoe
charro M	bow-legged
corva f	back of the knee
dar trancos	to stride along
dar una patada a	to kick (at)
dar zancajadas	to stride along
de pies a cabeza	from head to toe
de pies planos	flat-footed
echar a puntapiés	to kick out
falange f	phalanx
fémur m	femur
huella f dactilar	finger print
huella f digital	finger print
húmero m	humerus
índice m	index/forefinger
ligamento m	ligament
manco	maimed *(usually arm, hand)*
medio m	middle finger
meñique m	little finger
mocho M	maimed *(usually arm, hand)*
planta f de los pies	sole of the foot
ponerse de puntillas	to stand on tiptoe
radio m	radius
rótula f	kneecap
tibia f	tibia

Físico y aspecto / physique and appearance

adustez f R3	severity
adusto R3	severe
agraciado	graceful, charming
aguileño	aquiline *(of nose)*, sharp featured

alopecia f R3	alopecia, hair loss, baldness
apariencia f	appearance
áspero	harsh
barbilampiño R3	bearded
bragado R3/2	tough
bronceado m	suntan
broncearse	to get a suntan
cadavérico R3	cadaverous
calvicie f	baldness
calvo	bald
camandulero R1 A	stylish
cenceño R3	thin, skinny
ceño m	frown
ceñudo	frowning, grim
chamagoso R2/1 M	dirty, filthy
chancludo R2/1 M	scruffy, untidy
charro m M	bow-legged person
chato	flat-nosed
chic R3/2	chic, stylish
chilapastroso R2/1 M	scruffy, untidy
chingón R1* M	gorgeous
chulo R2/1 M	cute, good-looking
compostura f	composure, constitution
corcovado	humpbacked
delgaducho	skinny
demacrado R3	emaciated
descarnado R3	lean, emaciated
descolorido	pale, discolored
desenfadado R3/2	carefree, uninhibited
desenfado m R3/2	free and easy manner, forwardness
desenvoltura f R3	ease, confidence
desenvuelto R3	free and easy, natural
desgreñado R3	disheveled
desgreñar R3	to dishevel
desinhibido R3/2	uninhibited
desmelenado R3	disheveled
desmelenar R3	to dishevel
desvaído R3	pale, dull
dignidad f	dignity
encuerado R1 A/M	naked
endeble R3	feeble
enjuto R3	lean, skinny
erecto	erect
escuálido R3	skinny, emaciated
espigado	lanky, tall and thin
exquisito	exquisite
fealdad f	ugliness
fino	delicate, elegant
flac(c)idez f R3	flaccidity, flabbiness
flác(c)ido R3	flaccid
fornido R3	well built, strapping
fortachón R2/1	strong, tough
forzudo R2/1	strong, tough
gallardo R3/2	graceful, elegant
garbo m	grace, elegance
garboso	graceful, elegant
greña f	shock/mop of hair
greñudo	tangled (of hair)
gruñón R1	grumpy
hercúleo	Herculean
hirsuto R3	hairy, bushy *(of beard)*, hirsute
hosco	sullen, morose
huraño R3	shy, unsociable
jorobado	humpbacked
lampiño R3	bearded
macilento R3	emaciated
macizo	stoutly built, solid
melena f	long hair, mop of hair
melenudo	long-haired
mono	nice-looking, cute
panzón M	pot-bellied
petitero R1 A	stylish
porte m	mien, bearing
presencia f	presence
prestancia f	elegance, dignity
primoroso R3/2	elegant, exquisite
recio R3/2	tough, strong
refunfuñón R1	grumpy
respingado	snub/turned-up *(nose)*
seco	thin, skinny
silueta f	silhouette
tieso	stiff

Cuidados corporales / Body care

achancharse R1 A	to neglect yourself, to get fat, to put on weight

acicalarse R3	to smarten up, to dress up
albornoz m	bathing wrap, bathrobe
alcachofa f de ducha	shower head/rose
alfombra f de baño	bath mat
barbero m	barber
bata f	dressing gown
cepillo m de baño	bath brush
cepillo m para el pelo	hair brush
cisterna f	cistern, flush
componerse R3	to dress up
cristalino R3	clear, crystalline
embellecerse R3	to embellish yourself
enjabonar	to soap, to lather
esmerado	neat, careful
hacer funcionar el wáter	to flush
inculto R3	unkempt *(of beard)*
inmundicia f R3	filth, trash, rubbish
inmundo R3	filthy, dirty
jalarle al baño M	to flush the lavatory
jofaina f R3	washbasin
lima f para uñas	nail file
mingitorio m M	urinal
orinal m	urinal
palanca f de la cisterna	flush handle
pederse R1*	to fart
pedo m R1*	fart
plato m de ducha	shower tray
polvera f	powder compact, vanity case
polvos mpl	face powder
portarollos m	toilet paper holder
primor m	beauty, elegance
pulcritud f R3	neatness, tidiness, smartness
pulcro R3/2	neat, tidy, smart
purgarse	to take a purge
repugnante R3/2	repugnant
repulsivo	repulsive
rollo m de papel higiénico	roll of toilet paper
roseta f	shower head/rose
sonarse	to blow your nose
tapete m de baño M	bath mat
tirar de la cadena	to flush
tirarse un cohete R1* A	to fart *(loudly)*
tirarse un cuesco R1*	to fart *(loudly)*
tirarse un pedo R1*	to fart
tocador m	dressing table, boudoir
vaso m de noche	chamber pot
ventilar	to ventilate, to air
ventosear R3	to break wind

Tocado de mujer / woman's hairdo

chinos mpl M	curls
cola f de caballo	pony tail
depurar R3	to clean(se)
enchinarse el pelo M	to perm your hair
escarolar	to frill, to curl
fleco m M	bangs, fringe
flequillo m	bangs, fringe
horquilla f	hairpin
mantilla f	mantilla
moño m	bun
peinado m	hairdo, coiffure
peinecillo m	back comb
peineta f	back comb
pelo m enrulado A/M	curly hair
pelo m rizado	curly hair
peluca f	wig
rizarse el pelo	to perm your hair
rizos mpl	curls
tocado m	hairdo, coiffure

Movimiento de los miembros y gestos / Movement of members and gestures

amasar	to knead
apachurrar A/M	to squash
apapachar R1 M	to cuddle, to embrace
apretar	to squeeze, to press
arrimarse contra	to lean up / rest against
balancear	to swing
bracear	to wave your arms about
brincar de impaciencia	to hop with impatience
ir de brazo	to go arm-in-arm

jalar M	to pull
jalonear M	to tug, to pull
manejar	to manipulate
mañoso	skillful with the hands
mañoso R1 M	with groping hands *(in sexual sense)*
moler	to crush, to grind
papirotada f	flick of the fingers
papirotazo m	flick of the fingers
patalear	to stamp
pataleo m	stamping
patear	to kick (out)
pateo m	kick(ing)
recargarse contra M	to lean against
regresar M	to return *(something to someone)*
roce m	rub
rozar	to rub, scrape
ser un azogue R3	to be antsy/fidgety
sobar	to massage
tirar de	to pull
triturar	to crush

Movimiento de la cabeza / movement of the head

cabecear	to nod
cabeceo m	nodding
dar cabezadas	to nod
saltar de cabeza	to dive *(i.e. into water)*

Movimientos rápidos y lentos / quick and slow movements

aplauso m cerrado	enthusiastic applause
batir palmas	to applaud *(rhythmically to music or slowly in protest)*
callejear	to wander about the streets, to hang around
correr a toda castaña	to race/belt along
dar una coz	to kick out
dar palmas	to applaud *(rhythmically to music or slowly in protest)*
dar volteretas	to do somersaults
deambular	to saunter, to stroll
despedirse a la francesa	to take French leave
desperezarse	to stretch *(i.e. after sleeping)*
devolverse M	to go/come back
encaminarse hacia	to make your way towards
espabilarse	to look lively
estirarse las piernas	to stretch your legs
forcejear	to struggle, to flounder about
gandulear R1	to loaf around
holgazanear	to wander aimlessly, to loaf around
ir a más correr	to rush along
ir a todo correr	to belt along
irrumpir (en)	to burst (into)
levantar el vuelo	to get moving
merodear R3	to maraud
merodeo m R3	marauding
pavonearse R3	to strut, to swagger
picárselas R1 A	to clear off
pillarse R1 M	to clear off
pirárselas R1	to clear off
poner pies en polvorosa	to beat it
rajarse R2/1 A	to beat it
rebotar (contra)	to bounce (off)
regresar R3/2	to come/go back
regresar(se) M	to come/go back
regresar de volada R1 M	to hurry back
retacharse R1 M	to return
revolotear	to flutter around *(like a bird)*
revoloteo m	fluttering around
salir a escape	to race off
tomárselas R1	to beat it
traquetear	to rattle, to jolt
traqueteo m	rattling, jolting
volcarse	to turn over
voltear	to roll over, to somersault
volverse	to turn round

zascandilear	to fuss a lot, to buzz about uselessly

Meneo / swaying

culebrear	to wriggle about
culebreo m	wriggling about
menear(se)	to move, to shake
meneo m	moving, shaking, tossing
moverse culebreando	to wriggle forward
retorcerse	to writhe
retorcimiento m	writhing

Impacto / impact

agitarse	to flutter, to shake
atrabancado R1 M	clumsy
chocar contra	to bang into
choque m	bang, blow
colisión f	collision
colisionar (con/contra)	to collide (against)
dar contra	to bang into
dar un golpecito a	to pat/tap *(something or someone)*
dar un traspié	to trip
dar una palmada a	to pat/tap *(someone or something)*
estrellarse (contra)	to smash (into)
impactar (en)	to bang (against), to hit
impacto m	impact
patoso	clumsy
sacudida f	jolt
sacudir	to shake, to jolt
topar contra	to strike up against
torpe	clumsy
tropezar contra	to bang into

Modo de andar / gait

bamboleante	reeling
bambolearse	to stagger, to reel
bamboleo m	staggering, reeling
cojear	to limp
cojo	lame
contonearse	to sway, to swagger
contoneo m	swaying, swaggering
dar tumbos	to tumble, to lurch
renquear R3	to limp, to hobble
renqueo m R3	lurching
tambaleante	reeling
tambalear	to stagger, to reel
tambaleo m	staggering, reeling

Varios movimientos / various movements

abrazo m	embrace
afianzarse	to steady yourself
agarrar	to grip
agarrotamiento m	tightening, strangling
agolpamiento m	throng, crowding
agolparse	to bunch together
apiñamiento m	bunching, crowding together
apiñarse	to crowd together, to pack in
apretar(se)	to squeeze (together), to huddle together
apretón m	squeeze, hug
apretujamiento m	*(tight)* squeeze
apretujar(se)	to squeeze (together)
engarrotamiento m M	tightening, strangling
sobresaltarse	to be startled
sobresalto m	start
sujetar	to hold down, to fasten
sujeto	fastened, secure

Habla / Speech

anglohablante mf	English speaker *(also adjective:* English-speaking*)*
angloparlante mf	English speaker *(also adjective:* English-speaking*)*
atiplado R3	high-pitched
bisbisar R2/1	to mutter, to mumble
bisbisear R2/1	to mutter, to mumble
bisbiseo m R2/1	mumbling
campanudo	bombastic, sonorous
canturrear	to hum
canturreo m	humming
castellanohablante mf	Spanish speaker *(also adjective:* Spanish-speaking*)*
castellanoparlante mf	Spanish speaker *(also adjective:* Spanish-speaking*)*

cecear	to lisp	inflexión f R3	inflexion
ceceo m	lisp	murmullo m	murmuring
decir para su capote	to say to yourself	murmurar	to murmur
departir R3	to converse	musitar R3	to mumble, to mutter
Dicho y hecho	no sooner said than done	oración f	oration, speech
		oración f fúnebre	funeral oration
entrecortado	faltering *(of voice)*	órgano m de la palabra	speech organ
entrecortar	to cause to falter *(voice)*	parlanchín	talkative
estentóreo R3	Stentorian, booming	pomposo	pompous
exclamar	to exclaim	ponerse ronco de tanto hablar	to get hoarse through talking too much
falsete m	falsetto	relatar R3 un cuento	to relate a story
francohablante mf	French speaker *(also adjective:* French-speaking*)*	retumbante	booming
		rezongar R3	to grumble, to mutter
francoparlante mf	French speaker *(also adjective:* French-speaking*)*	rusohablante mf	Russian speaker *(also adjective:* Russian-speaking*)*
gangoso	nasal *(accent)*	soltar la tarabilla	to be a chatterbox
ganguear	to talk with a nasal accent	sonoro	sonorous, booming
		sordo como una tapia	as deaf as a post
germanohablante mf	German speaker *(also adjective:* German-speaking*)*	tararear	to hum
		tarareo m	humming
		tembloroso	trembling *(of voice)*
griterío m	shouting, clamor	tener la lengua suelta	to be talkative
guardar silencio	to keep silent	vibración f	vibration
hablador	talkative	vocablo m R3/2	word
hablar como una cotorra	to talk like a parrot	vocalización f R3	vocalization
		vocalizar R3	to vocalize
hablar hinchadamente	to speak pompously	vocear	to shout, to cheer
		voceo m	shouting, cheering
hinchado	pompous, high-flown	vocerío m	shouting, yelling
hispanohablante mf	Spanish speaker *(also adjective:* Spanish-speaking*)*	vociferar como un energúmeno R3	to scream/vociferate like a madman
		voz f R3	word

Ejercicios / Exercises

Nivel 1 / Level 1

1. (a) Explica la diferencia entre los vocablos de las siguientes parejas

acompañante/compañero, ánima/ánimo, braza/brazo, conducta/conducto, diente/muela, enérgico/energético, enjuagar/enjugar, labia/labio, lengua/lenguaje, lucido/lúcido, muñeca/muñeco, mover/conmover, niño prodigio/niño pródigo, papa/papa (M)/papá, picar/pinchar, rodilla/rodillo, secretaria/secretaría

(Se encuentra la solución en Internet)

(b) Construye frases en las que aparezcan los dos vocablos de cada pareja para ilustrar la diferencia

2. (a) Encuentra dos sentidos de los siguientes vocablos

afeitar, baño, brocha, cepillo, curioso, descanso, espuma, grifo, hoja, limpio, raya, sucio, sueño, tijeras, trenza

(b) Construye frases para ilustrar el uso de estos sentidos

3. (a) Encuentra un sinónimo (o más, si es posible) de los siguientes vocablos

cabeza, cara, cardenal, culo, estómago, mano, nariz, oler, olor, ojo, oreja, pecho, pelo, pierna, tocar, ver

(b) Indica el nivel de registro de cada término (R1*, R1, R2, R3)

(c) Construye frases para ilustrar el uso de estos sinónimos

4. (a) Explica el significado de cada una de las siguientes locuciones

¡ojo. . . ! ; no pegar ojo; costar un ojo de la cara; en un abrir y cerrar de ojos; con los ojos cerrados; comer con los ojos; cuatro ojos; ser el ojo derecho (de); ser todos ojos; ojos que no ven, corazón que no siente; ser todos oídos; (saber/conocer) de oídas; mirar de reojo; bajar la vista; perder de vista; a pérdida de vista; a primera vista; a la vista de; echar una vista (a); volver la vista; conocer de vista; hacer la vista gorda; vista de lince; con vistas a; clavar la vista (en); oler a (café/perfume); ir a tientas; dormir el sueño de los justos

(b) Construye frases para ilustrar el uso de cada una de estas locuciones

5. (a) ¿Qué entiendes por las siguientes locuciones?

a pedir de boca, ir de bracete, el equipo está en cabeza, cobrar/echar carnes, andar a ciegas, hablar por los codos, hacer cosquillas, con la soga al cuello, de todo corazón, ir descalzo, tener el estómago en los pies, gritar a voz en cuello, dicho y hecho, encogerse de hombros, ¡narices!, con el sudor de tu frente, ¡a otro perro con ese hueso!, sin pestañear, dejarse la piel (en), tomar el pelo, hablar a tontas y a locas

(b) Construye frases para ilustrar el sentido de estas locuciones

6. Traduce al español

My skin went all goosepimply
She shrugged her shoulders
He turned his back on me
in the twinkling of an eye
He spoke without rhyme or reason
I slept like a log
My eyes are pricking
Achilles' heel
She forced my hand
There's more in that than meets the eye
She gets all tongue tied
He came running up out of breath
She kicked me in the ass/arse
Careful! or you'll slip up
I had the word on the tip of my tongue
She arrived with armfuls of food
It was so frightening my hair stood on end
They make money hand over fist
Keep an eye on her

(Se encuentra la solución en Internet)

7. Traduce al español

arm lock (in wrestling), arm rest, artificial limb, backhander (in tennis and illicit dealing), brace (for teeth), breast cancer, sore bottom, eye patch, eye socket, eye catching, face lift, face to face, chest pains, denture, dislocated joint, foothold, footloose, mouthwatering, nailbiting finish, hair part(ing), hair curler, head start, tooth filling, knee pad, stiff neck, head rest

(Se encuentra la solución en Internet)

8. Te duele el estómago. Vas al médico. Escribe un diálogo sobre tus síntomas y el remedio que propone el médico. Puedes aprovechar los siguientes vocablos

dolor, estómago, náuseas, mareos, fiebre, flojedad, diarrea, vómitos, reposo, medicamento, médico, enfermera

9. A continuación aparecen una serie de vocablos y una serie de locuciones con una laguna en blanco

(a) Adapta los vocablos de la primera lista a las locuciones de la segunda, rellenando las lagunas

boca, brazo, cabeza, corazón, dedo, mano, oreja, pecho, pico, pie, piel, pierna, vista
a . . . juntillas, . . . de puente, saltar a . . . , dormir a . . . suelta, poner . . . en el acelerador, llegar a las . . . , dejarse . . . , no tiene ni . . . ni . . . , a lo hecho . . . , se me hizo . . . agua, buscar tres . . . al gato, quedar . . . abierta, matar a balazos . . . jarro, luchar a . . . partido, estar a dos . . . de, venir como anillo . . . , chuparse . . . , tener un . . . de oro, con las . . . gachas, argumento sin . . . , el equipo va . . . , a . . . cerrados, de . . . a . . . , más vale un . . . que dos volando, estirar . . . , tener buen . . . , echar . . . a, tomar a . . . , . . . derecho del presidente, poner los . . . , . . . de turco

(b) Construye una frase para ilustrar el uso de cada locución

10. A continuación aparecen una serie de vocablos y una serie de expresiones con espacios en blanco

(a) Adapta cada vocablo a una expresión

alto, delgado, feo, gordo, guapo, limpio, sucio
estar a sus . . . , en las . . . horas de la noche, poner un texto en . . . , . . . sentido del deber, ganar el . . . , . . . como un fideo, ir . . . por la vida, ¡oye . . . !, los ladrones le dejaron la casa . . . , pasar por . . . , un asunto poco . . . , desde . . . del árbol, tener la conciencia . . . / . . . , . . . de conciencia, más . . . que Picio, bailar con la más . . .

(b) Construye frases para ilustrar el sentido y uso de cada expresión

11. (a) Encuentra un antónimo de cada uno de los siguientes vocablos
Ejemplo: alto-bajo/chaparro (M)

amable, amargo, aseado, áspero, blando, cansado, ciego, derecho, desgreñado, distinto, echar mano a, encantador, engordar, erguirse, feo, fuerte, garboso, grosero, liso, listo, pálido, pequeño, risueño, superior

(b) Construye frases que contengan cada uno de los términos en la lista de arriba y su antónimo correspondiente

12. (a) El texto siguiente contiene varias palabras relacionadas con el cuerpo. Encuéntralas y explica de qué parte del cuerpo forman parte

A la ocasión la pintan calva, así que no se la puede agarrar por los pelos, pero en aquel caso fue suficiente un solo cabello del cadáver para solucionar el asunto del manco, que había traído de cabeza a todos los miembros de la Policía Nacional.

El comisario Cuervo, así apodado por la nariz corva, sus ojos semicerrados y cejas paralelas a los hombros caídos, era un magnífico investigador, que supo observar los restos del extinto con ojo inquisitivo, encontró el susodicho apéndice capilar entre las uñas del finado. Era un pelo rubio, casi albino, que le sirvió para seguir la pista del culpable y arrestarle no sin que ofreciera resistencia e intentara poner los pies en polvorosa.

M.A.S.

(b) ¿Qué entiendes por los siguientes vocablos o expresiones?

a la ocasión la pintan calva, un solo cabello, cadáver, manco, nariz corva, cejas, extinto, uñas, finado, albino, poner los pies en polvorosa

13. (a) Las siguientes frases contienen varios vocablos relacionados con el movimiento. Encuéntralos y explica su sentido

i. El delincuente, huyendo del inspector, se torció el tobillo, cayó de bruces, y rebotando con el trasero en los escalones terminó con un par de dientes rotos.
ii. Cuando el culpable fue examinado por el médico forense tenía el ojo amoratado, porque el guardia le había dado un manotazo al cogerle/tomarle(M) por el brazo, pero al inclinar el tronco aquel rufián, se había encontrado con los dedos del policía en su párpado.
iii. Al aparecer por la oficina todos los labios prorrumpieron en silbidos. El ambiente era claramente machista: su escote exagerado, que dejaba al descubierto medio busto, atraía todas las miradas de sus compañeros, ella lo que deseaba era que se fijaran en sus ajustadísimos pantalones nuevos de color canela.
iv. Lloró de emoción, y se descompuso todo el maquillaje, se le corrió el rímel y la sombra de los ojos quedó desdibujada. Tuvo que ir al baño a arreglarse un poco.
v. Tenía una pierna ortopédica, peluca, las pestañas y la dentadura eran postizas. ¿Serían ciertos los datos del carnet de identidad?
vi. Era su día de suerte porque el coche le atropelló sólo un pie, la taza del café al romperse sólo le cortó el dedo índice, golpeado sólo en una rodilla al subir al autobús, había conseguido una entrada para ver jugar a su equipo favorito, e iría al partido, aunque tuvieran que llevarle en camilla

(b) ¿Qué entiendes por . . . ?

amoratado, párpado, silbidos, escote, maquillaje, desdibujada, pestañas, dentadura, nariz aguileña, esbelto

Nivel 2 / Level 2

1. (a) Encuentra dos sentidos de los siguientes vocablos. Algunos de estos vocablos se pueden encontrar en los vocabularios de nivel 1

boca, brazo, codo, continente, cuello, físico, garganta, gracia, miembro, muñeca, niña, palma, postura, raya, talón, tronco

(b) Construye frases para ilustrar los dos sentidos

2. He aquí tres series de sinónimos

delgado	gordo	cara
cenceño	cerdo	aspecto
delgaducho	gordinflón	faz
demacrado	bola	fisonomía
desvaído	grueso	jeta
enjuto	mofletudo	pinta
escuálido	obeso	rostro
escuchimizado	panzón (M)	semblante
flaco	rechoncho	cabeza
macilento	regordete	carota

(a) Coloca al lado de cada uno el registro (o sea R1*, R1, R2, R3) según convenga

(b) Construye frases para ilustrar el uso y la diferencia, si es posible, entre los sinónimos

3. (a) Explica el sentido de las siguientes locuciones

dormir la siesta
dormir al sereno
dormirse en los laureles
dormir a pierna suelta
dormir como un ceporro
dormir como un lirón
estar soba
dormirse de pie
soñar despierto
echar la siesta
estar con los angelitos
estar como un tronco
pegársele a uno las sábanas
ni en sueños
sueños de gloria
caerse de sueño
ser una marmota
estar entre sueños
conciliar el sueño
perder el sueño
pasar la noche en blanco
caer en (la) cama
descabezar un sueño
estar adormilado
dormir en el Señor

(b) ¿Cuál es el registro de cada una de estas locuciones?

(c) Construye frases para ilustrar el uso de cada una de estas locuciones

4. (a) Define cada uno de los vocablos siguientes, pertenecientes al cuerpo humano

arteria, barriga, ceja, cerebro, costado, costilla, cutis, espalda, hígado, hombro, músculo, muslo, paladar, pantorrilla, párpado, pecho, pestaña, pie, pulgar, pulso, riñón, tronco, uña, vena

(b) ¿Cuál de estos rasgos tiene un significado figurado?

(c) Construye una frase para ilustrar este significado figurado

(Se encuentra la solución en Internet)

5. (a) Encuentra locuciones a partir de las siguientes palabras

barriga, cojones, culo, dedo, entrañas, espalda, hiel, hígado, moño, nariz, oídas, palma, pecho, pelo, pie, puño, pupila, rabillo, riñón, talón

(b) Indica el registro de estas locuciones

(c) Construye frases para ilustrar el sentido de estas locuciones
Ejemplo: cara: costar un ojo de la cara/R2/este coche cuesta un ojo de la cara

6. (a) ¿Cuáles son las típicas cualidades masculinas o femeninas que asocias con una estrella de cine? Recalca sobre todo la belleza del cuerpo y de la cara

(b) ¿Cuáles son las típicas cualidades físicas de un(a) campeón/campeona olímpico(a) de los cien metros?

(c) ¿Cuál es la discapacidad física que más temes? Da tus razones

7. (a) A partir de las raíces de las siguientes palabras y usando prefijos y sufijos, encuentra otras palabras

Ejemplo: boca – bocanada, embocadura, desembocadura, embocar, desbocar
aliento, aseo, cabeza, cansado, cara, carne, corazón, cuidado, encanto, entrañas, espalda, frente, gracia, ojo, peine, pie, puño, recio, sangre, sucio, sueño, tejido, vista, vivo

(Se encuentra la solución en Internet)

(b) Para ilustrar su sentido construye frases con cada uno de los vocablos que encuentres

8. (a) Escribe expresiones asociadas a *corazón/seso/sueño*

(b) Para ilustrar su sentido construye frases con cada uno de los vocablos que encuentres

9. (a) Encuentra un verbo (o más si cabe) que tenga la misma raíz etimológica que los siguientes adjetivos
Ejemplo: rico – enriquecer

blando, delgado, derecho, diestro, encantador, flaco, fuerte, gordo, humano, liso, pálido, recio, robusto, sombrío, suave, torpe

(b) Construye frases para ilustrar el uso de estos verbos

10. (a) Encuentra adjetivos que califiquen los siguientes sustantivos
Ejemplo: cuerpo – cuerpo celeste/diplomático/electoral/esbelto/estupendo/legislativo/médico/sano

ademán, impresión, índole, nariz, oído, ojo(s), olfato, pelo, piel, porte, sensación, voz

(b) Construye frases para ilustrar el uso del sustantivo con cada adjetivo

11. Traduce al español

i. Give me a hand, will you?
ii. This embroidery was done by hand, not by a machine
iii. He had the book to hand so found it straightaway
iv. I've got a bone to pick with you, so don't try to dodge me
v. She didn't make any bones about paying the bill
vi. There he was, shouting his mouth off
vii. She was awfully sad with her mouth drooping
viii. He drank so much he ended up unable to stand on his legs
ix. Our car's broken down, so we'll have to walk it
x. She had a most attractive appearance, from top to toe
xi. He was so frightened his hair stood on end
xii. She groped her way down the corridor
xiii. What the eyes don't see the heart doesn't grieve over
xiv. Turning her back on us, she kicked the door open, and strode out of the room
xv. The thief ran round the corner and I soon lost him from view
xvi. Lifting up his eyes, he scrutinized the horizon, but however hard he looked, he only caught sight of the odd bird
xvii. Although the cake tasted of honey and smelt of sherry, she felt in her heart of hearts that it was unwise to eat it
xviii. I'd like a job which would allow me to sample wine all my life
xix. I suggested she glance at the paper while I went to get my hair cut
xx. She shouted so much she became hoarse, and ended up not being able to speak for days

(Se encuentra la solución en Internet)

12. Lee atentamente el siguiente texto y contesta a las preguntas

Estuvo a la cabecera de la cama todo el tiempo que duró la convalecencia de la operación de cráneo de su esposo. Ella era una mujer muy tozuda, sus amigas decían que era cabezota, pero no podía apartar de su mente la imagen de su pobre Félix, descalabrado por el golpe recibido al caerle la escalera de mano en la testa. **Siempre se ha dicho que pasar debajo de una escalera trae mala suerte**. No la tuvo mejor el empleado de la compañía eléctrica, que para no caerse se aferró, el pobre hombre, al cable desnudo del tendido con las dos manos. Los cuatrocientos cuarenta voltios le dejaron chamuscado como un pajarito. De todo esto se puede deducir que es más peligroso estar encima de la escalera, que pasar por debajo de ella. Y si no se lo creen pidan las fotografías de la autopsia del electricista, con los ojos saltones, la piel negra, su pelo hirsuto, de punta, *como si se lo hubieran cortado a cepillo en el centro de reclutamiento*. Siendo enjuto y poca cosa, había quedado amojamado como una momia. Félix, por el contrario, estaba empezando a recobrar el sonrosado de sus mejillas y el brillo pícaro de los ojos, especialmente cuando entraba en su habitación la solícita enfermera.

M.A.S.

(a) **¿Qué entiendes por . . . ?** cabecera, cráneo, descalabrado, testa, chamuscado, ojos saltones, hirsuto, momia, enjuto

(b) **Encuentra sinónimos de:** cabezota, golpe, recobrar, pícaro, solícito

(c) Escribe frases para ilustrar el sentido de los sinónimos que encuentres

(d) Explica el sentido de la frase en negrita

(e) ¿Qué entiendes por la frase en itálica?

13. A partir de la lectura del trozo anterior (12), contesta, en español, las siguientes preguntas

(a) ¿Qué es la cabecera de la cama?
(b) Busca sinónimos de *cabeza*
(c) Enumera las diferentes partes del cráneo
(d) Define el concepto de tozudez
(e) Escribe sinónimos de *aferrar(se)*
(f) Busca los síntomas de una electrocución y las precauciones que se deben tomar para evitar un accidente de esta índole, escribiendo un resumen
(g) ¿Quién fue El Manco de Lepanto? Describe varias líneas detallando las dificultades que puede encontrar en la vida cotidiana una persona manca
(h) ¿Qué significado tiene la expresión *el pobre hombre*?
(i) Define *mojama*
(j) Escribe adjetivos que puedan acompañar a *ojos*
(k) ¿Qué significa *picardía*? Busca tres o más sinónimos

Nivel 3 / Level 3

1. (a) Encuentra sinónimos de las siguientes palabras. Algunas de estas palabras se encuentran en los vocabularios de los niveles 1 y 2

boca, contestar, diente, discurso, dormir, hablar, idioma, palabra, piel, recio, refunfuñón, retumbante, ronco, tamaño, vacilar

(b) Construye frases para cada sinónimo para ilustrar la diferencia entre los sinónimos

2. (a) Encuentra antónimos de las siguientes palabras

agarrar, áspero, basto, claro, curioso, descalzo, desgreñado, doblar, engordar, hirsuto, huraño, liso, présbita, ralo, respingado, sabroso

(b) Construye frases que incluyan tanto la palabra que aparece arriba como su antónimo

3. Compón frases que resalten la diferencia entre las palabras de las siguientes parejas o series de parónimos

banda/bando, beneficioso/benéfico, cacharro/cachorro, caseta/casita, charca/charco, complimentar/cumplimentar/cumplir, consumación/consumo/consumición, falla/fallo, farol/farola, jarra/jarro, plan/plano/plana, prodigio/pródigo, seguir/proseguir/perseguir

4. Construye frases que resalten los sentidos propios y figurados de los siguientes términos

arteria, carne, cerebro, chillón, columbrar, corazón, digerir, entrañas, gusto, hiel, miope, paladear, pesado, postura, pulmón, retroceder, rostro, salado, sordo, suave

5. Sitúa los vocablos que aparecen a continuación en la(s) columna(s) correspondiente(s)
Ejemplo: párpado **cara**

anular arruga bigote cadera ceja cerviz clavícula codo coronilla encías falange frente índice laringe meñique menisco muñeca nudillo párpado patillas pómulos pulmón rizo rodilla sien talón tejido tez tráquea uña

cráneo	cuello	tronco	pierna	brazo	cara
					párpado

6. (a) Encuentra los correspondientes sustantivos y adjetivos de los siguientes verbos
Ejemplo: hablar-habla, hablador

arrullar, balbucear, cosquillear, digerir, holgazanear, inclinar, mirar, oler, percibir, refunfuñar, respirar, responder, saborear, tragar, vivir

(b) Construye frases con los vocablos que aparecen en la lista anterior

7. Encuentra correspondientes locuciones españolas para las siguientes locuciones

to make your pile
to sleep on it
to keep someone on tenterhooks
to give someone a real dressing down
to give someone a free hand
to settle accounts with someone
the whole blessed day
the cream of society
Don't count your chickens before they're hatched
Money talks
Once bitten, twice shy
to be up to your old tricks
to be pointless
to beat about the bush
to get your own way
to rend your clothes with despair
to see life through rose-colored spectacles
as ugly as sin
as poor as a church mouse
It's no use crying over spilt milk
to put the cart before the horse
Speak of the devil

(Se encuentra el modelo en Internet)

8. (a) ¿Cuál es la diferencia entre los vocablos de los siguientes pares o series de palabras?

abertura/obertura/apertura	enérgico/energético
aderezar/enderezar	parada/parador/paro/paradero
afrentar/afrontar	parte(m)/parto/parte(f)
atracción/atractivo	perjuicio/prejuicio
baja/bajada/rebaja	reseco/seco
barba/barbilla	respecto/respeto
cálido/caluroso/caliente	sostener/sustentar
carreta/carro/carrete/carrito/carretilla	volver/revolver/devolver

(b) Construye frases para cada una de estas palabras, ilustrando su uso

9. Traduce al español

i. However much you grimace over the matter, you still have to face the truth
ii. He ran into the house, looked me up and down for a second, gave me a kick up the ass/arse and raced out again
iii. From a kneeling position, she straightened up, took one enormous breath, and without blinking an eyelid, ran up the stairs like one possessed
iv. On hearing these words, she averted her eyes, blushed and crumpled to the floor
v. I suggested she took a rest, but I could hardly believe my ears when she stated in a whisper that she needed to exercise her body even more
vi. I felt a twinge of pain as I twisted my knee, and it was not long before the pain ran down my calf and affected my ankle
vii. Keen of eye and sharp of mind, he proved capable of the most prodigious feats
viii. He had the oddest appearance you could possibly imagine, an enormous moustache, curly whiskers, gums jutting out of his mouth, and overall facial features that left me gaping

(Se encuentra la solución en Internet)

10. Traduce al español

She rose to step back into the stern of the boat. As she did so, she saw a dark head and the flashing ruddy shoulders of a man swimming towards the boat. She wavered – and as she was sitting down, the man stood up in the water and was wading near, the water washing at the loose little cloth he had round his loins. He was smooth and wet and of a lovely colour, with the rich smooth-muscled physique of the Indians. He was coming towards the boat, pushing back his hair from his forehead. (D. H. Lawrence, *The Plumed Serpent*, Harmondsworth; Penguin Books, 1955, p. 99)

(Se encuentra la solución en Internet)

11. Lee atentamente el siguiente texto y contesta a las preguntas

Tras una *ajetreada jornada* en el *tajo* o en la oficina, necesitarás un producto para tonificar las piernas cansadas a base de aceites relajantes. Los *productos antiestrés* resultan una opción *idónea* para aplicar en todo el cuerpo, después de la ducha con agua a gran presión, a una *temperatura algo más que templada*, con el fin de abrir los poros.

Resulta conveniente llevar en el bolso unas toallitas de colonia o limpiadoras del rostro, sin olvidar los *geles antibacterianos* que no precisan agua para su aplicación en cualquier momento.

Ignoro si los productos objetivamente tienen algún efecto o son un *placebo*. Lo que resulta cierto es el beneficio físico y psicológico al dedicar unos minutos preciosos a cuidar de una misma, a *mimarse*, a relajarse.

Mi amiga Inés dice que todos estos *potingues* no valen para nada, aunque cuestan mucho, pero yo estoy convencida de que por lo menos tienen un efecto placebo. Yo me siento mucho mejor después de mi sesión de cuidados corporales. No en vano, hoy día, es una tarea agotadora ésta de ser mujer.

M.A.S.

(a) Explica el sentido de los vocablos en itálica

(b) Encuentra sinónimos de *tajo* e ilustra sus sentidos en frases

(c) ¿Por qué es una tarea agotadora de ser mujer hoy en día?

(d) Explica la ironía contenida en la última frase del trozo

12. (a) Los textos siguientes son propios de la jerga de cuidados corporales. Suelen aparecer en los prospectos y envases de ciertos productos. Elige ocho productos y describe el efecto que, según los fabricantes, prometen a los usuarios

i. Crema hidratante para prevenir la sequedad de la piel
ii. Crema para resaltar el contorno de los ojos
iii. Tónico antiestrés para vaporizar por todo el cuerpo obteniendo una duradera renovación de la energía
iv. Leche limpiadora para cutis normales o pieles alérgicas
v. Maquillaje en envase monodosis individual
vi. Agua de colonia refrescante
vii. Crema de protección solar adecuada en función de la intensidad de radiación para evitar quemaduras
viii. Desodorante antitranspirante sin alcohol a base de productos naturales de tenue fragancia
ix. Crema o colonia repelente de insectos para usar al aire libre, excursiones o deporte de aventura
x. Pulverizador podológico para aplicar tras grandes caminatas
xi. Espuma reparadora del cabello para después de una prolongada exposición al sol
xii. Brillo labial con irisaciones de nácar de tonos poco marcados
xiii. Crema limpiadora para utilizar previamente a la aplicación de la mascarilla reparadora nocturna

(b) Formando grupos de tres o cuatro personas, componer un guión para hablar sobre las diversas circunstancias de aplicación de los productos, a los que hacen referencia los puntos anteriores

13. (a) Buscar la descripción/retrato literario de D. Quijote y de Sancho Panza

(b) Buscar en un texto una descripción de Emiliano Zapata/Jerónimo

(c) Idem, de un(a) actor/actriz

14. (a) Lee atentamente el texto siguiente anotando los vocablos y expresiones más interesantes

Todos le llamaban "Chato," y lo era. Pero era mucho más que eso, pues, aunque todos le tildaban de borracho, la mayoría de sus vecinos le tenían por personaje entrañable, a quien podían perdonar la beocia. Menudo, desgreñado, flaco y macilento, se aturullaba al hablar, no al cantar. Vestido de andrajos que un día habían sido de varios dueños, le sobraban dos palmos de mangas y los pantalones, atados con un cordel prieto a la estrecha cintura le caían lasos sobre los zapatos desgastados de color indefinido de barro arcaico. Cuando andaba por la calle, encorvado, iba haciendo eses, decidido por encontrar el centro de la acera sin conseguirlo. De vez en cuando se agachaba a coger una colilla y tras pedir fuego daba grandes caladas echando el humo levantando el hirsuto mentón al cielo y arrugando más aún su cara mientras cerraba aquellos ojos pequeños y oscuros, ribeteados de rojo, con las pestañas cortas y ralas, hartas de aguantar a la intemperie el frío y la canícula a partes iguales.

M.A.S.

(b) Construye frases con los vocablos o expresiones anteriores

(c) Busca los verbos del texto y cambia los que estén en pasado a presente y futuro

Unidad 2 / Unit 2

La Personalidad humana / The Human Personality

Nivel 1 / Level 1

Inteligencia / Intelligence

aceptar	to accept
acordarse de	to remember
afirmación f	affirmation
agudo R3/2	sharp, keen
claro	clear, obvious
¡Claro!	Of course!
comprender	to understand
conciencia f	conscience, consciousness
conclusión f	conclusion
conocer	to know, to be acquainted with
creencia f	belief
creer	to believe
desde mi punto de vista	from my point of view
destino m	destiny, destination
destreza f R3/2	skill, dexterity
discurrir R3	to think, to reason
duda f	doubt
entender	to understand
equivocación f	mistake
equivocarse	to make a mistake
error m	error
espíritu m	spirit, mind
estupidez f	stupidity
estúpido	stupid
facultad f intelectual	intellectual faculty
genio m	genius
gracia f	wit, witticism, humor
gracioso	witty, humorous
idea f	idea
imaginación f	imagination
impresión f	impression
intelectual	intellectual
inteligencia f	intelligence
inteligente	intelligent, smart
juicio m	judgment
juzgar	to judge
listo	smart, intelligent, bright
llamar la atención a	to attract *(someone's)* attention
memoria f	memory *(faculty of)*
mente f R3/2	mind
moral f	moral, morals, morality
olvidar(se de)	to forget
opinión f	opinion
pensamiento m	thought
pensar (en)	to think (of)
prudente	prudent
razón f	reason
recordar	to remember
recuerdo m	memory *(act of)*
saber	to know *(a fact)*
según mi parecer	from my point of view
talento m	talent
tener en cuenta	to realize, to bear in mind
tontería f	silliness, foolishness
tonto	silly, foolish
¡Ya lo creo!	I should say so!

Sentimientos agradables / Pleasant feelings

abrazo m	embrace, hug
admiración f	admiration
afecto m R3/2	affection
afectuoso R3/2	affectionate
agradable	pleasant
alegre	happy
alegría f	happiness
amar	to love
amistad f	friendship
amistoso	friendly
amor m	love
amor m materno	motherly love
amor m paterno	fatherly love
asombrar	to amaze, to astonish
asombro m	amazement, astonishment
beso m	kiss
bienestar m	well-being
capricho m	whim, caprice
cariño m	affection
cariñoso	affectionate
confianza f	trust
contento (con)	happy (with)
cordial R3/2	friendly, cordial
cordialidad f R3/2	friendliness, cordiality
dar la enhorabuena (a)	to congratulate
enamorarse de	to fall in love with
encantado	delighted
encantar	to delight
entusiasmar	to fill with enthusiasm
entusiasmo m	enthusiasm
esperanza f	hope
esperanzado R3/2	hopeful
gustar	to please *(i.e. to like)*
gusto m	pleasure
ilusión f	hope
ilusionado	hopeful
libertad f	freedom
libre	free
pasión f	passion
pasmado R3/2	astonished, amazed
querer	to wish, to want, to love, to like
reírse (de)	to laugh (at)
risa f	laugh
sensación f	sensation
sensibilidad f	sensitivity
sentimiento m	feeling, sentiment
sentir	to feel
sonrisa f	smile

Sentimientos desagradables / Unpleasant feelings

aburrido	boring
aburrimiento m	boredom
apurarse M	to worry
asco m	loathing, disgust
asqueroso	foul, awful
asustar	to frighten
cuidado m	care, worry, concern
decepción f	disappointment
desagradable	unpleasant
desanimarse	to be discouraged
descontento m	unhappiness *(also adjective:* unhappy*)*
desgraciado	unlucky, unfortunate
discusión f	argument, row
disputa f R3/2	dispute, argument
dolor m	pain, grief
enemistad f	unfriendliness, enmity
espantar R3/2	to frighten
espanto m R3/2	fright, fear
extrañar A/M	to miss / long for *(someone) (R3 in Spain)*
horror m	horror
lágrima f	tear
llevarse chasco	to be disappointed
llorar	to cry, to weep
malestar m	uneasiness, malaise
miedo m (a)	fear (of)
odio m	hatred
pena f	grief, pain
ponerse triste	to become sad
preocupación f	worry, concern
preocupado	worried

quejarse	to complain
rabia f	anger
susto m	fright, fear
temer	to fear, to be afraid of
temor m (a)	fear (of)
tener miedo (a/de)	to be afraid (of)
triste	sad
tristeza f	sadness

Voluntad / Will

acabar	to end, to finish
acto m	act
arranque m	drive, energy
azar m	chance, fate
contentarse (con)	to be satisfied (with)
costumbre f	custom
cumplir con su obligación	to fulfill your obligation
de buena/mala gana	willingly/unwillingly
deber m	duty
decidir(se a)	to decide (to)
decisión f	decision
decisivo	decisive
desear R3/2	to desire, to wish
deseo m	desire, wish
dificultad f	difficulty
duda f	doubt
dudar	to doubt
elección f	choice, election
elegir	to choose, to elect
energía f	energy
enérgico	energetic
escoger	to choose
esfuerzo m	effort
fin m	end
fortaleza f	strength, resolution
gana(s) f(pl)	wish(es), desire(s)
hacer algo adrede/aposta	to do something deliberately
instintivo	instinctive
instinto m	instinct
intención f	intention
intencionado	deliberate
llevar a cabo	to carry out, to do
mandar	to order
necesario	necessary
No me da la gana	I don't feel like it
opción f	choice, option
optar (por) R3/2	to opt (for)
ordenar	to order
preciso	precise, necessary
realizar	to carry out
responsabilidad f	responsibility
responsable	responsible
rutina f	routine
terminar	to end, to terminate
trabajo m	work
vacilación f	hesitation
vacilar	to hesitate
valentía f	courage
valiente	courageous
vigor m R3	vigor, energy
vigoroso R3/2	vigorous, energetic
voluntad f	will

Cualidades y virtudes / Qualities and virtues

agradecer algo a alguien	to thank someone for something
agradecido	thankful
amable R3/2	nice, lovable
amparar R3/2	to assist, to help
amparo m R3/2	assistance, help
ánimo m	courage, spirit
ayuda f	help
ayudar	to help
bondad f R3/2	goodness
bondadoso R3/2	kindly
bueno	good, kind
callado	quiet
caluroso R3/2	warm, enthusiastic
caridad f	charity
complacer	to please, to oblige
(com)portarse bien/mal	to behave well/badly
confiado	trusting, confident
continente m sereno R3	serene countenance
cualidad f	quality
cuidado m	care, concern
cuidadoso	careful
dar	to give
dar las gracias (a)	to thank
dignidad f	dignity

entenderse (bien) con	to get on (well) with
fama f	fame
favor m	favor
fiarse de	to trust
fiel	faithful
franqueza f R3/2	frankness
generoso	generous
hábil	skillful, clever
habilidad f	skillfulness
habilidoso	skillful
honor m	honor
humildad f	humility
humilde	humble
inocencia f	innocence
inocente	innocent
justicia f	justice
justo	just, fair
llano	straightforward, frank, open
maña f	skill, dexterity, ingenuity
mañoso	skillful, ingenious
mi palabra de honor	my word of honor
modestia f	modesty
modesto	modest
No me importa	It doesn't matter, I don't care
nobleza f	nobility
orden m	order, tidiness
orgullo m	pride
orgulloso	proud
paciencia f	patience
paciente	patient
perdonar	to pardon
piadoso	pious
piedad f	piety, pity
¡Por el amor de Dios!	For the love of God!
por favor	please
reservado R3/2	reserved
sacrificarse	to sacrifice yourself
seguro	sure, certain, reliable
sencillo	simple, straightforward
simpatía f	friendliness, warmth
simpático	nice, likeable, gentle
simple	uncomplicated, straightforward
simplicidad f	simplicity
sinceridad f	sincerity
sincero	sincere
socorro m	help
tacto m R3/2	tact
tener lástima a	to pity
timidez f	timidity
tímido	timid
vigilancia f	vigilance, watchfulness
virtud f	virtue

Defectos, vicios y delitos / Defects, vices and crimes

apalear	to beat, to thrash
apuñalar	to stab
asesinar	to murder, to assassinate
asesino m	murderer, assassin
astucia f	cunning, guile
astuto	astute, cunning
atorrante mf R1 A	lazy person, bum
bandido m	bandit
borrachera f	drunkenness
borracho	drunk
burla f	ridicule, jeer
burlador m	scoffer, mocker
burlarse de	to make fun of
cagarse en R1*	to loathe
celoso	jealous
cholo m R1 A	coward
chulo m	villain, rascal, pimp
cobarde mf	coward
coger asco a	to come to hate, to take a dislike to
cólera f R3/2	anger, rage
cometer un error	to make/commit an error
crimen m	*(serious)* crime
criminal	criminal
dañar	to harm, to hurt
defecto m	defect
delincuente mf	delinquent
delito m	offense, crime
desdén m R3	disdain, scorn
desdeñar R3	to scorn
desorden m	disorder

emborracharse	to get drunk
enfadarse	to get angry
enfado m	anger
engañar	to deceive
engaño m	deception
envidia f	envy
estafa f	swindle, trick
falsedad f	falseness
falso	false
fastidiar	to annoy, to trouble
gamberro m	roughneck, hooligan
gán(g)ster m	gangster
golfo m	lout, bum
golpe m	blow
golpear	to hit, to strike
granuja mf	rogue
hacer daño a	to hurt, to harm
herir	to injure
hipocresía f	hypocrisy
hipócrita mf	hypocrite *(also adjective:* hypocritical*)*
hostilidad f R3/2	hostility
indiferencia f	indifference
infracción f R3/2	offense
injuria f R3	insult
injusticia f	injustice
injusto	unjust, unfair
irresponsable	irresponsible
ladrón m	thief
loco	crazy, mad
locura f	madness
malos tratos mpl	ill treatment
maltratar	to ill-treat, to treat badly
matar	to kill
mentira f	lie
mentiroso	lying, deceitful
molestar	to annoy, to trouble
naco m R1 M	vulgar/coarse person
ocio m M	laziness
odiar	to hate
odio m	hatred
ofender	to offend
orgullo m	pride
paliza f	thump, bang
pegar	to hit
pereza f	laziness
por descuido	out of carelessness
rabiar	to rage, to be furious
robar	to steal
seductor m	seducer
sinvergüenza mf	villain, shameless person
sospechar	to suspect
sospechoso m	suspect *(also adjective:* suspicious*)*
tener asco a	to hate, to loathe
timador m	swindler
timar	to trick, to swindle
timo m	trick, swindle
venganza f	vengeance
vengarse de	to wreak vengeance on
violar	to rape
violencia f	violence

Percepción de los sentidos / Sense perception

Vista / sight

aparecer	to appear
claro	clear
desaparecer	to disappear
echar un vistazo (a)	to take a glance (at)
esclarecer R3/2	to dawn, to get lighter
escudriñar	to scrutinize
espiar	to spy
examinar	to examine
experiencia f	experience
fijar la mirada (en)	to stare (at)
fisgar R1	to pry, to snoop
guipar R1	to see, to spot
lanzar una mirada (a)	to glance (at)
luz f	light
mirada f	look
mirar	to look at
mirar con buenos/malos ojos	to view favorably/unfavorably
mirar con ceño a R3/2	to frown at
mirar de hito en hito R3/2	to stare at

mirar furtivamente R3/2	to peep at
No se ve ni madres R1* M	Can't see a thing
notar	to note, to observe
observación f	observation
observar	to observe
ojear	to eye, to stare at
oscurecer	to get darker *(of day)*
oscuridad f	darkness
oscuro	dark
percibir R3/2	to perceive
rayo m	ray
recorrer con la vista	to glance through
reflejar	to reflect
reflejo m	reflection
ser un lince	to be sharp-eyed
sombrío R3/2	dark
ver	to see
visión f	vision
vista f	sight, view

Sonido / sound

alboroto m	disturbance, racket
bochinche m R1 A	uproar, din
chirriar	to screech *(of wheels)*, to squeal, to chirp *(bird)*
chirrido m	screeching, squeaking *(of metal)*, chirping *(bird)*
crujido m	creaking, squeaking *(e.g. floor)*
crujir	to creak, to squeak *(e.g. floor)*
cuchichear	to whisper
cuchicheo m	whisper(ing)
dar un portazo	to bang a/the door
detonación f R3/2	bang, detonation
detonar R3/2	to detonate
gresca f R1	row, fight
rechinar	to grate, to squeak, to clank
resonar	to resound
restallar	to crack *(whip)*
retumbar	to resound, to boom
ruido m sordo	muffled noise
silbar	to whistle
silbido m	whistling, ringing *(in ears)*
sonido m	sound
tener buen oído	to have good hearing
tener el oído fino	to have good hearing
tic-tac m	tick(-tock) *(of clock)*
tocar	to play *(instrument)*
zumbar	to buzz, to whirr
zumbido m	buzzing, whirring

Olor / smell

acre R3	acrid, pungent
aroma m R3/2	smell, aroma
fétido R3/2	fetid, stinking
husmear	to scent, to sniff out
husmeo m R3	scenting, sniffing around
husmo m R3	high/strong smell
oler (a)	to smell (of)
oler a ajo	to smell of garlic
oler a chamusquina	to smell of burning
olfato m	*(sense of)* smell
olor m	smell
pedo m R1*	fart
penetrante	penetrating
perfume m	perfume
respirar	to breathe
tenaz R3	tenacious
tener buen olfato	to have a good sense of smell
tirarse un pedo R1*	to let off a fart
tufillo m	stench
tufo m	stench

Tacto / touch

áspero	harsh, rough
barnizado	varnished, smooth
blando	soft
comezón f R3/2	itching, tingling
desigual	uneven
ir a tientas	to grope along
liso	smooth *(i.e. of skin)*
pegajoso	sticky, gooey
rugoso	rough, ridged
sedoso R3/2	silky
suave	smooth, even

tacto m	*(sense of)* touch
tener agujetas	to be stiff *(e.g. after exercise)*
terso R3	smooth *(of skin)*, polished
viscoso	viscous

Gusto / taste

ácido	sharp, sour, acid
agrio R3/2	sour, tart, bitter
amargo	bitter, sharp
apetitoso	appetizing
azucarado	sugary
delicioso	delicious
dulce	sweet
gusto m	*(sense of)* taste
gustoso R3/2	tasty
insípido R3/2	insipid
insulso R3/2	tasteless, insipid
picante	spicy, hot
picoso M	spicy, hot
saber a ajo	to taste of garlic
saber a quemado	to taste burnt
sabor m	taste *(of food, drink)*
saborear	to taste, to relish
sabroso R3/2	tasty, delicious
salado	salty
soso	insipid, tasteless
tener el paladar fino	to have a delicate palate

Nivel 2 / Level 2

Inteligencia / Intelligence

a diferencia de	unlike, in contrast to
a mi modo de ver	from my point of view
abusado M	smart, intelligent
adivinar	to guess
admitir	to admit
agudeza f R3/2	sharpness, keenness
apariencia f	appearance
arreglárselas	to get by
asegurar	to assure
avisado R3	wise, sensible
bobada f	stupid statement/act
bobo	silly, stupid
broma f	joke
cagarla R1*	to mess up
cajetearla R1* M	to mess up
capacidad f intelectual R3/2	intellectual capacity
cargada f A	joke, witticism
certeza f	certainty
chiste m colorado M	unsavory joke, dirty joke
chistoso	witty, funny
claridad f	clarity
comprobar	to check, to prove
concienciar	to make *(someone)* aware
concienciarse de	to become aware of
concientizar M	to make *(someone)* aware
concientizarse de M	to become aware of
concienzudo R3/2	conscientious
concluir	to conclude
confundir	to confuse
confusión f	confusion
contar chistes	to tell jokes
contradicción f	contradiction
convencer	to convince
convicción f R3/2	conviction
dar a entender	to give to understand
desenvolverse	to get by, to adapt
discreción f R3/2	discretion
discreto R3/2	discreet
dudoso	doubtful
en comparación con	in comparison to
en lo que se refiere a	with reference to
exponer	to expound, to explain
expresar su tristeza	to express your sadness
externar su ira/alegría M	to express your anger/joy
hipótesis f	hypothesis
imaginarse	to imagine

ingenioso R3/2	ingenious, witty
¿lo pescaste? R1 M	get it? understood?
lucidez f R3/2	lucidity
lúcido R3/2	lucid
manifestar su descontento R3/2	to express your discontent
Me palpita que . . . R1 M	I have a hunch that . . .
Me tinca que . . . R1 A	I have a hunch that . . .
meditar	to meditate
mentalizar	to make *(someone)* aware
mentalizarse	to become aware
noción f	notion
obvio	obvious
ocurrirse a	to come to mind
pensándolo bien	on reflection
precavido	cautious, wary
predecir	to foretell
prejuicio m	prejudice
prevenir	to foresee, to prevent
prever	to foresee
previsor	far-sighted
prudencia f	prudence
prudente	prudent
razonable	reasonable
reflexión f	thought, reflection
reflexionar	to think, to reflect
respecto a	with respect to
sabiduría f	wisdom
sabio	wise
sacar una conclusión	to draw a conclusion
seguro	sure, clear
sensatez f	good sense
sensato	sensible
sensibilizar	to make *(someone)* sensitive (to)
sentido m	meaning
sentido m común	common sense
ser duro de mollera R2/1	to be unintelligent
sospecha f	suspicion
suponer	to suppose
tener un pálpito A	to have a hunch
tener un presentimiento	to have a presentiment/ hunch
vacilación f R3/2	hesitation
vacilar R3/2	to hesitate

Falto de inteligencia / loco / lacking in intelligence / mad

(La mayoría de estos adjetivos se pueden usar en sentido propio o en sentido figurado = Most of these adjectives may be used literally or figuratively)

chalado R1	cranky
chiflado R1	nuts
dechavetado R1 M	unhinged
demente R3	demented
desequilibrado R3/2	unbalanced
enajenado R3	alienated, insane
grillado R1	crazy
ideático M	filled with fanciful ideas
ido de la cabeza R1	crazy
loco	mad
maníaco R3/2	maniac
mochales R1	nuts
orate R1 M	crazy *(R3 in Spain)*
perturbado R3/2	disturbed
poseso R3	possessed
rayado R1 A	crazy
tocado del ala R1	nuts
tocame un vals R1 A	mad, crazy
trastornado	disturbed

Sentimientos agradables / Pleasant feelings

acariciar	to caress
afición f	fondness, liking
aficionarse a	to take a liking to
alegrar(se de)	to gladden, (to be happy about)
alentar R3/2	to encourage
amorío m	love affair, romance
animar (a alguien a)	to encourage (someone to)
apantallar R1 M	to amaze, to impress
arrebato m	ecstasy, rapture

calma f	calm
caricia f	caress
confianza f (en sí mismo)	(self-) confidence
conmovedor R3/2	moving, poignant
conmover R3/2	to move, to touch
consolar	to console
consuelo m	consolation
de buen humor	in a good mood
deleite m R3	delight, pleasure
delicia f	delight, delightfulness
desenfadado R3/2	free and easy, uninhibited, self-assured
desenfado m R3/2	freedom, free-and-easy manner
desenvuelto R3/2	self-assured, confident
dignidad f	dignity
disfrute m	enjoyment
emoción f	emotion, excitement
emocionar	to excite, to thrill
encantar	to delight, to charm
encanto m	charm, enchantment
estado m de ánimo	state of mind
estar cómodo	to be comfortable / at ease
estar en la gloria	to be in seventh heaven
estar perdido por	to be crazy about
estupefacción f	amazement, stupefaction
excitación f	excitement
felicidad f	happiness
feliz	happy
goce m	enjoyment
gozada f	real joy
gozo m	enjoyment, pleasure
guerroso R2/1 M	trying *(but affectionately used of children)*
hacer mella en R3/2	to impress
impactar	to have an impact on
impresionar	to impress
nostalgia f R3/2	nostalgia
nostálgico R3/2	nostalgic
optimismo m	optimism
optimista mf	optimist *(also adjective: optimistic)*
pasmar R3/2	to amaze, to astonish
patriotismo m	patriotism
placer m	pleasure
porfa R1 M	please
sensible R3/2	sensitive
soltar la carcajada	to laugh heartily
sosiego m R3/2	calm, tranquillity
ternura f R3/2	tenderness
tierno R3/2	tender
verlo todo color de rosa	to see life through rose-tinted glasses

Sentimientos desagradables / Unpleasant feelings

acobardarse	to be frightened, to flinch
aguantar	to suffer, to endure
amolado R1 M	irritated, annoyed
angustia f	anguish, distress
asustar	to scare, to frighten
aterrorizar	to terrorize
atormentar	to torment
avergonzarse de	to feel ashamed about
aversión f	aversion, loathing
chillar R1 M	to cry
chingar R1* M	to piss off
chípil R1 M	sad, down
cobarde mf	coward *(also adjective: cowardly)*
consternación f	dismay, consternation
contrariedad f	vexation, annoyance
dar el coñazo (a) R1*	to be an asshole
dar guerra (a)	to trouble
dar la lata (a) R1	to be a nuisance (to)
dar miedo (a)	to frighten
dar pánico (a)	to frighten, to cause panic (in)
decepción f	disappointment
decepcionado	disappointed
desalentado	discouraged
desaliento m	discouragement
desánimo m	discouragement
desasosegado	uneasy

desasosiego m	uneasiness
desconfianza f	distrust
descontento m	discontent *(also adjective:* discontented*)*
desencanto m	disillusionment, disenchantment
desengaño m	disillusionment, disappointment
desesperación f	desperation
desesperado	desperate, despairing
desesperanza f	despair
desgracia f	misfortune
detestable R3/2	detestable
detestar R3/2	to detest
doloroso	painful
duelo m	grief
echar chispas	to be hopping mad
engorroso R2/1	bothersome, awkward
escalofrío m	shiver, shivery fright
estar de mal humor	to be in a bad mood
estar malhumorado	to be in a bad mood
estorbar	to be in the way
fastidio m	annoyance
fregar R1 M	to annoy
fregón R1 M	bothersome
gacho R1 M	unpleasant, annoying
guardar rencor a	to have a grudge against
hacer la puñeta a R1*	to annoy
hostil	hostile
incordiar R2/1	to annoy, to pester
indignación f	indignation
infiel	unfaithful
inquietarse R3	to worry
inquieto	worried
inquietud f	worry
joder R1*	to pester
jorobar R2/1	to bother
lamentar	to be sorry, to lament
lata f R1	annoyance, bother
latoso R1	annoying, trying
llanto m	crying, tears
Lo siento	I am sorry
Me da vergüenza	I feel ashamed
melancolía f R3	melancholy
melancólico R3/2	melancholic
meterse con	to pick on
molesto	annoying, troublesome
morirse de aburrimiento	to die of boredom
padecer	to suffer
pesimismo m	pessimism
pesimista mf	pessimist *(also adjective:* pessimistic*)*
preocuparse	to worry
puñetero R1*	fucking awkward
recelo m R3/2	suspicion
receloso R3/2	suspicious
rencor m	grudge, rancor
rencoroso	grudging, resentful
repugnancia f	repugnance
sollozar R3/2	to sob
sollozo m R3/2	sobbing
sufrimiento m	suffering
sufrir	to suffer
suspirar	to sigh
suspiro m	sigh
tener ojeriza a	to have a grudge against
tormento m	torment
trastornado	upset, disturbed
vergüenza f	shame, disgrace
verlo todo negro	to be terribly pessimistic
violento	embarrassed

Voluntad / Will

abocarse a R3 M	to be resolved/devoted to *(do something)*
andar alerta	to be alert
anhelo m	eagerness, yearning
animoso	lively, spirited
ansia f	yearning, longing
ansiar	to yearn/long for
arbitrariedad f	arbitrariness
arbitrario	arbitrary
arriesgar(se a)	to risk *(doing)*
aspirar (a)	to aspire (to)
atreverse a	to dare to
audacia f R3/2	audacity

audaz R3/2	audacious
cabezota R1	stubborn
comprometer(se a)	to commit (yourself to)
consentir (a)	to consent (to)
de su propia iniciativa	on your own initiative
ejecutar	to execute *(an act)*
empeñarse (en)	to persist (in)
empeño m	determination, insistence
emprender	to undertake
ensayo m	attempt, try
esforzarse en/por	to try to
esmerarse (en)	to take great pains (to)
esmero m	great care
exigir	to demand
firmeza f	firmness, resolution
Hombre prevenido vale por dos	Forewarned is forearmed
ideal m	ideal
impetuosidad f R3/2	impetuosity
impetuoso	impetuous
imprudente	rash, imprudent
impulso m	urge, stimulus
iniciativa f	initiative
insistencia f	insistence
insistente	insistent
intento m	intention, attempt
intentona f	wild attempt
intrepidez f R3/2	audacity
involuntario	involuntary
negarse a	to refuse to
obstinado R3/2	obstinate
planear	to plan (to)
ponerse buzo R2/1 M	to get ready, to be alert
pretender R3/2	to try (to)
procurar	to attempt (to)
prometer	to promise
proponerse	to intend (to)
propósito m	plan, intention
proyectar	to plan (to)
rechazar	to reject
rechazo m	rejection
rematar	to finish off
resolver(se a) R3/2	to resolve (to)
resuelto R3/2	resolute
suerte f	luck, fate
tener ganas de leer	to feel like reading, to want to read
tener mono por esquiar R1	to feel really keen to go skiing
tentativa f	attempt, endeavor
terco	stubborn
testarudo	stubborn, pigheaded
tozudo	obstinate
tratar (de)	to try (to)
voluntario m	volunteer *(also adjective:* voluntary)

Cualidades y virtudes / Qualities and virtues

abstenerse	to abstain
acogedor	welcoming
afabilidad f R3/2	good-naturedness, pleasantness
agasajo m R3/2	kindness, good treatment
agradecimiento m	gratefulness
ardor m	ardor, eagerness
arrepentirse (de)	to repent (of)
auxiliar R3/2	to assist, to help
auxilio m R3/2	assistance, help
beneficio m	profit, benefit
bondadoso	kind
brío m R3	liveliness, verve
caballeroso R3	chivalrous
caliente R1	spirited, lively
campechanía f R3/2	frankness, good-heartedness, generosity
campechano R3/2	frank, good-hearted, generous
cándido R3	innocent, simple
caritativo	charitable
castidad f	chastity, purity
casto	chaste, pure
celo m	zeal, fervor
chingón R1* M	skillful
compadecerse de	to take pity on
compasión f	compassion
complaciente	kind, obliging

concordia f R3	concord
constancia f	constancy, steadfastness
constante	constant, steady
cortés	courteous
cortesía f	courtesy
delicadeza f	delicacy, sensitivity
desinterés m	impartiality, unselfishness
devolver bien por mal	to return good for evil
devoto m	devout person *(also adjective:* devout, pious*)*
dignarse	to deign (to)
digno	worthy, dignified
discreción f R3/2	discretion
donar R3/2	to donate
dulzura f	sweetness, gentleness
entereza f R3	integrity, honesty
esmerado	painstaking, conscientious
estima f	esteem, respect
estoicismo m R3	stoicism
fidelidad f	faithfulness
fino	polite, well-bred, shrewd
gratitud f	gratitude
honradez f	honesty, uprightness
honrado	honorable, respectable
humor m	humor
ingenio m	ingenuity, wit
liberal	liberal
leal	loyal
llaneza f R3	frankness, plainness
manso R3/2	gentle, mild
mantenerse firme	to stand firm
noble	noble
obsequioso	obliging, attentive
prolijo A	neat, well-ordered
pureza f	purity
recatado	modest, cautious
reconciliación f	reconciliation
reconciliar(se con)	to reconcile (to be reconciled to)
reconocimiento m R3	gratitude
remediar	to correct, to remedy
respetuoso	respectful
sacrificio m	sacrifice
seriedad f	seriousness
serio	serious
servicial	helpful, obliging
solicitud f R3	care, concern, affection
suavidad f	gentleness, sweetness
Suceda lo que suceda	Whatever happens
tolerancia f	tolerance
tolerante	tolerant
valeroso R3	valiant, brave
varonil R3/2	manly, virile, vigorous
viril R3	virile
virtuoso	virtuous

Defectos, vicios y delitos / Defects, vices and crimes

abofetear R3	to slap *(in the face)*
abuso m de confianza	betrayal of trust
adulación f	flattery, adulation
afrenta f R3/2	affront, insult
agraviar R3	to wrong, to offend, to insult
agravio m R3	wrong, offense, insult
alta traición f	high treason
asalto m	attack, assault
atentado m	outrage, crime, attack
atraco m	heist, hold-up
avidez f R3/2	greed, greediness
bolsista mf R1 M	pickpocket
boludo m R1 *A	asshole
bribón m	rogue, dishonest person
broncudo m M	trouble maker
brutalidad f	brutality
burdo	coarse, uncouth
buscapleitos m M	trouble maker
cachetear R1 M	to slap *(in the face)*
canalla mf	swine
carterista mf	pickpocket
chantaje m	blackmail
chantajista mf	blackmailer
charro R1 M	dumb, stupid
chifladura f R1	mad idea, wild scheme

codo R1 M	mean, stingy
coger con las manos en la masa	to catch red-handed / with the hands in the till
coger in fraganti R3	to catch red-handed / *in flagrante delicto*
compadrear R2/1 A	to show off *(feeling superior to others)*
cómplice mf	accomplice
conchudo R1 M	weak, spiritless
coquetería f	flirtatiousness
corrupción f	corruption
culpable mf	guilty person *(also adjective:* guilty*)*
currar R1 A	to swindle
dar una madriza a R1* M	to beat the shit out of
dárselas de rico	to give an appearance of being rich
decir boludeces R1* A	to say stupid things
descaro m	shamelessness, brazenness, cheek
desdén m R3	scorn, disdain
deshonor m R3/2	dishonor, disgrace
disimulación f	furtiveness, cunningness
disputar	to dispute, to argue
egoísmo m	egoism
embuste m R3/2	lie
embustero m R3/2	liar, impostor, cheat
enfurecerse	to get furious
enojarse R3 (R2 in M)	to get angry, to lose your temper
enorgullecerse R3/2	to swell with pride
envidiar	to envy
falsificación f de moneda	counterfeiting
falta f	error, mistake, failure
fiaca f R2/1 A	laziness
fingir	to pretend
follonero m	trouble maker *(also adjective:* trouble-making, provocative*)*
fondongo R1 M	negligent, lazy
forajido m	outlaw, bandit
fraude m	fraud
glotonería f	gluttony
grosería f	rudeness, discourtesy
grosero	rude, discourteous
guarango R1 A	rude, discourteous
hacer alarde	to boast, to brag
hinchar R1 A	to bother, to trouble
hinchar las pelotas a R1* A	to fuck (someone around)
holgazán	lazy, idle
homicida mf	murderer
homicidio m (involuntario)	homicide (manslaughter)
hurtar	to steal
hurto m	theft
ingratitud f	ingratitude
injuriar	to insult, to offend
inmoralidad f	immorality
intolerancia f	intolerance
jactancia f R3	boasting, bragging
jactarse R3	to boast, to brag
macarra m R1*	thug, pimp
mafioso m	mafioso
mal m	evil, wrong
mal educado	uncouth, ill-bred
maldad f	evil, wickedness
maleante mf	wicked/unpleasant person
malevolencia f R3	malevolence
malhechor m	evildoer
malvado m	villain
malversación f	misappropriation *(of funds)*
malversar	to embezzle
manía f	mania, rage, craze
marro R1 M	mean, stingy
matamoros m	boastful person, braggart
menosprecio m	scorn
mezquindad f R3/2	meanness, small-mindedness
mezquino R3/2	mean, petty
morbo m	unhealthy curiosity, morbid pleasure
negligencia f R3/2	negligence
patota f R1 A	mob, gang

patotero m R1 A	hoodlum, hooligan
pedófilo m	pedophile
pereza f	laziness
perezoso	lazy
perjudicar	to harm, to hurt
pícaro m	rogue
pillín m	rascal
pillo m	rascal
pistolero m	gunman
presumir (de)	to give airs, to show off
raro	odd, strange
ratero m	pickpocket, sneak thief
regañar	to scold, to reprimand
reñir	to reprimand, to quarrel
seducir	to seduce
suicida mf	suicidal case/person
suicidio m	suicide
tacañería f	meanness, stinginess
tacaño	mean, stingy
torpe	dumb, stupid, awkward, clumsy
trabajador m chafa R1 M	useless/lousy worker
traición f	treachery, treason
traicionar	to betray
traidor m	traitor
transa f R1 A	drug dealing
transa f R1 M	deceit
violación f	rape, offense
violador m	rapist, offender
violento	violent

Percepción de los sentidos / Sense perception

Vista/sight

apagado	lustreless, colorless
brillante	brilliant, shiny
brillar	to shine
brumoso	misty, foggy
centell(e)ar R3/2	to sparkle, to twinkle, to gleam
centelleo m R3/2	twinkling, sparkling
contemplar	to contemplate
deslumbrar	to dazzle
despejado	clear *(of sky, weather)*
divisar R3	to make out, to descry
dorar	to gild
entrever	to catch a glimpse (of)
familiar	familiar
lumbre f	brightness, brilliance
luminoso	bright, luminous
lustrar R3/2	to polish, to shine
lustroso R3/2	shiny, glossy, bright
mate	dull, matt, unpolished
radiar	to radiate
rayo m (de luz)	ray (of light)
recorrer con la vista	to cast your eye over
reflejo m	reflection
refulgir R3	to shine brightly
reluciente	shining, glittering
relucir	to shine, to sparkle
resplandeciente	gleaming, glittering
rutilar R3	to shine, to sparkle
soleado	sunny
temblequear R2/1	to quiver
visionar	to view *(as a preview)*
vislumbrar	to catch a glimpse (of)
vista f de águila	eagle eye
visualizar	to visualize
vivencia f R3	experience

Sonido / sound

armar un buen alboroto	to kick up a real din
azotar la puerta M	to bang the door
bara(h)únda f	din, ruckus
barullo m R2/1	din, ruckus
bochinche m R1 A	ruckus, din
bocinazo m	hoot *(on car horn)*
doblar	to toll *(of a bell)*
ensordecedor	deafening
escándalo m	row, uproar
estrépito m R3	uproar
estrepitoso R3	noisy, loud, deafening
estruendo m	uproar, clamor
follón m R1	din, uproar
hacer eco	to echo
jaleo m R1	ruckus, din
murmullo m	murmur(ing), whispering

pelotera f R1	row, ruckus *(can involve quarreling)*
repicar	to ring, to peal
reverberar	to reverberate
rumor m	murmur, confused sound
susurro m R3/2	whispering, rustling
tabletear	to rattle, to clatter
tintinear	to tinkle, to jingle
tumulto m	tumult, ruckus

Olor / smell

apestar (a) R1	to stink (of)
asqueroso	loathsome, sickening
despedir un olor insoportable	to release / give off an unbearable smell
desprender un olor	to give off a smell
emisión f	emission
emitir	to release, to emit
fragancia f	fragrance
inodoro	odorless
oler a cerrado	to smell musty, stuffy
oler a podrido	to smell rotten
oler a quemado	to smell burnt
oler a sudor	to smell of sweat
perfumado	perfumed
peste f	stench
rancio	rancid
sofocante	suffocating

Tacto / touch

aguijonear R3/2	to goad, to spur on
aspereza f	harshness, roughness
buscar a tientas	to grope for
erizado	bristling
escocer	to sting, to smart
escozor m	stinging, smarting
espinoso R3/2	thorny
espolear R3/2	to spur on
morder	to bite
nudoso	knotty
palpar	to touch, to feel, to caress
picadura f	bite *(e.g. of insect)*
picar	to sting, to prick, to puncture
picor m	stinging, smarting
pinchar	to prick, to pierce
tentar	to touch, to feel
tomar el pulso	to take the pulse

Gusto / taste

a toda madre R1* M	really delicious
empalagoso	cloying
fuerte	strong
papilas fpl gustativas	taste buds
resabio m R3/2	unpleasant aftertaste
resaca f	hangover
rico	delicious, tasty
saber a madres R1* M	to taste awful
saber a moho	to taste of mildew
suculento	succulent

Nivel 3 / Level 3

Inteligencia / Intelligence

apercibirse de	to notice, to perceive
atinar el blanco	to hit the mark
barruntar R3	to sense, to conjecture
buey R1 M	stupid, dumb
cautela f R3	wariness, cautiousness
cauto R3	wary, cautious
certidumbre f	certainty
certificar	to certify
comprensión f	understanding
cordura f R3	wisdom, good sense
cráneo m A	intelligent person
cuerdo R3	wise, sensible
deducir	to deduce
devanarse los sesos	to rack your brains
en lo que atañe a eso R3	with regard to that

en mi fuero interno R3	in my heart of hearts
en mi fuero íntimo R3 A	in my heart of hearts
en rigor R3/2	strictly speaking
encomendar a la memoria	to commit to memory
entendimiento m	understanding
inducir	to induce
ingeniosidad f	cleverness, wittiness
juicioso R3	judicious, wise
lumbrera f R3/2	genius, exceptionally bright person
no echar en saco rato	to be careful not to forget
no tener ni atisbos	not to have the slightest idea
no tener ni zorra idea R1	not to have any idea / a clue
objeción f	objection
ocurrencia f R3	bright idea
perogrullada f	platitude, truism
perspicacia f R3	keensightedness, perspicacity
perspicaz R3	shrewd, perspicacious
persuadir R3/2	to persuade
persuasión f	persuasion
piola A	bright, smart
precaverse de/contra R3	to guard against
precavido	cautious, wary
presentir	to have a premonition (of)
previsor	far-sighted, prudent
probar	to prove, to try *(to see if it's all right)*
prueba f	proof
raciocinar R3	to reason
raciocinio m R3	reasoning
retener	to retain
ser un picudo R2/1 M	to be very intelligent
suposición f	supposition
tener buena retentiva	to have a good memory
tópico m	commonplace idea
traer a mientes R3/2	to call to mind
vaciado M	witty, funny

Sentimientos agradables / Pleasant feelings

agradar	to please, to be to (someone's) liking
agrado m	affability, liking
alborozo m R3/2	joy, merriment
añoranza f R3/2	longing, yearning
apasionamiento m	enthusiasm, passion
apego (a) m	attachment (to), fondness (for)
arrobamiento m R3	rapture, bliss
arrobo m	rapture, bliss
bienaventuranza f	blessedness, bliss
bienquisto R3	well-liked
de buen grado	willingly
delectación f R3	delight, delectation
desahogarse	to relieve your feelings
desenfadado	free, uninhibited
embelesar R3	to entrance, to enrapture
embeleso m R3	enchantment, rapture
emocional	emotional
emotivo	emotive
encapricharse (con)	to take a fancy (to)
escarceos mpl	love affairs, dalliance
esperanzar(se)	to give hope (to), (to take hope)
exaltado	exalted
exaltar	to exalt
éxtasis m	ecstasy
exuberancia f R3/2	exuberance
fascinar	to fascinate
flechazo m R2/1	love at first sight
gozoso	glad, joyful
halagar	to show affection (to), to flatter
hechizar	to charm, to fascinate
hechizo m	spell, charm
inclinarse a	to be inclined to
jubiloso R3	jubilant
lisonjear R3	to flatter
pajarear R3/2 M	to day-dream
propenso a R3	inclined to

querencia f R3	longing *(for home)*
regocijado	cheerful, merry
serenidad f	serenity

Sentimientos desagradables / Unpleasant feelings

achantar R1	to scare
acojonar R1*	to frighten
acongojar	to distress, to grieve
aflicción f	affliction
afligido R3	grieving, heartbroken
amedrentar R3	to frighten
angustiar	to distress, to cause grief (to)
antipatía f	antipathy, unfriendliness
apurarse M	to worry
atemorizar	to frighten, to scare
congoja f R3	anguish, grief
corrido R1	ashamed, bashful
cuita f R3	worry, affliction
decorazonarse	to lose heart
deplorar	to deplore
desconcertado	dismayed
desconsolado R3/2	disconsolate
desconsuelo m R3	affliction, despair
descorazonamiento m	discouragement
desdicha f R3	unhappiness, misfortune
desdichado R3	unhappy, unfortunate
desesperarse	to despair
desilusión f	disillusionment
despecho m	spite, rancor
echar de menos a	to miss *(a person)*
echar en falta a	to miss *(a person)*
encabronamiento m R1* M	anger, getting angry
enchincharse R1 A	to get angry
enojo m R3/2 (R2 in M)	anger, annoyance
estar con chinche R1 A	to be angry
estar incómodo	to feel awkward/ embarrassed
infortunio m	misfortune
ingrato	ungrateful, thankless
insensible	insensitive
ira f R3	wrath
languidecer R3	to languish
lastimoso	piteous, wretched
miedoso	fearful, fainthearted
mufarse R2/1 A	to get angry
padecimiento m	suffering
pavor m R3	dread, terror
penoso R3	painful, distressing
pesar m	grief, sorrow
quejoso R3/2	complaining, querulous
quejumbroso R3	complaining, querulous
remordimiento(s) m(pl)	remorse
sobrecoger	to startle
sobresaltar	to startle
tedio m	tedium
tener encogido el corazón	to cringe
tener inquina a	to hold a grudge against
tener mufa R2/1 A	to be angry

Voluntad / Will

afán m	zeal, eagerness
ahínco m R3/2	resolution, determination
ardiente	ardent, spirited
atolondrado	reckless, thoughtless
aventarse (a) M	to dare (to)
codicia f	greed, covetousness
conato m R3	effort, endeavor
desvelarse por	to strive to
desvivirse por	to do your utmost to
díscolo R3	rebellious
dominarse	to restrain yourself
empecinarse (en) R3	to be bent (on)
emperrarse (en) R2/1	to insist (on)
emprendedor	enterprising, adventurous
empuje m	drive, push
firme	firm, steadfast
fogoso	fiery
hacer calaveradas	to indulge in foolhardy acts
hambre f (de ganar)	hunger (to win)

idea f fija	fixed idea
impávido R3	intrepid, dauntless
impertérrito R3	fearless, undaunted
imperturbable R3	imperturbable
ímpetu m	impetus
inquebrantable R3/2	unshakeable
inquieto R3	enterprising, adventurous
insistencia f	insistence
insubordinado	insubordinate
(libre) albedrío m R3	free will
luchón M	eager, stubborn
no hinchársela (la gana) R1* M	not to feel like *(doing something)*
obcecarse R3	to stubbornly cling to
obseso R3/2	obsessive
osar R3/2	to dare
perder los estribos	to fly off the handle
persistir (en)	to persist (in)
pisar fuerte	to make your position clear
pujanza f R3/2	drive, push
sed f (de poder)	thirst (for power)
sin rechistar	without complaining
temerario R3/2	rash
tenacidad f R3/2	tenacity
tesón m R3/2	stubbornness
veleidad f R3	caprice
voluntad f de poder R3	will to power *(of Nietzsche)*
voluntad f férrea R3	iron will
zanjar R3/2	to surmount

Cualidades y virtudes / Qualities and virtues

abnegación f R3/2	self-denial
amoroso A	sweet, cute
aprecio m	appreciation, esteem
ardoroso R3/2	fervent, ardent
asistir R3	to help
atildado R3	elegant, stylish
aventado M	bold, daring
benéfico R3	charitable, beneficent
benevolencia f R3/2	benevolence
benévolo R3/2	benevolent
bien educado	well-educated
bienhechor m	benefactor
bizarro R3	gallant, brave
caballerosidad f R3/2	chivalry, gentlemanliness
celoso	zealous, keen
comedimiento m R3	moderation, courtesy
compasivo	compassionate, understanding
consagrarse a	to devote yourself to
contenerse	to restrain yourself
cotorro M	witty, chatty
dadivoso R3	generous, lavish *(with gifts)*
decencia f	decency, decorum
decente	modest, seemly
decoro m R3	decorum, propriety
decoroso R3	decorous, seemly
dedicarse a	to dedicate yourself to
desenvoltura f R3/2	naturalness, confidence, ease
devoción f	ease
diestro R3/2	skillful, dexterous, shrewd
estimación f	esteem, regard
fiable	trustworthy
filantrópico R3/2	philanthropic
formal	serious, earnest
fortaleza f	strength, firmness
franco R3/2	frank, honest
gallardía f R3	bravery, gallantry, elegance
hidalguía f R3	gentlemanliness, generosity
honrar	to honor
honroso	honorable, respectable
indulgencia f R3/2	indulgence
indultar	to pardon
indulto m	pardon
íntegro R3	honest, upright
jovialidad f	joviality
liberalidad f	generosity
magnánimo R3	magnanimous
mansedumbre f R3/2	meekness, mildness
mérito m	merit
misericordia f	mercy
moderar	to moderate
perdonar	to pardon

pericia f	skill, expertise
prendas fpl R3/2	talents, gifts
presencia f de ánimo	presence of mind
probo R3	honest, upright
pudor m	modesty, decency
pundonoroso R3	honorable
recato m R3/2	respect, modesty, demureness
reconocido	grateful
reserva f R3/2	reserve, discretion
ser buena onda M	to be a nice person
ser buena persona	to be a nice person
sereno	serene, calm
servicial	obliging
socorrer	to help
sufrido	long-suffering
templado	moderate, restrained
templanza f	moderation, restraint
tino m	skill, tact, good judgment

Defectos, vicios y delitos / Defects, vices and offenses

acidia f R3	apathy, indifference
afanar R1	to steal, to pinch
alardear de R3/2	to boast of
altanería f R3	haughtiness
altivez f R3	loftiness
amarrado R1 M	mean, stingy
apatía f R3	apathy
aporrear	to beat, to thrash
asestar un golpe a R3/2	to deal a blow to
avaricia f	avarice
bellaco m R3	rogue, wicked person
bronca f R1 A	anger, fury
cagarlo a pedos R1* A	to scold
calumnia f	calumny, libel *(in writing)* / slander *(orally)*
canchero A	arrogant
cargarse R1	to bump off
chinche f R1 A	anger, irritation
chinchudo R1 A	grumpy
chingar R1* M	to annoy, to upset
chisme m	gossip
chismorrear	to gossip
coima f A/M	bribe
collón R1 M	cowardly, yellow
cometa f R1 A	bribe
chorar R1	to steal, to take, to burgle
chorear R1 A	to steal, to rip off
chorro m R1 A	thief
chueco R1 M	unreliable, untrustworthy
chulearse R1	to brag, to talk big
cuco R1	crafty, cunning
degollar	to slit the throat
descoco m	impudence, cheek
desidia f R3/2	laziness, idleness
desvalijar R3/2	to rob, to burglarize, to ransack
disimular	to disguise, to conceal
embriaguez f R3/2	intoxication
encabritarse R1	to get mad
encabronarse R1*	to get mad
encoraginarse R1	to get mad
encubridor m	receiver of stolen goods
engreírse R3/2	to get conceited
ensoberbecerse R3	to become arrogant
entregarse al vicio	to give yourself up to vice
envanecimiento m R3	conceit, vanity
escabechar R1	to kill, to bump off
escarnecer	to mock, to scoff at
estafar	to swindle
estar caliente R1 A	to be annoyed
falla f A/M	weakness, defect
fallo m	weakness, defect
fanfarrón m	braggart *(also adjective:* boastful*)*
farolear R1	to brag, to strut around
fechoría f R3	misdeed, villainy
fregado R1 M	annoying
fregón R1 M	annoying
gandul R1	lazy
gruñir R1	to moan
gruñón R1	grumpy
hacerse el sordo	to turn a deaf ear
hampa f	underworld, criminal classes

haragán R3/2	lazy, indolent
hinchapelotas R1* A	asshole
huevón R1 A	dumb, stupid
huevón R1 M	lazy
indolente R3	indolent
infanticidio m	infanticide
intemperancia f R3	intemperance
ladino R3/2	cunning, wily
liviandad f	frivolity, fickleness
maldecir	to curse
mangar R1	to steal
maquiavelismo m R3	Machiavellian ways
menospreciar	to scorn, to disdain
mofarse de	to make fun of
mordida f M	bribe
murmurar	to gossip
no hacer caso a/de	to ignore
ocio m M	laziness, idleness
ocultar	to hide
parricidio m	parricide
pavonearse R3/2	to strut, to brag
pegarse el moco R1	to exaggerate, to shoot a line
pelado R1 M	vulgar
pelotudez f R1* A	damned stupid comment
pelotudo R1* A	damned stupid
pendejo m R1 M	dummy, nerd
perjuicio m	harm, damage
pichicato R3/2 M	mean, stingy
pijo R1	flashy, posh
poltronería f R3	laziness, loafing around
preso m	prisoner
prodigalidad f R3	prodigality
propinar R3/2	to strike, to deliver *(a blow)*
prostituta f	prostitute
puta f R1	prostitute
rabia f	anger
refunfuñón R1	grumpy
regañar	to scold, to tell off
regicidio m	regicide
reo m	criminal, offender
reo m de muerte	person sentenced to death
respingón R1 M	moaning, bitching
reyerta f	quarrel
salteador m	hold-up man
saquear	to sack, to ransack
ser mala leche R1 M	to be a nasty person
ser mala onda M	to be an unpleasant person
sicario m R3	hired gunman
sisar	to steal, to pilfer, to cheat *(on accounts)*
soberbia f	pride, arrogance
sobornar	to bribe
soborno m	bribery
socarrón R3/2	cunning, wily
sulfurarse R3	to become angry
sustraer R3/2	to steal
taimado R3/2	cunning
tener ínfulas	to put on airs
tomar represalias	to take reprisals
trucho R1 A	false, deceptive
tunante mf	rogue
tundir R1	to thrash
vago	lazy, unreliable
vicio m	vice
vapulear R3/2	to thrash
zafio R3	uncouth
zorra f R1*	prostitute
zorro R2/1	foxy, crafty

Percepción de los sentidos / Sense perception

anubarrado	cloudy
avistar R3	to sight, to make out
clavar la mirada en	to stare at
desvanecerse	to disappear
difuminarse R3	to blur, to shade into
dorado	golden
esfumarse R3	to fade away
espejear R3	to gleam, to glint
esplendoroso R3/2	radiant, brilliant
fulgurante R3	flashing
llamear	to blaze, to flame
otear R3	to descry, to make out
reparar en	to observe, to notice
reverberar	to be reflected, to play
tinieblas fpl	darkness
tornasolado R3/2	iridescent, full of different lights

Sonido / sound	
algarabía f	din, uproar
algazara f R3	clamor, uproar
berrear	to bellow, to howl
borboll(e)ar R3/2	to boil, to bubble up
borbot(e)ar	to bubble up, to gush up
bramar	to roar, to bellow
chapotear	to splash
chapoteo m	splashing
estrellar	to smash
gorgoteo m	gurgle
gorjear	to chirp, to twitter
gotear	to drip
goteo m	drip
hacer gluglú	to gurgle
martillear	to hammer
mugir	to moo *(of cow)*, to bellow *(of bull)*
repiquetear	to peal merrily, to ring joyfully
ronronear	to purr *(of engine, cat)*
rugir	to roar *(of lion, sea)*
runrún m	buzz, rumor
tamborilear	to drum fingers *(e.g. on a table)*
tañer	to play *(an instrument)*
tañido m	sound *(of an instrument)*
vocerío m	shouting, hollering
Olor / smell	
aromático	aromatic, sweet-smelling
buqué m R3/2	bouquet *(of wine)*
efluvio m R3	outpouring, smell
emanación f	emanation, smell
embalsamar	to embalm
embocadura f	taste, flavor *(of wine)*
hediondez f R3	stink, stench
hedor m R3	stink, stench
nariz f	(sense of) smell
olfatear R3	to sniff
oloroso	sweet-smelling, scented
pestilencia f R3	pestilence
Tacto / touch	
áspero al tacto	rough to the touch
escamoso	scaly
grumoso	clotted, lumpy *(of food)*
picazón f	itching, smarting
rugoso	rough

Ejercicios / Exercises

Nivel 1 / Level 1

1. (a) Explica la diferencia entre los vocablos de las siguientes parejas

amar/querer, chistoso/gracioso, comprender/entender, desear/querer, duda/vacilación, emoción/excitación, enamorarse/encapricharse, espera/esperanza, juicio/prejuicio, llorar/sollozar, maña/destreza, moral/moraleja, risa/sonrisa, sensibilidad/sensiblería, sentir/resentirse, talento/genio

(b) Construye frases para cada uno de estos vocablos resaltando las diferencias

2. (a) Encuentra dos sentidos de los siguientes vocablos

agudo, arranque, celoso, cólera, comprender, conciencia, continente, destino, discurrir, facultad, gusto, ilusión, impresión, llano, pena, pensamiento, percibir, piedad, sentir, vicio

(b) Construir frases para ilustrar los dos sentidos de estos vocablos

3. (a) Encuentra el adjetivo / los adjetivos vinculado(s) a los siguientes sustantivos
Ejemplo: memoria – desmemoriado

afecto, alegría, alma, amigo, amor, ánimo, apariencia, apego, bizarría, celo, codicia, conciencia, cordura, corrupción, defecto, deleite, escrúpulo, esperanza, holgazanería, ingenio, liviandad, pasión, pereza, razón, regocijo, resolución, responsabilidad, rutina, sentimiento, sosiego, veleidad, voluntad

(b) Define el significado de

apego, bizarría, codicia, cordura, holgazanería, liviandad, sosiego, veleidad

(c) Elige diez de los vocablos que figuran en la lista y ponlos en una frase para ilustrar su significado

4. (a) Explica por qué los siguientes vocablos son falsos amigos o pueden inducir en error para un angloparlante

bizarro, blando, cándido, cavilar, complaciente, decepción, deshonesto, disgustado, gracioso, honesto, ilusión, ingenuidad, insensible, maniático, moroso, obsequioso, sensible, simpático, versátil, voluble

(b) Algunos de estos vocablos tienen un registro elevado (R3). Encuéntralos y construye frases para ilustrar su registro

5. (a) Encuentra sinónimos de los siguientes vocablos

agudeza, alegría, amigo, desprecio, fama, gusto, ofender, orgullo, perezoso, rabia, sincero, suerte, tacaño, terco, tonto, valiente

(b) Construye frases para ilustrar diferencias entre los sinónimos, sin olvidar las diferencias de registro

6. (a) Asocia los vocablos de la sección A con vocablos en la sección B para formar una locución

A

traer a	edificar	echar
no echar	ser duro	aguar
tener una cosa	una verdad de	reír
por mal que	verlo todo	hablar
a tontas y	morirse	no caber en sí

B

en broma, a las narices de, vaya, a locas, de mollera, Perogrullo, color de rosa, de aburrimiento, la fiesta, de contento, chispas, castillos en el aire, mientes, en saco roto, en la punta de la lengua

(Se encuentra la solución en Internet)

(b) Construir frases con las locuciones que encuentres para ilustrar su sentido

7. Ilustra el uso de las siguientes locuciones poniéndolas en frases completas

Dios me libre de semejante pensamiento
No tiene ni idea
Ha perdido los papeles
bien mirado el asunto
pensándolo bien
encomendar a la memoria
devanarse los sesos
verlo todo negro
soltar la carcajada
no estar para fiestas
hacer una cosa adrede
Fue un flechazo
tener encogido el corazón
reír de dientes adentro
No es para reírse
coger desprevenido
no caber en sí de contento
saltar de alegría
Más vale maña que fuerza
echar chispas
estar en la gloria
perder los estribos
ser blanco de las burlas

8. ¿Cuál es el sentido de las siguientes locuciones?

más bueno que el pan
más claro que el sol
estar como unas Pascuas
tan largo como un día sin pan
más fresco que una lechuga
más sabio que Salomón
cubrirse las espaldas
más blanco que la nieve
el cuento de la lechera
a mal tiempo buena cara
Dios aprieta pero no ahoga
no estar para fiestas
Me saca de quicio
tragarse la píldora
Le salió el tiro por la culata
contra viento y marea
tener muchas agallas
Es un cero a la izquierda
tener buena/mala estrella
llevarse (un) chasco
A quien madruga Dios le ayuda
Más vale pájaro en mano que cien volando
estar con el alma en vilo

(Se encuentra la solución en Internet)

9. (a) Explica la diferencia (si hay) entre los vocablos de las siguientes parejas

acordar/acordarse, adelantar/adelantarse, aparecer/aparecerse, bajar/bajarse, casar/casarse, creer/creerse, desayunar/desayunarse, destacar/destacarse, estrenar/estrenarse, imaginar/imaginarse, merecer/merecerse, olvidar/olvidarse, pasear/pasearse, reír/reírse, subir/subirse, venir/venirse

(b) Construye frases para ilustrar la diferencia

10. Traduce al español

i. She was the life and soul of the party
ii. I didn't have the shadow of a doubt
iii. She was lost in thought when I entered the room
iv. It was very kind of her to invite us
v. He's got his wits about him so don't try to pull a fast one
vi. We left no stone unturned in our efforts to get at the truth
vii. You have no right to sit in judgment on me

viii. He's got tennis on the brain
ix. Don't think that I'll support you, whatever you do
x. Why do you treat all I say with suspicion?
xi. His reasoning is a bit faulty
xii. She's not got a very retentive memory, you know
xiii. On reflection, his opinions aren't worth very much
xiv. She has a sharpness of intellect that makes me envious
xv. He's a really witty fellow, making jokes all evening
xvi. The friendship he feels for her borders on real affection
xvii. She became sad when she saw him so sad
xviii. She went all red and got terribly agitated
xix. She persuaded me to go but I didn't get any enjoyment out of it
xx. How stupid can you get!

(Se encuentra la solución en Internet)

11. Lee atentamente el texto siguiente y contesta a las preguntas

El emperador Federico casó, como es natural, con una doncella de alto linaje; mas tuvo la mala suerte de no enterarse del genio que tenía hasta que se casaron; aunque de soltera había sido muy buena, después de casada perdió los estribos y empezó a mostrar el carácter más malo, díscolo y rebelde que darse puede; de modo que si el emperador quería comer, ella decía que quería ayunar; si el emperador quería dormir, ella levantarse; si el emperador le tenía afecto a alguien, ella le cogía antipatía. ¿Qué más puedo decir? Todo lo que agradaba al emperador le enojaba a ella; todo lo que hacía el emperador, lo contrario hacía ella.

El emperador la soportó algún tiempo; pero convencido de que no se corregiría con amonestaciones suyas ni de nadie, ni con ruegos, amenazas o halagos, ni mucho menos con castigo alguno, y viendo los daños que para él y su pueblo podían derivarse de esta vida tan enojosa que llevaba a su lado, para la que no veía remedio, se fue al Papa y le dijo lo que le pasaba, y el peligro en que estaban él y su pueblo por el mal carácter de la emperatriz. Deseaba, si fuera posible, que se anulara su casamiento; al oír el emperador la respuesta del Papa comprendió que en ley de Dios no podían separarse, aunque la verdad era que tampoco podían vivir juntos por el mal genio de la emperatriz, como bien sabía el Papa.

El Conde de Lucanor, Don Juan Manuel, Cuento XXVII

(a) ¿Qué entiendes por . . . ? emperador, doncella, alto linaje, soltera, perder los estribos, anular su casamiento, díscolo, mal genio

(b) Explica por qué las palabras *genio* y *castigar* pueden ser tramposas para un angloparlante

(c) Escribe un resumen del trozo en cincuenta palabras

12. Contesta las siguientes cuestiones relacionadas con el texto del ejercicio número 11

(a) Buscar sinónimos de *doncella*

(b) Escribir algunos valores que conferían mérito entre las gentes de la Edad Media y los valores que más se estiman en nuestra época, resaltando su diferencia
(c) El vocablo *genio* equivale a carácter, humor permanente, forma de ser, estado de ánimo; buscar sinónimos referentes a *genio* en tal acepción
(d) A partir de las expresiones *buen genio*, *buen humor* y *mal genio* escribir frases con vocablos como *mansedumbre, bondad, paciencia, irascibilidad, malhumor*...
(e) Escribir diferentes sinónimos de *soportar*, *soporte*, *porte* y *portar*
(f) Hacer una lista de las cualidades que deben adornar a una persona que se dedique a la vida pública
(g) Definir los vocablos *urbe*, *urbanidad*, *educación*, *amaestrar* y *maestría*
(h) Escribir las diferencias entre *dócil* e *indómito*, *educado* y *grosero*, *optimista* y *pesimista*, *simpático* y *hosco*
(i) Buscar las diferencias entre *temperamento* y *carácter*
(j) Enumerar las virtudes que deben adornar a una pareja para poder afrontar con éxito un matrimonio muy duradero
(k) Enumerar los defectos de una persona que hacen naufragar, con toda seguridad, un matrimonio
(l) ¿Hay una diferencia entre *comprender* y *entender*?

Nivel 2 / Level 2

1. (a) Encuentra dos sentidos de las siguientes palabras. Algunas de estas palabras se encuentran en el vocabulario de nivel 1

conciencia, continente, curioso, desgracia, discreto, discurrir, emoción, entero, exponer, facultad, falta, familiar, fortaleza, gusto, humor, ilusión, ocurrir, raro, sentido, violento

(b) Construye frases para indicar el sentido tanto de las palabras de esta lista como el de las palabras que encuentres

2. (a) ¿Cuál es la diferencia entre los vocablos de las siguientes parejas?

accesible/asequible, animado/animoso, bravío/bravo, bronco/ronco, calidad/cualidad, comprensible/comprensivo, confianza/confidencia, lucido/lúcido, lujoso/lujurioso, moral/moraleja, oficial/oficioso, sensato/sensible

(b) Construye frases para ilustrar estas diferencias

3. (a) Usando los prefijos *im-*, *in-*, *ir-*, *des-*, *dis-* y *sin-*, **encuentra palabras a partir de los siguientes vocablos**
Ejemplo: necesario – innecesario

agraciado, capacidad, confiado, contento, cortesía, cuidadoso, dichoso, enfado, esperanza, fruta, gusto, honor, interés, leal, moderado, modesto, moral, piadoso, preocupado, probo, prudente, real, responsable, sensato, similar, sosiego, tratable, vergüenza

(b) Elige diez de las palabras que encuentres y construye frases para ilustrar su uso

4. ¿Cuáles son las cualidades y virtudes de tu mujer/hombre ideal? Resalta sobre todo los valores conectados con la inteligencia, facultad de la razón, sabiduría, agudeza, gracia, y convicciones morales

5. Compón frases para indicar el sentido de las siguientes palabras

apego, aplomo, desasosiego, desmemoriarse, disparate, embeleso, escalofrío, escarmiento, esmero, felicidad, índole, ingenio, perjuicio, precavido, recato, recelo, sabio, servicial, sospecha, vivencia

6. (a) Encuentra verbos vinculados a los siguientes adjetivos. Ejemplo: alegre – alegrar(se). Como en este ejemplo, no olvides los verbos pronominales (reflexive verbs). No olvides tampoco que puede haber más de un verbo que corresponde al adjetivo

agudo, ardiente, blando, bobo, claro, conmovedor, culpable, desalentador, digno, disparatado, encantador, esmerado, familiar, gozoso, grato, holgazán, libre, obsequioso, orgulloso, presumido, resuelto, seguro, sensible, sereno, sosegado, sucio, tonto, torpe

(b) Construir frases para ilustrar el uso de cada uno de estos verbos

7. (a) Encuentra palabras de registro 2, o sea estándard, para los siguientes vocablos que en muchos casos son groseros

acojonarse, agallas, cabezón, cabrearse, cagada, chiflado, forrado, fresco, gilipollas, jeta, mamado, molar, mollera, potra, rácano, raspa, renacuajo, rilado, soplar, tarro

(b) Encuentra frases para ilustrar el uso tanto de los vocablos que figuran en la lista como el de los vocablos estándard

8. (a) Encuentra antónimos de los siguientes vocablos

aceptar, alocado, amabilidad, amor, asco, blando, cachaza, castigo, cortés, desgracia, desmemoriarse, disparate, duda, emoción, impasible, liviandad, miedoso, piedad, razonable, resuelto, sabiduría, seguro, sosiego, tristeza

(b) Haz frases que contengan dos antónimos en la misma frase. Ejemplo: es muy imprudente cuando conduce, tiene que ser más prudente

9. Escribe frases con la preposición *por* y los sustantivos que figuran en la lista Ejemplo: murió **por amor** a la patria

por	caridad	por	envidia	por	milagro
por	compasión	por	gusto	por	naturaleza
por	descuido	por	inadvertencia	por	necesidad
por	desgracia	por	interés	por	temor

10. (a) Relaciona las palabras/expresiones de A con las de B para formar una locución

A		B	
tomar	meter	la contraria	con ojo
no caber	andar	callejón sin salida	el perro y el gato
llevar	pisar	la lata	la nariz
tener	andarse	ángel	santo encomendarse
dar	dar	en sí	un tornillo
meterse en un	llevarse como	la bronca	la pata
matarse	no saber a qué	el desquite	fuerte
echar	faltarle (a uno)	y nata	por las ramas
ser la flor	volver	a luz	la razón
sacar		en barullos	en sí

(b) Cuando hayas encontrado la locución completa, construir frases ilustrando su sentido

(Se encuentra la solución en Internet)

11. Un delincuente acaba de cometer un delito. ¿Si fueras un magistrado, cómo le enjuiciarías? Describe el carácter del delincuente

12. Traduce al español

i. It occurred to me that he must be lacking in common sense to make such a poor judgement
ii. She has such sharpness of wit that her future will be rosy
iii. He was a strange psychological mixture for, somehow, he managed to combine forgetfulness with caution, negligence with foresight, and moral narrowness with generosity of spirit
iv. Her powers of persuasion led me to convert what first was a hypothesis into a trenchant affirmation
v. She poured out her heart to me, sighing after the happy days when she was surrounded by an understanding family
vi. They fell madly in love at first sight. It was as though a spell had been instantly cast over them
vii. I had the suspicion that our happiness was merely a passing fancy, an illusion, an elusive ecstasy
viii. However careless and happy-go-lucky they were, they revealed a worried and uneasy spirit beneath
ix. The traditional view of the Romantic poet as imbued with a painful, lasting melancholy and with a painful disillusionment could not be further from the truth
x. Indeed, the Romantic poet stands as an energetic iconoclast who expresses anger and indignation, and adopts a blasphemous posture with regards to an unjust and uncaring creation
xi. How does man reconcile destiny and the contingent nature of life, conscience and remorse and the lack of moral values in our contemporary world?
xii. Whether he likes it or not, man must be prepared to strike a balance between personal need and expression, and the requirements of his fellow man
xiii. I fail to understand why, in his search for the manifold possibilities of being, he gave himself up to the pursuit of vice
xiv. She was so ashamed of the error she had made, she embarked upon a path of selfless renewal, as a form of remedy and expiation

xv. Qualities he may have been endowed with, but he ended up in court for a whole range of misdeeds
xvi. Unpleasant behavior, ignorant and perverse neglect of his children, arrant lying, even wife-beating, you name it, he's done it
xvii. The whole bunch were found guilty of corruption, embezzlement and perversion of the course of justice
xviii. Any self-respecting man would not deceive his wife in such a scurrilous, arrogant and pitiless manner

(Se encuentra la solución en Internet)

13. Juego de rol

Cinco miembros de la clase encarnan: *la sabiduría*, *la modestia*, *la humildad*, *el estoicismo* **y** *la valentía*. **Defienden el valor que representan. Otros cinco de la clase critican estos valores, cada uno(a) concentrándose en un valor. Un tercer grupo de cinco hace una síntesis de los pros y los contras**

14. Escribe una redacción sobre

i. Los valores absolutos no tienen ningún sentido en el mundo contemporáneo
ii. No admito lo que dices pero defiendo hasta la muerte tu derecho de decirlo

15. Lee atentamente el texto que sigue y contesta a las preguntas

Yaguín

Yaguín es un hombre niño. Lleva sus más de cincuenta años con infantil compostura y viene a ser símbolo, mascota y fetiche de los habitantes de su pueblo.

Su cretinismo palpable ha modelado en su rostro una expresión beatífica. La fecha de su nacimiento coincidió con el óbito de su abuelo materno, que había sido "hombre del pendón" años sin cuento. Aquella coincidencia, y el hecho de que descubrieran en el costado de Yaguín un lunar parecido a la mácula mongoloide, fue determinante para que aquel niño quedara bajo los auspicios de ensalmador y portador de la fortuna de todas las aldeas del valle. Los vecinos de aquellos pagos sabían que el guaje, desde que pudiera andar, sería el portador del estandarte de Santiago en las ocasiones en que el rayo, el pedrisco, la peste o cualquier otro peligro amenazase a los valles, como habían hecho otros *portadoiros* durante siglos. Recorrería calles y caminos enarbolando la vieja reliquia, cuando pudiera con ella, o una réplica mientras fuera crío, para aplacar el fragor de las alturas y la cólera divina, ofreciéndose como víctima, si era necesario, mientras el resto de las gentes permanecían en sus casas cerradas a cal y canto. Y esto siempre había sido así. De nada sirvieron sermones, misiones o amenazas de excomunión. Ellos seguían las tradiciones de sus padres, especialmente aquéllas que velaban por la conservación de la comunidad. Por eso, cuando, siendo Yaguín un crío de once años, murieron sus padres de unas *terciarias*, y el cacique de la aldea de abajo se llevó al niño para "atenderle debidamente" -según dijo-, se organizó una zapatiesta en el resto de las aldeas, que tuvo que intervenir la guardia civil, y el cacique escapar a su casa de la capital mientras se calmaban los ánimos. Yaguín volvió a su aldea, pasando a vivir a meses en casa de cada una de las familias, y las estrecheces propias del lugar. Así el niño fue haciéndose mayor, aunque no en estatura, sintiéndose miembro de todas las familias del contorno, ya emparentadas bastante entre sí, debido a la secular endogamia propia de estos lugares tan apartados.

Ahora ya no era carga económica para nadie, pues con su escasa pensión social no hay necesidad de darle, tan siquiera, la escasa propinilla que le otorgaron durante tanto tiempo aquellas familias con las que convive cada mes. Ahí le veis, tan pulcro y repeinado. Siempre fue el más limpio y peripuesto de todas estas tierras, y así seguirá, supongo, hasta que se jubile. Porque me ha dicho que él cuando pueda se jubila, "y que lleve otro el palo, que él, bastante lo ha llevado."

No sé si tendrá heredero en tal oficio, ya que casi no nacen niños en estos contornos, y los abuelos, que van siendo mayores, emigran a otros lugares para vivir con sus hijos.

M.A.S.

(a) ¿Qué entiendes por . . . ? mascota, fetiche, cretinismo, óbito, lunar, guaje, enarbolar, fragor, zapatiesta, peripuesto

(b) Hay un vocablo elevado en el texto que explica el cretinismo de Yaguín. Encuéntralo y explica el origen del cretinismo de Yaguín

(c) ¿Los lugares apartados tienen algo que ver con la endogamia?

(d) Escribe un resumen en cincuenta palabras del texto

Nivel 3 / Level 3

1. (a) Encuentra dos sentidos de los siguientes vocablos. Algunos de estos vocablos se encuentran en los vocabularios de los niveles 1 y 2

ardiente, asistir, celoso, decente, diestro, firme, formal, fortaleza, franco, indulgencia, prendas, probar, prueba, rabia, reserva, sereno, tacto, templado, vago, vicio

(b) Construir frases para indicar el uso de los significados que encuentres

2. (a) Encuentra sinónimos de los siguientes vocablos

abatido, afligido, apariencia, asustadizo, broma, cariñoso, chasco, concienzudo, contrariedad, deleite, encanto, espanto, inconcebible, pasmoso, quejumbroso, recatado

(b) Indica la diferencia entre los sinónimos, tanto en lo que se refiere al sentido como al registro

3. (a) Encuentra antónimos de los siguientes vocablos

albedrío, altivez, amistoso, arrepentimiento, cachaza, cordura, desasosegado, esperanza, gravedad, innato, jactancioso, júbilo, llaneza, majadero, precavido

(b) Construye frases que contengan las palabras que figuran en la lista y los antónimos que encuentres

4. (a) Encuentra palabras literarias o rebuscadas para

agradecido, alegría, angustia, ayuda, burla, cruel, desanimarse, desenfado, desgracia, enfadarse, espantar, éxtasis, generoso, injuria, nostalgia, orgullo, osadía, pensar, preocupado, prevenir, querer, razonable, razonar, reservado, robar, tacaño, tonto, vago

(b) Con las palabras que encuentres construye frases que cuadren con el registro (R3)

5. (a) Encuentra adjetivos y sustantivos que estén etimológicamente relacionados con los siguientes verbos

admitir, asustar, comprometer, concluir, conmover, desmemoriarse, entusiasmar, gustar, halagar, percibir, prever, quejarse, reflexionar, resolver, saber, vengarse

(b) Construye frases para ilustrar el uso tanto de los adjetivos que encuentres como de los sustantivos

6. Traduce al inglés (oralmente)

un oído agudo, una observación/palabra aguda
una imaginación viva, ojos vivos, un dolor/espectáculo vivo
una vida familiar, un coche/lenguaje/trato familiar
una entrada libre, un país libre, el libre albedrío, al aire libre
una silla/convicción firme, un pulso firme, un firme inestable
una lluvia/loncha fina, un hilo/oído fino, modales finos

7. Coloca los siguientes vocablos en la columna que convenga

afligido, añoranza, apatía, arrobo, asco, bizarro, chinchar, chingar (M), congoja, coñazo, cuita, desaliento, desasosiego, desengaño, embelesar, encabronarse, enchincharse (A), engorroso, fregón (M), gacho (M), gandul, ganso, goce, hincha (A), huevón (M), ineluctable, ¡joder!, júbilo, latoso, llanto, mufarse (A), pasota, pasmado, pelmazo, pijo, puñetero, putear, remolón, sino, sollozo, tedio, veleidoso

R3 (elevado)	R2 (estándar)	R1 (coloquial)	R1* (grosero)

8. (a) Encuentra las diferencias (si las hay) entre los vocablos de las siguientes seis series de sinónimos

deleitarse
divertirse
disfrutar
entretenerse
gozar
recrearse
pasaral mil
pasarlo bien
pasársela bien (M)

animoso
arriesgado
atrabancado (M)
atrevido
aventado (M)
bizarro
bravo
caballeros
intrépido
valeroso
valiente

basto
burdo
grosero
incivilizado
inculto
ordinario
pelado (M)
tosco
vulgar
zafio

bello	airarse	chingar (M)
bonito	atufarse	crispar
camandulero (A)	cabrearse	dar la lata
chido (M)	disgustarse	estorbar
delicioso	enchincharse (A)	hacer la puñeta
encantador	encorajinarse (M)	fregar (M)
guapo	enfadarse	hinchar (A)
hermoso	enojarse	joder
lindo	estar hasta	jorobar
majo	los cojones / los huevos	moler
petitero (A)	irritarse	molestar
precioso	molestarse	putear
rico	mufarse (A)	

(b) Encuentra el registro (R3, R2, R1, R1*) de cada término en las listas anteriores

(c) Elige seis palabras de cada lista y construye frases para ilustrar su uso. No olvides que si se trata de una voz R1 o R3 toda la frase tiene que corresponderse con el registro

9. Explica el sentido de las siguientes locuciones

se las da de listo
se las echa de héroe
se me antojó comprar un anillo
fue imposible hacerle entrar en razón
ten a bien contestarle cuanto antes
echaba en falta a su marido
sacaron adelante al niño
echaba mucho de menos a su hijo
le pusieron zancadillas para que no ascendiera
ese tío tiene mala leche
a nosotros nos hizo mella
ahí me las den todas
la policía le responsabilizó de varios delitos
estuvo durante meses entre Pinto y Valdemoro
siempre salía con la suya
se rasgaba las vestiduras, tanta rabia le daba
siempre me tomaban por cabeza de turco
mi hermana me llevaba dos años
siempre se deshincha al enfrentarse a un obstáculo
está loco de atar

(Se encuentra la solución en Internet)

10. Relaciona los términos de A con los de B para que haya correspondencia de sentido

A	**B**
tener agallas	estar/ser pesimista
hacer su agosto	mostrarse resuelto
caérsele el alma a los pies	estar/ser loco
estar con el alma en vilo	enfadar
llevar la contraria	imponer su voluntad
tener ángel	encontrarse solo

tomar el desquite
ir al grano
hincharle a uno las narices
estar con las orejas gachas
meter la pata
hablar en cristiano
tener ojeriza a uno
quedarse de Rodríguez
sacar de quicio a uno
quemar la sangre a uno
faltar un tornillo a uno
pisar fuerte
echar la bronca a uno
verlo todo nublado
salirse con la suya
ser persona de rompe y rasga

tener manía a uno
equivocarse
hablar con franqueza
enfadarle
ser encantador
estar en la incertidumbre
contradecir
ser valiente
enriquecerse
estar triste
vengarse
reprender
estar intranquilo
hablar claro

(Se encuentra la solución en Internet)

11. Eres novelista. En tu novela una pareja se propone divorciarse. Describe los defectos de cada personaje y el conflicto que acarrean estos defectos. Puedes presentar tu trabajo en primera persona o como un diálogo, o sea en tercera persona

12. Traduce al español

i. If she had been more courteous and shown herself more helpful and accommodating, we would have welcomed her comments
ii. He was far too self-indulgent and spendthrift, and should most certainly have been more circumspect with his money
iii. An inveterate liar and disingenuous in all his dealings, he resorted to cunning and even theft to cover his misdeeds and meet his financial needs
iv. A haughty sort of character, he was ungrateful towards all those who treated him generously, and guarded jealously all his possessions
v. She was so boastful of her accomplishments and so critical of others I felt impelled to reprimand her
vi. However reckless he may have appeared, and however careless and idle you may have considered him, he somehow managed to master his wanton feelings
vii. Fiercely prejudiced, unrestrained and of fiery temperament, no wonder she caused offence to all and sundry
viii. Modesty and reserve may not have stood out as her finest qualities but she was thoroughly reliable for a friend in need
ix. Whether she liked it or not, and however much she kicked against the pricks, she was forced to carry out her duties
x. Kind, full of consideration for others, magnanimous in victory, wise and courageous in defeat, she always displayed exemplary conduct

(Se encuentra la solución en Internet)

13. Juego de rol a desempeñar para la próxima clase. Formáis/Forman (M) dos equipos (A y B). Cada equipo prepara preguntas sobre sinónimos referentes a los temas de esta unidad. A pide a B que encuentre un sinónimo de un vocablo, pero tiene que ofrecerle a B una pista. Por ejemplo, A pregunta a B si puede encontrar un sinónimo de *querer* que empiece por *D*. La respuesta es *desear*. (Este ejemplo es bastante fácil). El juego tendrá lugar la semana que viene, de suerte que cada equipo dispone de una semana para preparar sus preguntas. Huelga decir que vocablos demasiado rebuscados o complicados están prohibidos, y que preguntas fáciles tienen poco valor. Cada equipo prepara una veintena o una treintena (según el tiempo disponible) de vocablos con sus correspondientes contestaciones. Desde luego, el equipo que mejor conteste a las preguntas y acumule el mayor número de puntos, gana el juego. El profesor es el árbitro. El uso de diccionarios monolingües está permitido

14. Escribir una redacción de unas 250/500/1000 palabras sobre uno de los temas que se proponen a continuación

i. ¿Suele darse una relación entre la constitución y el carácter?
ii. El constante y milimétrico equilibrio del hombre ante el ser y el no ser debido a cientos de miles de reacciones químicas que se dan en el interior de su cuerpo
iii. Hombre y mujer. ¡Viva la diferencia!

15. He aquí un trozo sacado de la novela *El Túnel* de Ernesto Sábato, novelista argentino del siglo veinte. La novela describe los trastornos psicológicos del protagonista Juan Pablo Castel cuya profesión es pintor. Escrita en primera persona, la novela relata la desesperanza, la incomunicación y la soledad del hombre aislado en las grandes urbes modernas. Es la expresión por excelencia de la alienación social y religiosa. Lee entonces el trozo y contesta las preguntas

Eran las seis de la tarde. Calculé que con el auto de Mapelli podía llegar en cuatro horas, de modo que a las diez estaría allá. "Buena hora," pensé.

En cuanto salí al camino a Mar del Plata, lancé el auto a ciento treinta kilómetros y empecé a sentir una rara voluptuosidad, que ahora atribuyo a la certeza de que realizaría por fin algo concreto con ella. Con ella, que había sido como alguien detrás de un impenetrable muro de vidrio, a quien yo podía ver, pero no oír ni tocar; y así, separados por el muro de vidrio, habíamos vivido ansiosamente, melancólicamente . . .

Fue una espera interminable. No sé cuánto tiempo pasó en los relojes, de ese tiempo anónimo y universal de los relojes, sino que es ajeno a nuestros sentimientos, a nuestros destinos, a la formación o al derrumbe de un amor, a la espera de una muerte. Pero de mi propio tiempo fue una cantidad inmensa y complicada, lleno de cosas y vueltas atrás, un río oscuro y tumultuoso a veces, y a veces extrañamente calmo y casi mar inmóvil y perpetuo donde María y yo estábamos frente a frente contemplándonos estáticamente, y otras veces volvía a ser río y nos arrastraba como en un sueño a tiempos de infancia y yo la veía correr desenfrenadamente en su caballo, con los cabellos al viento y los ojos alucinados, y yo me veía en mi pueblo del sur, en mi pieza de enfermo, con la cara pegada al vidrio de la ventana, mirando la nieve con ojos también alucinados. Y era como si los dos hubiéramos estado viviendo en pasadizos o túneles paralelos, sin saber que íbamos el uno al lado del otro, como almas semejantes, para encontrarnos al fin de esos pasadizos, delante de una escena

> pintada por mí, como clave destinada a ella sola, como un secreto anuncio de que yo estaba allí y que los pasadizos se habían por fin unido y que la hora del encuentro había llegado.

(a) ¿Cuáles son las principales imágenes que evocan los trastornos psicológicos del héroe?
(b) Hay algunas pistas que nos permiten entrever que se trata de una novela argentina. Encuéntralas.
(c) ¿Cómo se analiza la soledad del protagonista?
(d) ¿Tendría el relato el mismo impacto si hubiera sido escrito en tercera persona?
(e) ¿Entiendes el pensamiento introspectivo y dramático del héroe?
(f) ¿Por qué esta introspección conduce lógicamente a la angustia y al nihilismo?
(g) Explica el uso de la repetición
(h) ¿Cómo se llaman dos novelas europeas (checa, pero escrita en alemán, y francesa) que tratan del mismo tema?

En todas tus respuestas, intenta expresar tus ideas en 4 o 5 párrafos. El último ejercicio (h) no está incluido

Unidad 3 / Unit 3

Los Alimentos, las bebidas y la ropa / Food, Drinks and Clothes

Nivel 1 / Level 1

Alimentos / Food

General

alimento m	*(a given)* food
alimentos mpl	food *(in general)*
almorzar	to have lunch
almuerzo m	lunch
aperitivo m	aperitif
aprovisionar	to supply
asar	to roast
barbacoa f	barbecue
bol m	bowl
calentar	to heat, to warm
cena f	evening meal, dinner
cenar	to dine, to have an evening meal
cocinar	to cook, to do the cooking
comedor m	dining room
comer(se)	to eat (up)
comestibles mpl	foodstuffs, foods
comida f	*(any)* meal, mid-day meal, food
comilón m	big eater *(also adjective: greedy)*
comilona f R2/1	big meal, blowout
compras fpl	shopping
copa f	glass *(with stem)*
copioso	copious
cubiertos mpl	cutlery, place setting
cuchara f	spoon
cucharita f	small spoon *(i.e. for coffee)*
cuchillo m	knife
delicioso	delicious
desayuno m	breakfast
digestión f	digestion
fecha f de caducidad	sell-by date
guisar	to cook
harina f	flour
hervir	to boil
indigesto	indigestible
merendar	to have tea / an afternoon snack
merienda f	tea, afternoon snack
mesa f	table
papeo m R1	grub, nosh
preparar	to cook, to prepare
provisiones fpl	provisions, supplies
sabor m	taste
servilleta f	napkin, serviette
tapa(s) f(pl)	snack, delicacy *(taken at bar counter)*
taza f	cup
tazón m	mug, bowl
tenedor m	fork
tener hambre	to be hungry
tener sed	to be thirsty
tostar	to toast
vaso m	glass
víveres mpl	food, supplies

Carne / meat

bien hecho	well done
bistec m	(beef)steak
carne f	meat
carne f de cerdo	pork
carne f de vaca	beef
carne f molida M	minced beef
carne f picada	minced beef
caza f	game
chuleta f	chop, cutlet
chuletón m	large steak, T-bone steak
codorniz f	quail
cordero m	lamb
faisán m	pheasant
fibroso	stringy
filete m	fillet, steak
hígado m	liver
jamón m de York	York ham
jamón m serrano	cured ham
lengua f	tongue
medio	medium
pato m	duck
pavo m	turkey
perdiz f	partridge
poco hecho	rare
pollo m	chicken
riñones mpl	kidneys
salchicha f	sausage
salchichón m	*(salami-type)* sausage
solomillo m	sirloin
tierno	tender

Pescado / fish

anchoa f	anchovy
arenque m	herring
atún m	tuna, tunny
besugo m	red bream
boquerón m	anchovy
calamar m	squid
lenguado m	sole
pescado m	fish *(on plate)*
pescar	to fish
pez m	fish *(in sea)*
pez espada m	sword fish
pulpo m	octopus
rape m	anglerfish
salmón m	salmon
sardina f	sardine
trucha f	trout

Fruta / fruit

albaricoque m	apricot
amargo	bitter, sharp
banana f A/M	banana
cáscara f	shell *(of nut, egg)*
cereza f	cherry
ciruela f	plum
coco m	coconut
dátil m	date
fruta f	fruit *(ready to be eaten)*
fruta f seca	dried fruit *(like apricots, raisins)*
fruto m	fruit *(as on tree, or as produce)*
frutos mpl secos	nuts
granada f	pomegranate
grosella f	gooseberry
guinda f	*(morello)* cherry
higo m	fig
hueso m	stone
jugo m	juice
jugoso	juicy
lima f	lime
limón m	lemon
manzana f	apple
melocotón m	peach
melón m	melon
naranja f	orange
pasa f	sultana
pepita f	pip
pera f	pear
piña f	pineapple
pipa f	pip *(in some fruits like melon)*
plátano m	banana
pomelo m	grapefruit
sandía f	water melon
uva f	grape
zumo m	juice *(not used in M)*
zumoso	juicy

Legumbres / vegetables

berenjena f	eggplant, aubergine
cebolla f	onion
champiñón m	mushroom
col f	cabbage
col f de Bruselas	Brussels sprout
fresco	fresh
garbanzo m	chick pea
guisante m	pea
haba f	broad bean
habichuela f	kidney bean
jitomate m M	tomato
judía f (verde)	French/green bean
lechuga f	lettuce
legumbre f	vegetable
papa f A/M	potato
patata f	potato
pepinillo m	zucchini, courgette
pepino m	cucumber
pimiento m	pepper
remolacha f	beetroot
seta f	mushroom
tomate m	tomato
tomate m M	green tomato *(not seen in Europe)*
zanahoria f	carrot

Sopa / soup

caldo m	broth
cocido m	stew
consomé m	consommé
espeso	thick
gazpacho m	cold soup
puré m	purée
sopa f	soup
sopa f de pescado	fish soup
sopera f	soup bowl, soup container

Postre y pasteles / dessert and cakes

azucarado	sugary, sweet
bizcocho m	sponge *(cake)*
bola f de helado	round portion of ice cream
bombonería f	candy/sweetshop, cake shop
caramelo m	candy, sweet
chocolate m	chocolate
chocolatina f	*(single)* chocolate
cóctel m de frutas	fruit cocktail
confitura f	jam
crema f A/M	cream
cruasán m	croissant
ensalada f de fruta A/M	fruit salad
esponjoso	spongy
factura f A	pastry *(i.e. croissants)*
flan m	crème caramel
fruta f confitada	candied/preserved fruit
galleta f	cookie, biscuit
golosina f	delicacy, candy, sweet
helado m	ice cream
hotcake m M	pancake
macedonia f (de fruta)	fruit salad
magdalena f	fairy cake
mermelada f	jam
nata f	cream
nata f A/M	cream from top of milk
nieve f M	sorbet, water ice
pastel m	cake
pastelería f	cakeshop
pastelero m	pastry cook, confectioner
plumcake m	fruit cake
postre m	dessert
tarta f	tart, cake
tarta f de cumpleaños	birthday cake
vigilante m A	pastry *(often eaten at breakfast)*

Varios / other

aceite m de oliva	olive oil
aceituna f	olive
ajo m	garlic
bocadillo m	sandwich *(in a roll)*
bocata m	sandwich *(in a roll)*
fritanga f M	fried food *(usually unpleasant, i.e. unpleasant smell)*
fritura f	fried food
huevo m	egg
manteca f A	butter

mantequilla f	butter
miel f	honey
pan m	bread
papas fpl fritas M	French fries, chips
patatas fpl fritas	French fries, chips
pimienta f	pepper
queso m	cheese
salsa f	sauce
sándwich m	sandwich (from slices)
tortilla f	Spanish omelet *(eggs and potato)*
tortilla f M	tortilla made from maize flour *(much thinner than Spanish omelet)*

Bebidas / Drinks

agua f	water
agua f de sabor M	fruit-flavored water
agua f mineral	mineral water
agua f potable	drinking water
agüita f M	water *(as common as* agua*)*
atole m M	hot maize drink
beber a sorbitos	to sip
bebida f	drink
biberón m	(contents of) feeding bottle
bombilla f A	tube for drinking maté tea/infusion
brebaje m	unpleasant-tasting liquid
café m	coffee
café m americano M	large black coffee
café m con leche	regular/white coffee
café m cortado	coffee with a drop of milk
café m negro M	black coffee
café m solo	black coffee
cafeína f	caffeine
chocolate m	chocolate
conga f M	drink of mixed fruit juices
cubito m de hielo	ice cube
descafeinado	decaffeinated
gaseosa f	fizzy drink, carbonated water
granizado m	iced drink
horchata f	tiger-nut milk
infusión f	infusion
jarabe m	syrup, sweet drink
leche f	milk
limonada f	lemonade
líquido m	liquid
malteada f M	milkshake
mate m A	maté, gourd for drinking maté
mateada f A	gathering to drink maté
mosto m	*(unfermented)* grape juice
naranjada f	orangeade
poción f	potion
ponche m	punch
ponche m M	Mexican style punch *(usually hot and no alcohol)*
pulque m M	pulque *(made from fermented cactus sap)*
raspado m M	fruit drink served on crushed ice
refrescante	refreshing
refresco m	*(refreshing)* drink
sidra f	cider
tomar	to have, to take, to drink
tragarse	to gulp *(down)*
yerba f mate A	maté

Vestido / Dress

abrigo m	(over)coat
agujeta f M	shoe lace
albornoz m	bathrobe
americana f	jacket
anteojos mpl A	glasses
arreglarse	to smarten up
arrugar	to crease, to crumple
atar	to tie up
bata f	dressing gown
blusa f	blouse
bolear M	to polish *(shoes)*
bolsa f M	*(lady's)* purse, handbag

bolso m	*(lady's)* purse, handbag
bota f	boot
calcetín m	sock
camisa f	shirt
chamarra f M	jacket, coat
chaqueta f	jacket
corbata f	tie
cordón m	shoe lace
coser	to sew
dar brillo a los zapatos	to polish shoes
desnudarse	to get undressed
estar de moda	to be in fashion
estrenar	to wear for the first time
estropeado	damaged
falda f	skirt
gafas fpl	glasses
guante m	glove
jeans mpl	jeans
jersey m	jersey
lentes mpl A/M	glasses *(f in Spain but little used with this meaning)*
llevar (puesto)	to wear
medias fpl	stockings
número m	size *(in shoes, clothing)*
pantalón m vaquero	jeans
pantalón/(-ones) m(pl)	pants, trousers
pañuelo m	handkerchief
pijama m	pajamas
pijama m A	pajamas *(pronounced as with Argentinian* y *or* ll*)*
piyama f M	pajamas
planchar	to iron
ponerse la chaqueta	to put on your jacket
quitarse la blusa	to take off your blouse
pulóver m M	sweater, pullover
rasgado	torn
rayado	striped
roto	torn
sandalia f	sandal
short(s) m(pl) M	shorts
sombrero m	hat
suéter m M	sweater
tenis m M	sneaker, plimsoll
traje m	dress, woman's dress, man's suit
trasparente	transparent
vaquero(s) m(pl)	jeans
vestido m	dress, costume, clothing, woman's dress
vestir(se)	to dress, to get dressed
zapatilla f	sneaker, sports shoe, slipper
zapato m	shoe

Nivel 2 / Level 2

Alimentos / Food

General

abastecer de alimentos a	to supply *(someone)* with food
abundante	abundant, copious
alimentación f	feeding, nourishment, food
alimentación f saludable	healthy food *(all kinds)*
alimentar	to feed *(specific)*, to nourish
alimento m biológico	organic food *(specific)*
alimento m sano	(a) healthy food
alimentos mpl nutritivos	nutritious food(s)
alimentos mpl transgénicos	genetically modified food
amamantar	to suckle, to nurse
atracarse R1	to stuff yourself
atracón m R1	big meal, blowout
banquete m	banquet

bazofia f R1	bad food
cebar A	to prepare maté
comensal mf	fellow guest, diner
comestible	eatable, edible
comida f basura	junk food
comida f biológica	organic food
comida f chatarra A/M	junk food
comida f natural M	organic food
comida f rica	nice/delicious food
comida f sana	healthy food
crudo	raw
dar de comer	to feed *(person(s))*
dar el pecho	to suckle, to nurse
dieta f sana y equilibrada	healthy, balanced diet
empacarle duro R1 M	to wolf, to eat quickly and a lot
entrada f	starters, entrée
entremeses mpl	hors d'œuvres
Es una delicia	It's delicious
estropeado	rotten, gone off
feta f de queso A	slice of cheese
galleta f crujiente	crunchy cookie
gastronomía f	gastronomy
goloso	sweet-toothed
hambruna f	hunger, famine
hartarse	to eat your fill
harto	full up
invitado m	guest
ir de compras	to go shopping
itacate m M	packed lunch, doggy bag
lastrar R1 A	to gobble up
malsano	unhealthy
Manténgase en lugar fresco y seco	Keep in a cool, dry place
Me abrió el apetito	I got an appetite
menú m	menu
morfar R1 A	to eat, to grab a bite to eat
morfi m R1 A	grub, nosh
papilla f	baby food
piscolabis m	snack
plato m	plate, dish *(both container and food)*
plato m fuerte	main course
plato m precocinado	precooked dish
probar	to try, to taste
rancho m	soldier's food
receta f	recipe
recetario m	recipe book
relleno	stuffed *(dish)*
saber a ajo/chocolate	to taste of garlic/chocolate
seguridad f alimentaria	food safety
sin aditivos mpl químicos	without chemical additives
suministrar alimentos a un colegio	to supply a school with food
tentempié m	snack
vaciar	to empty
zamparse	to wolf down, to eat quickly

Carne / meat

albóndiga f	meatball, rissole
carnero m	mutton
cebar un cerdo	to fatten up a pig
cerdo m picado	minced pork
chorizo m	pork sausage, salami
embutido m	sausage *(generic word for cooked meats)*
loncha f	slice *(of meat)*
longaniza f	long sausage
morcilla f	blood sausage, black pudding
moronga f M	blood sausage, black pudding
panceta f	streaky bacon
pierna f de cordero	leg of lamb
pollo m con mole M	chicken with chili sauce *(eaten on All Souls' Day)*
tajada f (de carne)	slice (of meat)
ternera f	veal
tocino m	bacon
tripa f	tripe

Pescado y mariscos / fish and shell fish

almeja f	clam, cockle
anguila f	eel
bonito m	tuna, bonito
caballa f	mackerel
cangrejo m	crab
caracol m	seashell
chipirón m	calamar, octopus
cigala f	crayfish
cóctel m de gambas	shrimp/prawn cocktail
coctel m de gambas M	shrimp/prawn cocktail
erizo de mar m	sea urchin
faenar	to fish (in deep sea)
gamba f	prawn
huachinango m M	red snapper
langosta f	lobster
langostino m	prawn
lubina f	sea bass
mejillón m	mussel
mojarra f M	perch
ostra f	oyster
platija f	plaice
robalo m M	sea bass
sardinas fpl en escabeche	pickled sardines

Fruta / fruit

aguacate m	avocado pear
almendra f	almond
anacardo m	cashew nut
ananá m A	pineapple
avellana f	hazel nut
cacahuate m M	peanut, monkey nut
cacahuete m	peanut, monkey nut
casis m	blackcurrant
castaña f	chestnut
castaña f de cajú A	cashew nut
chabacano m M	apricot
chayote m M	chayote, mirliton
damasco m A	peach
durazno m A/M	peach
frambuesa f	raspberry
fresa f	strawberry
fruta f deshidratada	dried fruit *(like dates, figs)*
frutilla f A	strawberry
grosella f negra	blackcurrant
guayaba f	guava
maduro	ripe
membrillo m	quince
mora f	blackberry
nectarina f	nectarine
nuez f	walnut
nuez f M	pecan
nuez f de Castilla M	walnut
nuez f de la India M	cashew nut
pacana f	pecan
pachucho	overripe
palta f A	avocado pear
papaya f	papaya, pawpaw
pasado	overripe
pelón m A	nectarine
perón m M	*(type of)* apple *(sweet)*
plátano m dominico M	small banana
plátano m macho M	very big banana
rodaja f	slice *(as of pineapple)*
toronja f M	grapefruit
verde	unripe, green
zapote m M	sweet fruit of the chiclé tree

Legumbres / vegetables

alcachofa f	artichoke
alcaucil m A	artichoke
arveja f A	pea
batata f	sweet potato, yam
betabel m	sugar beet
betarraga f	beetroot
calabacín m	zucchini, courgette
calabaza f	pumpkin
calabaza f M	zucchini, courgette
chaucha f A	French/string bean
chícharo m M	pea
elote m M	corncob
ensalada f	salad
espárrago m	asparagus
espinaca(s) f(pl)	spinach
frijol m M	kidney bean
hortaliza f	vegetable, garden produce

lenteja f	lentil
morrón m A	red pepper
nabo m	turnip
repollo m A	cabbage
tubérculo m	tuber
verdura f	green vegetable *(especially cabbage)*

Postre y pasteles / dessert and cakes

alfajor m A	type of fudge cake, candy
algodón m de azúcar	cotton candy, candy floss
almíbar m	syrup
ate m de guayaba/ membrillo M	guava/quince jelly
barquillo m	ice cream cornet
bocha f R1 A	ice cream *(ball-shaped)*
bollo m	bun
bombón m	(a) chocolate
cadáver m dulce M	candy in shape of body *(eaten on All Souls' Day)*
calaverita f M	sugar candy in shape of skull *(eaten on All Souls' Day)*
chocolate m con canela M	hot chocolate with cinnamon *(drunk on All Souls' Day)*
compota f	stewed fruit, preserve
cremoso	creamy
cuajada f	curd, junket
dulce m M	candy, sweet
gofre m	wafer
guayabate m M	candy/sweet made from guava
hojaldre m	puff pastry
jalea f	jelly
mazapán m	marzipan
media luna f A	small croissant
membrillo m	quince jam
merengue m	meringue
natillas fpl	custard
pestiño m	sticky bun *(with honey)*
polvorón m	shortbread
requesón m	cottage cheese
rosquilla f	ring-shaped pastry, doughnut
turrón m	nougat, turron

Varios / other

aceituna f deshuesada	pitted olive
azafrán m	saffron
bolillo m M	bread roll
bolsa f de pipas	bag of *(edible)* sunflower seeds
botana f M	snack, appetizer
botanear M	to nibble, to have a snack
burrita f M	flour tortilla with cheese and ham
cacho m R1	hunk *(of bread)*
catsup m M	US-style spiced tomato sauce, ketchup
chilaquiles mpl M	corn tortilla in tomato and chili sauce
chile m desvenado M	chili with seeds and ribs cleaned out
chile m relleno M	chili stuffed with cheese or meat
choripán m A	sandwich filled with sausage
chusco m R1	hunk *(of bread)*
colorante m	coloring
corrusco m R1	hard crust
corteza f	crust *(of bread)*
cucharada f (cda)	spoonful *(abbreviation in recipes)*
cucharada f sopera	tablespoonful
cucharadita f (cdita)	teaspoonful *(abbreviation in recipes)*
elote m M	cob of corn *(cooked)*
empanada f A	pasty
empanadilla f	pasty
enfrijolada f M	fried maize tortilla (M) covered in a cream made from kidney beans, spiced onions and mature cheese

Es un pan (de Dios) M	(S)he's a really nice person
espaguetis mpl	spaghetti
estabilizante m	stabilizer
fideos mpl	noodles, spaghetti
guacamole m M	sauce/dip with avocado, onion, chili or green pepper
leche f desnatada	skim/skimmed milk
leche f homogeneizada	homogenized milk
leche f pasteurizada	pasteurized milk
leche f semi-desnatada	semi-skim/skimmed milk
levadura f	leaven, yeast
locro m A	traditional stew with meat, beans and vegetables
macarrones mpl	macaroni
mazorca f M	cob of corn *(uncooked)*
mendrugo m R3/2	*(hard)* crust
miga f	crumb *(but* migaja *in M)*
migajas fpl	crumbs, bits, leavings
migas fpl	fried breadcrumbs
miñón m A	small bread roll
mole m M	chili sauce
mollete m M	open slice of baguette with cheese and frijol sauce, all toasted
néctar m	nectar
noqui m A	pastry made with potatoes and flour
omelette m A	omelet
pan m de caja M	tinned loaf
pan m de dulce M	sweet bun
pan m de muerto M	bread eaten on All Souls' Day
pan m integral	wholemeal bread
pan m rallado	breadcrumbs
pancho m A	hot dog
panecillo m	bread roll
panqueque m A	pancake
pasta f	pasta
pay m M	fruit pie
polenta f A	dish made from maize flour
polvo m de hornear	baking powder
quesadilla f M	quesadilla *(tortilla with savory mixture and cheese topping)*
queso m fundido M	melted cheese accompanying tortilla
raciones fpl	assorted dishes *(in a bar)*
rebanada f de pan	slice of bread
regusto m	unpleasant aftertaste
resabio m	unpleasant aftertaste
sal f	salt
sincronizada f M	grilled tortilla sandwich
taco m M	snack, appetizer
tamal m M	tamale *(filling wrapped in a banana or maize leaf)*
taquiza f M	buffet of tacos
tenedor m libre A	buffet
tlacoyo m M	pastry/pasty with beans or chick peas
torta f	sponge cake, *(any elaborate)* cake
torta f M	pie, sandwich
torta f de casamiento A	wedding cake
totopo m M	triangular tortilla chip made with maize
vianda f A	packed lunch
vitamina T f R1 M	vitamins, the name of which begins with T *(taco, tamal, torta, tortilla)*

Alcohol / Alcohol

aguardiente m	brandy
alcohol m	alcohol
anís m	aniseed
bebida f espirituosa	spirit
bodega f	wine cellar
brut	brut, extra dry

burbuja f	bubble
cargado	strong
cava m	Spanish champagne, cava
cerveza f	beer
champán m	champagne
cocktail m A	cocktail
cóctel m	cocktail
coctel m M	cocktail
coñac m	cognac
cosecha f	crop
crianza f	wine in its third year, at least
cubo m para hielo	ice bucket
dulce m	sweet (wine)
embotellar	to bottle
espumeante	sparkling
espumoso	sparkling
estar hasta las chanclas R1 M	to be plastered
fortificante m	fortified wine
generoso	full-bodied
gran reserva m	top-quality wine
heces fpl	dregs
jerez m	sherry
licor m	liquor, spirits, liqueur
mezcal m	mescal
moscatel m	muscatel
oloroso	sweet-smelling, oloroso
poso m	sediment, dregs
reserva m	*(good-quality)* wine at least three years old
rompope m M	eggnog *(similar to Bailey's or* Crema Catalana*)*
ron m	rum
sacacorchos m	corkscrew
sangría f	sangria, fruit cup
seco m	dry (wine)
tapón m	stopper
tener el paladar muy fino	to have a very delicate palate
tequila m M	tequila
tintorro m	poor quality wine, plonk
tonel m	barrel
uva f	grape
vendimia f	grape harvest
vino m	wine
vino m blanco	white wine
vino m rosado	rosé wine
vino m tinto	red wine
vodka m	vodka
whisk(e)y m	whiskey
whisk(e)y m con hielo	whiskey on the rocks

Ropa y calzado / Clothing and footwear

General

ajustado R3/2	close-fitting, just right
ala f	brim *(of hat)*
alpargata f	rope-soled sandal
anorak m	anorak
apretado	tight-fitting, too tight
arruga f	crease
aseado	neat, tidy
bañador m	bathing costume *(one-piece)*, trunks
basket m	sneaker, plimsoll, trainer
betún m	shoe polish
boina f	beret
borceguí m	walking boot
botón m	button
boxers mpl M	boxer shorts
bufanda f	scarf, wrap
cachucha f M	peaked cap
calzado m	footwear
calzarse unas sandalias	to put on sandals
cambiar de ropa	to change clothes
cambiarse	to change clothes
camiseta f	undershirt, vest, T shirt
campera f A	lumber jacket, anorak
capa f	cape
cazadora f	windbreaker, windcheater
cepillar	to brush
chancla f	slipper *(for beach and home)*

chancleta f	slipper *(for beach and home)*
chándal m	tracksuit
chinela f A	thong, flip-flop
chomba f A	polo shirt
chubasquero m	light raincoat, anorak
chupete m	pacifier, *(baby's)* dummy
cinturón m	belt
componerse	to dress up, to make up
corte m	cut *(of garment)*
cremallera f	zipper, zip fastener
cubrirse	to cover up
cuello m	collar
desarreglado	slovenly
embozo m	top part of cape covering face
en mangas de camisa	in shirt sleeves
ensuciar	to dirty, to stain
estar/vestir de paisano	to be dressed in plain clothes
forrado	lined *(of garment)*
gabardina f	raincoat, gabardine
gancho m M	clothes hanger
gastar guantes	to wear gloves
grasa f de zapatos M	shoe polish
guardapolvo m A	smock *(i.e. for doctors and children)*
huarache m M	sandal
ir bien calzado	to go in proper footwear
ir descalzo	to go barefoot
justo	a bit tight, just right
lazo m	bow, knot, loop
malla f A	swimming costume, trunks
manchar	to stain
manga f	sleeve
medias fpl	stockings
medias fpl A	socks *(as well as stockings)*
medida f	size, fitting, measurement
mono m	jumpsuit, overalls
mudar de ropa	to change clothes
niki m	polo shirt
ojota f A	thong, flip-flop
pantalones mpl amplios	loose-fitting pants/trousers
pantufla f	slipper
pañal m	diaper, nappy
patas fpl de gallo M	thongs, flip-flops
percha f	clothes hanger
pliegue m	crease, fold
prenda f de vestir	article of clothing
probar	to try on
prueba f	trying on, fitting
pulcro	neat, smartly dressed
quedar bien	to suit
rasgar	to tear
raya f	stripe
remendar	to mend, to darn
remera f A	T shirt
retoque m	touching up *(e.g. of make-up)*
romper un vestido	to tear a dress
ropa f interior	underclothes
sastre m	tailor
sentar bien	to suit, to fit
sentar mal	not to suit / to fit
solapa f	lapel
taco m A	heel *(of shoe)*
tacón m	heel *(of shoe)*
talla f	size, fitting
Te va bien el traje	The suit fits you well
visera f	peak *(of cap)*
zapatero m	shoe mender, cobbler
zapatilla f	slipper, sneaker, plimsoll
zarape m M	brightly colored shawl worn by Mexican men, serape *(women's fashion garment)*
zueco m	clog
zurcir	to darn, to mend, to sew up

Ropa de señora / ladies' wear

bra(sier) m M	bra
bragas fpl	panties
capucha f	hood
chal m	shawl

chaqueta f de punto	cardigan
colección f de primavera	spring collection
conjunto m	twin set
corpiño m A	bra
dos piezas m	two piece
escote m cavado A	plunging neckline
escote m en forma de V	V neckline
escote m muy bajo	plunging neckline
falda f plisada	pleated skirt
hebilla f	buckle
lencería f	lingerie
leotardos mpl	pantihose, leotard, tights
liga f	suspender
mallas fpl	tights
moda f femenina	ladies' fashion
pollera f A	skirt
puño m	cuff
raso m	satin
rebeca f	cardigan
ropa f de invierno	winter wear
ropa f de noche	evening wear
ropa f de verano	summer wear
sostén m	bra
sujetador m	bra
traje m pantalón	trouser suit
traje m sastre	skirt suit
vestido m de casa	house dress
vestido m de noche	evening wear

Ropa de caballero / men's wear

bragueta f	fly
buzo m A	sweatshirt
calzón m	pants, underpants
camisa f de sport	casual shirt
camiseta f de red	string vest
chaleco m	waistcoat
chaqueta f vaquera	denim jacket
chones mpl R1 M	pants, underpants
esmoquin m	evening suit
frac m	evening dress
gabán m R3	overcoat
moda f masculina	men's fashion
pajarita f	bow tie
pantalón m corto	shorts
pantalones mpl caqui	khaki pants/trousers
pantalones mpl de campana	bell-bottom pants/trousers
perramus m A	raincoat
piloto m A	three-quarter-length raincoat
polo m	polo-necked sweater
saco m A/M	jacket *(and part of a suit)*
sudadera f	sweatshirt
tiradores mpl A	suspenders, braces
tirantas fpl M	suspenders, braces
tirantes mpl	suspenders, braces
tiros mpl A	suspenders, braces
traje m de baño	swimming trunks
traje m de etiqueta	evening/dress suit
tres cuartos m	three-quarter coat

Tela / cloth

algodón m	cotton
corduroy m A	corduroy
cuero m	leather
deshilachado	frayed
fibra f sintética	synthetic fibre
gamuza f	chamois leather
gastado	threadbare
goma f	elastic band
hilo m	thread
lana f	wool
liso	smooth
mezclilla f M	denim
muselina f	muslin
nylon m / n(a)ilon m	nylon
paño m	*(piece of)* cloth
plástico m	plastic
raído	threadbare
rasposo	rough *(to touch)*
rugoso	rough *(to touch)*
seda f	silk
tejido m	fabric, material
tela f	cloth
tela f vaquera	denim
terciopelo m	velvet
terso	smooth

Adornos / embellishments

abanico m	fan
adorno m	embellishment
alhaja f	jewel

alianza f	wedding ring
anillo m	ring
atusarse R3	to dress in great style
brazal m	bracelet
brazalete m	bracelet
broche m	brooch, fastener
collar m	necklace
cortarse el pelo	to have your hair cut
emperifollarse	to doll yourself up
joya f	jewel
joyero m	jeweler
mantilla f	mantilla
pendiente m	earring
pulsera f	bracelet
reloj m de pulsera	wristwatch
sortija f	ring
tira f (de tela)	strip (of cloth)
velo m	veil

Nivel 3 / Level 3

Alimentos / Food

Carne/meat

achuras fpl A	offal
asado m A	barbecue *(usually beef)*
bife m A	beef steak
bife m de lomo A	fillet steak
callos mpl	tripe
canelones mpl	canneloni
carne f asada	roast meat
carne f blanca	white meat
carne f congelada	(deep-)frozen meat
carne f de bovino	beef
carne f de cañón	cannon fodder
carne f de oveja	mutton
carne f de venado	venison
carne f magra	lean meat
carne f muy cocida A	meat well done
carne f ovina	mutton
carne f roja	red meat
chicharrón m M	(pork) crackling, piece of burnt meat
cochinillo m	sucking-pig
cocido m	stew *(with meat, bacon, chick peas)*
cuadril m A	rump steak
dehesa f	pasture land, meadow
derivados mpl cárnicos	meat products
estofado f	stew, hot pot
fajita f M	wheat tortilla with pepper, onion and chicken
fiambre m	cold meat
fiambre m A	sausage
gallinero m	chicken run, hen house
lechal m	sucking-lamb
lechón m sabroso	tasty sucking-pig
matadero m	slaughterhouse
matambre m A	meat roulade *(with vegetables and hard-boiled eggs)*
milanesa f A	thin steak prepared in breadcrumbs
mondongo m A	tripe
mortadela f	Bologna sausage
pacer	to graze
pastar	to graze
peceto m A	round steak, silverside
potenciar el sabor de la carne	to bring out the flavor of the meat
ternera f	veal
tostón m	sucking-pig

Legumbres / vegetables

acelga f	chard, silver beet
achicoria f	chicory
apio m	celery
arbeja f A	pea
berro m	watercress
berza f	cabbage
brócoli m	broccoli
calabaza f A	squash, marrow
chalota f	shallot
choclo m A	corn on the cob
diente m de león	dandelion
ejote m M	green bean

endibia f	endive
ensaladilla f criolla A	tomato, green and red pepper salad *(often for* asado*)*
ensaladilla f rusa	Russian salad
escarola f	endive
fécula f de papa M	potato starch
haba f de soja	soya bean
hongo (comestible) m	fungus (mushroom)
huerta f	irrigated region, vegetable garden
huerto m	kitchen garden, orchard
jícama f M	yam bean
judía f blanca	haricot bean
judía f escarlata	runner bean
judía f roja	runner bean
legumbres fpl secas	pulses
mandioca f	manioc
pepinillo m	gherkin
poro m M	leek
poroto m A	kidney bean
poroto m verde A	green/runner bean
puerro m	leek
rábano m	radish
radicheta f A	chicory
rúcula f A	rocket *(lettuce)*
semilla f	seed
tapioca f	tapioca
vaina f	pod
yuca f	manioc
zapallo m A	pumpkin, gourd

Condimentos y especias / condiments and spices

aceite m de olivo M	olive oil
aceite m vegetal	vegetable oil
aderezar	to season *(like* condimentar*)*
adobar	to season, to pickle *(for meat or fish)*
ají m A	pepper
albahaca f	basil
alcaparra f	caper
aliñar	to season *(usually salad)*
azucarar	to add sugar to
bechamel m	white sauce, bechamel
canela f	cinnamon
chile m en nogada M	chili in walnut sauce
chimichurri m A	hot sauce
cilantro m	coriander
condimentar	to season *(with spices, vinegar, salt)*
condimento m	condiment
eneldo m	dill
estragón m	tarragon
hierba f	herb
hierbabuena f	mint
jalapeño m M	extremely hot chili
jengibre m	ginger
laurel m	laurel, bay leaf
mayonesa f	mayonnaise
mejorana f	marjoram
menta f	mint
mostaza f	mustard
orégano m	oregano
perejil m	parsley
picante	hot, spicy
picoso M	hot, spicy
pimentón m	paprika, cayenne pepper
pimienta f negra molida	ground black pepper
romero m	rosemary
salar	to add salt to
salero m	salt cellar
salpimentar	to season *(with salt and pepper)*
salsa blanca f A	white sauce, bechamel (sauce)
sazonar	to season *(like* condimentar*)*
tomillo m	thyme
tuco m A	tomato sauce
vainilla f	vanilla
verdolagas fpl M	kind of watercress

Huevos / eggs

clara f de huevo	egg white
huevo m a la copa A	boiled egg
huevo m de corral	free-range egg
huevo m de Pascua	Easter egg

huevo m duro	hard-boiled egg
huevo m escalfado	poached egg
huevo m estrellado/frito	fried egg
huevo m pasado por agua	boiled egg
huevo m poche M	poached egg
huevo m tibio M	*(soft)* boiled egg
huevos mpl mexicanos M	eggs scrambled with tomatoes, chilies and onions
huevos mpl motuleños M	tortilla topped with slices of ham, fried eggs, cheese, peas
huevos mpl revueltos	scrambled eggs
yema f de huevo	egg yolk

La comida / the meal

anfitrión m	host
azucarero m	sugar bowl
bote m	tin, jar
botijo m	earthenware jar *(for water)*
brindar	to toast
cafetera f	coffee pot
carrito m de servicio	serving trolley
cascanueces m	nutcracker
colesterol m	cholesterol
consumir R3/2	to eat, to consume
conversación f de sobremesa	after-lunch conversation
convidado m	guest
copa f alta	tapered glass, flute
desayunar(se)	to (have) breakfast *(reflexive = R3)*
desayunarse M	to (have) breakfast
descorchar	to uncork
dispachar	to dispatch, to see off
engullir	to gulp down
epicúreo R3	Epicurean
escaso	meager *(fare)*
escudilla f	small soup bowl
estar de sobremesa	to remain at table after the *(mid-day)* meal
festín m	feast, banquet
fiambre m	cold meat, buffet lunch
filo m	*(cutting)* edge
fuente f	serving dish, platter
garrafa f	carafe
grasa f	fat
huésped(a) m(f)	guest
huevera f	egg cup
jalar R1	to knock back
lastrar R1 A	to knock back, to wolf down
manjar m	tasty/special dish
mantel m	table cloth
mascar	to chew
masticar	to chew
opíparo R3	sumptuous
pábulo m R3	food
palillo m	toothpick
patrona f	landlady *(in pensión)*
picar	to nibble at, to peck at
pimentero m	pepper pot
pincho m	portion on a stick
platillo m	saucer
portacuchillo m	knife rest
salsera f	sauce boat
servilletero m	serviette ring
sibarita mf R3	Epicurean
suculento	succulent
suntuoso	sumptuous
tarro m de mostaza	mustard jar
tetera f	tea pot, kettle
untar	to dip *(e.g. bread in sauce, gravy)*
vegetariano	vegetarian
vituallas fpl R3	food, provisions
víveres mpl R3/2	provisions
yantar m R3	food, nourishment
yantar R3	to eat

Viticultura y vino / Wine growing and wine

abstemio R3/2	abstemious
achisparse R1	to get merry/tipsy
afrutado	fruity
alambique m	still
añejo	mellow, mature

barrica f	*(small)* barrel
barril m	barrel
bebido	drunk
beodo R3	inebriated
botellero m	wine bottle rack
brindis m	toast
brote m	bud, shoot
candiota f	wine cask
cata f de vino	wine tasting *(by an expert)*
catador m	*(expert)* wine taster
catar	to taste *(suggests an expert)*
catavinos m	*(expert)* wine taster
cepa f	stock, vine
chupado R1 A	drunk, pissed
chuparse R1 A/M	to drink alcohol, to booze
coete R1 M	drunk
coger uvas	to pick grapes
cuba f	cask, vat
cuévano m	pannier, deep basket
degustación f	tasting, sample
degustar	to taste, to sample
denominación f de origen	*prestigious wine classification*
destilar	to distil
destilería f	distillery
ebrio R3	inebriated
embotellador m	bottler
embotellar	to bottle
embriagado R3	inebriated
enólogo m	enologist, wine expert
enrejado m de alambre	wire netting
escanciar R3	to pour out, to serve
espuerta f	basket
estar crudo R1 M	to have a hangover
estar en pedo R1* A/M	to be hopelessly drunk, pissed up
estar pedo R1*	to be hopelessly drunk, pissed up
fermentación f	fermentation
filoxera f	phylloxera *(disease which attacks vines)*
industria f vinícola	wine industry
juzgar el sabor	to judge the taste
lagar m	winery, press
majuelo m	young vine
mamado R1	drunk
parra f	grape vine
piripi R1	tipsy
prensa f de uva	wine press
pulverizar	to spray
racimo m	bunch
recoger uvas M	to pick grapes
recolección f	harvest, picking
región f vitícola	wine growing area
rodrigón m	stake, prop
sarmiento m	vine shoot
Sírvase a temperatura ambiente	Serve at room temperature
Sírvase frío	Serve chilled
sumiller m R3	wine waiter
tener cruda R1 M	to have a hangover
tener cuerpo	to have body
tener resaca	to have a hangover
teporocho R1 M	drunk
tonelero m	barrel maker, cooper
vendimia f	grape harvest
vendimiador m	grape harvester/picker
vendimiar	to harvest
vid f	vine
vinícola	of wine, wine growing/making
vinicultor m	wine grower
vinicultura f	wine growing
vino m añejo	vintage wine
vino m de buen cuerpo	full-bodied wine
vino m de crianza	vintage wine *(at least three years old)*
vino m patero A	wine produced by traditional method of stamping on grapes
viña f	vine
viñedo m	vineyard
viticultor m	wine grower
viticultura f	wine growing

Ropa / Clothing

General

a medio vestir	half-dressed
abrochar	to button up, to fasten
achicar una falda	to take in a skirt
acicalarse	to smarten up
ajar	to crumple
almidonar	to starch
andrajoso	ragged
arrebujado en su abrigo	wrapped in his/her (over)coat
atildarse	to spruce yourself up
atuendo m R3	attire
automático m	snap fastener
calarse el sombrero	to pull your hat down firmly
calzarse	to put your shoes on
calzarse las sandalias	to put your sandals on
camisa f a rayas	striped shirt
ceñido	tight/close-fitting
chafado R1	crumpled
chillón	garish
chulo R1 M	neat, lovely *(of dress)*
cierre m	fastener
cinto m	sash, belt, girdle
cordón m	lace
cursi	vulgar, in bad taste, showy, flashy
delantal m	apron
desaliñado	slovenly, unkempt
descubrirse	to take off your hat
desgaste m	wear *(and tear)*
desharrapado	ragged, tattered
deshebillar	to unbuckle
deshilachado	shabby, frayed
disfraz m	fancy dress
en andrajos	in rags, tattered
endomingarse	to dress up
engalanarse	to dress up
ensanchar un pantalón	to let out a pair of pants/trousers
estar de gala	to be in full dress
fachoso M	slovenly, ill dressed for the occasion
faja f	sash, girdle, belt
flamante	brand new, luxurious
flojo	loose-hanging, slack
forro m	lining
garras fpl R1 M	rags, old clothes
hacer buen juego con	to match, to go well with
harapiento	ragged
inarrugable	crease resistant
indumentaria f R3	attire
llamativo	bright, attractive
mamarracho R1 M	poorly dressed
mandil m M	apron
ojal m	buttonhole
ojete m	eyelet
patrón m	pattern
pelliza f	sheepskin jacket
peripuesto R1	smartly dressed
pingos mpl R1	ragged clothes
ponerse ropa	to put clothes on
quitarse ropa	to take clothes off
rizar	to curl, to ruffle
sacar ropa A	to take clothes off
sayo m R3	smock
suela f	sole
tejido m sintético	synthetic cloth
tela f a pintas azules	blue-spotted cloth
tela f de colorines	bright-colored cloth
tela f de cuadros	check patterned cloth
tela f de visos	shiny/glossy cloth
toga f	gown *(for judge, academic)*
trapos mpl R1	clothes
vestiduras fpl R3	*(ceremonial)* robes
vistoso	colorful, showy
zamarra f	sheepskin jacket

Ropa de señora / ladies' wear

ajustado	figure hugging
alfiler m	pin, clip
argolla f M	*(wedding)* ring
blusa f guanga R1 M	loose-fitting blouse
blusa f holgada	loose-fitting blouse
capucha f de quita y pon	removable hood
encaje m	lace

jeans mpl embarrados M	tight-fitting jeans
liguera f	suspender belt
maniquí m	mannequin, model
modelo mf	model
moño m	bun *(tied behind head)*
peto m	dungarees
portaligas m	suspender belt
sisa f	dart
tanga m/f	lower part of bikini, G-string
traje m de novia	wedding dress
vestido m muy escotado por detrás	backless dress
vestido m premamá	maternity dress
vestido m sin tirantes	strapless dress

Ropa de caballero / men's wear

bastón m	walking stick
bombachas fpl A	baggy pants/trousers *(worn by gauchos, for example)*
bonete m	hat, biretta
capelo m	cardinal's hat
chaparreras fpl M	leg chaps *(used by cowboys for protection)*
chaqué m	morning coat
cordobés m	dark, felt, wide-brimmed hat
cuello m postizo	detachable collar
falda f escocesa	kilt
faldón m	tail *(of shirt/coat)*
frac m	dress coat
fular m	cravat
galera f A	top hat
levita f	frock coat
moño m A	bow tie
pechera f	shirt front
sobretodo m R3	overcoat
sombrerera f	hatbox
sombrero m ancho	wide-brimmed hat
sombrero m de ala ancha	wide-brimmed hat
sombrero m de bola M	bowler hat
sombrero m de jipijapa	Panama hat
sombrero m de paja	straw hat
sombrero m hongo	bowler hat
sombrero m jarano M	broad-brimmed Mexican hat
sombrero m tejano	Stetson
toca f	bonnet
tocado m	headgear, hat
zahones mpl	leg chaps

Adornos / embellishments

abalorio m	*(glass)* beads
abanicarse	to fan yourself
aderezo m	adornment
baño m de espuma	foam bath
bisutería f	cheap jewelry
bruselas fpl	tweezers
chuchería f	trinket
cinta f	ribbon, headband
colgante m	pendant
cosmético m	cosmetic *(also adjective)*
costura f	seam
crema f hidratante	moisturizer
damasquinado	damascene *(work) (as of Toledo)*
dije m	medallion, locket
enaguas fpl	petticoat
estuche m de joyas	jewel case
guardajoyas m	jewel case
hacerse una permanente	to have a perm
incrustado de	inlaid with
jaspeado	mottled, speckled
joyero m	jewel case
laca f	lacquer
lápiz m de ojos	eyeliner
orfebrería f	gold/silver work
orilla f	hem
oropel m	tinsel, gaudy adornment
pinzas fpl	tweezers
polvera f	powder compact
polvos mpl	face powder
recamado	embroidered
redecilla f	hair net
ribeteado	edged, bordered
sombra f de ojos	eye shadow

tocado m	hairdo, coiffure
tratamiento m facial	face pack
vincha f A	hair band
volante m	flounce
zarcillo m	earring

Tejido / cloth

abigarrado	variegated
aterciopelado	velvet(y)
basto	coarse, rough
bayeta f	floor cloth
dril m	drill
estameña f	serge
felpa f	plush
fieltro m	felt
franela f	flannel
pana f	corduroy
rameado	with a foliage pattern
rayado	striped
tul m	tulle

Ejercicios / Exercises

Nivel 1 / Level 1

1. (a) Encuentra la diferencia (si hay) entre los siguientes términos

i. almuerzo, cena, comida
ii. bocadillo, bocata, rebanada, sandwich
iii. bizcocho, bollo, buñuelo, churro, pastel
iv. entrada, entremeses
v. fideos, espaguetis
vi. fruta, fruto
vii. nata, crema (y en México)
viii. pimienta, pimiento
ix. salchicha, salchichón
x. sopa, caldo

(b) Construye frases para los vocablos en i, iii, v, vi y viii para ilustrar su uso

2. (a) ¿Cuáles son los diferentes ingredientes que se usan para preparar los siguientes platos?

berenjenas rellenas, calamares en su tinta, paella valenciana, tortilla de patatas, tortilla a la francesa, cocido madrileño, callos a la madrileña, merluza a la cazuela, pimientos rellenos, bacalao a la vizcaína, merluza a la romana, empanada gallega, fabada asturiana, salpicón de marisco, lacón con grelos, gazpacho, tortilla mexicana, nieve (M), hotcake (M)

(b) Elige dos platos de esta lista y describe las recetas

3. Describe el diálogo entre el padre de un novio que está a punto de casarse y el jefe/maitre del restaurante que tiene que preparar el banquete de la celebración. No dejes de incluir todas las bebidas

4. (a) ¿Qué entiendes por los siguientes adjetivos que califican a una comida?

abundante, agria, amarga, apetitosa, azucarada, empalagosa, escasa, indigesta, insulsa, opípara, picante, sabrosa, salada, sosa

(Ver solución al final del libro)

(b) Construye frases con cada uno de estos adjetivos para ilustrar su uso

5. (a) ¿Qué entiendes por las siguientes expresiones?

¡(Qué) leches!, ir a toda leche, dar una leche (a), pegarse una leche, estar de buena/mala leche, Me cago en la leche, ser la leche, ¡Y una leche!, echar leches, ¿Qué leches quieres?, un frío de la leche, estar con leche, No entiende ni leches, Salió a toda leche

(b) La mayoría de estas expresiones son groseras. ¿Por qué?

6. (a) Explica el sentido de las siguientes frases

i. El día fue más largo que un día sin pan
ii. Volví a casa hecha una sopa
iii. Es el cuento de la lechera
iv. Es la flor y nata de su círculo
v. Eso es harina de otro costal
vi. Es la gota que colma el vaso
vii. Se ha vuelto la tortilla
viii. Hicieron buenas migas
ix. El comer y el rasgar todo es empezar
x. Es pan comido
xi. Comer(se) el coco
xii. Comer en el mismo plato
xiii. Comer(se) el tarro
xiv. Comerse los santos
xv. Comerse los puños
xvi. Comerse vivo

(b) Construye una frase con cada una de las expresiones iii, iv, v, vi y x hasta xvi, inclusive, para ilustrar su uso

7. (a) ¿Cuál es el sentido grosero o coloquial de los siguientes vocablos?

anchoa, bollo, bombón, cafetera, cerdo, chorizo, churro, fiambre, fideo, gallina, golosina, huevos, jarabe, leche, lechera, manteca, merluza, miga, pasta, pesca, pollo, rosco, salsa, tajada, tomate, torta, tostón

(Se encuentra la solución en Internet)

(b) Haz una frase para cada uno de estos vocablos para ilustrar su uso

8. (a) ¿Qué te pondrías para protegerte contra el frío?

(b) ¿Qué te pondrías para protegerte contra la lluvia?

(c) ¿Qué te pondrías para ir a un baile?

(d) Elige dos vestidos para ir a un baile de disfraces y descríbelos

(e) Describe el atuendo/vestimenta de un(a) cirujano(a)/un soldado/un(a) policía/un sacerdote/un(a) juez(a)/una chica que asiste a una ópera

9. (a) Encuentra adjetivos y verbos (si los hay) asociados con los siguientes sustantivos
Ejemplo: comida – comilón, comer

alcohol, apetito, azúcar, bebida, bordado, carne, chocolate, digestión, embozo, escote, forro, golosina, hambre, leche, refresco, sabor, sal, sed, sopa, terciopelo

(b) Construye frases para ilustrar el uso tanto de los adjetivos como de los verbos

10. (a) ¿Qué entiendes por los siguientes vocablos?

calza, calzada, calzado, calzador, calzar, calzo, calzón, calzonazos, calzoncillo, calzonudo (A), descalzar, descalzo

(b) Construye frases con cada vocablo para ilustrar su uso

11. (a) ¿Qué entiendes por las siguientes locuciones?

apurar la copa de la desgracia
como la copa de un pino
copa de vino español
ir de copas
sombrero de copa
llevar una copa de más
dar con la horma de su zapato
estar como un niño en zapatos nuevos
no llegar a la altura de los zapatos
no llegarle a suela del zapato
saber donde aprieta el zapato
zapatero a tus zapatos

(b) ¿En qué circunstancias se usarían estos vocablos?

12. Visitas a un sastre / una costurera para encargar/ordenar (M) un traje o un vestido. Escribe el diálogo. Puedes utilizar como orientación los siguientes vocablos

aguja, alfiler, anchura, cadera, cintura, escote, longitud, manga, medida, metro, patrón, prueba, solapa, talla, talle, tela, tijera

13. Juego de rol
Hay seis clientes en una mesa redonda en un restaurante de alta calidad. Hay dos camareros(as), uno(a) que se ocupa del menú y el/la otro/a que atiende a las bebidas. Preparáis Preparan (M) el diálogo escrito para dramatizar la próxima semana

14. (a) ¿Cuál es la diferencia (si hay) entre los siguientes términos?

alpargata, sandalia, chancla, chinela, zueco
arreglarse, ataviarse, vestirse
arruga, pliegue, surco
anillo, alianza, sello, sortija
bolsa, bolsillo, bolso, talego
bufanda, chal, tapabocas
calzado, borceguí, bota, zapato, zapatilla
camisa, blusa, camiseta, camisón
cazadora, americana, campera (A), chamarra (M), chubasquero, saco (M)
paraguas, sombrilla, parasol, toldo
remendar, coser, zurcir

(b) Haz una frase para cada vocablo para ilustrar su uso

15. Traduce al español

i. That dress has gone out of fashion
ii. All her clothes suit her very well indeed
iii. How on earth could she have dared to come in half-dressed like that?
iv. He went to the ceremony in full dress uniform
v. Why's she so dressed up in her finest clothes?
vi. The garish colors of his shirt clash horribly with his check pants/trousers
vii. He pulled the brim of his hat right over his eyes, pulled up his coat collar and looked like a spy
viii. As he pulled up his pants/trousers zipper/zip it got caught in his underpants
ix. She went to the ball with a daring plunging neckline, and hardly any back to her dress
x. Braces are all the fashion these days
xi. Your tie is a bit twisted, and your buttons are in all the wrong holes
xii. He looked most inelegant, with untied shoe laces, an open-necked shirt, an ill-fitting jacket and a sweater that seemed to be on the wrong way round

(Se encuentra la solución en Internet)

16. (a) Elige tres de los siguientes apartados y escribe dos párrafos sobre cada uno, creando una pequeña escena

i. Algunas amas de casa creyendo comprar calamares a la romana preparados para freír, compran un producto, más barato, con mucha masa y poca cantidad de calamar
ii. Para trabajar menos, y tener la seguridad de degustar pulpo a la gallega, conviene comprarlo fresco en el mercado y prepararlo en casa simplemente añadiendo aceite, pimentón rojo y sal gorda
iii. El pescado fresco está muy bueno rebozado en harina ligada con una yema de huevo batida
iv. Las alubias con codornices son un manjar exquisito y muy fácil de preparar, si tienes la habilidad de deshuesar las aves debidamente
v. A pesar de la complicación de muchas cocinas exóticas, a la mayor parte de los chicos lo que más les gusta son los huevos fritos con patatas cortadas formando prismas y fritas en abundante aceite de oliva
vi. Para hacer huevos revueltos la mejor manera es utilizando una cucharada de aceite de oliva, uno o dos huevos por persona, batir el conjunto, echar en la sartén y remover constantemente para evitar que cuajen como una tortilla
vii. En una buena despensa nunca deben faltar alimentos envasados para preparar una comida rápida, que pueden sacarte de un apuro en el caso de una visita inesperada
viii. La abuela siempre guardaba, además del chorizo y el lomo de la olla, muchas conservas que hacían las delicias de nos niños
ix. Nunca rechazo un postre, ya sea frutas en almíbar, queso fresco, miel, yogur, fresas con nata, helado, leche merengada o cualquier otra menudencia, y si es posible, dos mejor que uno
x. Algunas personas cuando cocinan hacen el doble de lo que van a consumir y congelan el sobrante para otra ocasión, con lo cual siempre tienen un remanente de comida para afrontar una situación de emergencia

(b) Estas diez frases contienen una abundancia de alimentos. Elige todos los alimentos que quieras para preparar una magnífica cena con miras a festejar tus veintiún años. Describe los preparativos, incluyendo el vino

Nivel 2 / Level 2

1. (a) Encuentra dos sentidos de los siguientes vocablos. Algunos de estos vocablos se pueden encontrar en el vocabulario de nivel 1

abanico, ala, apetito, bollo, bombón, capa, carne, cinturón, corteza, dulce, embozo, forrado, fruto, gastar, manga, morcilla, nata, plato, raso, sal, solapa, tapón, tejido, tela

(b) Construye una frase para cada uno de estos sentidos para ilustrar su uso

2. (a) ¿Cuál es la diferencia (si hay) entre los siguientes términos?

glotón-goloso, pastelería-repostería-bollería, manteca-mantequilla, manjares-víveres, miga-migaja, rico-sabroso, cazo-olla-puchero, tarro-bote, bata-albornoz, collar-cuello, botón-ojal, pana-paño, chal-bufanda, toca-mantilla, chaqueta-americana, usado-raído

(b) Construye una frase para ilustrar la diferencia entre estos vocablos

3. (a) ¿Qué entiendes por las siguientes locuciones?

el pan nuestro de cada día
con su pan se lo coma
ser un cacho/pedazo de pan
venderse como pan bendito
Es pan comido
más bueno que el pan
A falta de pan buenas son tortas
estar a pan y agua
llamar al pan pan y al vino vino
como pez en el agua
la sal de la vida
sal y pimienta
la sal de la tierra
sal gorda
tener sal
un tipo muy salado (A)
un precio salado
más claro que el agua
entre dos aguas
no dar un palo al agua

leaflong-12pt

(b) Escribe una frase para cada una de las anteriores locuciones ilustrando su uso

4. (a) Explica el sentido de las siguientes expresiones

un vino de buena crianza
un vino generoso
denominación de origen
vino de la casa
bautizar el vino
vino de solera
vino de mesa
un auténtico reserva
este vino tiene cuerpo
tener mal vino

(b) Escribe una frase con cada una de estas locuciones para ilustrar su sentido

5. (a) ¿Cómo se llama una persona especializada en vinos?

(b) ¿Cómo se llama una persona que toma un poco de vino para juzgar su sabor?

(c) ¿Cómo se llama una persona que vende grandes cantidades de vino?

(d) ¿Cómo se llama una persona que se dedica a crianza de vinos?

(e) ¿Cómo se llama una persona que coge la uva?

(f) ¿Cómo se llama una persona que fabrica barriles?

(g) ¿Cómo se llama una persona que se dedica al estudio del vino?

(h) ¿Cómo se llama una persona que no bebe vino ni alcohol?

(i) ¿Cómo se llama una persona que bebe demasiado vino?

6. (a) Explica las diferencias (si hay) entre los siguientes términos

amontillado, cava, jerez, moscatel, oloroso
barrica, barril, tonel
bodega, bodegón
catador, enólogo
cepa, vid, viña, viñedo
champán, cava, espumoso
vinícola, vitícola

(b) Construye frases con los vocablos de los siguientes grupos o parejas para ilustrar las diferencias entre ellos

barrica, barril, tonel   bodega, bodegón
catador, enólogo   cepa, vid, viña, viñedo

7. Se te encarga elegir todo el vino para una boda en España, Argentina o México. Te citas con el propietario de una bodega, y habláis/hablan (M) de los requisitos de los novios, los padres y los cien invitados. Escribe el diálogo entre las dos personas

8. (a) Adapta el vocablo en A al vocablo en B para crear una frase hecha

A agua, beber, cántaros, churro, diente, frito, pan, poner, echar, blanco, tableta, vaciar, tragarse, estar, mal sabor, plato

B vino, chocolate, llover, mesa, huevo, leches, leche, conducir, trago, píldora, fuerte, gusto, morro, juicio, salsa, boca

(b) Cuando hayas encontrado las expresiones, haz una frase con cada una para ilustrar su uso

9. (a) Adapta el vocablo en A al vocablo en B para crear una frase hecha

A sombrero, capa, cuello, falda, camisa, manga, llevar, cremallera, alfiler, asunto, traje, vestido, zapatillas
B corbata, pantalón, espada, sastre, postizo, cuadros, bailarina, faldas, ancho, cierre, copa, paja, luces, noche

(b) Cuando hayas encontrado las expresiones, haz una frase con cada una para ilustrar su uso

10. Traduce al español

i. The talk was a veritable feast of ideas
ii. It was a delightful film, particularly attractive since it had a romantic flavor
iii. I didn't suspect he was so desperately hungry for knowledge
iv. Though it's selling wonderfully well, the novel's too sugary for me
v. The novel's a colossal volume, too indigestible for the first-years

vi. Full of energy he might be, but give him some homework and he avoids it like the plague
vii. Don't you call your sister a "swine" again, or I'll squash you
viii. What a saucy thing to say. Go into the house, or I'll bust your ass
ix. The joke was really on her so she ended up looking stupid
x. Math(s) is like food and drink to her
xi. She threw down the gauntlet but I refused to take it up
xii. He'll chase after anything in a skirt
xiii. Dressed out in their finest clothes, the ladies were fanning themselves in the intense heat
xiv. She spruced herself up hours before the party was due to begin
xv. Clothes stained, pants/trousers fitting badly, how could he have hoped to think he had style?
xvi. You should use stronger elastic, your pants/trousers keep slipping down
xvii. What are you going to do about that zipper/zip, you're flying low again
xviii. My wife is a real jewel, she'll turn herself inside out to please anyone

(Se encuentra la solución en Internet)

11. (a) Encuentra otras palabras que tengan la misma raíz etomológica que la de los siguientes vocablos
Ejemplo: tapón - tapa, destapar, taponar, taponadora

aceite, agua, alcohol, almíbar, apetito, azúcar, botella, caza, cocer, mostaza, naranja, pelar, pescado, raspa, sal, vino

(b) Construye frases con las otras palabras para ilustrar su uso

12. (a) Encuentra otras palabras que tengan la misma raíz etomológica que la de los siguientes vocablos

abrigo, abrochar, aderezo, adorno, arreglar, botón, corte, coser, cubrir, lazo, seda, sombrero, tejido, terciopelo, velo, vestido

(b) Haz frases con los vocablos hallados para ilustrar su uso

13. Un niño/una niña se cayó al agua. Volvió a casa cubierto/a de barro. Describe el estado de sus vestidos

14. Entras en una bodega recién transformada en museo. Te encuentras una serie de etiquetas pegadas a los objetos expuestos. Hablas con el dueño del museo y él te explica la función de los objetos refiriéndose a las etiquetas que están abajo. Escribe un diálogo que incluya no sólo la descripción de los objetos y su función sino también el trabajo que conllevan la preparación de la vid y la vendimia

Lista de palabras que pueden ayudarte:
barrica, barril, botellero, embotelladora, encorchadora, escurridora, etiquetadora, lagar, lavadora, majuelo, pisar (la uva), podar, prensa, vendimia, viña

(Se encuentra el modelo en Internet)

15. Lee atentamente el texto siguiente y, a continuación, contesta a las preguntas

PREVENCIÓN. La dieta mediterránea tradicional, la mejor aliada para nuestra salud. A pesar de que en la página *web* de la American Heart Association se diga que la dieta mediterránea es saludable pero aporta demasiadas calorías y predispone a la obesidad, cientos de estudios realizados en todo el mundo avalan a esta alimentación como la mejor para conservar la salud, prevenir algunas enfermedades y mejorar el pronóstico de muchas otras. La pasada semana en Palma de Mallorca, científicos de todo el mundo se reunieron en la Conferencia Internacional sobre Dieta Mediterránea y contaron los beneficios que tiene ésta gracias a su alto contenido de frutas, verduras, cereales y aceite de oliva, la principal fuente de grasa de los países de la cuenca mediterránea.

Según los ponentes, este aceite es el principal tesoro de esta zona ya que gracias a sus polifenoles, antioxidantes, esteroles, vitaminas y ácidos grasos monoinsaturados, el aceite de oliva repercute positivamente en alteraciones tan diversas como el sobrepeso, la diabetes tipo 1 y tipo 2, la artritis reumatoide, varias clases de cáncer, el deterioro cognitivo, la hipertensión, el envejecimiento y, fundamentalmente, en la enfermedad cardiovascular, la primera causa de muerte en el mundo desarrollado y muy pronto también en los países en vías de desarrollo.

Alejandra Rodríguez, *El Mundo*, Nutrición, 14/10/2000

(a) ¿A qué se refiere el encabezado con el vocablo *PREVENCIÓN*?
(b) Define *dieta alimenticia*
(c) Busca en una enciclopedia y escribe un tipo de dieta (por ejemplo: de adelgazamiento, para diabéticos, para disminuir el colesterol)
(d) Escribe una lista con quince o más frutas
(e) Escribe una lista con diez o más verduras
(f) Explica por qué no es bueno ingerir muchas calorías
(g) Escribe al menos tres líneas sobre una clase de aceite de cocina (oliva, girasol, soja, cacahuete . . .)
(h) Escribe qué relación existe entre el exceso o carencia de alimentos y la salud
(i) Define el concepto *nutrición*

Nivel 3 / Level 3

1. (a) Explica la diferencia (si hay) entre los siguientes vocablos

i. embutido, morcilla, chorizo
ii. fruta, fruto
iii. fruta seca, fruto seco
iv. golosina, caramelo, bombón, dulce
v. mermelada, confitura
vi. queso, requesón
vii. tarta, torta, pastel, pasta

(b) Construye frases para ilustrar el uso de estos vocablos

2. (a) Encuentra dos sentidos de los siguientes vocablos. Algunos de estos vocablos se encuentran en los vocabularios de los niveles 1 y 2

azucarero, bote, botella, cafetera, copa, cuchara, cuchillo, fuente, mantel, palillo, pimentero, pincho, platillo, plato, salero, tapa, tapón, taza, tenedor, vaso

(b) Haz frases con cada uno de los términos para ilustrar los dos sentidos

3. (a) Encuentra sinónimos de los términos siguientes, indicando las diferencias entre los que se presentan y los que hayas encontrado

abrigo, acicalarse, beber, comer, comida, comilón, desnudo, rebanada, remendar, ropa, sentar (bien/mal), sombrero, soso, vestirse, vino

(b) Haz frases con los sinónimos para ilustrar no sólo su sentido sino también su registro (R1*, R1, R3)

4. ¿Cuáles son los ingredientes de los siguientes platos?

alioli
barquillo
berenjena rellena
bizcocho
buñuelo
calamares a la romana
chicharrón
cocido
ensalada mixta
espaguetis a la boloñesa
hojaldre
rosquilla
sopa de almendras

(Se encuentra la solución en Internet)

5. Un restaurante de alta categoría abre por primera vez. El dueño te consulta en lo que a menús se refiere. Le ofreces al dueño une serie de menús bastante costosos. ¿Cuáles son estos menús? No olvides la carta de vinos y los precios

6. (a) Relaciona cada vocablo de A con otro de B para completar frases hechas

(A) manzana, cerdo, pagar, salsa, armarse, dar la vuelta, no entender, relamerse, estar hecho, ir
(B) discordia, vida, bollo, leches, copas, chicharrón, pato, plato, tortilla, gusto

(b) Cuando hayas completado la frase hecha, haz frases para ilustrar su uso

7. (a) Adapta las palabras de A a las de B para completar frases hechas

(A) zapatero, andar, chaleco, rascarse, faja, recoger, hacer, pliegue, corte, pasado, abanico
(B) gafa, guante, media, geológico, mangas, moda, posibilidades, gorra, fuerza, faltriquera, zapatos

(b) Cuando hayas completado la frase hecha, escribe frases enteras para ilustrar su uso

8. (a) ¿Cuál es la función de los siguientes?

botijo, cazuela, colador, cremallera, cuchara, embudo, encaje, ensaladera, jícara, laurel, lazo, mortero, ojal, porrón, rodillo, salvamanteles, sostén, tartera, tirantes, tomillo

(b) Construye una frase para cada uno de los vocablos anteriores ilustrando su uso

9. (a) ¿Qué entiendes por los siguientes adjetivos que califican a un vino?

ácido, afrutado, añejo, áspero, espirituoso, espumoso, fortificante, generoso, refrescante, tónico

(b) Construye frases con cada uno de estos adjetivos para ilustrar su uso

10. (a) Explica el sentido de las siguientes locuciones

dar calabazas
estar fiambre
ganarse los garbanzos
ser el espíritu de la golosina
sacar fruto (de)
no importar un higo
estar hecho un higo
de higos a brevas
estar en la higuera
manzana de la discordia
naranja de la China
media naranja
echar panes (A)
contigo pan y cebolla
A falta de pan, tortillas (M)
año de mucho pan
creerse el pan de peso (M)
Dame pan y dime tonto
A buen hambre no hay pan duro
No se puede soplar y sorber
beber los vientos por alguien
comérsele a besos
ser como un pan sin miel
ser pan comido
descubrirse el pastel
no tener ni pastelera idea
no entender ni patata
ser una patata
ser la pera
ser una pera en dulce
poner las peras al cuarto
tocarse la pera
darse una piña
hacerse tortilla
no oír ni torta
pegar una torta
tener mala uva
de uvas a peras
dar sopas con honda
atragantársele alguien
comerse los libros
ser harina de otro costal

(b) Elige diez de estas locuciones y construye frases para ilustrar su uso

11. (a) Visitas un supermercado con una amiga. Pasáis/pasan (M) por todos los estantes, comentando los productos alimenticios, su valor nutritivo, su precio, su adecuación a ciertas comidas como fiesta, primera comunión, cumpleaños, aniversario. Escribe la conversación con tu amiga.

(b) Te encuentras en un supermercado cuando suena una alarma de incendios. Tienes que abandonar tus compras, y salir corriendo del supermercado. Cuando vuelves, una hora más tarde, a recoger tus compras, ciertos productos están descongelados, y desde luego, estropeados. Cuando descubres que se trata de una falsa alarma y de un error técnico, regresas a casa y le mandas una carta al director del supermercado, refiriéndote a lo pasado, y exigiendo compensación. Escribe esta carta. Estos artículos pueden servirte de orientación

naranjas, plátanos, manzanas, aceite, mantequilla, pan, queso, huevos, tomate frito, carne, pescado, yogurt, nata, mariscos, helado

(c) Eres modista. Una novia te pide que le confecciones un traje para su boda. Escribe una nota con tus recomendaciones en función de los gustos y preferencias de la interesada

12. Traduce al español la receta de un cocido andaluz

Take chick peas which have been soaked overnight (sufficient for two helpings). Boil in half a pint of water with the following ingredients: half a pound of beef, a piece of fresh bacon, and a ham bone; allow to simmer for approximately two hours, and then add salt, chopped tomato, some French beans, slices of zucchini/courgette, as well as a chopped-up slice of gourd, a piece of pork sausage, sliced potatoes and a little red pepper; leave to simmer for another two hours, until it is well cooked.

(Se encuentra la solución en Internet)

13. (a) Lee atentamente el texto siguiente y explica el sentido de los vocablos en itálica

Cóctel de gambas
Ingredientes (para seis personas):
1 Kg de gambas, _ de agua hirviendo, 35 gramos de sal, _ litro de aceite de oliva, *zumo* de medio limón, 1 *yema de huevo*, una cucharada de agua o leche caliente, _ decilitro de zumo de naranja, 1 decilitro de salsa de tomate, media copa de brandy, _ *cucharada de mostaza*, _ decilitro de nata líquida o leche fría, *pimienta blanca molida*, sal, 1 lechuga, media cucharada de *perejil picado*, 1 huevo duro, media naranja.

Preparativos: La *lechuga despojada de hojas verdes*, se pica en *tiritas muy delgadas* y se lava bien en agua fría, media naranja *se corta en rebanaditas*, se pica finamente el huevo duro y se une al perejil todo esto en reserva en un frasco.

Cocción de las gambas: 1° Se pone el agua sobre fuego muy fuerte, con la sal; cuando empieza a hervir se añaden las gambas,

2° Al reanudarse el *hervor*, se retira el recipiente del fuego y se dejan enfriar las gambas dentro de su caldo durante cinco minutos inmediatamente *se escurren* y se lavan ligeramente en agua fría; antes de utilizarlas se pelan.

Preparación de la mahonesa: 1° En *recipiente hondo*, de material inalterable, se ponen el zumo de limón y la yema y se baten ligeramente estos ingredientes. 2° *Al chorro fino se le va agregando aceite* mientras se bate sin parar. La velocidad del batido estará de acuerdo con el grueso del chorro de aceite, más velocidad cuanto más grueso sea. 3° Cuando el aceite se ha terminado se pone en el centro de la salsa la sal, en un pequeño montón y sin *revolverla*. Sobre el montoncito de sal se vierte la cucharada de agua o leche recién calentada, *removiendo* bien al hacerlo. 4° Se comprueba el punto de sal y espesor, se añade un poco más de agua o leche si hiciera falta.

Preparación de la salsa roja: 1° A la mahonesa recién hecha, espesa, se le mezclan todos los ingredientes de esta salsa. 2° Se comprueba el sazonamiento y se reserva al fresco hasta el momento de emplearla.

Terminación del plato: 1° *Se reparte la lechuga en seis copas* de las de champán. 2° Se reparten las gambas cubriendo la lechuga. 3° Se pone la mayor parte de la salsa rosa (esta receta de salsa es para mayor número de *comensales*), cubriendo las gambas. 4° Se adorna cada copa con una rebanada de naranja en el borde y un montoncito de huevo duro con perejil en el centro

(b) ¿Hay una diferencia entre *remover* **y** *revolver* **/** *agregar* **y** *añadir* **/** *preparativos* **y** *preparación*? **Explica estas diferencias si hay**

(c) Nunca se usa *zumo* **en México. ¿Cuál es la correspondiente palabra allí?**

14. Estudia las dos siguientes recetas mexicanas y contesta a las preguntas

A. Crema de aguacate al tequila

Ingredientes:
_ kilo de aguacates, una taza de jugo de naranja o mandarina, _ cdita de *ralladura de naranja*, 3 *cdas* de tequila, 4 tazas de caldo de pollo frío, 4 cdas de *cilantro picado*, 1 chile verde serrano *desvenado* y picado

Preparación
Muele la pulpa de los aguacates en la *licuadora* con el jugo de naranja o de mandarina. *Agrega el caldo*, el tequila, el cilantro y el chile; debe quedar todo bien integrado y de *consistencia acremada*. Para un mejor resultado licúa en dos partes; *salpimenta*. Se sirve fría.

B. Ensalada azteca

Ingredientes
200 g de *frijoles* cocidos, no muy suaves, 1 lata de granos de maíz, 4 *cebollitas* cambray, 1 pimiento verde, el *tallo* verde de la cebollita cambray, 1 o 2 *chiles jalapeños*, 2 cdas de *cilantro picado* finamente, aceite, sal, pimienta blanca

Preparación
Pica finamente el pimiento y la cebollita junto con los tallos y los dos chiles jalapeños. Mezcla todos los ingredientes y *adereza con aceite, sal y pimienta*. Puedes decorar al servir con unas rebanadas de *jitomate*.

(a) Explica el sentido de los vocablos en itálica

(b) Elige el plato que prefieras y justifica tu elección

(c) ¿Qué entiendes por las abreviaturas *cdas* y *cditas* en la primera receta?

(d) ¿Cuál es la diferencia entre *pimienta* y *pimiento* en la segunda receta?

(e) Explica la diferencia entre *tomate* y *jitomate*

(f) ¿*Crema* (en la primera receta) se usa así en España?

(g) ¿Se usa *frijoles* (en la segunda receta) en España? ¿Cuál sería el equivalente si decides que no?

(h) Explica por que la ensalada azteca es típicamente mexicana y no española

15. He aquí la receta de una tortilla mexicana con algunos comentarios más, y la receta de una tortilla española o de patatas. Después de estudiar las dos recetas, 1. Explica por qué no se pueden confundir aunque se llaman las dos *tortillas*. Te puedes referir al aspecto y la consistencia de las dos tortillas. 2. Encuentra en la receta mexicana un vocablo que no se usa en España. 3. Encuentra en la receta española un sustantivo que es femenino pero que en México es masculino

Tortilla mexicana
La tortilla es el pan nacional, de indiscutible originalidad, con la gran tradición de tres mil años. Es una torta de harina, generalmente de maíz, que se cuece en un recipiente de barro. Para prepararla, se hace una masa con harina de maíz, mezclada con agua. Se toman pequeños trozos de la masa que se ponen a cocer en un comal. Se aplana cada trozo y se redondea. Es una torta muy delgada

Tortilla española
Para que sea sabrosa tiene que ser la patata cortada a rebanadas sumamente finas, en el extremo de una piel de cebolla; se lavan en un colador para escurrirlas bien, y se pone sal; cuando están bien secas, se fríen en la sartén con aceite bien caliente, moviéndolas con la punta de un cuchillo, para que no se deshagan; cuando se comprende que están blandas, por que estas patatas no tienen que coger color, se tienen los huevos que se quieran, batidos con un

poco de sal, y se echan las patatas en el plato en que está el huevo, moviéndolas bien para que se una el huevo con la patata; se vuelve a poner la sartén al fuego con aceite, y cuando está caliente, se hace la tortilla

16. Consultas a un(a) médico o un(a) dietista porque no estás bien de salud o porque quieres adelgazar. El/la médico/dietista te recomienda seguir una dieta rigurosa. ¿Cuáles son las recomendaciones de la persona a quien consultas? ¿Cuál es el efecto de la dieta sobre tu cuerpo? Escribe una redacción sobre este tema

17. Juego de rol
Un/a animador/a en televisión presenta a un grupo de expertos sobre el comer y el beber / la comida y la bebida. Les toca a los expertos comentar el arte de comer y beber bien, compaginando el placer de la mesa y la buena salud. Elegís/eligen (M) a seis 'expertos' y a un/a moderador/a para que preparen un debate sobre el tema la próxima semana

18. Traduce al español

i. The menu included a delicious cold soup, cured Jabugo ham, a lovely leg of pork from Segovia, Aranjuez strawberries and cream, and a full-bodied Rioja to wash it all down
ii. What with all this talk about cholesterol, it is suggested that red meat, fatty foods and large doses of salt be excluded from the diet
iii. Whenever I come back from Spain, I load the car with cases of muscatel, jars of stuffed olives, lots of almonds, and that lovely rich wine from Penedes
iv. Almond soup for entrée, sole, boiled new potatoes, fresh runner beans and sliced zucchini/courgette fried in olive oil for the main course, followed by fruit salad and creme caramel, not forgetting a vintage wine, now that's what I call a meal
v. If it's your first Spanish wedding, careful! You could spend an hour standing around stuffing yourself with lots of little savory snacks before sitting down to a splendid meal which usually contains a steady stream of courses. Prawns, monkfish, garlic soup, peppered steak, junket, ice cream and wedding cake. Then there's the light sparkling wine, Spanish champagne with coffee, liqueurs and chocolates to follow!
vi. They usually advise red wine for meat and dry white wine for fish. But I prefer rosé for any dish
vii. The celebrations were all the happier because there were sparkling wines in abundance, fortified wines before and after the meal and even aromatized wines
viii. As grapes ripen there is a reduction in their acidity, and an increase in sugar, color and various minerals
ix. As with any crop, be it grapes or prize roses, if the quantity is reduced the quality is increased, and reducing the number of fruiting buds lowers the quantity of fruit
x. This wine grower never hesitates to prune the vine for low yields, but he agonizes over the optimum time to harvest
xi. A guy came in wearing a wide-brimmed straw hat, a multi-colored, short-sleeved shirt, shorts with no belt that fell down over his knees, and nothing on his feet
xii. The summer season for ladies is bringing back cotton for casual day wear, heavy silk for more glamorous evening wear, and velvet, muslin and crepe for more formal office clothes
xiii. He certainly meant to stay warm, with his corduroy pants/trousers, tweed jacket and waistcoat, thick scarf and very warm lamb's-wool coat
xiv. She looked lovely in a blue satin dress, elegant high heels and smart handbag to match

xv. I'm not keen on the Bermuda type of trunks for swimming, I prefer the very brief ones
xvi. Those boots look too big and clumsy, and they're down at the heel, and it doesn't look as though they have been polished for years. Anyway, the laces are the wrong color

(Se encuentra la solución en Internet)

19. Lee atentamente el siguiente texto. Después, elegir a un compañero / una compañera para que lea la poesía

VID Y HEREDERO

Para cultivar mejor el majuelo,
plantado en el comienzo de los siglos,
no dudó un momento amoroso el dueño,
enviar como hortelano a su propio hijo.

Por amor al Padre fue tal su celo,
que trabajando la tierra con ahínco,
el vástago culminó, al fin, su empeño,
haciéndose jugosa viña Él mismo,
transmutando los hombres en sarmientos.

Por calmar la sed de quien en desierto
caminaba cercado de peligros,
después de realizar doloroso injerto
tornóse en mosto del mejor albillo.

Sin haber sido podado, fue muerto.
En tres días alcanzó su fruto fermento,
surgiendo, luminoso, óptimo vino,
para darse gratuito a los testigos.
Ahora es, con nosotros, Vid y Heredero

M.A.S.
Sego-Vía, 1997

20. Contesta a las siguientes preguntas sobre la poesía

(a) Define *vid* y busca vocablos de la misma raíz etimológica
(b) Resaltar las diferencias entre *planta* (verbo) y *planta* (sustantivo)
(c) Define el vocablo *hortelano* y busca palabras de la misma raíz
(d) Busca sinónimos de *sed*, *sarmiento*, *vástago*, *jugosa*, *viña*
(e) Define *injerto*, escribiendo sus aplicaciones en el agro
(f) ¿Cuál es la diferencia entre el *mosto* y el *vino*?
(g) ¿Para qué se realiza la poda?
(h) Escribe una lista de productos alimenticios que deben fermentar para ser consumidos, y otra con productos, que una vez fermentados, no se pueden consumir sin peligros para la salud
(i) Escribe una lista de vinos según el tipo de uva de la que proceden
(j) Una vez que has descubierto el sentido crístico del texto, ¿podrías dar una explicación de la simbología que aparece en el texto?

Unidad 4 / Unit 4

La Salud / Health

Nivel 1 / Level 1

General

análisis m de sangre	blood test
andar con muletas	to walk on crutches
asistencia f sanitaria	medical care
atender a un paciente	to look after a patient
aumento m de peso	increase in weight
bacilo m	bacillus
bacteria f	bacterium
calorías fpl	calories
características fpl ambientales	environmental features
carencia f de vitaminas	lack of vitamins
colesterol m	cholesterol
¿Cómo está(s)?	How are you?
¿Cómo le/te va?	How are you?
¿Cómo sigues? M	How are you? *(hoping for improvement)*
condiciones fpl de trabajo	working conditions
condiciones fpl higiénicas	hygienic conditions
consciencia f	consciousness
consciente	conscious
consulta f	consultation
control m sanitario	health check
Cruz f Roja	Red Cross
cubrir sus necesidades energéticas	to cover your energy needs
cuidar la higiene personal	to take care of your personal hygiene
cura f	cure, healing, remedy
curar	to cure, to heal
curita f A/M	Band-Aid, plaster
dar de alta	to discharge (send home)
desinfectar	to disinfect
diagnosticar	to diagnose
diagnóstico m	diagnosis
dieta f	diet
dieta f equilibrada	balanced diet
educación f sanitaria	health education
empeorar	to get worse
en (plena) forma	in good health
encontrarse bien/mal	to be/feel well/unwell
enfermedad f	illness
enfermo m	sick person
estar a dieta	to be on a diet
estar a régimen	to be on a diet
estar bien (de salud)	to be well
estar como nuevo	to feel fine
estar mal (de salud)	to be unwell
esterilizar	to sterilize
estilo m de vida	style of life
estricto control m médico	strict medical supervision
exceso m de grasa	excess of fat
exceso m de sal	excess of salt
falta f de fibra	lack of fiber
germen m	germ
grupo m sanguíneo	blood group
hábitos mpl alimenticios	eating habits
hospitalización f	hospitalization
hospitalizar	to hospitalize
infección f	infection

infección f viral	viral infection
INSALUD m (Instituto Nacional de la Salud)	= *National Health Service (NHS)*
intervención f (quirúrgica)	operation
inválido m	disabled/unfit person
investigación f médica	medical research
lista f de espera	waiting list
malsano	unhealthy *(of things, activities)*
mandar buscar a la médico	to send for the doctor *(female)*
Me duele la cabeza	I have a headache
medida f preventiva	preventive measure
medida f sanitaria	health measure
mejorar la calidad de los diagnósticos	to improve the quality of diagnoses
microbio m	microbe
microorganismo m	microorganism
Ministerio m de Sanidad	Department/ Ministry of Health
nivel m de vida	quality of life
operación f cardíaca	heart operation
Organización f Mundial de la Salud	World Health Organization
paciente mf	patient
padecer del corazón	to suffer a heart condition
pasteurizar	to pasteurize
pedir hora	to make an appointment
pérdida f de peso	loss of weight
Premio m Nobel de Medicina	Nobel Prize for Medicine
presión f sanguínea M	blood pressure
pulsación f	*(single)* pulse
¿Qué tal?	How are you?
recobrar el conocimiento	to regain consciousness
revisión f (médica)	health check
salud f	health
saludable	healthy *(of things, activities)*
sanidad m	health *(as a concept)*, public health
sano	healthy, fit
Secretaría f de Salud M	Department/ Ministry of Health
seguro m de enfermedad	health insurance
sentirse bien/mal	to feel well/ill
servicios mpl médicos	medical services
síntoma m	symptom
sufrir de tuberculosis	to suffer from tuberculosis
Tengo cita con el doctor M	I've got a doctor's appointment
Tengo cita con el médico	I've got a doctor's appointment
tensión f sanguínea	blood pressure
tirita f	Band-Aid, plaster
tratamiento m eficaz	effective treatment
venda f esterilizada	sterilized bandage
vigilancia f médica	medical observation
virus m	virus
visita f médica	medical visit
vitaminas fpl	vitamins
Ya estoy bueno	I'm OK now

Enfermedades / Illnesses

acatarrarse	to catch a cold
acceso m de tos	coughing fit
afección f R3	condition, trouble, disease
agotamiento m	exhaustion
alcoholismo m	alcoholism
alergia f	allergy
ampolla f	blister
angina f	sore throat
angina f de pecho	angina
apendicitis m	appendicitis
asma f	asthma
bronquitis m	bronchitis
caer enfermo	to fall ill
calenturiento	with a slight fever
cáncer m	cancer
cáncer de mama	breast cancer
caries f	tooth decay
catarata f	cataract

ceguera f	blindness
cicatriz f	scar
ciego	blind
coger un catarro	to catch a cold
coger un constipado	to catch a cold
coger un resfriado	to catch a cold
cojo	lame
contagiar	to pass, to transmit
contagio m	infection, contagion
contagioso	contagious
contusión f	bruise, contusion
cortarse	to cut yourself
cruzar la vista	to squint
desmayarse	to faint
desmayo m	fainting fit
desvanecimiento m	fainting fit
devolver	to vomit, to puke, to barf
diabetes f	diabetes
diabetis f M	diabetes
diarrea f	diarrhea
disentería f	dysentery
dolencia f R3	illness, sickness
dolor m	pain, ache
dolor m crónico	chronic pain
dolor m de cabeza	headache
doloroso	painful
efectos mpl secundarios	side effects
enfermar R3	to fall ill
enfermedad f	illness, sickness
enfermedad f mental	mental illness
enfermizo	weak, sickly
engriparse A	to catch the flu
epilepsia f	epilepsy
escozor m	itch
estar enfermo de cuidado	to be seriously ill
estar estreñido	to be constipated
estar mareado	to feel sick/dizzy
estornudar	to sneeze
estreñimiento m	constipation
febril	feverish
fiebre f	fever
fiebre f del heno	hay fever
fractura f	fracture, break
gripa f M	flu, influenza
gripe f	flu, influenza
hacerse daño	to hurt yourself
herida f leve	slight injury
herido m	injured person
herido de gravedad	seriously injured
herirse	to be injured
hincharse	to swell (up)
hinchazón f	swelling
infarto m (de corazón)	heart attack
infección f	infection, disease
infección f venérea	venereal disease
infectarse	to get infected
inflamación f	inflammation
inflamarse	to become inflamed
insomnio m	sleeplessness
invalidez f	disablement, disability
joroba f	hump
jorobado m	hunchback
loco	mad
locura f	madness
malaria f	malaria
malito R1 M	unwell, poorly *(often for children)*
malucho R1	poorly, unwell
mareo m	*(sea)* sickness, giddiness
Me dio catarro M	I caught a cold
mudez f	dumbness
mudo	dumb
parásito m	parasite
pescar un resfriado M	to catch a cold
picor m	stinging
ponerse enfermo	to fall ill
problemas mpl emocionales	emotional problems
propagarse	to spread *(of disease)*
pulmonía f	pneumonia
pus m	pus
quemadura f	burn
quemarse	to be burned
recaída f	relapse
resfriarse	to catch a cold
reúma m R2/1	rheumatism
reumatismo m	rheumatism
riesgo m de contagio	risk of infection

ronco	hoarse
ronquera f	hoarseness
sida m	AIDS
sinusitis f	sinusitis
sordera f	deafness
sordo	deaf
sordomudo	deaf and dumb
sudar	to sweat
sudor m	sweat
tener calenturo M	to have a slight fever
tétanos m	tetanus
tifus m	typhus
tisis f R3	tuberculosis
torcedura f	sprain, strain
torcer la vista	to squint
torcerse el tobillo	to twist your ankle
tos f	cough
toser	to cough
tuberculosis f	tuberculosis
ver bizco M	to be cross-eyed
vértigo m	dizziness, vertigo
volver (el estómago) M	to vomit, to puke, to barf
vomitar	to vomit, to puke, to barf
vómitos mpl	vomit

Personal médico / Medical personnel

ambulanciero m	ambulance driver, paramedic
anestesista mf	anesthetist
autoridades fpl sanitarias	health authorities
auxiliar m sanitario	auxiliary nurse
cardiólogo m	cardiologist
cirujano m	surgeon
clínico m	clinician
curandero m	local healer, quack
dermatólogo m	dermatologist
doctor m	physician, doctor
enfermero m	nurse
especialista mf	consultant
experto m en nutrición	nutrition expert
facultativo m R3	physician, doctor, practitioner
farmacéutico m	druggist, pharmacist
físico m R3	physician
fisio mf R1	physio
fisioterapeuta mf	physiotherapist
galeno m R3	physician
hechicero m	witch doctor
herborista mf	herbalist
interno m	intern, houseman
kinesiólogo m	physiotherapist
masajista mf	masseur/masseuse
matasanos mf	quack
médica f	female physician/doctor
médico mf	physician/doctor
(médico) brujo m	quack
médico mf de cabecera	family physician/doctor
médico mf dentista	dental surgeon
médico mf forense	forensic surgeon, coroner
médico mf general	general practitioner
médico mf interno	intern, houseman/woman
médico mf partero	obstetrician
médico mf particular	physician, doctor *(practicing private medicine)*
médico mf pediatra	pediatrician
médico mf puericultor	pediatrician
médico mf residente	intern, houseman/woman
oculista mf	ophthalmologist
odontólogo m	dental surgeon
oftalmólogo m	ophthalmologist
ortopedista mf	orthopedist
osteópata mf	osteopath
otorrino m R1	ears, nose and throat specialist
otorrinolaringólogo m	ears, nose and throat specialist
paramédico m A/M	paramedic
partera f	midwife
pediatra mf	pediatrician
practicante mf	nurse (with extra skills)
practicante mf M	unqualified physician/doctor, student doctor

pupilo m A	houseman
radiólogo m	radiologist
sanitario mf	health worker, paramedic
urólogo m	urologist

Tratamiento / Treatment

amputar	to amputate
anestesia f	anesthesia
anteojos mpl A	glasses
antibiótico m	antibiotic
aplicación f externa	external application
aspirina f	aspirin
auscultar	to sound, to auscultate
banco m de esperma	sperm bank
calmante m	tranquilizer
cápsula f	capsule
chequeo m (médico)	(medical) check-up
comprimido m	pill
contraindicaciones fpl	possible side effects
convalescencia f	convalescence
crema f	cream
cuidar a/de	to look after
curación f	cure
diagnosticar	to diagnose
droga f	drug
empastar una muela	to fill a tooth
esparadrapo m	Band-Aid, plaster
eutanasia f	euthanasia
examinar	to examine
fármaco m	drug
gafas fpl	glasses
gotas fpl	drops
gragea f	pill
intervenir	to operate
inyección f	injection
inyectar	to inject
lentes mpl A/M	glasses
medicamento m	medication
medicina f	medicine
medicina f preventiva	preventive medicine
operar	to operate (on)
pastilla f	pill
píldora f	pill *(especially contraceptive)*
pócima f	potion
poción f	potion
pomada f	cream
poner una amalgama M	to fill (a tooth)
prevenir	to prevent
primeros mpl auxilios	first aid
purgar	to purge
quimioterapia f	chemotherapy
quirófano m	operating theater
radiografía f	radiography, X-ray
receta f	prescription
recetar	to prescribe
reconocimiento m	check-up
recuerdo m	booster *(of vaccine)*
refuerzo m M	booster *(of vaccine)*
rehabilitación f	rehabilitation
remedio m	remedy
revacunación f	booster
sacar una muela	to pull out a tooth
sanar	to heal
somnífero m	sleeping pill
suero m	serum
supositorio m	suppository
terapéutica f	therapeutics
terapia f	therapy
tomar el pulso	to take the pulse
tomar la temperatura	to take the temperature
tomar una radiografía	to take an X-ray
tranquilizante m	tranquilizer
transfusión f sanguínea	blood transfusion
tratamiento m	treatment
tratar	to treat
ungüento m	ointment
vacuna f	vaccine
vacuna f antigripal	anti-flu vaccine
vacunación f	vaccination
vacunar	to vaccinate
venda f	bandage
vendar	to bandage, to dress

Hospitales / Hospitals

ambulatorio m	out-patients' department
banco m de sangre	blood bank

centro m de rehabilitación	rehabilitation clinic
centro m de salud	health center
centro m geriátrico	geriatric unit
centro m hospitalario R3	hospital
centro m sanitario R3	health center
clínica f	clinic *(usually private)*
clínica f de reposo	convalescent home
consultorio m	surgery, consulting room
enfermería f	infirmary
gabinete m de consulta	surgery, consulting room
geriátrico m	geriatric unit
horas fpl de visita	visiting hours
hospital m	hospital
hospital m de maternidad	maternity unit
hospital m infantil	children's hospital
manicomio m	mental home
maternidad f	maternity unit
nosocomio m R3 M	hospital
psiquiátrico m	psychiatric unit, mental home
residencia f sanitaria	hospital
sala f 8	ward 8
sanatorio m	sanatorium
Unidad f de Cuidados Intensivos (UCI)	Intensive Care Unit
Unidad f de Vigilancia Intensiva (UVI)	Intensive Care Unit
Urgencias fpl	Accident and Emergency

Intervenciones / Operations

alumbramiento m	childbirth
anestesia f general	general anesthetic
anestesia f local	local anesthetic
catéter m	catheter
colostomía f	colostomy
electrocardiograma m	electrocardiogram
endoscopia f	endoscopy
escáner m	scanner
histerectomía f	hysterectomy
incisión f	incision
injerto m de piel	skin graft
inseminación f artificial	artificial insemination
lavado m de estómago	*(to have your)* stomach pump *(ed)*
marcapasos m	pace maker
mesa f de operaciones	operating table
parto m	childbirth
punto m de sutura	stitch
radioterapia f	radiotherapy
sección f quirúrgica	surgical incision
sonda f	probe
trasplante m de riñón	kidney graft/transplant
triple bypass m	triple bypass
vasectomía f	vasectomy

Nivel 2 / Level 2

General

aclararse la garganta	to clear your throat
adelantar la cita con el médico	to bring forward the physician's appointment
aguas fpl termales	hot springs
alto contenido m de fibras	high fiber content
antídoto m	antidote
aplicar una dosis de recuerdo	to give a booster
aplicar una dosis de refuerzo M	to give a booster
brazo m en cabestrillo	arm in a sling
buen funcionamiento m del hígado	proper functioning of the liver
cadena f alimenticia/alimentaria	food chain
carraspear	to clear your throat
caspa f	dandruff
checarse la presión M	to check your blood pressure

circulación f sanguínea — blood circulation
clonar una célula — to clone a cell
condiciones fpl insanas — unhealthy conditions
contrarrestar los efectos de un tóxico — to counteract the effects of poison
controlar los niveles de colesterol — to control/check cholesterol levels
cuidar con esmero — to look after with great care
dar a luz a — to give birth to
despenalizar el aborto — to legalize abortion
disminución f de la audición — loss of hearing
donar sangre — to give blood
donar un órgano — to donate an organ
elixir m de la eterna juventud — elixir of eternal youth
embarazo m — pregnancy
Está en los genes — It's in the genes
estar con gripe — to have the flu
estar con reglas — to have a period
estar en su período M — to have a period
estar reglando M — to have a period
estar sano — to be healthy
expediente m (del paciente) — (patient's) record
extirpar un quiste — to remove a cyst
(fármaco m) sedante — sedative
fecundación f in vitro — in vitro fertilization
hacerse una mamografía — to have a breast screening
herencia f genética — genetic makeup
intervenir a un enfermo del hígado — to operate on a patient's liver
intolerancia f — allergy
latido m cardíaco — heart beat
legalizar el aborto — to legalize abortion
longevidad f — longevity
madre f portadora/suplente — surrogate mother
mejorar el rendimiento intelectual — to improve intellectual performance
menstruación f — menstruation
metabolismo m — metabolism
niño m alimentado a pecho — breast-fed child
niño m criado con biberón — bottle-fed child
niño de pecho M — breast-fed child
operar a un paciente — to operate on a patient
operarse de apendicitis — to have an appendix operation
parte m médico — medical bulletin
periodo/período m — period, menstruation
período m de incubación — incubation period
planificación f familiar — family planning
polución f nocturna — nocturnal emission
prescribir tranquilizantes — to prescribe tranquilizers
propiedades fpl terapéuticas — therapeutic properties
rayos mpl X — X-rays
realizar un diagnóstico — to diagnose
régimen m de adelgazamiento — slimming diet
retrasar el envejecimiento — to delay the ageing process
sedante m — sedative
sobredosis f — overdose
sueño erótico M — nocturnal emission, wet dream
supervivencia f de los enfermos de corazón — survival of heart patients
tener garraspera R1 M — to have a frog in your throat
toma f controlada de vitaminas — supervised vitamin intake
vigilar su pecho con frecuencia — to make frequent inspections of your breasts

Enfermedades / Illnesses

abatido — depressed
abota(r)garse R3 — to swell (up)
achaques mpl de la vejez — infirmities of old age
acne/acné m or f — acne

afección f cardiovascular	cardiovascular disease
afección f de la piel	skin complaint/ infection
agarrarse un resfrío A	to catch a cold
agarrotarse	to stiffen, to get numb
aguantar	to suffer, to put up with
agujetas fpl	stiffness
ahogo m	shortness of breath, tightness of chest
almorranas fpl	hemorrhoids
ántrax m	anthrax
apestado	plague-ridden
apoplejía f	apoplexy
asfixia f	asphyxia, suffocation
ataque m	attack, fit
ataque m de tos	fit of coughing
autismo m	autism
barro/barrito m M	pimple
bizco	cross-eyed
bizquear	to squint, to be cross-eyed
cagada f R1*	diarrhea, shits
cagalera f R1*	diarrhea, shits
calambre m (muscular)	(muscular) cramp
cáncer m de estómago	stomach cancer
cáncer m de (la) próstata	prostate cancer
cáncer m de pulmón	lung cancer
cardenal m	bruise
chichón m	bump, swelling *(especially on the head)*
chochear R1	to be gaga *(of old person)*
chorro, chorrillo m R1 M	diarrhea
cirrosis f (hepática)	cirrhosis of the liver
cólera m	cholera
congestión f	congestion
congestionado	congested, blocked
conjuntivitis f	conjunctivitis
convulsión f dolorosa	painful convulsion
costra f	scab
crisis f cardíaca	heart attack
crisis f de apendicitis	appendicitis
crisis f nerviosa	nervous breakdown
crisis f respiratoria	respiratory failure
curable	curable
daltonismo m	color blindness
dar arcadas	to retch
dar náuseas R3/2	to make (you) feel sick
defecto m de visión	sight defect
defecto m ocular	eye defect
deficiencia f mental	mental deficiency
degenerar en un tumor maligno	to degenerate into a malignant tumor
demencia f	dementia, madness
demencia f senil	senile dementia
depresión f	depression
dermatitis f	dermatitis
desahuciado	terminally ill
desfallecimiento m	faintness
deshidratación f	dehydration
desmejorarse R3	to lose your health
desnutrición f	malnutrition
desorientación f espacial	spatial disorientation
detección f precoz	early diagnosis
discapacitado	disabled
disforme R3	deformed (of limb)
echar sangre	to bleed
enclenque R1	weak, feeble
endeble R3	week, frail, sickly
enfermar	to fall ill
enfermar del corazón	to have heart trouble
enfermarse A/M	to fall ill
enfermedad f de transmisión sexual	sexually transmitted disease
enfermedad f degenerativa	degenerative disease
enfermedad f del legionario	Legionnaire's disease
enfermedad f del sueño	sleeping sickness
enfermedad f ginecológica	gynecological disorder
enfermedad f hereditaria	hereditary disease
enfermedad f infecciosa	infectious disease

enfermedad f ocular	eye disease
enfermedad f reumática	rheumatic illness
enfermedades fpl de la opulencia	diseases of the rich
enfermo m cardíaco	heart patient
enfermo m crónico	chronically ill person
enfermo m incurable	incurably sick person
enfermo m renal	kidney patient
enfriamiento m	cold, chill
epidemia f	epidemic
epidemia f de peste negra	Black Death epidemic
erupción f cutánea	skin rash
escalofrío m	(feverish) chill
escarlatina f	scarlet fever
esguince m	sprain
estar chocho R1	to be gaga *(of old person)*
estar constipado A	to be constipated
estar en cama	to be in bed *(with an illness)*
estar en coma	to be in a coma
estar en estado crítico	to be in a critical condition
estar enfermo con varicela	to be ill with chicken-pox
estar tapado R1 M	to be constipated
esterilidad f	sterility
estrabismo m R3	squint
estrés m	stress
estresar	to cause stress (to)
exposición f excesiva al sol	excessive exposure to sunlight
falla f cardíaca M	heart failure
falla f respiratoria M	breathing difficulties
fallo m del corazón	heart failure
fatiga f R3/2	fatigue
fiebre f amarilla	yellow fever
fiebre f de Malta	Maltese fever
fiebre f entérica	enteric fever
fiebre f glandular	glandular fever
fiebre f palúdica	malaria
fiebre f reumática	rheumatic fever
fiebre f tifoidea	typhoid
fuertes constricciones fpl musculares	severe muscular contractions
gota f	gout
grano m	pimple, spot
hacer arcadas	to retch
hemorragia f	hemorrhage
hepatitis f	hepatitis
hernia f	hernia
herpes m genital	genital herpes
herpes m labial	herpes *(on lip)*
hongos mpl	athlete's foot
impotencia f	impotence *(sexual)*
incontinencia f	incontinence
incurable	incurable
indisposición f	indisposition, slight illness
infarto m de miocardio	heart attack
infección f respiratoria	lung infection
insolación f	sun stroke
intoxicación f	food poisoning
jaqueca f	migraine
lagaña/legaña f	sleepy dust, solidified eye secretion *(after sleep)*
legionella f	Legionnaire's disease
lepra f	leprosy
lesión f	lesion, injury
lesión f de los vasos	injury to the blood vessels
luxación f de muñeca R3	dislocation of the wrist
magulladura f	bruise
malucho R1	unwell, off-color
manco	one-handed, one-armed
mezquino m M	wart
migraña f R3	migraine
minusválido	disabled
moradura f	bruise
moratón/moretón m	bruise
morbo m	disease
neuralgia f	neuralgia
obesidad f	obesity
otitis f	otitis, inflammation of the ear
pachucho R2/1	unwell, off-color

padecer una enfermedad	to suffer from an illness
paperas fpl	mumps
parálisis f	paralysis
paranoia f	paranoia
paranoico	paranoid
peste f bubónica	bubonic plague
pie m de atleta	athlete's foot
pierna f deforme	deformed leg
proliferación f de los gérmenes	spreading of germs
pústula f	pustule
quemadura f del sol	sunburn
rabia f	rabies
retrasado	mentally retarded
rigidez f	stiffness
romperse la crisma R1	to crack your head open
romperse la maceta R1 M	to crack your head open
romperse la/una pierna	to break a leg
rubéola f	German measles, rubella
salmonela f	salmonella
sangrar	to bleed
sarampión m	measles
sentirse malo	to feel ill
ser cardíaco	to have a heart condition
sífilis f	syphilis
síncope m	fainting fit
soportar	to bear, to put up with
sufrir hipertensión	to suffer from high blood pressure
sustancia f carcinógena	carcinogenic substance
tasa f de tabaquismo	incidence of addiction to tobacco
tener fiebre	to have a temperature
tortícolis m (also f)	stiff neck
tos f ferina	whooping cough
tracoma m R3	trachoma
trastorno m mental	mental disturbance
tumor m benigno	benign tumor
tumor m cerebral	brain tumor
tumor m maligno	malignant tumor
uña f encarnada	ingrowing toe nail
varicela f	chicken-pox

Equipo e instrumentos / Equipment and instruments

andadera f M	Zimmer frame
andador m	Zimmer frame
bisturí m	scalpel
bomba f corazón-pulmón	heart–lung machine
botella f de oxígeno	oxygen cylinder
botiquín m	medicine chest
cama f del paciente	patient's bed
cubeta f de instrumentos	instrument tray
cuentagotas m	drip
cuña f	bedpan
electrocardiógrafo m	electrocardiograph
escayola f	plaster cast
escayolar	to put in a plaster cast
espátula f	spatula
estetoscopio m	stethoscope
estimulador m cardíaco	pace maker
férula f R3	splint
ficha f del paciente	patient's record
fórceps mpl	forceps
gotero m	drip
incubadora f	incubator
mascarilla f	(doctor's) mask
material m de vendaje	dressing material
monitor m de cama	bedside monitor
muleta f	crutch
papel m de registro	recording paper
perfusión f R3	drip
pinzas fpl para arterias	artery forceps
pinzas fpl para ligaduras	ligature-holding forceps
quirófano m	operating theater
respirador m artificial	artificial respirator
riñón m artificial	kidney machine
rollo m de esparadrapo	roll of plaster

sala f de operaciones	operating theater
sección f quirúrgica	operating unit
silla f de ruedas	wheelchair
soporte m para el goteo intravenoso	intravenous drip stand
tablilla f	splint
tanque m de oxígeno	oxygen cylinder
tijeras fpl curvas	curved scissors
torniquete m	tourniquet
tubo m de drenaje	drainage tube
tubo m de rayos X	X-ray tube
tubo m respiratorio	breathing tube
unidad f de rayos X	X-ray unit
yeso m R1	plaster *(for cast)*

Instrumentos dentales y varios / Dental and miscellaneous instruments

aguja f hipodérmica	hypodermic needle
amalgama f R3	*(dental)* amalgam
amalgama f M	filling
anillo m	diaphragm
aparato m de succión de la saliva	suction apparatus
ayudante mf del dentista	dentist's assistant
charola f de instrumentos m	dentist's tray
corona f	crown
cubreboca m	mask
dentadura f postiza	denture, set of false teeth
empaste m	filling
escudilla f para escupir	basin *(for spitting)*
fresa f diamantada	diamond point
fresas fpl	drills
jeringa f hipodérmica	hypodermic syringe
jeringa f multifuncional	multipurpose syringe
lámpara f de dentista	dentist's lamp
lavamanos m	washbasin
obturación f A	filling
pinzas fpl de extracción	extraction forceps
prótesis f dental	denture
puente m dental	bridge
sillón m de dentista	dentist's chair
taburete m de dentista	dentist's stool
tapadura f M	filling
tapar una muela M	to fill a tooth
tenazas fpl de extracción	extraction forceps

Mejorando (a) y empeorando (b) / Getting better (a) and getting worse (b)

a

aliviarse	to gain relief, to get better
alivio m	relief, improvement
curación f	healing
entrar en convalecencia	to convalesce
fortalecer	to strengthen
ileso	unharmed, unhurt
indemne	unharmed, unhurt
llevarla bien M	to be well
mejora f	improvement
mejoramiento m	improvement
mejorar	to improve
mejoría f	improvement
recobrar la salud	to regain your health
recuperación f	recovery
recuperarse	to recover
rehabilitación f	rehabilitation
reponerse	to recover
restablecerse	to recover
restablecimiento	recovery
sanar R3	to heal

b

agarrotarse	to stiffen, to get numb
agravamiento m	worsening
agravarse	to get worse
anquilosarse R3	to stiffen *(of limbs)*
debilitar	to weaken
declinar R3	to decline
degeneración f	degeneration
degenerar	to degenerate
deteriorarse	to deteriorate
deterioro m	deterioration
empeoramiento m	worsening
empeorar(se)	to get worse
enflaquecer	to weaken, to get thinner

flaquear	to weaken, to decline
flojear	to get weaker
ir a peor	to get worse
ir de mal en peor	to go from bad to worse
joderse R1*	to get worn out, to get messed up
ponerse enfermo	to fall ill
ponerse peor	to get worse

Personal médico / Medical personnel

aromaterapeuta mf	aromatherapist
auxiliar mf	medical assistant, paramedic
cancerólogo m	cancer specialist
comadrona f	midwife
dietista mf	dietician
estomatólogo m R3	stomatologist, dentist
geriatra mf	geriatrician
ginecólogo m	gynecologist, obstetrician
juramento m hipocrático	Hippocratic oath
logopeda mf R3	speech therapist
logoterapeuta mf R3	speech therapist
neurólogo m	neurologist
obstreta mf R3	obstetrician
oncólogo m	cancer specialist
ortofonista mf R3	speech therapist
ortopedista mf	orthopedist
osteópata mf	osteopath
patólogo m	pathologist
pedicurista mf M	chiropodist
pedicuro m	chiropodist
podiatra mf M	chiropodist
psicólogo m	psychologist
radiólogo m	radiologist
traumatólogo m	orthopedic surgeon
virólogo m	virologist

Adicción al tabaco / Tobacco addiction

alto contenido m de alquitrán	high tar content
aparato m respiratorio	respiratory system
bajo en nicotina	low in nicotine
bronquios mpl	bronchial tubes
campaña f anti-tabaco	anti-smoking campaign
consumo m de tabaco	cigarette smoking
dependencia f del tabaco	addiction to smoking, tobacco dependency
efectos mpl nocivos	harmful effects
efectos mpl perniciosos del tabaco	harmful effects of smoking
El tabaco perjudica la salud	Smoking damages your health
expulsión f de flemas	coughing up of phlegm
fumador m de cigarros	cigarette smoker
fumador m de pipa	pipe smoker
fumar en pipa	to smoke a pipe
fumar una cajetilla diaria	to smoke twenty a day
hábito m de fumar	smoking habit
lucha f contra el tabaquismo	fight against tobacco addiction
mala costumbre f	bad habit
nivel m de nicotina	level of nicotine
perjudicar las vías respiratorias	to damage the respiratory tract
pitillo m	butt, cigarette
prohibir los cigarrillos mpl	to ban smoking/cigarettes
pulmones mpl susceptibles a cualquier agresión	weak lungs
puro m	cigar
suprimir el tabaco	to ban cigarettes
tabacalera f	tobacco company
tabaquismo m pasivo	passive smoking
¿Tienes fuego?	Have you got a light?
vicio m	bad habit

Accidentes / Accidents

accidente m aéreo	plane crash, air accident
accidente m de carretera	road accident
accidente m laboral	industrial injury/accident

accidente m múltiple	pile-up
ahogarse	to drown
ahogo m	drowning
astilla f	splinter
ayudar	to help
boca f de riego	hydrant
bombero m	fireman
caerse	to fall
carambola f M	pile-up
carbonizar	to burn to a cinder
chingadazo m R1* M	bash, punch
chocar con(tra)	to bang into
choque m múltiple	pile-up
colapsar	to collapse
colisión f en cadena	pile-up
coscorrón m R1	bump *(on the head)*
darse en la madre R1* M	to have a bad accident
darse un guarrazo R1	to have a nasty fall
darse un madrazo R1* M	to have a nasty fall
darse un porrazo R1	to crash, to fall
dedos mpl entumecidos	numb fingers
descoyuntarse un hueso R3	to put a bone out of joint
desplomarse	to crash down
dislocarse un hombro	to dislocate a shoulder
edema m	edema, swelling
equimosis f R3	bruise
escasez f de oxígeno	lack of oxygen
espina f	thorn
estrellarse contra	to smash into/against
extinguidor m M	fire extinguisher
extintor m	fire extinguisher
extremar las precauciones	to take great care
golpazo m M	bang, thump
hacerse daño	to hurt yourself
hematoma m R3	hematoma, bruise
hidrante m M	hydrant
hostia f R1*	bang, bash
impacto m	impact
incendiarse	to catch fire
incendio m	fire, blaze
mamporro m R1	bump, bash, punch
manguera f	hose (pipe)
mazazo m	blow *(with cudgel)*
pegarse un porrazo R1	to have a nasty fall
peligro m de incendio	fire risk
percance m	accident
ponerse un fregadazo R1	to crash down
prender fuego	to catch fire
puñetazo m	punch
resbaladizo	slippery
resbalar	to slip
resbalón m	slip, fall
resucitación f boca a boca	mouth to mouth resuscitation
riesgo m de desprendimiento	danger of falling rocks
Rómpase en caso de incendio	Break glass in case of fire *(in building)*
siniestro m	accident
sirena f	siren
socorrer R3	to assist, to help
socorrismo m	life-saving
timbre m de alarma	alarm bell
torcerse el tobillo	to twist your ankle
torta f R1	bang, bash
trancazo m R1	blow, bang
traumar M	to traumatize
traumatizar	to traumatize

Muerte / Death

agonía f	death agony, *(process of)* dying
agonizar R3	to be dying
ahorcarse	to hang yourself
ataúd m	casket, coffin
autopsia f	autopsy
cadáver m	corpse
chupar faros R1 M	to die
cremación f	cremation
descomponerse	to decompose
descomposición f	decomposition
diñarla R1	to snuff it
director m de pompas fúnebres	funeral director
embalsamar	to embalm
enterrar	to bury
entierro m	burial
envenenarse	to poison yourself

espicharla R1	to snuff it
estar a las puertas de la muerte	to be at death's door
estar entre la vida y la muerte	to be hanging on by a thread (to life)
estirar la pata R1	to die, to snuff it
exequias fpl R3	obsequies, funeral rites
expirar R3	to expire
fallecer R3	to expire
fallecer M	to die
fenecer R3	to pass away
féretro m	casket, coffin
fosa f	grave
funeral(es) m(pl)	funeral
funeraria f	funeral parlor, undertaker's
herida f mortal	life-threatening injury
incinerar	to incinerate
inhumación f R3	inhumation, burial
inhumar R3	to inter, to bury
lápida f sepulcral	tombstone
momia f	mummy
momificación f	mummification
morir(se)	to die
morirse de hambre	to die of hunger
muerte f	death
muerte f dulce	natural/painless death
muerte f natural	natural death
muerte f súbita	sudden death
muerte f violenta	violent death
muerto/a m/f	dead person *(also adjective:* dead*)*
palmarla R1	to die
pompas fpl fúnebres	funeral parlor, undertaker's, funeral ceremony
sepelio m R3	burial
sepulturero m	gravedigger
sucumbir a sus heridas R3	to succumb to your injuries
suicidarse	to commit suicide
suicidio m	suicide
tumba f	tomb
velación f	wake
velorio m M	wake
vigilia f	wake, vigil

Nivel 3 / Level 3

Enfermedades y síntomas / Illnesses and symptoms

abceso m	abscess
aborto m	abortion
adolecer de faringitis R3	to suffer from pharyngitis
afasia f	aphasia
afta f	mouth ulcer
agente m cancerígeno	carcinogenic agent
agente m patógeno	pathogenic agent
alifafe m R3	ailment
alimentación f deficiente	poor diet
alimentación f pobre en fibras	fiber-deficient diet
alimentación f pobre en verduras	lack of greens in diet
alopecia f R3	alopecia
alteraciones fpl digestivas	digestive upsets
amigdalitis f R3	tonsilitis
amoratado	bruised, black and blue
ampolla f de sangre	blood blister
anemia f	anemia
anorexia f	anorexia
arritmia f (cardíaca)	arrhythmia
asintomático	asymptomatic, not revealing signs of disease
astigmatismo m	astigmatism
aumento m del colesterol	increased cholesterol level
bocio m	goiter
botulismo m	botulism
brucelosis f	brucellosis
bulimia f	bulimia

cálculo m	gallstone
callo m	callus, corn
callosidad f	callus, hard patch on skin
cáncer m de pancreas	cancer of the pancreas
cáncer m de útero	cancer of the uterus
cáncer m de vejiga	cancer of the bladder
cardiópata mf	heart patient
cardiopatía f congenital	congenital heart disease
célula f cancerosa	cancerous cell
celulitis f	cellulitis
ciática f	sciatica
cistitis f	cystitis
coagularse	to clot
coágulo m de sangre	blood clot
cojitranco R1	lame
colitis f	colitis
coma m	coma
comezón f	itching, tingling
complicaciones fpl posoperativas	post-operative complications
conjuntivitis f	conjunctivitis
conmoción f cerebral	concussion
consumo m de grasas animales	intake of animal fats
contagiar una enfermedad a	to give a disease to
contraer una enfermedad	to contract a disease
defecto m congénito	congenital defect
delirar	to be delirious
depresión f posparto	postnatal depression
derrame m interno de sangre	internal bleeding
desahuciar	to declare terminally ill
desgarrarse un músculo	to pull a muscle
desolladura f	graze, abrasion
despellejarse	to graze yourself, to lose skin
desprendimiento m de retina	detached retina
desvaríos mpl mentales	delirium
difteria f	diphtheria
discapacidad f temporal	temporary disability
disfasia f R3	dysphasia
disfunción f sexual	sexual dis/malfunction
dislexia f R3/2	dyslexia
disléxico R3/2	dyslexic
disminución f de la apetencia sexual	loss of sexual appetite
disnea f	difficulty in breathing
dispepsia f R3	dyspepsia
distrofia f muscular R3	muscular dystrophy
divieso m R3	boil
dolores mpl de la regla R2/1	period pains
eccema m	eczema
eczema m	eczema
edema m	edema
embolia f	clot, embolism
embolia f cerebral	clot on the brain
enfermedad f congénita	congenital disease
enfermedad f coronaria	heart disease
enfermedad f de Alzheimer	Alzheimer's disease
enfermedad f de Chagas A	Chagas' disease, trypanosomiasis
enfermedad f de Parkinson	Parkinson's disease
enfermedad f degenerativa	degenerative disease
enfermedad f oftalmológica	eye disease
enfermedad f pulmonar	lung disease
enfermedad f renal	kidney disorder
enfermedad f respiratoria	lung disease
enfermedad f transmisible	contagious disease
enfermo m terminal	terminally ill patient
enfisema m (pulmonar)	emphysema

enquistarse	to develop a cyst
enrojecimiento m	reddening *(with a bruise)*
enuresis f nocturna R3/2	bed wetting
equimosis f R3	internal bleeding
erisipela f R3/2	erysipelas
eritema f R3	reddening of the skin
escama f	flake *(of skin)*
escara f R3	crust *(of skin)*, bedsore
escocedura f	smarting, stinging
escoliosis f	scoliosis, lateral curvature of spine
escorbuto m	scurvy
espina f bífida	spina bifida
espinilla f	blackhead
estar cegato R1	to be shortsighted
estar de parto	to be in labor
estar encamado	to be bedridden
estenosis f de una arteria coronaria	stenosis/narrowing of a coronary artery
estrechamiento m de las arterias	narrowing of the arteries
exceso m de peso	weight excess
expectoración f de sangre	spitting up of blood
factor m de riesgo	risk factor
fibrilación f	fibrilation
fisura f	hairline fracture
flato m	flatulence, stitch
flatulencia f	flatulence
forúnculo m	boil
gangrena f	gangrene
gangrenarse	to become gangrenous
gemelos mpl siameses	Siamese twins
gestación f de una enfermedad	gestation of an illness
grano m	pimple
hematoma m	internal bleeding
hemiplejía f	hemiplegia, stroke
hemofilia f	hemophilia
hemorragia f interna	internal hemorrhage
hemorroides fpl	hemorrhoids, piles
hipertensión f arterial	high blood pressure
hormigueo m	tingling, pins and needles
ictericia f	jaundice
insuficiencia f cardíaca	heart failure
interrupción f de embarazo	pregnancy termination
intoxicación f alimentaria	food poisoning
invidente R3	blind
irritación f ocular	eye irritation
labio m leporino	harelip
lesiones fpl cancerosas	cancerous lesions
letargo m R3	lethargy
leucemia f	leukemia
mal m de alturas	mountain sickness
mal m de montaña	mountain sickness
malformación f vertebral	deformed spine
melanoma m maligno	malignant melanoma
meningitis f	meningitis
miopía f	near-/short-sightedness, myopia
mongolismo m R1	Down's syndrome
mononucleosis f R3	glandular fever
náuseas fpl matinales	morning sickness
necrosis f R3	necrosis
neumoconiosis f R3/2	pneumoconiosis
neurosis f	neurosis
oclusión f intestinal R3	intestinal blockage
ojo m amoratado	black eye
osteoporosis f R3/2	osteoporosis
parálisis m cerebral	cerebral palsy
paro m cardíaco	cardiac arrest
perder el conocimiento	to lose consciousness
podredumbre f de la piel	skin decay
polio(mielitis) f	polio(myelitis)
pólipo m	polyp
portador m del virus del sida	Aids virus carrier

presbicia f R3	far-/long-sightedness
présbita R3	far-/long-sighted
raquitismo m	rickets
remisión f	remission
respingo m	twinge *(of pain)*
revisión f oftalmológica	eye test
roncha f	weal, swelling
sabañón m	chilblain
Se me ha dormido la mano R1	My hand has gone stiff / to sleep *(through lack of movement)*
Se me durmió la mano R1 M	My hand has gone stiff / to sleep *(through lack of movement)*
segunda infección f	secondary infection
sepsis f R3	septicemia
septicemia f R3	septicemia
silicosis f	silicosis
síndrome m de Down	Down's syndrome
síndrome m del estrés	stress syndrome
soponcio m R1	fainting fit
sopor m R3	drowsiness
soriasis f R3	psoriasis
supuración f	discharge, suppuration
tartaja mf R1	stammerer, stutterer
tartamudez f	stammer
tartamudo m	stammerer
tartamudo	stuttering
tejido m adiposo R3	fatty tissue
tejido m canceroso	cancerous tissue
tener hongos	to have athlete's foot
tener la tensión alta	to have high blood pressure
tener la tensión baja	to have low blood pressure
trastornos mpl de origen psicosomático	psychosomatic disorders
traumatismo m cráneo	concussion
trombosis f	thrombosis
úlcera f	ulcer
úlcera f de decúbito	bedsore
úlcera f gastroduodenal	duodenal ulcer
urticaria f	*(skin)* rash
variz f	varicose vein
vaso m tapado	blocked vein/artery
vegetaciones fpl adenoideas R3	adenoids
verruga f	wart, verruca
visión f de túnel	tunnel vision

Tratamiento / Treatment

acupuntura f	acupuncture
analgésico m	analgesic
angioplastia f R3	angioplasty
antibiótico m	antibiotic
anticuerpos mpl	antibodies
aromaterapia f	aromatherapy
asistencia f	care, nursing
aspireta f A	aspirin (pill)
bálsamo m	balm
betabloqueante m	beta-blocker
biopsia f	biopsy
calmante m	sedative
camisa f de fuerza	strait-jacket
campaña f de desratización	rodent control campaign
cateterismo m	use of catheter for assessing illness, angiogram
cesárea f	cesarian section
cirugía f cardíaca	cardiac surgery
cirugía f laparoscópica R3	key-hole surgery
clonar un gen	to clone a gene
código m genético	genetic code
collarín m	*(surgical)* collar
compresa f	sanitary napkin/towel
coronariografía f	angiogram
cualidad f curativa	curative quality
cuello m (ortopédico)	surgical collar
desalcoholizarse	to dry out
desratizar	to clear of rats
diagnóstico m precoz	screening

diálisis f (hepática)	kidney dialysis
dieta f de adelgazamiento	slimming diet
diurético m R3	diuretic
dosis f de insulina	dose of insulin
ecografía f	ultrasound scan
enema m de bario	barium enema/meal
epidemiología f	epidemiology
espermicida m	spermicide
esteroide m	steroid
estimulante m	stimulant
estimular las células cerebrales	to stimulate brain cells
expectorante m	expectorant
extirpar un cálculo	to remove a gallstone
fecundación f in vitro	in vitro fertilization
Fue operada de una enfermedad renal	She had a kidney operation
gotas fpl nasales	nose drops
gotas fpl para los oídos	ear drops
gráfico m de temperaturas	temperature chart
hacer un análisis en ayunas	to have a test on an empty stomach
hacer un control	to have a check-up
hacer gárgaras	to gargle
hacerse una cura de desintoxicación	to dry out
hemodiálisis f R3/2	hemodialysis
higiene f pública	public hygiene
histerectomía f R3/2	hysterectomy
historia f clínica	medical history
historia f médica	medical history
historial m médico	medical record *(actual document)*
inducir	to induce
ingeniería f genética	genetic engineering
ingestión f de vitaminas	vitamin intake
inmunización f	immunization
kótex m R2/1 M	sanitary towel
Manténgase fuera del alcance de los niños	Keep out of children's reach
máquina f de circulación extracorórea	heart–lung machine
masaje m cardíaco	cardiac massage
medicina f hormonal	hormonal medicine
medida f profiláctica	prophylactic measure
mejoral m M	aspirin
mochar una pierna R1 M	to amputate a leg
ONCE (Organización Nacional de Ciegos Españoles)	National Organization for the Blind *(pronounced as a word)*
óvulo m	pessary
papilla f de bario	barium meal
penicilina f	penicillin
pinchar R2/1	to inject
poder m terapéutico	therapeutic effect
por vía oral	(to be taken) orally
posología f	dosage
preservativo m	condom
prestar atención médica especializada a	to provide with specialized medical care
pronóstico m	prognosis
propiedad f inmunológica R3	immunological property
prótesis f	prosthesis, artificial limb
prótesis f de cadera	artificial hip
prótesis f de silicona	silicone implant
provocar	to induce
purgante m	purgative
rastreo m sistemático	systematic screening
reanimar	to resuscitate
recetar un remedio	to prescribe a remedy
recuento m sanguíneo	blood count
remedio m	cure, remedy
resonancia f magnética	magnetic resonance
resucitar	to resuscitate
revisación f (médica) A	(medical) check-up
sondaje m	(surgical) perforation
temperatura f de la sangre	blood temperature
terapéutica f correcta	correct treatment
toalla f femenina M	sanitary napkin/towel

toalla f higiénica	sanitary napkin/towel
toallita higiénica f A	sanitary napkin/towel
tomar medidas profilácticas R3	to take preventive/ prophylactic measures
tomar un remedio A	to take medicine
tomografía f	tomography
tónico m	tonic
traqueotomía f R3	tracheotomy
trasplante m de hígado	liver transplant
trasplante m de riñón	kidney transplant
trasplante m renal	kidney transplant
trepanación f del cráneo R3	trephination/ trepanation of the skull
ultrasonido m M	ultrasound scan
vahos mpl de eucalipto	eucalyptus vapor
vomitivo m	emetic

Drogas / Drugs

abuso m de drogas	drug abuse
adicción f	addiction
adolescencia f arruinada	ruined adolescence
alijo m de heroina	consignment of drugs *(seized)*
alucinaciones fpl	hallucinations
barbitúrico m	barbiturate
brigada f antidrogas	anti-drug squad
camello m R1	drug pusher
capo m de droga R1	drug baron
centro m de rehabilitación/ recuperación	rehabilitation center
cocaína f	cocaine
consumidor m de drogas	drug user
consumo m de drogas	drug use
darse un percazo R1 M	to take a drug *(nasally)*
darse un toque R1 M	to take a drug *(orally)*
delirio m	delirium
dependencia f corporal	physical dependency
dependencia f psíquica	psychological dependency
desengancharse de la heroína	to break/kick the heroin habit
deteriorar el bienestar emocional	to damage your emotional well-being
dopar	to dope, to drug *(in sport)*
doping m	doping, drug use
droga f blanda	soft drug
droga f de diseño	designer drug
droga f dura	hard drug
droga f sintetizada/ sintética	synthetic drug
drogadicción f	drug addiction
drogadicto m	drug addict
drogado m	drugging, drug taking
drogarse	to take drugs
drogata mf R1	junkie, druggy
drogodependencia f	drug addiction
droguero m	drug pusher
esnifar coca	to sniff coke
estar enganchado	to be hooked
estar flipado R1	to be drugged
estar grogui R1	to be drugged
estupefaciente m	narcotic
euforia f	euphoria
fármacodependencia f M	drug dependency
fumarse un porro R1	to smoke a reefer
hachich/hachís m	hashish
hampa f	underworld
heroinómano m	heroin addict
inyección f intravenosa	intravenous injection
inyectarse	to inject
jeringuilla f	syringe
maría f R1	marijuana
marihuana f M	marijuana
marijuana f	marijuana
morfina f	morphine
mota f R1 M	marijuana, any drug

narco m R1	drug dealer, drug trafficking
narcocontrabando m	drug trafficking
narcodólares mpl	dollars gained from drug dealing
narcoproductor m	drug producer
narcosis f	narcosis
narcótico m	narcotic
narcotismo m	narcosis
narcotraficante mf	drug dealer
narcotráfico m	drug trafficking
nieve f R1	snow, cocaine
opio m	opium
opiómano m	opium addict
pincharse R1	to give yourself a fix
pincharse papelinas	to inject drugs *(from a folded paper)*
pinchazo m R1	fix
prevención f de la drogodependencia	safety measures against drug abuse
psicosis f	psychosis
sobredosis f mortal	fatal overdose
somnífero m	sleeping pill
tolerancia f	tolerance
tomar por vía nasal	to take through the nose
tomar por vía venosa	to inject into the vein
toxicomanía f	drug addiction
toxicómano m	drug addict
traficante mf de drogas	drug trafficker/dealer
tranquilizante m	tranquilizer
vendedor m clandestino	secret drug trafficker

NB. In Mexico *droga* normally has a negative connotation whereas in Spain it has a positive and negative connotation. However, to distinguish clearly between the two connotations, *fármaco* has a positive meaning only. See Level 1.

Muerte / Death

brazal(ete) m	armband
camposanto m R3	burial ground
cementerio m	cemetery
dar el pésame	to express condolences
deceso m R3 M	decease, death
defunción f R3	decease, demise
desheredar	to disinherit
división f de bienes	distribution of legacy
duelo m	grief
embalsamar a un muerto	to embalm a dead person
epitafio m	epitaph
esquela f de defunción	death notice
estar en las últimas	to be at death's door
estertor m R3	death rattle
fortuna f	fortune
heredar	to inherit
heredero m	inheritor
herencia f	heritage
horno m crematorio	crematorium
hoyo m R1	grave
ir de luto	to be in mourning
lecho m mortuario	death bed
legado m	legacy
legar	to bequeath
moño m	armband
mortaja f	shroud
necropsia f	autopsy, necropsy
panteón m	pantheon
ponerse de luto	to go into mourning
sepulcro m	sepulcher
sobrevivir a su hija	to survive your daughter
su difunto padre R3	her late father
sucesión f	succession
sudario m	shroud
testamentario m R3	executor
testamento m	will, testament

Ejercicios / Exercises

Nivel 1 / Level 1

1. (a) Encuentra dos sentidos de los siguientes términos

agotado, ampolla, cojo, cura, desmayo, dieta, enfermar, febril, inflamación, joroba, mal, operación, propagarse, purgar, receta, salud

(b) Construye frases para ilustrar estos sentidos

2. (a) ¿Qué entiendes por las siguientes locuciones?

blanco del ojo
ojos rasgados
rabillo del ojo
ojo a la funerala / a la virulé
ojos como platos
ojos saltones
cuatro ojos
ojo de buey
ojo clínico
a ojos cerrados
comerse con los ojos
con los ojos fuera de las órbitas
echar un ojo
meter por los ojos
no pegar ojo
no tener ojos en la cara
¡Ojos al parche!
saltar a los ojos
ojo por ojo, diente por diente
caérsele a uno la venda de los ojos
mirar con el rabillo del ojo

(b) Haz una frase con cada locución para ilustrar su uso

3. (a) Asocia los vocablos de A con los vocablos de B para completar una locución

A boca, andar, bocas, correr, decir, hacerse la boca, ir, meterse, no decir, tapar, tener, en boca cerrada, dejar mal sabor, no tener nada

B a boca, en boca de todos, llevarse a la boca, de boca, muere el pez, de boca en boca, riego, jarro, abajo, arriba, boca chica, boca agua, no entran moscas, mala boca, esta boca es mía, en la boca del lobo, Tajo

(b) Cuando hayas completado la locución haz una frase para ilustrar su uso

4. (a) Encuentra todos los vocablos con la raíz etomológica *boca*. No olvides los prefijos, por ejemplo: bocacalle

(Se encuentra la solución en Internet)

(b) Haz una frase con cada vocablo para ilustrar su uso

(Se encuentra la solución en Internet)

5. (a) Encuentra un equivalente (o más) coloquial o grosero de los siguientes vocablos. Para diferenciar entre *coloquial* y *grosero* pon R1 o R1* después del vocablo

boca, cabeza, dedo(s), diente(s), nalga(s), nariz, ombligo, oreja, pecho (de mujer), pelo, pene, pie, pierna, vagina, vientre

(b) Haz una frase con cada uno de los vocablos que encuentres para ilustrar su uso. No olvides adaptar la frase al nivel de registro

(Se encuentra la solución en Internet)

6. (a) Encuentra sinónimos de los siguientes vocablos

agravarse, catarro, crisis cardiaca, curar, dieta, dolor de cabeza, droga, enfermo, genitales, médico, operación, pastilla, pomada, recuperarse, virus

(Se encuentra la solución en Internet)

(b) Construye frases tanto con los vocablos arriba indicados como con sus sinónimos para ilustrar su uso, y si cabe, sus diferencias. Si el registro varía, indícalo

7. (a) ¿Cuál es la diferencia entre las palabras de las siguientes parejas o grupos?

afección/infección, hipertensión/hipotensión, lóbulo/lobanillo, ojeras/orejas, miopía/presbicia/astigmatismo, dar de baja / de alta, tumor benigno/maligno, epidemia/pandemia, oído/oreja, varicela/viruela, talón/tendón, tendinitis/tonsilitis, picor/punción, piel/pelagra

(b) Haz una frase incluyendo las dos/tres palabras o expresiones de cada grupo para ilustrar su uso y las diferencias

8. (a) Encuentra el sentido figurado de los siguientes vocablos

cáncer, ceguera, cicatriz, contagio, contaminar, corazón, degenerar, droga, embarazo, envenenar, escozor, extirpar, hemorragia, inválido, inyectar, lesión, limpiar, miope, órgano, raquítico, sangrar, tensión, vacunar, virus

(b) Haz una frase para ilustrar el sentido figurado de cada vocablo

9. (a) ¿Cuál es el adjetivo o participio pasado asociado con los siguientes sustantivos? Ejemplo: locura-loco

cáncer, catarro, ceguera, cerebro, contagio, corazón, dedo, drogadicción, drogodependencia, escayola, hígado, hormona, indisposición, inmunidad, lesión, neurosis, nocividad, obesidad, ojo, orina, pelo, salud, sanidad, toxicidad

(b) Haz una frase con el adjetivo o participio pasado para ilustrar su uso

10. (a) ¿Qué persona o especialista está asociado con los siguientes términos?

anestesia, cáncer, cerebro, corazón, dietética, embarazo, masaje, medicamentos, nervios, niños, oído y nariz, ojos, piel, tracto urinario, traumatología, vejez

(b) Escribe una frase para cada uno de los términos de la lista anterior para ilustrar el uso, tanto de los términos en la lista como de las personas o especialistas asociados con ellos

11. (a) Encontrar el término que no cuadra en cada una de estas listas

varicela tos ferina sarampión escarlatina sífilis rubéola
amputación rotura fisura esguince fractura brecha
estomatitis paperas piorrea caries gingivitis
alopecia dermatitis acné sarna gastritis pústula equimosis
depresión psicosis aneurisma fotofobia neurosis dipsomanía

(b) Explica por qué el término elegido no cuadra

12. Traduce al español

i. My foot got caught in the wire and I damaged my ankle
ii. The fall produced a very swollen knee joint so she ended up in plaster

iii. I must get my eyes checked. I seem to be getting near-/short-sighted
iv. They operated on her elbow following a skiing accident, but it didn't set properly and the pin was jutting out
v. She fell off a horse, lost consciousness and regained it in a hospital ward after she had been operated on
vi. The doctor diagnosed gout but he was able to control it with some wonder pills
vii. The infant suffered from leukemia, but after prolonged treatment in an intensive care unit, made a miraculous recovery
viii. Six children were taken to hospital with food poisoning, three were discharged but three were kept in for a week
ix. I dislocated my little finger, had countless X-rays, and after a lot of manipulation, the doctor was able to put it back into joint
x. She had to retire early through a stress-related illness which produced blotches all over her skin
xi. In desert conditions, dehydration is a real danger, and will cause you to faint very quickly
xii. Our baby had all the usual ailments, from earache, tonsillitis and bronchitis to whooping cough, and heaven knows how many colds

(Se encuentra la solución en Internet)

13. (a) Lee atentamente el siguiente texto anotando los vocablos y expresiones más interesantes

Los descubridores del sida confían en que la vacuna esté lista en siete años
EFE
Oviedo. – Los codescubridores del virus del sida, el francés Luc Montagnier y el estadounidense Robert Gallo, reciben hoy el Premio Príncipe de Asturias de Investigación Científica y Técnica 2000. Ayer manifestaron en una rueda de prensa en Oviedo que la primera vacuna contra la enfermedad podría estar lista en unos siete años. Aunque "nadie puede predecir cómo será la vacuna y cuándo estará", Gallo explicó que el ritmo actual de las investigaciones permite pensar que en cinco años existan nuevas combinaciones de vacunas terapéuticas que mejorarían los tratamientos actuales y que en siete haya una más definitiva que, no obstante, sería aplicable parcialmente y no a toda la población.

...

Diferentes investigaciones
Por su parte, Gallo explicó que el departamento que dirige en la Universidad de Maryland (Baltimore, Estados Unidos), y el Instituto Pasteur de Montagnier están colaborando en el antecedente de una posible vacuna que estaría basada en la acción contra una proteína llamada TAT que podría estar vinculada al mecanismo que impide la respuesta inmune del individuo ante las células infectadas por el VIH. En un ambiente de clara camaradería, los codescubridores del virus del sida también se refirieron a la polémica que les enfrentó hace años por la paternidad del hallazgo, que calificaron como parte de la prehistoria. Asimismo, apuntaron que las controversias se prolongaron de manera artificial por las luchas posteriores y ajenas a ellos sobre los estudios de los patrones sanguíneos. Incluso, Gallo añadió que está en continuo contacto con su colega francés para "compartir cualquier nuevo descubrimiento científico y cooperar para desarrollar algo en el futuro", mientras que

Montagnier abundó en que es precisa la unión de esfuerzos para resolver el problema del sida y también el del cáncer.

Información Además de los estudios para conseguir una vacuna (contra el sida), y nuevos tratamientos que abaraten su coste, Gallo y Montagnier calificaron como increíble el que todavía haya jóvenes en los países desarrollados, con información y medios, que se contagien.

En este sentido, Montagnier recordó los esfuerzos que ha dedicado a intentar convencer a la Iglesia y al Papa para que autorice, o por lo menos no prohíba explícitamente, el uso de los preservativos, sobre todo en los países donde actualmente crece de forma desorbitada la epidemia. Gallo hizo especial hincapié en el contagio del VIH por el uso de jeringuillas usadas entre drogadictos y recalcó que evitar esta vía debería haber sido "una de las grandes emergencias", ya que reduciría en gran medida la enfermedad en los países desarrollados. Sin embargo, los dos investigadores no se mostraron demasiado optimistas sobre las posibilidades a medio plazo para atajar la extensión del sida en Africa y Asia y coincidieron en que los esfuerzos investigadores hay que dirigirlos a hallar una vacuna simple, para que sea útil en todo el planeta.

Aplicaciones del mapa del genoma humano

Según Gallo, la reciente publicación del mapa genético humano será un instrumento útil para los investigadores contra el sida, aunque no tendrá un efecto directo ya que no aborda directamente los procesos virales. Sobre las últimas teorías acerca del comienzo del virus, el estadounidense desmintió que la expansión del VIH esté relacionada con la vacuna de la polio y recordó que la epidemia se generalizó a partir de la década de 1960 coincidiendo con el masivo traslado de las poblaciones africanas a las grandes ciudades y con el auge de la prostitución. Ambos señalaron que los esfuerzos que se dedican contra el Sida también serán beneficiosos para los estudios contra el cáncer, y mostraron su confianza en que el Premio Príncipe de Asturias de la Investigación Científica y Técnica contribuya a que las sociedades 'no bajen la guardia' ante esta epidemia mortal.

El Mundo, Suplemento de Salud

(b) Construye frases con las anotaciones del apartado anterior

(c) Responder las siguientes preguntas

i. Explicar el significado de *codescubridor*
ii. Escribir sinónimos de *descubridora*, *investigadora*, *científica*, *administrativa*, *celadora*, *enfermera*
iii. Definir el término *vacuna*
iv. Escribir una lista de diferentes vacunas que se aplican normalmente a la población infantil
v. Escribir el significado de *sida* y de *VIH*
vi. Hacer una lista de posibles medios de contagio del sida y medios para evitarlo
vii. ¿Qué enfermedades muy conocidas pueden adquirirse mediante el uso compartido de jeringuillas y el uso del mismo recipiente para beber?
viii. ¿Cuál es la diferencia entre una epidemia y una pandemia?
ix. Busca y escribe una definición de *virus* y *bacteria*
x. Escribe en un par de líneas lo que entiendes por *promiscuidad sexual*

Nivel 2 / Level 2

1. (a) Encuentra dos sentidos de los siguientes términos. Algunos de estos vocablos se pueden encontrar en el vocabulario de nivel 1

achaque, ataque, calambre, cólera, congestión, convulsión, desfallecimiento, epidemia, fiebre, gota, intoxicación, lepra, muleta, rabia, régimen, sufrir

(b) Construye frases para ilustrar el uso de estos sentidos

2. Completa las siguientes frases

i. El médico curó . . .
ii. Insalud tomó medidas . . .
iii. Las condiciones higiénicas . . .
iv. El paciente estaba en coma . . .
v. La médico me recetó . . .
vi. La cirujana le operó . . .
vii. La radiografía no . . .
viii. Mi presión sanguínea . . .
ix. Recomendaron al diabético que . . .
x. Tuve que ir a Urgencias . . .
xi. Padeció un infarto . . .
xii. Por negligencia médica . . .
xiii. Su herencia genética hizo que . . .
xiv. La especialista prescribió . . .
xv. Hay que controlar los niveles . . .
xvi. La alimentación ejerce una influencia decisiva . . .
xvii. El tétanos produce fuertes . . .
xviii. El Centro de Salud está dotado de medios técnicos como . . .
xix. Las dos grandes enfermedades del presente siglo son . . .
xx. El sida se caracteriza sobre todo por . . .

3. (a) ¿Qué entiendes por los siguientes términos?

afasia, amigdalitis, autismo, brucelosis, chequeo, contra-indicaciones, discapacitado, dislexia, estrabismo, fiebre de Malta, frotis, intolerancia, minusválido, quimioterapia, quirófano, radiografía, radioterapia, rastreo, regla, salmonelosis, sonda, tartamudez, trastorno del habla

(b) Haz una frase para ilustrar el uso de cada término

4. (a) ¿Qué enfermedades específicas asocias con los niños?

(b) ¿Qué enfermedades específicas asocias con los trópicos?

(c) Elige dos enfermedades de (a) y dos de (b) y escribe una sencilla descripción de ellas

(Se encuentra la solución en Internet)

5. (a) ¿Qué inventaron los siguientes investigadores?
Bantin/Best, Dreser, Dulbecco, Fleming, Jenner, Leloir, Marie-Curie, Pasteur, Santiago Ramón y Cajal

(b) Elige tres investigadores de esta lista y escribe una pequeña descripción de su trabajo

6. (a) Da una definición de los siguientes términos

ambulatorio, banco de sangre, centro de salud, centro hospitalario, clínica, consulta, consultorio, enfermería, hospicio, INSALUD, manicomio, maternidad, UCI/UVI, Urgencias

(b) Construye frases para ilustrar el uso de estos vocablos

7. (a) Relaciona los vocablos de A con los de B para hacer una locución

A costar, tener, tomar, escaparse, no tener ni pies, tocarse, calentar, una sonrisa, no tener, hacer, pillarse, sacar, ser uña, no despejar, poner los pelos, irse con el rabo, dormir, ser de la piel, chisparse, venir, no tener ojos, caer

B cara, ni cabeza, de pie, un ojo de la cara, en el cuerpo, cuerpo, por los pelos, las orejas, las narices, de oreja en oreja, los dedos, dedo, ni para un diente, las uñas, y carne, los labios sellados, los labios, de punta, como anillo al dedo, del diablo, a pierna suelta, entre las piernas

(b) Cuando hayas escrito las locuciones construye frases más extensas para ilustrar su uso

8. Rellena las lagunas en blanco

i. Es necesario poner... para las fracturas y los esguinces. Pero las... dan la posibilidad de andar a pesar del yeso
ii. El deporte produce a veces... en los músculos, o... después de un gran o prolongado esfuerzo
iii. Los discapacitados pueden desplazarse en...
iv. Los médicos pueden... al final de sus estudios para ser, por ejemplo, ..., ... o dermatólogo.
v. Otros eligen formas nuevas de la medicina en Occidente como la... o...
vi. Cuando son necesarios masajes, el médico envía al paciente a un...
vii. Hay que comer poca grasa y mucha fruta para evitar un infarto..., tensión... y un alto nivel de...
viii. El botiquín contiene medicinas como... y... o... para las llagas o cortes
ix. Con el... las epidemias hacen que muchas personas caigan... Cuando hace frío, la gente se..., estornuda y... Incluso, puede tomar... y estar con...
x. Los niños tienen muchas enfermedades como el..., las... o la tos...
xi. El... y el... son plagas de nuestro tiempo. La... y la... lo fueron de otros tiempos
xii. El ejercicio físico es esencial para el buen... del corazón y un mayor... intelectual

(Se encuentra la solución en Internet)

9. (a) Encuentra antónimo(s) de los siguientes términos

abatido, aliviar, desmayarse, diarrea, enclenque, enfermo, hipotensión, malestar, mejoría, salud, tóxico, tranquilizante

(b) Construye frases para ilustrar el uso tanto de las palabras en la lista como de sus antónimos

10. (a) ¿Cuál es la diferencia (si hay) entre los vocablos de las siguientes parejas?

ampolla/vejiga, chichón/contusión, consulta/consultorio, cura/cuidado, enfermedad/achaque, enfermo/enfermizo, enronquecer/estornudar, fallecer/morir, frío/resfriado, jaqueca/dolor de cabeza, lesión/herida, leve/grave, malo/malucho, minusválido/discapacitado, operación/intervención, parche/esparadrapo, salud/sanidad, síndrome/síntoma, sufrir/padecer, tabardillo/quemadura de sol, vaso/vena, vitamina/proteína

(b) Elige diez parejas y construye frases para ilustrar la diferencia entre los vocablos de cada pareja

11. Explica el sentido de las siguientes frases

i. Tu razonamiento me parece algo cojo
ii. Juan va bien aunque cojea un poco en Física y Química
iii. Al campeón no hay quien le tosa
iv. He sudado mucho para conseguir el punto
v. Me he contagiado de su aversión al tabaco
vi. En sus reseñas, los críticos despellejaron al pobre dramaturgo
vii. Es un joven desaprensivo que sigue sangrando a sus padres
viii. Purgó su pena en la cárcel de la Mancha
ix. Su infidelidad envenenó nuestra amistad
x. Su crítica me hirió en mi amor propio
xi. Con el tiempo, se le ha cicatrizado la pérdida de su hija
xii. Con el paso de los años, sus relaciones se enfriaron
xiii. Su hija le dijo que había estudiado toda la noche, pero no se tragó la píldora
xiv. Los presumidos me dan alergia
xv. Sarna con gusto no pica
xvi. Tenía sangre de horchata

12. Aprovechando el vocabulario que sigue, escribe una redacción de unas 1000 palabras sobre *Los beneficios de la natación*

columna vertebral
dolores cervicales
excelente terapia
problemas de espalda
aparato músculo-esquelético
inactividad física
perjudicial
ejercitar el cuerpo
efecto beneficioso
nivel de grasa en la sangre
relajar las articulaciones
braza/crol/espalda/mariposa
sobrecargas articulares
sobrepeso
terapéutica básica
respirar bien
inspiraciones profundas
respiraciones lentas
circulación sanguínea
varices, venitas rojas
tobillos hinchados
infarto (de miocardio)
masajear el cuerpo
distensión muscular
estrés

13. (a) El siguiente párrafo describe los síntomas de la depresión. Analiza por escrito cada uno de ellos

¿Cómo reconocer los síntomas de la depresión? Normalmente se manifiesta una caída de ánimo, tristeza, astenia, dejadez personal y profesional, ganas de llorar, miedo a morir, temor al día a día, terror a la noche, ausencia de futuro, ideas suicidas. No hay que olvidar los afectos de una abundante ingesta de alcohol que produce ansiedad e irritabilidad durante la resaca

(b) Traduce al inglés

La psicoterapia y el psicoanálisis son instrumentos en el tratamiento de la enfermedad depresiva. Y ni que decir tiene que, en los casos de depresiones secundarias a otro proceso orgánico, la manera de atajar el problema está en solucionar la enfermedad de origen o al menos mitigar sus repercusiones generales.

14. Traduce al español

the harmful effects of drug addiction
to create tobacco dependency
smokers' mortality rate
to affect the quality of life
to go for a medical consultation
the lungs' sensitivity to any external invasion
passive smoking and eye irritation
correlation between lung cancer and the smoking habit
pipe smoking and lower incidence of heart disease
damage done to heart vessels
cancer of the pancreas related to alcohol consumption
to suffer a massive heart attack

(Se encuentre la solución en Internet)

15. Traduce al español

i. After a six-hour operation, she had to convalesce for a couple of months, and is now expected to make a full recovery
ii. The health center is now equipped with the latest medical gadgets like electrocardiographs, X-ray and kidney dialysis machines
iii. We have three ambulances for urgent call-outs, and even a van that relays blood samples from home to clinic
iv. Good eating habits, which really means a balanced diet with plenty of fresh fruit and vegetables, are essential to a healthy body
v. Small children used to be so vulnerable to meningitis, polio(-myelitis), diphtheria and whooping cough but many of these diseases are now held in check with vaccination programs
vi. All innoculations must be carried out under strict medical supervision, and each time a needle is used it must be discarded
vii. Food can be so easily contaminated by micro-organisms which lead to typhoid fever, Maltese fever and cholera
viii. Poor-quality food, or food produced under unhygienic conditions, is often the source of food poisoning
ix. Tetanus is often accompanied by very serious and painful muscle contractions, convulsions, stiffening of the body and, in extreme cases, death
x. At the children's hospital there were a number of heartrending cases of disabled children suffering from cerebral palsy, muscular dystrophy and spina bifida
xi. The coroner issued a report which made it clear that the actress had taken an overdose of amphetamines
xii. To protect against brucellosis, all milk should be boiled, pasteurized or sterilized, and, even then, personal hygiene must remain at the highest standard

(Se encuentre la solución en Internet)

16. (a) Leer atentamente el siguiente texto y después contesta a las preguntas

AVISO ¡Peligro de muerte! Lea esto con atención: Le va en ello la vida
El silencioso asesino de las cocinas

En las cocinas y baños aparece frecuentemente, de manera insidiosa y sutil. Se llama monóxido de carbono (tufo). Resulta difícil detectarlo ya que incoloro e inodoro, asalta los glóbulos rojos y la sangre impidiendo que transporten el suficiente oxígeno a las células del cuerpo y bloquea los normales procesos metabólicos. El cerebro y el corazón son los primeros órganos afectados, creando confusión mental, taquicardia y lasitud general de los músculos que impiden moverse con soltura bajo los efectos de un cansancio extraordinario.

Lo peor de todo es la confusión creada por la intoxicación que lleva a las víctimas a la pérdida de la facultad de razonamiento y después a la inconsciencia. Hay un síntoma que puede orientar a los afectados: el picor/hormigueo que aparece en las extremidades tras sufrir los primeros estragos del cansancio y la taquicardia.

Salid del lugar donde os encontréis, dejad abiertas puertas y ventanas. Tras recuperaros volved con precaución a cerrar la espita del quemador que está produciendo la combustión incompleta en la cocina, en el baño o el lugar mal ventilado. Llamad a un técnico que revise la instalación, y no se os ocurra nunca cerrar las aberturas de ventilación previstas por los expertos en los lugares normalizados.

Todos los años, en invierno muere alguna persona dentro del propio garaje por cometer la imprudencia de poner en marcha el motor con la puerta cerrada.

El asesino silencioso está al acecho. Ten precaución porque no permite errores.

M.A.S.

(b) ¿Qué entiendes por los siguientes vocablos?

insidioso, tufo, incoloro, inodoro, glóbulo, lasitud, soltura, intoxicación, picor, hormigueo

(c) Escribe un resumen del trozo

(d) Reescribe el tercer párrafo como si fuera publicado en un periódico mexicano

(e) ¿Cuáles son los otros peligros domésticos?

17. Lee el siguiente artículo sacado de un periódico mexicano y contesta a las preguntas

Bebe alcohol uno de cada 3 hombres: Ssa

El alcoholismo se ha convertido en un problema de salud pública. Los registros señalan que uno de cada tres hombres, entre los 12 y 45 años de edad, consumen esta sustancia, afirmó la Secretaría de Salud.

Ante esta problemática, la dependencia trabaja con diversas instituciones públicas, privadas y asociaciones civiles en la prevención y tratamiento de alcoholismo.

Dependencias especializadas en el tratamiento del alcoholismo, como el Instituto Mexicano de Psiquiatría de la Secretaría de Salud, hacen énfasis en la importancia del tratamiento de este padecimiento, ya que así se pueden evitar las consecuencias físicas y mentales que se presentan en el momento de dejar de beber.

Cerca de 95% de las personas alcohólicas que inician un tratamiento de recuperación presentan síntomas de "supresión", como crisis convulsivas y alucinaciones, y un 5% sufre el síndrome "delirium tremens", que incluye fiebre, latido rápido del corazón, hipertensión, comportamiento agresivo, alucinaciones y otros trastornos mentales.

Los síntomas de "supresión" se empiezan a presentar entre las 6 y 48 horas después de haber interrumpido el consumo del alcohol.

El Universal, domingo 26 de marzo, 2000

(a) Aparte de la palabra *Mexicano* hay sólo una frase que nos deja saber que se trata de un artículo mexicano. Encuéntrala.

(b) ¿Qué entiendes por *supresión* en este contexto? Al fondo, es el nudo del artículo.

(c) El vocablo *dependencia* tal como se usa aquí no tiene el sentido que se asocia frecuentemente con él. Explica el problema

(d) Escribe una redacción de 500 palabras sobre los abusos del consumo del alcohol

Nivel 3 / Level 3

1. (a) Encuentra dos sentidos de los siguientes términos. Algunos de estos términos se encuentran en los vocabularios de los niveles 1 y 2

asistencia, coma, conocimiento, control, cuello, depresión, dosis, gestación, hígado(s), interno, inyección, preservativo, pulmón, riñón(es), vaso, virus

(b) Construye frases para ilustrar el sentido tanto de las palabras arriba como el de las otras palabras que encuentres

2. (a) Define los siguientes adjetivos que califican a *medida*

curativa, invasiva, preservativa, profiláctica, sanitaria, terapéutica

(b) Construye frases para ilustrar el uso de estos adjetivos con *medida*

3. (a) Define los siguientes vocablos

aparato (ortopédico), apósito, bisturí, clavo, cabestrillo, collarín, dentadura, dializador, DIU, electro-cardiógrafo, escáner, escayola, incubadora, jeringuilla, mamografía, muleta, perfusión, preservativo, prótesis, radiografía, silla de ruedas, sonda, sutura, tablilla, tetilla (de biberón)

(b) Haz una frase para ilustrar el uso de estos objetos

4. (a) ¿Qué entiendes por los siguientes aparatos fisiológicos?

aparato digestivo, locomotor, reproductor, circulatorio, respiratorio, urinario

(b) Construye frases para ilustrar el uso de estos aparatos

5. (a) ¿Con qué condiciones climáticas, u otras, asocias las siguientes fiebres?

fiebre aftosa, amarilla, del heno, glandular, mediterránea, palúdica, puerperal, recidiva, reumática, tifoidea

(b) Construye frases para ilustrar los síntomas de estas fiebres

(c) ¿Qué entiendes por las siguientes expresiones?

fiebre del juego / de negocios / de oro / de rebajas

6. (a) Explica por qué los siguientes términos están asociados con la sangre

arteriosclerosis, baño de sangre, coágulo, crisis cardiaca, derramamiento de sangre, derrame cerebral, donante de sangre, paro cardíaco, pulsación, pura sangre, sangría, sanguijuela, septicemia, tensión arterial, torrente sanguíneo, transfusión, vaso sanguíneo

(b) Haz una frase para ilustrar el uso de cada uno de estos términos

7. (a) Traduce al inglés

acceso de alegría, celos, cólera, fiebre, histeria, locura, tos
ciego- fe ciega, intestino ciego, gallina ciega, vainica ciega, dar palos de ciego
manco- el Manco de Lepanto, no ser manco, proyecto manco
sorda cólera, diálogo de sordos, un grito sordo, un dolor sordo
tuerto- faro tuerto, mirarle un tuerto a uno, en el país de los ciegos el tuerto es el rey

(b) Traduce al español

blind spot, from birth, alley, man's buff, drunk, date, as a bat
deaf mute, as a post, to my pleas, -aid
lame duck, excuse, try, for life
taste buds, tasteful, tasty, taster, tasteless, taste *(of something)*

(c) Cuando hayas traducido al español los términos de (b), construye frases para ilustrar el uso del español

8. Explica el significado de las siguientes expresiones

ojos pitañosos, ojos tiernos, tener ojeras, ojo huero, ojos desorbitados, ser bizco, tener boceras, a bocajarro, tener una boquita de piñón, prestar oído, de oído, entrar por un oído y salir por otro, regalar el oído a uno

9. Describe un día en la vida de un(a) médico aprovechando el siguiente vocabulario

antibiótico, auscultación, botiquín, compresa, desinfectante, diagnóstico, esparadrapo, estetoscopio, gárgara(s), gasa, horas de consulta, jeringuilla, pastilla, receta, supositorio, termómetro, tirita, ungüento, venda, visita

10. ¿Cuáles son los antídotos, remedios o medidas de prevención de las siguientes condiciones médicas?

absceso, alcoholismo, arteria tapada, cáncer, caries, cólera, concepción, deshidratación, esguince, estrabismo, estreñimiento, fractura, mordedura de serpiente, obesidad, pérdida de sangre, picadura de mosquito, raquitismo, tétanos

11. (a) Traduce al español

systematic breast screening, psychosomatic disturbance, open heart surgery, high tar content, medical research, cardiac arrest, food habits, slimming diet, cervical smear test, cardiovascular diseases, carcinogenic agents, food poisoning, urinary tract, kidney patient, stomach/lung cancer, loss of consciousness, Department/Ministry of Health, to give blood, brain cells, immunization campaign

(Se encuentre la solución en Internet)

(b) Cuando hayas encontrado las traducciones españolas construye frases para ilustrar el uso del español

12. (a) ¿Qué tipo de adjetivo (relacionado con medicina, enfermedad o salud) puede usarse con los siguientes sustantivos?
Ejemplo: efectos – nocivos

afección	desarrollo	grasa	sistema
agente	desorientación	ingeniería	tabaquismo
agilidad	detección	método	trastorno
asistencia	dieta	necesidades	tratamiento
calambre	dificultades	rastreo	vaso
capacidad	enfermedad	sanidad	(por) vía

(Se encuentre la solución en Internet)

(b) Cuando hayas encontrado uno o varios adjetivos que puedan usarse con estos sustantivos, haz una frase para ilustrar su uso

13. (a) Explica las siguientes actividades

asistencia sanitaria, auscultación, intervención quirúrgica, tráfico de estupefacientes, saneamiento del medio ambiente, vacunación, rehabilitación, donación de sangre, convalecencia, inmunización, desintoxicación, revisión, quimioterapia, toma de pulso, fisioterapia, educación sanitaria, análisis de sangre

(b) Construye frases para ilustrar el uso de estos términos

14. (a) ¿Qué entiendes por una . . .?

enfermedad cardiovascular, congénita, contagiosa, coronaria, degenerativa, endémica, genética, ginecológica, grave, hereditaria, incurable, infecciosa, mental, mortal, ocular, oftalmológica, profesional, pulmonar, renal, reumática, venérea

(b) Escribe frases para ilustrar el uso de *enfermedad cardiovascular*, etc.

15. Escribe una redacción de unas 250/500 palabras sobre alguno de los siguientes temas

i. **El objeto único de la ciencia médica es la longevidad**
ii. **Los avances realizados en el mundo de la tecnología médica nos conducen a una catástrofe**
iii. **¿Si tuvieras que redactar un nuevo juramento hipocrático cómo lo harías?**

16. Traduce al español

i. Sexually transmitted diseases, and even AIDS, can probably be prevented with the use of condoms
ii. Statistics show conclusively that poor eating habits like the high intake of fatty foods or an excessive intake of salt or sugar cause the human organism to degenerate very quickly
iii. Birth control, which can be practiced with a coil, diaphragm or the Pill, is recommended for women in this high-risk category
iv. Caught by sudden breathlessness, she was rushed to the coronary unit, stabilised, and underwent immediate surgery for a valve replacement
v. Usually they take veins from the patient's legs to replace blocked arteries so there's no danger of the rejection of tissue

vi. Some heart patients have to take beta blockers and warfarin for the rest of their lives but I take 150 milligrams of aspirin a day with a low but highly efficient dose of anti-cholesterol tablets
vii. The nurse carefully took out the stitches, which were really metal clips, and the worst part was where the clips were pressed against the shin bone
viii. The contraction of the tendon in her little finger caused it to bend so the hand surgeon advised an operation
ix. She complained of a shooting pain in the back of her eye, and it was soon diagnosed as a detached retina
x. Withdrawal symptoms can be unbearable for the drug user, who is subject to cramps, diarrhea, vomiting and bouts of sleeplessness
xi. Public swimming pools are linked to all sorts of infections, inflammation of the ear and verrucas
xii. An angiogram is quite a simple procedure. An area is frozen in the groin which is then punctured to allow a fine tube to pass up to the heart. A dark liquid reveals where the arteries are diseased and blocked. That's the easy bit
xiii. Complaining of abdominal pains, she had an endoscopy, and even a barium meal, but the consultant could find no damage to the stomach wall, so he put her troubles down to stress
xiv. Diabetics have to be very careful to take the right amount of daily insulin, for they may collapse through sugar deficiency, passing through phases of weakness, sweating, tremor, slurred speech and finally into a coma

(Se encuentre la solución en Internet)

17. (a) He aquí un artículo sacado de un periódico mexicano, *La Jornada*. Estúdialo, y a continuación contesta a las preguntas (b), (c) y (d)

Por la escasez de órganos a diario mueren diez personas que requieren de un trasplante y cada año se suman alrededor de doce mil nuevos pacientes a las listas de espera, afirmó la Asociación Mexicana Protrasplante Renal (Amprac), para la cual es indispensable llevar a cabo acciones efectivas que contribuyan a remediar esta situación.

En tanto, para la Secretaría de Salud (Ssa), las manifestaciones de rechazo a su propuesta para reformar la ley general en materia de trasplantes tienen su origen en mitos y miedo al tráfico de órganos. Lo cierto es que de seis mil trasplantes de riñón que deberían realizarse anualmente, únicamente se efectúan mil 200, y según la dependencia ello se debe a la escasez de órganos.

Por eso la Ssa planteó hace unas semanas que impulsaría una modificación legal para la donación de órganos sea 'automática' a la muerte de las personas, salvo que expresamente se hubieran manifestado en contra. La reacción de diversos sectores no se hizo esperar, pues se trata de un tema difícil que 'toca algunas fibras sensibles de la sociedad', como admitió la misma dependencia.

En diversos foros se manifestaron en contra de esta pretensión los médicos, las asociaciones civiles, juristas, psicólogos, entre otros, quienes desde sus respectivas especialidades aseguraron que los mexicanos tienen una actitud positiva hacia la donación, pero no aceptarían que ésta sea obligatoria o *de facto* . . .

En México, la insuficiencia renal crónica es la principal causa de ingreso a los hospitales de segundo y tercer nivel, y para quienes padecen este mal, la falta de un donador es la diferencia entre la vida y la muerte, pues el trasplante es la única forma de curación.

La Jornada, 26 de marzo, 2000

(b) Explica el sentido de los siguientes vocablos o expresiones

escasez de órganos, trasplante, Secretaría de Salud, donación de órganos, insuficiencia renal

(c) En lo que se refiere a órganos, la palabra *rechazo* tiene un sentido que no corresponde al sentido que tiene en el segundo párrafo. Explica la diferencia

(d) Escribe una redacción de 500 palabras sobre el problema planteado por la donación de órganos. Puedes concentrarte sobre los 'mitos' y el 'miedo al tráfico de órganos'

18. Juego de rol. Tienes un niño que no se encuentra bien. Tose mucho, respira con dificultad, y suda excesivamente. Te citas con el médico. Escribe un diálogo sobre el encuentro entre ti (o sea la madre / el padre), el niño y el médico. Después de escribir el diálogo, crear una escena donde varios de tus compañeros/as tengan un papel. Puedes incluir una secretaria, más personal, llamadas telefónicas. Puedes considerar también el traslado del niño a una clínica. Tienes en las listas de los tres niveles gran variedad de síntomas, enfermedades, etc.

Unidad 5 / Unit 5

La Familia y la casa / Family and Home

(Para la cocina, batería de la cocina, etc., ver también Unidad 9 / For the kitchen, kitchen utensils, etc., see also Unit 9)

Nivel 1 / Level 1

Miembros de la familia / Members of the family

abuela f	grandmother
abuelas fpl	grandmothers
abuelo m	grandfather
abuelos mpl	grandparents, grandfathers
anciano m	elderly man/person
chacha f R1	maid
consuegra f	daughter's/son's *(female)* in-law
consuegras fpl	daughter's/son's *(female)* in-laws
consuegro m	daughter's/son's *(male)* in-law
consuegros mpl	daughter's/son's in-laws

NB. in the four cases above, the relationship is between the two sets of parents of the daughter and the son

criada f	maid
criado m	servant
cuates mpl M	twins
cuñada f	sister-in-law
cuñadas fpl	sisters-in-law
cuñado m	brother-in-law
cuñados mpl	brothers- (and sisters-) in-law
don Ramón R3	Mister Ramon *(no real translation, but implies respect)*
doña Teresa R3	Mrs Teresa *(no real translation, but implies respect)*
familia f	family
familiar m	family member *(also adjective: [of the family], familiar)*
fiel	faithful
gemela f	female twin
gemelo m	male twin
género m humano	human race
hermana f	sister
hermanas fpl	sisters
hermano m	brother
hermanos mpl	brothers (and sisters)
hija f	daughter
hijas fpl	daughters
hijo m	son
hijos mpl	sons (and daughters), children
humanidad f	humanity
jardinero m	gardener
joven mf	young lad, young man/woman

madre f	mother *(very formal or vulgar in M where best avoided)*
madrina f	godmother
mamá f	mom, mum(my)
mamá f M	mother *(used much more than* madre *in M; see* madre*)*
melliza f	female twin
mellizo m	male twin
muchacha f (de servicio)	maid
nieta f	granddaughter
nietas fpl	granddaughters
nieto m	grandson
nietos mpl	grandsons (and daughters), grandchildren
niña f	girl
niñas fpl	girls
niño m	boy
niños mpl	children, boys
padre m	father *(very formal in M)*
padres mpl	parents, fathers *(very formal in M)*
padrino m	godfather
papá m	pop, dad(dy)
papás mpl M	parents
pariente mf	relation
persona f grande A/M	adult, elderly person
persona f mayor	adult, elderly person
prima f	female cousin
primas fpl	female cousins
primo m	male cousin
primos mpl	cousins, male cousins
Señor (Sr) m García	Mister Garcia
Señora (Sra) f Velázquez	Mrs Velazquez
sobrina f	niece
sobrinas fpl	nieces
sobrino m	nephew
sobrinos mpl	nephews (and nieces)
suegra f	mother-in-law
suegro m	father-in-law
tía f	aunt
tías fpl	aunts
tío m	uncle
tíos mpl	uncles and aunts, uncles
viejo m	old person *(also adjective:* old*)*

Nacimiento / Birth

adopción f	adoption
adoptar	to adopt
ama f de cría	wet nurse
apellido m	*(family)* name
bebé m	baby
bebé mf M	baby
casa f de expósitos	home for foundlings
chavalín m R1	kid
chiquilla f	small child *(female)*
chiquillo m	small child *(male)*
consentir M	to spoil, to pamper
cría f R1	kid *(female)*
criatura f	baby
crío m R1	kid *(male)*
críos mpl R1	kids *(male and female)*
cuna f	cot
dar a luz a	to give birth to
escuincle m R1 M	kid
guagua f A	child
huérfana f	orphan *(female)*
huérfano m	orphan *(male)*
infancia f	infancy, childhood
mimar	to spoil, to pamper
nacer	to be born
nacimiento m	birth
nana f R1	grandma
nana f	lullaby
nana f M	wet nurse
nena f	small child *(female)*
nene m	small child *(male)*
niñera f	nursemaid, nanny
niñería f	childishness
niñez f	childhood, infancy
nodriza f	wet-nurse
nombre m	name *(family or first name)*
nombre m de pila	first name
orfanato m	orphanage

parentesco m	relationship, kinship
párvula f	female child/infant
párvulo m	male child/infant
peque m R1	toddler
pequeña f	toddler *(female)*
pequeño m	toddler *(male)*
pitufa f R1	kid *(female)*
pitufo m R1	kid *(male)*
pitusa f R1	kid *(female)*
pituso m R1	kid *(male)*
prole f	offspring

Nombres de pila / First names

Agustín	Augustin
Alejandro	Alexander
Ana	Ann(e), Anna
Andrés	Andrew
Antonio	Anthony
Arturo	Arthur
Beatriz	Beatrice
Bernardo	Bernard
Carlos	Charles
Catalina	Catherine
Clara	Claire
Claudio	Claude
Diego	James
Esteban	Stephen
Federico	Frederic
Felipe	Philip
Francisco	Francis
Guillermo	William
Isabel	Elizabeth
Jaime	James
Jerónimo	Jerome
Jorge	George
José	Joseph
Juan	John
Lucas	Luke
Luis	Louis
Magdalena	Madeleine
Marcos	Mark, Marc
Margarita	Margaret
María	Mary
Mateo	Matthew
Miguel	Michael
Pablo	Paul
Paco	*diminutive for Francisco*
Pedro	Peter
Pepe	*diminutive for José*
Santiago	James
Vicente	Vincent

Varios / Miscellaneous

¿Cómo se llama Vd.?	What's your name?
el llamado García	the person called Garcia
en nombre del rey	in the name of the king
fulana f R1	so-and-so *(female)*
fulano m R1	so-and-so *(male)*
fulano y mengano	anyone; Tom, Dick and Harry
llevar el nombre de Paco	to bear the name Paco
un cualquiera	anyone

Noviazgo y boda / Engagement and wedding

afecto m	affection
amar	to love
amor m	love
apego m R3/2	affection, attachment
aquellita f R1 M	the other woman, lover
boda f	wedding
bodas fpl de diamante	diamond wedding
bodas fpl de oro	golden wedding
bodas fpl de plata	silver wedding
casar (a una persona con otra)	to marry *(one person to another)*
casarse (con)	to get married (to)
divorciarse	to divorce
divorcio m	divorce
dote f	dowry
duelo m	grief
enamorarse de	to fall in love with
esposa f	wife
esposo m	husband
estar encolzonado de R1 M	to be crazy about / smitten by
fortuna f	fortune *(both meanings)*
hogar m	home
la otra M	the other woman
luna f de miel	honeymoon

marido m	husband
matrimonio m	marriage, married couple
mujer f	woman, wife
novia f	bride, girlfriend, fiancée
noviazgo m	engagement
novio m	groom, boyfriend, fiancé
novios mpl	bride and groom
pareja mf	couple, boy/ girlfriend, lover
pedir la mano	to ask for *(a girl's)* hand
querer	to love
recién casados mpl	newly-weds
relaciones fpl estrechas	intimate relations
separarse	to separate
soltera f	spinster
soltero m	bachelor
viaje m de bodas	honeymoon
viaje m de novios	honeymoon

Casa y edificios / House and buildings

alojamiento m	lodgings, accommodation
alquilar	to rent, to let
alquiler m	letting, renting, rent
apartamento m	apartment, flat
arco m	arch
asomarse a la ventana	to appear at the window
casa f	house
casa f de interés social M	low-cost house *(suggests small budget)*
caseta f	stall, changing room, hut
casita f	small house
choza f	hut, shack
conjunto m habitacional M	low-cost house *(in a terrace)*
dar al jardín	to look out onto the yard/garden
departamento m A/M	apartment, flat
edificio m	building
espacioso	spacious
fiesta f de estreno de la casa	house-warming party
fosa f séptica	septic tank
habitar	to live in, to inhabit, to occupy
hacer la limpieza	to do the cleaning
hotel m	hotel
inaugurar una casa M	to house-warm
inquilino m	tenant
ir a casa	to go home
"¡Llaman!" "¡Adelante!"	"Someone's knocking!" "Come in!"
llamar a la puerta	to knock at the door
mandar en su casa	to be master in your home
mudar de piso	to change apartments
mudarse	to move house
pagar la renta M	to pay the rent
pertenecer	to belong
piso m	apartment, flat
piso m piloto	show apartment/flat *(for selling purposes)*
propietario m	owner, landowner
rentar una casa M	to rent a house
ruidoso	noisy
salir de casa	to go out *(of the house)*
tapar la vista	to block the view
tranquilo	quiet
unidad f habitacional M	low-cost house *(in a terrace)*
vivienda f	housing, accommodation, dwelling
vivienda f de protección oficial	low-budget house, council house/flat
vivir	to live

Partes de la casa / parts of the house

ascensor m	elevator, lift
balcón m	balcony
botón m	*(light)* switch
chimenea f	chimney
correr el cerrojo	to bolt

cristal m	glass, pane of glass
cuarto m	*(any)* room, bedroom
cuarto m de baño	bathroom
despacho m	office
elevador m M	elevator, lift
escalera(s) f(pl)	stairs
exterior m	outside *(of the house)*
garage m M	garage *(pronounced as in English but with tonic accent on second* a*)*
garaje m	garage
habitación f	*(bed)*room, bedroom *(in hotel)*
interior m	inside *(of the house)*
llave f	key
murete m	small wall *(not part of the main house)*
muro m	wall *(not part of the main house)*
pared f	wall
patio m	inner *(court)* yard
planta f	floor *(of building, block)*
planta f baja	first floor *(street level)*, ground floor
puerta f	door
puerta f vidriera	glass door
recámara f M	bedroom
retrete m	lavatory, toilet
salón m	living room
suelo m	floor
techo m	ceiling
techo m M	roof *(of any material except tiles)*
techumbre f R3/2	roofing
tejado m	roof
tubería f	pipes, piping
tubo m	pipe
tubo m de desagüe	drainpipe, wastepipe
ventana f	window
vidriera f R3/2	stained glass
vidrio m	glass
vidrio m deslustrado R3	frosted glass
vidrio m traslúcido	frosted glass
zócalo m	baseboard, skirting board

Material de construcción / building materials

acero m	steel
albañilería f	bricklaying, building
aplanar M	to plaster
apuntalar	to prop up, to underpin
arena f	sand
argamasa f R3/2	mortar, plaster
arreglar	to repair
azulejo m	tile *(usually on wall)*
baldosa f	floor tile
bricolaje m	do-it-yourself work
cal f	lime
chapucear R1	to botch, to bungle
chapuza f R1	botched work
cimientos mpl	foundations
colapsar	to collapse
colocar	to (put in) place
concreto m M	concrete
construcción f	building, construction
construir	to build
contratista mf M	contractor
derribar	to knock down
derrumbarse	to collapse
desplomarse	to crash down
echar abajo	to knock down
echar los cimientos	to lay the foundations
edificar	to build
empapelar	to (wall)paper
(empresa f) constructora	builders, building company
enyesar	to plaster
estar de reformas	to repair, to improve
estar en obras fpl	to be under construction, to improve, to repair
grieta f	crack
Hágalo Vd. mismo	Do it yourself
hierro m	iron
hormigón m	concrete
hundirse	to sink
instalar	to erect, to install
ladrillo m	brick
levantar un edificio	to build/erect a building

losa f	slab, flagstone
madera f	wood
masilla f	putty
mastique m M	putty
mortero m	mortar
papel m pintado	wallpaper
papel m tapiz M	wallpaper
parcela f	piece of land, lot, plot *(for building)*
piedra f	stone
pintar	to paint
promotor m	contractor, property developer
solar m	piece of land, site
tabla f	board
teja f	*(roof)* tile
terreno m	piece of land
tirar	to knock down
yeso m	plaster

Cuarto de baño / bathroom

agua f caliente	hot water
agua f corriente	running water
agua f fría	cold water
bañarse	to take a bath
bañarse M	to take a shower/bath
bañera f	bath(tub)
botiquín m	medicine chest
cepillarse los dientes	to brush your teeth
cepillo m	brush
champú m	shampoo
crema f dental	toothpaste
cuarto m de baño	bathroom
darse una ducha	to take a shower
dentífrico m	toothpaste
ducharse (not in M)	to take a shower
espejo m	mirror
frasco m	*(small)* bottle *(for perfume, pills)*
grifo m	faucet, tap
inodoro m R3	toilet, lavatory pan
ir al baño	to go to the lavatory
jofaina f R3	washbasin *(transportable)*
lavabo m	washbasin *(usually fixed)*
lavarse	to wash yourself
lavarse los dientes	to brush your teeth
llave f M	faucet, tap
manopla f	flannel
maquillaje m	make-up
maquillarse	to put on make-up
palangana f	washbowl *(not fixed)*
papel m higiénico	lavatory/toilet paper
pasta f dental m	toothpaste
pasta f dentífrica	toothpaste
peinarse	to comb your hair
peine m	comb
ponerse una camisa	to put a shirt on
sanitario m M	bathroom
tina f M	bath(tub)
toalla f	towel
toallera f	towel rail
tomar un baño	to take a bath

Salón / lounge

alfombra f	carpet
alfombra f M	fitted carpet
arreglar	to arrange, to tidy up
asiento	seat *(the part where you sit)*
butaca f R3	armchair
cojín m	cushion
cortina f	curtain
florero m	flower pot
limpiar	to clean
limpio	clean
living m A	living room
mesa f	table
moqueta f	fitted carpet
pata f	leg (of table, chair)
polvoriento	dusty
puf m	hassock, pouffe
radio f	radio
radio m M	radio
sala f de estar	living room
salón m	living room
silla f	chair
sillón m	armchair
sofá m	sofa
sucio	dirty
televisor m	television set
transistor m	transistor
tresillo m	three-piece suite

Dormitorio / Bedroom

alfombra f de cama	bedside rug
almohada f	pillow
armario m	closet, cupboard
armario m empotrado	built-in closet/wardrobe
buró m M	bedside table/cabinet
cabecera f	headboard
cajón m	drawer
cama f	bed
catrera f R1 A	bed
cobertor m M	blanket
cobija f M	blanket
colcha f	bedspread, counterpane
colchón m	mattress
cómoda f	chest of drawers
cuadro m	painting
cubrecama m	coverlet
cucheta f A	couchette, bunk bed
despertador m	alarm clock
frazada f A	blanket
funda f	pillow slip
lámpara f de cabecera	bedside lamp
litera f	couchette, bunk bed
luna f	bedroom mirror
manta f	blanket
ropero m	wardrobe
sábana f	sheet
travesaño m	bolster

Comedor / Dining room

aparador m	sideboard
armario m de la vajilla	crockery cupboard
azucarera f M	sugar bowl
azucarero m	sugar bowl
bandeja f	tray
botella f	bottle
cafetera f	coffee pot/maker
cajón m de los cubiertos	cutlery drawer
charola f M	tray
copa f	*(wine)* glass *(with stem)*
cubierto m	place *(at table)*
cubiertos mpl	cutlery
cuchara f	*(large)* spoon
cucharita f	tea/coffee spoon
cuchilla f	large kitchen knife, cleaver, chopper
cuchillo m	knife
estante m	shelf
estantería f	shelves/shelving
jarrito m de leche	milk jug
juego m de café	coffee set
mesa f de comedor	dining room table
mueble m de pared	wall unit
platillo m de la taza	saucer
platito m de la taza M	saucer
plato m	plate
salero m	salt pot
servicio m de mesa	table service
silla f de comedor	dining room chair
sopera f	soup tureen
taza f	cup
tazón m	mug, bowl
tenedor m	fork
vaso m	glass

Cocina / Kitchen

aparato m	*(piece of)* apparatus/equipment
aspirador m M	vacuum cleaner
aspirador/a m/f	vacuum cleaner
bayeta f	floor cloth, cleaning cloth
cacerola f	saucepan
caja f	box
cajón m	drawer
caldera f	boiler, kettle
cazo m	saucepan, ladle
cazuela f	pan, cooking pot
cerrar la llave	to turn off the water/gas, etc., at the main valve
cocina f	kitchen
cocina f de gas	gas cooker
cocina f eléctrica	electric cooker
coladera f M	sieve, strainer
colador m	sieve, strainer
congelador m	freezer
(alimentos) mpl congelado(s)	frozen (foods)
cubo m de basura	garbage/trash can, rubbish-/dust-bin
desperdicios mpl	waste, leftovers

destapar	to uncork, to remove lid
embalar	to wrap, to parcel up
embudo m	funnel
envase m	packaging, container, can
escurreplatos m	plate rack
esponja f	sponge
espuma f	foam
estropajo m	scourer, scouring pad
estufa f M	stove, cooker
fontanero m	plumber
fregadero m	sink
freidora f	frying pan, deep fryer
frigorífico m	refrigerator
frotar	to rub
hojalata f	tin(plate)
hornillo m	cooker, portable stove
horno m	oven
lata f de conservas	can/tin of food *(jam, tomatoes, etc.)*
lavavajillas m	dishwasher
llave f	faucet, tap, water/gas valve, stopcock
mango m	handle *(for broom)*
microondas m	microwave
mojar	to (make) wet
molde m	tin *(for making cakes, bread)*
molinillo m de café	coffee grinder
nevera f	refrigerator
olla f	cooking pot
paño m	cloth *(for cleaning)*
parrilla f	grill
rodillo m	rolling pin
sacacorchos m	corkscrew
sartén f	frying pan
sartén m M	frying pan
secar	to dry
superficie f de trabajo	working surface
tapa f	lid, cover, top
tapadera f	lid, cover, top
tapar	to cover up
tapón m	stopper, cap, capsule
trapo m	*(cleaning)* cloth

Luz y calefección / lighting and heating

aceite m	oil
ascuas fpl	embers
bombilla f	bulb
brasa f	live/hot coal
calefacción f	heating
calefacción f central	central heating
calentar	to heat, to warm
caliente	warm, hot
calor m	heat
carbón m	coal
echar leña al fuego	to put wood on the fire
electricidad f	electricity
encender la luz	to turn on the light
foco m M	bulb
¡Fuego! ¡Fuego!	Fire! Fire!
leña f	firewood, kindling wood
llama f	flame
luz f	light
pegar fuego a	to set fire to
petróleo m	paraffin
prender fuego a	to set fire to
quemar	to burn
radiador m	radiator

Nivel 2 / Level 2

Relaciones familiares / Family relationships

abolengo m R3/2	ancestry, lineage
abuela f materna	maternal grandmother
abuelo m paterno	paternal grandfather
adolescente mf	adolescent
adulterio m	adultery
adulto m	adult
ahijada f	goddaughter
ahijado m	godson
ahijar	to adopt
alcurnia f R3	ancestry
ama f de llaves	housekeeper
amante mf	lover
amor m filial R3	filial love

amor m materno	maternal love
amor m paterno	paternal love
ancestores mpl R3	ancestors
anciana f	old/elderly woman
anciano m	old/elderly man
antepasados mpl	ancestors
apegado a	attached to, fond of
bisabuela f	great-grandmother
bisabuelo m	great-grandfather
bisabuelos mpl	great-grandparents
bisnieta f	great-granddaughter
bisnietas fpl	great-granddaughters
bisnieto m	great-grandson
bisnietos mpl	great-grandsons/grandchildren
celibato m	celibacy
célibe mf R3	unmarried man/woman
chiquero R1 M	fond of children
chochear	to be senile
chocho	senile, feeble, doddery
compadrazgo m	relationship between *compadres*
compadres mpl	godparents of child and the child's parents *(as group)*
compromiso m	engagement
concubina f R3	concubine
concubinato m R3	concubinage
consanguíneo	related by blood
consorte m R3	consort, spouse
conyugal R3	conjugal
cónyuge mf R3	spouse, partner
cumpleaños m	birthday
cumplir veinte años	to have your twentieth birthday
descender	to descend
descendientes mpl	descendants
desposados mpl R3	newly-weds
día m de la Madre	Mother's Day
día m del Padre	Father's Day
enlace m R3	wedding, union
envejecer	to get/make older
Es mi concuñada	She's my husband's sister-in-law
Es mi concuñado	He's my wife's brother-in-law
esponsales mpl R3	betrothal
fraternal	fraternal
hembra f	female
hermano m mayor	older brother
hermano m menor	younger brother
juventud f	youth, early life
lazos mpl familiares	family bonds
linaje m R3	ancestry
linajudo R3	highborn, noble
mami f R1	mom(mie), mum(my)
mantener a la familia	to look after the family
mayores mpl	adults, ancestors
menor m de edad	minor
núcleo m familiar	family unit
nuera f	daughter-in-law
padre m político	father-in-law
papi m R1	pa, dad, daddy
persona f grande A/M	adult, elderly person
prima f carnal	first cousin *(female)*
prima f hermana	first cousin *(female)*
prima f política	cousin *(female)*
primo m carnal	first cousin *(male)*
primo m hermano	first cousin *(male)*
primo m segundo	second cousin *(male)*
primogénito m R3	firstborn
progenitor m R3	ancestor, father
querida f	beloved *(female)*
querido m	beloved *(male)*
rayar en los cuarenta	to touch / be pushing forty
raza f humana	human race
ser mayor/menor de edad	to be old/young
soltería f	single state, bachelor/spinsterhood
tatarabuela f	great-great-grandmother
tatarabuelo m	great-great-grandfather
Tiene dos hijos varones	She has two sons / *(male)* children
toda la basca f R2/1	the whole bunch *(of people)*

toda la bola R2/1 M — the whole bunch *(of people)*
varón m — male
viejos mpl R2/1 A — parents
yerno m — son-in-law

Noviazgo y boda / Engagement and wedding

afecto m marital — marital affection
ajuar m — trousseau
alianza f — wedding ring
amonestar — to publish the banns, to publicly announce a proposed marriage
anillo m — ring
anillo m de compromiso — engagement ring
anillo m de pedida — engagement ring
anillo m del matrimonio — wedding ring
argolla f M — wedding ring
casamiento m R3/2 — wedding (ceremony)
casarse en segundas nupcias — to marry a second time
casarse por el civil A/M — to marry in a civil ceremony / registry office
casarse por la iglesia — to marry in church
ceremonia f nupcial R3 — wedding ceremony
correr las amonestaciones — to publish the banns, to publicly announce a proposed marriage
cortejar — to woo, to court
cortejo m nupcial R3 — wedding procession
dar calabazas — to jilt
deber m conyugal R3 — conjugal duty
desposarse con R3 — to get married to
emparejarse — to pair off
malcasarse — to make an unhappy marriage
matrimonio m — marriage, married couple
nupcias fpl R3 — wedding, nuptials
parte m de boda — wedding announcement
pedida f de mano — asking for *(someone's)* hand
pelar la pava R3 — to woo, to court
pretendiente m — suitor
prometida f R3/2 — fiancée
prometido m R3/2 — fiancé
pulsera f de pedida — engagement bracelet
unión f R3 — union, wedding

Nacimiento y bautismo / Birth and baptism

apodo m — nickname
bautismo m — baptism
bautismo m de fuego — baptism by fire
bautizar — to baptize
bautizar el vino — to dilute wine
bautizo m — baptism
comadre f R3 — midwife
criar a biberón — to feed with a bottle
gracia f — first name *(suggests humor or affectedness)*
patronímico m R3 — patronymic
pila f bautismal — baptismal font
sobrenombre m — nickname

Nombres del mundo de la antigüedad griega / Names from the ancient Greek world

Alejandro Magno — Alexander the Great
Aquiles — Achilles
Ariadna — Ariadne
Aristófanes — Aristophanes
Aristóteles — Aristotle
Arquímedes — Archimedes
Edipo — Oedipus
Esopo — Aesop
Esquilo — Aeschylus
Euclides — Euclid
Eurípides — Euripides
Homero *(Ilíada, Odisea)* — Homer *(Iliad, Odyssey)*
Jenofonte — Xenophon
Leandro — Leander
Pitágoras — Pythagoras
Platón — Plato

Nombres del mundo de la antigüedad romana / Names from the ancient Roman world

Adriano	Hadrian
Aníbal	Hannibal
Augusto	Augustus
Boecio	Boethius
Cartago	Carthage
Catón	Cato
(Julio) César	(Julius) Caesar
Cicerón	Cicero
Escipión	Scipio
Horacio	Horace
Marco Antonio	Mark Antony
Nerón	Nero
Ovidio	Ovid
Plinio	Pliny
Tito Livio	Livy
Virgilio *(La Eneida)*	Virgil *(The Aeneid)*

Nombres de la Biblia (Antiguo Testamento) / Biblical names (Old Testament)

Adán	Adam
Baltasar	Belshazzar
Dalila	Delilah
Isaías	Isaiah
Jehová	Jehovah
Jonás	Jonas
Josué	Joshua
Judá	Judah
Matusalén	Methuselah
Moisés	Moses
Nabucodonosor	Nebuchadnezzar
Noé	Noah
Rut	Ruth
Saba	Sheba
Saúl	Saul

Nombres de la Biblia (Nuevo Testamento) / Biblical names (New Testament)

El Mesías	The Messiah
Herodes	Herod
Jesucristo/Jesús	Jesus Christ
Juan Bautista	John the Baptist
Poncio Pilato	Pontius Pilate
San Andrés	Saint Andrew
San Pablo	Saint Paul
Santo Tomás	Saint Thomas
Satanás	Satan

NB. Belén/Bethlehem, Jerusalén/Jerusalem, Nazaret/Nazareth, Sión/Zion

Nombres de la edad media y Renacimiento / Names from the Middle Ages and Renaissance

Calvino	Calvin
Carlos Quinto	Charles the Fifth
Cristóbal Colón	Christopher Columbus
Durero	Dürer
El Greco	El Greco
Felipe Segundo	Philip the Second
Isabel Primera	Elizabeth the First
Lutero	Luther
Magallanes	Magellan
Maquiavelo	Machiavelli
Miguel-Ángel	Michelangelo
Petrarca	Petrarch
Robín de los Bosques	Robin Hood
Ticiano/Tiziano	Titian

Varios / Miscellaneous

Cid Campeador (El)	El Cid
Mahoma	Muhammad

Casa y edificios / House and buildings

abandonado	derelict
aireado	well-aired
alojarse	to lodge, to stay
arruinado	ruined, in ruins
barraca f	hut, cabin, hovel
bloque m de pisos	apartment block
bungalow m	bungalow
cabaña f	cabin, shack
casa f de campo	country house
casa f solariega R3	ancestral home
casona f	large stately house *(in Northern Spain)*

chabola f	shack, shanty
chalé/chalet m	chalet
cómodo	comfortable *(of room, house, person)*
confortable	comfortable *(of room, house)*
covacha f R1 M	hovel
degradado	neglected
derruido	in ruins
descuidado	neglected
destartalado	untidy, ramshackle, rambling
desvencijado R3/2	ramshackle, broken-down
deteriorado	damaged, in poor repair
domicilio m	home, residence
dúplex m	duplex, split-level apartment
estar en casa	to be at home
finca f	estate
Hogar dulce hogar	Home sweet home
mansión f R3/2	mansion
oscuro	dark, murky
palacio m	palace
piso m	apartment, flat
quincho m A	straw hut *(used for barbecues, for example)*
rascacielos m	skyscraper
residencia f	residence
residencia f de ancianos	old persons' home
ruinoso	ruinous, tumbledown
segunda residencia f	second home
segunda vivienda f	second home
sin domicilio fijo	without fixed abode
solar la terraza	to put down the terrace floor, to tile the terrace floor
soleado	sunny
sombrío	dark, murky
urbanización f	residential estate
vivienda f social	modestly priced housing, council flats

Partes de la casa / parts of the house

acabado m color cerezo	cherry-color finish
alambrado m	wire netting
alcoba f R3	bedroom
alero m	gable
alféizar m	window ledge, sill
ambiente m A	room
aposento m R3	room, lodging
armadura f	frame, shell *(of building)*
armazón m	frame, shell *(of building)*
ático m	attic, top floor apartment, penthouse
azotea f	flat roof
balaustrada f	balustrade, banisters
balcón m corrido	series of balconies
balconada f	series of balconies
biombo m	screen
bodega f	wine cellar, store room
buhardilla f	loft, garret
canalón m	gutter(ing), downspout, drain(pipe)
cava f	wine cellar
celosía f R3/2	slatted shutter
claraboya f	skylight
cobertizo m	shed, outhouse
conducto m	pipe, tube, conduit
conducto m de ventilación	ventilation shaft
contraventana f	shutter
cornisa f	cornice
cuarto m de la caldera	boiler room
cuartucho m	small, dark *(often dirty)* room
depósito m de fuel-oil	tank for heating oil
desagüe m	drain
despensa f	larder
desván m	loft, attic
dintel m R3	lintel
embaldosado m	tiled flooring
enlosado m	tiled area *(outside)*

entarimado m	floor boarding
entramado m	timber frame
entresuelo m	mezzanine *(between first [street level] / ground floor and next floor)*
escalón m	step
estrada f	platform, dais
fachada f	façade
lienzo m	painting, canvas
medianera f	dividing wall
palier m A	landing
pararrayos m	lightning conductor
pared f medianera	dividing wall
pasillo m	corridor
peldaño m	step
persiana f	(Venetian) blind, slatted shutter
persiana f enrollable	shutter that rolls up
portada m	main doorway, porch
portal m	hall, vestibule
puerta f cochera	carriage entrance
recibidor m	entrance hall
reja f	bars, grille *(over window)*
rellano m	landing
respiradero m	air vent
salida f de emergencia	emergency exit
sobrado m	attic
solana f	sun lounge
solario m	solarium
sótano m	basement, cellar
tapanco m M	raised sleeping platform
tarima f	platform, low dais
tragaluz m	skylight
trampilla f	trapdoor
trastero m	junk/lumber room
"Vado m Permanente"	"Garage Entrance" (Don't Park)
veleta f	weather vane
verja f	railing
viga f	beam
vigueta f	joint, small beam

Constructores / builders

albañil m	bricklayer
arquitecto m	architect
capataz m	foreman, overseer
carpintero m	carpenter
enjalbegador m	person who whitewashes *(walls)*
maestro m de obras	skilled craftsman
pizarrero m	slater
retejedor m	tiler
yesero m	plasterer

Material de construcción / building materials

adobe m	adobe, sun-baked brick
almirez m	mortar
antorcha f	torch
aserrín m	sawdust
cavar los cimientos	to dig the foundations
cedazo m	sieve
chapa f	sheet metal
cinc m	zinc
clavar	to nail
clavo m	nail
colocar los canalones	to place the guttering
construir las paredes maestras	to build the main walls
correa f	strap
criba f	sieve
dar masilla a los vidrios	to put putty around the panes
empotrar un armario	to put up a fitted cupboard
escayola f	plaster
estaca f	stake
estuco m	stucco
gancho m	hook
hacha f	ax, hatchet
linterna f	torch, lantern
mampostería f	masonry
mármol m	marble
muelle m	spring
pala f	spade, shovel
palo m	stick

papel m de lija	sandpaper
pizarra f	slate
polea f	pulley
sierra f	saw
soldadura f	solder(ing)
soplete m	blowlamp
taco m	rawlplug
taladro m	hand drill
taladradora f	pneumatic/electric drill
tamiz m	sieve
tamizar	to sieve
taquete m M	rawlplug
virutas fpl	shavings

Patio y jardín / inner courtyard and yard/garden

alberca f	pond
alberca f M	swimming pool
arquería f	series of arches
arriate m	trellis, bed, border
aspersor m	sprinkler
barda f M	wall *(in yard/garden or countryside)*
cenador m	arbor, summerhouse
cerca f	fence, wall
cercado m	fence, wall
cerco m	fence, wall
césped m	lawn
chorro m de agua	fountain
cisterna f	cistern
cortacésped m	lawnmower
cristalera f	large picture window, conservatory
dependencia f	outhouse
desyerbar	to weed
empalizada f	fence, palissade
encañado f	conduit, pipe
enramada f	arbor, bower
enrejado m	grill, lattice, railings
estanque m	pond
grava f	gravel
guijarro m	pebble
hamaca f	hammock
herbicida m	weedkiller
hierba f	grass
hierba f A/M	undergrowth, shrub *(not grass in A/M)*
hierro m labrado	wrought iron
invernadero m	glass-/green-house
jardín m	yard, garden
jardinería f	gardening
maceta f	flowerpot
mala hierba f	weed
manga f de riego	hosepipe
pasto m A/M	lawn, grass
patio m	inner courtyard
pérgola f	pergola
piscina f	swimming pool
podar	to prune
pozo m	well
rastra f	rake
rastrillo m	rake
regadera f	watering can
regar	to water, to irrigate
riego m por aspersión	spray irrigation, sprinkling
rocalla f	rockery
seto m	hedge
silla f de tijera	beach/deck chair
surtidor m	fountain
tapia f	wall *(not part of a house)*
tejadillo m	awning
tendedero m	washing/clothes line
terraza f	terrace
tiesto m	flowerpot
toldo m	awning, cover, tarpaulin
tumbona f	beach chair
valla f	fence
valla f de arbustos M	hedge

Salón / living room

araña f	chandelier
ascuas fpl	*(hot)* coals
atizar	to poke, to stoke
biombo m	screen
brasero m	brazier
canapé m	sofa
candelabro m	chandelier
cenizas fpl	ashes
centellear	to sparkle
chispa f	spark
chisporrotear	to emit sparks, to crackle

cortinero m M	curtain rail
desempolvar	to dust
diván m	divan
estufa f	stove, heater
fuelle m	bellows
hoguera f	blaze, bonfire
hollín m	soot
mecedora f	rocking chair
mechero m	cigarette lighter
mesas fpl nido	nest of tables
mobiliario m	furniture
morillo m R3	firedog, andiron
mueble m de la pared	fitted wall cupboard
pantalla f	screen, lampshade
piano m de cola	grand piano
piano m recto/vertical	upright piano
ramillete m de flores	bunch of flowers
reflejo m	reflection
respaldo m	back (of chair)
riel m de la cortina	curtain rail
silla f de mimbre	wicker chair
sofá-cama m	sofa-bed
tapete m M	rug, carpet
tapizado m	tapestries, carpeting, upholstery
vitrina f	display cabinet

Oficina/office

biblioteca f	bookcase, bookshelves
cajón m	drawer
cesto m	*(wastepaper)* basket
computadora f M	computer
estante m	shelf
estantería f	shelf, shelving
goma f (de borrar)	eraser, rubber
impresora f	printer
librero m M	bookcase
máquina f de escribir	typewriter
ordenador m	computer
papel m secante	blotting paper
papelera f	wastepaper basket

Cocina/Kitchen

abrelatas m	can opener
aljofifa f R3	floor cloth
balde m de agua A	bucket of water
barrer	to sweep
batidor m	whisk
batidora f eléctrica	electric whisk
blanqueador m M	bleach
bote m de basura M	trash can, rubbish bin
bote m de mermelada	can/tin of jam
botijo m	earthenware drinking jug
canilla f A	faucet, tap
carrito m de la compra	shopping trolley
cerilla f	match
cerillo m M	match
changuito m A	shopping trolley
comal m M	ceramic dish / metal hotplate for cooking *tortillas*
comitalli m M	pot for cooking *tamale*
cuatrapear R2/1 M	to muck/mess up, to get twisted
cubo m	bucket, pail
cuchilla f	large kitchen knife, chopper
cuchilla f de precisión	precision knife
cuenco m	bowl
desbarajuste m	mess, disorder
desgarriate m R1 M	mess, disorder
desgaste m del congelador	wear(ing out) of the freezer
desperdicios mpl	waste, leftovers
destapador m A/M	bottle opener
detergente m biodegradable	biodegradable detergent
El refri se tronó R1 M	The fridge has bust
embalaje m	packaging
embalar	to package, to wrap up
empapar garbanzos	to soak chick peas
envoltura f	wrapping, cover
escabel m	low stool
espumadera f	whisk, skimming ladle
facón m A	knife, dagger
frasco m de mermelada M	pot of jam

freezer m A	freezer, freezer compartment
fregar los platos	to wash the dishes, to do the washing-up
heladera f A	refrigerator
hielera f M	ice box
infiernillo m de alcohol	spirit stove
La lavadora se desconchabó R1 M	The washing machine has bust
lavandina f A	bleach
lavar la ropa	to do the washing
lavar los platos M	to wash the dishes, to do the washing-up
lavar los trastes M	to wash the dishes, to do the washing-up
lejía f	bleach
ley f del embudo	unfair law
licuadora f	blender
limpio como una patena	clean as a whistle
metate m M	flat stone used for grinding corn
molinillo m M	whisk
molinillo m de café	coffee grinder
molino m	mincer
monda f	peel(ings)
mondar	to peel, to skin, to shell
olla f a presión	pressure cooker
parrilla f	grill
pava f A	kettle
peladuras fpl	peelings
pelar	to peel
pila f (de cocina)	kitchen sink
placa f de cocina	plate *(of cooker)*
placard m A	built-in closet/cupboard
plomero m M	plumber
poner a remojo	to leave to soak
procesador m de alimentos M	food processor
puchero m	cooking pot
remojar garbanzos	to soak chick peas
repasador m A	dish/tea towel
restregar	to rub, to scour
rinconera f	corner shelf
rollo m de cocina	kitchen roll
taburete m	stool
tacho m de basura A	trash can
termo m	Thermos flask
tetera f	teapot, kettle
tinaja f	large earthenware jar
trapo m de cocina	dish/tea towel
trapo m de rejilla A	dish cloth
triturador m	mincer
utensilio m	utensil
vasar m	kitchen dresser
vasija f	vessel, container
vuelcatortillas m	flat dish with handle in middle for turning over *tortillas*
zacate m M	cloth for washing-up/cleaning

Comedor / dining Room

abrebotellas m	bottle opener
asa f	handle *(of cup)*
babero m	bib *(for baby)*
bol m	bowl *(i.e. for cereal)*
corcho m	cork
chop m A	beer mug
cucharada f	large spoonful
cucharadita f	small spoonful
cucharón m	ladle
delantal m	apron
desayunador m M	breakfast bar *(could be in kitchen)*
garrafa f	carafe
hule m	protective oil cloth *(for table)*
ir de compras	to go shopping
jarra f	jug
manija f A	handle *(of cup)*
mantel m	table cloth
mantelito m M	place mat
mondadientes m	toothpick
palillo m	toothpick
porcelana f	porcelain, china
salvamantel m	place mat
servicio m de mesa	table service

servilleta f	serviette
servilletero m	serviette ring
tarrina f de yogur	*(small)* pot of yoghurt
tarro m	pot, jar
vajilla f	crockery, china

Luz y calefacción / light and heating

alcohol m de quemar	methylated spirits
alumbrado m	lighting (system)
apagar la luz	to turn off the light
apagón m	electricity cut, blackout
apretar el interruptor	to switch on/off
bóiler m M	boiler
bomba f	pump
bujía f R3	candle
cable m	cable
caldera f	boiler
calefón m A	water heater
calentador m M	boiler
calentador m de agua	water heater
cera f	wax
chispa f	spark
cirio m	candle *(for religious purposes)*
clavija f	*(electric)* plug
conectar	to connect
conmutador m R3	light switch
contacto m M	socket, power point
contador m de electricidad	electricity meter
contador m de gas	gas meter
corriente f eléctrica	electric current
corte m de corriente	electricity cut, blackout
cortocircuito m	short circuit
desconectar	to disconnect
desenchufar	to unplug
disyuntor m	circuit breaker
encender la luz/televisión/radio	to turn on the light/television/radio
enchufar	to plug in
enchufe m	*(electric)* plug
escalera f de mano	step ladder
escape m de gas	gas escape/leak
estar a oscuras	to be in the dark
fluorescente m	fluorescent light
fósforo m	match
fuelle m	bellows
fuga f de gas	gas escape/leak
fundirse	to blow *(of fuse)*
fusible m	fuse
gas m	gas
gas m ciudad	town gas
gas m natural	natural gas
hilo m	wire, flex
humo m	smoke
interruptor m	light switch
lámpara f	*(standard)* lamp
llave f R1	light switch
mecha f	wick
mechero m	lighter
prender la luz/televisión/ el radio M	to turn on the light/television/radio
renovar la instalación eléctrica de una casa	to rewire a house
sombra f	shadow, shade
toma f de tierra	earth wire
vela f	candle

Varios / Miscellaneous

baratija f	trinket
bártulos mpl	belongings
cacharro m	thing, object *(often useless)*
cachivaches mpl	bits and pieces, things
chácharas fpl M	things, bits and pieces
chingaderita f R1 M	thing, thingummy
chisme m	thing, thingummyjig
chivas fpl R1 M	belongings
chuchería f	trinket
chunche m R1 M	thing, thingummy
cosa f	thing
cosita f M	thing, thingummy
coso m R1 A	thing, thingummy
madre f R1 M	thing, thingummy
pertenencias fpl	belongings
trastos mpl	belongings, things

Nivel 3 / Level 3

Casas y edificios / Houses and buildings

agente m/f inmobiliario/a	realtor, real estate agent, house agent
amplia capacidad f de almacenaje	lots of storage space
antepecho m	parapet, ledge
arrendar	to let, to lease
bulín m A	little dwelling *(associated with illicit relationships)*
bulo m A	bachelor pad *(associated with illicit relationships)*
carmen m R3	villa with garden *(in Granada)*
casa f adosada	duplex, semi-detached/terraced house
casería/o f/m	country house *(in Northern Spain) (*caserío *is more common)*
casucha f	shack, hovel
cigarral m R3	villa *(on banks of Tagus, Spain)*
colegio m mayor	students' residence
comunidad f	service charge
comunidad f de vecinos	residents' association
desahuciar	to evict, to eject
desalojar	to eject, to oust
dueño m	owner
estudio m	studio apartment/flat
finca f	estate
gabinete m	office
habitar R3	to live in, to inhabit
hacienda f	estate
inmobiliaria f	construction/property company
lienzo m	stretch/length of wall
masía f	farm *(in Catalonia, Aragon)*
morada f R3	dwelling
morar R3	to dwell
okupa m/f R1	squatter
palacete m	mansion
palacio m	palace
paracaidista mf R2/1M	illegal occupant of a place
predio m R3/2 A/M	piece of land
propiedad f (inmobiliaria)	real estate, property
quinta f R3	villa, country house
solar m	piece of ground, building plot
sufragar los gastos R3/2	to meet/defray expenses
torre f de pisos	*(high)* apartment block
urbanización f residencial	*(private)* housing estate
vecindario m	neighborhood
vivienda f unifamiliar	single-family house

Entrada de la casa / Entrance to the house

abierta de par en par	wide open *(door)*
aldaba f	knocker
antesala f	hall, vestibule
atrancar	to bar, to bolt
balcón m	balcony
barandilla f	banister
bisagra f	hinge
caja f de fusibles	fuse box
cancela f R3	outer door/gate
cerradura f	lock
cerrar la cerradura	to lock
cerrojo m	bolt
chapa f M	lock
cierre m	catch, locking/closing device
cochera f	private garage
colgadero m	hanger, peg
conserje m	porter, caretaker
conserjería f	porter's office
contador m de agua/gas/electricidad	water/gas/electricity meter
descansillo m	landing
echar el cerrojo	to bolt
entrada f	entrance
entreabierta	half-open, ajar *(door)*
escalera f de caracol	winding staircase

escalera f de incendio	fire escape
escalinata f	*(flight of)* steps, outside staircase
escalón m	step
felpudo m	doormat
gozne m R3	hinge
hall m	hall(way)
llave f maestra	master key
llavero m	key ring
manija f A/M	*(door)* handle
manija f guanga R1 M	loose-fitting handle *(because worn)*
manilla f	*(door)* handle
marco m de la puerta	door frame
marquesina f	glass canopy, porch
medidor m de agua/gas/electricidad A/M	water/gas/electricity meter
mirilla f	spy hole *(on door)*
ojo m de la puerta M	spy hole *(on door)*
paragüero m	umbrella rack
pasamano m	banister
percha f	coat hanger/stand
perchero m	clothes rack, hall stand
pestillo m	bolt, latch, catch
picaporte m	door latch
pomo m R3	round knob *(for door)*
porche m	porch
portal m	vestibule, hall
portería f	porter's lodge
portero m	janitor, porter
pórtico m	porch, portico
puerta f corredera	sliding door
puerta f de entrada	main entrance/door
puerta f entornada R3	half-closed door
puerta f giratoria	revolving door
puerta f vidriera	glass door
tabique m	partition
tirador m	handle
tocar el timbre	to ring the bell
tramo m	flight of steps
umbral m	threshold
zaguán m R3	porch

Salón/lounge

alfombrado m	carpeting
almohadillado	padded, upholstered
altavoz m	loudspeaker
aparatoso	showy, ostentatious
bargueño m R3	*(highly decorative)* dresser
bocina f M	loudspeaker
cadena f estereofónica	stereo system
carcomido	worm-eaten, infested with woodworm
comprar una sala M	to buy furniture *(for the living room)*
cuadro m	painting
estantería f por módulos	shelf units
falleba f R3	window catch
fastuoso R3	luxurious, lavish
funda f	cover, sheath *(for cushions)*
hilera f de libros	row of books
lienzo m	canvas, painting
lumbrera f	skylight
módulo m de base	base unit
moldura f	molding
mueble m combinado	furniture unit
mueble m bar	bar unit
tresillo m por módulos	units making up three-piece suite
velador m	pedestal table

Cocina / kitchen

anaquel m giratorio	revolving shelf
antecomedor m M	breakfast room
asador m	roasting spit
avisador m	timer
balanza f	scales
balde m	bucket, pail
barreño m	washing-up basin
barril m	barrel, cask
batería f de cocina	kitchen utensils, pots and pans
batidora f	whisk, mixer
bombona f (de gas)	(gas) cylinder
bota f	leather wine bottle
botellero m	bottle rack
bruñir R3	to polish, to burnish
calabaza f A	gourd for drinking maté
calentador m de inmersión	immersion heater

cantimplora f	water bottle, hip flask
casco m	empty/returnable soft drink bottle
cocineta f M	kitchen area *(e.g. in a living room)*
compartimento m congelador	freezer compartment
cordón m eléctrico	electric cable
cronómetro m para huevos	egg timer
enchufe m de pared	electric wall plug
encimera f	work top/surface
enquilombado R1* A	messy, disorderly
escurridor m de platos	plate rack
estante m de las especias	spice rack
exprimidor m	lemon squeezer
freidora f de patatas	chip pan
frigo m R1	fridge
grifo m mezclador	mixer faucet/tap
hervidor m	kettle
juego m de cacerolas	set of saucepans
kitchenette f A	kitchen area in a living room
lavavajillas m	dishwashing liquid, washing-up liquid
litrona f	liter-size bottle *(of beer)*
marmita f R3	*(cooking)* pot
molde m rectangular	rectangular cake/bread tin
orza f	glazed earthenware jar
parrilla f del frigorífico	refrigerator shelf
placa f de cocina	hot plate *(on cooker)*
plumero m	feather duster
porongo m A	gourd for drinking maté
porrón m	glass drinking vessel *(with long spout)*
programador m	timer
quilombo m R1* A	mess, disorder
rallador m	grater *(for cheese, carrots)*
rebosadero m	overflow *(for sink)*
receta f	recipe
recipiente m	recipient, container
rejilla f de los platos	plate rack
tímer m M	timer *(pronounced more or less as in English)*
tostador m de pan	toaster

Baño y tocador / bathroom and toilet

aftershave m	aftershave
asiento m del retrete	lavatory seat
baño m de burbujas M	foam bath
baño m de espuma	foam bath
bidé m	bidet
cagar R1*	to crap, to shit
cepillo m de dientes eléctrico	electric tooth brush
clóset m M	built-in closet/ wardrobe
cuartito m de la ducha	shower room
defecar R3	to defecate
ducha f regulable	adjustable shower head
esponja f	sponge (for bath)
esterilla f	mat
hacer caca R1	to go to caca *(of child)*
hacer pipí R1	to pee *(of child)*
hacer pis R1	to pee
lavatorio m A	washbowl, washbasin
loción f aftershave	aftershave lotion
máquina f de afeitar eléctrica	electric razor
mear R1*	to piss
orinar R3	to urinate
palanca f de la cisterna	lavatory flush handle
plato m de la ducha	shower base/tray
pluma f M	faucet, tap
pulverizador m	spray
regadera f M	shower, shower head
sales fpl de baño	bath salts
sanitarios mpl	bathroom fittings
taza f del retrete	lavatory bowl
tirar de la palanca	to flush the lavatory
toalla f de felpa	terry towel
ventilación f	ventilation, ventilator
zacate m M	sponge *(for bath)*

Limpieza / Cleaning

aseo m	lavatory, powder room
asistenta f	domestic help
barrer	to sweep
broza f	scrubbing/coarse brush
cogedor m	dustpan
cubo m de ropa blanca	dirty linen basket
encerar	to wax
enjuagar los cacharros	to rinse the pots
enjugar el suelo con una bayeta	to wipe the floor with a cloth
enmohecer	to rust, to go moldy
ensuciar las baldosas	to make the floor tiles dirty
escoba f	broom
escobillón m	swab
hacer la colada	to do the washing
hacer la limpieza	to do the cleaning
herrumbre m	rust
lata f de betún	tin of *(shoe)* polish
lavado m en seco	dry cleaning
limpieza f en seco	dry cleaning
mancha f	stain
manchar	to stain
moho m	rust, mildew
mohoso	rusty, mildewed
mugre f	grime
mugriento	grimy
orín m	rust
plancha f	iron *(for linen)*
plancha f de vapor	steam iron
planchar	to iron
pulir	to polish
recogedor m	dustpan
relucir	to shine, to sparkle
sacar brillo al metal	to polish the metal
salpicar	to splash, to spatter
secadero m	area for drying clothes
suciedad f	dirt, filth
tender la colada	to hang out the washing

Confort / Comfort

acomodado	well-to-do, wealthy
aire m acondicionado	air-conditioning
aislamiento m	insulation
aislar	to insulate
bienestar m	well-being
boyante	prosperous, buoyant
casero	home-loving
climatización f	air-conditioning
comodidad f	comfort, comfortableness
doble acristalamiento m	double glazing
doble vidrio m M	double glazing
esparcimiento m M	leisure
estar cómodo	to be comfortable
fastuoso R3	lavish, magnificent
fausto m R3	splendor, magnificence
holgado R3	comfortably off
holgar R3	to take your ease, to be at leisure
holgura f	comfortable living
lujo m	luxury
lujoso	luxurious
malestar m	discomfort
mirador m	balcony *(covered-in)*
ocio m	leisure
opulento R3	opulent
pompa f	pomp, splendor
próspero	prosperous
ser confortable	to be comfortable *(of things)*
tapicería f	tapestry, upholstery
termoaislar una ventana	to insulate a window
vida f muelle R3/2	easy/soft life

Herramientas / Tools

alicates mpl	pliers, pincers
alinear	to align, to line up
arandela f	washer
atornillador m de estrella	Phillips screwdriver
atornillar	to screw in
barreno m	large drill

carretilla f	wheel barrow
cartabón m	set-square
cincel m	chisel *(usually for stone)*
cepillo m	plane
compás m	compass
desarmador m M	screwdriver
destornillador m	screwdriver
destornillar	to unscrew
empaque m M	washer
encalar R3	to whitewash
enganchar	to hook
enlucido m	plaster *(on wall)*
estaca f	stake, post
estacar un solar	to stake out / mark off a building plot
fibra f de vidrio	fiberglass
filo m cortante	cutting edge
formón m	chisel *(usually for wood)*
garlopa f R3	plane
junta f	joint *(in pipe)*
labrar	to carve, to hew, to shape
llave f	spanner
llave f inglesa	adjustable spanner
martillo m	hammer
martillo m neumático	pneumatic drill
pegamento m	glue
perno m	bolt
picapedrero m	stonecutter
pico m	pickax
pinzas fpl	pincers, pliers
plomada f	plumb (line)
regla f	ruler
resistol m M	glue
tamizar R3	to sieve
tejer	to weave
tornillo m	screw
tuerca f	nut

Luz y calefacción / Light and heating

atizador m	poker
atizar el fuego	to poke the fire, to stir controversy
candela f M	candle *(R3 in Spain)*
candelero m	candlestick
candil m	oil lamp, kitchen lamp
cisco m R3	coal dust
enchufe m hembra	*(electric)* wall socket
enchufe m macho	*(electric)* plug *(fits into wall socket)*
estar en candelero	to be in an important position / in the limelight
estar entre dos fuegos	to be caught in the cross-fire
fuego m piloto	pilot light
fuel, fuel-oil m	fuel/heating oil
hollín m	soot
hurgón m R3	poker, fire rake
linterna f	torch, lamp
lumbre f R3	fire, light, brightness
palmatoria f R3	candlestick
quinqué m	oil lamp
radiador m	radiator
rescoldo m	embers, hot ashes
toma f	*(electric)* socket

Ejercicios / Exercises

Nivel 1 / Level 1

1. (a) Encuentra dos sentidos de los siguientes vocablos

arco, cuna, dote, duelo, esposa(s), estrecho, familia, familiar, fortuna, fosa, género, hogar, pared, pareja, parentesco, pila, teja, tío, ventana, zócalo

(b) Construye frases para ilustrar estos sentidos

2. (a) ¿Cuáles son todas las posibles relaciones de parentesco dentro de una familia?
Ejemplo: hermano–hermana, tío–sobrina

(b) Construye frases que incluyan en la misma frase formas masculinas y femeninas

(c) Encuentra todas las formas plurales de los miembros de la familia
Ejemplo: padres

3. (a) ¿Qué entiendes por las siguientes locuciones?

Cuéntaselo a tu abuelo	salirse de madre
dar calabazas	empezar la casa por el tejado
toca madera	Actúa aquí como Pedro por su casa
A éste no se le puede	tener la casa como los chorros de agua
sacar de casa	echar leña al fuego
pelar la pava	estar en (el) candelero
un solterón con espolones	echar chispas
estar en las últimas	sacudir más que una estera
una juerga padre	como todo hijo de vecino

(b) Construye frases para ilustrar el uso de estas locuciones

4. (a) ¿Qué entiendes por las siguientes expresiones? Consultar un diccionario para el sentido de muchas de estas expresiones

hija política	la vida padre
hijo de la chingada (M)	padre de la iglesia
hijo de puta / hijoputa	padre de la patria
hijo de su madre	padre político
hijo ilegítimo	padre santo
hijo natural	de padre y muy señor mío
hijo político	no tener padre ni madre
Por Dios, hijo	ni perrito que le ladre
Es hijo de Buenos Aires	tío materno
madre política	tía María
reina madre	tía buena
madre patria	No hay tu tía
madre naturaleza	tener un tío en América
de puta madre	¡Qué tío!
ciento y la madre	¿Qué pasa contigo, tío?
la madre del cordero	hermano de leche
la madre que le parió	hermana política
¡Madre mía!	hermano de sangre
mentar a la madre	número primo
su señora madre	hacer el primo
no tener madre	libro de familia
¡Tu madre!	

(b) En estas listas hay bastantes expresiones coloquiales (R1) o groseras (R1*). Escribe R1 o R1* donde corresponda. En estos casos, se recomienda el uso de un diccionario monolingüe

5. (a) Qué entiendes por las siguientes expresiones?

coche cama, servicio de mesa, cama de matrimonio, vino de mesa, cama nido, mesa de noche, cama turca, mesa redonda, cama elástica, silla de tijera, salto de cama, silla plegable, calendario de mesa, silla de montar, camino de mesa, silla de ruedas, mesa camilla, silla eléctrica, centro de mesa, ensilla el caballo

(b) Construye frases para ilustrar el sentido de estas expresiones

6. (a) A continuación se presentan tres columnas de sinónimos. Explica la diferencia (si existe) entre los sinónimos de cada columna

alianza	biombo	cacerola
boda	mampara	cazo
casamiento	muralla	cazuela
casorio	muro	marmita
enlace	pared	olla
esponsales	paredón	puchero
matrimonio	tapia	sartén
unión	valla	

(b) Construye frases para ilustrar las diferencias entre estos sinónimos

7. Compón frases para resaltar el sentido figurado de los siguientes términos. Se recomienda el uso de un diccionario monolingüe

caja, casa, cimientos, cocina, cornisa, escalera, escalón, ladrillo, marco, palanca, pilar, techo, terreno, territorio, vado

8. (a) Completa el tablero relacionando A con B

A bodas, hogar, bautismo, vivir, hombre, ama, cuéntaselo, hermano, abuelo, despedida, estar, hombre de ilustre, niño, nombre, susto, revolverse, ponerse, caer, quedarse compuesto, mujer
B mujer, novia, redondo, luto, tumba, muerte, pila, mimado, cuna, Rodríguez, soltero, materno, sangre, tía, llaves, de pelo en pecho, pareja, fuego, dulce, plata

Ejemplo:

A	B
bodas *quedarse compuesto*	*de plata* *y sin novia*

(b) Cuando hayas completado el tablero construye frases para ilustrar el uso de las locuciones

9. Un/a amigo/a tuyo/a acaba de comprarse un apartamento. Te lo enseña. Escribe el diálogo entre vosotros/as (Vds. M). Incluye el tamaño (metros cuadrados), número de habitaciones, armarios, mobiliario, jardín comunitario, gastos, localidad

10. (a) Encuentra todos los verbos y/o adjetivos que tengan las mismas raíces etimológicas que los siguientes sustantivos

alquiler, bautismo, cerrojo, cocinero, edificio, escalinata, fallecimiento, funda, hermano, hijo, lima, losa, mueble, pareja, pariente, reja

(b) Construye frases con los verbos que encuentres para ilustrar su uso

11. Encuentra sinónimos de *casa* y construye frases para ilustrar su uso, resaltando las diferencias

12. ¿Qué utensilios puedes encontrar en una cocina?

(Se encuentra la solución en Internet)

13. Has sufrido un robo en tu casa. Un policía te hace una visita para hacer recomendaciones en lo que a la seguridad de la casa se refiere. Redacta una lista de vocablos que podría usar el policía

(Se encuentra la solución en Internet)

14. Traduce al español

i. They bought a delightful chalet with a landscaped garden, and built-in garage
ii. They rented a red-bricked house with three floors and brownish tiles
iii. The eaves were so low they almost came down over the windows so you could see all the guttering
iv. The room was enormous, which meant that we built a dividing wall, and ended up with two adequately sized living rooms
v. The house was very old, built at the turn of the century, and the mortar had all crumbled between the stonework
vi. All the outside locks and bolts had rusted but a locksmith soon had them working properly
vii. The house was really quite tumbledown, for the boards creaked, the window frames were warped and let in the rain, and plaster kept falling off the wall
viii. Each weekend we went to our second home which was set in a wood and surrounded by a wall
ix. The bathroom was embellished with the latest silver appliances, and bright blue tiles with designer bath and washbasin
x. We had a lovely swimming pool built in the back yard/garden, but I had to shift tons of rubble with my wheelbarrow
xi. The villa had elegant steps leading up to the front door, a broad terrace and countless, brightly colored shuttered windows
xii. As you went into the living room, you were impressed by a splendid chandelier, fitted carpet with a very deep pile, wood panelling and comfortable antique armchairs

(Se encuentra la solución en Internet)

15. (a) Lee atentamente el siguiente texto subrayando los vocablos relacionados con el tema familiar

El rey D. Juan Carlos I de España es hijo del que fuera Conde de Barcelona, D. Juan de Borbón y Battemberg y por tanto nieto de Alfonso XIII, hijo póstumo del restaurado rey Alfonso XII, soberano muerto prematuramente, cubierto por el halo romántico que aún recuerdan las niñas jugando al corro, ante las miradas atentas de sus mamás o de sus ayas, en los parques madrileños.

Por la rama borbónica esta emparentado con la Casa de Francia, y su primo, Alfonso de Borbón y Dampierre, es uno de los pretendientes a la Corona del país galo. También es descendiente directo de los Reyes Católicos, del emperador Carlos V de Austria y Alemania, y de la reina Victoria de Inglaterra.

A pesar de su alcurnia, de lo que más presume, don Juan Carlos juega con sus nietos Froilán y Juan que son su delicia. Cuando está con ellos se pone cara de abuelo, mientras mira agradecido a sus yernos. Tiene la esperanza de encontrar pronto una buena nuera para su primogénito, el Príncipe Felipe, una vez que las infantas ya están casadas. Esperemos verle tan saludable y deportivo como ahora, disfrutando de sus bisnietos.

M.A.S.

(b) Construye frases a partir de los vocablos subrayados en el apartado anterior

(c) Contesta las siguientes cuestiones

i. ¿Se usa en la misma acepción el vocablo *casa* cuando decimos Casa de Borbón/Austria y Casa Blanca/Rosada?
ii. Definir *casa adosada*, *casa pareada*, *villa*, *chalet*, *rancho*, *estancia*
iii. Escribir vocablos con la raíz *dom-*
Ejemplo: doméstico, domótica
iv. Señalar la diferencia entre *ser primo* y *hacer el primo*
v. Dibujar un diagrama arbóreo con personas de una familia y sus posibles parentescos
vi. Escribe expresiones relacionadas con *vivienda*, *casa*, *palacio*, *habitáculo*, *mansión*, *cabaña*, *refugio*
vii. Dibuja el esquema de una vivienda y escribe el nombre de cada una de las habitaciones con los posibles muebles que pudiera haber en cada una de ellas
viii. Escribe un listado con diferentes materiales de construcción
ix. Construye frases a partir de la lista anterior
x. Escribe un listado de diferentes profesionales que pueden trabajar en la construcción y mantenimiento de una vivienda

Nivel 2 / Level 2

1. (a) Encuentra dos acepciones de los siguientes términos. Algunos de estos términos se pueden encontrar en nivel 1

araña, bomba, bujía, caldera, chispa, cirio, enchufe, fósforo, fuelle, gas, hacha, humo, manga, mechero, niña, pantalla, pizarra, plato, respaldo, vela

(b) Construye frases para ilustrar el uso de estos sentidos

2. A continuación se presenta una lista de sinónimos con la palabra clave *casa*

(a) ¿Cuáles son las diferencias entre estos sinónimos?

apartamento, bulín/bulo (A), bungalow, cantón (M), carmen, casa, caserío, caseta, casona, chabola, chalet, choza, cigarral, departamento (M), domicilio, dúplex, hogar, mansión, masía, morada, palacete, palacio, piso, residencia, vivienda

(b) Construye frases para ilustrar las diferencias

3. (a) ¿Qué entiendes por las siguientes expresiones?

calendario de pared
reloj de pared
pared medianera
caérsele las paredes encima
como si le hablara a la pared
darse con la cabeza en la pared
las paredes oyen
entre la espada y la pared
subirse por las paredes
ir de puerta en puerta
puerta corredera
puerta de servicio
puerta accesoria
puerta escusada
puerta giratoria
puerta trasera
saque de puerta
a puerta cerrada
abrir la puerta
dar con la puerta en las narices
de puerta a puerta
de puertas adentro
de puertas afuera
franquear las puertas

(b) Elige cinco expresiones de la lista referente a *pared* y cinco de la lista *puerta* y construye frases para ilustrar su uso

4. (a) ¿Cuál es la diferencia entre los vocablos de las siguientes parejas?

bomba/bombilla, brasa/brasero, cera/cerilla, escala/escalón, farol/farola, hogar/hoguera, humo/humareda, llama/llamarada, lumbre/alumbrado, tubo/tubería, arca/arco, bolsa/bolso, caldera/caldero, casa/caso, cesta/cesto, copa/copo, cuba/cubo, cubierta/cubierto, grada/grado, jarra/jarro, madera/madero, manta/manto, pala/palo, plata/plato, poza/pozo

(b) Construye frases para ilustrar la diferencia entre los vocablos de estas parejas

5. Traduce al inglés las siguientes locuciones

dar leña
tocar a rebato
Donde hay humor hay calor
estar entre dos fuegos
sacar a la luz
salir a la luz
entre dos luces
dar luz verde
fuego fatuo
¡Búscalo . . .! ¡Te vas a quemar!
estar en ascuas
ir a todo gas
aguantar mecha
oler a chamusquina
un pozo de sabiduría
mandar a la caseta
remedio casero
casarse de penalti
bajo siete llaves
piedra filosofal
género chico
patria chica
dejar chico
tirar por la ventana

6. (a) Explica el sentido de las siguientes locuciones

harina de otro costal
Quien mala cama hace en ella yace
las calderas de Pedro Botero
consultar con la almohada
despedir con cajas destempladas
Eso es de cajón
apurar la copa del dolor
ahogarse en un vaso de agua
vivir a mesa puesta
pagar a toca teja
decir a boca de jarro
el plato fuerte
No está el horno para bollos
la ley del embudo
hacer pucheros
al amor de la lumbre

(b) Construye frases para ilustrar el uso de estas locuciones

7. (a) Relaciona los vocablos de la lista A con los de la lista B para completar una expresión

A hacer, mujer, rancio, familia, parentesco, niño, estar como, dejar, ciento, lío, como cualquier, hombre, género, hija, hijo, cabeza, ama, amor
B carne y hueso, vecino, política, papá, llaves, humano, numeroso, familia, oso, abolengo, objeto, alta alcurnia, lingüístico, probeta, zapatos nuevos, chico, madre, padre, primo

(b) Cuando hayas encontrado la expresión haz una frase para ilustrar su uso

8. Traduce al español

i. The lighting's OK, but if you get an electricity cut it's best to keep some candles handy
ii. We suspected a gas leak so didn't turn on the gas or even the radio and television
iii. It's a lovely chandelier but the trouble is half the bulbs don't work because the fuses have blown
iv. I'm not sure whether electricity is cheaper than gas but they do say that oil is the cheapest of the fuels
v. That electric switch is faulty so don't touch it with wet hands or you'll get a shock
vi. The meter reading for our water consumption looks suspiciously high to me, we ought to get it checked by the water company
vii. If there's one thing I miss it's the good old coal fire with flames dancing merrily in the hearth
viii. If you put the pouffe too close to the fire it could go up in flames, and the house with it!
ix. The inconvenience with coal is all the soot it generates, and then you've got to have the chimney cleaned
x. Gothic novels usually end up with flames engulfing the house
xi. We always keep a primus stove just in case the gas supply runs out
xii. We had a fearful frost last night, one of the pipes burst so the first/ground floor ended up in a meter of water

(Se encuentra la solución en Internet)

9. Acabas de ganar la lotería primitiva. Dispones de la posibilidad de comprarte tu casa ideal que podría costar, por ejemplo, ochocientos mil euros (setecientos mil dólares / quinientas mil libras). Visitas una casa en compañía de un/a agente mobiliario/a. Imagínate la conversación

10. Estás en la calle enfrente de una villa elegante con jardín. Describe la fachada de la villa aprovechando el vocabulario que sigue

amplio, argamasa, arquitectónico, azotea, azulejo, balcón, baldosa, barandilla, cal, canalón, celosía, cemento, cornisa, desván, enjalbegar, enlucir, entramado, estuco, hierro forjado, marco, ojo de buey, persiana, planta baja, puerta vidriera, reja, remate, remozar, soleado, sótano, teja, tejado, tejar, tragaluz, verja, vidrio, viga, yeso, zaguán, zócalo

11. (a) Encuentra quince recipientes que contienen líquido y que se usan tanto en el jardín como en la casa
Ejemplo: regadera

(b) Cuando hayas encontrado los recipientes construye frases para ilustrar su uso

12. (a) Encuentra diez productos que sirven para limpiar una casa y un jardín
Ejemplo: estropajo

(Se encuentra la solución en Internet)

(b) Cuando hayas encontrado los productos construye frases para ilustrar su uso

(Se encuentra la solución en Internet)

13. Juego de rol
Sois/Son (M) una familia de seis personas y queréis/quieren (M) montar una fiesta para celebrar el cumpleaños de un primo un fin de semana de verano. Describid/Describan (M) los adornos para embellecer la casa, los cambios en el salón, el vestíbulo, la cocina y el jardín. Se trata de unos diez invitados. El juego consiste en dos fases. La primera en la conversación en torno a los preparativos. La segunda en torno a la llegada de los invitados. Hacen falta unos quince miembros de la clase

14. (a) Lee atentamente el texto que aparece a continuación, haz una lista con todos los elementos constructivos que aparecen e intenta definir al menos diez de ellos

La vivienda era una vivienda pareada enjalbegada, con un minúsculo jardín anterior donde apenas cabían una docena de rosales, si las rosas eran pequeñas, tres manzanos enanos sobre dos metros de césped finísimo y pare Vd. de contar.

Las puertas y ventanas amplias, con los marcos pintados en verde y las contraventanas blancas. Un zócalo de piedra granítica, de sillería desconcertada, daba cierto realce al conjunto. El tejado a base de teja árabe de color rojizo, dejaba ver en la cumbrera una chimenea blanca que destacaba airosa en el azul intenso del cielo. La fachada, orientada al sudoeste abría cuatro soñolientas ventanas sobre el esbozo de jardín. La puerta, agrietada y con la pintura llena de desconchones, tenía un felpudo delante lleno de mugre, harto de no ser usado.

El vestíbulo era espacioso, con paredes de color indefinido que dejaban paso a dos puertas laterales y un pasillo enfrente, dejando ver al fondo un pequeño distribuidor con tres puertas más, una de ellas conducía a la cocina, donde entramos un poco aprensivos y salimos impresionados al ver las pésimas condiciones de la grifería y el azulejado.

Cuando se lo comentamos al agente inmobiliario, nos replicó, que por el dinero que teníamos, no nos iba a ofrecer el Palacio de Oriente.

M.A.S.

(b) Construye frases con las anotaciones del apartado anterior

(c) Contestar las siguientes cuestiones

i. Escribe una lista de diferentes tipos de lámparas que puedas encontrar en una vivienda, desde la *farola* del jardín hasta la *lámpara halógena* del cuarto de baño
ii. Describe un *aparador/platero* con alusión al material, forma, baldas, huecos, cajones, tiradores . . .
iii. *Diván*, *sofá*, *butaca*, *silla*, *taburete*, *banco*, *banqueta* y *tresillo* son muebles con características unas comunes y otras diferenciales. Escribe una relación de esas características

iv. Define *balcón*, *terraza*, *balaustrada*, *barandilla*, *pasamanos*, *azotea* y *porche*
v. Enumera los diferentes tipos de escaleras y sus elementos
vi. Haz una relación de los diferentes objetos de cerámica que pueden aparecer en una vivienda
vii. ¿Qué elementos constituyen el ajuar de una vivienda?
viii. Enumera clases de tela que pueden aparecer en diferentes partes de una vivienda (en cortinajes, visillos, moquetas, alfombras, paños de cocina, ropa de cama, toallas, telas de tapizar muebles)
ix. Ahí vienen mi suegra y mi cuñada. ¿Qué parentesco pueden tener entre ellas? ¿Pueden no tener parentesco? Explica las soluciones
x. Enumera diferentes objetos que pueden estar habitualmente adosados o clavados a la pared de una vivienda

Nivel 3 / Level 3

1. (a) Encuentra dos significados de los siguientes vocablos. Algunos de estos vocablos se pueden encontrar en los vocabularios de los niveles 1 y 2

antepecho, cancela, casero, cerrojo, cochera, cuarto, escalón, gabinete, hacha, lienzo, luz, mirador, moldura, picaporte, portal, quinta, solar, tabique, techo, vado

(b) Construye frases para ilustrar el uso de estos sentidos

2. (a) ¿Cuál es la diferencia entre los vocablos de las siguientes parejas?

abertura/apertura, alfombra/moqueta, almohada/cojín, amplio/holgado, arco/bóveda, asidero/pomo, azulejo/teja, balcón/terraza, baldosa/losa, barandilla/balaustrada, bártulos/cachivaches, butaca/sillón, canalón/bajante, cerco/valla, cortina/persiana, cristal/vidrio, cuarto/alcoba, encerrar/cerrar, entarimado/tablado, escalera/escalinata, estante/estantería, fachada/frontón, falleba/empuñadura, hilanda/hilera, hogar/chimenea, hoja/puerta, hornillo/horno, ménsula/soporte, mueble/mobiliario, sofá/tresillo, tapa/tapón, tapete/tapiz, tragaluz/respiradero, vidriera/vidrio, yeso/enlucido

(b) Construye frases para ilustrar el uso de estas parejas. Pon las dos palabras de cada pareja en la misma frase

3. (a) Los siguientes términos son todos sinónimos de *amigo*. Clasifícalos según su registro (R3, R2, R1)

amigo, amigote, camarada, cófrade (A), colega, compa, compadre (M), compañero, compinche, condiscípulo, confidente, conocido, cuate (M)

(b) Construye frases para ilustrar el uso de estos sinónimos. No olvides adaptar la frase al registro de la palabra

4. (a) Encuentra un vocablo coloquial que tenga el sentido de los siguientes vocablos

abuelo, bebé, chica, chico, esposa, esposo, niño, novio, padre, soltera, soltero

(b) Haz una frase para ilustrar el uso de cada uno de estos vocablos. No olvides adaptar la frase al registro de la palabra

5. (a) Encuentra el sentido figurado de las siguientes locuciones

barrer para adentro	levantar castillos de naipes
Apaga y vámonos	alzar velas
lavar el cerebro	venirse abajo
ir servido	tener tablas
para servir a Vd.	la ocasión la pintan calva
bautizar el vino / la leche	cerrarse en banda
repartir estopa	Esta novela es un ladrillo
morir con las botas puestas	¡Cómo está el patio!
vivir puerta con puerta	estar en el alero
elegir a dedo	tomar a rajatabla
tirar piedra a su propio tejado	ser un hacha
tener buenas aldabas	dar un baño a uno
tener la sartén por el mango	cortina de humo

(b) Construye frases para ilustrar el uso de estas locuciones

6. (a) Haz una lista de todos los electrodomésticos que se utilizan en el hogar

(b) Construye frases para ilustrar el uso de estos aparatos

7. (a) Se te avería descompone (M) la lavadora y tienes que llamar al fontanero/plomero (M) para hacerla arreglar. Describe todas las gestiones que haces a partir de la llamada telefónica hasta la llegada de la factura

(b) Acabas de comprar, con tu esposo/a, una casa y tienes que amueblar el salón, y buscar nuevas instalaciones para el cuarto de baño y la cocina. Visitáis/Visitan (M) varios grandes almacenes para encargar muebles, cortinas, televisor, electrodomésticos, etc. Describe todas las gestiones que hacéis/hacen (M) a partir de los apuntes que tomáis/toman (M) en lo que se refiere a vuestras/sus (M) necesidades hasta el pago de la factura. Elige sólo un cuarto, o sea el salón, el cuarto de baño o la cocina

8. (a) Describe la función de los siguientes objetos

alicates, azotea, barandilla, bodega, bomba, brocha, cancela, carretilla, cobertizo, contador, enchufe, estufa, formón, mirilla, peldaño, picaporte, pincel, plomada, reja, tenazas, tragaluz, tubería

(b) Construye frases para ilustrar el uso de estos objetos

9. (a) Describe la actividad de los siguientes

albañil, asegurador, capataz, cerrajero, ebanista, enjalbegador, fontanero, pizarrero, retejador, tasador

(b) Tu casa sufre daños causados por una tormenta. Tienes que llamar a varias personas en la lista de 9 (a) para hacer frente a los desperfectos. Describe las gestiones que haces para arreglar el problema

10. Coloca cada vocablo en el lugar correspondiente en el cuadro adjunto

alcurnia, ambigú, andamio, apedillarse, aposento, bisabuelo, cama, camposanto, cancela, casorio, célibe, chaval, chiquillo, cimacio, consuegro, cónyuge, cuchitril, defunción, desposarse, deudo, embaldosado, enano, entresuelo, exequias, faca, gachí, gachó, hembra, hormigón, legar, llevar luto, macho, malcasarse, mirilla, mocosa, mocoso, morada, morar, paloma, pardillo, pendejo, petate, pilluelo, piltra, pimpollo, prendarse, principal, rapaz, retrete, sujeto, surtidor, tabuco, tata, tato, tía, tinaja, tío, tugurio, yaya, yayo

R3 (Elevado)	R2 (Estándar)	R1 (Coloquial)

(Se encuentra la solución en Internet)

11. Eres arquitecto/a. Un/a cliente tuyo/a, que ha comprado un solar, te encarga la construcción de un chalé/chalet. Te citas con el/la cliente y un/a representante de la empresa constructora. Imagínate la conversación

12. Elige tres vocablos de cada de los cinco grupos de palabras, y construye una frase con ellos para ilustrar su uso (quince frases en total)

cámara acorazada, alta, baja, frigorífica, lenta, mortuoria, nupcial, oscura, de combustión, de los Comunes, de resonancia, ayuda de **cámara**, música de **cámara**, orquesta de **cámara**
escalera extensible, mecánica, rodante, de caracol, de color, de cuerda, de emergencia, de incendios, de mano, de servicio, de tijera
hombre bueno, fuerte, lobo, objeto, masa, público, rana, de acción, de bien, de campo, de ciencia, de Estado, de la calle, de paja, ¡hombre!
mujer fácil, fatal, objeto, de campo, de la calle, de la limpieza, de negocios, de su casa
tabla clasificatoria, pitagórica, salarial, a vela, de esmeril, de materias, de multiplicar, de planchar, de posiciones (A), de quesos, de salvación

13. Traduce al español

house agent, under house arrest, housebreaker, housecoat, household, journal, housekeeper, houseman, house-proud, house-warming, house wine, housework
traffic **lights**, to strike a light, the speed of light, light bulb, lighting-up time, lights out!, according to his lights, lightship, lighthouse, light year, lightning conductor, lightning raid, lightning visit, like greased lightning

14. Relaciona los términos de A con los de B

A

candado/	araña/	calor/	chispa/
hollín/	palangana/	aspirador/	azulejo/
tabique/	sótano/	terreno/	losa/
alquiler/	hormigón/	andamio/	pared/
persiana/	puerta/	hojalata/	leña/
inodoro/	cantimplora/	lavabo/	harina/
tejado/	puchero/	botijo/	horno/
		pizarra/	

B

rodillo, bote, barro, ladrillo, hogar, chimenea
baldosa, solar, inquilino, albañil, cemento, valla, hoja, biombo, luz, contraventana, cerradura, jabonera, estufa, mechero, caballete, desván, bodega, polvo, agua, cisterna, cocina, olla, lavabo

(Se encuentra la solución en Internet)

15. Traduce al español

i. We had the fitted cupboards installed, the house rewired, all sockets changed, and finally got a mains electricity supply
ii. Double-glazed PVC windows are the fashion these days, especially with stained glass windows at the top
iii. We were recommended to get all the water pipes lagged because burst pipes in freezing conditions are no joke
iv. You ought to have your boiler serviced regularly, otherwise it will get all clogged up and the bills will be even bigger
v. How do you heat the house? Gas seems to be most people's choice, but you shouldn't exclude oil, electricity or solid fuel for they are all pretty efficient these days
vi. We ought to get the dishwasher repaired, it keeps breaking down. I think it's the connections but John says it's the heater
vii. Something seems to have gone wrong with the water pressure. If you try to have a shower and put the washing machine on, you can turn the hot water full on and still get just a dribble
viii. Use foam for cavity wall insulation, fiberglass for your roof and materials for draught proofing and you'll save a fortune on fuel
ix. The flood water ruined all the soft furnishings, rotted the woodwork and soaked the brickwork so much that it took a very long time to dry out
x. Our curtains are electrically operated, and all the lights go on and off with time switches
xi. The trouble with the alarm sensors is they pick up the slightest movement, like insects and butterflies that get into the house through nooks and crannies
xii. Our foundations are so deep the builder was able to convert it all into a splendid cellar, and now I've screwed half a dozen bottle racks to the walls. Now we have a real wine cellar

(Se encuentra la solución en Internet)

16. Escribe un ensayo sobre uno de los siguientes temas

i. Donde fuego se hace humo sale
ii. Cada uno es rey en su casa
iii. Quien mala cama hace en ella se yace
iv. El hombre propone y Dios dispone

17. (a) Lee el texto siguiente, anota los vocablos y expresiones relacionados con la vivienda, construcción, muebles y complementos de la casa

Nunca he sido muy aficionado a la decoración pero acabó por entusiasmarme. La patrona donde vivía me puso de patitas en la calle de la noche a la mañana y hube de comenzar a buscar piso.

Tuve suerte, porque tras vivir no más de una semana en una mísera pensión me enteré que se alquilaba la buhardilla de aquella misma finca y llegaba a un acuerdo rápido con el dueño por un precio muy módico.

Aunque el aspecto de aquella infravivienda era desolador decidí convertir aquel tabuco en mi hogar. Ya estaba harta de dar tumbos por casas ajenas.

Me encantaba la luminosidad del lugar. Tenía grandes ventanales desde donde se veía sobre los tejados rojos el Palacio Real de la Plaza de Oriente.

Hoy día, después de mucho trabajo que me ha servido para ponerme en forma, he conseguido un lugar habitable como el que veis: Un dormitorio con este cabecero de forja pintado en color verde para mi cama de 135 cm., el comedor con un díptico que representa la arena de la playa, pintado por una amiga, mesa y sillas de madera rústica, aparador de segunda mano, lijado y barnizado por una servidora, lámpara exótica comprada en el Rastro por dos perras; la cocina, ahí la tienes, con muebles e madera lacada en blanco y tiradores de acero cromado. En el salón, el sofá se transforma en cama. Le compré una tapicería barata y fuerte, de loneta, para que aguante el trote diario. Espero que el propietario no aparezca por aquí, a fisgonear, no quiera subirme el precio del alquiler al darse cuenta que aquella pocilga valía para ser trasformada en una vivienda decente.

M.A.S.

(b) Construye frases con las anotaciones del apartado anterior

(c) Escribe unas diez líneas sobre la psicología del narrador en función de la rehabilitación de su vivienda

18. Responder por escrito tres, al menos, de las siguientes cuestiones

i. Escribir los pasos a dar para la adquisición de una vivienda desde el simple deseo hasta la cristalización en una vivienda determinada

ii. Buscar anuncios de viviendas en venta o en alquiler y hacer anuncios similares, en español, pero con el máximo de especificaciones referentes a ubicación, superficie, habitaciones . . .

iii. Imaginando ser agente inmobiliario, escribir un guión para vender un apartamento en el que se ponderan las bondades del mismo, presentando detalladamente cada una de sus características

iv. Pensando en una vivienda ideal, escribir detalladamente cómo deseas sea amueblada

v. Idem, ¿qué tipo de cortinajes, lámparas, alfombras, moquetas, cuadros y complemento pondrías en cada una de las habitaciones?

vi. Realiza un inventario ideal sobre el ajuar de cama, mesa, cocina que tendrías que tener en casa a la hora de ser habitada por una familia compuesta por el matrimonio y dos hijos

vii. Julio Marcus, viudo, tiene dos retoños Juanita y Javier y se ha casado con otra viuda llamada Aitana Gutichea, con tres hijos llamados Jonás, Áitor y Elena. Mediante un esquema, establecer el tipo de relación familiar que une a cada uno de la nueva familia, señalando: madre, padre, padrastro, madrastra, hermanastro y hermanastra mediante flechas

Unidad 6 / Unit 6

La Ciudad / City Life

Nivel 1 / Level 1

Vistazo sobre la ciudad / Overview of the city

Calle y plaza / street and square

acera f	sidewalk/pavement
afiche m A	poster
almacén m	warehouse, grocery store, grocer's
alrededores mpl	outskirts
andén m del puerto	quay side, waterfront
aparcamiento m	parking lot / car park
arcadas fpl	arcade(s) *(often round a square)*
arcos mpl M	arcade(s) *(often round a square)*
arrabales mpl R3	outskirts
avenida f	avenue
ayuntamiento m	City/Town Hall
banco m	bank
barrio m	district, neighborhood *(often poor in M)*
biblioteca f	library
bolsa f	stock exchange
cabina f telefónica	telephone booth/box
calle f	street
calzada f	roadway
camino m	path, way *(to somewhere)*
capital f	capital
carretera f	road *(often outside town)*
cartel m	poster
centro m ciudad	downtown, town center
cine m	movies, cinema
ciudad f	city
ciudadano m	citizen
colegio m	school *(usually for under-fourteens)*
colonia f M	district, private *(often enclosed)* housing development
(oficina f de) correos	post office
cruce m	crossroads
cruzar la calle	to cross the street
cuadra f M	side of a block of buildings
dar un paseo	to go for a walk
dar una vuelta	to go for a walk
edificio m	building
encrucijada f	crossroads
ensanchar la calle	to widen the street
entrada f	entrance
escuela f	school
estación f de autobuses	bus station
estación f de ferrocarril	railroad/-way station
estadio m	stadium
extranjero m	foreigner
fraccionamiento m M	division into lots on a housing development
fuente f	fountain
gente f	people
guardia m urbano	municipal policeman

guiri m R1	tourist
iglesia f	church
instituto m	high/grammar school
ir a correos	to go to the post office
jardín m público	public garden
librería f	book-store/-shop
lonja f del pescado	fish market
manzana f	block *(of buildings)*
mercado m	market
muelle m	waterfront, quayside
municipalidad f R3/2	municipality
municipio m	municipality, township, town council
muralla f	city walls
museo m	museum
papelera f	trash can, litter bin, wastepaper basket
parking m	parking lot, car park
parte f antigua	old part *(of town)*
pasear(se)	to go for a walk
patio m	courtyard
peatón m	pedestrian
plaza f	square
plaza f de toros	bullfighting ring
plazuela f	small square
población f	population, town, village
póster m	*(colorful)* poster
preguntar el camino	to ask the way
pueblo m	town
soportales mpl	arcades *(often round a square)*
teatro m	theater
tienda f	shop
tribunal m de justicia	court
turismo m	tourism
universidad f	university
usuario m de la carretera	road user
vecino m	resident, neighbor
zona f peatonal	pedestrian precinct

Administración municipal / Town administration

administración f	administration, management
administrador m	administrator, manager
administrar una comarca	to administer a district
adoptar medidas	to take measures
alcalde m	mayor
alcaldesa f	mayoress, mayor's wife
anular una reunión	to call off a meeting
aplicar la ley	to apply the law
autoridades fpl	authorities
autorizar	to authorize
avisar	to notify, to inform
avisar a la policía	to notify the police
aviso m	notice, warning
barrendero m	road sweeper
basurero m	garbage man, dustman
bombero m	fireman
burocracia f	bureaucracy, officialdom
burócrata mf	bureaucrat
camión m de la basura	garbage truck, dust cart
casa f consistorial	City/Town Hall, civic center
civil mf	civilian *(as opposed to a soldier)*
comisión f	committee, commission
comunidad f valenciana	administrative region of Valencia
concejal m	town councilor
concejalía f	post of town councilor
concejo m (municipal)	town council
convocar a un pleno	to call a plenary session
convocar a una reunión	to call a meeting
cuerpo m de bomberos	fire brigade
cumplir los trámites administrativos	to follow the administrative procedure
decidir	to decide

declarar	to declare
decreto m	decree
Delegado m del Gobierno	representative of central government *(in autonomous region)*
denuncia f	report, complaint *(to police)*
denunciar	to report, to announce, to complain *(to police)*
departamento m jurídico	legal department
dictamen m R3	judgment, legal opinion
diputación f	regional government
dirigir	to govern, to manage
edil mf R3	town councilor
elegir a los concejales	to elect the councilors
empleado m de oficina	office employee
estado m civil	marital status
estatuto m R3/2	statute
fuero m R3	municipal charter, local law-code
funcionario m	employee, civil servant
gobernador m	governor
gobernar	to govern
hacer gestiones para	to take steps to
inspeccionar	to inspect
inspector m de hacienda	tax inspector
junta f	meeting, assembly, council, committee, territorial government
mandato m R3/2	mandate
manifestar	to demonstrate *(in street)*
multa f de aparcamiento	parking fine
multa f de estacionamiento M	parking fine
norma f R3/2	standard, rule, norm
obedecer la ley	to obey the law
oficial mf	official
oficioso R3/2	unofficial, informal
ordenanza m	office worker *(of little importance)*
ordenanzas fpl municipales	by-laws
palacio m municipal R3/2	City/Town Hall
poner en conocimiento R3	to inform
poner una multa	to fine
pregonar	to proclaim
proclamar	to proclaim
registro m de la propiedad	land registry
reglamentación f R3/2	rules, regulations
reglamento m	rule, regulation
seguir los cauces legales	to pursue legal chanels
servicio m de limpieza	cleaning department
solicitar un permiso	to request a permit

Policía / Police

acusar de	to accuse of
agente mf de tráfico	traffic cop
altavoz m	loudspeaker
¡Arriba las manos!	Hands up!
barrote m	bar *(of prison cell)*
cacheo m	searching, frisking *(of person)*
calabozo m	dungeon
cárcel f	jail, prison
carcelero m	jailer
careo m (de policía)	identity parade
celda f	cell
chota f R1 M	cops
comisaría f	*(academy)* precinct, police station
comisario m (de policía)	*(police)* superintendent
detención f preventiva	police custody
detener	to arrest

encarcelar	to imprison
encerrar	to lock up
esposas fpl	handcuffs
evadirse R3/2	to escape
evasión f R3/2	getaway, escape
fugarse	to escape
gorra f	*(peaked)* cap
guarda mf de caza/coto	game keeper
guarda mf jurado(a)	security guard
guardaespaldas m	bodyguard
guardia mf civil	civil guard
indagación f R3	investigation
indagar R3	to investigate
indicio m R3/2	clue, piece of evidence
investigación f	investigation
(policía) judicial m M	policeman
lanzadestellos m	flashing light *(on top of car)*
levantar barricadas	to put up barricades
liberar	to free, to liberate
libertad f	freedom
libre	free
matar	to kill
matar a balazos	to shoot down
montar la guardia	to mount guard
mujer f policía	policewoman
multar	to fine
orden f de detención	arrest warrant
pillar R1	to catch, to nab
pista f	track, trail, clue
pistola f	pistol
policía mf municipal	town policeman/woman
policía mf urbano(a)	town policeman/woman
poner en libertad	to free
porra f	billy club, truncheon
presidio m R3/2	penitentiary
preso m	prisoner
prisión f	prison
prisión f provisional	police custody, remand
probar	to prove
prueba f	proof
redada f	swoop, raid
registrar una casa	to search a house
restablecer el orden	to reestablish order
tricornio m	three-cornered hat *(once commonly used by the Guardia Civil)*
vagabundo m	bum, tramp
vago	bum, tramp

Circulación urbana / Town traffic

adelantar	to pass, to overtake
agarrar el autobús M	to catch the bus *(long-distance)*
aparcar en doble fila	to double-park
atascarse	to get stuck in a traffic jam
atasco m	traffic jam
aumentar su velocidad	to increase speed
auto m A/M	car
autobús m	bus
autocar m	*(long-distance)* bus, coach
automovilista mf	driver
bifurcación f	fork, junction
caravana f	recreational vehicle, trailer, caravan
carretera f	highway, road
carretera f de circunvalación	beltway, ringroad
carro m M	car
ceder el sitio a	to give way to
circulación f	traffic
circular	to travel, to drive/cycle/walk around
coche m	car
coche m de línea	*(long-distance)* bus, coach
código m de la circulación	highway code
coger el autobús	to catch the bus *(not used in A/M)*
conducir	to drive
conductor m	driver

congestión f	traffic jam
congestionamiento m M	traffic jam
dejar el sitio a	to give way to
desvío m	detour, diversion
dirección f prohibida	no entry
dirección única	one way
disminuir su velocidad	to slow down
embotellamiento m	traffic jam
esperar el autobús	to wait for the bus
fila f de coches	line/queue of cars
firme m llano	even/flat surface
galleta f de tráfico A	traffic jam
girar a la izquierda	to swerve to the left
glorieta f	traffic circle, roundabout
grúa f	wrecker, breakdown van
hacer cola	to make a line, to queue
hora f pico A/M	commute hour, rush hour
hora f punta	commute hour, rush hour
horario m del tranvía	streetcar/tram schedule/timetable
intersección f	intersection
límite m de velocidad	speed limit
manejar un auto A / carro M	to drive a car
mapa m de la ciudad	city plan
parada f de autobús	bus stop
pasarela f	footbridge
paso m de peatones	pedestrian crossing
paso m de cebra	zebra crossing
pavimento m	surface (of road)
perder el autobús	to miss the bus
piso m	surface *(of road)*
plano m de la ciudad	town plan
raya f amarilla	*(restricting)* yellow line
raya f blanca	*(restricting)* white line
refugio m	traffic island
retención f	traffic jam, holdup
ronda f norte	north beltway / ringroad
rotonda f	traffic circle, roundabout
sacar un billete	to take out a ticket
sacar un boleto A/M	to take out a ticket
Se prohíbe estacionar	No parking
semáforo m	stop/traffic light
señales fpl de tráfico	stop/traffic lights
señalización f	traffic signs
taxi m	taxi
terminal f de pasajeros	passenger terminal
tomar el colectivo A	to catch the bus
tomar el camiōn M	to catch the bus
torcer	to turn
torcer la esquina	to turn the corner
tramo m	section *(of road)*
transeúnte mf R3	passer-by
transitar R3	to go, to travel
tránsito m R3/2	traffic
variante f	beltway, ringroad
vehículo m	vehicle
velocidad f	speed
vía f pública	public way, highway

Accidentes de carretera / Road accidents

accidente m	accident
adelantamiento m por la derecha	overtaking on the right
averiarse	to break down
bache m	pothole
badén m	dip, pothole, speed bump
chocar con/contra	to bang into
choque m violento	violent crash
colisión f R3/2	collision
colisionar con/contra R3/2	to collide with
conducción f en estado de embriaguez	driving in an intoxicated state
curva f peligrosa	dangerous bend
daños mpl	damage
dar tumbos	to bump along, to jolt
dar una vuelta de campana	to somersault, to turn over
dar volteretas	to somersault, to turn over

derrapar	to skid
desigualdad f del piso	unevenness *(in road)*
desperfectos mpl	damage
estrellarse contra	to smash into
firme m deslizante	slippery surface
herido m	injured person (*also adjective*: injured)
hielo m	*(black)* ice
lluvia f	rain
niebla f	fog
nieve f	snow
obras fpl	road works
paso m a nivel	level crossing
patinar	to skid
patinazo m	skid
pendiente f prolongada	long descent
percance m R3/2	accident *(not usually serious)*
perder el control del coche	to lose control of the car
retirar el permiso de conducción	to withdraw / take out the driving license
salirse de la calzada	to run off the road
saltarse un semáforo en rojo	to run a red light, to go through a red light
siniestro m R3/2	accident (often used by insurers)
toma f de sangre	blood test
vendaval m	strong wind
víctima f	victim
viento m	wind
volcar(se)	to do a somersault, to turn over

Fiestas públicas / Public festivities

acertado	good, accurate *(of guess, aim)*
adivino m	fortune teller
animado	lively, bright
aplaudir	to applaud
arena f	arena, sand
atinado	perfect, just right *(of guess)*
banda f	band, orchestra
barracón m de atracciones	sideshow
bromear	to joke
bromista mf	joker
caballito m	rocking horse
carnaval m	carnival
carterista mf	pickpocket
chiste m	joke
columpio m	swing
desfile m	procession
disparar cohetes	to shoot rockets
diversiones fpl	attractions
divertido	entertaining
divertir	to entertain
entretenido	entertaining
feria f	festival, funfair
ferial m	show ground, fairground
festividades fpl	festivities
fiesta f	fiesta, festival
fiesta f nacional	national festival
fuegos mpl artificiales	fireworks
ganar	to win
gracioso	witty, funny
guasón m	joker
guateque m	bash, party
humor m	humor
juego m	game
jugador m	player, gambler
jugar	to play, to gamble
lotería f	lottery
máscara f	mask
matador m	matador
Me toca a mí	It's my turn
mirón m	gawker, person who just stares at a street happening
música f de fondo	background music
música f pop	pop music
novillada f	bullfight using young bulls
orquesta f	band, orchestra
parque m de atracciones	theme park
participante mf	competitor
pasarla bien A/M	to have a good time
pasarlo bien	to have a good time

pasatiempo m	pastime
perder	to lose *(in game)*
procesión f	procession
puesto m de refrescos	refreshment stall
quiniela f	sports lottery ticket
quiosco m de música	bandstand
retruécano m R3	play on words, pun
silbar	to whistle at *(disapprovingly)*
sortear	to draw lots
sorteo m	drawing of lots
tenderete m	stall
tíovivo m	carousel, merry-go-round
¡Tu turno!	Your turn!

Restaurantes y hoteles / Restaurants and hotels

atestado de gente	full of people
atiborrado de clientes	crammed full with customers
barato	cheap
café m	café
camarera f	waitress
camarero m	waiter
caro	expensive
cátering m	catering
cliente mf	client
clientela f	clientele
concurrido	busy, crowded
cuenta f	check, bill
elegir un menú	to choose a menu
en la recepción M	at reception
en recepción	at reception
encargo m	order
escoger	to choose
factura f	check, bill
fonda f	*(cheap)* restaurant, boarding house
fondista mf	proprietor of *fonda*
frecuentar	to frequent
hostal m	cheap hotel
hotel m	hotel
hotel m de primera	high-quality hotel
hotelero m	hotel manager, hotelier
libro m de quejas A/M	book of complaints
libro m de reclamaciones	book of complaints
lleno	full
mal servicio m	poor service
menú m	menu
orden f M	order
pasar la noche	to spend the night
patrón m	landlord
patrona f	landlady
pensión f	rooming house, guest house
pensión f completa	full board
pernoctar R3/2	to spend the night
precio m	price
propina f	gratuity, tip
restauración f R3	catering
restaurador m R3	restaurateur
restaurante m	restaurant
restaurantero m M	restaurateur
selecto	select
servicio m incluido	service included
viajero m	traveler

Nivel 2 / Level 2

Vistazo sobre la ciudad / Overview of the city

acueducto m	aqueduct
adoquín m	cobblestone
afueras fpl	outlying area
al cabo de la calle	at the end of the street
alameda f	avenue, grove of poplar trees
alcantarilla f	sewer
alcantarillado m	sewers, sewer system
aldea f	village
aldeano m R3/2	villager
alquitrán m	tar *(on road)*

alumbrado m	lighting
andar	to walk
andar calle abajo	to go down the street
animado	lively, animated
anuncio m luminoso	neon sign
área f abierta M	open area
arroyo m	gutter, stream
asfalto m	asphalt
atravesar la calle	to cross the street
aviso m M	advertisement
banca f M	bench *(i.e. in garden)*
banco m	bench *(i.e. in garden)*
bandera f	flag
banqueta f M	sidewalk, pavement
banquina f A	verge, hard shoulder, ditch
baño m A/M	*(public)* restroom, toilet
barriada f	*(often poor)* area/district
bocacalle f	entrance to a street
bocina f A/M	loudspeaker
bordillo m	curb *(of sidewalk, pavement)*
bulevar m R3/2	boulevard
cabina f telefónica	telephone booth/box
cafebrería f M	book-store/-shop with café
calle f céntrica	street in the center *(of town)*
calle f comercial	business area
calle f frecuentada	busy street
calle f recta	straight street
calleja f	lane, small street
callejear	to wander / hang around the streets
callejón m (sin salida)	dead end, blind alley *(also figurative)*
callejuela f	alley, narrow street
caminar por la acera	to walk along the sidewalk/ pavement
cartel m	advertisement, notice, sign, poster
cartelera f	notice board
cartelera f de cine	*(movie)* publicity board
casco m antiguo	old quarter, old part of town
casco m urbano	urban area, built-up area
castillo m	castle
centro m comercial	shopping mall, shopping center
cercanías fpl	outskirts
columna f anunciadora	advertising pillar
cordón m de la vereda A	curb *(of sidewalk/ pavement)*
cuneta f	ditch
delegación f M	municipality *(only in Federal District)*
descampado m	open area, waste ground
distintivo m de taxi	taxi sign
distribuidor m de billetes	ticket dispenser
doblar en la esquina A	to turn the corner
doblar la esquina	to turn the corner
drenaje m profundo M	sewer
echarse a la calle	to go out into the street
entrada f gratuita	free entrance
errar el camino R3	to go the wrong way
escaparate m	shop window
explanada f	esplanade
farola f	street light *(overhead)*
fila f de edificios	row of buildings
forastero m	stranger *(of same nationality)*
grandes almacenes mpl	department store
hipódromo m	race-track/-course
iluminación f	neon lighting
ir derecho/recto	to go straight on
jardín m zoológico	zoo
letrero m	notice, sign
manicomio m	lunatic asylum
manzana f	block *(between two streets)*

mercadillo m	street market
metrópoli(s) m	metropolis
muchedumbre f R3/2	crowd
muro m lleno de graffiti	wall full of graffiti
paso m subterráneo	underpass
peluquería f	hairdresser's
pintada f política	*(piece of)* political graffiti
plazoleta f	small square
plazuela f	small square
Prohibido fijar carteles	Post/Stick no bills
publicidad f	advertising, publicity
pueblecito m	small town, village
pueblito m A/M	small town, village
quiosco m de periódicos	news stand
recorrer la ciudad	to go through the town
sanitarios mpl M	washroom, lavatory
seguir la calle	to go down the street
seguir todo recto	to go straight on
segunda bocacalle a la izquierda	second street on the left
servicios mpl	washroom, lavatory
suburbios mpl	*(poor)* district, slums
sumidero m	drain
surtidor m de la fuente	fountain *(jet)*
tablero m	notice board
tianguis m R1 M	informal street market *(suggests trolleys on wheels)*
turismo m	tourism
urbe f R3	city
velódromo m	cycle track, velodrome
vendedor m de periódicos	newspaper vendor/seller
vía f pavimentada	paved area/street
vidriera f A	shop window
villa f de Madrid R3/2	city of Madrid
vulgar	ordinary, common, of the street
zócalo m M	main square
Zócalo m M	Mexico City's main square
zona f natural	open/undeveloped area

Administración municipal / Town administration

actas fpl	minutes *(of meeting)*
administración f pública	public administration, civil service
administrador m	administrator
administrados mpl	residents *(who are managed)*
administrativo m M	administrator
alcaldía f	office of mayor
anunciar	to announce
asilo m de ancianos	old people's home
cabildo m R3	City/Town Hall, city/town council
centro m cívico M	City/Town Hall
comunidad f de propietarios	*(house)* owners' association
control m	checking, verifying
controlar	to check, to verify
controlaría f M	finance office
debate m	debate, discussion
debatir una ley	to debate a law
decisión f	decision
deliberar R3/2	to deliberate
diligenciar R3	to acknowledge, to stamp
diligencias fpl policiales R3/2	police procedures
dirección f	management
director m ejecutivo	executive director
establecimiento m público	public building
estatuto m R3/2	statute
fallo m	judgment, verdict
gestionar R3/2	to administer, to handle
hacer diligencias para R3/2	to take steps to

informe m del/de la presidente/a	chairman's/woman's report
juicio m	judgment
junta f directiva	controling committee
levantar la sesión	to adjourn the session
mandato m	mandate
obras fpl públicas	public works
orden m público	public order
parroquia f	parish church
pendiente m M	business to be settled
poder m ejecutivo R3/2	executive power
presidente mf municipal M	= *mayor*
presidir la sesión	to preside over the session
procedimiento m legal R3/2	legal procedure
regente m M	Federal District governor
regir R3	to govern
relaciones fpl públicas	public relations
relaciones públicas m	public relations officer
resolución f R3/2	resolution
resolver	to resolve
reunirse	to meet, to assemble
servicio m público	public service
someter a debate R3/2	to put to a debate
supervisar	to supervise
trabajador m público	public worker
tragahumo m R2/1 M	fireman
zanjar la dificultad	to solve a difficulty

Policía / Police

acordonar una zona	to cordon off an area
allanar una vivienda A	to raid a house *(of police)*
apresar	to capture, to catch
arrestar	to arrest
atrapar	to catch, to capture
bajo arresto domiciliario	under house arrest
balacear a un narco M	to shoot a drug trafficker
balacera f M	shoot-out
balear a un policía M	to shoot a policeman *(wounding or killing)*
balearse con la policía M	to exchange fire with the police
bando m de policía	police announcement/edict
bofio m R1	cop
boleta f A	fine
bote m R1 M	jail, slammer
botón m R1 A	cop
cachear	to search, to frisk
caminera f A	traffic police, highway patrol *(i.e. not in towns)*
camión m celular	patrol wagon, police van
cana m R1 A	cops/can/prison
capturar	to capture
casa f de seguridad M	safe house *(for terrorists, etc.)*
casco m (de protección)	*(protective)* helmet
charola f M	policeman's badge
chivato m R1	informer
chivo m expiatorio	fall guy, scapegoat
ciudadanos mpl en riesgo	citizens at risk
coche m blindado	armored car
coche m celular	patrol wagon, police van
coche m patrulla	squad car, patrol car
control m de la circulación	traffic control
cuartel m de la guardia civil	*Guardia Civil's* barracks
culpabilizar por	to blame for
culpar de/por	to blame for
delator m	informer
denunciar un robo	to report a theft
desvalijar una casa	to ransack a house
detective m	detective
Dirección f General de Seguridad	State Security

disturbios mpl callejeros	street disturbances
escudo m (de protección)	*(protective)* shield
esposar a un delincuente	to handcuff a delinquent
estación f de policía M	*(academy)* precinct, police station
estar de ronda	to be on patrol
faro m giratorio	blue light *(going round on top of police car)*
fichar	to open a file on
granaderos mpl M	riot police
hacer un registro	to search
helicóptero m de policía	police helicopter
huella f digital	finger print
imponer la máxima pena	to give the maximum sentence
insignia f	badge
interno m	inmate, prisoner
intervenir drogas	to seize/confiscate drugs
jefe m de policía	police chief
julia f R1 M	police *(force)*
La Bonaerense R1 A	Police Force *(of Buenos Aires province)*
La Federal R1 A	Police Force *(of Buenos Aires, capital)*
madero m R1	cop
manifestación f	demonstration
manifestantes mpl	demonstrators
mantener la calma	to keep order
marrón m R1	cop
multa f	fine
operación f de vigilancia	stakeout, police surveillance
orden f de arresto M	arrest warrant
pena f capital	capital punishment
perro m policía	police dog
piso m franco	safe house *(for terrorists, etc.)*
pistolera f	gun holster
poli m R1	cop
policía f antidisturbios	riot police
policía f antimotines	riot police
policía mf auxiliar M	*(ordinary)* policeman, constable
policía f caminera A	highway patrol, traffic police *(i.e. not in towns)*
policía mf judicial M	policeman/woman *(dressed in civilian clothes and involved in legal cases)*
policleto m R1 M	policeman on a bicycle
poner esposas a	to handcuff, to put handcuffs on
poner un cuatro a M	to lay a trap for
preventivo m M	policeman
privar de libertad	to deprive of freedom
realizar un operativo M	to carry out an operation
reclusorio m M	prison
reportar un robo M	to report a robbery
rescate m	rescue
retén m	police post
retención f	detaining, detention
seguir la pista del delincuente	to follow the criminal's trail
seguridad f	security, safety
sospechoso m	suspect *(also adjective: suspicious)*
tamarindo m R1 M	cop
tambo m M	can, slammer
vigilancia f	stakeout, surveillance
vigilante mf	vigilante, security guard
vigilante mf jurado	security guard
vigilante mf nocturno	night watchman
vigilar un lugar	to stake out a place
yuta f R1 A	police force

Circulación y señales / Traffic and signs

A más velocidad semáforo cerrado	If you speed the traffic lights go red
alumbrado m de corto alcance	dipped headlights

anillo m de circunvalación M	beltway, ringroad
autoescuela f	driving school
avería f	breakdown
calzada f con prioridad	road with right of way
cambio m de sentido	change in direction *(notice)*
ceda el paso	yield, give way
cinturón m de seguridad	safety belt
curva f peligrosa	dangerous bend
dar vuelta a la derecha M	to turn right
dar vuelta a la esquina M	to go round / turn the corner
dar vuelta en la esquina A	to go round / turn the corner
desviar el tráfico	to divert the traffic
Entrada f prohibida	No entry
estacionamiento m para taxis	taxis only, taxi rank
flecha f obligatoria de giro a la izquierda	arrow indicating compulsory turn to left
girar	to turn round *(of car)*
girar a la izquierda	to turn left
horas fpl de máximo tránsito	peak hours
infracción f de tránsito	traffic offense
itinerarios mpl más transitados	busiest routes
necesidades fpl de desplazamiento	traveling needs
no adelantar por la derecha	do not overtake on the right
no aparcar en el arcén	do not park on the hard shoulder
no cambiar de carril	do not change lanes
parada f discrecional	optional stop *(of bus)*
parada f fija	regular stop
parque m automovilístico	parking lot, car park
paso m a nivel	grade crossing, level crossing
paso m de peatones	crosswalk, pedestrian crossing
paso m inferior	underpass *(under road)*
paso m superior	overpass, flyover
prioridad f al sentido contrario	yield / give way to oncoming traffic
prohibido adelantar	no overtaking
prohibido adelantar para camiones	no passing for trucks, no overtaking for lorries
prohibido el paso	no entry
prohibido estacionar	do not park
prohibido girar a la derecha/izquierda	no right/left turn
raya f de parada	stop line
red f arterial	road network
regular la circulación	to regulate the traffic
sacudida f	jolt, bump
salpicar a los transeúntes	to splash the passers-by
saltarse el stop	to ignore a stop sign
saneamiento m de taludes	road works on bank *(at road side)*
sentido m obligatorio	one way
solo sentido m M	one way *(street)*
tránsito m rodado R3/2	vehicular traffic
traqueteo m	rattling, jolting
uso m obligatorio de cinturón	seat belt must be worn
velocidad f máxima	maximum speed
vía f rápida	expressway, freeway, dual carriageway
Y griega f R1 M	fork
zona f de estacionamiento limitado	restricted parking

Accidentes de carretera / road accidents

abolladura f	bump, dent *(on car)*
accidentado m	person injured in an accident
accidente m múltiple	pile-up
afluencia f masiva R3/2	flood of traffic

alcoholímetro	drunkometer, Breathalyser
arcén m	hard shoulder
atropellar a un peatón	to knock down a pedestrian
atropello m	knocking down *(of pedestrian)*
batacazo m R1	bump *(inflicted on a person)*
bocina f	horn
cansancio m	tiredness
carambola f M	pile-up
cardenal m R1	bruise
choque m frontal	frontal collision
circulación f peatonal	pedestrians
conducir con imprudencia temeraria f	to drive without care and attention
cruzar por la pasarela	to cross by the bridge
cuello m de botella	bottleneck
dar parte del accidente	to report the accident
dar un viraje	to swerve
densidad f de tráfico	traffic density
denuncia f del incidente	report of the incident
derribar a un peatón	to knock down a pedestrian
distracción f del conductor	driver's inattention
encontronazo m R1	smash
enfrenarse M	to brake violently
época f estival R3	summer period/season
esquimosis f R3	bruise, contusion
estrechamiento m de calzada	narrowing of roadway
estrellarse contra	to smash into
frenar bruscamente	to brake suddenly
hacer una vuelta de campana	to do a somersault
hacerse daño	to get injured
herido de gravedad	seriously injured
inconsciencia f	carelessness
inconsciente	irresponsible, careless
indemnizar por daños y prejuicios	to compensate for loss and injury
índice m de alcohol	level of alcohol
laceración f R3	injury, wound
lesión f	injury, wound
magulladura f	bruise
mayor precaución f	greatest care/caution
no respetar prioridad de paso	to ignore the right of way
pasarse el semáforo M	to go through red lights
pegar un frenazo	to brake suddenly
problemas mpl de saturación	problems of excessive traffic
prudencia f	care
punto m negro	black spot, dangerous section of road
retorno m	return *(after vacation or long break)*
reventón m de neumático	blowout
someter a la prueba del alcohol	to give an alcohol test
superficie f resbalosa M	slippery surface
tasa f de alcoholemia	level of alcohol in blood
tener mala pata R1	to have bad luck
tener un enfrenón M	to brake suddenly
tocar el claxon	to sound the horn
topar contra	to bang into
tráfico m veraniego	summer traffic
tramo m resbaladizo	slippery section *(of road)*
tramo m resbaloso M	slippery section *(of road)*
tramos mpl en obras	section of road works
valorar los destrozos del siniestro	to evaluate accident damage
velocidad f peligrosa	dangerous speed
víctima f mortal	fatally injured person

Delitos/Offenses

acoso m sexual	sexual harassment
acto m delictivo	criminal act
alcahuetería m R3	procurement *(by a madame)*
allanamiento m de morada	ransacking of a house, burglary

allanar una casa	to break into a house
asesinato m	homicide, assassination
asesino m	murderer, assassin
atraco m	heist, hold-up
atraco m a mano armada	armed heist/hold-up
atraco m al banco	bank robbery
bomba f	bomb
botín m	booty
caco m R1	thief
casa f de lenocinio R3	brothel
cohechar R3	to bribe
cohecho m R3	bribe
cómplice mf	accomplice
corromper	to corrupt
crimen m	*(violent)* crime *(often involving killing)*
delincuencia f	delinquency
delincuente mf	delinquent
delito m	offense
despojar R3	to rob, to strip (of)
embaucar R3	to deceive
engañar	to deceive
escándalo m nocturno	night disturbance
está terminantemente prohibido	it is strictly forbidden (to)
estafa f	fraud, criminal deception
estafar	to defraud, to swindle
expoliar R3	to plunder, to pillage
gamberrismo m	thuggery, hooliganism
gamberro m	punk, thug, hooligan
hampa f	underworld
hijo m de puta R1*	son of a bitch, bastard
homicidio m	homicide
hurtar R3/2	to steal
hurto m R3/2	theft
impostor m	impostor
incesto m	incest
incumplir R3 una ley	to breach a law
incurrir en una falta R3/2	to commit an offense
intrusión f R3/2	intrusion
ladrón m	thief
latrocinio m R3	larceny, theft
ley f vigente	existing law, law in force
mentira f	lie
merodear R3	to prowl
pagar el pato	to pay the consequences *(usually undeserved)*
prostíbulo m R3	brothel
prostitución f	prostitution
¿Puedo robar la mantequilla? R1 M	May I have/pinch some butter? *(at table)*
ratero m	pickpocket, petty thief
robar	to steal, to thieve
robo m con fractura	break-in, burglary
sanción f	sanction *(both meanings)*
sancionar R3/2	to sanction *(both meanings)*
sobornar	to bribe
timar	to swindle
timo m	sting, swindle
tirón m	snatch *(of property in public place)*
tráfico m de drogas	drug trafficking
transgredir R3	to transgress
vandalismo m	vandalism
violación f	violation, rape
violar la ley	to violate/break the law
vulnerar R3	to hurt, to violate *(law)*

Fiestas populares y juegos / Popular festivities and games

abarrotado de espectadores	crammed full with spectators
abrirse paso a empujones	to shove your way through
acertante mf	winner *(of prize)*
amenizar la velada R3/2	to liven up the evening
antifaz m	mask
aplaudir	to applaud
aplausos mpl	applause
aro m	hoop

avanzar a empellones	to push your way through
baile m de máscaras	masked ball
barahúnda f R3	ruckus, racket, pandemonium
baraja f (de cartas)	pack of cards
barraca f de feria	fairground stall
barrilete m A	kite
bengala f	flare
bullicio m en la calle	street ruckus/din
café m cantante	café with entertainment
camino m de pétalos de caléndulas M	path lined with pot marigolds *(for All Souls' Day)*
canicas fpl	marbles
caos m	chaos
carnaval m	carnival
carricoche m	covered wagon
carusel m M	merry go round
casa f de fieras	zoo, menagerie
celebraciones fpl	celebrations
celebrar	to celebrate
chacarera f A	South American folk dance
chamamé m A	Argentine dance music
chiche m R1 A	toy
cigarrillo m	cigarette
cigarro m	cigar, cigarette
clamar	to shout, to holler
cometa f	kite
correrse la gran juerga R2/1	to have a rave-up/binge
cremá f	ceremonial burning at end of the *Fallas (Valencia)*
crucigrama m	crossword
decir en broma	to say as a joke
deslizarse por el tobogán	to go down the slide
desmadre m R1 (R1* M)	disorder, chaos
desorden m	disorder
despapaye m R1 M	chaos, disorder
desquitarse	to gain revenge *(in game)*
día m festivo	public vacation *(one day)*
día m sandwich A	day that may be *(but not always)* taken between two holidays
distraerse	to enjoy yourself
divertirse	to enjoy yourself
echar a cara o cruz	to play heads or tails *(with a coin)*
echar la buenaventura	to tell *(someone's)* fortune
empujar	to push
Es una gozada R2/1	It's a real joy
estar de joda R1* A	to have a great time / rave-up
exposición f	exhibition
Fallas fpl	Valencia autumn festival
feria f de muestras	trade fair
feriante mf	exhibitor, stallholder
festejar un cumpleaños	to celebrate a birthday
festejos mpl	celebrations
fiesta f de traje M	party *(where guests bring food, etc.)*
fiestero R1 M	fond of parties, fun-loving
gigantes mpl y cabezudos	giant carnival figures with large heads
globo m	balloon
(premio m) gordo	top prize
guirnalda f R3/2	garland
hacer diabluras	to be mischievous
hacer cosquillas	to tickle
hacer puente	to take an extra day or days between two days' vacation
hipnosis f	hypnosis
hombre m fuerte M	strongman
ir de cachondeo R1*	to go on a spree
irse de joda R1* A	to have a great time
irse de pachanga R1 M	to have a hell of a time
jaranero R1	party-loving, merry
juegos mpl de sobremesa	after-meal games *(like dominoes)*

juerguista mf R1 — reveler, raver *(also adjective:* fond of parties*)*
jugar a la gallina ciega — to play blind man's buff
jugar a las adivinanzas — to play guessing games
jugar a las cartas — to play cards
jugar al escondite — to play hide-and-seek
juguete m — toy
lote m — prize
magia f — magic
mariachi m M — mariachi musician
montaña f rusa — roller coaster
montar una feria — to put on a fair
noria f — ferris/big wheel
ocurrencia f — witty remark
(la) ola f — Mexican wave
organillo m — hurdy-gurdy
orinarse de risa R1 M — to die laughing
palenque m M — festival with cockfights, music, etc.
palmotear — to clap your hands
parque m de diversiones M — amusement park
parrandero R1 — party animal, raver
pasarla a todo dar M — to have a great time
pasarla a toda madre R1* M — to have a terrific time
pasarla bárbaro R1 A — to have a great time
pasársela padre R1 M — to have a great time
patalear — to stamp your feet
payada f A — popular Argentine song associated with the gauchos
payador m A — singer of *payadas*
peonza f — spinning top
petanca f — *(game of)* bowls *(metal)*
petardos mpl — fireworks
pileta f A — swimming pool
pimpampum m — shooting gallery
piscina f — swimming pool
polichinela f — string puppet
pucho m R1 A — cigarette
puzzle m — jigsaw puzzle
quemar cohetes M — to shoot rockets
quinielas fpl — sports lottery, football pools
rompecabezas m — puzzle
rompecabezas m M — jigsaw puzzle
rueda f de fortuna — wheel of fortune
saltar a la comba — to skip *(with rope)*
saltar la cuerda M — to skip
serrín m — sawdust
¿Sol o águila? M — Heads or tails?
sonajero m — rattle
soplar — to whisper *(help for someone in answer to something)*
sorteo m — draw
suerte f — luck
superchería f R1 — trick, fraud
tirador m de pistola — marksman
tiro al blanco — shooting at the target
títere m — puppet
titiritero m — puppeteer
toldo m — marquee, canopy *(for fiestas)*
tómbola f — raffle, tombola
traca f — string of firecrackers
tragaperras f R1 — slot machine
trompo m — spinning top
vacilada f M — joke
varilla f mágica — magic wand
varita f mágica M — magic wand
ventrílocuo m — ventriloquist
¡Viva la Pepa! m R1 A — chaos
volado m M — toss-up *(of coin)*
volador m M — performer swinging round a very high pole
volar una cometa — to fly a kite
yoyo m — yoyo

Circo/Circus

acróbata mf — acrobat
alambrista mf — tightrope walker
andar por el alambre — to walk on a tightrope
arlequín m — harlequin
balancín m — balancing pole
bufón m — clown

camerino m	dressing room *(in theater)*
careta f	mask
carpa f	big top, marquee
chascar el látigo	to crack the whip
circo m	circus
clown m	clown
dar saltos mortales	to somersault
dejar sin respiración	to leave *(the spectator)* breathless
director m de circo	ring master
domador m	lion tamer
fanfarría f R3	band, fanfare
funámbulo m R3/2	tightrope walker
hacer chasquear el látigo	to crack the whip
hércules m	strong man
jaula f de fieras	wild animal cage
juegos mpl malabares R3/2	juggling
malabarista mf R3/2	juggler
monigote m	rag doll, paper doll
número m de trapecista	number performed by trapeze artist
payaso m	clown
pelele m R3/2	rag doll, puppet
pirueta f	pirouette
red f	net *(beneath performers)*
reírse a carcajadas	to burst out laughing
restallar	to crack *(of whip)*
ruedo m	ring *(where performers act)*
saltimbanqui m	tumbler, acrobat
soltar una risotada	to roar with laughter
trampolín m	springboard
trapecio m	trapeze
trapecista mf	trapeze artist
volatinero m R3	acrobat

Restaurantes y hoteles / Restaurants and hotels

albergarse en un hotel	to put up at a hotel
albergue m	inn
alojamiento m	lodgings, accommodation
alojarse en un hotel	to put up at a hotel
anfitrión m R3/2	host
aperitivo m	aperitif
autoservicio m	self-service, cafeteria
bar m	bar
barman m	barman
barra f	bar *(where you stand)*
bodegón m A	cheap restaurant *(but good, homely cooking)*
botones m	bellboy
¡Buen provecho!	Enjoy your meal!, Bon appétit!
cafetería f	café
cama f doble	double bed
camarera f	waitress
camarera f M	chambermaid
camarero m	waiter
cantina f	railroad/railway station buffet
cantina f A	inexpensive restaurant
cantina f M	bar *(as in Western films with swing doors)*
capacidad f hotelera	hotel capacity
carrito m A	restaurant *(especially for steaks)*, steak house
carta f de vinos	wine list
casa f de huéspedes	guest house
casa f rural	country house *(often rented out)*
casino m	casino, social club *(for men)*
cervecería f	bar, brasserie *(especially for beer)*
chocolatería f	confectioner's shop
churrasquería f A	steak house
comer a la carta	to eat à la carte
comida f corrida M	day's menu
contertulio m	member of the same *tertulio (club)*
convidado m R3	guest
dar la bienvenida a	to welcome
El cuarto vence a las 11 h. M	The room must be vacated at 11 a.m.

elegir un postre	to choose a dessert
encargar un menú	to order a menu
equipaje m	baggage, luggage
especialidad f	specialty
estar hasta el gorro R1 M	to be packed *(e.g. of restaurant)*
gerente m	manager
habitación f doble con baño	double room with bath
habitación f individual	single room
hora f de entrada M	check-in time
hora f de salida M	check-out time
horchatería f	milk bar *(selling ice cream and* horchata: *in Spain, cold drink from tiger nuts; in M, drink made from ground melon seeds)*
hospedería f R3	hotel, accommodation
hostal m	*(cheap)* hotel, hotel without all facilities
hostelería f	hotel and catering trade, hotel management
hostería f	small hotel
hotel m completo	full hotel
hotel m lleno M	full hotel
huésped m del hotel	hotel guest
industria f hotelera	hotel industry
invitado m	guest
lista f de vinos	wine list
mandar subir el equipaje	to have your baggage sent up
menú m a precio fijo	fixed-price menu
mesa f redonda	table d'hôte
mesero m M	waiter
minuta f R3	check, bill
motel m	motel
mozo m	porter
mozo m A	waiter
mucama f de hotel A	chambermaid
ordenar un plato A/M	to order a dish
pagar a escote	to make your contribution *(in payment)*
parador m nacional	one of chain of high-class, state-run hotels
parroquiano m	regular customer
pasar una estancia en	to stay in *(a particular place)*
pedir un plato	to ask for a dish
pensión f	boarding house
plato m favorito	favorite dish
posada f	inn
postre m casero	homemade dessert
¡Qué aproveche!	Bon appétit!
¿Qué tal la carne?	What's the meat like?
¿Qué tomas?	What will you have?
ración f de jamón	portion of ham
recamarera f M	chambermaid
registro m de viajeros	visitors' register
rellenar la hoja	to fill in the hotel form
salón m de banquetes	banquet room
servicio m muy esmerado	excellent service
servir un plato	to serve a dish
suministros mpl hosteleros	hotel supplies
taberna f	inn *(for drink and food)*
taburete m	stool *(for sitting at a bar)*
tarjeta f de crédito	credit card
tasca f	*(cheap)* bar, tavern
tomar el encargo M	to take the order
venta f	roadside bar/restaurant
ventorro m	poor-quality bar

Nivel 3 / Level 3

Vistazo sobre la ciudad / Overview of the city

Calle y plaza / street and square

adoquinar una calle	to lay cobblestones in a street
aglomeración f	crowd
aglomeración f urbana	built-up area
agolparse R3	to crowd around/together
agruparse	to crowd around/together
alcazaba f R3/2	citadel, castle
alcázar m	fortress, palace
alquitranar una calle	to lay tar on a road
andamiaje m	*(all the)* scaffolding
andamio m	*(part of the)* scaffolding
aparcar un coche	to park a car
apelotonarse	to mass together
apiñarse	to crowd together
arremolinarse	to mill around
asfaltar la calzada	to asphalt a road
atascado de gente	full of people
atropellarse	to rush *(suggests pushing each other)*
berrear	to holler
boca f de riego	hydrant
bolero m M	bootblack, shoe-shiner
calle f bulliciosa	noisy/busy street
canalla f	riff-raff
chatarrería f	scrapyard
ciudad f amurallada	walled city
ciudad f perdida M	shanty town
ciudadela f	citadel
club m de convivencia municipal	local social club
coladera f M	drain
concentrarse	to gather together
concurrido barrio m comercial	busy center of commerce
congregarse	to gather together
conjunto m de personas	gathering of people
controlador m de estacionamiento	traffic warden
deambular R3	to wander
desandar el camino	to retrace your steps
desembocar en la plaza	to open out onto the square
deshuesadero m M	scrapyard
despósito m de vehículos	pound *(for impounding vehicles)*
empedrar	to pave
ensanche m de carretera	road widening
errar R3	to wander
escudo m de armas	coat of arms
(anuncios) mpl espectaculares M	gigantic bill-stickers/posters
estacionar	to park
estafeta f de correos	mail office, sub-post-office
exposición f	exhibition
extraviarse	to get lost
farol m	streetlight/lamp
gentío m	crowd
gentuza f R1	riff-raff
griterío m	shouting, hollering
guardacoches m	car attendant
hacienda f	property
ir sin rumbo fijo	to wander aimlessly
juntarse	to join up/together
limpiabotas m	bootblack, shoeblack
local m	premises
multitud f	crowd
orientarse hacia	to make your way towards
palacio m de justicia	law courts
panda/pandilla f de jóvenes	bunch of young people

parlantes mpl A	loudspeakers
parquímetro m	parking meter
perdido entre la gente	lost in the crowd
portales mpl M	arcades *(often round a square)*
predio m M	piece of land
preguntar por la dirección	to ask the way
puesto m callejero	street stall, kiosk
recova f A	arcades *(often round a square)*
reja(s) f(pl)	railing(s)
remozar una fachada	to give a frontage a facelift
reunirse	to gather/come together
salir en tropel	to flood out *(of people)*
senda f R3	path
sendero m	path
tiradero M	dumping ground
toda la bola R1 M	the whole group *(of people)*
toilette(s) f(pl) A	*(public)* restroom, toilet(s)
tropel m de gente	mob, crowd of people
turba f	mob, crowd
turbamulta f R3	mob
vagabundear	to wander
vagar	to wander
vendedor m ambulante	peddler, hawker
vereda f A	sidewalk, pavement
vertedero m	dump, dumping ground
villa f R3	town
villa f miseria A	slums, poor district
Villa f y Corte	Madrid
voceador m M	newspaper vendor
zanja f	ditch
zócalo m capitalino M	main square in the capital *(i.e. Mexico City)*
zona f empedrada	paved area

Administración municipal / town administration

acatar la ley	to respect the law
acreditación f R3/2	accreditation, credentials
acreditar R3/2	to accredit, to authorize
aguas fpl negras	sewer
autorización f judicial	legal authorization
bajo la presidencia de	under the chairmanship/presidency of
Boletín m del Estado	Official Bulletin
cargo m público	public post
central f telefónica	telephone exchange
certificación f	certification
codificar	to codify
conducción f de aguas potables	drinking-water pipe
consultar el catastro	to consult the land registry
contrafirma f R3/2	countersignature
cumplir el reglamento	to fulfill the requirements
dar los pasos necesarios para	to take the necessary steps to
dar validez a	to validate
declarar una defunción	to declare a death
demostrar la autenticidad de	to demonstrate the authenticity of
desautorizar una medida R3/2	to forbid a measure *(from being taken)*
desempeño m de la autoridad	exercising of authority
despenalizar	to legalize
destino m	post, work
documento m acreditativo	supporting document
documento m caduco/caducado	out-of-date document
emitir un dictamen R3	to pronounce a judgment
encargado m	official, person in charge
estado m civil	marital status

farolero m	lamplighter
gran público m	public at large
legalización f	legalization
legalizar	to legalize
medida f chafa R1 M	useless measure
minuta f	minutes
normativa f vigente	rule that currently applies
oficial m(f) público(a)	public official
pagar la contribución urbana	to pay the local tax / council tax
penalizar R3/2	to penalize
portavoz mf	spokesman/woman
Prohibida la mendicidad	No begging allowed
recaudador m (de contribuciones)	local tax collector
refrendar un documento R3/2	to approve/ countersign a document
responsable mf	official, person in charge
sellar	to seal, to give your approval
sello m	seal
sereno m	night watchman
tasa f municipal	local tax, council tax
telefonista mf	telephone operator
teniente m alcalde	deputy mayor
testimonio m	proof, statement, testimony
validar los documentos R3/2	to validate the documents
ventanilla f	window *(in front of official)*
vigilar el cumplimiento de las leyes	to check that the law is observed
vocero m M	spokesman

Fiestas populares / Popular festivities

aguar la fiesta	to spoil the party
alborada f R3	aubade
alborozar R3	to excite
alborozo m R3	excitement
amenizar la fiesta	to make the party enjoyable
armar una barraca	to put up a stall
atracción f de ferias	fair attraction
bandera f	flag
banderín m	pennant
bastonera f M	drum majorette
batonista f R3/2	drum majorette
batucada f M	party, celebration
buñolero m	seller of fritters
caja f de sorpresa	surprise box
caravana f	trailer, caravan
carnavalesco	carnivalesque
Carnestolendas fpl R3	Carnival
carraca f	rattle
carritos mpl chocados M	bumper cars, Dodgems
carro m alegórico M	float
carroza f de carnaval	fiesta float
charreada f M	fiesta involving horses
chocolatada f	fiesta gathering for hot chocolate
churrero m	seller of *churros (strip of fried dough)*
coche m de choque	bumper car, Dodgem
concursante mf	competitor, contestant
cono m de helado M	ice cream cornet
corrida f de toros	bullfight
cucurucho m de helado	ice cream cornet
dar en la diana	to hit the target/ bull's-eye
dar gritos de júbilo	to shout for joy
disparar la ronda / los boletos M	to pay for the round/tickets
disparar un cohete	to shoot a rocket
empavesar la plaza R3	to adorn the square
engalanar la calle	to decorate the street
enramar un edificio R3	to cover a building with foliage
estudiantina f	traditional student music group
feria f de Sevilla	Seville fair
fiesta f de carnaval	carnival fair
gallardete m	pennant

gordo m de Navidad	big prize in the Christmas national lottery
gorro m de papel	paper hat
gradería f de los espectadores	spectators' stands
hacer juegos malabares R3/2	to juggle
horchatero m	seller of *horchata*
llegar a lo alto de la cucaña	to reach the top of the greasy pole
matraca f	rattle *(toy)*
molinete m	pinwheel, windmill
noria f gigante	giant ferris wheel
onda f explosiva	blast *(from fireworks)*
palomitas fpl	popcorn
paso m	float
piñata f	suspended container which, when burst, showers candies, etc.
placer m	pleasure
poner colgaduras	to hang out garlands
porras fpl M	cheering
posada f M	Christmas party
prado m de la romería	field where a religious procession congregates
princesa f del Carnaval	Carnival princess
pulpero m	seller of octopus *(especially eaten in Galicia)*
regocijo m R3/2	rejoicing
reina f de la belleza	beauty queen
reina f de las fiestas	Carnival queen
repostero m	confectioner, pastry cook
rifa f	raffle, draw
rifar	to raffle, to draw
romería f	religious procession
Romería f de la Virgen del Rocío	procession near Huelva *(South-Western Spain)*
romería f de San Isidro	San Isidro *(patron saint of Madrid)* procession
ruedo m	bullring
sanfermines mpl	running-of-the-bulls festivity in Pamplona *(Basque country)*
sarao m	soirée, party
séquito m R3	retinue, entourage
serpentina f	streamer
tragafuegos m	fire eater
tragasables m	sword swallower
tuna f	traditional student music group
túnel m de los horrores	ghost train
turronero m	seller of candy/nougat eaten at Christmas
verbena f	open-air fiesta/dance
vítores mpl	cheering

Documentos / Documents

carné m de identidad	identity card
cartas fpl credenciales	credentials
certificado m	certificate
derechohabiente mf	rightful owner, successor
diligenciar los papeles R3/2	to process/stamp papers
diligencias fpl judiciales R3/2	legal procedures
diligencias fpl policiales R3/2	police procedures
dispensa f R3/2	dispensation
documentación f	documentation
documento m de identidad (nacional)	identity card
documentos mpl	documents
escritura(s) f(pl)	title deeds *(showing ownership of property)*
exención f	exemption
hacer una solicitud	to make a request

indocumentado m	person with no official documents
llenar un formato M	to fill out/in a form
notificación f R3/2	notification
número m de identificación fiscal (NIF)	tax number *(for income purposes)*
papeles mpl	papers
permiso m de conducción R3	driving license
permiso m de conducir	driving license
póliza m de seguro	insurance policy
rellenar un formulario	to fill out/in a form
resellar un documento M	to validate a document
reunir los requisitos	to collect all necessary documents
salvoconducto m	safe-conduct
tarjeta f de identidad	identity card
tarjeta f de presentación	visiting card
tarjeta f de visita	visiting card
tarjeta f inteligente	smart card
tarjetahabiente mf	card holder
tramitación f R3/2	processing
tramitar una venta R3/2	to deal with a sale

Policía / Police

averiguar el paradero de	to establish the location/whereabouts of
comportamiento m reincidente	reoffending behavior
dactiloscopia f R3/2	fingerprinting
dar el visto bueno	to give the go-ahead
desaparecido m	missing person
despistar a la policía	to shake off the police
expediente m	dossier, file
hacer pesquisas	to search
huellas fpl dactilares	finger prints
ilícito	illicit, illegal
lícito	legal
mandos mpl policiales	police chiefs
niños reportados como extraviados M	children reported missing
orden f de arresto	arrest warrant
orden f judicial	court order
pasma f R1	cops
persona f cuyo paradero se desconoce	person whose whereabouts are unknown
poder m discrecional R3/2	discretionary powers
razzia f A	raid, swoop
reincidencia f	*(act of)* reoffending, recidivism
reincidir	to reoffend
Se desconoce el paradero de	The whereabouts of... are not known
tolete m R3 M	billy club, truncheon
trena f R1	can, slammer

Malhechor / Offender

alcahuete m R3/2	go-between, procurer
amañador m R1	fixer
amañar R1	to fix, to rig
amaño m R1	rigging, fixing
bellaco m R3	rogue
bribón m R1	rascal, rogue
burdel m	brothel
capo m de la droga M	drug baron
casa f de putas R1	brothel
celestina f	madame
chantajista mf	blackmailer
chulo m R1	pimp
coima m R2/1 A	bribe
condenado m	convicted offender
culpable mf	guilty person
encubridor m	receiver of stolen goods
estafador m	swindler
extorsionador m	extortionist
extorsionar	to extort
follón m R1	ruckus, commotion
follonero m	troublemaker
foto-robot f	photofit picture
gán(g)ster m	gangster

golfo m	bum, lout
gorila m R1	thug
homicida mf	murderer
infractor m	offender
macarra m R1	thug, lout
mafioso m	mafioso type
maleante mf	criminal
malvado m	evil man
matador m	killer
matón m	thug
perjuro m	perjurer
pillín m	rogue
pillo m	rogue
piruja f R1 M	hooker, prostitute
pistolero m	gunman
presidiario m	convict, prisoner
puta f R1	hooker, prostitute
ramera f R1	hooker, prostitute
reo m	convicted offender
sinvergüenza mf	crook, shameless person
timador m	swindler
tiro m	shot *(from a gun)*
transgresor m R3	transgressor
violador m	rapist
zorra f R1	hooker, prostitute

Delitos / Offenses

abuso m (sexual) infantil / de niños	(sexual) abuse of children
aceitar R1 A	to bribe
acopio m de armas	arms cache
acto m vandálico	vandalism
afanar R1	to steal, to nick
agredir R3/2	to attack, to mug
agresión f	aggression, assault
alijo m de armas	arms cache
alta traición f	high treason
andar metido en trapicheos R1	to get mixed up in shady dealings
apropiarse de R3/2	to appropriate
arreglo m ilícito	illegal arrangement
bajo mundo m M	underworld
birlar R1	to steal, to swipe
blanquear el dinero	to launder money
blanqueo m de dinero	money laundering
bronca f R1	quarrel
camorra f	fight, quarrel
cartel m de drogas	drugs cartel
chantaje m	blackmail
chorear R1	to steal, to swipe
choricear R1	to steal, to nick
coche m bomba	car bomb
contrabando m	smuggling
cristalazo m M	smashing of window *(to steal)*
delito m mayor	serious crime
encubrimiento m	receiving of stolen goods
falsificación f de moneda	money forgery
fechoría f R3	misdeed
fraude m	fraud
hacer un chanchullo R1	to get involved in shady dealings
homicidio m (involuntario)	(unintentional) homicide, (manslaughter)
hurto m R3/2	theft
impostura f R3/2	imposture
infringir la ley	to break/infringe the law
lavado m de dinero	money laundering
lavar el dinero	to launder money
malversación f	misappropriation *(of funds)*
malversar	to misappropriate
mangar R1	to swipe, to nick
mordida f R1	bribe
navaja f (automática)	switchblade, flick knife
navaja f de resorte M	switchblade, flick knife
negocio m turbio	shady dealings
patio m de Monipodio R3	underworld *(Monipodio is one of Cervantes' characters)*
peculado m M	embezzlement
perjurio m	perjury
rapto m R3	kidnapping
rescatar	to rescue
rescate m	rescue, ransom
riña f	quarrel

robo m con violencia	robbery with violence
robo m con violencia M	robbery with violence *(can often suggest only break-in)*
secuestro m	kidnapping
sisa f	petty theft, pilfering
sisar	to swipe, to diddle
trapichear R1	to have shady dealings
trapicheo m R1	shady dealings
zulo m	cache *(of arms, drugs)*

Hacer daño a una persona / to harm a person

abofetear	to slap
acabar con	to finish off
acuchillar	to knife
ahorcar	to hang
aporrear R1	to batter
atentar contra la vida de	to make an attempt on *(a person's)* life
azotar	to whip
bofetada f	slap
cargarse R1	to bump off
carnicería f	slaughter
cepillarse R1	to bump off
chingadazo m R1* M	bang, thump
degollar	to slaughter
degüello m	slaughter
dejar frito R1	to kill
desollar R3	to flay
eliminar	to eliminate
envenenar	to poison
escabechar R1	to slaughter
estrangular	to strangle
exterminar	to exterminate
exterminio m	extermination
flagelar R3	to scourge, to flagellate
golpazo m R1 M	blow
golpe m	blow, bang
golpear	to hit, to strike
golpetazo m R1	heavy blow
hacer daño a	to hurt, to harm
herida f	wound, injury
herir	to wound, to harm, to injure
hostia f R1*	punch, smack *(in face)*
linchar	to lynch
liquidar	to liquidate
malos tratos mpl R3/2	ill-treatment
maltratar	to batter, to ill-treat
mamporro m R1	punch, bang
masacre f	massacre
matanza f	massacre
matar a puñaladas	to knife *(and kill)*
matar a tiros	to shoot down
mazazo m	blow with a cudgel
pegar	to strike, to hit
perjudicar	to harm, to hurt
porrazo m	blow with a truncheon
puñetazo m	punch
rajar R1	to knife
rematar	to finish off
tundir R3	to thrash
vapulear	to beat, to thrash

Ejercicios / Exercises

Nivel 1 / Level 1

1. (a) ¿Cuál es la diferencia entre los vocablos de las siguientes parejas o grupos de palabras?

acera/arcén, calzada/carril, esquina/rincón, farol/farola, alcázar/alcazaba / castillo, calle/callejuela / paseo, entrada/billete, reja/verja, ayuntamiento/diputación, cruce/ encrucijada / glorieta/rotonda, ciudad/pueblo / urbe/villa, circulación/tráfico/tránsito, barrio/suburbio / arrabal, cuneta/foso, extranjero/forastero, casa/caserío / casona

(b) Construye frases para ilustrar la diferencia de uso entre estas palabras

2. (a) Encuentra dos sentidos de los siguientes vocablos

almacén, andén, biblioteca, bolsa, calle, capital, casco, estación, estadio, lonja, manzana, muelle, plaza, población, vecino

(b) Construye frases para ilustrar el sentido de estos vocablos

3. (a) Define los siguientes vocablos

alcalde, bombero, concejal, edil, funcionario, policía, educación, higiene, limpieza, saneamiento, seguridad, tráfico, acera, alcantarillado, alumbrado, calzada, edificio, parque, asistencia, cultura, deporte, ecología, transporte, tributos

(b) Construye frases con los vocablos anteriores

4. ¿Qué vocablo no corresponde en su serie? Explica por qué el vocablo no cuadra
Ejemplo: farol, farola, lámpara, *portalámparas*, reflector

i. arrabal, afueras, alrededores, casco viejo, cercanías, extrarradio
ii. hipódromo, velódromo, alcaldía, estadio, ruedo
iii. pavimento, firme, cuneta, carril, calzada
iv. surtidor, taza, adoquín, estanque, charco
v. municipal, urbano, oficial, particular, comunal
vi. turista, extranjero, forastero, vecino, guiri (R1)
vii. agolparse, apiñarse, extraviarse, atropellarse, juntarse
viii. adoquinar, pavimentar, enramar, alquitranar, empedrar, asfaltar

(Se encuentra la solución en Internet)

5. (a) ¿Quién vive en, u ocupa normalmente, los siguientes edificios?

retén, comisaría, cuartel, cárcel, asilo, manicomio, matadero, bolsa, lonja, colegio, mesón, hostal, gabinete, pensión, casino, parador

(b) Construye frases para ilustrar el uso de los vocablos que describen a estos ocupantes

6. (a) Encuentra vocablos que se usan con los siguientes adjetivos

accesible, amurallado, animado, atestado, bullicioso, callejero, comercial, concurrido, engalanado, entretenido, festivo, frecuentado, gratuito, industrial, municipal, oficial, particular, populoso, prohibido, público, renombrado, risible, urbano

(b) Construye frases para ilustrar el uso del sustantivo calificado del adjetivo que elijas

7. (a) Relaciona los vocablos de A con los de B para formar una expresión

A doblar, prohibido, tirar, se alquila, se vende, a medio, a lo largo de, ir, seguir, recorrer, calle, casco, carretera, jardín, casa, callejón, por todas, barrio, plaza, paseo
B razón, marítimo, antiguo, general, público, consistorial, sin salida, partes, chino, de la calle, mayor, fuerte, esquina, fijar carteles, por la derecha, peatonal, la ciudad, todo recto, de veraneo, la alameda, camino, piso

(b) Cuando hayas encontrado la expresión haz una frase para ilustrar su uso

8. (a) Explica el sentido figurado de las siguientes locuciones

el otro barrio	hacer puente
mandar a paseo	marcarse un farol
¡Qué adoquín! no entiende nada	Todo es teatro
dar el paseo	coche de cine
autopista de la información	cruce de dos animales
poner en la encrucijada	ser de la otra acera
hacer la plaza	de vía estrecha
hacer castillos en el aire	poner los cinco sentidos
ciudad satélite	curvas de una chica
banco de datos	dar un mal paso

(Se encuentra la solución en Internet)

(b) Construye frases para ilustrar el uso de estas locuciones

9. (a) Describe la función de las siguientes "casas"

casa de salud / de la moneda / de citas / de Dios / de Tócame Roque / consistorial / de empeño / de la villa / de correos / rural / solariega / de socorro

(b) Construye frases para ilustrar el uso de estas "casas"

10. Explica el significado de las siguientes expresiones:

andar a la greña	echar a la calle
andar de coronilla	tirar por la calle del medio
andar de boca en boca	echarse a la calle
andar en boca de todos	estar al cabo de la calle
andar de Herodes a Pilato	estar en la calle
andar a lo suyo	hacer la calle
andar en lenguas	llevar por la calle de la amargura
andar con ojo	llevarse de calle
andar manga por hombro	poner en la calle
andar muy bruja (M)	poner en las puertas de la calle
andar en juego	

11. (a) A continuación se presenta una lista de sinónimos de *ir(se)*. Clasifícalos según su registro (R3, R2, R1) y encuentra una traducción para cada uno

ir(se), ponerse en marcha, tirar, pirarse, marcharse, zarpar, poner pies en polvorosa, picárselas (A), levantar el vuelo, encaminarse, largarse, tomárselas (A), desplazarse, trasladarse, acudir, dirigirse, transitar, pirárselas

(b) Construye frases para ilustrar el uso de cada sinónimo que se correspondan con el registro

12. ¿Hasta qué punto son intercambiables los siguientes sinónimos? Pon ejemplos

ponerse en marcha, largarse, desplazarse, transitar, acudir

13. (a) ¿Qué entiendes por las siguientes expresiones?

ciudad deportiva/dormitorio/sanitaria/satélite/universitaria / gas ciudad

(b) Construye frases para ilustrar su uso

14. Traduce al español

i. In math(s), she's a long way ahead of the rest of the class
ii. Holiday planning for Mexico suits me perfectly
iii. Investing like that is the road to ruin
iv. We must pursue other avenues if we wish to succeed
v. At last we've turned the corner
vi. She adores debating in public arenas
vii. It's all on the information superhighway
viii. After those results, we're going to paint the town red
ix. It was a last ditch attempt to rescue the economy
x. She'll have to be careful if she crosses my path

(Se encuentra la solución en Internet)

15. (a) Vives en Madrid / Ciudad de México / Nueva York. Estás en el Paseo de la Castellana / la Plaza de las Tres Culturas / Broadway. Un forastero se te acerca y pregunta por la Plaza Mayor / la Estación Principal / la Quinta Avenida. Por medio de un plano le enseñas el camino. Dramatizad/dramaticen (M) la escena (Si no dispones de un plano de Madrid, es casi seguro que la biblioteca tendrá uno)

(b) Llegas a la estación de Metro de Méndez Álvaro. Te presentas al despacho de billetes. Compras un billete para ir al aeropuerto de Barajas. Pero no conoces bien el Metro. Pides al encargado que te explique como llegar a tu destino. Describe la conversación. (Busca un plano del Metro de Madrid en la biblioteca). Si prefieres una estación de la Ciudad de México o de Buenos Aires, se aplica el mismo ejercicio, cambiando el nombre del aeropuerto

16. Las calles céntricas de un pueblo acaban de sufrir inundaciones y la administración municipal monta una operación para limpiarlas. Aprovechando el vocabulario que aparece abajo, describe las gestiones que tiene que hacer el alcalde con su equipo para hacer frente al problema

riada, inundación, derrumbamientos, caída de postes/árboles, coordinación, rescate, helicóptero, bomberos, voluntarios, refugio, salvamento, hospital de campaña, emergencia

17. (a) Lee atentamente el texto siguiente y explica el sentido de los vocablos en itálica

La ciudad no llega al medio millón de habitantes, está situada en un *amplio valle* en la confluencia de tres ríos, por lo que no es de extrañar que tenga periodos de nieblas intensas, especialmente en torno a la Pascua. Situada en un magnífico *nudo de comunicaciones*, a ello debe, en parte, su *auge* a partir de los años cincuenta.

El *enrevesado trazado de su casco histórico* no fue especialmente mejorado en los años del desarrollismo de los setenta, en que se construyó desordenadamente en muchos lugares, *sin orden ni concierto*. En los ochenta se hicieron proyectos urbanísticos *de envergadura* que hoy son el orgullo de la *urbe*. Los parques y jardines se multiplicaron, se remodelaron las plazas, las *zonas peatonales* crecieron por doquier, con abundancia de bancos para deleite de los *jubilados* y descanso de las mamás con niños pequeños, en fin, la ciudad se hizo más humana por lo que no es de extrañar que los alcaldes repitieran su mandato varios periodos consecutivos, aunque remodelaran de vez en cuando el *equipo de concejales*, merced al cansancio o a algún escándalo, porque ya se sabe, tanto en política municipal como en la regional o nacional siempre tiene que haber algún *aprovechado*, sea del partido que sea.

M.A.S.

(b) Responde en español, tres al menos, de las siguientes cuestiones

i. Con ayuda de un plano de una ciudad explica la estructura del propio plano como elemento gráfico: la escala que tiene, orientación, divisiones por sectores o casillas, significado de colores y simbología
ii. Con plano en mano explicar a un compañero la distribución de la ciudad; calles principales; casco antiguo; barrios periféricos; líneas principales de transporte; vías de entrada y salida más importantes de la población; accesos a puertos, aeropuertos y estaciones
iii. Describir el sistema de comunicaciones de una ciudad con diversos medios de transporte público
iv. ¿Qué significa *perder el tren*, en sentido figurado?
v. Explica a los compañeros cuántos parques conoces, cómo son y cómo llegar a ellos
vi. Si has pensado en parques de bomberos, escribe la función de un bombero durante un fuego
vii. Describe someramente las funciones de un policía
viii. Explica los medios con que cuenta normalmente un servicio público de limpieza para mantener limpia la ciudad
ix. Escribe, a grandes rasgos, el cometido de los ediles de un ayuntamiento
x. Explica un antiguo dicho madrileño (algo pretencioso, seguramente) "¡De Madrid, al Cielo!"

Nivel 2 / Level 2

1. (a) Encuentra dos significados de los siguientes vocablos. Algunos de estos vocablos se pueden encontrar en el vocabulario de nivel 1

anuncio, atracar, bando, bomba, cabo, circo, control, cuartel, denunciar, dirección, intervenir, manifestación, parroquia, red, registrar, rescate, surtidor, tráfico, violación, vulgar

(b) Construye frases para ilustrar el uso de estos sentidos

2. (a) ¿Cuál es la diferencia entre los vocablos de las siguientes parejas o grupos de vocablos?

alcaide/alcalde, alcantarilla/alcantarillado, barrendero/basurero, basura/vertidos, billete/entrada, cárcel/celda/calabozo, cobrador/conductor/inspector, comensal/contertuliano, cortejo/desfile, feria/verbena, fonda/mesón, guarda/guardia, indagaciones/pesquisas, muestra/placa, multa/pena, parada/paro, policía/guardia civil, preso/prisionero, viajante/viajero, venta/parador

(b) Construye frases para ilustrar las diferencias

3. La siguiente lista contiene una serie de sinónimos relacionados con *fiesta*. Explica diferencias entre ellos. En algunos casos, se asemejan tanto que puede ser difícil precisar diferencias. Haz comentarios sobre los problemas que acarrea el intento de encontrar diferencias entre estos sinónimos

celebraciones, diversiones, festejos, festival, festividades, fiesta, guateque, regocijo(s), romería, verbena

(Se encuentra la solución en Internet)

4. (a) Describe las actividades de los siguientes personajes o grupos asociados con el circo o la diversión al aire libre

acróbata, adivino, charlatán, domador, equilibrista, payaso, pirotécnico, prestidigitador, titiritero, trapecista, tuna, ventrílocuo

(b) Ciertos diccionarios traducen *tightrope walker* por *alambrista*, *equilibrista*, *funámbulo* y *volatinero*. Encuentra el sentido preciso de cada vocablo y explica matices si los hay

(c) Ciertos diccionarios traducen *magician* por *ilusionista*, *mago* y *prestidigitador*. Encuentra el sentido preciso de cada vocablo y explica matices si los hay

5. (a) Encuentra los adjetivos y verbos (si hay) que están etimológicamente relacionados con los siguientes sustantivos

administración, animación, cárcel, circo, estado, feria, gestión, gracia, integridad, justicia, ley, municipio, policía, pueblo, responsable

(b) Construye frases para ilustrar el uso tanto de los adjetivos como de los verbos

6. (a) Pon los siguientes vocablos que son sinónimos de *malhechor* en el tablero

asesino, atorrante (A), atracador, camello, chantajista, chulo, delincuente, encubridor, estafador, follonero, forajido, golfo, macarra, malandra (A), maleante, malvado, perista, pistolero, reo, sicario, violador

Elevado	Estándar	Coloquial

(Se encuentra la solución en Internet)

(b) Construye frases para ilustrar el uso de estos vocablos. No olvides adaptar la frase al registro

7. (a) Explica el sentido de las siguientes expresiones que están asociadas con actividades policiales

inseguridad ciudadana	sector ultra
someter a un cacheo	huella dactilar
incurrir en alta traición	pagar un rescate
llevar las diligencias	tirador de élite/elite
ajuste de cuentas	piso franco
presunto criminal	valija diplomática
atraco a mano armada	pasar a disposición judicial
bomba de relojería	efectuar una redada
incautarse de un alijo	masificación de las ciudades
intervenir en manifestaciones	robo con violencia

(b) Construye frases para ilustrar el uso de estas expresiones

8. (a) Explica la actividad de cuatro de los siguientes trabajadores (uno de cada grupo)

guarda forestal/jurado
guardia civil / de corps/ marina / municipal / pretoriana / de prevención / urbana
policía antidisturbios/gubernativa/judicial/militar/municipal/nacional/secreta
vigilante jurado

(b) Traduce al inglés las siguientes expresiones

acatar la ley	defender a capa y espada
Prohibido fijar carteles	luchar con uñas y dientes
declarar una defunción	¡A mí que me registre!
montar la guardia	cubrirse las espaldas
desvalijar la casa	atacar los nervios
poner una multa	acometer con dinero
cumplir el reglamento	arremeter al trabajo
pasaporte en regla	dale que te pego
regla de oro	crónica negra
cine negro	economía negra

9. (a) Relaciona los verbos en A con los sustantivos en B para formar una expresión

A recorrer, cruzar, extraviarse, orientarse, enseñar, ensanchar, pasear, chocar, asfaltar, regar, agolparse, derribar, resbalar, caerse, comprar, remozar, caminar
B hielo, peatón, hoyo, centro comercial, derecho, fachada, entrada, coche, calzada, césped, ciudad, bosque, carretera, forastero, calle, encrucijada, barrio viejo

(b) Cuando hayas encontrado las expresiones construye frases para ilustrar su uso

10. (a) Explica el sentido figurado de las siguientes locuciones

Fue un éxito bomba
pasarlo bomba
estar echando bombas
estar bomba
caer como una bomba
ser una bala
tirar con bala
Donde pone el ojo pone la bala
salir el tiro por la culata
estar a tiro de piedra
ir de tiros largos
matar dos pájaros de un tiro
no ir por allí los tiros
tiro de gracia
a tiro hecho
sentar como a un Cristo un par de pistolas
estar cañón
pasarlo cañón
herida de arma blanca
un tiro de cuatro caballos

(b) Construye frases para ilustrar el uso de estas locuciones

11. Traduce al español

bomb site/shell, bomber, bombardier
crime of passion, crime wave
gunboat diplomacy, fight, fire, man, powder, running, shot, slinger, smith
police dog, procedure, state, station
policewoman

12. (a) Relaciona el vocablo de A con el de B para hacer una expresión

A recrudecimiento, colocar, daños, intento, clima, comando, piso, seguridad, lucha, carga, alambrada, asestar, red, pequeño, incautarse, someter, represión, capucha, manifestación
B goma 2, negro, policial, pesquisa, heroína, estafador, puñaladas, electrificado, prostitución, antiterrorista, interno, callejero, Estado, franco, sanguinario, miedo, asesinato, materiales, coche-bomba, violencia

(b) Cuando hayas completado la expresión construye frases para ilustrar su uso

13. Juego de rol

(a) El 12 de octubre se celebra el Día de la Hispanidad. Es día festivo y sois/son (M) ocho en decidir montar una fiesta en vuestra residencia. Elegís/Eligen (M) un tema como, por ejemplo, la llegada de Cristóbal Colón a América Central. Con ayuda de libros de historia, presentáis/presentan (M) una escena callejera en torno al desembarco

(b) Para las fiestas del barrio, un equipo de ocho miembros se encarga de engalanar las calles. Habláis/Hablan (M) de todas las medidas necesarias para adornar las calles, incluyendo el permiso solicitado al ayuntamiento y la policía
En los dos casos preparad/preparen (M) el juego para la próxima semana
Si preferís/prefieren (M) celebrar el Día de la Raza en México, es aceptable. (a) y (b) se aplican igual

14. Formas parte de una Brigada de Estupefacientes. Localizáis/Localizan (M) a una banda de traficantes. Entráis/Entran (M) en su casa para efectuar una detención. Describe la acción de la entrada y el arresto de los malhechores

15. Traduce al español

The hotel was inaugurated by His Majesty the King on October 2, 1910, thus providing the country with one of the most outstanding hotels in the world. Situated in the center of the city, it is surrounded by the well-known Retiro Park, the incomparable Prado Museum, and the Stock Exchange building.

It is the aristocrat of European hotels which combines the highest level of personal service with unparalleled furnishings, offering its guests an elegant and friendly atmosphere, together with modern facilities required of a top-class luxury hotel.

The several hundred rooms and suites, individually and tastefully decorated with antique furniture and deep-piled carpets, are equipped with satellite color television with hand set, private telephone, hair drier, and numerous other luxury services.

16. Traduce al español

i. The anti-drug squad burst into the building, arrested three drug dealers, carried out a thorough search of the premises, found a cache of drugs and confiscated all the weapons
ii. He was taken to court on charges of corruption and armed robbery following a tip-off from an informer
iii. The espionage service put a tail on the double agent and had him arrested before he could alert the mole
iv. The murder was interpreted as a settling of old scores, and the forensic scientists were called in for DNA tests
v. Anti-riot police charged the demonstrators, piled them into a prison van, then took them off to the police station for further questioning
vi. He would have been extradited on the rape charge but a loop-hole in the law held up the proceedings so he stayed in custody in the States
vii. At police headquarters they had set up a phone tapping system which enabled the security forces to listen to the terrorists planning their next bombing campaign
viii. The judge issued a warrant for her arrest, so she ended up facing a list of charges which included gunrunning, bribery, and blackmail of a senator involved in shady financial dealings as well as a sex scandal
ix. The gangsters were riddled with bullets as they tried to make their getaway from a hold-up at the bank
x. A leading industrialist had been kidnapped, and an enormous ransom was being demanded, but the police inspector advised playing for time

(Se encuentra la solución en Internet)

17. Lee el artículo sacado de un periódico mexicano y, a continuación, contesta a las preguntas

Incautan un arsenal en Sinaloa

Un arsenal compuesto por tres rifles y dos pistolas, así como seis cargadores abastecidos, 70 cartuchos útiles para calibre Ar 15, seis teléfonos celulares y dos camionetas blindadas, fue incautado por elementos de la Base de Operación Mixta, en las cercanías del poblado Santa Cruz de Alaya, en un operativo donde seis presuntos narcotraficantes lograron huir.

Los delincuentes, al verse acosados por dos puntos, abandonaron sus vehículos, con tres armas de fuego automáticas, dos pistolas, dos bolsas con cartuchos útiles, seis celulares, una *libreta electrónica, chalecos anti-balas, con logotipo de las corporaciones policiacas.*

El jefe de la Policía Ministerial del Estado expuso que el caso fue turnado al agente del Ministerio Público federal, puesto que hubo decomiso de armas de fuego y algunas porciones de mariguana. Comentó que los agentes ministeriales que participan en la Base de Operación Mixta reportaron que los seis hombres que viajaban en las dos camionetas, descendieron rápidamente de las unidades al verse perseguidos y se internaron entre el monte, por lo que éstos son aún buscados en varios puntos de la sindicatura de las Tapias, ante la presunción de que se trate de pistoleros de algunos de los cárteles de la droga.

También dio a conocer que en una de las camionetas se localizaron cuatro controles eléctricos de portones, al parecer de casas de seguridad de estos presuntos narcotraficantes, así como un localizador, por lo que se trata de establecer la propiedad de ambas unidades y los registros de los seis teléfonos celulares.

El Universal, 21 de octubre, 2001

(a) Da un resumen en cien palabras del texto anterior

(b) Hay en el texto varios vocablos que no se asocian con el léxico de España. Encuéntralos. ¿Cuál sería su equivalente en España?

(Se encuentra la solución en Internet)

(c) Imagínate jefe de policía a quien le corresponda buscar y capturar a algunos delincuentes. Describe los pasos que darías para localizarlos y detenerlos.

Nivel 3 / Level 3

1. (a) Encuentra dos sentidos de los siguientes vocablos. Algunos de estos vocablos se encuentran en los vocabularios de los niveles 1 y 2

circo, farol, rifa, reja, escudo, hacienda, payaso, ruedo, corrida, exposición, tienda, turba, diana, puesto, tiro, verbena

(Se encuentra la solución en Internet)

(b) Construye frases para ilustrar estos sentidos

2. (a) ¿Cuál es la diferencia entre los vocablos de las siguientes parejas?

carpeta/archivo, concejal/consejero, conducción/conducto, consistorio/cabildo, control/revisión, despacho/oficina, ficha/fichero, jefatura/comandancia, municipio/municipalidad, papeleo/papelera, policíaco/policial, testamento/testimonio

(b) Construye frases para ilustrar la diferencia entre los vocablos de estas parejas

3. (a) Encuentra los verbos y adjetivos (si hay) que estén etimológicamente relacionados con los siguientes sustantivos

aglomeración, almacén, ayuntamiento, calle, calzada, catedral, censo, cercanías, edificio, iglesia, muralla, restaurante, suburbio, vecino, urbe

(b) Construye frases con los verbos y adjetivos para ilustrar su uso

4. (a) ¿Qué entiendes por las siguientes locuciones?

no dejar títere con cabeza	estar preso en el engranaje
hacer el artículo	pillar desprevenido
tocar muchos registros	días de vigilia
ser el farolillo rojo	echar con cajas destempladas
marcarse un farol	gastar sin tasa
barrer para casa	enseñar las cartas
ideas de bombero	ordeno y mando

(Se encuentra la solución en Internet)

(b) Construye frases para ilustrar el uso de estas locuciones

5. Elige tres expresiones de cada grupo y explica su uso. En todos los casos, escribe una frase para mejor ilustrar el sentido de cada expresión

zona abisal / ajardinada / catastrófica / de castigo / de ensanche / de libre comercio / erógena / glacial / industrial / militar / peatonal / tampón / templada / tórrida / verde
propiedad horizontal/industrial/intelectual; en propiedad, cámara de la propiedad
orden natural/público/corintio/jónico/sacerdotal; hombre de orden, en orden a, sin orden ni concierto, estar a la orden del día

6. (a) Relaciona los vocablos de A con los de B para completar una expresión

A suministro, cumplir, levantar, poner, desvalijar, acatar, juegos, restallo, descorchar, pagar, feria, gigante, parada, barraca, tío, varita, trámites, luz, adivino, hacienda, libreta, albricias
B ahorros, sonido, aguas, público, escote, muestras, reglamento, sesión, mágico, colgaduras, feria, discrecional, gordo, conocimiento, casa, ley, malabar, látigo, vivo, ahorro, botella, burocrático

(b) Cuando hayas completado las expresiones, construye frases para ilustrar su uso

7. (a) ¿Qué se celebra durante las siguientes fiestas religiosas?

Adviento, Anunciación, Ascensión, Cuaresma, Difuntos, Domingo de Ramos, Domingo de Resurrección, Epifanía, Martes de Carnaval, Miércoles de Ceniza, Navidad, Nochebuena, Pentecostés, Ramadán, Sábado Israelita, San Juan, Semana de Pasión, Semana Santa, Todos los Santos, Trinidad, Viernes Santo, Visitación, Reyes

(b) Elige una de estas fiestas y describe como una familia de cultura hispánica respeta esta fiesta, recalcando las actividades a las cuales se entrega

8. (a) Eres inspector/a de una red hotelera en España, Argentina o México. Estás encargado/a de la redacción de un tablero que incluye las instalaciones generales de los hoteles, la relación calidad–precio, la acogida, el confort, servicio, limpieza y mantenimiento, cocina, cambio de moneda, salas de convenciones, fotocopiadoras, vídeo/video (A/M) y, el número de coronas o estrellas que reflejan estos servicios

(b) Un sindicato convoca una manifestación en la plaza mayor de un pueblo. Al alcalde le corresponde convocar una reunión para tomar las medidas necesarias para que todo discurra con calma

Escribe un posible diálogo entre el alcalde y los responsables de la seguridad ciudadana. Ten en cuenta a los jefes de la policía, del hospital, del cuerpo de bomberos, de la limpieza y gente que vela por la seguridad de la manifestación

9. (a) Lee atentamente el siguiente texto anotando los vocablos y expresiones que te parezcan interesantes

Esto de las vacas locas nos ha sacado a todos de quicio. Dicen las consejas que no hay mal que cien años dure. Con tal consuelo nos enfrentamos con multitud de restaurantes, que merced a una campaña desorbitada de algunos medios de difusión, nos ofrecen la chuleta sin hueso, han desterrado el sabroso guiso de rabo de toro, nos ofrecen carne de la más variopinta fauna, y al final carne sin grasa, sin nervio, seguramente sin carne. Las hamburguesas están desterradas y el solomillo en la picota. Ya no conocemos los animados restaurantes de hace un par de meses. Cuando comemos carne, algunos clientes conversos al vegetarianismo combativo nos miran con horror cuando hincamos el diente en un suculento filete, mientras deshojan la margarita de unos pepinillos cortados en finas rodajas, adornados con dos o tres granos de maíz de tísico aspecto y un par de espárragos sin mayonesa perdidos en un plato descomunal, que más parece un castigo que una comida decente, digna de una persona honrada.

El caso es que desde comienzos de la década de los sesenta, la oferta culinaria madrileña no ha dejado de evolucionar. Convertida en urbe postmoderna, cosmopolita, castiza y europeísta, Madrid ofrecía un mosaico de alternativas gastronómicas que desbordaban las previsiones. Como capital de moda y avanzadilla de la cultura española, la ciudad demostraba un dinamismo pujante. Ahora la carne ha hecho agua, esperemos no se venga a pique la ganadería con todo este batiburrillo que algún listillo ha organizado.

Menos mal que Madrid, en cuanto a la gastronomía del pescado es primer *puerto seco* de España y quizá de Europa, presta devoción reverente a la cocina del mar. Ciertos restaurantes de moda, en los que se ofertan cogotes de merluza, besugos y rodaballos a la brasa. El buey de mar, la cigala, la ostra, el centollo, los chipirones y las nécoras quizá nos hagan olvidar el desasosiego de tener la carne en cuarentena.

M.A.S.

(b) Construye frases con las anotaciones del apartado anterior

(c) Encuentra sinónimos de *evolucionar*, *pervivir*, *puñado*, *ebrio*, *convertir*, *restaurante*, *clientela*

(d) Construye frases para ilustrar el uso de estos sinónimos

(e) Encuentra vocablos que tengan la misma raíz etimológica que *restaurante*, *rendir*, *carne*, *delectación*

(f) Construye frases para ilustrar el uso de estos vocablos

(g) ¿Por qué *credenciales* **es un vocablo femenino?**

(h) ¿Cuál es la diferencia entre *ofrecer* **y** *ofertar***?**

(i) El autor escribe con cierto tonillo de ironía. Busca ejemplos de esta ironía

(j) Escribe un resumen en cien palabras del texto

10. Debate para preparar en clase la próxima semana

i. ¿Cuál de los dos, la feria o el circo, tiene más atracción para los niños?
ii. Navidad o Reyes, ¿cuál es la mejor época para ofrecer regalos a los niños? Hay que entender que la época tradicional es Reyes, pero cada vez más se impone, bajo presión comercial, Navidad. Y claro está, los niños no pueden aprovechar tanto sus regalos el 6 de enero, ya que se aproxima el regreso al colegio

11. Traducir al español

i. We'd like a double room with two single beds, an en-suite shower, facilities for boiling water and a plug for a shaver and hair drier
ii. I'd be grateful if you could put this baggage in the service lift and have sent up any brochures on late dining
iii. She's going to make a complaint to the management, for the bed springs creak, the shower just won't stop dripping, and the guest next door spends all his time gambling
iv. I informed them at reception, after I had paid with my credit card, that the meal was poor and tasteless, so they saw fit to reimburse me in cash for the whole meal
v. That's just what I'd expect from a 5-star hotel, complimentary champagne on arrival, top-quality service, helpfulness at every turn, exemplary cleanliness, a telephone system second to none, and even small details like shampoo sachets and bottles of scent
vi. Last week was a national holiday. Our town had the local traditional pilgrimage, lots of celebrations and parades, and all the streets were decked out in bunting
vii. The village really livens up at carnival time, what with floats, giant figures, and brightly colored girls led by the carnival queen
viii. The fair will take place along the promenade, and the attractions will include the big dipper, clay pigeon shooting, and all manner of sideshows
ix. The circus hit town and, before we knew it, the performers had camped on the open land in their horse-drawn caravans and wheeled the animal cages round in a circle, while the master of ceremonies even gave us a free puppet show in the street
x. Inside the big top, you heard the drums go crash, bang, wallop as the clowns jumped through hoops, acrobats leapt high in the air, the tightrope walker performed without a net, and the magician amazed the spectators with his disappearing tricks

(Se encuentra la solución en Internet)

12. (a) Lee atentamente el texto, anotando vocablos y expresiones relacionadas con paisaje, urbanismo, organización social y vivienda

Cuando volví a mi tierra, habían pasado más de veinte años. Era mi aldea un lugar que había conservado con tintes bucólicos en la neblina del recuerdo. Ahora, bajo el prisma del urbanita, el contraste era desalentador: todo me parecía pequeño, abandonado y sucio.

No pasaban de veinte las casuchas de piedra apiladas en torno a una iglesia de tejado cóncavo bajo el peso de los años. La Casa Consistorial, otrora para mí un gran edificio, no pasaba de ser un caserón medio derruido, de dos plantas, en cuya balconada ondeaban la bandera regional, la del lugar y la de la Unión Europea; estaba claro que la nacional no cabía.

Los charcos de la Calle Real eran los de mi niñez, enseguida recordé su posición y profundidad. Las farolas eran nuevas para mí, esbeltas, con una gran lámpara en el extremo, se curvaban por encima de la mayoría de los aleros. La carretera zigzagueaba entre las húmedas colinas difuminadas por la bruma tras el puentecillo berroqueño, que saltaba el arroyo. Acá y allá, se dibujaban parvos racimos de casitas pertenecientes a nuestra parroquia.

Al entrar en el bar, o por lo menos así rezaba el letrero del dintel, que era a un lugar angosto, mal ventilado y de escasa iluminación, me resultó muy difícil distinguir a los parroquianos, que eran más de los que yo hubiera imaginado. Unos jugaban la partida en una mesa, tres o cuatro mirones les contemplaban taciturnos y cinco o seis se acodaban en el mostrador comentando las incidencias del último partido.

Avancé un poco cohibido, pensando que me mirarían como a un intruso, un señorito de la ciudad que se había despistado e invadido su espacio vital.

–¡Hombre, el Monroy pequeño! – dijo un hombre más arrugado que una pasa de cuyo labio delfo colgaba una colilla apagada, volcado sobre un vaso de vino inconcluso protegido por sus sarmentosas manos.

Pues sí, yo era el hijo pequeño de Dimas Monroy. ¿Cómo me habría conocido aquel tío, tras veinte años sin verme? Era algo asombroso. Yo había salido a los diez años de mi terruño para ir interno a un seminario de frailes, que el Señor me perdone los berrinches que les hice pasar, hasta que se libraron de mí, ya mozo, sin hábitos y bastante tarambana.

Yo le miraba atónito. Sin comprender cómo me había conocido. Su cara no me sonaba de nada. No tenía ni idea de quién pudiera ser.

–¡No te despintas, muchacho! de tal palo tal astilla. ¡Tienes los mismos andares que el tuercebotas de tu padre!

M.A.S.

(b) Escribe una redacción de quinientas palabras sobre i o ii

i. Explica los posibles cambios que nota el hombre al volver al pueblo después de tantos años de ausencia

ii. Es muy posible que no haya habido cambios en el pueblo y que los cambios sean imaginados por el hombre que ha pasado veinte años fuera. Explica el contraste entre la expectación del hombre y la realidad que le rodea

(c) Imagínate el regreso, después de veinte años fuera, al pueblo y a la casa donde pasaste tu niñez y juventud. Describe la transformación tanto del pueblo como de tu percepción cambiante de la realidad

13. Estudia el artículo sacado de un periódico mexicano y contesta a las preguntas

Férreo cerco policiaco en el histórico inmueble

Un dispositivo de vigilancia y de control de protestas de grupos civiles cercó el castillo de Chapultepec desde la tarde del viernes para garantizar la seguridad de la crema de la riqueza de México que asistirá al espectáculo del inglés Elton John, este domingo . . .

Todavía la mañana de ayer se permitió trabajar a los vendedores de tortas, quesadillas, tacos y demás antojitos que son la delicia de las clases populares, en sus acostumbrados paseos de fin de semana en el legendario bosque.

Las salas del Museo Nacional de Historia y los salones y jardines del alcázar en que vivieron Maximiliano, Carlota, Porfirio Díaz y Carmen Romero Rubio, fueron cerrados al público sin previo aviso, lo que causó irritación entre los cientos de personas a quienes se frustró su visita . . .

En los anales del sitio histórico no hubo antes una velada de gala, como la que se anuncia para hoy, y que será de lanzamiento de la fundación altruista *Vamos México* que amadrina la primera dama, Martha Sahagún.

Desde las rejas exteriores del bosque se formó un primer cordón de seguridad militar que se ubicó en posiciones clave, como lo son las puertas de paseo de la Reforma y Chivatito . . .

Meseros, cocineros, técnicos estarán bajo la vigilancia y órdenes del Estado Mayor Presidencial, responsable de la seguridad del presidente Vicente Fox y su esposa Martha Sahagún.

La fortaleza sólo tiene un acceso y carece de instalaciones para dar servicios de cocina.

Familias que habían confirmado que el museo estaría abierto, consideraron una burla de la administración del sitio histórico que haya sido cerrado desde dos días antes.

"Emígrale, esta cerrado hasta el martes," le dijo un amigo a un alumno de la preparatoria La Salle del Pedregal, ubicada en Coacalco, estado de México.

"Que por razones de seguridad no nos dejaron entrar."

"¿Ya qué?"

"Pues vámonos a La Feria."

El Universal, 21 de octubre, 2001

(a) Haz un resumen del trozo en cien palabras
(b) ¿Dónde está el Castillo de Chapultepec?
(c) ¿Por qué tiene fama?
(d) Explica el sentido de: *tortas*, *quesadillas*, *tacos*, *antojitos.* ¿Cuál sería su equivalente en España?
(e) ¿Para qué sirve la ambigüedad de los vocablos *sitio histórico*?
(f) *Mesero* en México parece más lógico que *camarero* en España. Comenta la diferencia y explica la evolución histórica de las palabras
(g) ¿Quiénes eran Maximiliano, Carlota, Porfirio Díaz?
(h) Explica el sentido de *La Feria*

(Se encuentra la solución en Internet para b–h)

Unidad 7 / Unit 7

La Sociedad civil y religiosa / Social and Religious Life

Nivel 1 / Level 1

La vida de sociedad / Social life

General

abrazar	to hug, to embrace
abrazo m	hug, embrace
aburrido	bored, boring
aburrirse	to get bored
aceptar una invitación	to accept an invitation
acoger	to welcome
acogida f	welcome
acompañar	to accompany
actitud f	attitude
alta sociedad f	high society
amable	friendly
amistad f	friendship
apretar la mano a	to shake *(someone's)* hand
apretón m de manos	handshake
asistencia f	attendance
asistir a una reunión	to attend a meeting
áspero R3	sharp, surly
ayuda f	help
ayudar	to help
besamanos m R3	royal audience, formal hand-kissing
besar	to kiss
beso m	kiss
chiste m	joke
cita f	appointment, rendezvous
colega mf	colleague, friend
compañero m	companion
compañía f	company
conocer a una persona	to know a person
contacto m	contact
continente m R3	appearance
conveniente	proper, seemly
cortés R3/2	courteous
cortesía f R3/2	courtesy
dar los buenos días	to greet *(during the day)*
dar un beso a	to kiss
deber m social	social duty
dirigirse al público	to address the public / the audience
disculpar	to excuse
disculparse de	to apologize for
elegante	elegant
encontrar	to meet
encuentro m	meeting
entrevista f	interview
error m garrafal	monumental error
estar juntos	to be together
estar solito M	to be alone/lonely
estar solo	to be alone/lonely
excusa f R3/2	excuse
excusarse R3/2	to apologize
fama f	fame
fastidioso	annoying, tiresome
gente f	people

grosero	rude
hablar	to speak
hombre m de buen tono R3	man of good breeding
honor m	honor
humanidad f	humanity
humor m	humor
inclinarse	to bow
individuo m	individual
influencia f	influence
influyente	influential
intolerante	intolerant
intriga f	intrigue
invitar	to invite
llano	open, frank
malentendido m	misunderstanding
manía f	craze *(for something)*
meter la pata R1	to make an error, to put your foot in it
miembro m de un club	club member
molestar	to annoy, to trouble
molesto	troublesome, annoying
obligación f	obligation
Pase Vd.	Come in
pedir perdón (por)	to apologize (for)
platicar R3 (M = R2)	to talk, to speak
preguntar por una persona	to ask for a person
presentación f	introduction
presentar	to introduce
prestigio m	prestige
problema m social	social problem
promesa f	promise
recepción f	reception
recibir a invitados	to receive guests
recomendar	to recommend
regalar	to give, to offer as a present
regalo m	gift, present
relaciones fpl humanas	human relations
reputación f	reputation
rico	rich
rudo R3/2	rough, coarse
saludar	to greet
sarao m	evening party
Siéntese Vd. por favor	Sit down, please
sociable R3/2	sociable, convivial
sociedad f	society
tímido	timid
tolerante	tolerant
topar con un amigo	to bump into a friend
tosco	rough, unpolished
visita f	visit
visitar	to visit

Saludo y despedida / greeting and farewell

¡Adiós!	See you later! Goodby(e)!
¡Agur!	Goodby(e)!, So long!
¡Bienvenido/a!	Welcome!
¡Buen día! A	Good day!, Hello/Hi!
¡Buenas noches!	Good night!
¡Buenas tardes!	Good afternoon/evening!
¡Buenos días!	Good day!, Hello/Hi!
¡Bye! M	Goodby(e)!
¡Chau! A	Goodby(e)!
¿Cómo estás?	How are you?
¿Cómo te llamas / se llama Vd.?	What's your name?
¡Con mucho gusto!	With pleasure!
¡Cuídate!/¡Cuidaros!	Take care!
¡Cuídense! M	Take care!
¡De acuerdo!	Of course! OK!
¡Encantado/a!	Delighted! *(to know you)*
¿Está el Sr. Morales?	Is Mr. Morales there/in?
¡Hasta el lunes!	See you Monday!
¡Hasta la vista!	See you later!
¡Hasta luego!	See you later!
¡Hasta pronto!	See you later!
¡Hola!	Hello/Hi!
irse	to go away
llegar	to arrive
marcharse	to leave, go away
¿Me puedes hacer un favor?	Can you do me a favor?
¡Mucho gusto!	Good to meet you!
¡(Muy) buenas! R1	Hello/Hi!, Good day!

Nos vemos M	See you later
partir R3	to depart
¿Qué hay? R1	Hello/Hi!, What's up?
¿Qué tal?	How are you?

Justicia / Justice

(Ver Unidad 6: "Policía" y "Delitos" / See Unit 6: "Police" and "Offenses")

abogado m	lawyer
abuso m de confianza	breach of trust/confidence
acusación f	accusation
(el) acusado	(the) accused
acusar	to accuse
ahorcamiento m	hanging
amenaza f	threat
amenazar	to threat
banquillo m de los acusados	the dock
capellán m	chaplain
cárcel f modelo	model prison
castigar	to punish
castigo m	punishment
causa f (civil) R3/2	lawsuit
celda f	cell
cometer una infracción R3/2	to commit an offense
condena f	sentence
condena f condicional	conditional sentence
condenar a quince años de cárcel	to sentence to fifteen years' imprisonment
condenar a seis meses de prisión	to sentence to six months' imprisonment
confesar	to confess
confesión f	confession
confiscación f	confiscation
crimen m premeditado	premeditated crime
culpable	guilty
cumplir su condena	to complete your sentence
declararse inocente	to plead innocent
defender a un cliente	to defend a client
defensor m	defense counsel/lawyer
defensor m del pueblo	ombudsman
denuncia f pública	public report
deportar	to deport
desterrar	to exile
destierro m	exile
dictar una sentencia f	to pass a sentence
ejecución f capital R3/2	capital punishment
ejecutar	to execute
embargo m	seizure, sequestration
encuestas fpl policiales	police enquiries
entre rejas R1	behind bars
escapar(se)	to escape
estar condenado a muerte	to be sentenced to death
estar sujeto a una multa R3/2	to be subject to a fine
evidencia f	proof, evidence
examinar	to examine
exilio m	exile
expulsar	to expel
fallar a favor de	to rule in favor of
fallo m	ruling, judgment, verdict
fuerzas fpl del orden	police force
fusilar	to shoot
gracia f	clemency
ilegal	illegal
imparcial	impartial
indultar	to reprieve
indulto m	reprieve
informe m	report
injusto	unjust
inocente	innocent
íntegro R3/2	upright, honest
inyección f letal	lethal injection
juez mf	judge
juez m de instrucción	examining magistrate
juez m de paz	justice of the peace
juez m instructor	examining magistrate
jueza f	female judge

juicio m	trial
jurar	to swear
justo	just, fair
juzgar a un delincuente	to judge a criminal
legal	legal
letrado m R3	lawyer
magistrado m	magistrate
magistratura f R3	post of judge, magistracy
mazmorra f	dungeon
negar haber cometido el crimen	to deny having committed the crime
notario m	notary, solicitor
orden m público	public order
pena f capital	capital punishment
pena f de muerte	death penalty
perseguir	to hunt, to pursue, to persecute
picapleitos m	lawyer *(pejorative)*
pleito m	action, lawsuit
población f penal	penal population
prestar juramento	to swear an oath
procesamiento m R3/2	prosecution, trial
proceso m	trial
punición f R3	punishment
punir R3	to punish
sentencia f	sentence
sentencia f de muerte	death sentence
ser procesado	to be put on trial
silla f eléctrica	electric chair
sospecha f	suspicion
testigo mf	witness
togado m	lawyer
tribunal m	court
verdugo m	executioner
veredicto m	verdict

Religión / Religion

General

adventista mf del séptimo día	Seventh Day Adventist
agnóstico m	agnostic
Alá	Allah
anglicanismo m	Anglicanism
anglicano	Anglican
animismo m	animism
ateísmo m	atheism
ateo m	atheist
azteca	Aztec
bautista m	Baptist
brahmán m	Brahman
brahmanismo m	Brahmanism
budismo m	Buddhism
budista mf	Buddhist
calvinismo m	Calvinism
católico m	Catholic
católico m romano	Roman Catholic
chiíta mf	Shiite
confucionismo m	Confucianism
contrarreforma f	Counter-Reformation
conversión f	conversion
copto m	Copt
cristadelfianismo m	Christadelphianism
cristianidad f	Christendom
cristianismo m	Christianity
cristiano m	Christian
cuáquero m	Quaker
descreído m	skeptic
Dios m	God
doctrina f	doctrine
ecumenismo m	ecumenicalism
espíritu m	spirit
ético	ethical
fetichismo m	fetishism
fundamentalismo m protestante	Protestant fundamentalism
hinduísmo m	Hinduism
hugonote mf	Huguenot
ícono m R3	icon
ídolo m	idol
Iglesia f Reformada	Reformed Church
Inca mf	Inca
incaico	Incan
integrismo m islámico	Islamic fundamentalism
Islam m	Islam
islamismo m	Islamism
judaísmo m	Judaism
judío m	Jew
luteranismo m	Lutheranism
maya mf	Maya(n)
metodista mf	Methodist

moral	moral
mormón m	Mormon
mormonismo m	Mormonism
musulmán m	Muslim
paganismo m	paganism
pagano m	pagan
profano m R3/2	layman *(also adjective:* secular, profane*)*
protestante mf	Protestant
puritanismo m	Puritanism
rito m	ritual, rite
sacrificio m	sacrifice
secta f	sect
sefardí/sefardita m/f	Sephardi, Sephardic
suni mf	Sunni
tabú m	taboo
testigo mf de Jehová	Jehovah's Witness
vedismo m	Vedantism

Fe / faith

adoración f	adoration
alma f	soul
ángel m	angel
caridad f	charity
chamuco m R1 M	devil
cielo m	heaven
condenar al infierno	to condemn to hell
confesarse	to confess
credo m religioso	religious creed
creencia f	belief
creyente mf	believer
demonio m	devil
diablo m	devil
elegidos mpl	(the) chosen
elegir	to elect, to choose
esperanza f	hope
fe f	faith
felicidad f	happiness
fieles mpl	(the) faithful
hacer examen de conciencia	to examine your conscience
infiel mf	unbeliever
infierno m	hell
inmortalidad f	immortality
Juicio m Final	Final Judgment
milagro m	miracle
milagroso	miraculous
nirvana m R3	nirvana
ofrenda f	offering *(in church)*
¡Ojalá yo creyera!	Would that I believed!
oración f	prayer
orar R3	to pray
¡Oremos!	Let us pray!
padrenuestro m	Lord's Prayer
paraíso m	paradise, heaven
plegaria f	prayer
practicante mf	practicing *(Catholic/Protestant)*
profesión f de fe	profession of faith
purgatorio m	purgatory
religión f	religion
religioso	religious
revelación f	revelation
rezar	to pray
salvación f	salvation
santo m	saint
santo m patrón	patron saint
Si Dios quiere	God willing
veneración f R3/2	veneration

El clero en la iglesia cristiana / clergy in the Christian church

abad m	abbot
abadesa f	abbess
apóstol m	apostle
arzobispo m	archbishop
canónigo m	canon
capellán m	chaplain
cardenal m	cardinal
clérigo m R3/2	clergyman, cleric
clero m	clergy
cura m	priest
diaconisa f	deaconess
diácono m	deacon
discípulo m	disciple
eclesiástico m	ecclesiastic
evangelista mf	evangelist
fraile m	monk, friar
hermana f lega	lay sister
hermano m lego	lay brother
Madre f Superiora	Mother Superior
misionero m	missionary
monja f	nun
monje m	monk

obispo m	bishop
padre Juan (el) m	Father John
papa m	pope
párroco m	parish priest
pastor m	pastor
pope m R3/2	Orthodox priest
prelado m	prelate
religiosa f	nun
religioso m	religious person, member of religious order
sacerdote m	priest
sacerdotisa f	priestess
sacristán m	sacristan, verger
seminarista m	seminarist
Sumo Pontífice m R3	Supreme Pontiff

Varios/Other

Buda	Buddha
Gautama	Gautama
Imán m R3	Imam
Muecín m	muezzin
mufti m R3	Mufti
rabino m	Rabbi

Establecimientos religiosos / religious establishments

abadía f	abbey
alminar m	minaret
basílica f	basilica
bautisterio m	baptistery
cabildo m R3/2	chapter
capilla f	chapel
catedral f	cathedral
celda f	cell *(of monk)*
claustro m	cloister
colegiata f R3/2	collegiate church
convento m	convent
convento m de clausura	cloistered convent
ermita f	country chapel, hermitage
iglesia f	church
lugar m sagrado	sacred place
mezquita f	mosque
misión f M	mission *(includes the church)*
monasterio m	monastery
pagoda f	pagoda
santuario m	sanctuary
sede f de una diócesis	diocesan see
sinagoga f	synagogue
tabernáculo m R3	tabernacle
templo m	temple, church

Nombres bíblicos / Biblical names

(Ver Unidad 5: para otros nombres propios / See Unit 5 for other proper names)

Barrabás	Barrabas
Edén	Eden
Gólgota	Golgotha
Herodes	Herod
Hijo m del Hombre	Son of Man
Israel m	Israel
Jesús Nazareno	Jesus of Nazareth
Jordania f	Jordan
José	Joseph
Juan Bautista	John the Baptist
Judá	Judah
Judas (Iscariote)	Judas (Iscariot)
Lucífer	Lucifer
Mar m de Galilea	Sea of Galilee
María Magdalena	Mary Magdalene
Mesías m	Messiah
Niño m Jesús	Baby Jesus
Palestina f	Palestine
Península f del Sinai	Sinai Peninsula
Poncio Pilato	Pontius Pilate
Príncipe m de la Paz	Prince of Peace
Príncipe m de las Tinieblas	Prince of Darkness
Redentor m	Redeemer
Río m Jordán	River Jordan
Sagrada Familia f	Holy Family
Salvador m	Savior
San Pablo	Saint Paul
San Pedro	Saint Peter
Santo Domingo	Saint Dominic
Santo Tomás	Saint Thomas
Satanás	Satan
Saulo/Pablo	Saul/Paul
Tierra f de Promisión	Promised Land
Virgen f María	Virgin Mary

También/also

La Meca	Mecca

Libros sagrados / sacred books

Alcorán m	Koran
Antiguo Testamento m	Old Testament
Apocalipsis f	Apocalypse
Biblia f	Bible
Cantar m de los Cantares	Song of Songs
Corán m	Koran
Evangelio m	Gospel
Éxodo m	Exodus
Génesis m	Genesis
Hechos mpl de los Apóstoles	Acts of the Apostles
Isaías	Isaiah
Josué	Joshua
libros mpl apócrifos (de la Biblia) R3/2	Apocryphal books
Nuevo Testamento m	New Testament
Pentateuco m	Pentateuch
Reyes m	Kings
Sagrada Biblia f	Holy Bible
Talmud m	Talmud
Torá f	Torah

Vida de Cristo / life of Christ

adoración f de los magos	adoration of the Magi
ángel m del Señor	Angel of the Lord
anunciación f (de Jesús)	Annunciation (of Jesus)
bienaventuranzas fpl	Beatitudes
Buena Nueva f	Good News/Tidings
camino m del calvario	way of the cross
crucifixión f	crucifixion
cruz f	cross
curación f de un poseso	curing of a possessed person
Descendimiento m de la Cruz	Descent from the Cross
encarnación f	incarnation
escribas mpl	Scribes
fariseos mpl	Pharisees
flagelación f	flagellation, whipping
hijo m pródigo	prodigal son
huida f a Egipto	flight to Egypt
matanza f de los niños inocentes	slaughter of the innocent
misión f	mission
Monte m de los Olivos	Mount of Olives
multiplicación f de los panes y los peces	feeding of the 5,000
oveja f descarriada	lost sheep
oveja f perdida	lost sheep
parábola f del sembrador	parable of the sower
(la) Pasión	(the) Passion
piedra f removida	removal of the stone
resurrección f	resurrection
Reyes Magos mpl	Three Kings
sepulcro m vacío	empty tomb
sepultura f	burial, grave
sudario m	shroud
tentación f en el desierto	temptation in the desert
transfiguración f	transfiguration
última cena f	Last Supper
vía crucis m	Way/Stations of the Cross

Nivel 2 / Level 2

Vida de sociedad / Social life

General

a cambio de una comida	in exchange for a meal
acogedor	welcoming
actuación f	behavior
acudir a una cita	to go to a meeting/ rendezvous
afable R3/2	affable, pleasant
afectuoso R3/2	affectionate
agitar la mano	to wave your hand (for a goodby[e])

agradecer al amigo su ayuda	to thank a friend for his help
amparar	to help, to assist
apoyar	to support, to help
arrastrado R1 A/M	groveling, ass-kissing/licking
arrastrarse R1 A/M	to grovel, to crawl
arreglo m mutuo	mutual arrangement
asesor m	advisor, consultant
asociarse con	to associate with
atender	to deal with, to pay attention (to)
Atentamente	Yours sincerely *(end of letter)*
atento	attentive
atribuir	to attribute
beneplácito m R3	approval
benévolo R3	kind, indulgent
bondadoso R3/2	kind(hearted)
buena persona f	nice person
bueno	good, friendly, helpful
cartearse R3/2	to exchange correspondence
citarse con	to have a meeting with
compadre m R1	buddy, mate
comprometerse a	to commit yourself to
compromiso m	commitment, engagement
conocido m	acquaintance
consejero m	advisor
contar con la ayuda de	to count on the help of
convivencia f	living together, coexistence
cordial R3/2	friendly, cordial
cuidar a/de	to look after, to take care of
cumplir una promesa	to fulfill a promise
dádiva f R3	gift
dar la bienvenida (a)	to welcome
dar las gracias por	to thank for
darse cita	to agree to meet
de parte de mi madre	on my mother's behalf
desatender	to neglect
descuidar	to neglect
devolver	to hand back, to return
disculparse por	to apologize for
Distinguida Sra. Morales . . .	Dear Mrs. Morales . . . *(in letter)*
donativo m R3	gift
dulce	gentle
echar una mano a	to lend a hand to
empalagoso	overnice, cloying
entenderse con	to get on well with
entregar una carta	to hand in/over a letter
entremeterse en	to meddle in
estar dispuesto a	to be ready to
estar en buenos términos R3	to be on good terms
Estimado Sr. García . . .	Dear Mr. Garcia . . . *(in letter)*
Estimado Sr. García . . . R3	Dear Mr. Garcia . . . *(in speech)*
excusar R3/2	to excuse
gentil R3	gentle, kind (M = R2)
gustar	to please
hacer caso omiso de R3	to ignore
hallar R3 (M = R2)	to find
influenciar	to influence
influir (en)	to influence
ingerirse en R3	to meddle in
intervenir	to intervene
intimidad f	intimacy
íntimo	intimate
involucrarse en R3/2	to become involved in
juntarse	to join
lazos mpl íntimos	intimate bonds/ties
Le dio vergüenza la sugerencia	She felt embarrassed about the suggestion
Le tengo gran estima R3/2	I hold her in great esteem
ligar con R1	to flirt with
llevarse bien/mal con	to get on well/badly with
mangonear en R1	to meddle in

Me gustó la recepción	I liked the reception
meter las narices en R1	to poke your nose in
meterse en	to meddle in
metiche mf R1 M	meddler, busybody
muy buena onda R1 M	very nice (person)
Muy Sra. mía . . .	Dear Mrs . . . *(in letter)*
¡No se moleste Vd.!	Don't worry!, Don't trouble yourself!
¡No te molestes!	Don't trouble yourself!
Nos gustaron los regalos	We liked the presents
obsequiar con R3	to present *(someone)* with
obsequioso R3	deferential
ofrecer	to offer
¡Oiga!	Hey there!
otorgar un derecho	to grant a right
pandilla f de amigos	bunch of friends
pariente m/f cercano/a	close relative
pariente m/f lejano/a	distant relative
pelar R1 M	to pay attention to
presente m M	gift *(R3 in Spain)*
prodigar regalos a R3	to lavish presents on
prometer acudir	to promise to go/attend
proteger	to protect
quedar en las siete	to agree on seven o'clock
quedar en vernos mañana	to agree to see each other tomorrow
Querida Sra. González . . .	Dear Mrs. Gonzalez . . . *(in letter, speech)*
recibir	to receive
reconocimiento m	recognition
recuerdos mpl a . . .	regards to . . .
regalar	to give *(as a present)*
regalo m	gift
relaciones fpl sociales	social relations
ser desconocido	to be unknown
servicial	helpful, kindly
simpático	pleasant
socio m de un club	club member
soledad f	solitude
tener el honor de	to have the honor to
tener vergüenza	to feel awkward/ashamed
tertulia f	gathering *(for discussion)*
toma f de contacto	contacting *(of someone)*
tratar de Vd./tú	to use *Vd./tú* form of address
tutearse	to use the *tú* form of address to each other
velada f	evening, soirée
vínculos mpl familiares R3/2	family ties

Chisme/gossip

chimento m A	gossip, story
chisme m	piece of gossip, tittle-tattle
chismear R1	to gossip
chismorrear R1	to gossip, to engage in tittle-tattle
chismorreo m R1	gossip, small talk
comadrear R1	to chatter, to gossip
comadreo m R1	chattering
cortar el traje R1	to gossip
cotilleo m R1	gossip
dimes y diretes mpl	gossip, tittle-tattle
habladurías fpl	idle gossip/talk
murmuraciones fpl	lots of gossip, wagging tongues
rumor m	rumor
Se rumorea que . . .	It is rumored that . . .
viboreo m R1 M	gossip, backbiting

Acuerdo y desacuerdo / agreement and disagreement

acceder a mis deseos R3	to accede to my wishes
aceptable	acceptable
acordar pagar	to agree to pay
acosar	to harass
admisible	admissible
afirmar	to affirm
apostar	to bet (on)

aprobar una medida	to approve of a measure
apuesta f	bet
asentir a R3	to consent to
autorizar	to authorize
caer mal a	to disagree with
chivo m expiatorio	scapegoat
cohesión f R3/2	cohesion, unit *(in group)*
coincidir con	to agree with
compañerismo m	camaraderie, friendship
concordia f R3	concord, harmony
¡Conforme!	Agreed!
consentir a	to consent to
contactar con una persona	to contact a person *(*con *less used in M)*
contradecir	to contradict
contradicción f	contradiction
controversia f R3/2	controversy
controvertido R3/2	controversial
convenir	to suit
¡De acuerdo!	OK!
desafiar	to challenge
desaprobar una sugerencia	to disapprove (of) a suggestion
descartar un proyecto	to discard a plan
desunión f	disunity
discordia f R3/2	discord
discrepancia f R3/2	discrepancy
discusión f	argument
disensión f R	dissension
disonancia f R3	dissonance
disputa f	dispute, argument
enfadarse con	to get angry with *(not used in M)*
enfrentarse a/con	to oppose
ensañarse en/con R3/2	to show anger to/with
entenderse bien/mal con	to get on well/badly with
Es culpa mía	It's my fault
estar conforme	to be in agreement
estar de acuerdo (con)	to be in agreement (with)
Estar unánimes (en decir . . .) R3/2	to be unanimous (in saying . . .)
hacer la puñeta a R1*	to fuck *(someone)* around, to mess *(someone)* around
Hemos convenido que . . . R3/2	We have agreed that . . .
ideas fpl encontradas	opposing ideas
inaceptable	unacceptable
inadmisible	inadmissible
meter cizaña	to cause trouble
negación f	denial
negarse a pagar	to refuse to pay
opinión f opuesta	opposing opinion
opiniones fpl conflictivas	conflicting opinions
oponerse a la idea	to oppose the idea
pelearse (con)	to quarrel (with)
permitir	to allow
protesta f	protest
punto m de vista contrario	opposite point of view
rechazar una idea	to reject an idea
refunfuñar R2/1	to grumble
renegar de su fe	to deny your faith
retar	to provoke, to challenge
sembrar cizaña	to sow discord
ser de confianza	to be a friend *(of)* / on good terms *(with)*
tolerar R3/2	to tolerate
¡Vale! R1	OK!

Comportamiento / behavior

animado	lively, cheerful
bienhumorado	in good humor
bienintencionado	well-intentioned
brusco	abrupt, brusque
campechano R2/1	frank, open
caradura f	sassy/cheeky person
comportamiento m	behavior
comportarse bien/mal	to behave well/badly
Con permiso de Vd.	With your permission
conducirse R3	to behave
conducta f	conduct
dar guerra R1	to trouble, to annoy
dar la lata R1	to trouble, to annoy

descarado R2/1	sassy, cheeky
distinguido R3/2	distinguished
estorbar	to be in the way, to obstruct
estorbo m	obstruction
fastidiar	to trouble, to annoy
fastidio m	annoyance
formal	reliable, dependable, formal
gratitud f	gratitude
latoso R1	troublesome
llano	frank, open, unassuming
malhumorado	ill-humored
portarse bien/mal	to behave well/badly
pulido R3	polished, courteous
reconocido R3	grateful, obliged, indebted
refinado R3/2	refined
reñir R1	to scold, to tell off
respetuoso	respectful
Sírvase contestar . . . R3	Kindly reply . . .
tener buenos/malos modales	to have good/bad manners
tener malos modos R3/2	to have bad manners
tener un trato amable con R3/2	to have a pleasant manner with
Tenga la bondad de . . . R3	Kindly . . .
tosco	rough, brusque

Llegada y marcha / Arrival and departure

acudir a una cita	to attend a meeting/appointment
despedida f	farewell
despedirse de	to say goodby[e] to
desplazarse	to travel about
dirigirse hacia	to go towards
encaminarse a/hacia	to go/walk towards
frecuentar R3/2	to frequent
ir	to go
largarse R1	to go away
levantar el vuelo R1	to go away
llegada f	arrival
pirarse R1	to clear off
ponerse en camino R3/2	to set off
tardar en llegar	to arrive late
tomárselas R1 A	to clear off
trasladarse	to move, to travel

Justicia / Justice

abolir la pena de muerte	to abolish the death penalty
absolución f	acquittal
absolver	to acquit
ajusticiar	to execute
amañar pruebas R1	to tamper with the evidence
antecedentes mpl penales	police record
aprobar un proyecto de ley	to approve a bill
atestiguar R3/2	to testify
audiencia f	hearing, court
autor m presunto R3	alleged perpetrator
bufete m	lawyer's office, legal practice
cadalso m	scaffold
certificado m de penales	certificate of criminal record
circunstancias fpl atenuantes R3/2	attenuating circumstances
coartada f	alibi
código m penal	penal code
coger en flagrante delito	to catch *in flagrante delicto*
coger in fraganti R3	to catch *in flagrante delicto*
comparecer R3/2	to appear (in court)
comparencia f R3/2	appearance (in court)
culpabilidad f	guilt
custodia f	custody
dar un veredicto R3/2	to give a verdict
decapitar	to decapitate
defensa f	defense
demanda f R3	lawsuit
demandado m R3	defendant
demandante mf R3	plaintiff
deposición f	statement (in court)
detención f preventiva	police custody

ejercer la abogacía	to exercise the law
estar en libertad provisional	to be on bail
expropriación f	expropriation
fallar R3/2	to give a verdict
fiscal m	district attorney, public prosecutor
fiscalía f	district attorney's office, public prosecutor's office
galería f pública	public gallery
garrote m	garrotte
gastos mpl judiciales	legal expenses
inculpado m R3	(the) accused
inculpar R3	to indict, to charge
indemnizar	to indemnify, to compensate
instancia f	authority
instrucción f	hearing, preliminary investigation
instruir un sumario	to present an indictment
interno m	inmate
interrogar	to question, to interrogate
interrogatorio m policial	police grilling/ interrogation
investigación f	investigation
jurado m	jury, juror
jurista mf R3/2	lawyer, jurist
juzgado m de menores	juvenile court
juzgado m de primera instancia	court of first instance
licenciado m en derecho	law graduate
mandamiento m judicial R3/2	court order/warrant
medicina f legal R3/2	forensic medicine
miembro mf del jurado	member of the jury
novela f policíaca	thriller *(novel)*
orden f de busca y captura	arrest warrant
patíbulo m	scaffold
picota f R3/2	pillory
pillar in fraganti R3	to catch in the act
pleitear R3	to go to litigation/court
presentar una demanda contra	to sue
presunción f de inocencia	presumption of innocence
procedimiento m	proceedings
procesar	to take to court, to sue
procurador m	attorney, lawyer
purgar su condena R3/2	to do your time
querella f R3	lawsuit, action
querellante mf R3	plaintiff
recurrir a la ley R3/2	to resort to the law
reforma f judicial	legal reform
reinserción f social R3/2	social rehabilitation
ser del dominio público R3/2	to be in the public interest/domain
sistema m penitenciario R3/2	prison system
suplicio m	punishment
testimoniar R3	to testify, to bear witness
trabajos mpl forzados	hard labor
tribunal m supremo	supreme/high court
vista f R3	hearing

Derechos humanos / Human rights

alimentación f forzada	forced feeding
Amnistía f Internacional	Amnesty International
antidemocrático	anti-democratic
anular relaciones diplomáticas	to break off diplomatic relations
ayuda f humanitaria	humanitarian aid
brutalizar	to batter, to ill-treat
campaña f de miedo/terror	terror campaign
campo m de concentración	concentration camp
campo m de refugiados	refugee camp
campo m de trabajo	labor camp

censura f	censure, censorship
censurar	to censure
comité m de derechos humanos	human rights committee
crítica m negativa	negative criticism
denunciar la práctica de la tortura	to denounce the practice of torture
derechos mpl civiles	civil rights
desaparecido(s) m(pl) A	the victim(s) who disappeared during the period 1976–82
descarga f eléctrica	electric shock
desinformación f	disinformation
detención f injustificada	unjustified detention
dictador m	dictator
dictadura f	dictatorship
endurecimiento m del régimen	hardening of the regime
estado m policíaco	police state
estar en la pelota R1	to be in solitary confinement
estar incomunicado	to be in solitary confinement
expatriar R3	to expatriate
genocidio m	genocide
golpe m militar	military *coup d'état*
golpista mf	participant in a *coup d'état*
guarecer R3	to shelter
huelga f de hambre	hunger strike
inseguridad f	insecurity
libertad f de expresión	freedom of speech
libertad f de movimiento	freedom of movement
limpieza f étnica	ethnic cleansing
malos tratos mpl	ill-treatment
mantenimiento m en prisión de los disidentes	keeping of dissidents in prison
mejorar las libertades públicas	to improve the freedom of the public
métodos mpl brutales	brutal methods
militante mf	militant
objctor m de conciencia	conscientious objector
ofender la dignidad humana	to offend human dignity
oposición f	opposition
opositor m político	political opponent
pedir el derecho al asilo político	to ask for political asylum
perseguir	to persecute
picana f eléctrica R1 A	electric shock
pisotear los derechos	to trample on *(someone's)* rights
preso m de conciencia	prisoner of conscience
pronunciamiento m	*coup d'état*
propaganda f engañosa	misleading propaganda
protesta f pacífica	peaceful protest
racismo m	racism
racista mf	racist
refugiado m	refugee
repatriar	to repatriate
represión f política	political repression
reprimir	to repress
salvo conducto m	safe conduct
secuestrar	to kidnap
separatista mf	separatist
sociedad f multiracial	multiracial society
solidarizarse con	to show solidarity with
tirano m	tyrant
tortura f física	physical torture
tortura f mental	mental torture
torturar	to torture
totalitarismo m	totalitarianism
trato m infrahumano	sub-human treatment
trato m inhumano	inhuman treatment
tratos que deshumanizan	dehumanizing treatment
víctima f de la represión	victim of repression
violación f de derechos humanos	violation of human rights
xenofobia f R3/2	xenophobia
xenófobo m R3/2	xenophobe

Religión / Religion

General

anticristo m	Anti-Christ
arrepentimiento m	repentance, remorse
arrepentirse de un pecado	to repent of a sin
arrodillarse	to kneel
bendecir	to bless
bendición f	blessing
bendito	blessed
bienes mpl temporales	worldly goods
bruja f	witch
brujería f	witchcraft
brujo m	witch doctor
celestial	celestial, heavenly
converso m R3	convert
Creador m	Creator
crédulo R3/2	credulous
Criador m R3	Creator
de buen agüero m R3	of good omen
deidad f	deity
desempeñar funciones sacerdotales	to carry out priestly functions
diabólico	diabolical
Dios omnipotente	omnipotent God
divinidad f	divinity
divino	divine
dogma m	dogma
dotado de un sentimiento de profunda religión	possessing deep religious feeling
el más allá	the beyond
entrar en éxtasis	to experience ecstasy
escatología f	scatology
fanático	fanatic
ferviente R3/2	fervent
fervor m R3/2	fervor
gazmoño R3	sanctimonious
hacer examen m de conciencia	to examine your conscience
herejía f	heresy
herético m R3	heretic
heterodoxo R3	heterodox
idolatría f	idolatry
ídolo m	idol
impío	impious, godless
incrédulo	skeptic
laico	lay
libertad f de conciencia	freedom of conscience
libre pensador m	free thinker
lugar m de suplicio	place of punishment/torment
magia f	magic
madre naturaleza f	Mother Nature/Earth
madre tierra f	Mother Earth
mártir mf	martyr
martirio m	martyrdom
misericordia f	mercy
mocho M	prudish, sanctimonious
ortodoxo	orthodox
Pachamama f A	earth goddess, Mother Earth
parroquia f	parish, parish church
parroquiano m	parishioner
pecado m capital	deadly sin
pecado m mortal	mortal sin
pecado m venial	venial sin
pecar	to sin
penitente mf	penitent *(also adjective:* penitential*)*
perdonar	to pardon
peregrinación f	pilgrimage
peregrino m	pilgrim
piadoso	pious
poder m supremo	supreme authority/power
precepto m religioso R3/2	religious precept
profesión f de fe R3/2	profession of faith
profeta mf	prophet
profetizar	to prophetize
providencia f	providence
quedarse para vestir santos	to remain on the shelf *(i.e. to remain unmarried, said of a female)*
redención f	redemption

redimir	to redeem
reino m de los cielos	kingdom of heaven
rendir culto a	to worship
sacrilegio m	sacrilege
sacrílego	sacrilegious
sectario	sectarian
superstición f	superstition
tener la conciencia limpia	to have a clean conscience
todo el santísimo día R2/1	the whole blessed day
todopoderoso	all-powerful
vida f de ultratumba	life beyond the grave

Fe cristiana / Christian faith

a Dios rogando y con el mazo dando	God helps those who help themselves
advenimiento m (de Cristo)	Coming of Christ
Adviento m	Advent
Alabado sea el Señor	Praised be the Lord
andar el calvario	to walk the Calvary road
ánimas fpl del Purgatorio	souls in Purgatory
arcángel m	archangel
aureola f	halo
comunión f	communion
confesor m	confessor
confirmación f	confirmation
cordero de Dios	lamb of God
cristo m	crucifix
crucifijo m	crucifix
¡Dios me libre!	God/Heaven forbid!
estar con los angelitos	to be deeply asleep
estar en el séptimo cielo	to be in seventh heaven
estar en la gloria	to be in seventh heaven
extremaunción f	last rites
feligrés m	parishioner
feligresía f R3/2	parish
hacer la señal de la cruz	to make the sign of the cross
hincar la rodilla	to kneel
hincarse de rodillas	to kneel
Inmaculada f	Blessed Virgin
limbo m R3	limbo
nimbo m R3	halo
no saber a que santo encomendarse	not to know which way to turn
no saber de la misa la media	not to know the first thing about *(something)*
orden m	ordination
ordenación f	ordination
persignarse	to cross yourself
ponerse de rodillas	to kneel
recorrer las estaciones de la Cruz	to follow the Stations of the Cross
rezar el rosario	to say the rosary
santiguarse	to cross yourself
Trinidad f	Trinity

Fe maya y azteca / Mayan and Aztec faiths

aplacar la ira de los dioses	to placate the gods' wrath
carácter m sanguinario	bloodthirsty character
Cinteotl, dios del maíz	Cinteotl, the maize god
convertirse en aves de rico plumaje	to become richly plumed birds
convertirse en compañeros del Sol	to become companions to the Sun
cosmogonía f	cosmogony
cuchillo m de obsidiana	obsidian knife *(for sacrifice)*
dar vida y ser a los dioses	to give life and being to the gods
deidad f benéfica	beneficent deity
deidad f maléfica	evil deity
deidad f propiciadora R3	propitiatory deity
demoler templos	to demolish temples
derribar ídolos	to destroy / knock down idols
genio m de la lluvia	rain spirit/god
genio m malévolo	malevolent spirit
gran teocali m de México	great temple of Mexico
Huitzilopochtli, dios de la guerra	Huitzilopochtli, god of war

Huracán, dios del viento	Huracan, god of the wind
inmolar al enemigo R3	to sacrifice the enemy
manejo m del calendario	interpretation of the calendar
mundo m inferior	nether-world, underworld
mundo m superior	heaven, paradise
ofrendar corazones palpitantes a los dioses	to offer up still-beating hearts to the gods
politeísta mf	polytheist
práctica f de sacrificios humanos	practice of human sacrifices
premio m y castigo después de la muerte	reward and punishment after death
procurar prisioneros para el sacrificio	to capture prisoners for sacrifice
propiciar la continuidad del universo R3	to maintain the process of creation
Quetzalcóatl, serpiente emplumada	Quetzalcoatl, the plumed serpent
reverenciar un genio	to worship/revere a spirit
Tláloc, dios de la lluvia	Tlaloc, the rain god
tributar un culto a los dioses	to worship the gods
vaticinar el futuro	to foretell the future

Misa y otros oficios / Mass and other services

acólito m R3	acolyte, altar boy
¡aleluya!	alleluia!
altar m mayor	high altar
¡Amén!	Amen!
atril m	lectern
breviario m R3/2	breviary
cáliz m	chalice
cantar misa	to sing mass
cántico m	canticle, hymn
celebración f de la misa	celebration of mass
celebrar misa	to say mass
cepillo m	collection box
cirio m	candle
colecta f	collection
comulgar	to take communion
consagración f a Dios	consecration to God
copón m	ciborium
cuentas fpl del rosario	rosary beads
decir misa	to say mass
eucaristía f	Eucharist
genuflexión f R3	genuflexion
himno m	hymn
homilía f R3	homily
hornacina f R3	niche
hostia f	host
incienso m	incense
ir a misa	to go to mass/church
letanía f R3/2	litany
limosna f	alms
liturgia f	liturgy
Lo que dices va a misa	What you say goes
maitines mpl	matins
misa f cantada	sung mass
misa f concelebrada	mass celebrated by a number of priests
misa f de campaña	open-air mass
misa f del gallo	midnight mass *(on Christmas Eve)*
misa f gregoriana	Gregorian mass
misa f mayor	High Mass
misal m	missal
monaguillo m	server, altar boy
oficio m de difuntos	mass for the dead
predicar	to preach
procesión f	procession
prosternarse R3	to prostrate yourself
púlpito m	pulpit
relicario m	reliquary
reliquias fpl de un santo	relics of a saint
réquiem m	requiem
responso m	prayer for the dead
responsorio m	response
retablo m	altar-piece
rezar el rosario	to say your rosary
sacramento m	sacrament

sagrario m	side chapel
salmo m	psalm
sermón m	sermon
vela f	candle
versículo m	verse *(from Bible)*
vísperas fpl	vespers

Nivel 3 / Level 3

Vida de Sociedad / Social life

General

actitud f deferente	deferential attitude
actuar con discreción	to behave with discretion
adular R3/2	to flatter, to praise
afectado	affected
agasajar R3	to fete, to celebrate
agradar R3	to please
alabanza f	praise
amabilidad f	kindness, goodness
amanerado	affected, mannered
aparatoso	flamboyant, showy
aparentar	to show off, to pretend
arisco R3	unfriendly, unsociable
arreglo m recíproco	reciprocal arrangement
bien criado	well-educated/ brought-up
bien educado	well-educated
bienquisto R3	well-loved/ appreciated
buena educación f	good education
buenos modales mpl	good manners
calumniar R3	to calumny, to insult, to libel *(in writing)*, to slander *(orally)*
ceremonioso R3	ceremonious
chulo R1	cute
comedido R3/2	restrained, obliging
cometido m	task, commitment
complacer	to please
complaciente	indulgent, helpful
comportarse con finura f	to behave gracefully
condescender	to condescend
condescendiente	condescending
congratular R3	to congratulate
conversar R3/2	to converse
convidados mpl a la boda	wedding guests
convidar R3/2	to invite
convite m R3/2	gathering
corrillo m	small gathering
cursi R1	affected, artificial *(manners)*, pretentious
dar su parabién	to give your congratulations
darse tono	to give yourself airs
decencia f	decency, decorum
decoro m R3/2	decorum
delicadeza f	delicacy, gentleness, tact
denigrar R3	to denigrate, criticize
dignarse conceder	to deign to concede
discreción f	discretion
donaire m	grace(fulness)
El es pura pose	He's all show
elogiar	to praise
elogio m	praise
encogimiento m	shyness
encomiar R3	to eulogize
engreído	haughty
¡Enhorabuena!	Congratulations!
enorgullecerse de	to be proud of
ensalzar las virtudes de R3	to praise the virtues of
entrevistarse con	to have an interview with
escarnio m R3	ridicule, derision
fanfarrón m R1	loud-mouth, show-off
fastuoso R3/2	lavish, sumptuous
fausto m R3	magnificence, splendor
¡Felicidades!	Congratulations!

fingir ser	to pretend to be
grosero	rude, coarse
hablar con tacto	to speak tactfully
hacer alarde de	to boast of
hacer aspavientos	to make a fuss
hacer buenas migas con R1	to be friends with
hacer caravana M	to bow
hacer gala de	to display
hacer malas migas con R1	to get on badly with
hacer melindres R3	to put on airs and graces
hacer una reverencia	to bow
halagüeño R3/2	flattering, complimentary
huraño R3	unsociable
importuno R3	importunate
imprecación f R3	curse, imprecation
incomodar R3	to cause inconvenience (to)
increpar R3	to berate, to upbraid
injuria f R3/2	insult
insulto m	insult
intriga f	intrigue
invectiva f R3	invective
irrisión f R3	derision
jactancioso R3	boastful
jactarse (de) R3/2	to boast of
La conocí en Monterrey	I got to know her in Monterrey
lameculos m R1*	ass-kisser/-licker, brown-noser
Le tengo mucho afecto	I have much affection for her
lisonja f R3	flattery
lisonjear R3	to flatter
Los Señores Ríos tienen el agrado de invitar . . .	Mr. and Mrs. Rios have the pleasure of inviting . . .
mantener una entrevista con	to hold an interview with
Me hizo mucha ilusión	I liked it very much indeed
melindroso R3	affected
metedura f de pata R2/1	mistake

mofa f R3/2	ridicule
mofarse de R3	to ridicule
movida f	social scene
oprobio m R3	opprobrium
parabién m R3	congratulations
parlar R1	to chat
pegar hebra R1	to speak
picajoso R1	touchy, easily offended
portarse como un parásito	to behave like a parasite
portarse con fineza R3/2	to behave gracefully
pose f	pose
postura f moderada	restrained attitude
presumir	to show off
presumir de inteligente	to boast that you're intelligent *(but are not)*
provocador	provocative
pudor m (sexual) R3	(sexual) modesty
quisquilloso R2/1	easily offended, touchy
recato m R3	modesty, reserve
recibimiento m cálido	warm reception
reconciliarse con	to be reconciled with
refunfuñón R1	complaining, grumbling
regañar	to scold, to tell off
regañón R1	grumpy, grouchy
remilgado	fussy
rendir homenaje a	to pay homage to
renombre m	renown
reprender	to scold, to tell off
reprobar R3	to reprove
reprochar su mal comportamiento a	to reproach *(someone)* with bad behavior
reproche m	reproach
respetar las conveniencias R3/2	to observe the proprieties
respetuoso	respectful
retraído	withdrawn, timid
Ruego a Vd. que atienda a . . .	I request that you deal with . . .
sarcasmo m R3	sarcasm
ser galante	to be gallant

ser un caballero	to act as a gentleman
socarrón R3	sarcastic, snide
sorna f R3	sarcasm
suntuosidad f R3/2	sumptuousness
suntuoso R3/2	sumptuous
tener gracia	to be graceful/witty
tener mucha labia R1	to have the gift of the gab
tener mucho morro R1	to be cheeky, to have a nerve
Tenga a bien contestar...	Kindly reply...
Tengo el gran placer de...	I have the great pleasure of...
Tengo el honor de presentar...	I have the honor of introducing...
timidez f	timidity
trabar amistad con	to strike up a friendship with
tratar con miramientos	to treat with consideration
trato m social	social dealings
urbanidad f R3/2	urbanity
vacilar R3	to joke
vituperar R3	to inveigh against, to censure

Justicia / Justice

abrir una vista R3	to begin a hearing
alegato m R3	submission
apelar contra	to appeal against
aplicar la ley con todo su rigor	to apply the full weight of the law
asesoría f jurídica	legal advice/consultancy
atentar contra los intereses ajenos	to threaten other people's interests
audición f de los testigos R3	hearing of the witnesses
audiencia f de los testigos	hearing of the witnesses
bajo la jurisdicción de	under the jurisdiction of
caso m litigioso R3	contentious issue
celebrar sesión R3/2	to hold a session
citar	to summon
comparecer a requerimiento de	to appear at the request of
conculcar una ley R3	to infringe a law
condenado a daños y perjuicios	ordered to pay damages
condenado en rebeldía	convicted in his/her absence
conducta f punible R3/2	punishable behavior
conmutar la pena	to commute a sentence
contumacia f	contempt of court
contumaz m	person who is in contempt of court
corredor m de la muerte	death row
declararse culpable	to plead guilty
decomisar R3/2	to seize, to confiscate
delinquir R3	to offend, to commit an offence
derogar una ley	to abolish a law
detención f provisional	provisional detention
dictar la sentencia	to hand down a sentence
emplazar R3	to subpoena, to summon
encausar R3	to charge
enjuiciar R3	to indict, to commit for trial
entablar un proceso contra R3	to put on trial
entregar una citación	to subpoena, to hand in a summons
enzarzarse en pleitos	to get involved in lawsuits
equidad f R3	equity
equipo m forense	forensic team
exigir fianza	to demand bail
hacer justicia	to dispense justice
hacer una deposición	to make a deposition/statement
imputar delitos a R3/2	to accuse *(someone)* of offenses
incautación f R3/2	confiscation
incautarse de R3/2	to confiscate
incumplir las normas de tráfico	to fail to observe traffic regulations
infringir una ley	to infringe a law

inspección f ocular	inspection of the scene *(by going there)*
instruir diligencias	to institute proceedings
intento m de fuga	attempt at escape
juicio m a puerta cerrada	trial in camera
jurisprudencia f R3/2	jurisprudence
leguleyo m R1	shyster, pettifogging lawyer
lenguaje m jurídico	legal language
levantar la sesión R3/2	to suspend the session
mandar comparecer R3/2	to order to appear *(in court)*
orden f de comparencia R3/2	court order *(to appear)*, summons
partes fpl contratantes	contracting parties
persona f física y jurídica R3	individual (in a legal context)
piezas fpl de convicción R3/2	pieces of evidence
preso m convicto y confeso	prisoner both convicted and confessed
prestar declaración	to make a statement
prisión f de alta seguridad	high-security prison
probar la coartada	to prove the alibi
prontuariar A/M	to open a file (on)
pronunciar una sentencia de culpabilidad	to pronounce a verdict of guilty
reclusión f perpetua R3	life imprisonment
recluso m R3/2	inmate
recurrir a la vía judicial	to have recourse to law
recurso m de casación R3	appeal for annulment
rehabilitación f R3/2	rehabilitation
reivindicar justicia R3/2	to appeal for justice
remitir al juez competente	to refer to the competent judge
remitir al tribunal	to refer to the court
repreguntar R3	to cross-examine
sanción f penal R3	penal sanction
sentencia f firme	unappealable sentence
someter a un careo	to confront *(two parties)*
sumario m	indictment
testigo mf de cargo	witness for the prosecution
testigo mf de descargo	witness for the defense
testigo mf de vista	eye witness
testigo mf ocular	eye witness
veredicto m inapelable R3/2	final verdict

Cuerpos legales / legal bodies

Audiencia f Nacional	Supreme Court, High Court
Juzgado m de Guardia	Police Court
Juzgado m de Instrucción	Court of First Instance
Juzgado m Municipal	Town/City Court
Magistratura f del Trabajo	Industrial Tribunal
Tribunal m Constitucional	Constitutional Court
Tribunal m de Apelación	Court of Appeals/Appeal
Tribunal m de Cuentas	National Audit Office
Tribunal m de Familia	Family Court
Tribunal m de La Haya	International Court of Justice *(at The Hague)*
Tribunal m de Menores	Juvenile Court
Tribunal m Internacional de Justicia	International Court of Justice
Tribunal m Militar	Court Martial, Military Court
Tribunal m Superior	High Court
Tribunal m Supremo	Supreme Court, High Court

Ramas del derecho / branches of the law

derecho m administrativo	administrative law
derecho m canónigo	canon law
derecho m civil	civil law
derecho m constitucional	constitutional law
derecho m de compañías	company law
derecho m empresarial	business law
derecho m fiscal	tax law
derecho m foral	*law related to different regions in Spain*
derecho m internacional	international law
derecho m laboral	labor law
derecho m mercantil	commercial law
derecho m penal	criminal law
derecho m procesal	procedural law
derecho m romano	Roman law

Varios / other

derecho m de pataleo R1	right to complain
derecho m de pernada	*droit de seigneur*
derecho m de tránsito	right of way
derecho m natural	natural law
derechos mpl arancelarios	customs duties
derechos mpl de antena	broadcasting rights
derechos mpl de autor	royalties, author's copyright
derechos mpl de la mujer	women's rights
derechos mpl de matrícula	registration fee

Religión / Religion

General

abjurar de su fe R3	to abjure your faith, to recant
anacoreta mf R3	anchorite
apóstata mf	apostate
arrobado R3	entranced, ecstatic
asceta mf R3/2	ascetic
beato m	*(excessively)* devout person *(also adjective)*
chupacirios R1 A	*(excessively)* devout
concilio m ecuménico	ecumenical council
contrición f	contrition
demiurgo m R3	demiurge, demigod
desmitificar	to demythologize, to demystify
escisión f R3	division, split
exorcismo m	exorcism
hechicero m	witch doctor
hechizar	to cast a spell over
hechizo m	spell
hipócrita mf	hypocrite *(also adjective:* hypocritical*)*
invocación f R3	invocation
invocar la protección de Dios R3	to invoke God's protection
leyes fpl seglares	secular laws
meditabundo R3	meditative
meditativo	meditative
misericordia f divina	divine mercy
místico m	mystic (*also adjective*: mystical)
mojigatería f	prudishness
mojigato	prudish, puritanical
piedad f	piety
poder m temporal	temporal power
postrarse R3	to prostrate yourself, to kneel
proselitismo m R3/2	proselytism
recogerse	to meditate
recogido	quiet, meditative
recogimiento m	meditation
renegar de su religión	to renounce your religion
réprobo m R3	reprobate
retractarse R3	to retract
santurrón R1	excessively devout
secularizarse R3	to become secularized

Cristianismo en la historia / Christianity in history

adepto m del cristianismo R3	follower of Christianity

anatemizar R3	to anathematize
antisemitismo m	antisemitism
auto m de fe	auto-da-fé
bajo la tutela pontificia	under papal guidance/guardianship
caza f de brujas	witch hunt
cisma m de oriente y occidente	schism between East and West
coaligarse en la Unión Evangélica (1608)	to form an alliance with the Evangelical Union
Concilio m de Nicea	Council of Nicaea
Concilio m de Trento	Council of Trent
cónclave m del Vaticano	Vatican conclave
conversión f de Constantino primero	conversion of Constantine the First
cruzadas fpl	crusades
cruzados mpl	crusaders
defenestración f de Praga (1618)	defenestration of Prague
Edicto m de Nantes (1598)	Edict of Nantes
excomulgar	to excommunicate
fuerza f de la tradición	force of tradition
Guerra f de los Treinta Años (siglo 17)	Thirty Years' War
guerra f santa	holy war
guerras fpl de la religión	wars of religion
indulgencia f plenaria	plenary indulgence
infalibilidad f del papa	infallibility of the Pope
Inquisición f	Inquisition
Liga f Católica (1609)	Catholic League
maniqueísmo m	Manichaeism
misioneros mpl	missionaries
neófito m del cristianismo	Christian neophyte
Noche f de San Bartolomé	Night of Saint Bartholemew
papado m de Pío XII	papacy of Pious XII
persecución f de los albigenses	persecution of the Albigensians
pontificado m de Juan XXIII	pontificate of John XXIII
príncipes mpl alemanes	German princes
prosélito m R3	proselyte
reforma f	Reformation
religión f oficial	official religion
Sacro Imperio m Romano	Holy Roman Empire
Santo Oficio m R3/2	Holy Office/See
santos mártires mpl	holy martyrs
Santos Padres mpl	Church Fathers
sembrar la palabra del Señor	to sow the word of the Lord
sínodo m	synod
Tierra f Santa	Holy Land
viajes mpl de San Pablo	journeys of Saint Paul
vicario m de Cristo	vicar of Christ
Vulgata f R3/2	Vulgate

Órdenes religiosas / religious orders

agustinos mpl	Augustinians
benedictinos mpl	Benedictines
Calatrava	(Order of) Calatrava
capuchinos mpl	Capuchins
carmelitas fpl	Carmelites
cartujos mpl	Carthusians
clarisas fpl	nuns of the order of Saint Clare
descalzas fpl	nuns of orders who go barefoot
dominicos mpl	Dominicans
escolapios mpl	monks/nuns belonging to the order of San José de Calasanz
franciscanos mpl	Franciscans
jansenistas mpl	Jansenists
jerónimos mpl	monks belonging to the order of Saint Jerome
jesuitas mpl	Jesuits
orden f religiosa	religious order
órdenes fpl mendicantes	mendicant orders

templarios mpl	(Knights) Templars
ursulinas fpl	Ursulines

Fiestas católicas / Catholic feast days

Adviento m	Advent
Anunciación f	Annunciation
Ascensión f	Ascension
Asunción f	Assumption
Corpus m (Cristi)	Corpus Christi
Cuaresma f	Lent
Día m de (los) Difuntos	All Souls' Day
Día m de los Muertos M	All Souls' Day
Día m de los Reyes	Epiphany
Día m de Todos los Santos	All Saints' Day
Domingo m de Ramos	Palm Sunday
Domingo m de Resurrección	Easter Sunday
Epifanía f	Epiphany
Jueves m Santo	Easter Thursday
Martes m de carnaval	Shrove Tuesday
Miércoles m de Ceniza	Ash Wednesday
Navidad(es) f(pl)	Christmas *(period)*
Pascua f (de Resurrección)	Easter Sunday
Pentecostés m	Pentecost
Reyes mpl Magos	Three Kings
Santoral m	calendar of saints' (feast) days
Semana f Santa	Holy Week
Viernes m Santo	Good Friday

Varios/ Other

Ver también "fiestas populares" en Unidad 6 / See also "Popular Festivities" in Unit 6

día m de año nuevo	New Year's Day
día m de la Hispanidad	Columbus Day (October 12)
día m de la madre	Mother's Day
día m de los inocentes	= *(April)* Fool's Day *(December 28)*
día m de San Valentín	Saint Valentine's Day
Papá m Noel	Father Christmas

Iglesia como edificio / Church as building

ábside m	apse
aguja f	spire
altar m mayor	high altar
arbotante m	flying buttress
bóveda f de crucería	ribbed vault
campanario m	bell tower, belfry
campanil m	bell tower
chapitel m	spire
contrafuerte m	buttress
coro m	choir stall
crucero m	crossing
fresco m	fresco
nave f	nave
nave f lateral	aisle
órgano m	organ
ostensorio m	monstrance
pila f bautismal	baptismal font
púlpito m	pulpit
retablo m	altar-piece
rosetón m	rose window
torre f	spire, tower
vidriera f (de colores)	stained glass window

Vestimentas del clero / Clergy vestments

báculo m	crosier
birreta f	birreta
bonete m	birreta
capelo m	cardinal's hat
casulla f	chasuble
cilicio m	hair shirt
estola f	stole
incensario m	censer, thurible
mitra f de obispo	bishop's miter
púrpura f cardenalicia	purple
rasgarse las vestiduras	to rend your clothes *(in anger or horror)*
solideo m	cardinal's cap
sotana f	cassock
vestiduras fpl	vestments

Ejercicios / Exercises

Nivel 1 / Level 1

1. (a) Encuentra dos sentidos de los siguientes vocablos

áspero, besamanos, cita, continente, conveniente, dirigirse, encuentro, humor, inclinarse, intriga, llano, manía, partir, próximo, quisquilloso, rico, sarao, tosco

(b) Construye frases para ilustrar el uso de estos vocablos

2. (a) Encuentra sinónimos de los siguientes vocablos

chisme, chiste, comportarse, cortés, descarado, enfadarse, entrevista, error, fastidioso, fiesta, llano, molestar, refunfuñador, regañar, rival

(Se encuentra la solución en Internet)

(b) Construye frases para ilustrar el uso de los sinónimos e ilustrar las diferencias entre ellos

3. (a) He aquí una lista de palabras que pueden tener un sentido engañoso para un anglo-parlante. Explica por qué

asistir, cínico, confidencia, conveniencia, disgusto, emoción, fastidioso, formal, gracioso, ingenuidad, irracional, maniático, moroso, obsequioso, querella, rudo, sensible, simpático, vago, violento

(b) Construye frases para ilustrar el uso, o los usos, de estas palabras

(Se encuentra la solución en Internet)

4. Explica el sentido de los siguientes modismos

Lo que dices va a misa
llevar la procesión por dentro
clamar en el desierto
estar en la gloria
apurar el cáliz del sufrimiento
colgar los hábitos
no saber de la misa ni media
ser la biblia en pasta
todo el santo día
en un decir Jesús
hacer la pascua
a Dios rogando y con el mazo dando
a la buena de Dios
¡Válgame Dios!
quedarse para vestir santos
¡Oremos!
conducir al altar
capilla ardiente
la sagrada cena
sumo sacerdote
morir sin decir Jesús
de Pascuas a Ramos

5. Traduce al español

to ask for someone
to return a visit
to leave a visiting card
Greetings from Spain!
to become friendly with
to put your foot in it
Welcome!
Say "hello" to her for me
Would you like some food?
to go to church
to examine your conscience
Would to God that he survived
Heaven forbid!
My word of honor
until further notice
to put on the Papal index

6. (a) Encuentra la diferencia entre los vocablos de las siguientes parejas

ánima/ánimo, clero/clérigo, creer/crear, canonizar/beatificar, ermita/ermitaño, iglesia/basílica, hereje/apóstata, feligrés/parroquiano, oración/plegaria, sagrado/santo, sermón/homilía, monje/monaguillo, cura/sacerdote, obispo/arzobispo, rezar/orar

(b) Construye frases que contengan los dos vocablos de la pareja para ilustrar sus diferencias

7. (a) He aquí algunas órdenes religiosas dentro de la iglesia católica. Escribe un párrafo de diez líneas sobre cada una de ellas para explicar su origen, su historia y sus principios

orden benedictina, carmelita, cartuja, cisterciense, dominica, franciscana

(b) La cristiandad abraza a católicos, protestantes, ortodoxos, coptos, adventistas del séptimo día, testigos de Jehová, mormones, bautistas y cientistas cristianos. Elige cuatro de estos grupos y escribe diez líneas sobre cada uno de ellos, explicando sus orígenes y sus normas

(c) ¿Cuáles son las diferencias esenciales entre el cristianismo y el judaísmo?

8. (a) Relaciona la(s) palabra(s) de la lista A con la(s) de la lista B para hacer una expresión

A pena, a duras, alma, de puta, cura, oración, ahogar, valer, sin pena, acusar, ángel, delito, cuerpo, juez, castigo, área, mandar, juicio, elevar, muela, poner en tela, perder, principal, oler

B diablo, juicio, final, castigo, ejemplar, penas, capital, ni gloria, recibo, sangre, parte, línea, caído, delito, demonios, ejemplar, silla, togado, máximo, párroco, custodio, altares

(b) Construye frases para ilustrar el uso de la expresión cuando la hayas encontrado

9. Trabajo de grupo (sólo *a*)

(a) Una brigada antidroga irrumpe en un piso franco y se incauta de un alijo de drogas. Los policías interrogan a los sospechosos, y armados con una orden de detención, se los llevan a la comisaría.

Hacen falta unos diez miembros de la clase. Se os/les (M) divide en dos grupos, o sea policías y sospechosos, y un comentarista. Preparad/preparen (M) un juego de rol, a partir del arresto hasta la interrogación

(b) Describe en un ensayo el proceso de la detención de los sospechosos, desde la llegada de la policía hasta su regreso a la comisaría con los presuntos culpables

10. (a) Encuentra todos los vocablos etimológicamente unidos a los siguientes verbos

Ejemplo: juzgar- juez, jueza, enjuiciar, ajusticiar, juicio, juicioso, juzgado
abogar, asesinar, comparecer, condenar, corromper, culpar, ejecutar, encarcelar, guardar, investigar, liberar, oponer, penalizar, perseguir, procesar, reprimir

(b) Elige diez verbos de esta lista. Para ilustrar su uso, haz frases con estos verbos y con los otros vocablos que encuentres

11. Traduce al español

i. As the guests arrived at the party, the host and hostess greeted them with a handshake and a kiss
ii. Urbane, most genteel, she observed all the proprieties and was always seen to be engaged in animated conversation
iii. Rumor has it that she takes great delight in distributing visiting cards as part of her social intercourse
iv. The jury gave its verdict, and the magistrate passed a judgment of "not guilty"
v. The young offender was released on probation, given his clean record, but he didn't escape without a fine
vi. The death penalty, guillotine, gibbet, burning at the stake are all punishments of a past age, but years on death row must produce more anguish than any of them
vii. Rape and incest are severely condemned and punished by the law while armed robbery attracts long jail sentences
viii. Sexual harassment, stalking, child abuse, in fact all offences of a sexual nature are not dealt with leniently by the courts
ix. The violation of human rights which includes forced feeding and solitary confinement has no place in a democracy
x. Enshrined in the constitution are freedom of expression and movement, and absence of all repressive measures against dissident thinkers
xi. The hardening attitude of the dictatorship gradually evolved into state terrorism and a campaign of fear
xii. He went on hunger strike over the ethnic cleansing issue and the ill-treatment of political prisoners

(Se encuentra la solución en Internet)

13. Lee atentamente el texto siguiente y contesta a las preguntas

A medida que nos hacemos adultos nuestras relaciones sociales se complican. Por matrimonio hemos adquirido una familia política con los correspondientes suegros, cuñados y sobrinos políticos. Además de las relaciones típicas de trabajo, que a menudo desembocan en amistad, aparecen los amigos del casino, de la iglesia, del bar donde pasas algún rato y de los vecinos con los que te ves en las reuniones de comunidad, eso sin contar con los compañeros del partido político o del sindicato, a quienes ves sólo cuando pretenden que firmes algún documento o te piden que acudas a una manifestación.

Luego viene el lío de los hijos: "Mamá que tienes que ir al colegio a la reunión del tutor," "Que hoy juego un partido y todos los padres de todos los niños/as van a ir," "Mami, que hoy en la catequesis dicen que tenéis que ir los padres para hablar sobre la Primera Comunión." Así se va llenando la agenda de teléfonos, de compromisos, de comidas, meriendas, cenas.

¡Menos mal que mis amigos y amigas de siempre están metidos en otros tantos berenjenales como los míos, y así no tengo que comer-cenar-merendar con ellos, porque si no, me habría puesto como una bola!

M.A.S.

(a) ¿Qué entiendes por *familia política*?

(b) Describe en cuarenta palabras los cambios que se realizan en una familia tal y como se describe en el texto

(c) Describe la actitud del autor en lo que a la familia se refiere

(d) Escribe cincuenta líneas sobre la evolución de tu propia vida, dentro del cuadro familiar

14. Contesta a las preguntas siguientes

(a) ¿En qué consiste el juicio con jurado?
(b) ¿Qué tipos de juicios se pueden celebrar en tu país?
(c) Explica razonadamente cuál es la función del juez
(d) Enumera los personajes que suelen intervenir en un juicio penal
(e) Describe una sala de un tribunal de justicia del ámbito penal actuando en un caso de una acusación por homicidio
(f) Escribe expresiones comunes que suelen usarse en un tribunal
(g) Describe las funciones que suele cumplir un abogado
(h) Describe las funciones de un fiscal
(i) ¿Te gustaría ser jurado de una causa por homicidio en un país con pena de muerte? Da tus razones

Nivel 2 / Level 2

1. (a) Encuentra dos sentidos de los siguientes vocablos. Algunos de estos vocablos se pueden encontrar en el vocabulario de nivel 1

actuación, causa, coartada, defensa, denuncia, deposición, derecho, detención, fallo, fiscal, gracia, instancia, instrucción, investigación, jurado, orden, pena, testigo, tribunal, vista

(b) Construye frases para ilustrar el uso de estos sentidos

2. (a) Encuentra la diferencia entre los vocablos de las siguientes parejas

policial/policíaco, jurídico/judicial, crimen/delito, preso/prisionero, asesinato/homicidio, atraco/robo, juzgado/jurado, expediente/sumario, diligencias/vista, abogado/jurista, abogado/juez de instrucción, interrogación/interrogatorio

(b) Construye frases para ilustrar las diferencias

3. (a) Encuentra sinónimos de acusar, defender, delito, indultar, pena, policía, veredicto

(b) Construye frases para ilustrar el uso de los sinónimos, incluso el uso de las palabras en la lista

4. Escribe diez líneas sobre seis de las siguientes religiones del mundo

brahmán, chiíta, fetichista, judío, budista, confucionista, hindú, musulmán, sunita, sij, mudéjar, sintoísta, morisco, mozárabe, taoísta, sefardí, inca, maya, azteca

5. (a) ¿Qué entiendes por las siguientes expresiones?

hacer la corte	trabar amistad	hablar a tontas y a locas	trato carnal
poner en la picota	hacer acto de presencia	ecos de sociedad	casa de citas
en última instancia	quedarse corto	convidado de piedra	chiste verde
hacer melindres	meter la pata	tarjeta amarilla	la flor y nata

(b) Construye frases para ilustrar el uso de estas locuciones

6. Adapta los siguientes modismos a frases completas

hablar en cristiano
No hay cristiano que lo aguante
cristiano viejo
sentar como a un Cristo dos pistolas
hecho un Cristo
No apareció ni Cristo
ni Cristo que lo fundó
¡Por los clavos de Cristo!
¡Dios!
Fíate de la Virgen y no corras
selva virgen
ser un viva la Virgen
aceite virgen
llegar y besar el santo
Santa Sede
Todos los Santos
Tierra Santa
por todos los santos
camposanto
cardo santo
palo santo
Sábana Santa
Santo y seña
comerse los santos
nieve virgen

7. (a) ¿Qué entiendes por las siguientes palabras o locuciones asociadas con la religión cristiana?

Salvador, calvario, primado de España, Redentor, anunciación, Santa Sede, excomunión, visitación, infalibilidad pontificia, transfiguración, asunción, pasión, bienaventurado, diócesis, monte de los Olivos, purísima concepción, curia romana, Sumo Pontífice, cónclave, Buena Nueva, oveja descarriada, proselitismo

(b) Elige diez de estas expresiones/vocablos y haz frases para ilustrar su uso

8. Escribe un párrafo sobre diez de los siguientes vocablos o grupos de vocablos

abadía, advenimiento, altar mayor, anacoreta, báculo, bula, cáliz, celda, colegiata, concilio, encíclica, excomunión, hermano lego, hostia, hugonote, mesías, misa del gallo, mitra, parroquia, sudario

9. Rellena los blancos

i. brutales métodos de alimentación . . .
ii. . . . en prisión de los disidentes
iii. . . . de conciencia
iv. . . . de concentración
v. . . . de hambre
vi. . . . del régimen
vii. . . . de expresión
viii. . . . de terror
ix. defender los . . . civiles
x. . . . de derechos humanos
xi. . . . su condena
xii. . . . de instrucción
xiii. . . . contra los intereses del ciudadano
xiv. . . . un proyecto de ley
xv. el banquillo de los . . .
xvi. derecho a la . . . de inocencia
xvii. condenado por . . . de armas

xviii. sala de ... nacional
xix. reformar todo el sistema ...
xx. estar en ... provisional

(Se encuentra el modelo en Internet)

10. (a) Describe el uniforme o vestido, con sus accesorios, de tres de las siguientes personas

alcalde/sa, juez/a, monje, obispo, policía, sacerdote

(b) i. ¿Qué opinión tendría la iglesia católica sobre las ideas sugeridas por los siguientes vocablos?

apóstol, blasfemia, cisma, conversión, elegido, herético, infierno, mártir, paraíso, purgatorio, secta

ii. Escribe un párrafo sobre cada uno de estos vocablos para ilustrar su uso

11. (a) Encuentra verbos etimológicamente vinculados a los siguientes adjetivos

abusivo, arrobado, beato, bendito, competente, corrupto, culpable, halagüeño, influyente, íntegro, justo, laico, legal, pulido, regañón, rico, romano, santo, sociable, solemne

(b) Compón frases para ilustrar el uso tanto de los adjetivos en la lista como de los verbos que encuentres

12. Traduce al español

i. Belief in the Bible, the Koran idols or even witchcraft is all reduced to the need for some sort of spiritual crutch
ii. The Catholic Church has been plagued by schisms, heresies, claims, and counter claims, and all kinds of blasphemies
iii. Fasting during Lent is really no different from Ramadan, for both suggest self-flagellation, or submission of the flesh to spiritual ideals
iv. The priest's role consists of baptizing at the font, listening to confessions in the confessional box, marrying people even if they are not believers, and administering extreme unction to the dying
v. According to the Holy Scriptures, Christ was betrayed by Judas, abandoned to his fate by Pontius Pilate who washed his hands of him, and then compelled to carry a cross up the Calvary Hill
vi. He was crucified, then died, but was resurrected, appearing before Peter before manifesting himself to other disciples and Mary Magdalene and then ascending into heaven
vii. Purgatory is supposed to wash mankind of its sins before we enter into the presence of an immaculate God in paradise
viii. Judaism was the first of the monolithic religions to deny the validity of idols, sacrificial victims, and pagan rites
ix. Muhammad's *hegira* or flight from Mecca to Medina marks the beginning of the Muslim calendar, and it is Mecca which attracts vast numbers of pilgrims from all over Islam
x. For all Muslims, both Sunnites and Shiites, it is blasphemy for Christ to call himself the son of God for they consider him only as a prophet in a long line of holy men
xi. Joseph Smith, the founder of the Mormon Church, reported having visions of God and other celestial beings before establishing the restored "Christian Church"

xii. According to Joseph Smith, a heavenly messenger directed him to translate verses from a hieroglyphic language set in gold tablets

(Se encuentre la solución en Internet)

13. (a) Lee atentamente el siguiente texto y contesta a las preguntas. Antes, explica el sentido de los vocablos en itálica

"Este no es mi Manolo, que me lo han cambiado" pensé para mí, cuando me encontré a mi antiguo compañero de estudios, Vítoz, recién salido del seminario por aquellos años y al que sus superiores jerárquicos habían recomendado estudiar algún año de Filosofía y Letras antes de ordenarse. Por entonces era casi primo del *Che*, escribía unas *soflamas incendiarias* – eran los tiempos del cambio, claro – que traían de cabeza al gobernador civil, tanto, que el arzobispo mandó a Manolito, como él le llamaba, a una casa de *retiros espirituales* durante una temporada, para quitarle de la circulación. Aquel retiro coincidió con el cierre de la Universidad por orden de la autoridad gubernativa, lo cual hizo que Manolo se perdiera las *movidas* consiguientes, cosa que le sentó muy mal, *se lo tomó muy a pecho* y redobló su ardor dando a la manivela de la vieja multicopista de la residencia eclesial donde residía, hasta acabar por *escacharrarla*.

Dos años más tarde, cuando cantó misa y fue destinado provisionalmente al Barrio de San José, que había promocionado el Arzobispo en sus años juveniles, pidiendo ladrillos y cemento para construir casas para los necesitados, Manolo *se sintió en su ambiente*. Pidió permiso para pasar a la ofensiva como *cura obrero*, cosa que le fue denegada por la curia por mucho que amenazó con *abandonar la sotana*. Al final capituló y se avino a *desempeñar su cargo parroquial* con gran dedicación a los grupos juveniles, multiplicándose en catequesis, partidos de fútbol, *rondallas* y, su gran *chifladura*, el *cine forum*.

Ahora cuando vuelvo a la ciudad, me le encuentro nombrado canónigo, *con tripa*, medio calvo, unas gruesas gafas. Todo el mundo le llama don Manuel y se dice que sus homilías son las mejores de la ciudad.

He vuelto a casa un poco dolorido. ¡Ver para creer! Me he mirado *de perfil* en el espejo. YO también tengo una buena curva de la felicidad, me he dado cuenta que mi pelo *escasea* y he pensado que no me pongo las gafas que necesito porque soy bastante *cabezón* y no quiero reconocer que veo bastante mal de cerca.

M.A.S.

(b) ¿De qué modo ha cambiado Manolo?

(c) ¿Cuál es la actitud del autor en lo que a la religión católica se refiere?

(d) ¿Por qué no le ve a Manolo con buenos ojos la jerarquía católica?

(e) ¿Tú tienes una gran chifladura? Escribe cincuenta palabras sobre ella

14. He aquí un pequeño artículo sacado de un periódico mexicano. Después de leerlo, contesta a las preguntas

Los 3 mil 200 kilómetros de la frontera que divide los territorios de México y Estados Unidos se encuentran rebosantes de imágenes, hechos, olores. En la *línea* conviven dos culturas que se alimentan y rechazan a la vez. Este México, el del norte, tiene una vida propia, características singulares que lo hacen único y distinto del resto del país. Quizá el sello más peculiar lo constituyan los sonidos, la música, el tableteo de los fusiles, los gritos de los indocumentados, los gemidos de las viudas de las maquiladoras, las plegarias de predicadores. Un mundo de sonidos.

El Universal, 21 de octubre, 2001

(a) ¿Qué entiendes por la *línea*?
(b) Traza esta línea desde el este hasta el oeste, indicando las poblaciones más importantes
(c) ¿Por qué se alimentan y rechazan las dos culturas?
(d) Explica el sentido de: rebosante, sello, tableteo, indocumentados, maquiladoras, plegarias
(e) El hecho de que se encuentren dos culturas lado a lado explica el fenómeno lingüístico del "Spanglish." Comenta este fenómeno y da algunos

15. Desarrolla alguno de los temas que te damos a continuación mediante una composición escrita de unas 250/500 palabras

i. **Diferencia entre justicia y legalidad**
ii. **La separación de los poderes en un estado constitucional moderno**
iii. **Diferentes formas de gobierno**

Nivel 3 / Level 3

1. (a) Encuentra dos sentidos de los siguientes vocablos

ángel, apóstol, bienaventuranza, bruja, calvario, católico, cisma, conversión, crucificar, demonio, diablo, excomulgar, ídolo, indulgencia, infierno, judía, letanía, mago, martirio, nimbo, pagano, paraíso, parroquia, pecado, pecar, penitencia, piedad, pope, purgatorio, rezar

(b) Elige quince de estos vocablos y haz frases para ilustrar el uso de los sentidos que encuentres

2. (a) Encuentra antónimos de los siguientes vocablos

ayunar, bendecir, celeste, comulgar, converso, creyente, elegido, eterno, fiel, hipócrita, laico, otorgar, paraíso, penitente, piadoso, salvar

(Se encuentra la solución en Internet)

(b) Haz frases para ilustrar el uso tanto de los vocablos que figuran arriba como el de los antónimos. Intenta incluir el vocablo y su antónimo dentro de la misma frase

3. (a) Encuentra la diferencia entre los vocablos de las siguientes parejas o grupos de palabras

peregrinación/romería, casulla/sobrepelliz, campana/campanilla, reliquia/relicario, pecado capital/pecado venial, canto/himno/cántico, papa/papado/pope, ortodoxo/ heterodoxo, canonizar/beatificar, santo/santón, pío/piadoso, birrete/solideo, laico/temporal, oración/rezo, párroco/parroquia, sermón/predicación

(b) Elige oche de estos grupos y haz frases para ilustrar las diferencias

4. (a) ¿Qué entiendes por los siguientes modismos?

estar en la gloria	tocar el cielo con las manos	a cielo abierto
tener ángel	ver los cielos abiertos	estar en el séptimo cielo
ángel caído	reino de los cielos	poner el grito en el cielo

como los ángeles
árbol del paraíso
ave del paraíso
paraíso fiscal
localidades del paraíso
bautismo de fuego
hasta el quinto infierno
irse al infierno
remover cielo y tierra

(b) Haz frases para ilustrar el uso de las locuciones que incluyen las palabras *cielo* **y** *paraíso*

5. ¿Qué entiendes por las siguientes locuciones?

no decir ni pío
no saber a qué santo encomendarse
postrarse de hinojos
ser/estar de pecado
bautizar el vino
confesar de plano
convertir en cenizas
salvar el pellejo
comulgar con ruedas de molino
cargarse con el santo y la limosna
no saber de la misa la media
una bendición de Dios
predicar en el desierto
creer a pies juntillos
negar de plano
perdonar el bollo por el coscorrón
tentarse la ropa
tentar la suerte
estar en capilla
elevar a los altares
echar hostias
¡ay la hostia!
armarse un cirio
saber a gloria
oír campanas y no saber dónde

6. Haz una lista de los libros sagrados de las religiones del mundo. Escribe un párrafo sobre cada uno de ellos

7. (a) Define la función de las siguientes personas

almuédano, arzobispo, canónigo, capellán, cardenal, cura, monja, monje, obispo, papa, pastor, pope, rabino, sacerdote, sacristán, vicario

(b) Haz frases para ilustrar el uso de estos vocablos

(Se encuentra el modelo en Internet)

8. Describe las circunstancias en las cuales se podrían usar los siguientes vocablos

aparición, beato, blasfemo, confesionario, creencia, cruz, dogma, limosna, mártir, piedad, pródigo, profano, profeta, recogimiento, sermón, veneración

9. Trabajo de grupo
Los miembros de la clase se dividen en dos grupos. Un grupo prepara para la semana próxima la tesis

"El cristianismo es únicamente una religión entre varias." **El segundo grupo prepara la antítesis**

10. Ensayo
(a) Para los musulmanes, el que Cristo afirmara ser el hijo de Dios es un blasfemo. ¿Cómo es posible defender esta posición? Da tus razones

(b) Según Marx, la religión es el opio del pueblo. ¿Compartes esta opinión? Da tus razones

11. Traduce al español

i. The jury finally returned a verdict of "Not guilty" as the alleged murderer stood impassive in the dock
ii. The police carried out exhaustive investigations into the bank robbery while the forensic team made a thorough search of the premises
iii. After the accused had sworn on the Bible, the judge called both the witness for the prosecution and the witness for the defense, and then decided that the trial should take place behind closed doors
iv. All the proceedings, from the examining magistrate's questioning to the presentation of all the exhibits, the hearing of the litigants and the testimony of eye witnesses, highlighted the need for the attorney general's presence
v. The accused did not have to pay costs, and was finally able to prove her innocence
vi. The members of the jury deliberated in closed session for days on end, and then came up with a unanimous verdict of "Guilty"
vii. You will need a lawyer, either chosen by you or an official one, but whatever you say will be taken down and may be used as evidence against you
viii. He resorted to the court of appeal over a most contentious case involving misappropriation of funds, receiving of stolen goods, fraud, bribery, blackmail, and even breaking and entering
ix. The court witnessed a constant procession of lawyers, legal and medical experts, forensic scientists, even juveniles, but unexpectedly the charge of involuntary homicide/manslaughter was dropped because of insufficient evidence
x. She was put under house arrest, narrowly avoided the death penalty after a period on death row, was sentenced to ten years' hard labor but was eventually able to clear her name

(Se encuentra la solución en Internet)

12. Cuenta un cuento o un chiste en español. Cada uno del grupo deberá buscar un cuento corto, anécdota o chiste, aprenderlo y contárselo a los componentes de su grupo

Ejemplo:

Están dos tipos en el tren hartos de hablar de sus negocios y, en especial, de los galimatías propios de los abogados.
– Yo- dice uno-, mataría a todos los abogados.
– Bueno, yo lo mismo, menos uno.
– ¿Es que tiene algún pariente abogado?- pregunta el primero mosqueado.
– No. Pero dejaría vivo a uno, que me defendiera.

M.A.S.

13. Estudia el siguiente pasaje y, a continuación, contesta a las preguntas

Todos Santos, Día de Muertos

El solitario mexicano ama las fiestas y las reuniones públicas. Todo es ocasión para reunirse. Cualquier pretexto es bueno para interrumpir la marcha del tiempo y celebrar con festejos y ceremonias hombres y acontecimientos. Somos un pueblo ritual. Y esta tendencia beneficia a nuestra imaginación tanto como a nuestra sensibilidad, siempre afinadas y despiertas. El arte de la Fiesta, envilecido en casi todas partes, se conserva intacto entre nosotros. En pocos lugares del mundo se puede vivir un espectáculo parecido al de las grandes fiestas religiosas de México, con sus colores violentos, agrios y puros, sus danzas, ceremonias, fuegos de artificio, trajes insólitos y la inagotable cascada de sorpresas de los frutos, dulces y objetos que se venden esos días en nuestras plazas y mercados.

Nuestro calendario está poblado de fiestas. Ciertos días, lo mismo en los lugarejos más apartados que en las grandes ciudades, el país entero reza, grita, come, se emborracha y mata en honor de la Virgen de Guadalupe o del general Zaragoza. Cada año, el 15 de septiembre a las once de la noche, en todas las plazas de México celebramos la Fiesta del Grito; y una multitud enardecida efectivamente grita por espacio de una hora, quizá para callar mejor el resto del año. Durante los días que preceden y suceden al 12 de diciembre, el tiempo suspende su carrera, hace un alto y en lugar de empujarnos hacia un mañana siempre inalcanzable y mentiroso, nos ofrece un presente redondo y perfecto, de danza y juerga, de comunión y comilona con lo más antiguo y secreto de México. El tiempo deja de ser sucesión y vuelve a ser lo que fue, y es, originariamente: un presente en donde pasado y futuro al fin se reconcilian.

Octavio Paz, *El Laberinto de la Soledad*, 1950

(a) Haz una lista de vocablos asociados con la fiesta
(b) ¿Qué entiendes por *La Fiesta del Grito*? Puedes redactar aquí al menos media docena de líneas ya que el 15 de septiembre es una fecha importantísima en México
(c) ¿Qué representa el 12 de diciembre?
(d) Explica el significado de la Virgen de Guadalupe y el general Zaragoza. Consulta una enciclopedia de lengua española
(e) ¿Un lugarejo es un sitio agradable?
(f) Explica *el tiempo suspende su carrera*.
(g) Escribe una redacción justificando o rechazando, o los dos, el vínculo entre el espíritu festivo y la religión en México

Unidad 8 / Unit 8

La Vida del campo y del mundo animal / Life in the Countryside and the Animal Kingdom

(Ver también Unidad 3 para fruta, legumbres y peces / See also Unit 3 for fruit, vegetables and fish)

Nivel 1 / Level 1

Agricultura / Agriculture

General

a la intemperie	in the open air, outside
abonar	to fertilize
abono m	fertilizer
agrícola	agricultural
agricultura f	agriculture
agua f	water
al raso	in the open air
aldea f	village
alquería f R3	farm, farmstead
apacible	peaceful
apartado	isolated, secluded
barrera f	gate, barrier
barro m	mud
camino m comarcal	secondary road
camino m de herradura	bridle path
camino m vecinal	minor road
campestre R3/2	rural, rustic
campiña f R3/2	countryside
campo m	countryside, field, farming community
campo m A	big farm
carretilla f	wheel barrow
carro m	cart
casa f de campo	country house
casa f rural	country house *(often used now for tourism)*
chiquero m M	pig pen, pigsty
choza f	hut, shack
coger bayas	to pick berries
cría f de caballos	breeding/raising of horses
cuadra f	stable *(for horses)*
cultivar	to cultivate, to grow
cultivos mpl	crops
dependencias fpl	outhouses
espantapájaros m	scarecrow
explotación f (agrícola)	farm
fértil	fertile
finca f	farm, estate
ganado m	cattle
granja f	farm
hacienda f	estate, ranch
huerta f	*(large)* garden, vegetable garden, orchard, truck farm, market garden
huerto m	vegetable garden, kitchen garden

irrigar R3	to irrigate
jacal m M	hut of adobe or reeds, small house
leña f	wood, firewood, kindling wood
leño m	log
linde m R3	boundary *(often of wood)*
lindero m entre dos fincas R3/2	boundary between two estates
lodo m R3/2	mud, mire
lodo m M	mud
manguera f	hose
ordeñar una vaca	to milk a cow
pala f	spade, shovel
parcela f	plot of land *(especially for building)*
parcela f M	plot of land *(only for agriculture, especially maize)*
patio m de la granja	farm yard
pista f	track
plantar	to plant
pocilga f	pig pen, pigsty
pozo m	well
pradera f	meadow, field
prado m	meadow, field
pueblecito m	village
pueblito m A/M	village
regar	to water, to irrigate
reseco	very dry, dried out
rústico	rustic
seco	dry
sembrados mpl	sown fields
sembrar	to sow
semilla f	seed
senda f R3	path
sendero m	path
sequía f	drought
siembra f	sowing *(of seed)*
suelo m	ground
tapera f A	hut
terrenos mpl baldíos	waste land
tierra f	earth, soil
tractor m	tractor
vega f	fertile, low-lying meadow
vereda f R3/2	path
vericuetos mpl R3	difficult paths, twists and turns

Agricultores / farmworkers

agostero m R3	worker during the harvesting season
agricultor m	farmer
aparcero m R3	share-cropper
arriero m R3	muleteer
baqueano m A	person knowledgeable of the local area, guide
caballerango m M	groom *(for horses)*
caficultor m M	coffee grower
campesino m	peasant, farm laborer
capataz m	foreman
cargador m	porter
cazador m	hunter
chacarero m A	farmer
colono m	settler
cortijero m	estate owner, overseer
cosechero m	harvester
cultivador m	grower
ganadero m	rancher, stock breeder
gaucho m A	gaucho
granjero m	farmer
guarda m rural	forest ranger, gamekeeper
guardabosques m	warden, forest ranger, gamekeeper
hacendado m	ranch owner
hacendoso R3/2	hardworking
jornalero m	day laborer
labrador m	farmer, farmworker
labriego m R3	farmworker
leñador m	woodcutter, lumberjack
mecapalero m R3 M	porter *(using* mecapal-*headband for carrying on back)*
molinero m	miller

mozo m de cuadra	groom *(for horses)*
paisano m A	peasant
pastor m	shepherd
peón m	agricultural/day laborer
pescador m	fisherman
puestero m A	farm worker
ranchero(te) m M	rancher
rancho m M	ranch
segador m	reaper, harvester
sembrador m	sower
temporalero m M	seasonal worker
temporero m	seasonal worker
terrateniente mf	landowner
trabajador m	worker *(also adjective:* hardworking*)*
vaquero m	cowboy, cowhand
veterinario m	veterinarian, veterinary surgeon

Cosecha / harvest

abundancia f	abundance
abundante	abundant, copious
atar una gavilla	to tie up a sheaf
banasta f R3/2	big basket
banasto m R3/2	basket
canasta f	wicker basket
canasto m de manzanas	big *canasta* of apples
cesta f de uvas	basket of grapes
cesto m	big *cesta*/basket
copioso R3	copious, plentiful
cosecha f	harvest, crop
cosecha f pingüe R3	bumper harvest
cosechador m	harvester
costal m R3/2	*(big)* sack, bag
era f	threshing floor
estar en barbecho R3/2	to lie fallow
estropeado por el granizo	damaged by the hail
florecimiento m	burgeoning, flourishing
forraje m	fodder, forage
gavilla f de cereales	sheaf of cereals
grano m de arroz	rice grain
grano m de café	coffee bean
hacer su agosto	to make a fortune
haz m de trigo	bundle of wheat
hierba f	grass *(not* grass *in A/M)*
hierba f A	medicinal herb
hierba f M	shrub, thicket, area overgrown with weeds
manojo m de hierbas	bunch of herbs
mies f R3/2	ripe grain
milpa f M	land used for growing maize
molino m	mill
muela f	millstone
paja m	straw
pizca f M	harvest
rastrojos mpl	stubble
recoger el maíz	to harvest the maize
recolección f	harvest
saco m de harina	sack of flour
segar el trigo	to reap the wheat
siega f	reaping, harvest time
trigo m	wheat
trillar	to thresh
vendimia f	grape harvest
zafra f R3/2	harvest (time) *(especially sugar cane)*

Herramientas y maquinaria / Tools and machinery

aparejo m de pesca	fishing tackle
aperos mpl de labranza R3/2	farming implements
arado m	plough
avíos mpl de pesca R3/2	fishing tackle
azada f	hoe
caña f de pescar	fishing rod
cayado m de pastor	shepherd's crook
cepo m	trap *(for animals)*
cosechadora f	combine harvester
cultivadora f	cultivator *(for sowing seeds)*
escopeta f	shot gun
guadaña f	scythe
hacha f	ax
herramienta f	tool

horca f	pitchfork
hoz f	sickle
látigo m	whip
lazo m	lasso
mango m de martillo	handle of hammer
manguera f	hose
maquinaria f	machinery
martillo m	hammer
pala f	spade
pito m	whistle
podadera f	pruners, pruning shears
poner una trampa	to set a trap
pulverización f	spraying
pulverizador m	spray
rastrillo m	rake
reata f M	rope, lasso
red f de pesca	fishing net
regadera f	watering can
segadora f	harvester
sierra f	saw
tijeras fpl	shears, scissors

Animales domésticos / Domestic animals

amaestrar al perro	to train the dog
animal m doméstico	domestic animal
atar	to tether, to tie
aullar	to howl
balar	to bleat
bocado m	bite
borrico m	donkey
buey m	ox
burro m	donkey
caballeriza f	stable(s) *(for horses)*
cabra f	goat
cerdo m	hog, pig
chancho m A	hog, pig
chiva f M	(nanny) goat
cochino m	hog, pig
cola f	tail
cordero m	lamb
cuadra f	stable
dócil	tame, docile
domesticar	to domesticate, to tame
esquila f	shearing, clipping
establo m	stable *(not horses)*
galopar	to gallop
ganadería f	ranching, cattle raising, cattle
gato m	cat
gruñir	to grunt *(of a pig)*
ir al galope	to gallop
ir al trote	to trot
ladrar	to bark
lana f	wool
macho m cabrío	he-/billy-goat
morder	to bite
oveja f	sheep
pato m	duck
perro m	dog
puerco m	pig, hog
(re)mover la cola	to wag its tail
riendas fpl	reins
rugir	to roar
soltar al perro	to release the dog
ternero m	calf
toro m	bull
vaca f	cow

Caballo / Horse

anteojeras fpl	blinders, blinkers
arnés m	harness
bajarse del caballo	to get off the horse
cabalgadura f	mount
caballito m	rocking horse
caballo m	horse
corcel m R3	charger, steed
crines fpl	mane
cuaco m R1 M	nag, poor horse
equitación f	horse riding
estar a caballo	to be on horseback
estribos mpl	stirrups
guarniciones fpl R3/2	tack, harness
jaca f	pony
jamelgo m R3	nag, poor horse
matungo m A	nag, poor horse
montar a un caballo	to mount a horse
montura f	mount
penco R3	nag, hack
potro m	colt
pura sangre / purasangre mf	thoroughbred

recado m A	saddle and extra padding for comfort
recua f	train of horses
rocín m R3	old, poor horse
Rocinante m R3	Don Quixote's horse
semental m	stud, stallion
silla f de montar	saddle
yegua f	mare

Animales salvajes / Wild animals

acorralar	to corner, to trap
acosar R3/2	to pursue relentlessly, to hound
ágil	agile
ardilla f	squirrel
ballena f	whale
bisonte m	bison
búfalo m	buffalo
camello m	camel
carnicero	carnivorous
caza f	hunting, game
cazar	to hunt
colmillo m	tusk, canine *(tooth)*
conejo m	rabbit
coyote m M	coyote
dromedario m	dromedary
elefante m	elephant
erizo m	hedgehog
feroz	ferocious
garras fpl	claws
hipopótamo m	hippopotamus
jaguar m	jaguar
jirafa f	giraffe
león m	lion
leopardo m (manchado)	(spotted) leopard
lobo m	wolf
marfil m	ivory
mono m	monkey
ocelote m M	ocelot, jaguar
pantera f	panther
pata m	leg, paw
pelaje m	coat, fur
perseguir	to hunt, to pursue
presa f	quarry
rana f	frog
rata f	rat
ratón m	mouse
rinoceronte m	rhinoceros
tigre m	tiger
zorra f	vixen
zorro m	fox

Aves / Birds

a vuelo de pájaro	as the crow flies
águila f	eagle
ala f	wing
albatros m	albatross
anidar	to nest
ave f	bird *(generic term)*
avicultor m	poultry farmer
búho m	owl *(generic term)*, eagle owl
buitre m	vulture
canario m	canary
cisne m	swan
cóndor m	condor
corneja f	crow
cría f	litter, brood
cuco m	cuckoo
cuervo m	crow, raven
gallina f	hen, chicken
gallinero m	henhouse, coop
gallo m	rooster, cockerel
gaviota f	seagull
golondrina f	swallow
gorrión m	sparrow
huevo m	egg
loro m	parrot
mirlo m	blackbird
mirlo m blanco	miracle, impossible to believe
nidada f	brood, clutch
nido m	nest
pajarito m	baby/little bird
pájaro m	bird
paloma f	dove
pavo m	turkey
pavo m real	peacock
pelícano m	pelican
pichón m	young pigeon, chick *(of other birds)*
pico m	beak

pluma f	feather
plumaje m	plumage
plumón m	down, soft feathers
polla f	pullet, chick
pollo m	chick
poner una trampa	to lay a trap
volar	to fly
vuelo m	flight

Manada / Pack (of animals)

bandada f	flock *(of birds)*
boyada f R3	drove *(of oxen)*
hato m R3/2 M	herd *(of cows)*, flock *(of sheep)*
jauría f	pack *(of hounds)*
manada f	herd *(of elephants)*, pride *(of lions)*, pack *(of wolves)*
parvada f M	flock *(of birds)*
piara f	herd *(of pigs)*
rebaño m	flock *(of sheep)*
torada f	herd *(of bulls)*
tropa f (de caballos) A	pack of horses
tropilla f A	pack of horses

Bosque / Wood

alameda f	avenue, poplar grove
arbolado m	wooded area
arboleda f	grove
bosque m	wood
bosque m tropical	forest, tropical rain forest
bosquecillo m	copse, coppice
chopera f	poplar grove
encinar m	oak wood/grove
hayedo m	beech wood
jungla f	jungle
mezquital m M	copse of mesquites
monte m	woodland, scrubland
monte m bajo	bush, scrubland
pinar m	pine grove
selva f	jungle

Árboles / Trees

abedul m	birch
abeto m	fir
álamo m	poplar
alcornoque m	cork oak
alerce m	larch
árbol m	tree
cactus m	cactus
caña f de azúcar	sugar cane
cedro m	cedar
chopo m	black poplar
ciprés m	cypress
copa f del árbol	top/crown of the tree
corcho m	cork
corteza f	bark
encina f	holm oak
follaje m	foliage
fresno m	ash
fronda f	foliage
haya f	beech
hoja f	leaf
madera f	wood *(substance)*
palmera f	palm tree
pino m	pine tree
podar	to prune
rama f	branch
ramita f	twig
roble m	oak
sauce m	willow
sauce m llorón m	weeping willow
talar	to cut down
tronco m	trunk

Flores / Flowers

amapola f	poppy
arbusto m	shrub
azucena f	Madonna lily
brote m	shoot
capullo m	bud
cardo m	thistle
clavel m	carnation
crisantemo m	chrysanthemum
flor f	flower
flor f silvestre	wild flower
geranio m	geranium
jacinto m	hyacinth
junco m	rush, reed
lila f	lilac
manojo m de flores	bunch of flowers
margarita f	daisy
mimosa m	mimosa

narciso m	narcissus, daffodil
orquídea f	orchid
pétalo m	petal
raíz f	root
ramillete m de flores	bunch of flowers
rosa f	rose
rosal m	rose bush
savia f	sap
tallo m	stem
tulipán m	tulip
violeta f	violet

Insectos / Insects

abeja f	bee
araña f	spider
avispa f	wasp
bicho m	insect, bug, reptile, snake *(covers more than just* insect*)*
caracol m	snail
colmena f	bee hive
enjambre m	swarm
escocer	to sting, to smart *(of bite)*
escozor m	sting(ing)
grillo m	cricket
hormiga f	ant
mariposa f	butterfly
mosca f	fly
mosco m M	fly, mosquito
mosquito m	mosquito
picadura f	sting, bite
picar	to sting
piojo m	louse
pulga f	flea
tábano m	horsefly
telaraña f	spiderweb, spider's web
zumbar	to buzz
zumbido m	buzz(ing)

Nivel 2 / Level 2

Agricultura y cría de ganado / Agriculture and cattle breeding

a campo traviesa	cross-country
abrevadero m	water hole/trough
acarrear	to cart, to carry
acequia f R3/2	irrigation channel
aguijar a los bueyes R3	to goad the oxen
aguijón m	goad
aguijonear a las mulas	to goad the mules
ahechaduras fpl R3	chaff
aljibe m	well, tank
almohazar R3	to currycomb
animal m híbrido	hybrid animal
apacentar	to graze, to pasture
aprisco m R3/2	fold, pen
árbol m en espaldera	espalier tree
arrear el ganado	to drive the cattle
arrendamiento m	renting, leasing *(of land, farm)*
arrendar	to rent, to lease
arriendo m	renting, leasing *(of land, farm)*
aspa f (del molino)	(windmill) sail
aventar	to winnow
boñiga f	dung
boñigo m	dung
boyero m	oxherd, drover
brida f	bridle
bucólico R3	bucolic
cebar a los cerdos	to fatten up the pigs
cerca f electrificada	electric fence
chacra f A	farm, farm house
charro m M	horseman, cowboy
corral m	(farm)yard, corral
correr a rienda suelta	to run free
cortijo m	country estate/house in southern Spain
criar	to breed, to raise, to feed
criba f	sieve
cribar	to sieve
cruce m de burro y yegua	cross between a donkey and a mare
cruza f de animales A	cross between animals

cruzar animales	to cross animals
Cuidado, cruce de animales M	Careful, animals crossing *(notice on board)*
cultivo m en terrazas	terraced farming
cultivos mpl de regadío	irrigated crops
cultivos mpl de secano	dry-farmed crops *(only watered by rain)*
cultivos mpl en bancales	terraced farming
cultivos mpl hortícolas	*(kitchen)* garden crops
cultivos mpl transgénicos	genetically modified crops
dehesa f de toros bravos	meadow/pasture of wild bulls
desollar una oveja	to skin a sheep
despellejar una cabra	to skin a goat
despoblado m	abandoned *(and now)* waste land
embuchar una ave	to feed a bird *(for commercial purposes)*
enfermedad f de la vaca loca	mad cow disease
enganchar carne en un garfio	to hang up meat on a hook
erial m R3/2	uncultivated land
escardar	to hoe
estancia f A	farm ranch
estanciero m A	farmer, owner of ranch
estercolero m	dung hill/heap
estiércol m	dung
explotar una tierra	to work a piece of land
faenas fpl agrícolas	farm work
feraz R3	fertile
fiebre f aftosa	foot and mouth disease
filoxera f	phylloxera
gente f del mismo jaez	people of the same kind/ilk
hacer un injerto	to graft *(one plant to another)*
hacienda f A	livestock, cattle
harnero m	sieve
heno m	hay
invernadero m	green/glass-house
jaeces mpl	trappings (on horse)
latifundio m	large estate/ranch
majada f R3	fold *(for animals)*
mantillo m	humus, mulch
matadero m	abattoir, slaughterhouse
matarife m	slaughterman
medianería f M	sharecropping
minifundio m	smallholding
noria f	waterwheel
pacer	to graze
pajar m	barn, hayloft
palapa f A	hut, palm shelter
palomar m	dovecote, pigeon loft
pastar	to graze
pastizal m	pasture land
pasto m A/M	grass
pastos mpl	pastures, grazing land
pesebre m	manger, trough
peste f porcina	swine fever
picar a los bueyes	to goad the oxen
pienso m	fodder, feed
pulverizar los cultivos	to spray the crops
ranchería f M	ranch
rancho m A	hut
redil m	fold, enclosure
res f	animal
res f lanar	sheep
res f vacuna	cow, bull, calf, etc.
surco m	furrow
terreno m descampado	waste land
testarudo como un mulo	stubborn as a mule
tierras fpl de regadío	irrigated land
ubre f	udder
uncir	to yoke
vaquería f	dairy
vivero m de plantas	nursery
yugo m	yoke
yunta f de bueyes	ox-yoke
zacate m M	fodder
zagal m R3	shepherd

Cultivo de los jardines y el campo / Cultivation of gardens and fields

allanar un terreno	to level out a piece of land
arboricultura f	forestry
arenal m	sandy area
árido	arid, sterile
cafetal m M	coffee plantation
camino m de terracería M	rough dirt track
campo m barbechado R3/2	fallow field
cantero m M	flowerbed, vegetable patch
cavar	to dig
cenador m	arbor
cercado m	fence, enclosure, wall
césped m	lawn
chinampa f M	man-made island for cultivation
colza f	rape seed
cortar el pasto A/M	to cut the lawn/grass
cuadro m	flowerbed
ejido m M	area of common land, land exploited by a cooperative
ejidatario m M	member of a cooperative
estéril	sterile
gleba f castellana R3	glebe/cultivated land of Castille
hortelano m	truck farmer, market gardener
horticultor m	horticulturalist, gardener
horticultura f	horticulture
jardinería f	gardening
jardinero m	gardener
ligustrina f A	hedge
maizal m M	corn/wheat field
meter cizaña	to sow discord
mondar una naranja	to peel an orange
orla f	border
pedregal m	stony area
pérgola f	arbor, pergola
plantío m de maíz	corn/maize field
polinización f	pollination
polinización f cruzada	cross pollination
polinizar	to pollinate
seto m (vivo)	hedge
simiente f	seed
tapia f	garden wall, fence
terreno m ajardinado	landscaped area
terreno m arcilloso	clayey land
terreno m arenoso	sandy land
terreno m pantanoso	marshy ground
terrón m de tierra	clod of earth
tierra f de cultivo	arable land
tierra f de labor	arable land
valla f	fence
vergel m R3	orchard, garden
yuyos mpl A	rough grass with weeds, etc., scrubland

Recolección / harvest

afilar la hoz	to sharpen the sickle
agavillar el trigo R3	to put the wheat into sheaves
almiar m	hayrick, haycock
amarillear	to turn yellow *(through ripening)*, to go pale
amontonar el heno	to pile up the hay
caña f del trigo	wheat stalk
cizaña f	darnel, tares *(as in Bible)*
costal m de trigo	sack of wheat
desvainar	to shell
doblarse	to bend *(of cereals, flowers in wind)*
Es harina de otro costal	That's another story / kettle of fish
espiga f de trigo	ear of corn
espigar	to glean *(the ears of corn)*
estrujar las uvas	to press the grapes
granero m	granary
granzas fpl R3/2	chaff
guadañar	to scythe
hacina f de cereales	pile of cereals
hacinar	to pile, to heap
hórreo m	granary *(typical of Galicia and Asturias)*

madurar	to ripen
moler	to grind, to mill
moreno	suntanned *(of worker)*
recolectar	to harvest
recolector m de aceitunas	olive harvester
tierra f de labrantío	arable land
troja f M	granary
verdear	to look/turn green

Productos de la tierra / products of the earth

avena f	oats
cebada f	barley
centeno m	rye
Es un melón	He's a fool/dummy
estar en el ajo	to be in the know
fibra f	fiber
fibroso	fibrous
harinoso	floury
ir al grano	to go straight to the point
mandar a freír espárragos	to tell *(someone)* to get lost
papa f A/M	potato
patata f	potato
puerro m	leek
remolacha f	beetroot
ruibarbo m	rhubarb
salvado m	bran
seta f	mushroom
trigal m	wheat field
trigo m en ciernes R3	wheat ready to be cut
vaina f	pod

Flores / Flowers

abrirse	to open
anémona f	anemone
aromatizar el ambiente	to fill the air with fragrance
azafrán m	saffron
azahar m	orange blossom
azalea f	azalea
begonia f	begonia
brotar	to sprout
campánula f	campanula, bellflower
coloreado	colored
dalia f	dahlia
deshojarse	to lose (its) petals
despedir una fragancia	to give off fragrance
digital f	foxglove, digitalis
embalsamar el ambiente	to give fragrance to the surroundings
escaramujo m	wild rose
espadaña f	bullrush
estar en botón	to be in bud
estar en flor	to be in bloom
estar en la flor de la edad	to be in the flower of youth
exhalar R3/2	to give off *(smell)*
exuberante R3/2	exuberant
flor f abigarrada R3	many-colored flower
flor f olorosa	sweet-smelling flower
flor f tardía	late flower
flor f y nata de la sociedad	cream of society
florear M	to bloom
florecer	to blossom, to flower
fucsia f	fuschia
girasol m	sunflower
hierbajo m	weed
hinojo m	fennel
hojas fpl desparramadas	scattered leaves
hojas fpl jaspeadas	variegated leaves
hojas fpl lacias	limp leaves
irisado	iridescent
jardín m florido	garden full of flowers
lila f	lilac
lirio m	iris
lirio m de los valles	lily of the valley
lirio m tigrado	tiger lily
lozano	fresh, lush-looking
lujuriante	luxuriant, lush
madreselva f	honeysuckle
magnolia f	magnolia
mala hierba f	weed
maloliente	unpleasant-smelling
malva f	mallow
malva f real	hollyhock
marchitarse	to wither
marchito	withered
menta f	mint
miosotis m	myosotis

muguete m	lily of the valley
multicolor	multicolored
mustio	withered, faded
nenúfar m	water lily
No hay rosa sin espinas	Never a rose without a thorn
nomeolvides m	forget-me-not
ortiga f	nettle
pálido	pale, withered
pasionaria f	passionflower
pensamiento m	pansy
peonía f	peony
petunia f	petunia
planta f aromática	aromatic plant
ranúnculo m	buttercup
retoño m	shoot
rosal m trepador	rambling rose, bramble
rozagante R3	lush-looking *(flowers)*
secarse	to dry up
tomillo m	thyme
trébol m	clover
trepadora f	climber
trepar	to climb
verónica f	veronica, speedwell

Árboles frutales / Fruit trees

agave f M	agave, American aloe
albaricoquero m	apricot tree
algarrobo m	carob tree
almendro m	almond tree
árbol m frondoso	leafy tree
árbol m frutal	fruit tree
banano m A/M	banana tree
castaño m	chestnut tree
cerezo m	cherry tree
chabacano m M	apricot tree
ciruelo m	plum tree
cocotero m	coconut palm
damasco m A	apricot tree
estaca f	(supporting) stake
frambuesero m	raspberry bush
fresal m	strawberry plant
frondosidad f R3	leafiness, luxuriance
frutal m	fruit tree
grosellero m	gooseberry bush
guindo m	morello cherry tree
higuera f	fig tree
kinoto m A	medlar tree
limonero m	lemon tree
maguey m M	maguey *(kind of* agave *from which* pulque, *a drink from cactus sap, is made)*
manzano m	apple tree
melocotonero m	peach tree
naranjo m	orange tree
níspero m	medlar tree
parra f	vine
peral m	pear tree
plátano m	banana tree
pomelo m	grapefruit tree
silvicultura f R3	forestry
toronjo m M	grapefruit tree

Animales domésticos / Domestic animals

a horcajadas en el caballo	astride the horse
adiestrar a un caballo	to train a horse
animal m de carga	beast of burden
apearse del burro	to get off the mule
asno m	ass, mule
becerro m	calf, young bull
becerro m de oro	golden calf *(of the Bible)*
bozal m	muzzle
cochinillo m	sucking pig
collar m	collar
cuerno m	horn
domar	to tame
Es un lince	She's sharp/clever
esquilar una oveja	to shear a sheep
galgo m	greyhound
ganado m lanar	animal with wool *(i.e. sheep)*
hacer novillos	to play hooky/truant
hámster m	hamster
hembra f	female *(of the species)*
hocico m	snout
husmear R2/1	to sniff, to smell out
husmeo m R2/1	sniffing

ir al paso	to keep in step
macho m	male *(of the species)*
mamífero m	mammal
manso	docile
morro m	snout
novillo m	young bull
pararse de manos M	to rear up *(like a horse)*
pastor m alemán	German shepherd, Alsatian
perro m de caza	gundog
perro m de guarda	guard dog
rabo m	tail
ronronear	to purr
sabueso m	bloodhound
trashumancia f	transhumance

Animales salvajes / Wild animals

acechar la presa	to lie in wait for the prey
armadillo m	armadillo
babuino m	baboon
cameleón m	chameleon
canguro m	kangaroo
cebra f	zebra
chimpancé m	chimpanzee
ciervo m	deer
comadreja f	weasel
croar	to croak
espiar	to watch closely
foca f	seal
gacela f	gazelle
gorila m	gorilla
gorila m R1	thug, heavy, tough
guepardo m	cheetah
hiena f	hyena
jabalí m	wild boar
jardín m zoológico	zoo
liebre f	hare
lince m	lynx
llama f	llama
marmota f	marmot
melena f del león	lion's mane
orangután m	orangutang
oso m	bear
oso m pardo	brown bear
panda f	panda
parque m zoológico	zoo
pingüino m	penguin
primate m	primate
puma f	puma
raposa f	vixen
reno m	reindeer
roedor m	rodent
roer	to gnaw
sanguinario	vicious, ferocious
serpiente f	snake
silbar	to hiss
tapir m	tapir
zoo m	zoo
zoológico m	zoo
zoólogo m	zoologist

Aves / Birds

anidar	to nest
aura f	turkey buzzard
ave f carroñera	bird that feeds on carrion
ave f de presa	bird of prey
ave f de rapiña	bird of prey
ave f del paraíso	bird of paradise
cabeza f de chorlito	simpleton, silly person
cernícalo m	kestrel
chorlito m	plover
cigüeña f	stork
codorniz m	quail
colibrí m M	hummingbird
empollar	to brood
empollar R1	to study hard, to cram
estornino m	starling
flamenco m	flamingo
ganso m	goose
gavilán m	hawk
gorjeo m	chirping
graznar	to caw *(of crow)*, to quack *(of duck)*
grulla f	crane
guacamaya f M	macaw
halcón m	falcon
lechuza f	owl *(generic name)*

lechuza f común	barn owl
mochuelo m	little owl
mudar	to molt
murciélago m	bat
ornitólogo m	ornithologist
pájaro m carpintero	woodpecker
papagayo m A/M	parrot
perdigón m	partridge chick
perico m M	parakeet
piar	to chirp
pinzón m	chaffinch
pipistrela f	pipistrel
poner un huevo	to lay an egg
revolotear	to flutter
tecolote m M	owl
tórtola f	turtle dove
trino m	trill

Sonidos emitidos por animales / Sounds made by animals

balido m	bleating
bramido m	bellowing, roaring
cacareo m	crowing, clucking
canto m	singing
gorjeo m R3	warbling
graznido m	cawing
ladrido m	barking
maullido m	miaowing
mugido m	roaring
piar m	chirping
rebuzno m	braying
relincho m	neighing
rugido m	roaring

Insectos / Insects

abejorro m	bumblebee
alacrán m	scorpion
caballito m del diablo M	dragonfly
chicharra f	cicada
chupar	to suck *(blood)*
ciempiés m	centipede
cigarra f	cicada
colmenar m	apiary
entomología f	entomology
entomólogo m	entomologist
escarabajo m	beetle
infestación f de hormigas	infestation of ants
infestado de cucarachas	infested with cockroaches
langosta f	locust
larva f	larva, grub
libélula f	dragonfly
mantis f religiosa	praying mantis
metamorfosis f	metamorphosis
mordedura f	bite
muda f	sloughing off
multiplicarse	to reproduce
oruga f	caterpillar
plaga f de langostas	plague of locusts
plagar	to plague
polilla f	moth
reina f	queen *(bee)*
tela f de araña	spiderweb, spider's web
tijereta f	earwig

Nivel 3 / Level 3

Plantas y flores / Plants and flowers

acedera f	sheep sorrel
adelfa f	oleander
ajenjo m	absinthe
algas fpl	seaweed
alhelí m	wallflower
almáciga f	seedbed
arriate m	border *(of flowerbed)*
belladona f	deadly nightshade, belladonna
botánica f	botany
botánico m	botanist
brezo m	heather
brezo m veteado	briar
buganvilla f	bougainvillea
camelia f	camellia
caña f	reed
cañaveral m	bed of reeds
capuchina f	nasturtium
carrizo m	giant reed

chaparral m M	chaparral, thicket
ciclamen m	cyclamen
clematitis f	clematis
corola f	corolla
diente m de león	dandelion
dragón m	snapdragon
enredadera f	climber
esqueje m	cutting *(for planting)*
estambre m	stamen
estanque m	pond
ficus m	rubber plant
glicina f	wisteria
graminea f	grass
guisante m de olor	sweet pea
heliótropo m	heliotrope
hibisco m	hibiscus
hongo m	fungus, mushroom
hongo m venenoso	toadstool
hortensia f	hydrangea
junquillo m	jonquil
líquen m	lichen
majuelo m	hawthorn
mata f	bush, shrub
matorral m	bushes, shrubland, thicket
musgo m	moss
musgoso	mossy
ondear	to sway
planta f acuática	aquatic plant
planta f en flor	plant in bloom
polen m	pollen
reloj m de sol	sun dial
retama f	broom
rododendro m	rhododendron
rodrigón m R3	stake, support
rosal m arbusto	rose bush
rosaleda f	rose garden
semillero m	seedbed
tallo m velloso	downy stem
terrón m	clod, lump *(of earth)*
verbena f	verbena
zacate m M	wild grass *(used as fodder)*, plant with fruit like zucchini/courgette used as bath sponge

Productos de la tierra / Products of the earth

acelgas fpl	Swiss chard
achicoria f	chicory
alcaparra f	caper
alfalfa f	alfalfa
apio m	celery
baya f	berry
cáñamo m	cannabis plant, hemp
chalota f	scallion, shallot
desgranar	to shell, to pod
desvainar	to pod
endivia f	endive
esparceta f	sainfoin
grama f	Bermuda grass
granazón f	seeding
guindilla f	chili
lino m	flax
lúpulo m	hop plant
nabo m	turnip
perejil m	parsley
perifollo m	chervil
rábano m	radish
trigo m candeal	durum wheat
trufa f	truffle

Árboles / Trees

abra f M	clearing *(in wood)*
árbol m de hoja caduca	deciduous tree
árbol m de hoja perenne	evergreen
árbol m del Paraíso	Paradise tree
baobab m	baobab
bejuco m	liana
caoba f	mahogany
ceiba f M	silk cotton tree
claro m	clearing *(in wood)*
conífera f R3/2	conifer
ébano m	ebony
eucalipto m	eucalyptus
hoja f dentada	leaf with indentations on the edge
hojarasca f	fallen leaves *(swirling round)*
hule m M	rubber tree
jacaranda f M	jacaranda tree

laurel m	laurel, bay leaf
liana f	creeper, liana
mezquite m M	mesquite (tree) *(with white blossom and fruit in pods)*
palisandro m	rose-wood tree
palo m blanco A	Paradise tree
paraíso m A	Paradise tree
quebracho m A	quebracho *(very hard wood used in construction)*
ramaje m R3	branches
saúco m	elder
secoya f	sequoia
teca f	teak
tejo m	yew tree
zapote m M	sapodilla tree

Árboles frutales / Fruit trees

aceituno m	olive tree
apalear	to knock down *(off tree, like almonds)*
avellano m	hazel tree
cidro m	citron tree
duraznero m M	peach tree
enebro m	juniper
floración f	flowering period
granado m	pomegranate tree
guayabo m	guava tree
higuera f chumba	prickly-pear bush
injertar	to graft
madroño m	tree strawberry
membrillero m	quince tree
mondar	to prune
moral m	mulberry tree
nogal m	walnut tree
nopal m M	prickly-pear tree
palma f datilera	date palm
palmera f datilera	date palm
pistachero m	pistachio tree
tutor m	support, stake
zarandear	to shake, to knock *(for nuts to fall)*

Animales domésticos / Domestic animals

Caballo/horse

alazán m R3	sorrel
almohaza f R3	currycomb
bocado m	bit
boleaderas fpl A	bolas
bosta f A	dung
bozal m	halter
caballo m de batalla	hobby horse, central issue
caballo m de carreras	race horse
caballo m de montar	riding horse
caballo m desbocado	runaway horse
cabestro m	halter
casco m	hoof
charrería f M	horsemanship and rodeo riding
cincha f	cinch, girth
cocear	to kick
cuadrúpedo m	quadruped
dar coces	to kick
desbocarse	to bolt
desenganchar	to unhitch
desmontar del caballo	to dismount the horse
ejercicio m ecuestre	equestrian exercise
encabritarse	to rear up
enganchar	to tether, to hook up
enjaezar	to harness
ensillar el caballo	to saddle (up) the horse
estribo m	stirrup
garañón m M	studhorse
herradura f	horseshoe
mulo m	mule
orejera f	earflap
palafrén m	palfrey
palenque m A	tethering post
pezuña f	nail part of the hoof
pezuña f M	hoof
piafar R3	to stamp
picadero m	riding school, exercise ring
pingo m A	*(good-quality)* horse
potra f	filly
potro m	colt
reata f de mulas	train of mules, rope linking horses
reparar M	to rear up
resoplar	to snort

ronzal m R3	halter

Vaca / Cow

cabaña f A	cattle breeding ranch
carne f vacuna	beef
encierro m	enclosure, pen
ganadería f bovina	cattle *(cows, bulls, calves)*
ganado m vacuno	cattle
pacer	to graze
pastoreo m	pasture, pasturage
pastura f R3/2	pasture
rumiante m	ruminant
sacrificar reses	to slaughter cattle
teta f	teat
vacuno m argentino	Argentinian cattle

Otros animales / Others

adiestrar	to train
andar a gatas	to crawl
anfibio m	amphibian
animal m invertebrado	invertebrate animal
animal m vertebrado	vertebrate animal
arañar	to scratch
borrego m	lamb, sheep
cachorro m	puppy, cub *(of lion)*
carnero m	ram
cerda f	sow
dogo m	mastiff
domado	tamed
encaramarse al árbol	to climb the tree
felino	feline
galgo m	greyhound
ganado m porcino	hogs, pigs
gatito m	kitten
gato m de Angora	Angora cat
gato m montés	wild cat
gato m siamés	Siamese cat
guau-guau m R1	doggy, bow-bow
husky mf	husky
jeta f	snout *(of pig)*
lamer	to lick
lechón m	piglet
majada f	cow pie/pat, dung
marrano m R1	hog, pig, swine
mastín m	mastiff
minino m	puss(y)
olisquear	to sniff
oso m peludo	hairy, shaggy bear
perrito m	puppy, doggy
perro m caliente	hotdog
perro m dálmata	Dalmatian
perro m de aguas	water dog
perro m de lanas	poodle
perro m de pastor	sheepdog
perro m de Terranova	Newfoundland
perro m faldero	lapdog
perro m guardián	guard dog
perro m lobo	German shepherd, Alsatian
perro m mestizo	mongrel
perro m podenco	spaniel
porcino m	hog, pig
residencia f canina	dog's home
san bernardo m	Saint Bernard
trailla f R3/2	leash, lead
vellón m R3/2	sheepskin, fleece

Animales salvajes / Wild animals

abalanzarse sobre	to charge at
acémila f R3	mule
agacharse	to crouch *(to attack)*
agazaparse	to crouch *(to attack)*
alce m	moose
alimaña f	wild animal that hunts small game *(i.e. wolf, fox, ferret, marten)*
alpaca f	alpaca
amansar	to break in, to tame
antro m R3	lair
astas fpl	horns, antlers
cabra f montés	Spanish ibex
cachalote m	sperm whale
cachorro m de león	lion cub
carnicero	carnivorous
carnívero	carnivorous
castor m	beaver
caza f mayor	big game
caza f menor	small game
cervato m	fawn
chacal m	jackal
chango m M	monkey
cierva f	hind, doe

cobaya f	guinea pig
colmillos mpl	tusks, canines
corzo m	roe deer, roe buck
delfín m	dolphin
desgarrar	to tear apart
dormir como un lirón	to sleep like a log
erizo m de mar	sea urchin
gamuza f	chamois
gañir R3	to yelp *(of dog)*, to caw *(of crow)*
garduña f	marten
gerbo m	gerbil
guarida f	lair
hurón m	ferret
íbice m	ibex
invernar	to hibernate
joroba f	hump (of camel)
lirón m	dormouse
lobato m	wolf cub
lobezno m	wolf cub
madriguera f	lair
mangosta f	mongoose
mapache m	racoon
marsopa f	porpoise
marsupial m	marsupial
marta f	marten, pine marten
meterse en la boca del lobo	to go into the lion's den
mofeta f	skunk
morsa f	walrus
nutria f	otter
osezno m	bear cub
oso m hormiguero	ant bear, anteater
pelaje m tupido	thick fur
perezoso m	sloth
puerco m espín	porcupine
¡Qué mono es!	He's really cute!
quirquillo m A	armadillo
rasgar	to tear, to rip apart
simiesco R3/2	simian, apelike
taimado R3	cunning
tejón m	badger
tigre m listado	striped tiger
turón m	polecat
uña f	claw
vicuña f	vicuna
yajuareté m A	jaguar
zorrillo m M	skunk
zorrino m A	skunk

Aves / Birds

a vista de pájaro	with bird's-eye view
abejaruco m	bee eater
abubilla f	hoopoe
alcaraván m	stone curlew
aletear	to flutter, to flap
aleteo m	fluttering
arrullar	to coo
avestruz m	ostrich
becada f	woodcock
cacarear	to cluck, to crow
cacatúa f	cockatoo
camada f	clutch, brood
cantar quiquiriqui	to sing cock-a-doodle-do
ceibo m A	ceibo *(Argentina's national bird)*
cernerse	to hover
chingolo m A	kind of sparrow
cloquear	to cluck
coger el grano a picotazos	to peck at grain
copete m	crest
cotorra f	parrot
cotorra f A	budgerigar
curruca f	whitethroat
disecar una ave	to stuff a bird
escarbar	to scratch around
faisán m	pheasant
garza f	heron
gerifalte m	gyrfalcon
grajo m	rook
guajalote m M	turkey
hacer el ganso	to talk nonsense
martín m pescador	kingfisher
más vale un pájaro en mano que cien volando	one in the hand is worth two in the bush
matar dos pájaros de un tiro	to kill two birds with one stone
milano m	kite
pajarera f	aviary
pardillo m	linnet
pato m silvestre	wild duck

pavonearse	to strut about
pechito m colorado A	robin redbreast
pelicano m	pelican
penacho m del pavo real	peacock's crest
perdiz f	partridge
perdiz f blanca	ptarmigan
petirrojo m	robin
picaflor m A	hummingbird
picotear	to peck
pollada f	brood
ponerse carne de gallina	to get goose pimples
ponerse en cuclillas	to crouch down
quetzal m M	quetzal
reyezuelo m	kinglet, goldcrest
ruiseñor m	nightingale
tero m A	type of lapwing
teruteru m A	type of lapwing
tomar el vuelo	to soar
tordo m	thrush
ulular	to hoot *(of owl)*
urraca f	magpie
vencejo m	swift
zancudo m	wading bird *(like the stork)*
zopilote m M	turkey buzzard

Peces / Fish

agalla f	gill
aleta f	fin
bonito m	tuna, bonito
caballa f	mackerel
carpa f	carp
dorado m A	dorado
escama f	scale
escamoso	scaly
esturión m	sturgeon
ictiología f R3	ichthyology
lucio m	pike
orca f	killer whale
pesca f	fishing
raya f	skate, ray
rodaballo m	turbot
salmón m ahumado	smoked salmon
salmonete m	red mullet
tiburón m	shark
viscoso	viscous

Crustáceos / Shell Fish

bogavante m	lobster
cangrejo m de río	crayfish
concha f	shell
crustáceo m	crustacean
jaiba f M	crab, fresh-water crab
langosta f	lobster
medusa f	jelly fish
molusco m	mollusc
nácar m	mother-of-pearl, nacre
perla f	pearl
pinza f	pincer
tener muchas agallas	to have courage/guts
venera f	scallop *(shell)*

Insectos / Insects

antena f	antenna
apicultor m	beekeeper
bichito m de luz A	lightning bug, firefly
cachipolla f	mayfly
cantárida f	Spanish fly
capullo m	cocoon
cárabo m	beetle, carabid
chinche f	bedbug
coleóptero m	beetle, coleopteran
crisálida f	chrysalis
cuervo m volante	June bug, cockchafer
enjambrar	to swarm
hormiguear de	to swarm/crawl with
hormigueo m	pins and needles *(in body)*
luciérnaga f	lightning bug, firefly, glow-worm
mariquita f	ladybug, ladybird
moscón m	big fly, bluebottle
¿Qué mosca le ha picado?	What's eating him?
saltamontes m	grasshopper
tarántula f	tarantula
tejer una telaraña	to weave a web
vinchuca f A	kind of cockroach, conenose

viuda f negra	black widow
zancudo m	crane fly, daddy-longlegs
zángano m	drone

Gusanos y reptiles / Worms and reptiles

babosa f	slug
boa f	boa constrictor
cebo m	bait *(for fish)*
cocodrilo m	crocodile
crótalo m	rattle snake
culebra f	snake
culebrear	to wriggle *(along)*
gusano m	worm
ir a paso de tortuga	to go at a snail's pace
lagartija f	wall lizard
lagarto m	lizard
lágrimas fpl de cocodrilo	crocodile tears
lengua f viperina	viper's tongue
lombriz m	(earth)worm
mordedura f	bite
pata f prensil	prehensile claw
renacuajo m	tadpole
reptar	to slither, to crawl
reptil m	reptile
retorcerse	to twist, to writhe
salamandra f	salamander
salir rana	to be a disappointment
sanguijuela f	leech
sapo m	toad
saurio m	saurian
serpentear	to slither, to slide, to wriggle
serpiente f	snake, serpent
serpiente m de cascabel	rattle snake
tortuga f	tortoise
veneno m	poison
víbora f	viper

Ejercicios / Exercises

Nivel 1 / Level 1

1. (a) ¿Cuál es la función de . . . ?

arriero, aparcero, campesino, cazador, cosechero, granjero, jornalero, labrador, leñador, molinero, pastor, peón, pescador, segador, terrateniente

(b) Construye una frase para ilustrar el uso de estos vocablos

2. (a) ¿Cuál es el sentido figurado de los siguientes términos?

abonar, acarrear, allanar, apuntalar, búho, camino, campo, cardo, chivato, chivo, cosechar, cultivo, explotar, flamenco, gallinero, germen, golondrina, loro, madurar, pastor, pocilga, pozo, producir, rebaño, recoger, segar, sembrar, topo, trampa, trasplantar, vivero, yunta

(b) Construye una frase para ilustrar el uso del sentido figurado

(Se encuentre la solución en Internet)

3. (a) Encuentra la diferencia entre los vocablos de las siguientes parejas

granja/cortijo, finca/alquería, capataz/campesino, aljibe/pozo, canal/acequia, manguera/regadera, cosecha/vendimia, campo/prado, ganado/rebaño, caza/cacería, morral/mochila, abono/estiércol, tierras de regadío/cultivos de secano, regar/rociar, pájaro/ave, viña/viñedo, grulla/grúa, cidra/sidra, ordeñar/ordenar, junta/yunta

(b) Construye frases para cada término para ilustrar la diferencia entre los vocablos en cada pareja

4. (a) Encuentra la diferencia (si hay) entre los vocablos de las siguientes parejas

caballa/caballo, campa/campo, caza/cazo, copa/copo, cuba/cubo, fruta/fruto, grana/grano, huerta/huerto, leña/leño, madera/madero, pala/palo, pasta/pasto, pata/pato, pava/pavo, pimienta/pimiento, rama/ramo, rata/ratón, senda/sendero, seta/seto, talla/tallo

(b) Construye una frase para cada vocablo para ilustrar la diferencia en cada pareja

5. Encuentra el nombre del árbol o arbusto que produce los siguientes frutos

albaricoque, algarroba, avellana, castaña, cereza, ciruela, dátil, frambuesa, fresa, granada, grosella, guinda, higo, higo chumbo, limón, manzana, membrillo, mora, níspero, pera, plátano

(Se encuentre la solución en Internet)

6. (a) Encuentra el sentido coloquial (R1) o grosero (R1*) de los siguientes vocablos

ancas, burro, cabrón, camello, cerdo, cochino, conejo, flamenco, gallina, hormiga, huevo(s), jeta, loro, marrano, morro, mosca, moscardón, mulo, pájaro, pata, olla, rompa, sanguijuela, tortolito, vaca, víbora, zángano, zorra, zorro

(b) Haz una frase para ilustrar el uso de estos vocablos en su sentido coloquial o grosero. No olvides adaptar toda la frase al registro

7. (a) Relaciona los vocablos de A con los de B para formar una expresión.

A		B	
otro perro	bajarse	oso	al gato
hay gato	dar gato	la osa	por liebre
coger el toro	la gallina	los cuernos	del lobo
buscar tres pies	misa	con su pareja	y el gato
meterse en la boca	hacer	novillos	se acabó la rabia
como el perro	cada oveja	del burro	caballo
muerto el perro	poner	rienda suelta	no le mires el diente
cola de	¡anda . . . !	con ese hueso	en un burro
a caballo regalado	hacer el	encerrado	de los huevos de oro
no ver tres	dar gato	por los cuernos	del gallo

(b) ¿En qué circunstancias se usan estas expresiones?

8. (a) ¿Cuál es la diferencia (si hay) entre los sinónimos de los siguientes grupos?

alazán, caballo, corcel, jaca, semental, yegua
asno, borrico, burro
becerra, buey, ternera, toro, vaca
carnero, cordero, oveja
cachorro, chucho, perro

(b) Construye frases para ilustrar tanto el uso de estos sinónimos como las diferencias entre ellos

9. (a) ¿Cómo se llama un grupo de . . . ?

bueyes, cabras, cerdos, cuervos, lobos, ovejas, pájaros, peces, toros, vacas

(b) Haz una frase para ilustrar el uso de los vocablos que encuentres

10. (a) ¿Con qué animal se asocian los siguientes lugares?

aguilera, avispero, colmena, conejera, cubil, guarida, hormiguero, madriguera, nido, perrera

(b) Construye frases para ilustrar el uso de estos vocablos

11. (a) ¿Qué entiendes por las siguientes expresiones?

el gato con botas
el último mono
pelar la pava
hablar más que una urraca
la flor y nata de la sociedad
la flor de la maravilla
estar en el ajo
ir al grano
repartir leña
no ser moco de pavo
entre col y col, lechuga
ser un capón
echar gusarapos por la boca
no ser trigo limpio
Una cosa es hablar y otra dar trigo
estar a partir un piñón con alguien
estar como una regadera
ser perro viejo
método del palo y la zanahoria
meter cizaña
villa del oso y del madroño
De todo hay en la viña del Señor
estar de mala uva
¡Naranjas de la China!
llegar a las aceitunas
a palo seco
estar como un toro
tener malas pulgas
el cuarto de las ratas
ser gallina
tener pájaros en la cabeza
ser un pájaro de cuenta
ser muy avispado
atar los perros con longaniza
haber más días que longaniza
A buen hambre no hay pan duro
Más vale pájaro en mano que ciento volando

(b) Construye frases para ilustrar el uso de estas locuciones

12. Traduce al español

i. All the window sills were adorned with flower pots with petals of all the colors of the rainbow
ii. Andalusia in Springtime is a carpet of brightly colored flowers, daisies, lilies, forget-me-nots, and violets
iii. Ivy and honeysuckle climbed up the walls, and in the Summertime the whole building was a riot of color
iv. The shrubs gave off a lovely scent
v. Through lack of rain, the plants and bush country started to wither and fade away while the trees lost their leaves
vi. The kitchen garden was flourishing with rows of beans, peas, carrots, and cauliflowers
vii. The harvesting of the wheat and barley was made so much easier with the warm sun of late Summer but the cutting of the rye and oats took longer than expected
viii. The pear trees had to be pruned, for their branches and leaves were blotting out the sunlight

ix. We spent the whole day picking blackberries for homemade jam, and almonds for that delicious paste
x. The leaves grew a lovely dark green as the sun's rays filtered through the forest
xi. The ferns and heather were so dense, the hawthorn and holly so prickly and the moss so slippery that we found the undergrowth impenetrable
xii. The stunted trees and cactus slowly gave way to birch and beech as we climbed away from the arid, dusty plain

(Se encuentre la solución en Internet)

13. Lee atentamente el siguiente texto y, a continuación, contesta a las preguntas

La transformación de la España rural y agrícola en la España urbana e industrial fue un cambio brusco y radical, a veces traumático, que se realizó mediante *planes de desarrollo* a partir de la década de los años cincuenta.

Hay que pensar en los millones de habitantes de miles de pueblos, que emprendieron nuevas vidas en las ciudades, al principio casi en exclusiva los varones aptos para trabajar, y las muchachas que preferían entrar a servir en casas de Madrid, Bilbao o Barcelona, que vivir trabajando en el campo, o haciendo el mismo trabajo en la casa paterna, sin tener independencia económica.

Crecieron los barrios periféricos de las grandes urbes. Los organismos oficiales promocionaron la construcción de cientos de miles de viviendas baratas, formando barriadas que muchas veces no tenían la infraestructura adecuada debido a la premura.

Aunque muchas personas conservaron los lazos con el pueblo de origen de muy diversas maneras, especialmente quienes habían dejado los abuelos en la casa familiar de origen, otras muchas, que no tenían propiedades en su tierra, se convirtieron a la segunda generación en personas desarraigadas cuyo origen no les importaba en absoluto y cuya única ambición era adaptarse como fuera a una sociedad que había sido hostil a sus propios padres. Ellos ya no sabían lo que era una panera, ni un serón, el vocabulario rural se perdía sin remedio. ¿Qué era trillar, parva, surco, ganado ovino, macho, teso, olivar los pinos, trasegar el vino, podar, binar, acarrear, pote, cántara, sarmiento? No lo sabían, tampoco les importaba. Miguel Delibes, desde su atalaya castellana, Pucela, comienza a mostrar a los urbanitas la importancia de las palabras para recuperar las raíces que se habían abandonado, para no ser llamados *paletos*.

M.A.S.

(a) ¿Cuál es el tema del trozo? Descríbelo en cien palabras

(b) ¿La descripción de lo que ha pasado en España se puede aplicar a otros países del mundo occidental?

(c) Hay una serie de vocablos en el último párrafo que casi no tienen sentido para mucha gente. Explica el sentido de estos vocablos

(d) Busca un mapa de España/Méjico/Argentina y, a partir de una simbología convencional o inventada, que pondrás al margen del mapa, sitúa los productos típicos de cada región

(e) ¿Quién es Miguel Delibes? ¿Por qué el autor se refiere a él en este contexto?

Nivel 2 / Level 2

1. (a) ¿Cuáles de estas criaturas son dañinas? Ubícalas en el cuadro adjunto

alacrán, ardilla, avestruz, avispa, buitre, cebra, chinche, comadreja, crótalo, culebra, estornino, jabalí, libélula, lince, lobo, medusa, morsa, perdiz, reno, semental, tábano, tiburón, tse-tse, viuda negra

Dañinas	Inofensivas

(Ver solución al final del libro)

(b) Explica por qué estas criaturas son dañinas

(c) Describe el hábitat de las criaturas que no son dañinas

2. (a) ¿Cómo se denomina el sonido asociado a las siguientes criaturas?

Ejemplo: burro – rebuzno

burro, caballo, cigüeña, cuervo, gallina, gallo, ganso, gato, grajo, mosquito, oveja, perro, rana, toro, vaca

(b) Haz frases que combinen la criatura y su sonido

3. (a) Relaciona los vocablos de A con los de B por asociación de ideas

A trompa, luciérnaga, abeja, zángano, cucaracha, gusano, oruga, tábano, chinche, piojo, tortuga, lagarto, crótalo, renacuajo, polilla, carcoma, mantis, avispa, larva, reno, araña, pez, mirlo, urraca, lobo, pájaro

B gusano, navidad, blanco, robo, cubil, aleta, cascabel, pelo, sol, rana, madera, antena, apicultor, ropa, tela, gorjeo, lentitud, trompa, luz, sangre, picadura, mariposa, aguijón, miel, zumbido, canción, seda

(b) Haz frases para ilustrar el uso de los vocablos combinados

4. ¿Cómo se llama el estudio de . . . ?

animales, aves, flores, insectos, peces, reptiles

5. (a) Escribe alimentos/productos asociados con los siguientes animales

abeja, avestruz, cabra, cerdo, cordero, elefante, esturión, ostra, oveja, pez, vaca, visón, zorro

(b) Haz frases que incluyan tanto el alimento/producto como la criatura que lo proporciona

6. (a) ¿Cómo se llama un grupo de los siguientes árboles o arbustos?

álamo	haya	manzano	olivo	plátano
chopo	limón	moral	palmera	roble
encina	madroño	naranjo	pino	viña

(Se encuentra la solución en Internet)

(b) Construye frases que incluyan el árbol y el grupo de que forma parte

7. (a) Encuentra el adjetivo (si hay) que tenga la misma raíz etimológica que los siguientes vocablos. Encuentra también otros adjetivos que puedan calificar a estos substantivos

buey, caballo, cabra, cerdo, gato, lobo, oveja, perro, vaca, zorro

(b) Construye frases para ilustrar el uso de estos adjetivos

(Se encuentra la solución en Internet)

8. (a) Explica la diferencia entre los vocablos de las siguientes parejas o grupos de palabras

banana/plátano, vid/viña, legumbre/hortaliza/verdura, judía/haba/alubia, guisante/garbanzo, melón/sandía, calabaza/calabacín, seta/champiñón, guinda/cereza, sabroso/dulce, agrio/amargo, pasado/podrido/maduro, salado/soso, fresco/congelado, crudo/guisado

(b) Construye frases que incluyan las dos o tres palabras de cada grupo para ilustrar su uso y su diferencia

9. (a) Asocia los términos de A con los de B

A		B	
a palo seco	la flor de la vida	ruborizarse	resignarse
dar un palo	flor de estufa	caro	susceptible
dar palos de ciego	a flor de piel	expulsar	enfermizo
echar a palos	la flor de la maravilla	rígido	enterado
más tieso que un palo	estar en el ajo	ignorante	raro
no dar un palo al agua	ajo y agua	enfadado	joven
estar de mala uva	la guinda de la fiesta	en pocas ocasiones	solitario
de uvas a brevas	ponerse como una guinda	remate	holgazán

(Se encuentra la solución en Internet)

(b) Cuando hayas asociado los términos de A con los de B elige diez de las locuciones y haz frases que incluyan los vocablos de A y B

10. Traduce al español

We're not out of the wood yet
Knock on / Touch wood!
He can't see the wood for the trees
The actress gave a wooden performance
the fruit of her labors
The measure was just a fig leaf to cover up the errors
the apple of his mother's eye
to upset the apple cart
There's a bad apple in every bunch
the bone of contention
I'll make no bones about it
the Big Apple

11. ¿Qué entiendes por las siguientes expresiones?

¿Qué mosca te ha picado?
la manzana de la discordia
pillar el toro
cada oveja con su pareja

el caballo de batalla
no tener pelos en la lengua
soltarse el pelo
aflojar las riendas
mirar los toros desde la barrera
salir con el rabo entre las piernas
no tener ni zorra (idea)
pelo de rata
un día de perros
muerto el perro se acabó la rabia
llevarse el gato al agua
dar gato por liebre
estar de mono
memoria de elefante
ser lobos de la misma camada
ratón de biblioteca

12. Encuentra el sentido coloquial de las siguientes palabras o grupos de palabras

semilla, toro, bicho raro, oveja descarriada, empollar, perro faldero, traer cola, perro viejo, rata, rabo, de medio pelo, estirar la pata, de pelo en pecho, patas arriba, no ver el pelo, el último mono, tomadura de pelo, mono, a rienda suelta, hacer el oso, morro, ser burro, echar chispas, zorra

13. Traduce al español

i. The male of the species spends all its time scouring the countryside for food to feed its young while the female remains in the nest
ii. The magpie is a lovely mixture of black and white, particularly its wings
iii. The birds were chirping merrily until a couple of unpleasant-looking birds of prey, eagles I think, started to circle overhead
iv. I watched the swifts as they wheeled around the sky while swallows chased each other over the tree tops
v. Storks fly each Spring from North Africa to the bell towers in Salamanca and fly back in the Fall/Autumn
vi. Seagulls flew inland as the cold weather intensified while the poor ducks and swans ended up almost frozen in the lakes
vii. Herons, cranes, and flamingos can enjoy the warm waters of the delta but fall prey to the unscrupulous shotgun of the hunter
viii. We walked along the canyon, and saw, perched on the crags high above us, buzzards and sparrow hawks that would occasionally swoop down in search of carrion
ix. Eagles and condors, mighty birds of prey, would spread their wings to a span of eight feet or more, and sail effortlessly from peak to peak
x. Flocks of partridges came to settle in the open spaces, their brightly-colored plumage even brighter in the hot sun

(Se encuentra la solución en Internet)

14. Traduce al español

Ploughing on a Californian Ranch

The ploughs, thirty-five in number, each drawn by a team of ten, stretched in an interminable line, nearly a quarter of a mile in length. Each of these ploughs held five shears, so that when the entire company was in motion, one hundred and seventy-five furrows were made at the same instant. Suddenly, from a distance at the head of the line came the shrill trilling of a whistle. At once the line of ploughs lost its immobility and moved forward, the horses straining in their traces. The ploughing was now in full swing. Everywhere there were visions of glossy brown backs, straining, heaving, swollen with muscle; harness streaked with specks of froth, broad, cup-shaped hoofs, heavy with brown loam . . . and through it all the pungent smell of the horses, the bitter reek of sweat of beast and man, the aroma of warm leather, the scent of dead stubble; and stronger and more penetrating than anything else, the heavy, enervating odor of the upturned, living earth

(Frank Norris, *The Octopus*)

15. Eres un zorro perseguido por perros de caza. Describe tus esfuerzos por evitar los perros, tus escondrijos, tus maniobras, tus reflexiones

16. Leer atentamente el texto que sigue en grupos de cuatro o cinco, señalar los vocablos desconocidos, hacerse preguntas sobre vocabulario unos a otros y dar mejor puntuación a quien responda más vocablos acertadamente

Estos coleópteros son predadores específicos de pulgones, tanto en su estado adulto como larvario. Las especies que frecuentan el cultivo del algodón muestran el fondo de sus alas de color rojizo sobre el que destacan una serie de puntos negros circulares. Su tamaño suele oscilar de 6 a 8 mm y con puntos en sus élitros, aunque existe una variedad más pequeña que presenta un borde blanco en su tórax que la diferencia de las otras.

Los adultos llegan al algodonero en mayo-junio, procedentes de otros cultivos como la remolacha, coincidiendo con los primeros focos de pulgones. Realizan la puesta asociada a la colonia de pulgones, en el envés de las hojas y el ápice. Los huevos, alargados y de color anaranjado, son depositados verticalmente en grupos de número variable.

Las larvas, de color negruzco cuando nacen y que adquieren tonalidad más clara con la edad, muestran una notable movilidad y capacidad de predación. La transformación en pupa la realizan fijándose por el extremo del abdomen al tejido vegetal.

Apuntes de clase de Plagas, INEA

17. Trabajo a realizar en grupo: Buscad/Busquen (M) nombres de diferentes personajes de películas de dibujos animados encarnados por animales (Pato Donald, Pluto, Coyote, Correcaminos, Tom, Jerry . . .) haciendo una lista de los mismos lo más amplia posible. A partir de esa lista cada uno escoge un personaje y describe al resto las características de ese animal: aspecto físico, hábitos, hábitat, etc.

Nivel 3 / Level 3

1. (a) Encuentra otros sentidos de los siguientes vocablos. Algunos de estos vocablos se encuentran en los vocabularios de los niveles 1 y 2

ala, canario, canguro, capullo, cazador, ganso, langosta, mariquita, mochuelo, moscón, muda, mulo, pato, pesca, pez, pico, pista, presa, sabueso, tiburón

(b) Escribe frases para ilustrar el uso de estos vocablos con los otros sentidos que encuentres

2. (a) Encuentra las diferencias (si hay) entre los vocablos de las siguientes parejas

cola/rabo, guarida/madriguera, parir/dar a luz, mordedura/picadura, pollo/polluelo, quiquiriquí/cacareo, volar/revolotear, búho/mochuelo, cuervo/grajo, abeja/abejorro, chinche/chincheta, piojo/pulga, gusano/lombriz, saltamontes/langosta, animal/alimaña, mejillón/almeja, cigala/cigarra, langosta/langostino, carnicero/carnívoro, rata/ratón, gamo/gamuza, cáscara/concha, raspa/espina, jinete/caballero

(b) Haz frases que contengan las dos palabras de la pareja para ilustrar su uso

3. ¿Cómo se llama la hembra de los siguientes machos?

burro, caballo, cerdo, ciervo, elefante, jirafa, león, murciélago, nutria, ratón, tigre, tortuga

4. (a) Encuentra el sentido de las siguientes locuciones

becerro de oro
mirlo blanco
chivo expiatorio
táctica de avestruz
todo bicho viviente
ponerse carne de gallina
hay gato encerrado
estar hecho una fiera
levantar la liebre
peces gordos
tiempo de perros
gato escaldado del agua huye
ser un loro
Es un lince
a vista de pájaro
cada mochuelo a su olivo
hacer el ganso
cabeza de chorlito
salir rana
soltar sapos y culebras
una mosquita muerta
vellocino de oro
por sí las moscas
caerse de un nido
hasta que meen las gallinas
estar al loro
cazar la liebre
caballo de buena boca
caballo de Troya
a mata caballo

(b) Elige diez de estas locuciones y haz frases para ilustrar su uso

5. (a) Escribe una lista de aves de presa y otra de animales predadores

(Se encuentra el modelo en Internet)

(b) Construye frases para ilustrar la manera como estas aves / estos animales cogen su presa para matarla

6. (a) Encuentra el sentido de las siguientes locuciones

cama nido
salir del nido
nido de ametralladoras
manchar el propio nido
nido de ladrones
mesas nido
cogerlas al vuelo
cortar los vuelos
tener muchas horas de vuelo
simulador de vuelo
pájaro de mal agüero
tener la cabeza a pájaros
un pájaro de cuenta
cerrar el pico
darle el pico
hincar el pico
salir por el pico
por mala pata
a la pata la llana

(b) Elige diez de estas locuciones y haz una frase para ilustrar su uso

(Se encuentra la solución en Internet)

7. (a) Encuentra las criaturas asociadas con los siguientes verbos (puede haber más de una)

abalanzarse, acechar, acosar, acurrucarse, adiestrar, agacharse, aletear, arañar, arrullar, cebar, cernerse, colear, croar, desarzonar, disecar, domar, empollar, enjaezar, escarbar, esquilar, graznar, husmear, mudar, ordeñar, pastar, piar, picar, poner, reptar, roer, trepar, zumbar

(b) Elige quince de estos verbos y construye frases para ilustrar su uso combinado con la correspondiente criatura

8. (a) Encuentra un adjetivo y un verbo que se asocien más típicamente con las siguientes criaturas

buey, cebra, corcel, cordero, elefante, hurón, jirafa, liebre, lince, mofeta, mono, mulo, oso, pantera, pavo real, puerco, ratón, ruiseñor, serpiente de cascabel, toro, tortuga, vaca, vencejo, zorro

(b) Haz frases que incluyan el nombre de la criatura, el adjetivo y el verbo que hayas encontrado

9. (a) Encuentra las diferencias entre los vocablos de los siguientes grupos

boñiga, cagarruta, estiércol, excremento
campestre, pueblerino, rural, rústico
cosecha, mies, recolección, siega
forraje, heno, pienso
husmear, oler, olfatear, olisquear

(b) Construye frases para ilustrar las diferencias entre los vocablos de cada grupo

10. (a) Asocia la expresión de la lista A con la correspondiente de la lista B

A pagar el pato, hecho un pato, subírsele el pato, no tener ni zorra, hecho unos zorros, dar alas, tocado del ala, ave de paso, cazar la liebre, a paso de tortuga, peso mosca, tractor oruga, como pez en el agua, entierro de la sardina, jaula de grillos

B fiesta, alegre, boxeo, inmerecido, empapado, ruborizarse, barahúnda, lento, burdo, confiado, potente, chiflado, errante, caída, idea

(Se encuentra la solución en Internet)

(b) Construye frases para ilustrar el sentido de las expresiones en la lista A

11. Traduce al español

i. The hunting party set out for the game reserve, armed with shotguns, boxes of pellets, tightly meshed nets and special bait, all loaded onto a four-wheel-drive
ii. The frisky sorrel horse reared up, but its rider, skilled in training animals, firmly gripping reins, saddle and stirrups, encouraged the horse to wheel round and round
iii. The farmer held the shaggy sheep tightly by its neck, sheared it right through to the skin and gathered up the fleece in piles
iv. The spotted leopard, crouching in the long grass, ready to pounce on the unsuspecting gazelle that would clearly be caught unawares, suddenly leaped forward, but the fleet-footed prey, galvanized by fear, sprang from its resting position, as if shot from a gun
v. The jungle fire spread panic among the wild animals, and soon herds of buffalo, elephants, giraffes, zebras, hyenas and monkeys, forgetting their innate distrust for each other, stampeded towards the river
vi. The proud stags locked horns in their bid to reign supreme over their domain and to mate with the hind that was on heat

vii. The wood was alive with the warbling of bluetits, jays and thrushes, but it became drowned by the rattling of the woodpeckers
viii. Flatfooted ducks waddled down to the lake, delightfully graceful swans glided by, herons with long, sleek necks, and grey and white plumage, waded at the shallow edge, all evoking a picture of Mother Nature at one with Herself

(Se encuentra la solución en Internet)

12. Animado juego de rol
Formando grupos de cinco personas imaginad/imaginen (M) que os/Les (M) han encargado montar un zoológico (con acuario incluido) y cada uno de vosotros/Vds. (M) debe hacer una lista con los animales más interesantes para su instalación en el mismo. Escribid/Escriban (M) esa lista teniendo en cuenta que cada uno se debería especializar en la adquisición de un grupo de animales: mamíferos, aves, reptiles, animales acuáticos y otros. Después de confeccionar la lista habrá que ponerla en común

13. Lee atentamente el siguiente texto y contesta a las preguntas

Los niños ya no comprendían aquello que les decía el viejo maestro:

– Sois unos burros

Si, desde luego sonaba como un insulto; debía ser algo poco halagüeño, pero no tenían ni idea de lo que era un asno. Para saberlo hubieran tenido que ir a una enciclopedia, y no estaban por la labor. El más listo de la clase había acudido el año anterior a una granja cercana, especializada en mostrar animales diversos a los niños de la ciudad, pero allí no había pollinos a no ser en láminas y diapositivas. Le enseñaron gallinas, el gallo, pollitos, patos, ocas, ovejas, cabras y hasta una vaca que se podía ordeñar, según decían, aunque él no pudo hacerlo, por no tocarle el sorteo para tal tarea.

En el campo cercano, lleno de regatos, entre hayedos, robledales, en los valles y laderas, pudo contemplar alcotanes, torcaces, gorriones, verderones y un sinfín de pájaros de todo plumaje y condición. Más arriba, cerca de las cumbres, pasado el bosque de abetos, las pinadas, donde empezaban los arbustos, allí estaba el rebeco y la cabra montés, allá se oía el batir de astas de los machos en sus permanentes peleas primaverales por alzarse con un harem. Los buitres trazaban lentas espirales en el inmenso azul mientras los torrentes del deshielo cantaban su melodía entre las breñas.

M.A.S.

(a) ¿Qué diferencia existe entre *mi viejo no me deja salir de casa* y *un viejo vecino mío no me deja salir de casa*?
(b) Escribid/Escriban (M) varios sinónimos de *burro*
(c) Escribid/Escriban (M) diferencias entre *halagüeño-desagradable*, *halagar-desdeñar*, *adulación-alabanza*, *caricia-carica*
(d) *No estar por la labor* es equivalente a *no tener ganas de hacer algo*. Buscad/Busquen (M) expresiones equivalentes
(e) El vocablo *rancho* equivale a *cortijo*. Buscad/Busquen (M) alguna acepción de *rancho* en español peninsular
(f) ¿Qué significado tienen los siguientes vocablos: *pollo*, *polo*, *pollito*, *pollino*, *polla*, *pocha* y *pola*?
(g) Escribid/Escriban (M) diversas variedades de *robles y encinas*

(h) Buscad/Busquen (M) una enciclopedia y escribe una lista de los diferentes tipos de hojas de árboles
(i) Describid/Describan (M) un *rebeco / capra hispánica / vicuña* (tamaño, color, constitución, forma de la cabeza, cornamenta, patas, pezuñas...), así como su hábitat
(j) Analiza en cien palabras el tema del trozo
(k) Escribe una redacción de quinientas palabras sobre el paso de la naturaleza a la urbanización del mundo occidental, introduciendo en tus comentarios juicios de valor

14. He aquí un trozo sacado de una novela de Carlos Fuentes, novelista mexicano. Léelo y, a continuación, contesta a las preguntas

> Te detuviste, con las manos sobre ese chorro líquido de plumas: el friso de Xochicalco es una sola serpiente, sin principios ni fin, una serpiente con plumas, una serpiente en vuelo, con varias cabezas y varias fauces. Te alejaste, caminaste alrededor de la pirámide, volviste a acercarte al friso, lo tocaste, te recargaste con los brazos abiertos sobre los bajorrelieves de Quetzalcóatl, ese talud que es una sola e interminable serpiente trenzada sobre sí misma, en sus metamorfosis y prolongaciones-todas provocadas por la presencia de los hombres, las bestias, las aves y los árboles que parecen despertar el apetito de la lengua bífida. Todo, a lo largo del friso, está contenido dentro de las contracciones de piedra de la serpiente emplumada. Los dignatarios sentados, en sus meandros, con los duros collares sobre el pecho y los penachos de estela dura en las cabezas. Las ceibas truncas. Los glifos de la palabra humana. Los jaguares y los conejos. Las águilas de granito carcomido.
>
> *Cambio de Piel*, Barcelona: Seix Barral, 1981, p. 42

(a) Encuentra los vocablos típicamente mexicanos
(b) ¿Cuál es su significado?
(c) ¿Quién fue Quetzalcóatl?
(d) ¿Qué representa la serpiente emplumada en la simbología azteca?
(e) Explica el sentido de: *friso*, *fauces*, *bajorrelieves*, *talud*, *lengua bífida*, *penacho de estela*, *glifos*
(f) Analiza la intención del autor con las metáforas: *chorro líquido de plumas*, *granito carcomido*
(g) Hay un verbo en el pasaje que significa "apoyarse contra" y no se usa en España con este sentido. Encuéntralo
(h) Escribe un párrafo de 300 palabras sobre el tema del trozo

Unidad 9 / Unit 9

El Tiempo (duración), cálculos, tamaños y dinero; recipientes / Time, Calculations, Sizes and Money; Containers

Nivel 1 / Level 1

División del tiempo / Division of time

¿A cuánto estamos?	What's the date?
a menudo	often
a partir de ahora	from now on
acabar una tarea	to finish a task
ahora	now
ahorita M	now
al día siguiente	on the following day
anoche	last night
anteayer	the day before yesterday
Antes, le dije que...	Before, I told her/him that...
antes de ayer	the day before yesterday
antes de la reunión	before the meeting
antier M	the day before yesterday
año m	year
cada día	each/every day
calendario m	calendar
con frecuencia	frequently
Cuando volvió	When she returned
cuarto m de hora	quarter of an hour
después	after(wards)
después de las siete	after seven o'clock
día m	day
división f	division
duración f	duration
durar	to last
el año m pasado	last year
el primero de mayo	first of May
empezar a leer	to begin to read
en mil novecientos	in the year nineteen hundred
en seguida	immediately
entretanto	meanwhile
época f	era, epoch
era f	era
Estamos a dos de se(p)tiembre	It's the second of September
Estamos a primero de junio	It's the first of June
fase f lunar	lunar phase
fecha f	date
fin m de las vacaciones	end of the vacation/holidays
futuro m incierto	uncertain future
hoy	today
hoy en día	nowadays
instante m	instant
Iré el domingo	I'll go on Sunday
la mayoría de las veces	most of the time
la próxima semana	next week
la semana próxima	next week
la semana que viene	next week
límite m	limit
llegar a tiempo	to arrive in time
llegar pronto	to arrive soon
llegar tarde	to arrive late

llegar temprano	to arrive early
los recién llegados	those who have just arrived
luego	then, afterwards
luz f del día	light of day
mañana f	tomorrow
matar el tiempo	to kill time
media hora f	half an hour
mediodía m	mid-day
mes m	month
momento m en que	moment when
momento m presente	present moment
noche f	night
nunca	never
oscuridad f	darkness
pasado m	the past
pasado mañana	day after tomorrow
pasar el rato leyendo	to spend the time reading
pasar el tiempo	to spend the time
pasar un rato agradable	to spend a pleasant time
pausa f	break, pause
plazo m de tiempo	space/length of time
por la mañana	in the morning
por la tarde	in the afternoon/evening
presente m	the present
principio m de la historia	beginning of the story
raya f	limit, line
semana f	week
siempre	always
siglo m	century
situación f actual	present situation
tardar tanto tiempo en	to take so long in
tardar un segundo en prepararse	to take a second to get ready
terminar el trabajo	to finish the work
tiempo m	time
todavía	yet, still
tres cuartos mpl de hora	three quarters of an hour
vida f diaria	daily life
Voy allí los lunes	I go there on Mondays
ya	already, now

Días de la semana / Days of the week

(Civilmente, empieza la semana el lunes. Desde el punto de vista religioso y tradicional empieza el domingo / In civil life, the week starts on Monday, but from the religious and traditional point of view, it starts on Sunday)

lunes m	Monday
martes m	Tuesday
miércoles m	Wednesday
jueves m	Thursday
viernes m	Friday
sábado m	Saturday/Sabbath
domingo m	Sunday

Meses del año / Months of the year

enero m	January
febrero m	February
marzo m	March
abril m	April
mayo m	May
junio m	June
julio m	July
agosto m	August
se(p)tiembre m	September
octubre m	October
noviembre m	November
diciembre m	December

Estaciones del año / Seasons of the year

primavera f	spring
verano m	summer
otoño m	fall, autumn
invierno m	winter

Hora y reloj / Time and the clock

a las diez de la noche	at ten o'clock at night
Acaban de dar las siete	It has just struck seven
al cuarto para las cinco M	at a quarter to five

al veinte para las diez M	at twenty to ten
cuerda f del reloj	spring of clock
despertador m	alarm clock
El tiempo pasa despacio	Time passes slowly
El tiempo pasa lentamente	Time passes slowly
El tiempo pasa lento R1	Time goes slowly
El tiempo pasa rápidamente	Time goes quickly
El tiempo pasa rápido R1	Time goes quick(ly)
Eran las cinco de la tarde	It was five o'clock in the afternoon
Es la una de la tarde	It's one o'clock in the afternoon
Es la una y cuarto	It's a quarter past one
Es la una y media	It's half past one
Es la una y tres minutos	It's three minutes past one
Es media noche	It's mid-night
Es mediodía	It's mid-day
Están dando las cinco	Five o'clock is striking
hora f exacta	exact time
hora f punta	commute/rush hour
hora f suprema	the hour of death
horario m	schedule, timetable
huso m horario	time zone
llegar a deshora	to come unexpectedly
Mi reloj no anda	My watch isn't working
¿Qué hora es?	What's the time?
reloj m	clock
Son cuarto para las tres M	It's a quarter to three
Son las dos de la madrugada	It's two o'clock in the morning
Son las cinco en punto	It's exactly five o'clock
Son las cinco menos cuatro minutos	It's four minutes to five
Son las seis de la mañana	It's six o'clock in the morning
Son las seis de la tarde	It's six o'clock in the evening
Son las ocho y cuarto	It's a quarter past eight
Son veinte para las nueve M	It's twenty to nine
una hora f fija	a fixed time

NB. Note the difference between M and Spain with respect to minutes to the hour

(Números) Cardinales / Cardinal(s) (numbers)

cero	zero
uno/a	one
un año	one year
dos	two
tres	three
cuatro	four
cinco	five
seis	six
siete	seven
ocho	eight
nueve	nine
diez	ten
once	eleven
doce	twelve
trece	thirteen
catorce	fourteen
quince	fifteen
diez y seis	sixteen
dieciséis	sixteen
diez y siete	seventeen
diecisiete	seventeen
diez y ocho	eighteen
dieciocho	eighteen
diez y nueve	nineteen
diecinueve	nineteen
veinte	twenty
veinte y uno/a	twenty-one
veintiuno/a	twenty-one
veintiún años	twenty-one years
veintidós	twenty-two
veintitrés	twenty-three
veinticuatro	twenty-four

treinta	thirty
treinta y uno/a	thirty-one
cuarenta	forty
cuarenta y uno/a	forty-one
cincuenta	fifty
cincuenta y uno/a	fifty-one
sesenta	sixty
sesenta y uno/a	sixty-one
setenta	seventy
setenta y uno/a	seventy-one
ochenta	eighty
ochenta y uno/a	eighty-one
noventa	ninety
noventa y uno/a	ninety-one
centenares de chicos	hundreds of boys
cien libros/casas	a hundred books/houses
cientas fpl de chicas	hundreds of girls
cientos mpl de árboles	hundreds of trees
ciento uno/a	a hundred and one
ciento veinticinco	hundred and twenty-five
doscientas chicas	two hundred girls
doscientos chicos	two hundred boys
trescientas fotos	three hundred photos
trescientos carros M	three hundred cars
cuatrocientos/as	four hundred
quinientos/as	five hundred
seiscientos/as	six hundred
setecientos/as	seven hundred
ochocientos/as	eight hundred
novecientos/as	nine hundred
mil	thousand
(un) millar m de soldados	a thousand soldiers
mil cien hombres	eleven hundred men
mil ciento y pico	eleven hundred plus
dos mil	two thousand
dos mil cuatrocientos/as	two thousand four hundred
(un) millón m de turistas	a million tourists
mil millones (de)	a thousand million
(un) billón m de dólares	a billion dollars

(Números) Ordinales / Ordinal(s) (numbers)

capítulo m primero R3	first chapter
por primera vez	for the first time
primer libro m	first book
primera página f	first page
Soy el primero / la primera	I am the first
segundo/a	second
Es el tercero / la tercera	(S)he's the third
tercer niño m	third child
tercera palabra f	third word
tercio m	third part
cuarto/a	fourth
quinto/a	fifth
sexto/a	sixth
séptimo/a	seventh
octavo/a	eighth
noveno/a	ninth
décimo/a	tenth
undécimo/a	eleventh
duodécimo/a	twelfth
niña f trece	thirteenth girl
niña f catorce	fourteenth girl
niña f veinte/vigésima	twentieth girl
niña f treinta y una	thirty-first girl
niña cuarenta	fortieth girl
centésima niña f	hundredth girl
centésimo niño m	hundredth boy
milésima mujer f	thousandth woman
milésimo espectador m	thousandth spectator
por última vez	for the last time
último cuchillo m	last knife
última plaza f	last place

NB. Corrió los cien metros en 10,78 (en diez segundos coma siete décimas y ocho centésimas) / She ran the hundred meters in ten point seven eight seconds

Varios / Other

cifra f 5/cinco	digit/figure 5/five
contar de uno hasta diez	to count from one to ten
decena f de muchachas	about ten girls
doblar una apuesta	to double a bet
docena f de huevos	dozen eggs
duplicar inversiones	to double investments
enumerar	to enumerate
equivocarse	to make a mistake
guarismo m	number, figure
número m 123/ciento veintitrés	number one hundred and twenty-three
par m de huevos	couple of eggs
pareja f de calcetines	pair of socks
repetir	to repeat
saber contar	to know how to count
sinnúmero m de flores	abundance of flowers
triplicar las ventas	to triple sales

Cálculos / Calculations

cinco por ciento	five per cent
¿Cuál es la mitad de quince?	What's half of fifteen?
¿Cuál es la tercera parte de treinta?	What's a third of thirty?
¿Cuánto es?	How much is it?
¿Cuánto son tres por dos?	How much is three times two?
¿Cuántos son?	How many are they?
Dieciséis menos cinco igual a once	Sixteen minus five equals eleven
Dos y dos son cuatro	Two and two are four
solución f	solution
Tres por cuatro son doce	Three times four is twelve
Uno más seis igual a siete	One plus six equals seven
Uno por uno es uno	One times one is one

Pesos y medidas / Weights and measures

aguja f de la balanza	needle on scales
altura f de dos metros	height of two meters
ancho	wide
calcular	to calculate
centímetro m	centimeter
comparar	to compare
corto	short
espacio m	space
espeso	thick
estrecho	narrow
gramo m	gram
hueco	hollow
kilo(gramo) m	kilo(gram)
kilómetro m	kilometer
largo	long
litro m	liter
llano	flat, level
medida f	measure
medir	to measure
metro m	meter
milímetro m	milimeter
milla f	mile
milla f marina	nautical mile
pesar cien kilos	to weigh one hundred kilos
peso m de dos kilos	two kilos in weight
ser igual a	to be equal to
sistema m métrico	metric system
tonelada f	ton
unidad f de medida	unit of measure
vara f	*old Spanish measurement of length*

Tamaño / Size

alto	tall, high
área f	area
chico M	small
¿Cuál es la altura de la pirámide?	What's the height of the pyramid?
¿Cuál es la anchura de . . . ?	How wide is . . . ?
dimensión f	dimension
Es más alto que yo	He's taller than me
flaco	thin
gordo	fat
grande	big, tall
pequeño	small
¿Qué longitud tiene . . . ?	How long is . . . ?
superficie f	surface

tamaño m	size
tener dos metros de largo	to be two meters long
tener seis metros de alto/altura	to be six meters high
tener un metro de ancho/anchura	to be a meter wide
tener un metro de profundidad	to be a meter deep
tener una longitud de veinte metros	to be twenty meters long
Tengo más de mil euros	I've gotten more than a thousand euros
Tiene más dinero que tú	She's gotten more money than you
zona f	area, zone

Recipientes / Containers

Cajas / boxes, tins

arca f	chest
arcón m	large chest
bote m de mermelada	can/tin of jam/marmalade
cabás m	schoolbag, satchel
caja f	box
caja f de cerillas	box of matches
caja f de herramientas	tool box
caja f de juguetes	toy box
caja f de zapatos	shoe box
cajuela f M	trunk, boot *(in car)*
casete m	cassette
estuche m de gafas	glasses case
guacal/huacal m M	wooden crate *(for fruit, vegetables)*
joyero m	jewel case
maleta f	suitcase
maleta f M	suitcase, any traveling bag
maletero m	trunk, boot *(in car)*
recipiente m	container
valija f A	suitcase
valija f diplomática	diplomatic bag

Barriles / barrels

barrica f de vino R3/2	cask of wine
barril m	barrel of wine
barrilete m de vino	cask of wine
cuba f de vino	barrel/cask of wine
tinaja f de agua R3/2	large earthenware jar of water
tonel m de aceite	barrel of oil

Cubos y palanganas / buckets and basins

asa f	handle
barreño m	washbowl, washing-up bowl
cubeta f M	bucket
cubo m	bucket
cubo m de basura	trash can, rubbish bin
cuenco m de agua	bowl of water
jofaina f R3	washbowl, washbasin
palangana f	washbowl, washbasin
pila f	sink, basin

Cestas / baskets

banasta f de fruta	basket of fruit
banasto m de legumbres	basket of vegetables
canasta f de ropa	*(wicker)* clothes basket, sewing basket
canasto m de manzanas	*(wicker)* basket of apples
capazo m de albañil	bricklayer's basket
cesta f	wicker/flexible basket
cesto m de la compra	shopping basket
cesto m de ropa sucia	dirty-linen basket
espuerta f de arena	*(large)* basket of sand *(for workmen)*
papelera f	paper basket/bin

Bolsas / bags

alforja f	saddlebag, knapsack
bolsa f	bag
bolsa f M	purse, handbag, pocket
bolsa f de plástico	plastic bag
bolsillo m	pocket
bolso m	*(lady's)* purse, handbag
botiquín m	first-aid kit
hatillo m de ropa	bundle of clothes
mochila f	backpack, rucksack
neceser m	toilet kit/bag

saco m	sack, bag
saco m de azúcar	sack of sugar
saco m de dormir	sleeping bag
sleeping bag m M	sleeping bag
talego m de patatas	sack of potatoes

Cacharros / pots and pans

cacerola f	saucepan, pan
cazo m	small saucepan
cazuela f	casserole
coladera f M	colander
colador m	colander
escurridor m	colander
olla f	pot
olla f a presión	pressure cooker
olla f de caldo	pot of soup
puchero m	(stew)pot
sartén f (m in M)	frying pan

Vajilla / dishes and crockery

bol m de leche	bowl of milk
ensaladera f	salad bowl
jarra f	pitcher, jug
jarro m	pitcher, jug
mantequera f	butter dish
pimentero m	pepper-shaker/-pot
platillo m	saucer
plato m	plate
salero m	salt-shaker/-pot
salsera f	gravy boat, sauce boat
servicio m de mesa	dinner service
taza f	cup
tazón m	bowl, mug
vinagreras fpl	cruet set

Botellas / bottles

bota f de vino	small wineskin
botella f de agua	bottle of water
botellero m	bottle rack
botellín m de cerveza	small bottle of beer
brik m de zumo	carton of juice
envase m de leche	milk container/bottle
garrafa f de agua	big jar of water
tarro m de mermelada/miel	jar of jam/honey
termo m	Thermos flask

Depósitos / tanks

alberca f	reservoir
alberca f M	swimming pool
depósito m de gasolina	gas/petrol tank *(in a car)*
fregadero m	sink
pileta f A	swimming pool
piscina f	swimming pool
tanque m de propano	tank of propane gas

Varios / other

baca f	roof rack
contenedor m	container *(for transporting)*
contenedor m de vidrio	bottle bank
contenido m	contents
corbatero m	tie rack
funda f de navaja	knife sheath
funda f de paraguas	umbrella sheath
llavero m	key ring
percha f	clothes hanger
petaca f	cigarette case, tobacco pouch
portaequipaje m	roof rack, trunk, boot
revistero m	magazine rack
riñonera f	money belt
toallero m	towel rail
vaina f de espada	sword scabbard

Módulos para exhibir / display units

bandeja f	tray
charola f M	tray
escaparate m	store/shop window
estante m	shelf
estantería f	shelf, series of shelves
soporte m de un estante	shelf bracket
vidriera f A/M	store/shop window
vitrina f	show case, display cabinet

Dinero (moneda y billetes) / Money (coins and bills/notes)

austral m	former Argentine unit of currency
billete m	bill, note *(of currency)*
cambio m	change
cobre m R1 A	cash
corona f checa	Czech crown
dinero m	money

dólar m	dollar
euro m	euro
firulilla f R1 M	dough, bread
florín m húngaro	Hungarian florin
franco m belga	Belgian franc
franco m francés	French franc
lana f R1 M	cash
libra f (esterlina)	pound (sterling)
lira f italiana	Italian lira
moneda f	coin, currency
pachocha f R1 M	dough, cash
pasta f R1	dough, bread
pela f R1	peseta
peseta f	peseta
peso m mexicano	Mexican peso
plata f A/M	money *(sometimes in Spain)*
precio m	price
rublo m	rouble
valor m	value

Dinero (general) / Money (general)

alcancía f M	piggy bank
billete m de lotería	lottery ticket
cara o cruz	heads or tails
cartera f	wallet
cheque m	check, cheque
crédito m	credit
derrochar el dinero	to waste money
descuento m	discount
deuda f	debt
empobrecer	to impoverish
enriquecer	to make rich
enriquecerse	to get rich
enriquecimiento m	acquisition of wealth
Esto no es Jauja	Money doesn't grow on trees
fortuna f	fortune
ganar una fortuna	to win a fortune
gastar dinero	to spend money
hucha f	piggy bank
lotería f	lottery
malgastar el dinero	to waste money
miserable	poor, wretched
miseria f	poverty, wretchedness
monedero m	purse
pagar al contado	to pay cash
pagar en efectivo	to pay in cash
pagar en la misma moneda	to pay in kind
pagar en metálico	to pay cash
pedir prestados cien dólares	to borrow a hundred dollars
pobre	poor
pobreza f	poverty
premio m gordo	jackpot *(in lottery)*
prestar	to loan
rico	rich
riqueza f	wealth
sorteo m de un premio	prize draw
talón m	check, cheque
talonario m	checkbook, chequebook
¿Tienes cambio?	Have you any change?
valer un Perú	to be worth a fortune

Nivel 2 / Level 2

División del tiempo / Division of time

a continuación R3	then, afterwards
a finales de mes	at the end of the month
a la larga	in the long run
a los pocos días	a few days after
a mediados de año	in the middle of the year
a principios de año	at the beginning of the year
abono m trimestral	three-monthly pass
actividad f diurna	daytime activity
al anochecer m	at nightfall
al caer la noche	at nightfall
al mismo tiempo que	at the same time as
al salir el sol	when the sun comes/came out
alba f	dawn
antaño	formerly

anteceder R3	to precede, to come before
antigua fiesta f popular	old popular festival
antiguamente	formerly
año m bisiesto	leap year
arreglo m duradero	lasting arrangement
aurora f R3	dawn
cambio m de horario	time change, change of time
cien años antes de Jesucristo	a hundred years before Christ
clase f nocturna	evening/night class
coetáneo m de Velázquez R3	contemporary of Velazquez
comenzar (a) R3	to commence, to begin (to)
conmemorar R3/2	to commemorate
contemporáneo m de Cervantes	contemporary of Cervantes
continuo	continuous
crepúsculo m R3	twilight
cuanto antes	as soon as possible
de ahora en adelante	from now onwards
de vez en cuando	from time to time
de vez en vez R3/2	from time to time
década f R3/2	decade
década f prodigiosa	1960s *(period of social liberation)*
decenio m R3/2	decade
dentro de tres semanas	(with)in three weeks
dentro de un plazo de...	within a period of...
despuntar R3/2	to dawn, to break
dos veces a la semana	twice a week
durante su estancia	during her stay
durar	to last
efímero R3	ephemeral
El pasaporte caduca	The passport expires
empezar a trabajar	to begin to work
empleo m estacional R3/2	seasonal work
en aquel entonces	at that time
en aquellas fechas	at that time
en el siglo dieciocho	in the eighteenth century
en la mañana M	in the morning
en la noche M	at night
en la tarde M	in the afternoon/ evening
en los años ochenta	in the 1980s
en los ochentas M	in the 1980s
en pleno día	in the middle of the day, in broad daylight
en tiempo de Felipe Segundo	during the time of Philip the Second
en vísperas de la fiesta	the day before the festival
entre dos luces R3	in the evening, at twilight
época f de entreguerra	the period between the wars
época f estival R3	summer period
era f cristiana	Christian era
Érase una vez	Once upon a time
Es de día	It's day(time)
Es de noche	It's night(time)
espacio m de tiempo	space of time
estación f del año	season of the year
estar al día	to be up to date
estío m R3	summer
eterno	eternal
fecha f de caducidad	expiration/expiry date, use-by date
fecha f límite	closing date *(i.e. for a job application)*
fecha f posterior	later date
fecha f tope	closing date *(i.e. for a job application)*
fin m de semana	weekend
flor f otoñal R3/2	autumn(al) flower
frío m invernal	winter cold
futuro m	future
hace un año	a year ago
hacía un año	a year before *(with reference to a point in the past)*
Llevo dos años aquí	I've been here for two years
Lo material es perecedero	Material things are transitory

¡Martes y trece!	*equivalent to Friday the thirteenth*
Más vale tarde que nunca	Better late than never
Mi póliza vence mañana	My policy expires tomorrow
Mientras estaba aquí	While she was here
milenaria costumbre f	thousand-year-old custom
milenio m	millennium
moda f primaveral	spring fashion
mueble m anticuado	antique furniture
nieves fpl perpetuas	eternal snow(s)
noctámbulo m	nighthawk, nightbird
novedad f	novelty
pagar por trimestre	to pay every three months
pasajero malestar m	passing uneasiness
permanencia f	permanence
permanente mal olor m	permanent evil smell
permiso m semanal	weekly permit
poner al día	to keep informed, to keep up-to-date
por aquellas fechas	during that time
por la mañana	in the morning
por la noche	at night
por la tarde	in the afternoon/ evening
porvenir m	future
preceder a la reunión	to precede the meeting
previamente R3/2	previously
primicias fpl del huerto R/2	first fruits of the garden
prolongar	to prolong
puesta f del sol	sundown, sunset
retorno m eterno R3	eternal recurrence/cycle
reunión f anterior	previous meeting
reunión f anual	annual meeting
reunión f semestral	twice-yearly meeting
revista f mensual	monthly review
saber de antemano que . . .	to know beforehand that . . .
sacar un billete/boleto con antelación R3/2	to take out a ticket in advance
sacar una entrada con anticipación	to take out a ticket in advance
salida f del sol	sunup, sunrise
salida f inmediata	immediate departure
semestre m	semester, term
simultáneo	simultaneous
sociedad f arcáica	archaic society
solución f momentánea	momentary solution
tarde o temprano	sooner or later
temporada f futbolística	soccer/football season
tocar la diana	to sound the reveille
trabajo m temporal	temporary/seasonal work
trabajo m temporalero M	temporary/seasonal work
Transcurrieron siete horas	Seven hours went by
un día sí, otro no	alternate days
vacaciones fpl veraniegas	summer vacation/holidays
vida f transitoria R3/2	transitory life

Hora y reloj / Time and the clock

adelantar	to put forward *(clock)*
agujas fpl del reloj	hands of the clock
atrasar el reloj	to put the clock back
cronómetro m	stopwatch
dar cuerda (a)	to wind up
manecilla f de un reloj	hand of a clock
movimiento m	movement *(of clock)*
muelle m	spring
pararse	to stop
péndulo m	pendulum
reloj m de arena	egg timer, hourglass
reloj m de bolsillo	pocket watch
reloj m de cuarzo	quartz watch
reloj m de pulsera	wristwatch
reloj m de sol	sundial
relojero m	watch-/clock-maker
resorte m	spring
ritmo m acompasado	regular rhythm
segundero m	second hand
tiempo m solar	solar time

Números y cálculos / Numbers and calculations

álgebra f	algebra
aritmética f	arithmetic
calcular	to calculate
calcular de memoria	to do mental arithmetic
cálculo m de memoria	mental arithmetic
cantidad f doble	double the quantity
cantidad f triple	three times the quantity
cometer un error de cálculo	to miscalculate
diez grados mpl	ten degrees *(temperature and space)*
dividir en cuatro partes	to divide into four parts
doble falta f	double fault *(in tennis)*
en medio de	in the middle of
Este problema no me sale	I can't solve this problem *(calculation)*
familia f numerosa	large family
fracción f	fraction
grado m cero	zero *(temperature)*
justo	exactly right
mate(s) f(pl) R1	math, maths
matemáticas fpl	mathematics
matemático m	mathematician
número arábigo	Arabic numeral
número m entero	whole number
número m impar	uneven number
número m mixto	mixed number
número m par	even number
número m quebrado	fraction
número m romano	Roman numeral
números mpl consecutivos	consecutive numbers
partir por la mitad	to split into two
patrón m	pattern, standard
prueba f	proof
resolver el problema	to solve the problem
salir por parejas	to come out in pairs
signo m	sign
sistema m decimal	decimal system
tercio m de la población	third of the population
trazar una raya	to draw a line
única vez f	(the) only time
unidades fn/de tiempo	units of time

Cuatro operaciones matemáticas / four mathematical operations

adición f	addition
dividir	to divide
división f	division
multiplicación f	multiplication
multiplicar	to multiply
Quedan diez	The remainder is ten
resta f	subtraction
restar	to subtract
resto m	remainder
Sobran cinco	There's five left over
Suma y sigue	Add and carry
sumar	to add

Pesos y medidas / Weights and measures

balanza f	scales
báscula f de baño	bathroom scales
cilindrada f	cubic capacity
cilíndrico	cylindrical
comparar	to compare
comprobar	to check, to verify
confeccionar a medida	to make to measure *(clothes)*
entero	whole, complete
equivaler a	to be equivalent to
espaciado R3/2	spaced out
hectárea f	hectare
hueco	hollow
lleno de	full of
longitud f	length
medida f de capacidad	liquid measure
medida f de longitud	measure of length
metro m cuadrado	square meter
metro m cúbico	cubic meter
metro m de cinta	tape measure
mojón m kilométrico	= *milestone*
No vale ni un quinto M	It's worth nothing / It's not worth a penny
oro m de ley	standard gold

pesado	heavy
peso m atómico	atomic weight
peso m bruto	gross weight
peso m específico	specific weight
peso m neto	net weight
piedra f miliar	milestone
registrar una temperatura	to record a temperature
superficie f	surface
tallar a un soldado	to measure a soldier('s) height and weight
tonelada f	ton
unidad f de longitud	unit of length
unidad f de medida	unit of measurement
valer su peso en oro	to be worth your weight in gold
vender al peso	to sell by weight
volumen m de un cuerpo	volume of a body

Tamaño / Size

ampliar	to extend, to increase, to expand
amplitud f de una casa	spaciousness of a house
apartamento m minúsculo	minute apartment
Bastan quince	Fifteen are enough
bastante alto	quite tall/high
cabida f	capacity, room
cacho m de pan R1	chunk/piece of bread
capacidad f	capacity
casos mpl innumerables de fraude	innumerable cases of fraud
cupo m M	capacity, room
en miniatura	in miniature
excedente m de producción	surplus production
forma f irregular	irregular shape
fragmento m de cristal	fragment of glass
habitación f amplia	spacious room
insuficiente ayuda f	insufficient help
masa f informe R3/2	shapeless mass
mínimo m de esfuerzo	minimum of effort
montón m de basura	pile of trash/rubbish
número m incontable de personas	innumerable number of people
parte f de la fortuna	part of the fortune
partículas fpl contaminantes	contaminating particles
pedazo m de pan	piece of bread
peso m excesivo	excessive weight
pieza f de chocolate	*(regular/square)* piece of chocolate
pila f de sillas	pile of chairs (neatly stacked)
porción f de tarta	piece/portion of cake
puñado m de dólares	handful of dollars
¿Quepo aquí?	Is there room for me here?
suficiente comida f	sufficient food
tallar a los reclutas	to measure the recruits *(i.e. their height)*
trozo m de pastel	piece of cake
Ya no hay cupo M	There's no room

Recipientes / Containers

Cajas / Boxes

alhajero m	jewel box
arca f de madera	wooden chest
archivo m municipal	town archive
buzón m	mailbox, postbox
buzón m de sugerencias	suggestions box
caja f de caudales	safe, strong box
caja f de embalaje	packing case
caja f de música	music box
caja f de velocidades	gear-box
caja f fuerte	strong box
caja f negra	black box *(in aviation)*
cajón m de la ropa interior	underwear drawer
casilla f	pigeon hole *(for letters at post office)*
casillero m	set of pigeon holes
cofre m	jewel case, trunk *(for clothes)*
costurero m	workbox, sewing basket
encajonar	to put in boxes

encerrar	to enclose
estuche m de maquillaje	makeup compact
fichero m metálico	metal filing cabinet
guantero m	glove compartment *(in car)*
maletín m	briefcase
portafolios m	briefcase
urna f	ballot box, display case

Bolsas / bags

billetero/a m/f	billfold, wallet
bolsa f de aseo	toilet kit, sponge bag
bolsa f de aspirador	vacuum cleaner bag
bolsa f de bombones	bag of candies
bolsa f de congelador	freezer bag
bolsa f de deportes	sports bag
bolsa f de mano	hand luggage
bolsa f de playa	beach bag
bolsa f de restos humanos	body bag
bolsita f de té	tea bag
cartapacio m	folder
cartera f	billfold, wallet, briefcase
macuto m	backpack, rucksack
morral m	knapsack
paquete m de impresos	package of printed matter
portadocumentos m	brief/attaché-case
saquito m de té A	tea bag
sobre m	envelope

Botellas / bottles

biberón m	baby's bottle
bombona f	gas cylinder/canister
botijo m	drinking jug with spout
cántara f de leche	milk churn
cantimplora f	water bottle, canteen
casco m	empty *(returnable)* soft drink bottle
frasco m de mermelada	jar of jam
frasco m de perfume	scent bottle
jícara f de chocolate R3	china cup for drinking chocolate
litrona f de cerveza	liter bottle of beer
porrón m	wine bottle with long spout
probeta f	test tube

Varios / other

basurero m A	trash can, rubbish bin
bulto m	bulk
contenedor m de basura	trash/rubbish container
cubo m de fregar	sink
cubo m de playa	beach bucket *(for playing)*
cuenco m	earthenware bowl
de poco bulto	occupying little space
escudilla f R3 de sopa	small bowl of soup
florero m	flower vase
frutero m	fruit bowl
maceta f	flower pot
orinal m	urinal, chamber pot
panera f	bread basket/box/bin
perico m R1	chamber pot
tacho m de basura A	trash can, rubbish bin
tiesto m	flower pot
vientre m abultado	bulky stomach

Dinero / Money

a precio de coste	cost price
abonar una cuenta	to pay a bill
acaudalado	wealthy
acuñar monedas	to mint coins
aleación f	alloy
amortizar una deuda	to pay off a debt
arribista mf	socially ambitious person *(also adjective)*
asignación f R3	salary, allocation of money
biyuya f R1 A	cash
cagado en plata R1* A	filthy rich
calderilla f	cash
cantidad f gorda R1	big sum
cantidad f ínfima	tiny amount
cantidad f nimia	small/insignificant amount

cara f de una moneda	side of a coin
carestía f de la ropa	expensiveness of clothes
circular	to circulate
cobrar la paga	to receive pay
compensar por	to compensate for
corto de guita R1 A	broke, skint, short of cash
costar un ojo de la cara R2/1	to cost an arm and a leg
coste m elevado	high cost
costear el viaje	to pay for the journey
costo m de la operación	cost of the operation
cuantiosa suma f R3/2	considerable sum
dar el domingo M	to give pocket money
dejar en prenda	to leave as security
derroche m de dinero	waste of money
desahogado	in easy circumstances
desembolsar dinero	to pay out money
despilfarro m	waste
día m de pago	pay day
dilapidar dinero R3/2	to waste money
dineral m	huge amount of money, fortune
dinero m de bolsillo	pocket money
dinero m suelto	loose money, change
dispendiosa recepción f	extravagant reception
divisas fpl	(foreign) currency
duro m	duro, five pesetas
El importe asciende a . . .	The amount goes up to . . .
empeñar joyas	to pawn jewels
estatus m social	social status
falsificación f de monedas	forgery of coins
garpar R1 A	to fork out
holgado R3	in easy circumstances
honorarios mpl del médico	doctor's fees
indemnizar por daños	to compensate for damage
liquidar una deuda	to pay off a debt
jornal m del peón	daily worker's wage
luca f R1 A	1000 pesos/australes
mango m R1 A	peso
marmaja f M	cash
mendigo m	beggar
menesteroso R3	needy
moneda f corriente	common currency *(used metaphorically)*
necesitados mpl	needy
nómina f domiciliada	salary paid directly into an account
pachocha f R1 M	cash
pago m	pay(ment)
palo m R1 A	million pesos
palo m verde R1 A	dollar
papel m moneda	paper money
patrón m de oro	gold standard
pecuniario	pecuniary
pordiosero m	beggar
rascarse el bolsillo R1	to dig deep *(into your pocket)*
raya f M	pay
recompensar gastos	to reimburse expenses
recursos mpl financieros	financial resources
redondear una suma	to round up a sum
remunerar un trabajo	to remunerate, to pay
retribución f	pay, salary
salario m base	basic salary
saldar una cuenta	to settle an account
sobrepaga f	bonus, extra payment
subvencionar una actividad cultural	to subsidize a cultural activity
sueldo m	salary
sufragar los gastos R3	to defray costs
tributar impuestos	to pay taxes
unidad f monetaria	monetary unit
valer tres perras R1	to be worth precious little
valor m del apartamento	value of the apartment
varo m R1 M	peso, small coin

Aumento / Increase

acrecentar beneficios R3/2	to increase profits

acumulación f de capital	accumulation of capital
acumular multas de tráfico	to accumulate traffic fines
agrandar el salón	to make the living room bigger
agregar libros a la colección	to add books to the collection
alargar la mano	to stretch out your hand
amontonar libros	to pile up books
ampliar el número de invitados	to increase the number of guests
amplificación f del sonido	sound amplification
amplificar el sonido	to amplify the sound
añadir sal a la comida	to add salt to the food
apilar sillas	to pile up chairs *(in order)*
aumentar el alumnado	to increase the number of students
aumento m de sueldo	increase in salary
crecimiento m del niño	growth of the child
desarrollar exportaciones	to develop exports
desarrollo m económico	economic development
desplegar una bandera	to unfold a flag
despliegue m de las tropas	deployment of troops
difundir el olor del jazmín R3/2	to spread the scent of jasmine
difusión f de las noticias	spreading/ broadcasting of the news
engordar la cuenta	to make the account grow bigger
engrosar los caudales del río R3/2	to cause the river to expand
ensanchar la calle	to widen the street
ensanche m de la acequia R3/2	widening of the irrigation channel
expandir la fábrica	to expand the factory
expansión f económica	economic expansion
extender la mesa	to extend the table
extensión f de la crisis	extension of the crisis
hinchar el río	to cause the river to swell
inflar las ruedas	to pump up the tires
La tasa de paro crece	The rate of unemployment increases
medrar R3/2	to prosper, to increase
multiplicar las ventas	to multiply sales
pagar un suplemento	to pay extra
prolijas explicaciones fpl R3	lengthy explanations
prolongar la clase	to prolong the class
propagación f de la enfermedad	spreading of the disease
propagar la alarma	to spread alarm
prosperar	to prosper

Disminución / Decrease

acortar la falda	to shorten the skirt
agua f escasa	water shortage
aminorar la marcha R3	to slow down
atenuar la sed	to quench the thirst
bajada f de tensión	drop in blood pressure
carecer de dinero	to lack money
carencia f de vitaminas	lack of vitamins
compresión f	compression
comprimir	to compress
condensar el aire	to condense air
contracción f muscular	muscular contraction
contraer un metal	to contract metal
descenso m de la demanda	drop in demand
desprovisto de fruta	deprived of fruit
disminución f salarial	drop in salary
disminuir el ritmo de trabajo	to slow down the work rate
empequeñecer el mercado	to make the market smaller
Escasea el agua	Water is scarce
escasez f de lluvia	lack of rain
falta f de interés	lack of interest

Faltan materias primas	Raw materials are lacking
índice m de natalidad decreciente	slowing down of the birth rate
La población decrece	The population decreases
mengua f de recursos económicos R3	decline in economic resources
Mengua nuestro capital R3	Our capital is declining
reducción f de la velocidad	reduction in speed
reducir la intensidad del ruido	to cut noise levels
sufrir bajas	to suffer losses *(i.e., dead soldiers)*

Nivel 3 / Level 3

División del tiempo / Division of time

a medida que trabajaba	while she worked
acto seguido R3/2	immediately afterwards
al amanecer	at dawn
al atardecer	in the evening
al cerrar la noche	when it got dark
al oscurecer	as darkness fell
al quebrar el alba R3	at daybreak
al rayar el alba R3	at sunup/dawn
al romper el alba	at daybreak
almanaque m	almanac
anales mpl de la guerra civil	annals of the civil war
atrasar el trabajo	to delay the work
bienio m	two-year period
centenario m	centenary
cesar de llover	to stop raining
clínica f prenatal	prenatal clinic
como colofón m a la fiesta	as a party finale
con anterioridad a su llegada R3/2	before his arrival
con posterioridad a su salida R3/2	after her departure
conforme pasaba el tiempo	as time went by
consultarlo con la almohada	to sleep on it
de antaño	a long time ago
de buenas a primeras R1	suddenly, unexpectedly
de pronto	suddenly
de repente	suddenly
demorar	to delay
después de Cristo	AD
despuntar m del día	daybreak
día m de asueto	day off *(from work)*
en el acto	immediately
en espera de su llegada	awaiting her arrival
en la actualidad	presently, at the present moment
en la antigüedad	in antiquity
en tiempos remotos	in far-off times
en un santiamén	in no time at all
Es muy trasnochadora	She stays up all night / goes to bed very late
estar a la hora	to be on time
ideas fpl desfasadas	old-fashioned ideas
La vida es breve	Life is short
lapso m de tiempo	space of time
lentitud f en leer el libro	slowness in reading the book
llevar un retraso de dos horas	to be two hours late
lustro m	period of five years
más viejo que Metusalén	older than Methuselah
muerte f prematura	premature death
necesidad f perentoria	pressing need
ordenador m anticuado	antiquated computer
originar problemas	to provoke problems
para la posteridad	for posterity
paulatinamente R3	slowly
perennidad f R3 de la enfermedad	perennial feature of the illness

perpetuidad f de su influencia — her permanent influence
poco común — unusual
poco frecuente — infrequent
principiar a — to begin to
quehaceres mpl cotidianos — daily tasks
raro — unusual
retrasar el reloj — to put the clock back
súbitamente — suddenly
súbito — sudden
tardar una hora en — to take an hour to
tiempo m fugitivo R3 — fleeting time
tinieblas fpl — darkness
trasnochar — to stay up all night, to go to bed very late
última novedad f — latest innovation
velada f agradable — pleasant (social) evening
visión f fugaz R3/2 — momentary sighting

Números y cálculos / Numbers and calculations

General

a razón f de cien pesos la hora — at the rate of a hundred pesos an hour
ábaco m — abacus
aproximadamente — approximately
aumentar en un tres por ciento — to increase by three per cent
baile m de cifras — instability of figures *(sales, inflation, etc.)*
Caben cuatro en el coche — There's room for four in the car
CI — IQ
cifrar las pérdidas en — to quote losses at
cociente m — quotient
cociente m intelectual — intelligence quotient
coeficiente m — coefficient
consistir en diez cajitas — to consist of ten little boxes
constar de cuarenta piezas — to consist of forty pieces
convertir millas a kilómetros — to convert miles into kilometers
costar un disparate R1 — to cost a crazy amount
denominador m común — common denominator
despejar una incógnita — to find the value of an unknown quantity/factor
disminuir en un dos por ciento — to reduce by two per cent
dividendo m — dividend
divisibilidad f — divisibility
divisible por dos — divisible by two
divisor m — divisor
el número de que se trata — the number in question
en números redondos — in round figures
estadísticas fpl — statistics
extrapolar la conclusión de estos datos — to extrapolate the conclusion from this data
gradiente m — gradient
hallar un número — to find a number
incalculable — incalculable
llevar una cifra — to carry a number *(over)*
máximo común divisor m — maximum common denominator
media f — average
numeración f — numbering
numerar — to number
número m de serie — serial number / number in a series
número m decimal — decimal number
número m fraccionario — fraction
número m primo — prime number
paginación f — pagination
pasar de kilómetros a millas — to convert kilometers into miles
penúltimo m de la lista — second to last on the list
por enésima vez — for the nth time
porcentaje m — percentage
promedio m — average
quebrado m — fraction
redondear en mil dólares — to round up to a thousand dollars
variable f — variable

Matemáticas / Mathematics

aserto m no verificado R3	unproven assertion
averiguar el valor de	to work out / check the value of
averiguar una cantidad	to check a quantity/figure
averiguar una magnitud	to check the magnitude
axioma m R3	axiom
calculadora f (de bolsillo)	(pocket) calculator
calculadora f solar	solar calculator
calcular la raíz cúbica de	to calculate the cube root of
cálculo m algebraico	algebraic calculus
cálculo m aritmético	arithmetic calculus
cálculo m de probabilidades	theory of probability
cálculo m diferencial	differential calculus
cálculo m integral	integral calculus
cálculo m logarítmico	logarithmic calculus
cálculo m mental	mental arithmetic
cálculo m numérico	numeric calculus
cifras fpl arábigas	Arabic numerals
coma f de decimal	decimal point
coordenadas fpl	coordinates
coseno m	cosine
curva f de temperatura	temperature curve
derivada f	derivative
ecuación f	equation
eje m de ordenadas	axe of the coordinates
elevación f a una potencia de	raising to a power of
elipse m	ellipse
En 247 elevado a 3, el 3 es el exponente de 247	In 247 raised to the power of 3, 3 is the exponent of 247
entre paréntesis	in brackets
equivalencia f	equivalency
escala f aritmética	arithmetic scale
exponencial	exponential
extracción f de raíces	extraction of roots
función f	function
gráfico m	graph
hipérbola f	hyperbola
infinito m	infinity
integral f	integral
logaritmo m	logarithm
matemáticas fpl superiores	higher mathematics
modelos mpl matemáticos	mathematical models
número m concreto	concrete number
número m discreto	discrete number
número m negativo	negative number
número m positivo	positive number
parábola f	parabola
progresión f aritmética	arithmetical progession
progresión f geométrica	geometrical progression
resultado m analítico	analytic result
resultante f	resultant
seno m	sine
Si mis cálculos no fallan . . .	If my calculations are correct . . .
signo m de división	division sign
signo m de multiplicación	multiplication sign
signo m de sustracción	subtraction sign
signo m más	plus sign
signo m menos	minus sign
signos mpl matemáticos	mathematical signs
sistema m de coordenadas	system of coordinates
teorema m	theorem
tres al cuadrado	three squared

Geometría / geometry

ángulo m	angle
ángulo m adyacente	adjacent angle
ángulo m agudo	acute angle
ángulo m correspondiente	corresponding angle
ángulo m de refracción	angle of refraction
ángulo m muerto	blind spot *(in driving)*

ángulo m obtuso	obtuse angle
ángulo m recto	right angle
cara f	plane
cilindro m	cylinder
círculo m	circle
colocar el punto inicial	to place the initial point
cono m	cone
cuadrilátero m	quadrilateral
cuadro m	square
cubo m	cube
cuerpos mpl geométricos	geometric shapes
diámetro m	diameter
distancia f entre dos líneas rectas	distance between two straight lines
eje m de la parábola	axis of the parabola
esfera f	sphere
fachada f angulosa	angular façade
geómetra mf	expert in geometry
geometría f del espacio	solid geometry
hexágono m	hexagon
oblicuo	oblique
oblongo	oblong
octaedro m	octahedron
paraboloide m	paraboloid
paralelogramo m	parallelogram
pentágono m	pentagon
pirámide f	pyramid
polígono m	polygon
prisma m	prism
radio m	radius
rectangular	rectangular
rectángulo m	rectangle
rombo m	rhombus
rostro m anguloso	angular face
segmento m circular	circular segment
sistema m discreto	discrete system
trapecio m	trapezoid, trapezium
triángulo m	triangle
triángulo m isósceles	isosceles triangle
vector m	vector
vértice m (de un ángulo)	vertex (of an angle)

Calculando cantidades / calculating quantities

a juzgar por	judging by
a ojo de buen cubero	at a guess
adivinación f	guesswork
adivinar	to guess
agrimensor m	surveyor
cálculo m aproximado	rough calculation
calibrar	to gauge, to weigh up
computar	to compute
conjetura f R3/2	conjecture
conjeturar R3/2	to conjecture
contabilizar cien personas	to count a hundred people
cronometrar una carrera	to time a race
cuantificar horas	to quantify/calculate hours
deducción f	deduction
deducir un porcentaje	to deduct a percentage
déficit m presupuestario	budgetary deficit
determinar el peso de	to determine the weight of
estimación f	estimate
estimar el costo (de)	to estimate the cost (of)
evaluación f	assessment, evaluation
evaluar una tesis	to evaluate a thesis
hacer conjeturas	to make conjectures
hacer trampas	to cheat
horóscopo m	horoscope
juzgar	to judge
pesar cincuenta kilos	to weigh fifty kilos
pesar el paquete	to weigh the package
ponderar un peso R3/2	to estimate a weight
presupuestar la obra en . . .	to budget . . . for the work
presupuesto m	budget

realizar una operación matemática	to carry out a mathematical operation
según las apariencias	according to appearances
sopesar dos melones	to weigh *(by guessing)* two melons
tasar el valor de las alhajas	to estimate the value of the jewels
teodolito m R3/2	theodolite
topografía f	surveying
topógrafo m	surveyor
valoración f de pérdidas	assessment of losses
valorar joyas	to value jewels

Grandes cantidades / Great quantities

abarrotado de gente	crammed full with people
abundancia f de	abundance of
abundar	to abound
apogeo m de la carrera	height of her career
atestado de gente	full of people
atiborrar la sala	to fill the room
Bacterias proliferan	Bacteria proliferate
barbaridad f de R1	loads/stacks of
bola f de gente R1 M	crowd of people
cantidad f de R1	loads/stacks of
caterva f R3 de pillos	crowd of kids
chingo m de gente R1 M	loads of people
chorro m de dinero R1 M	loads of money
clase f muy numerosa	large class
colmar el vaso	to fill the glass
comida f copiosa	copious meal
concentración f de huelguistas	mass of strikers
Conejos se reproducen rápidamente	Rabbits reproduce rapidly
cornucopia f R3	cornucopia
cuantiosos daños mpl R3/2	considerable damage
cuantitativo	quantitative
cuerno m de la abundancia	horn of plenty
cúspide f de su carrera	pinnacle of his career
dinero m a espuertas R1	tons of money
dinero m a porrillo R1	tons of money
El precio es una exageración	The price is exorbitant
entrar en tropel	to pile in
fangote m de dinero R1 A	loads of money
gentío m	big crowd
guita f a rolete A	tons of cash
hormiguear de niños	to be swarming with children
horror m de gente R1	loads of people
ilimitado	unlimited
inmenso	immense
innumerables niños	innumerable children
Insectos pululan	Insects swarm
legión f de mosquitos	millions of mosquitos
llenar de agua	to fill with water
masas fpl populares	crowds of people
máximo m de doce horas	maximum of twelve hours
mogollón m de coches R1	loads of cars
mucha leche f	a lot of milk
muchos/as turistas mpl/fpl	many tourists
múltiple accidente m	pile-up
multitud f	crowd
números mpl abrumadores	overwhelming numbers
plenitud f de la vida R3/2	fullness of life
proliferación f de enfermedades contagiosas R3	proliferation of contagious diseases
sinfín m de accidentes R3/2	countless accidents
sinnúmero m de espectadores	countless spectators
territorio m extenso	extensive territory
turba f R3 de manifestantes	mob of demonstrators

Ejercicios / Exercises

Nivel 1 / Level 1

1. (a) Encuentra dos sentidos de los siguientes vocablos

andar, caja, cálculo, contar, cuarto(s), cuerda, diario, doblar, era, estación, pareja, plazo, quinto, raya, restar, segundo, simple, solución, taller, tiempo

(b) Construye frases para ilustrar el uso de estos sentidos

2. (a) Encuentra diez sustantivos que terminan por la letra *a* y que tienen otro sentido si se elimina la *a* reemplazándola por la letra *o*. Encuentra al menos cinco vocablos asociados con el tiempo o el cálculo
Ejemplo: minuta – minuto

(b) Haz frases para ilustrar el uso tanto de los vocablos que terminan por *a* como los vocablos que terminan por *o*

3. (a). Encuentra adjetivos y verbos (si hay) que tengan la misma raíz etimológica que los siguientes nombres

anchura, dinero, domingo, duración, ejemplo, espacio, invierno, madrugada, mes, momento, número, otoño, peso, primavera, producto, sistema, tiempo, valor, verano, vez

(Se encuentra la solución en Internet)

(b) Construye frases para ilustrar el uso tanto de los adjetivos y verbos como de los sustantivos

4. Traduce al español (de más de una forma si está indicado) las siguientes expresiones

near the beginning of the month
near the middle of the month
near the end of the month
on alternate days
three years ago
next year *(tres formas)*
occasionally *(dos formas)*
a few days after *(dos formas)*
in the middle of the day
She had been here for a year *(dos formas)*
at daybreak *(cuatro formas)*
at sunset
in a fortnight's time
How old are you? *(dos formas)*
at Christmas *(dos formas)*
My birthday falls on a Tuesday
She's a year older than me *(tres formas)*
very early in the morning
the day before the party
He's been here for a month *(tres formas)*
the day after tomorrow
at nightfall *(tres formas)*
at the dead of night *(dos formas)*
at sunup *(dos formas)*

(Se encuentra el modelo en Internet)

5. (a) Traduce al español

better late than never
to have a sleepless night
an Indian summer
One swallow doesn't make a summer

to sleep on it
in the flower of youth
to have the time of your life
at the dawn of civilization
to have a full social calendar
She was in the prime of her life
to make hay while the sun shines
Rome wasn't built in a day
Time is precious
a wintry reception

(b) Traduce al español

It's one of two things
They went in two by two
Get in lines of four
Charles the Fifth
seven point five per cent
Take seven from nine
about thirty cars
hundreds of people
It's six meters/yards long
Heads or tails
What's a third of nine?
Divide ten by five

6. (a) Encuentra la diferencia (si hay) entre los vocablos de las siguientes parejas

alba/aurora, atardecer/anochecer, oscuridad/tinieblas, mañana/madrugada, temporada/estación, verano/estío, fin/final, futuro/porvenir, hora/horario, chico/pequeño, anciano/viejo, regalo/aguinaldo, júbilo/jubilación, cumpleaños/aniversario, pesa/peso, sobrar/quedar, añadir/sumar, libra/libro, moneda/dinero, par/pareja, raya/rayo, área/hectárea, año/ano, invernar/hibernar

(b) Elige diez parejas y construye frases para ilustrar las diferencias de uso entre los dos vocablos

7. (a) ¿Qué entiendes por los siguientes vocablos o expresiones?

día de año nuevo, año litúrgico, año jacobeo, año sabático, año viejo, año de gracia, año de la nana, entrado en años, ¡mal año!, perder año, quitarse años, año bisiesto, horas valle, hora hombre, día civil, día de autos, día de ayuno, día de campo, día de indulto, día de pago, día festivo, día del Juicio Final, día nefasto, día fatídico, hora inglesa, hora oficial, entre semana, fin de semana, la semana que no tenga viernes, el mes, al momento, en el momento menos pensado, hora punta, en horas bajas, hora suprema, dar hora, hora H, horas canónicas

(b) Elige diez de estas locuciones y escribe una frase para ilustrar su uso

8. (a) Encuentra sinónimos de los siguientes vocablos

acabar, aumentar, calcular, corto, crecer, derrochar, disminuir, empezar, joven, medir, número, parte, problema, restar, sumar, viejo

(b) Construye frases para ilustrar las diferencias entre los sinónimos

9. (a) Encuentra el sentido de las siguientes locuciones

ser moneda corriente
pagar en la misma moneda
valer un Perú
¡Esto no es Jauja!
echar la casa por la ventana
poderoso caballero es Don Dinero
tener el riñón bien cubierto
Más vale tarde que nunca
alegre como unas Pascuas
de Pascuas a Pascuas
ganar dinero a espuertas
un veranillo de San Miguel
el otoño de sus días
nube de verano
la primavera de su carrera
cuesta de enero
hecho un abril

(b) Elige diez de estos modismos y construye frases para ilustrar su uso

10. (a) Escribe con todas sus letras los siguientes números

101, 136, 200, 515, 729, 967, 1002, 10008, 15269, 90876, 137952, 458721, 559432, 1238588, 12873791

(Se encuentra el modelo en Internet)

(b) Traduce las siguientes expresiones

the first book, the third boy, the third girl, the fifth class, the seventh grade, the eighth house, the ninth page, the tenth car, the twentieth position, the fiftieth time, the hundredth tree, the thousandth time

(Se encuentra el modelo en Internet)

11. Juego de rol
Los miembros de la clase se dividen en parejas. Cada persona de la pareja hace las siguientes preguntas a la otra persona. Las contestaciones pueden ser auténticas o inventadas tanto en (i) como en (ii)

i. **tu** edad, número de teléfono, dirección, talla, peso, cumpleaños
el cumpleaños de tus padres, abuelos, hermanos, niños
el tamaño de tus zapatos, pantalones, vestidos
el tamaño de tu casa, habitación
la distancia entre (A) tu domicilio y la universidad, y (B) Londres y / Nueva York
ii. **Si ganaras un millón de euros o diez millones de pesos en la lotería, ¿cómo gastarías el dinero?**

12. Traduce al español

i. The moment she walked into the room I realized we would be great friends
ii. The afternoon wore on and suddenly evening was upon us
iii. He visited his parents daily because they had got very old, indeed they were approaching ninety
iv. With the passing years, he became ever more sensitive to the changing seasons
v. Time was flying by, and he knew that, sooner or later, he would have to work long hours to complete the task
vi. The days seemed to stretch out in front of us, since routine had taken over in our lives
vii. She had reached the age of majority, and started to measure her life in terms of years, and no longer in terms of days or weeks
viii. Youth may be wasted on the young, but the older you get the less capable you are of enjoying yourself
ix. She split the days up into equal amounts so that she could pace her work more satisfactorily
x. He wrote an incalculable number of articles, and a not inconsiderable series of books

(Se encuentra el modelo en Internet)

13. Lee atentamente el texto siguiente y contesta a las preguntas

En muchos campos de la tecnología es de capital importancia la medida del tiempo con un alto grado de precisión. La navegación, el seguimiento de satélites, la astronomía y otros muchos campos demandan medidas de tiempo muy exactas para cuya obtención el hombre ha recorrido un largo camino desde el obelisco situado en la plaza pública, que marcaba con su enorme índice, el desplazamiento del astro rey, hasta el reloj atómico, pasando por el artilugio de arena, la clepsidra, el reloj de péndulo, el de resorte y el de cuarzo.

El reloj ha pasado mil avatares. En la edad media los monasterios necesitaban medir el paso de las horas para realizar los diferentes oficios, desde maitines a vísperas, en el momento adecuado. En ese ambiente prosperaron los grandes relojes que no dependían de la luz solar. Con el transcurso de los siglos, se comenzaron a afinar los sistemas mecánicos, dando lugar a prodigiosos artefactos que vemos aún en algunas catedrales y edificios públicos de algunas ciudades, donde un carrusel acompasa el tañido de las campanas, anunciando las horas, medias y cuartos, con el paso de personales o símbolos de las estaciones, el sol o la luna.

M.A.S.

(a) Enumera al menos diez campos o especialidades donde la medida del tiempo resulte de capital importancia
(b) Describe un obelisco
(c) ¿Qué relación tiene la latitud con la hora de un lugar?
(d) ¿Qué son los husos horarios?
(e) Enumera diferentes clases de relojes
(f) Describe un reloj de sol
(g) Define los siguientes vocablos: *vísperas*, *maitines*, *catalina*, *cuerda*, *péndulo*, *manecilla*, *minutero*, *cronómetro*, *meridiano*
(h) La campana del reloj del ayuntamiento marca con su sonido todas las horas y las medias. ¿Cuántas campanadas dará al cabo de un día? En equipo: realiza las cuentas en un papel diciendo en español cada uno de los pasos
(i) Escribe con todas las letras las siguientes horas: 12,15 15,25 17,30 21,55 22,40 23,56
(j) "Eran las cinco de la tarde . . ." ¿Por qué era una hora mágica las cinco de la tarde? ¿A qué se refiere García Lorca en su poema, cuando cita las cinco de la tarde?
(k) Aprovechando ejemplos sacados del texto, explica por qué dependemos tanto de un reloj

Nivel 2 / Level 2

1. (a) Encuentra dos sentidos de los siguientes vocablos. Algunos de estos vocablos se encuentran en el vocabulario de nivel 1

cambio, circular, divisas, entero, espacio, fracción, futuro, llevar, longitud, medio, metro, movimiento, pasado, pasajero, pesar, tallar

(Se encuentra la solución en Internet)

(b) Construye frases para ilustrar el uso de los otros sentidos

2. (a) Explica la diferencia (si hay) entre los vocablos de las siguientes parejas

par/impar, solo/único, decena/docena, década/decenio, centenar/centena, calculador/calculadora, milla/millar, acuñación/cuña, divisa/división, sorteo/suerte, reembolso/reintegro, prenda/empeño, cuerda/resorte, tamaño/talla, juventud/mocedad, anciano/vieja, balance/balanza

(b) Elige diez de estas parejas y haz frases para ilustrar las diferencias entre los vocablos de cada una de ellas

3. Utilizando los vocablos de la lista B rellena los huecos de las expresiones que aparecen en A e indica el registro (R3, R2, R1, R1*). Traduce también al inglés las expresiones

A

expresión	traducción	registro
te he dicho por . . . vez		
. . . a la izquierda		
quedarse sin . . .		
ajustar las . . .		
entre . . . luces		
a ése no se le escapa . . .		
estar en las . . .		
no tengo ni . . .		
me cago en . . .		
es . . . corriente		
martes y . . .		
iba vestida de . . .		

B

última(s), domingo, trece, diez, enésimo, cero, moneda, cuenta, dos, blanca, cinco, una

(Se encuentra el modelo en Internet)

4. Haz frases con diez de las siguientes expresiones para ilustrar su uso

cálculo prudencial
suma y sigue
medir con la talla
vestido de calle
pagar a toca teja
tener dinero cantante y sonante
ganar más dinero que un torero
pagar a escote
a las cinco de la tarde
Divide y vencerás
doblar la guardia
El tiempo pasa volando
en tiempo del rey que rabió
noche de los tiempos
felicitar las pascuas
más largo que un día sin pan
De noche todos los gatos son pardos
de higos a brevas
pagar a prorrateo
ave nocturna
el tiempo de Maricastaña
redoblar los esfuerzos
ganar dinero a espuertas

5. (a) Encuentra sinónimos de los siguientes vocablos

acopiar, alba, aniversario, anochecer, contar, corto, dinero, exacto, inspeccionar, malgastar, numeroso, ocurrir, principio, raya, resultado, vacaciones

(b) Construye frases para ilustrar el uso y sentido de los diferentes sinónimos

6. Haz los siguientes cálculos en español con todas sus letras

$\frac{1}{4}+\frac{1}{4}+\frac{1}{3}=$	$5 \times 9 - 4 =$
$\frac{1}{2}-(\frac{1}{4}\times 4) =$	$7+8+10 =$
$\frac{1}{6}+(\frac{1}{3}\times 2) =$	$100 \times 10 \times 5 =$
$\frac{1}{3}:\frac{1}{2} =$	$125 \times 9 : 6 =$
$7+3+2 =$	$10000 : 20 \times 4 =$

PS. El símbolo : (división) en el mundo hispanohablante equivale a ÷ en el mundo angloparlante

(Se encuentra el modelo en Internet)

7. (a) ¿Qué entiendes por las siguientes expresiones?

agua gorda, dedo gordo, gente gorda, perra gorda, pez gordo, premio gordo, sal gorda, caer gordo, ni gorda, armarse la gorda, mar gruesa, pequeña pantalla, pequeñas y medianas empresas, alta mar, alta sociedad, alto relieve, altos hornos, alto el fuego, ¡alto!, altos mandos, alta costura, de alto copete, de alto coturno, pasar por alto, por todo lo alto, Alta Edad Media, alta traición, alta fidelidad, curso alto, monte alto, monte bajo, barrio bajo, cámara baja, golpe bajo, planta baja, temporada baja, caer muy bajo, bajo siete llaves, estar en baja

(b) Elige cinco expresiones con *gordo*, 5 con *alto* y 5 con *bajo* y construye frases para ilustrar su uso

8. ¿Qué entiendes por las siguientes expresiones?

ambos a dos
cada dos por tres
como dos y dos son cuatro
como dos y tres son cinco
en dos zancadas
en un dos por tres
estar a tres
ni a la de tres
no ver tres en un burro

cuartos de final
poner a cien
de la Ceca a la Meca
tres cuartos de lo mismo
estar sin cinco
no tener ni cinco
¡Choca/Dame esos cinco!

quinta columna
al quinto infierno
hasta el quinto pino
séptimo arte
octavos de final
cien por cien
las mil y quinientas
de nuevo cuño

9. Relaciona las palabras de A con las de B para hacer una expresión teniendo en cuenta que normalmente no están en orden

A onda, sílaba, a la, a corto, a largo, quedarse, las vacas, en, género, patria, perra, ni corto, venir, dejar

B chico, pequeño, flacas, ancho, medio, corto, plazo, tan ancho, largo

10. Traduce al español y cambia los números en letras

i. The world record for the one hundred meters is nine point eight (seconds)
ii. She won the ten thousand meters in twenty-eight minutes, eleven point six seconds
iii. In one colossal jump, he cleared nine meters seventy centimeters
iv. How on earth he leapt two meters ninety centimeters I'll never know
v. He knocked on the door eight times and on the ninth occasion someone opened it
vi. A quarter of the class got full marks
vii. The fifteenth book he published was the best of the lot
viii. On the twenty-second day of his illness he made a miraculous recovery
ix. For the hundredth time I'm telling you to keep quiet
x. The hospital will give a special prize to its ten-thousandth new-born baby

(Se encuentra la solución en Internet)

11. Traduce al español

retirement years
life hanging on a thread
a man of a certain age
in the early hours of the morning
to reach the age of majority
this time last year
a girls' school
the ungrateful age of adolescence
never in my life
to arrive at an untimely hour
in the year of grace 1492
the year of our Lord 1588
life imprisonment
Ten o'clock has just struck
Christmas falls on a Thursday
What's the date today?
my eldest brother
my youngest sister
on alternate days

12. Juego
Los miembros de la clase forman dos equipos, A y B. Un miembro del equipo A hace una pregunta a un miembro del equipo B en lo que se refiere a suma, resta, multiplicación y división. A continuación, un miembro del equipo B hace una pregunta a un miembro del equipo A. Y así sucesivamente. La persona que contesta dispone de 15 segundos para encontrar la solución. Huelga añadir que el equipo que tenga el mayor número de contestaciones acertadas gana el juego

Ejemplos: resta 25 de 49 (veinticinco de cuarenta y nueve = veinticuatro).

Suma 145 y 239 (ciento cuarenta y cinco y doscientos treinta y nueve = trescientos ochenta y cuatro)

13. Lee atentamente el texto siguiente y contesta a las preguntas

Ya lo dice la conseja popular: agosto frío en el rostro. A finales de mes, el barómetro bajó de repente una madrugada de luna nueva. A la alborada, unas nubes anunciaron cambio de tiempo y a las pocas horas la gota fría avanzaba con ímpetu sobre la costa arremetiendo con furia contra las serranías circundantes. La tromba de agua arrastraba el mantillo de las laderas dejando las raíces de los arbustos desnudas, las piedras medianas hacían rodar rocas sobre los caminos y barrancos. Bramaba el huracán impetuosamente mientras las ramblas se llenaban hasta desbordar de una agua terrosa sobre la que sobrenadaban troncos de árboles, ramas de palmera y algunos enseres.

La gente miraba atónita el cielo musitando una oración a Santa Bárbara, mientras estallaba el trueno que retumbaba sobre las colinas. Los relámpagos iluminaban con su fogonazo azufrado las desiertas calles oscurecidas repentinamente por el denso nublado. Sonaba inmisericorde el granizo sobre los tejados con tamborileo enervante.

El padre dijo: "Voy a tapiar la puerta con ladrillo y cemento antes de que la cosa vaya a más," y desapareció por la puerta trasera camino del cobertizo. Nadie le volvió a ver. Alguien dijo que se había ido a comprar tabaco y no había vuelto, harto de aguantar a la parienta, otros dijeron que la gran avenida que discurría por la calle de atrás le habría arrastrado sin remisión. Todo eran conjeturas, nadie sabía a ciencia cierta lo que había sido de él.

Ramiro se quedó sin padre el día de la tormenta, y el seguro no quiso saber nada, porque no había indicios de fallecimiento.

M.A.S.

(a) Explica los significados de *agosto, frío en el rostro* y *nueve meses de invierno y tres de infierno*, propios de Castilla
(b) Escribe una definición de *barómetro* y enumera diferentes clases de *barómetros*
(c) Escribe las fases de la luna
(d) Describe las diferentes clases de nubes, por ejemplo: cirros, cúmulos, nimbos...
(e) ¿Qué fenómenos suelen acompañar a la denominada *gota fría*?
(f) Se considera a Santa Bárbara como patrona de mineros, artilleros y protectora ante las tormentas. ¿Qué significado puede tener: "Sólo te acuerdas de Santa Bárbara cuando truena"?
(g) Enumera al menos diez fenómenos meteorológicos
(h) ¿En qué consiste la erosión? ¿Cuándo suele darse? ¿Qué consecuencias acarrea?
(i) Describe una tormenta en el mar / la montaña
(j) Busca el significado de: ulular, ventarrón, ventisca, ventisquero, huracán, isoterma, borrasca, anticiclón, cellisca, aguanieve, chaparrón

Nivel 3 / Level 3

1. (a) Encuentra dos sentidos de los siguientes vocablos. Algunos de estos vocablos se encuentran en los vocabularios de los niveles 1 y 2

acuñación, área, balanza, cociente, cubo, despuntar, dividendo, fortuna, incógnita, justo, kilo, lira, monetario, patrón, resta, restar, tallar, tamaño, tercio, vara

(b) Construye frases para ilustrar el uso de estos sentidos

2. (a) Explica el sentido de las siguientes locuciones

cabo primero, primera comunión, primera dama, primera línea, primera magistratura, primera persona, primeras letras, a la primera, a primeros de, de primera, lo primero es lo primero, no ser el primero, café solo, a solas, pintarse solo, por sí solo, quedarse solo, segunda intención, segunda lengua, segundo plato, sobrino segundo, tío/tía segundo/a, de segunda, doble bemol, doble refracción, doble intención, doble sentido, doble sostenido, espía doble, doble agente, doble espacio, dobles mixtos, doble o nada, tercera persona, tercera edad, a la tercera, a terceros, de tres al cuarto

(b) Elige doce de estas locuciones (cuatro de *primero*, cuatro de *segundo* y cuatro de *tercero*) para ilustrar su uso

(Se encuentran los modelos en Internet)

3. ¿Cuál es la función de las siguientes personas u objetos?

aguja, aleación, balanza, cambista, casa de moneda, cuño, efigie, falsificador, Monte de Piedad, patrón oro, platillo, prenda, prestamista, quilate, zeca/ceca

4. (a) Explica el sentido de las siguientes locuciones

cortado por el mismo patrón	valer su peso en oro	meter por donde quepa
inclinar la balanza	poner las peras al cuarto	doblar el lomo
notar a la legua	hablar en plata	A la tercera va la vencida
máximo común divisor	cuarto creciente/menguante	de buenas a primeras
viajar de incógnito	estar montado en el dólar	venir de primera
pasarse de la raya	pagar en la misma moneda	tomarle las medidas
mantener a raya	salir a la superficie	colmarse la medida
caer por su propio peso	dar la talla	sin medida

(b) Construye frases para ilustrar el sentido de doce de estas locuciones

5. ¿En qué circunstancias se usarían los siguientes modismos?

en hora mala	¡A buenas horas mangas verdes!	ir con la hora pegada al culo
hacerse hora (de)	tener las horas contadas	libro de horas
no dar ni la hora	entre horas	enhorabuena
horas muertas	poner en hora	de última hora
hora suprema	sonar la hora (de)	en mala hora

6. Existen más de diez tipos de reloj para medir el tiempo. ¿Cuáles son? Construye frases para ilustrar su uso

7. (a) Encuentra antónimos de los siguientes vocablos

adelantar, alargar, amanecer, angosto, aniñado, definido, despilfarrar, diurno, fugaz, hueco, medrar, par, pasado, siguiente, válido

(Se encuentra la solución en Internet)

(b) Construye frases que incluyan dentro de la misma tanto el antónimo como los vocablos que figuran arriba

8. (a) Encuentra sinónimos de los siguientes vocablos

ahorrar, alborear, anterior, cálculo, centenar, contar, decenio, diario, efímero, guarismo, malgastar, medir, pareja, repetir, venidero

(b) Escribe frases para ilustrar las diferencias entre los sinónimos

9. Escribe con todas sus letras los números ordinales que se corresponden con 1 hasta 20, 30, 40, 50, 60, 70, 80, 90, 100, 200, 500, 1000 y 1000 000

10. Traduce al español

i. Gauging the area needed for building a house requires more than a tape measure, it needs a property surveyor
ii. The boundary stone which limits the parkland was half buried in soil, and you could only read the inscription that was three-quarters of the way up to the top
iii. My wife helped our son with his mortgage by giving him the first twenty thousand euros, which was about a fourteenth of the total cost, and cut the interest payable over the whole period by about a tenth
iv. I have never understood why, if you multiplied a quarter by a half, you would end up with even less, i.e. an eighth
v. The effigies on the coins were so similar on both sides you couldn't tell which side was which, and the edges were so worn they could have been a hundred years old
vi. The Mint produces millions of notes and coins but I don't seem to be able to get my hands on the tiniest percentage of it
vii. Gold bullion in the form of bars and ingots, eighteen-carat gold and diamond rings, and precious metals of all kinds were stored in the safe
viii. Paper dollars were first issued in America, in one thousand seven hundred and seventy-five, from amounts of one dollar to ten thousand dollars' worth
ix. Australia and New Zealand now have decimal currencies, with dollars of various denominations in current circulation
x. The value of the dollar declined during the nineteen seventies in relation to other major currencies, so that whereas in nineteen seventy it had been worth about four German marks, by early nineteen seventy-eight, it was quoted at only two marks
xi. The international monetary system, as institutionalized in the International Monetary Fund, was based on the strength of the dollar, and on the readiness of the US authorities to exchange dollars for gold at a rate of thirty-five dollars to one ounce
xii. The euro has now dropped to parity with the dollar, and has lost about fifteen per cent of its value with reference to the pound

(Se encuentra el medelo en Internet)

11. Lee atentamente el texto siguiente y contesta a las siguientes preguntas

"El Gato con Botas" tenía un calzado maravilloso que le proporcionaba una velocidad de varias leguas a la hora. Teniendo en cuenta que cada legua equivale a cinco kilómetros y pico, era el felino más veloz del que se haya tenido conocimiento. Todo el mundo sabe que su peso no pasaba de cuatro kilos y seiscientos gramos algo corridos, lo que le proporcionaba una ligereza rayana en levedad, pero eso no le libraba de ser presuntuoso: derrochaba las onzas de oro, no pesetas, dólares o euros ¡onzas de oro!, ¡ya se dice bien! Ten en cuenta que cada una de ellas pesaba más de veintiocho gramos. No cabe la menor duda de que era un fanfarrón con una tizona con la que casi no podía y un pistolón de enorme calibre, no estas afeminadas pistolitas de 9 mm.

Aunque dicen no pasaba de seis palmos, es decir, unos sesenta centímetros, todos decían que tenía un porte impresionante porque era musculoso, debido a su constante ejercicio de levantamiento de halteras de dos arrobas y su permanente buena forma por el entrenamiento en esgrima, que dominaba con tal perfección que aseguraban practicaba con metrónomo, ejecutando fintas y estocadas que desarmaban al más avezado enemigo en un periquete.

M.A.S.

(a) **¿Qué entiendes por El** *Gato con Botas*?
(b) **Describe sus grandes cualidades**
(c) **¿Cuál es el significado de . . . ?** derrochaba las onzas de oro, fanfarrón con una tizona, seis palmos, halteras, arrobas, esgrima, fintas, estocadas, avezado, periquete
(d) **El vocablo** *arroba* **tiene un sentido muy contemporáneo. Explícalo**

12. Contesta en español las siguientes cuestiones

(a) Escribe diferentes medidas de longitud españolas, tanto modernas como antiguas
(b) Escribe diferentes medidas de masa españolas, tanto modernas como antiguas
(c) Casi siempre se suele decir *peso*, cuando en español nos referimos a *masa*. ¿Cuál es la diferencia, desde el punto de vista científico?
(d) Transforma las siguientes medidas al sistema métrico decimal: seis pies y tres pulgadas, cinco galones, dos nudos, tres millas terrestres, ciento cincuenta yardas, doce pulgadas, doce onzas, tres libras
(e) Busca al menos dos definiciones de *calibre* para armas de fuego
(f) Escribe en columna: primero, segundo . . . , y al lado el nombre de los planetas del sistema solar según distancia al sol
(g) Busca y escribe al menos dos definiciones de *metro* como patrón de longitud
(h) Idem de *kilo*
(i) Busca el significado de, y ordena según el tamaño: caña, chato, litrona, tercio, cántara, litro, metro cúbico

Unidad 10 / Unit 10

La Naturaleza y el universo / Nature and the Universe

Nivel 1 / Level 1

Cielo y estrellas / Sky and stars

Aparecen las estrellas	The stars appear
astro m	star, heavenly body
astronauta mf	astronaut
brillar	to shine
cielo m	sky
cielo m estrellado	starry sky
claridad f	brightness
claro m de luna	moonlight
cometa m	comet
cósmico	cosmic
cosmonauta mf	cosmonaut
cosmos m	cosmos
creación f	creation
crepúsculo m	twilight
dar vueltas al sol	to go round the sun
eclipse m	eclipse
elemento m	element
espacio m	space
estrella f	star
galaxia f	galaxy
girar	to spin round *(on itself)*
horizonte m	horizon
ilimitado	unlimited
infinito	infinite
inmenso	immense
invisible	invisible
luna f	moon
luz f	light
naturaleza f	nature
nave f espacial	space ship
observatorio m	observatory
origen m del universo	origin of the universe
oscuridad f	darkness
planeta m	planet
ponerse	to set *(of sun)*
puesta f del sol	sundown/set
rayo m de sol	sunray
salida f del sol	sunup/rise
salir	to come out *(of sun)*, to rise
sistema m solar	solar system
sol m	sun
soleado	sunny
sombra f	shade
telescopio m	telescope
visible	visible

Puntos cardinales / Cardinal points

al este m de	to the east of
al norte m de	to the north of
al oeste m de	to the west of
al sur m de	to the south of
clima m meridional	southern climate
costa f occidental	western coast
nor(d)este m	northeast
noroeste m	northwest
país m septentrional	northern country
provincia f sureña	southern province
pueblo m norteño	northern people
región f oriental	eastern region
sudeste m	southeast
sudoeste m	southwest
suroeste m	southwest

La Tierra / The Earth

a lo lejos — in the distance
al aire libre — in the open air
altitud f — altitude
altura f — height
alud m — avalanche
arena f — sand
arenal m — sandy area
arenoso — sandy
atajo m — short cut
avalancha f — avalanche
barranca f A — hill, slope
barranca f M — gorge
barranco m — gorge
bosque m — wood *(of trees)*
cadena f de montañas — mountain range
caerse al suelo — to fall to the ground
camino m — way, path
campo m — field
cañón m — canyon
caverna f — cave
cerca de — near (to)
cercano a — near (to) *(*cercano *is an adjective)*
cerro m — hill
cima f — top *(of hill/ mountain)*
circo m — cirque
colina f — hill
continente m — continent
cordillera f — range *(of mountains)*
cráter m — crater
cuesta f — slope, hill
cueva f — cave
cumbre f — top *(of hill/ mountain)*
de arriba abajo — from the top to the bottom
descampado m — piece of open ground
desierto m — desert
dominar el río — to look over the river
duna f — dune
erupción f — eruption
estar situado en — to be situated in/on
estepa f — steppe
garganta f — gorge, ravine
globo m terráqueo — globe *(of world)*
hielo m — ice
hierba f — grass *(in Spain)*
ladera f — slope, flank
lava f — lava
límite m — limit
llano m — plain
llanura f — plain
lugar m — place, spot
mil metros sobre el nivel del mar — thousand meters above sea level
montaña f — mountain
montañoso — mountainous
monte m — mountain, scrubland, scrub, bush
mundo m — world
oasis m — oasis
país m — country
paisaje m — countryside
páramo m — high plateau, moor
pendiente f — slope
piedra f — stone
polo m — pole
polo m norte — north pole
polo m sur — south pole
polvo m — dust
pradera f — meadow
prado m — meadow
profundidad f — depth
puerto m — pass, col
región f — region
región f desértica — desert region
roca f — rock
sabana f — savannah
selva f — forest
senda f 3/2 — path
sendero m — path
sierra f — mountains, mountain range
sitio m — place, spot
suelo m — ground
superficie f — surface
talud m — slope, incline
terremoto m — earthquake
terreno m — extension/plot of land

terreno m pedregoso	stony terrain
tierra f	earth, soil
Tierra f	Earth *(as planet)*
valle m	valley
vega f	meadow, plain *(near river)*
vertiente f	slope, incline
volcán m	volcano

Mares y ríos / Seas and rivers

acantilado m	cliff *(usually by the sea)*
agua f	water
agua f dulce	fresh water
arroyo m	stream
bahía f	bay
balsa f	pool *(for irrigation)*
barro m	mud
cabo m	cape
canal m	canal
cauce m	*(river)* bed
charca f	pond
charco m	*(small)* pool of water, puddle *(= Pond, i.e., Atlantic)*
correr	to flow
corriente f	current
costa f	coast
crecida f	rise *(in water levels)*
cuenca f del río	river basin
delta m	delta
desembocadura f	mouth *(of river)*
desembocar en el mar	to flow out into the sea
dique m	dike
escollo m	reef
estuario m R3/2	estuary
fondo m del mar	sea bed
fuente f del río	source of the river
géiser m	geyser
glaciar m	glacier
golfo m	gulf, bay
inundación f	flood
isla f	island
isleño m	islander
lago m	lake
lecho m del río	river bed
malecón m	jetty
mar* f	sea *(see below)*
mar* m	sea *(see below)*
mar m agitado	rough sea
mar m encrespado	rough/choppy sea
nacer en la montaña	to rise / have its source in the mountain
océano m	ocean
ola f	wave
oleada f contra las rocas	wave against the rocks
oleada f de turistas	flood of tourists
oleaje m	swell
orilla f del mar	sea shore
pantano m	marsh, swamp, reservoir
península f	peninsula
playa f	beach
pozo m	well
presa f	dam
promontorio m R3/2	promontory
puente m	bridge
puerto m	port
rambla f	dry river bed, wadi
resaca f	undertow
ría f	ria, long narrow tidal inlet *(typical of Galicia)*
río m	river
río m subterráneo	underground river
sal f	salt
secar	to dry
torrente m	torrent

*The difference between *mar* as a masculine noun and *mar* as a feminine noun is to some extent determined by usage. Generally speaking, as a masculine noun *mar* is by far the commoner. Usage in the feminine occurs in set expressions, and is frequently used in meteorology. See examples in Level 2.

Clima y tiempo que hace / Climate and weather

aclararse	to brighten up
aguacero m	shower
aguanieve f	sleet
aire m	air, breeze
ambiente m	environment
arco m iris	rainbow
atmósfera f	atmosphere
barómetro m	barometer
bochorno m	sultry weather
bochornoso	sultry
borrasca f	squall, area of low pressure
borrascoso	squally, stormy
brisa f	breeze
calima/calina f	sea mist, haze
calma f	calm
calmarse	to calm down
calor m	heat
cero m grados	zero degrees
chaparrón m	heavy short downpour, cloudburst
chirimiri m	fine drizzle
chubasco m	shower
ciclón m	cyclone
cielo m claro	clear sky
cielo m cubierto	overcast sky
cielo m despejado	clear/bright sky
cielo m puro	clear sky
cielo m sereno	clear sky
clima m	climate
clima m cálido	hot climate
copo m de nieve	snow flake
derretirse	to melt
despejarse	to clear up
día m caluroso	hot day
día m frío	cold day
día m nublado	cloudy day
diluvio m	deluge
Diluvio m Universal	(the) Flood
dos bajo cero	two below zero, minus two
escampada f	*(process of)* clearing up
escampar	to clear up
escarcha f	frost
Está para llover	It's going to rain
Estoy calado hasta los huesos	I'm soaked to the skin
Estoy empapada	I'm soaked
Estoy helado	I'm frozen
Estoy hecha una sopa	I'm soaked
frescor m de la mañana	cool of the morning
gota f de lluvia	drop of rain
gota f fría	persistent deluge *(increasingly frequent in Spain)*
granizada f	hail storm
granizar	to hail
granizo m	hailstone
Hace buen tiempo	It's nice weather
Hace calor	It's warm/hot
Hace fresco	It's fresh
Hace fresquito	It's a bit sharp
Hace frío	It's cold weather
Hace mal tiempo	It's bad weather
Hace sol	It's sunny
Hace un calor insoportable	It's unbearably hot
Hace viento	It's windy
helada f	frost
helar	to freeze
hielo m	ice
humedad f	humidity, dampness
huracán m	hurricane
invierno m riguroso	severe winter
llover	to rain
llover a cántaros	to pour down
llovizna f	drizzle
lloviznar	to drizzle
lluvia f	rain
mojarse	to get wet
neblina f	mist
nevada f	snowfall
nevar	to snow
nevisca f	*(light)* snowfall
niebla f	fog
nieve f	snow
noche f de perros	awful night

nube f	cloud
nubosidad f	cloud(iness)
nuboso	cloudy
parte m meteorológico	weather forecast
Pica el sol	The sun's strong
¿Qué tiempo hace?	What's the weather like?
ráfaga f de viento	gust of wind
rayo m de sol	sunray
relámpago/s m/pl	lightning / flashes of lightning
rocío m	dew
Se anuncia buen tiempo	They promise good weather
sequía f	drought
temperatura f máxima	maximum temperature
temperatura f mínima	minimum temperature
tempestad f	storm
temporal m de nieve	snow storm
Tengo calor	I'm warm/hot
Tengo frío	I'm cold
Tengo un frío de miedo	I'm bitterly cold
termómetro m	thermometer
tiempo m agobiante	unbearable weather
tiempo m cambiante	changeable weather
tiempo m constante	settled weather
tiempo m húmedo	wet weather
tiempo m lluvioso	rainy weather
tiempo m seco	dry weather
tiempo m suave	mild weather
tiempo m templado	mild weather
tomar el fresco	to get some fresh air
torbellino m	whirlwind
tormenta f	storm *(suggests thunder and lightning)*
trueno/s m/pl	thunder/claps of thunder
veinte grados mpl	twenty degrees
veleta f	weather vane
viento m	wind

Ecología y daños medioambientales / Ecology and environmental damage

aerosol m	aerosol
agotamiento m del suelo	soil depletion
agresión f al campo	danger to the countryside
agua f potable	drinking water
alimentos mpl contaminados	contaminated food
calentamiento m del clima	climate warming
capa f de ozono	ozone layer
catástrofe f ecológica	ecological catastrophe
central f eléctrica	electric power station
central f nuclear	nuclear power station
ciclo m de la naturaleza	nature's cycle
climatólogo m	climatologist
conservar la natureleza	to conserve nature
contaminación f ambiental	environmental pollution
contaminación f atmosférica	atmospheric pollution
daños y perjuicios mpl ambientales	environmental damage
degradar las aguas	to pollute the water
desechos mpl	trash, rubbish, waste
destrucción f del ozono	destruction of the ozone layer
ecología f	ecology
ecológico	ecological
ecologista mf	ecologist
efecto m invernadero	greenhouse effect
efectos mpl nocivos	harmful effects
elementos mpl radiactivos	radioactive elements
emisión f de humo	smoke emission
emisor m de contaminantes	source of pollution
erosión f de los suelos	soil erosion

erosionar	to erode
erosivo	erosive
escape m de una central nuclear	leak from a nuclear plant
escasez f de oxígeno	lack of oxygen
escombrera f	dump, tip
escombros mpl	rubble, waste
especies fpl en (peligro de) extinción	endangered species
explosión f atómica	atomic explosion
fallo m de un reactor nuclear	nuclear reactor breakdown
fertilizante m	fertilizer
fuga f de vertidos nocivos	leak of harmful waste
incendio m forestal	forest fire
insecticida m	insecticide
lluvia f ácida	acid rain
marea f negra	oil slick
medioambiente m	environment
nocivo para la salud	harmful to health
pesticida m	pesticide
planta f química	chemical plant
polución f atmosférica	atmospheric pollution
productos mpl químicos	chemical products
radiación f	radiation
reactor m averiado	damaged reactor
recalentamiento m global	global warming
recursos mpl de agua inagotables	inexhaustible water supplies
residuos mpl industriales	industrial waste
riesgo m de accidente nuclear	risk of nuclear accident
ruido m	noise
tala f de bosque	felling of trees
vertedero m de basura	waste dump/tip
vertidos mpl incontrolados	indiscriminate dumping
vertidos mpl industriales	industrial waste

Protección de la naturaleza / Nature conservation

Amigos mpl de la Tierra	Friends of the Earth
condiciones fpl ambientales	environmental conditions
económicamente factible R3/2	economically feasible
eficaz protección f de los espacios naturales	efficient protection of green spaces
equilibrio m ecológico	ecological balance
estiércol m	dung
fauna f	fauna
flora f	flora
mantener un adecuado nivel de calidad de las aguas	to keep water quality at an adequate level
paraje m natural	natural space
parque m natural	nature reserve
planta f de incineración	incineration plant
planta f de tratamiento	treatment plant
prevención f de riesgo	risk prevention
proceso m de purificación	purification process
protección f de la naturaleza	nature conservation
protección f natural	protection of nature
protección f sanitaria	protection of health
proteger la corteza terrestre	to protect the earth's crust
proteger la naturaleza	to protect nature
regenerar un bosque	to regenerate a wood / wooded area
reserva f ecológica	nature reserve
revolución f ecologista	ecological revolution
tratamiento m de aguas	water treatment
(los) Verdes mpl	(The) Greens *(movement)*

Energía / Energy

aceite m	oil *(for cooking, lubricating)*
alcohol m de quemar	methylated spirits
algodón m	cotton
bien m limitado R3/2	limited resource
carbón m	coal
cartón m	cardboard
cavar	to dig
central f eólica	wind farm
compañía f petrolera	oil company
consumo m energético	energy consumption
crudo m	crude (oil)
demanda f energética	energy requirements
energía f alternativa	alternative energy
energía f hidroeléctrica	hydroelectric energy
estación f de depuración	sewage treatment plant
explotación f minera	mine
explotación f subterránea	underground mining
fábrica f	factory
gas m natural	natural gas
gasolina f sin plomo	unleaded gas/petrol
generador m	generator
girasol m	sunflower
madera f	wood
mina f a cielo abierto	opencast mine
minero m	miner
paja f	straw
petróleo m	oil, petroleum
petrolero m	oil tanker *(boat)*
plástico m	plastic
recursos mpl naturales	natural resources
vidrio m	glass

Formas de ahorro energético / ways of saving energy

ahorro m de energía	energy saving
aislamiento m térmico	thermal insulation
contenedor m de papel	waste paper container
contenedor m de recogida de vidrio	bottle bank
desperdiciar	to waste
doble cristal m	double glazing
doble ventana f	double glazing
doble vidrio m M	double glazing
eficiencia f energética	energy efficiency
energía f renovable	renewable energy
malgastar	to waste
molino m de viento	windmill
panel m solar	solar panel
parque m eólico	wind farm
reciclaje m	recycling
reciclar	to recycle
reducir la dependencia energética	to reduce energy dependency
repoblación f de pinos	to replant pines
urbanismo m responsable	responsible city/town planning
utilización f de energías limpias	use of clean energy resources
utilización f de la energía solar	harnessing of solar energy

Nivel 2 / Level 2

Cielo y estrellas / Sky and stars

a la luz de la luna	by moonlight
agujero m negro	black hole
al raso	in the open air
años mpl luz	light years
astro m del cine	film star
astrofísico m	astrophysicist
astrología f	astrology
astronomía f	astronomy
astrónomo m	astronomer
binoculares mpl M	binoculars
bóveda f celeste	vault of heaven
brújula f	compass
catalejo m	telescope

cenit m R3	zenith
cielo m meridional	southern sky
constelación f	constellation
creciente f de la luna	waxing moon
cuerpo m celeste	celestial body
curso m de los astros	path of the stars
disco m solar	solar disk
eclipse m parcial	partial eclipse
eclipse m solar	solar eclipse
eclipse m total	total eclipse
eje m celeste	celestial axis
El sol deslumbra	The sun dazzles
El sol sale	The sun is coming up
El sol se pone	The sun is going down
en el trópico / los trópicos	in the tropics
en la lejanía	in the distance
esfera f	sphere
esfera f terrestre	Earth
estela f de cohete	comet trail
estratosfera f	stratosphere
estrella f de la pantalla	film star
estrella f fugaz	shooting star
fase f lunar	lunar phase
firmamento m	firmament
gemelos mpl	binoculars
halo m	halo
ionosfera f	ionosphere
lanzar un cohete	to launch a rocket
lejano	distant
luna f llena	full moon
luna f menguante	waning moon
luna f nueva	new moon
mancha f solar	sun spot
módulo m lunar	lunar module
nacer con estrella	to be born lucky
nadir m R3	nadir
nebulosa f	nebula
penumbra f	penumbra
polo m celeste	celestial pole
polvo m lunar	lunar dust
primer cuarto m	first quarter
recorrer el cielo	to travel across the heavens
satélite m	satellite
sistema m planetario	planetary system
sol m brillante	brillant sun
sol m de justicia	fierce sun
sol m radiante	radiant sun
solsticio m de verano	summer solstice
telescopio m	telescope
transbordador m espacial	space shuttle
trópico m de Cáncer	tropic of Cancer
trópico m de Capricornio	tropic of Capricorn
último cuarto m	fourth quarter
ver las estrellas	to see stars *(after a blow)*
Vía f Láctea	Milky Way

La Tierra / The Earth

cal f	lime
caliza f	limestone
camino m de herradura	bridle path
campiña f	countryside, landscape
cañada f	gulch, gully
capa f de carbón	coal seam
capa f inferior	mantle
capa f porosa de arenisca	porous layer of sandstone
caverna f	cave
cercado de montañas	surrounded by mountains
collado m R3	hill, pass
cresta f de la montaña	mountain ridge
creta f R3	chalk
cubierto de polvo	covered in dust
declive m R3/2	slope
depósito m de petróleo	oil deposit
desfiladero m	ravine, narrow gorge
despeñadero m	cliff, precipice
desprendimiento m de piedras	rock fall
destacarse contra el sol	to stand out against the sun
El camino se encañona entre . . .	The road is hemmed in between . . .

El campo se encontraba cerca de . . .	The field was near . . .
El río se encajona entre las montañas	The river is hemmed in by the mountains
El sol se asoma por el horizonte	The sun starts to appear on the horizon
El valle se extendía ante ella	The valley stretched out before her
espalda f de montaña	mountain shoulder
espejismo m	mirage
espeleología f	speleology, potholing
espeleólogo m	speleologist, potholer
espolón m	spur
falda f de la montaña	mountain side
falla f	fault
filón m de oro	gold seam
fisura f	fissure
geología f	geology
geólogo m	geologist
granito m	granite
grieta f del glaciar	glacier crevasse
gruta f	cave
hemisferio m norte/sur	northern/southern hemisphere
hendidura f R3/2	fissure
laberinto m	labyrinth
llanura f desolada	desolate plain
macizo m	massif
manto m	mantle
médano m R3	dune, sandbank
meseta f	high plateau, meseta
montaña f escarpada	steep mountain
montañés m	highlander, mountain dweller
montículo m	hillock, mound
morena f R3/2	moraine
nieves fpl perpetuas	eternal snows
paisaje m calcáreo	chalk landscape
paisaje m desnudo	bare landscape
paso m (de montaña)	(mountain) pass
peña f	crag, rock
peñasco m	rock
peñón m	crag, rock
picacho m	*(fierce-looking)* rock
pico m	peak
pliegue m geológico	geological fold
precipicio m	precipice, cliff
pueblo m serrano	mountain village
puerto m (de montaña)	(mountain) pass
punta f	headland
quebrada f R3	gully, ravine
relieve m	relief
roca f impermeable	impervious rock
rocosos acantilados mpl	rocky cliffs
rodeado de árboles	surrounded by trees
sacudida f	*(slight)* quake
Se desplegaba el valle a nuestros pies	The valley unfolded below us
Se hallaba el monte en la lejanía	The mountain lay in the distance
seísmo m R3	earthquake
sima f R3/2	chasm, pothole
sismología f R3/2	seismology
suelo m desigual	uneven ground
Surgió un picacho colosal	A towering peak suddenly rose up
temblor m (de tierra)	*(slight)* earthquake
terraplén m	embankment, bank

Mares y ríos / Seas and rivers

acequia f R3/2	irrigation ditch
afluente m	tributary
agua f de manantial	spring water
agua f estancada	stagnant water
agua f salada	salt water
agua f turbia	muddy water
aguar la fiesta	to dampen the proceedings
archipiélago m	archipelago
arrecife m	reef
banco m de arena	sandbank
bañarse	to swim, to bathe *(not in M)*
boca f del río	mouth of river
cala f	cove, inlet
caleta f	*(small)* cove
cascada f	waterfall
catarata f	cataract
chapotear	to splash about

chapoteo m	splashing about
cieno m	silt, mud
cola f de caballo	waterfall *(resembling horse's mane)*
confluencia f de ríos	confluence of rivers
contra viento y marea	against all difficulties
correr a chorros	to flow in torrents
corriente f	current
crecida f	rise *(in water)*
deshielo m	thaw
El agua brotaba a chorros	The water flooded out
embates mpl de las olas M (Spain = R3)	battering of the waves
embocadura f del río	mouth of the river
en alta mar f	on the high seas
en bajamar	at low tide
ensenada f	inlet, cove
esclusa f	lock, sluice gate
espolón m	groyne, jetty
espuma f	foam, surf
estanque m	pond *(of the decorative kind)*
estar con el agua al cuello	to be up to your neck in . . .
estiaje m R3	low water level *(due to drought, for example)*
fango m	silt, mud
laguna f	lagoon
limo m	silt, slime
litoral m	seashore
lodo m R3/2	mud
lodo m M	mud
manantial m	spring
manar R3	to spurt out
mar f alborotada	choppy sea
mar f gruesa	heavy sea
mar f picada	choppy sea
mar f revuelta	stormy sea
mar f rizada	choppy sea
marejada f	heavy sea, swell
marejadilla f	slight swell
marisma f	marsh
nadar	to swim
nadar entre dos aguas	not to commit yourself
ola f espumosa	foamy wave
pantanoso	swampy, marshy
pasarlo la mar de bien	to have a splendid time
reguera f	irrigation channel
remanso m	*(quiet)* pool
remolino m	eddy
riachuelo m	stream
río m abajo	down river
río m arriba	up river
río m navegable	navigable river
río m subterráneo	underground river
romperse contra la orilla	to break against the shore
salto m de agua	waterfall
salmuera f	brine
surtir R3	to issue forth *(of water)*
terreno m cenagoso	boggy land
terreno m salino	salty ground/earth
tomar las aguas	to take the waters *(for medicinal purposes)*
venir como agua de mayo	to fall just nicely

Clima y tiempo que hace / Climate and weather

agua f tibia	warm water
amainar	to ease down *(of wind)*
anticiclón m	anticyclone
(a)nublarse	to cloud over
área f de alta presión	area of high pressure
área f de baja presión	area of low pressure
aumento m de la nubosidad	increase in cloud
borrasca f débil	slight squall
bruma f R3/2	mist
brumoso R3/2	misty
calma f chicha R3/2	dead calm
calor m sofocante	suffocating heat
canícula f R3	hottest part of the summer *(mid/late June in Spain)*

chubasco m M	very heavy rain, storm
chubascos mpl localmente fuertes	locally heavy showers
chubascos mpl ocasionales	occasional showers
chubascos mpl tormentosos	thundery showers
cielo m anubarrado	cloudy sky
cielo m casi despejado	almost cloudless sky
cielo m gris	gray sky
cielo m grisáceo	grayish sky
cielo m parcialmente nuboso	partly cloudy sky
cielo m poco nuboso	almost clear sky
cielo m raso	clear sky
clima m áspero	harsh climate
clima m templado	mild climate
climatólogo m	climatologist
descenso m de las máximas	drop in the high temperatures
descenso m térmico	drop in temperature
deslizar sobre el hielo	to slide over the ice
deteriorarse	to get worse
El agua gotea de los árboles	The water drips from the trees
El cielo se cubrió	The sky became overcast
El trueno retumbaba	Thunder boomed
El viento soplaba	The wind blew
escasa nubosidad f	sparse cloud
escasa visibilidad f	poor visibility
estar al sol	to be in the sun
estar en el sol M	to be in the sun
evaporación f	evaporation
evaporarse	to evaporate
frente m cálido	warm front
frente m frío	cold front
Hace un frío de le fregada R1* M	It's bitterly cold
hombre m del tiempo	climatologist, weather man
intervalos mpl nubosos	variable cloud
La nieve ha cuajado	The snow has settled
ligero ascenso m de la temperatura	slight rise in temperature
ligero descenso m térmico	slight drop in temperature
Los nubarrones presagian lluvia	Big angry clouds threaten rain
mapa m meteorológico	weather map
menos ocho M	minus eight *(centigrade/ Celsius)*
(la) Niña f M	(la) Niña *(disturbance in climate provoking hurricane)*
(el) Niño m M	(el) Niño *(disturbance in climate provoking hurricane)*
Nubes se amontonaban	Clouds piled up
nubosidad f abundante	heavy cloud cover
ocho (grados) bajo cero	minus eight *(centigrade/ Celsius)*
ola f de calor	heat wave
ola f de frío	cold spell
país m cálido	warm country
patinar sobre el hielo	to skate on the ice
pronóstico m del tiempo	weather forecast
resbalar sobre el hielo	to slip on the ice
resol m	glare of the sun
resolana f M	glare of the sun
rigor(es) m(pl) del invierno	harshness of winter
rigor(es) m(pl) del verano	fiercest part of the summer
Se cayó el cielo M	The heavens opened *(with rain)*
Se encapotó el día	The day clouded over
ser friolento M	to be sensitive to cold
ser friolero	to feel the cold
servicio m meteorológico	weather service
sistema m frontal R3/2	frontal system
soplido m del viento	gust of wind
soplo m de viento	gust of wind
sudestada f A	southeastern wind causing floods

tarde f calurosa de julio	hot July afternoon
témpano m	ice flow
temperaturas fpl en ascenso	rise in temperatures
temperaturas fpl en descenso	drop in temperatures
tiempo m anticiclónico	anti-cyclonic weather
tiempo m estable	settled weather
tiempo m inestable	unsettled weather
tiempo m revuelto	unsettled weather
tifón m	typhoon
tromba f de agua	downpour
tronar	to thunder
valores mpl diurnos altos R3/2	high daytime values/ temperatures
verano m tórrido R3	torrid summer
viento m de componente sur	wind from a southerly direction
viento m flojo	light wind
viento m fuerte	strong wind
viento m moderado	gentle wind

Ecología y daños medioambientales / Ecology and environmental damage

abonos mpl orgánicos	organic fertilizers
agotamiento m de materias primas	exhaustion of raw materials
aguas fpl negras/residuales	sewage
aguas fpl servidas A	sewage
alcantarilla f	sewer
alcantarillado m	sewer system
alimentos mpl genéticamente modificados	genetically modified food
alimentos mpl transgénicos	genetically modified food
arsénico m	arsenic
azufre m	sulphur
cien decibelios	one hundred decibels
cloaca f	sewer
coladera f M	sewer
contaminación f acústica	noise pollution
contaminación f de los alimentos	food contamination
contaminación f urbana	urban pollution
contaminante m peligroso	dangerous pollutant
contaminar el aire	to pollute the air
contaminar un medio natural	to pollute a natural environment
daños mpl irreversibles	irreversible damage
degradación f de la naturaleza	impoverishment of nature
derrame m de petróleo	oil slick
desagüe m de fábrica	factory drain, factory draining system
desertización f	desertification
desperdicios mpl domésticos	household garbage/waste
destruir el ecosistema	to destroy the ecosystem
deterioro m ecológico R3/2	ecological impoverishment
devastar la cadena alimentica R3/2	to devastate the food chain
dosis f de radiación	radiation dose
efectos mpl perjudiciales del ruido	harmful effects of noise
El ruido contamina	Noise pollutes
enfermos mpl de radiactividad	persons suffering from radiation sickness
falla f A/M de un reactor nuclear	nuclear reactor breakdown
falta f de oxígeno	lack of oxygen
fenol m	phenol
fuente f de contaminación	source of pollution
gas m contaminante	polluting gas
generaciones fpl venideras	future generations
generar residuos R3/2	to generate waste
hierro m	iron

impacto m (medio)ambiental	environmental impact
índice m de radiactividad	level of radioactivity
irradiados mpl	those suffering from radiation sickness
malgastar recursos	to squander resources
materias fpl radiactivas	radioactive materials
mercurio m	mercury
modificar el ecosistema	to modify the ecosystem
naufragio m de petroleros	shipwrecked tankers
nitratos mpl	nitrates
perjudicar lugares delicados y frágiles	to damage delicate and fragile areas
perturbaciones fpl provocadas por el hombre	damage caused by man
perturbar el equilibrio ecológico	to disturb the ecological balance
polución f	pollution
polución f atmosférica	atmospheric pollution
poner en peligro el frágil ecosistema	to endanger the fragile ecosystem
proceso m de desertización	process of desertification
profecías fpl apocalípticas	apocalyptic prophecies
residuos mpl de procesos industriales	waste from industrial processes
residuos mpl orgánicos	organic waste
residuos mpl peligrosos	dangerous waste
residuos mpl tóxicos	toxic waste
residuos mpl urbanos	town sewage/waste
riesgo m para el medioambiente	environmental danger
sistema m de desagüe	drainage system
sumidero m de la pila	sink drain
verter indiscriminadamente residuos tóxicos	to dump toxic waste indiscriminately
vertidos mpl nucleares	nuclear waste
zonas fpl degradadas R3/2	impoverished areas
zonas fpl fuertemente industrializadas	heavily industrialized areas

Protección de la naturaleza / Nature conservation

abogar por una ley de medioambiente	to plead for an environmental law
actividad f conservacionista	conservationist activity
adaptación f empresarial a la variable medioambiental	industrial adaptation to environmental change
adoptar medidas anticontaminantes	to adopt anti-pollutant measures
alimentos mpl de cultivo ecológico	organically grown food
alternativas fpl naturales	natural alternatives
aplicar controles sanitarios	to apply health checks
aprovechamiento m racional	rational exploitation
bolsa f acuífera	aquifer, underground water
capa f acuífera	aquifer, underground water
conciencia f ecológica	ecological awareness
condiciones fpl óptimas para la vida de aves	optimum conditions for bird life
conservar el entorno ecológico	to protect the natural environment
depuración f del agua	water treatment
depuradoras fpl de aguas residuales	sewage treatment plant
depurar aguas residuales	to treat sewage

desalinización f de agua	water desalination
descontaminación f atmosférica	atmospheric decontamination
designar parques nacionales	to designate national parks
detergente m biodegradable	biodegradable detergent
detergente m ecológico	ecological detergent
Dirección f General de Sanidad	Department/ Ministry of Health
diversificar fuentes de abastecimiento	to diversify sources of supply
educación f ambiental	environmental education
El vidrio no es basura	Glass is not garbage *(on Spanish bottle banks)*
envase m biodegradable	biodegradable container
envase m reutilizable	reusable container
grupo m ecologista	ecology group
higiene f pública	public hygiene
implantar sistemas de gestión medioambiental	to develop systems for environmental management
máquina f compactadora de cartón	cardboard crushing machine
medidas fpl de detección	detection methods
medir el impacto de contaminantes	to measure the impact of pollutants
mejorar la calidad de vida	to improve the quality of life
movimiento m ecologista	ecology movement
movimiento m verde	Green movement
poder m verde	green power
política f ambiental	environmental policy
política f de desarrollo sostenible	policy of sustainable development
recogida f selectiva de envases	selective collection of containers
reducción f de la polución	pollution reduction
repoblación f forestal	reafforestation
reservas fpl de agua potable	reserves of drinking water
respeto m al pinar	respect for the pine forest
rotación f de cultivos	crop rotation
salvaguardar sobresalientes bellezas naturales	to safeguard areas of outstanding natural beauty
salvaguardar valores naturales	to safeguard natural values
sancionar infracciones	to sanction/punish infringements
selva f brasileña	Brazilian rain forest
servicio m de basureros municipal	city/town garbage/rubbish collection service
supervivencia f de los mejor adaptados	survival of the fittest
tomar muestras de acuíferos	to take samples from underground water supplies
vigilar índices de radiactividad	to check on levels of radioactivity

Formas de energía / Energy sources

aceite m diesel	diesel oil
alto horno m	blast furnace
aprovechar la fuerza hidráulica	to make good use of water power
buque m cisterna	oil tanker *(boat)*
camión m cisterna	oil tanker *(vehicle)*
carburante m	fuel
central f hidroeléctrica	hydroelectric power station
central f maremotriz	tidal power station
combustible m	fuel
dependencia f energética	energy dependence
ducto m M	oil pipeline
energéticos mpl M	fuels *(especially oil)*
energía f atómica	atomic power

energía f eólica	wind energy
energía f solar	solar power
escasez f energética	fuel shortage
extracción f de petróleo	oil extraction
fábrica f de acero	steel factory
factoría f de automóviles	automobile/car factory
fuel m	fuel oil
gas m butano	butane gas
gas m ciudad	city/town gas
gaseoducto m	gas pipeline
gasolina f	gas(oline), petrol
hulla f blanca	hydroelectric power
industria f petrolera	oil industry
lubrificante m	lubricant
oleoducto m	oil pipeline
panel m solar	solar panel
parafina f	paraffin
perforar (un pozo)	to drill (a well)
placa f solar	solar panel
planta f siderúrgica	steel works
política f energética	energy policy
pozo m de petróleo	oil well
presa f	dam
producto m petrolífero	oil product
puerto m petrolero	oil terminal
recursos mpl energéticos	energy resources
refinería f de petróleo	oil refinery
rentabilidad f	profitability
represa f A	dam
sondeo m petrolífero	oil drilling
subsuelo m	subsoil
taller m de fundición	smelting works
torre f de perforación	derrick
transformador m	transformer
turbina f de vapor	steam turbine

Nivel 3 / Level 3

Cielo y estrellas / Sky and stars

aerolito m	meteorite
alunizaje m	moon landing
alunizar	to land on the moon
asteroides mpl	asteroids
astrofísica f	astrophysics
astrofísico m	astrophysicist
aurora f austral	southern lights, aurora australis
aurora f boreal	northern lights, aurora borealis
Camino de Santiago	pilgrim route to Santiago *(Spain)*
cielo m aborregado	mackerel sky
cielo m meridional	southern sky
cielo m tachonado de estrellas	star-studded sky
cuarto m creciente	first quarter
cuarto m menguante	last quarter
destello m	twinkling, sparkling
El sol ciega	The sun dazzles
escotilla f de entrada	entry hatch *(on rocket)*
estrella f de Belén	star of Bethlehem
estrella f de David	star of David
estrella f de guía	guiding star
estrella f de mar	starfish
estrella f del norte	north star
estrella f en ascenso	rising star
estrella f polar	polar star
estrella f vespertina R3/2	evening star
fulgor m del sol R3/2	intense brightness of the sun
irradiar luz	to radiate light
La estrella centellea	The star twinkles
La estrella destella	The star twinkles
La estrella parpadeaba	The star twinkled
lucero m	bright star
lucero m de la mañana	morning star
lucero m del alba	morning star
lucero m vespertino R3/2	evening star

mapa m celeste R3/2	star chart
media luna f	half moon
menguar	to wane
Mercurio m	Mercury
meteorito m	meteorite
módulo m de mando	command module
Neptuno m	Neptune
novilunio m R3	new moon
Orión mf	Orion
Osa f Mayor	Great Bear
Osa f Menor	Little Bear
parpadeo m de la estrella	twinkling of the star
pedazo m de cielo azul	patch of blue sky
Pegaso mf	Pegasus
Piscis mf	Pisces
Pléyades fpl	Pleiades
Plutón m	Pluto
poner por los cielos	to praise to the skies
remover cielo y tierra para	to move heaven and earth to
resplandor m	intense brightness
Sagitario mf	Sagittarius
superficie f lunar	surface of the moon
Tauro mf	Taurus
tener buena estrella	to be born under a lucky star
tener mala estrella	to be born under an unlucky star
trayectoria f de la luna	path of the moon
Unos nacen con estrella y otros estrellados	Some are born lucky and some unlucky
Urano m	Uranus

La Tierra / The Earth

agua f subyacente R3/2	underlying water
altiplano m A/M	high plateau
altozano m R3/2	hillock
arenas fpl movedizas	quicksands
besar la tierra que pisa	to worship someone
cantil m R3	cliff, rock ledge
cantos mpl rodados	scree
capa f rocosa impermeable	layer of impervious rock
cavernícola mf	cave dweller
cavidad f en la roca	hole/cavity in the rock
cerro m R1 A	mountain
chimenea f volcánica	volcanic vent
círculos mpl polares	polar circles
contornos mpl	contours
cráter m volcánico	volcanic crater
cuesta f empinada	steep slope
cúspide f R3/2	top, summit
depósitos mpl sedimentarios	sediment
depresión f	depression
deslizamiento m de tierras	landslip/slide
ecuador m	equator
elevación f R3	elevation, high point
En tierra de ciegos el tuerto es rey	In the land of the blind the one-eyed man is king
erial m R3/2	uncultivated land, wilderness
estalactita f	stalactite
estalagmita f	stalagmite
estratificación f de rocas R3/2	rock stratification
estrato m impermeable R3/2	impervious layer
estribaciones fpl	foothills
fosa f submarina	trench on sea bed
glaciar m del valle	valley glacier
gruta f	cave
hoz f del río	river gorge
hueco m del terreno	hollow in the land, depression
La roca se agrietó	The rock cracked
latitud f	latitude
lecho m de roca	bedrock
lengua f de tierra	tongue of land
leyenda f	key (to map symbols)
loma f	hill(ock)
longitud f	longitude
mal m de las alturas	altitude sickness
mapamundi m	map of the world
meridiano m cero	Greenwich Meridian

montaña f de pliegues	fold mountains
nevero m	snowfield
ola f sísmica	shock wave *(from earthquake)*
Pampa f húmeda A	wet Pampas
Pampa f seca A	dry Pampas
Pampa(s) f(pl) A	Pampas
pendiente f escarpada	steep slope
pintura f rupestre	rock/cave painting
planicie f R3	plain
plano m acotado R3/2	contour map
plataforma f continental	continental shelf
política f de tierra quemada	scorched earth policy
puna f A	altitude sickness
ramal m de la cordillera	extension of the mountain range
repecho m	short, steep slope
sismógrafo m	seismograph
soroche m A	altitude sickness
tierra f de promisión	promised land
tierra f adentro	inland
tierra f firme	terra firma
tierra f ondulada	undulating country
tierra f reseca	parched earth
topografía f	topography, surveying
¡Trágueme la tierra!	Would that the earth swallow me up *(from shame)*
troglodita mf R3/2	troglodyte
tundra f siberiana	Siberian tundra

Mares y ríos / Seas and rivers

abra f	cove, inlet
albufera f	lagoon
aluvión m	alluvium
anegamiento m R3	flooding
anegar R3	to flood
atolón m R3/2	atoll
avenida f	flood
bajíos mpl R3/2	submarine reefs
bajos mpl	submarine reefs
balsa f	pool *(for irrigation purposes)*
bonanza f	calm weather *(at sea)*
brazo m fluvial	arm of a river
cabrillas fpl	white horses
cabrillear	to form white horses
cabrilleo m	forming of white horses
cenagal m	bog, mire
ciénaga f	swamp
confluencia f	confluence
desaguar un río	to drain a river
desbordar el cauce	to overflow the bank
desecar el terreno	to drain the land
embates mpl del mar	pounding of the sea
encenagarse	to get muddy
encresparse	to get rough/choppy
estrecho m	straits
flujo m y reflujo	ebb and flow
infiltración f del agua	water percolation
islote m	small island
istmo m	isthmus
lago m costero	coastal lake
línea f divisoria	dividing line *(made by river, mountain)*
lodazal m	quagmire
marcas fpl rizadas	ripple marks *(on sand)*
maremoto m	seaquake, tidal wave
meandros mpl del río	meanderings of the river
pleamar f	high tide
raudal m R3 de agua	torrent of water
recodo m del río	bend in the river
regato m R3	stream, rivulet
remolino m	whirlpool
revueltas fpl del río	meanderings of the river
rezumar	to ooze
ribera f	bank
río m caudaloso	deep, wide river *(suggests abundance of water)*
río m en garganta	river flowing through a gorge
río m sinuoso	winding river
río m tortuoso	winding river
rompientes mpl	breakers, rocks where breakers strike

salinas fpl — salt pans/marshes
serpentear — to wind
serpenteo m — winding *(of river)*
terreno m encenagado — muddy terrain
terreno m enfangado — muddy terrain
torrente m — rushing stream/torrent
torrentera f — watercourse of a mountain stream
vado m — ford
valle m seco — dry valley
vorágine f R3 — whirlpool, vortex
zona f aluvial R3/2 — alluvial plain
zona f de médanos — sandbank

Atmósfera y tiempo / Atmosphere and weather

achicharrarse — to get fried *(by sun)*
aguaceros mpl tormentosos — showers *(generated by heat)*
alternancia f de nubes y claros — bright intervals
ambiente m soleado — sunny environment
ascenso m de las mínimas — rise in the minimum temperatures
asolearse — to sunbathe
atmósfera f inestable — unsettled weather
aumento m térmico — rise in temperature
baja f de temperatura — drop in temperature
Bajan las máximas — Maximum temperatures are dropping
borrasca f fuerte — deep depression
Caen chuzos de punta R2/1 — It's pouring down
carámbano m — icicle
céfiro m R3 — zephyr
chipichipi m R1 M — drizzle
cierzo m R3 — north wind in northern Spain
cúmulo m — cumulus
curtir — to tan
desarraigar árboles — to uproot trees
El horizonte se difuminaba — The horizon became blurred
El sol resquebrajaba la tierra seca — The sun cracked the dry earth
El viento arreció — The wind got stronger
El viento murmuraba — The wind whispered
El viento se apaciguó — The wind calmed down
encapotarse — to become overcast
estar a la intemperie — to be out in the bad weather
estrato m — stratus
galerna f — strong, cold northeasterly wind *(Spain)*
garuar A — to drizzle
grandes calores mpl — hot season
Hace biruji(s) R1 — It's cold weather
Hace un frío de padre y muy señor mío — It's bitterly cold
inclemencias fpl del tiempo — bad weather
La borrasca se desplaza de oeste a este — The storm is moving from west to east
La tormenta estalla — The storm breaks
Las hojas se arremolinaban — The leaves swirled around
llover a cántaros — to pour down
Los contornos se esfumaban — The contours became blurred
manga f de agua — waterspout
meteorología f — meteorology
meteorólogo m — meteorologist
monzón m — monsoon
nieve f por encima de los dos mil metros — snow above two thousand meters
nieve f sobre mil metros — snow above a thousand meters
nimbo m — nimbus
notable descenso m de la temperatura — sharp fall in temperature
nubosidad f escasa — barely any cloud
pluviómetro m R3 — rain gauge
polvareda f — cloud of dust
precipitaciones fpl — precipitation
Predominan los cielos despejados — Settled fine weather

Relampaguea pero no llueve	There's lightning but it's not raining
siroco m	sirocco *(wind from North Africa)*
solana f	strong sun
solanera f	strong sun
susurro m R3 del viento	whispering of the wind
temperaturas fpl diurnas	day-time temperatures
temperaturas fpl nocturnas	night-time temperatures
tener escalofríos	to have the shivers
tiritar de frío	to shiver with cold
tostarse en la playa	to tan yourself on the beach
tramontana f	north wind
turbión m	downpour
ventarrón m R1	strong wind
ventear R3/2	to be windy
ventisquero m	snowfield, snowdrift
ventosear R3	to break wind
¡Vete a tomar viento! R1	Go to hell!
viento m de mil demonios R1	a helluva wind
viento m fuerza tres	force three wind
vientos mpl alisios	trade winds

Daños medioambientales / Environmental damage

abonos mpl nitrogenados	nitrogen-based fertilizers
aceite m mineral	mineral oil
agresiones fpl al medioambiente	environmental damage
agresiones fpl de la urbanización	urban blight
almacenamiento m de desechos	waste accumulation
alquitrán m	tar
alteraciones fpl del medioambiente	damage to the environment
alteraciones fpl perjudiciales del entorno	damage to the environment
aluminio m carcinógeno	carcinogenic aluminum
amianto m	asbestos
cementerio m de coches	automobile/car cemetery
chatarra f	*(metal)* junk/trash
ciscar las paredes R3/2	to dirty the walls
cisco m	coal dust
clorofluorocarbonos mpl	chlorofluorocarbons (CFCs)
compuestos mpl sintéticos	synthetic compounds
compuestos mpl tóxicos	toxic compounds
contaminante m termal	thermal pollutants
crecimiento m retardado	retarded development
defoliante m R3/2	defoliant
defoliar R3/2	to defoliate
desengrasante m	grease remover
desoxidante m	deoxidizer, rust remover
destrucción f de zonas acuáticas	destruction of rivers and seas
destrucción f de zonas lacustres	destruction of areas around and in lakes
deterioro m del entorno natural R3/2	damage inflicted on the natural environment
deterioro m estético R3/2	damage inflicted on the appearance of the countryside
detrito/detritus m R3	waste, detritus
dioxina f	dioxin
disolvente m	dissolvent
efluentes mpl agrícolas R3	agricultural waste
efluentes mpl industriales R3	industrial waste
emanaciones fpl nocivas R3/2	harmful emissions
enfermedad f del olmo	Dutch elm disease

enterrar en una fosa de cuatro mil metros	to bury in a sea trench four thousand meters down
envenenamiento m por cinc	zinc poisoning
envenenamiento m por mercurio	mercury poisoning
envenenamiento m por plomo	lead poisoning
filtración f paulatina de productos químicos	slow, constant filtering-through of chemical products
fósforo m	phosphorus
fundido m de un reactor	reactor meltdown
grasas fpl	greases
herrumbre f	rust
hidrocarburo m	hydrocarbon
inmundicias fpl R3/2	trash, waste
medicamentos mpl caducados	medicines beyond expiry date
metal m herrumbroso	rusty metal
mixomatosis f R3/2	myxomatosis
monóxido m de carbono	carbon monoxide
orín m	rust
oxidante m	oxidant, oxidizing agent
oxidarse	to rust
óxido m	rust
plaguicida m	pesticide
polvillo m de carbón	coal dust
porquería f	trash, rubbish
potasio m	potassium
productos mpl sintetizados	synthetic products
radiaciones fpl ionizantes	ionizing radiation
radiaciones fpl ultravioletas	ultraviolet radiation
silicón m	silicon
solvente m	solvent
tendencia f a la deforestación	trend towards deforestation
trastornos mpl medioambientales	environmental damage
vertidos mpl de residuos atómicos	dumping of nuclear waste

Protección de la naturaleza / Nature conservation

agricultura f biológica	organic agriculture
ciclo m del hidrógeno	hydrogen cycle
comida f macrobiótica	organic food
compostaje m de desperdicios vegetales	composting of vegetable waste
conservación f de la biodiversidad	conservation of biodiversity
conservación f de la fauna y la flora	conservation of fauna and flora
cuidar la riqueza micológica R3/2	to protect the richness of the fungus world
desarrollo m ecológicamente sostenible	ecologically sustainable development
desinfección f	disinfection
ecoturismo m	ecotourism
elementos mpl reciclables	recyclable elements
favorecer la riqueza ambiental	to promote environmental variety
ICONA m (Instituto para la Conservación de la Naturaleza)	Nature Conservation Agency *(in Spain)*
programa m de desarrollo ecosostenible	program of ecologically sustainable development
programa m de reforestación	reafforestation program
proteger el hábitat natural	to protect the natural habitat
regeneración f del suelo	soil regeneration
repoblación f forestal	reafforestation
saneamiento m del medioambiente	environmental improvement

sanidad f ambiental	environmental health
sensibilizar la conciencia popular con respecto a	to make people aware of

Fuentes de energía / Sources of energy

biomasa f R3/2	biomass
combustible m líquido	liquid fuel
combustible m sólido	solid fuel
coque m	coke
energía f geotérmica	geothermic energy
fisión f nuclear	nuclear fission
fuente f de abastecimiento	supply sources
fusión f nuclear	nuclear fusion
gas m líquido	liquid gas
plataforma f de perforación	derrick platform
recursos mpl hidráulicos	water resources
red f nacional de abastecimiento	national supply grid
residuos mpl biodegradables	biodegradable waste
residuos mpl forestales	forest decay

Ejercicios(1) / Exercises(1)

Nivel 1 / Level 1

1. (a) Encuentra dos sentidos de los siguientes vocablos

arena, cadena, cielo, circo, claro, cometa, corriente, cuenca, cumbre, escollo, espacio, estrella, fuente, garganta, mar, pendiente, profundidad, puente, puerto, resaca, río, sal, sierra, tierra

(Ver solución al final del libro)

(b) Construye frases para ilustrar el uso de estos sentidos

2. (a) Explica la diferencia (si hay) entre los vocablos de las siguientes parejas

sabana/sábana, mar (m) / mar (f), valle/valla, cometa (m) / cometa (f), suelo/suela, monte/montaña, cueva/caverna, peña/pena, peñasco/peñón, paso/pasa, barranco/barranca, ola/oleaje, temporal/tormenta, hoz/foz, fresco/frescura, niebla/neblina, helada/escarcha, río/ría, cala/caló, campo/campiña, solana/solera, pendiente (m) / pendiente (f), seco/reseco, canto/cantil

(Ver solución parcial al final del libro)

(b) Elige diez de estas parejas y, en cada caso, pon los dos vocablos en una frase para ilustrar la diferencia

3. (a) Explica el sentido de las siguientes locuciones

ver las estrellas	hacer agua	andar por los cerros de Úbeda
nacer con estrella	aguar la fiesta	Monte de Piedad
al raso	aguarse los ojos	pedir la luna
un sol de justicia	la mar de gente	andar en las nubes
contra viento y mareo	nadar entre dos mares	un frío de perros
remover cielo y tierra	tener el pelo de la dehesa	poner en los cuernos de la Luna

(b) Elige diez de estas locuciones y compón una frase para ilustrar su sentido

4. Explica las circunstancias en que se podrían usar las siguientes locuciones

¡Qué sol de niño!
arrimarse al sol que más calienta
tierra de promisión
poner tierra (de) por en medio
Lo pasé la mar de bien
cruzar el charco
írsele el santo al cielo
océano de dificultades
venir como el agua de mayo
caer chuzos de punta
un frío de padre y muy señor mío
Siempre que llueve, escampa
llover sobre mojado
estrella fugaz
astro de la pantalla
ver los cielos abiertos
venir llovido del cielo
correr ríos de tinta

5. Traduce al español

Mother Earth
the height of fame
The sands of time are running out
the Milky Way
The Jungle Book
to be on dry land
the depths of despair
The sky's the limit
a virgin forest
up hill down dale
to break the ice
The coast is clear
a mountain of paper work
streams of tears
That's a world of difference
Every cloud has a silver lining

6. (a) Encuentra todos los vocablos, sustantivos, adjetivos y verbos que evocan lluvia y explica su sentido

(b) Encuentra todos los vocablos, sustantivos, adjetivos y verbos que evocan hielo y explica su sentido

7. (a) Encuentra adjetivos que están etimológicamente relacionados con los siguientes sustantivos. En algunos casos puede haber más de un adjetivo.
Ejemplo: luna-lunar, lunático

agua, aire, arena, bochorno, ciclón, clima, costa, desierto, esfera, estrella, hielo, humedad, isla, lugar, montaña, país, paisaje, piedra, playa, puerto, sierra, sol, viento, volcán

(b) Haz frases para ilustrar el uso de los adjetivos

8. Construye frases para ilustrar el sentido figurado de los siguientes vocablos (puede haber más de un sentido figurado)

altura, brecha, brújula, claridad, desbordar, eminencia, fango, halo, luminoso, menguar, mundo, precipicio, sombrío, terreno, turbio

9. (a) Encuentra el género de los siguientes sustantivos

alud, bajamar, cal, cauce, cometa, cúspide, declive, delta, eclipse, estela, imán, intemperie, mar, nácar, oasis, pendiente, raudal, satélite, talud, vertiente

(b) Escribe un párrafo sobre los géneros, sentidos y uso de *mar*

10. Traduce al español

i. I thought the world of her
ii. His application for the job met with universal approval
iii. All my work melted away when I lost the contract
iv. The law of the jungle still reigns
v. With his mountains of books he provided an intellectual oasis in the drab environment
vi. I stood frozen to the spot as I witnessed such an eruption of feeling
vii. Waves of passion rolled over them as they contemplated the stormy seas ahead
viii. The economists forecast a wind of change but it ended up as a ferocious hurricane

11. Diriges una expedición a través de una región montañosa. Describe el paisaje y los problemas que se te plantean en lo que se refiere sobre todo al terreno. Puedes aprovechar el vocabulario que aparece a continuación

cielo, nieve, cumbre, viento, arbusto, roca, peñasco, águila, cabra, montés, orografía, relieve, torrenteras, pino, neblina, césped, flores silvestres

12. Buscar en la sopa de letras que aparece abajo las palabras siguientes

sol soleado luminoso eclipse luz claridad estrella salida disco claro crecer menguar planeta cometa satélite esfera
(En este caso se buscan de derecha a izquierda, de izquierda a derecha, hacia arriba y hacia abajo)

a	m	a	n	r	t	t	i	c	a	v	r	y
g	c	l	a	r	o	d	e	e	i	o	m	o
e	a	e	d	i	s	c	o	e	g	e	e	b
f	l	r	i	g	h	l	y	e	j	h	n	c
u	a	f	l	s	a	r	e	f	s	e	g	d
i	o	d	a	e	l	o	s	r	a	t	u	w
o	r	t	s	o	l	y	i	j	s	i	a	q
d	l	c	k	i	e	e	f	h	f	l	r	r
e	u	o	s	a	r	a	e	w	t	e	r	w
t	m	m	i	i	t	s	z	e	w	t	d	g
g	i	e	j	c	s	o	u	e	y	a	a	s
j	n	t	f	o	e	c	l	i	p	s	e	w
a	o	a	s	r	t	p	i	y	g	g	s	g
ñ	s	n	c	r	e	c	e	r	a	j	f	h
s	o	s	a	t	e	n	a	l	p	i	e	j
w	t	y	s	i	u	f	y a	r	a	o	r	s
e	r	c	l	a	r	i	d	a	d	p	a	y
l	t	s	a	i	g	e	n	e	o	t	r	t

(Se encuentra la solución en Internet)

13. Traduce al español

i. The eclipse last year covered parts of Europe in total darkness
ii. You'd get really fried up if you spent too much time in the sun

iii. Full moon occurs on about the twentieth of the month so you can calculate the appearance of the crescent moon
iv. Take a look at the moon through this telescope, it seems to be dotted with craters which make it look like a human face
v. Thunder resounded over the valley while flashes of lightning lit up the whole sky
vi. On the horizon to the southwest rose up a vertical plume of smoke which slowly mingled with the clouds
vii. The volcano erupted with shattering violence and covered the land with ashes for miles around
viii. It was a delightful landscape, clear blue sky, lovely green fields and, in the distance, mountains shrouded in haze
ix. After the open waste land came bush country and then the daunting virgin forest
x. I wouldn't venture into that canyon if I were you. With flash floods your life could be in danger
xi. You must drive carefully in these mountains for you could easily get rocks falling on the road with torrential rain, and there are avalanches in winter
xii. The Colorado Grand Canyon is about a mile deep, and you can hardly see the river from the actual rim, but this is no more impressive than Mexico's Copper Canyon

(Se encuentra la solución en Internet)

14. Leer atentamente el texto siguiente y contesta a las preguntas

En la Plaza del Campillo puedes encontrar cualquier cosa, desde zanahorias y puerros a buen precio, hasta la más profunda información sobre el universo mundo.

Ayer, mientras esperaba la cola para hacer la compra, me acerqué a oír lo que decía un joven barbudo de ojos alucinados tras unas gafas ribeteadas de oro.

La cosa era interesante: según los estudios de Gene Shoemaker, los humanos -decía a grandes voces-, somos bastante similares a los cometas por nuestra parecida composición en oxígeno, hidrógeno y nitrógeno, lo cual no obligaba a prestarles mayor atención teniendo en cuenta que influyen en la marcha de la humanidad de forma evidente. Nos expuso que la cabeza de un cometa puede llegar a medir 1,7 millones de kilómetros y su cola mil veces más, con un núcleo formado por hielo y polvo. Este último es eyectado bajo el efecto del Sol y sale impelido bajo el efecto del viento solar formando esa grandiosa cola luminiscente, con la luz reflejada del astro rey.

Nos aseguró que el agua de los océanos puede tener como origen estelar y que las órbitas de los cometas y su aparición aproximada fueron calculadas por Halley.

Después entró en el núcleo duro del discurso con tintes apocalípticos muy a tono con el temor milenarista y el "efecto dos mil," del cual casi nadie se acordará dentro de unos meses, y terminó diciendo que los efectos de un cometa de un kilómetro de diámetro impactando sobre un océano de la tierra produciría un efecto superior a muchos millones de toneladas de TNT, con la aparición de un chorro de vapor de agua que cubriría la atmósfera terrestre con consecuencias irreparables para la humanidad.

Pensé en los cuentos de terror que nos contaban de críos y me acordé que debía comprar la fruta. Seguramente habría perdido la vez, y tendría que ponerme el último de la cola.

M.A.S.

(a) ¿Qué le pasó al narrador cuando fue al mercado?
(b) ¿Por qué nos parecemos a los cometas?
(c) ¿Qué le ocurre al núcleo de hielo y polvo?
(d) ¿Quién fue Halley?
(e) Explica el sentido de la última frase
(f) El vocablo *cometa* es masculino y femenino. Explica esta diferencia
(g) Imagínate el efecto del impacto de un cometa estrellándose contra la Tierra. Da una pequeña descripción de este impacto

Nivel 2 / Level 2

1. (a) **Encuentra dos sentidos de los siguientes vocablos. Algunos de estos vocablos se encuentran en el vocabulario de nivel 1**

altura, banco, bochorno, bóveda, brecha, cañón, constelación, deslumbrar, esfera, espuma, estrella, falda, gemelos, grieta, nebuloso, peña, ráfaga, rayo, recorrer, remolino, resaca, satélite, terreno, vertiente

(Se encuentra la solución en Internet)

(b) Elige doce de estos vocablos y haz frases para ilustrar su uso con dos sentidos

2. (a) **Encuentra quince vocablos que están asociados con *bosque***
Ejemplos: tala, árbol

(b) Haz frases para ilustrar el uso de estos vocablos

3. (a) **Encuentra verbos que están etimológicamente relacionados con los nombres siguientes. Ten en cuenta que puede haber más de un verbo, como en el caso de *crecida***
Ejemplo: tormenta – atormentar

agua, barro, cabo, cauce, clima, confluencia, crecida, cumbre, embocadura, estanque, estrecho, fondo, grieta, hielo, límite, llanura, luz, mengua, monte, nieve, nube, oscuridad, puesta (del sol), sombra, tinieblas, trueno, vertiente

(b) Elige quince de los verbos y escribe frases para ilustrar su uso

4. (a) **Encuentra antónimos de los siguientes vocablos**

amainar, anublarse, derretirse, desembocadura, encresparse, esfumarse, liso, llanura, occidental, oscurecer, páramo, promontorio, (agua) salada, salida (sol), septentrional, sequía, soleado, turbio, vega, viento

(Se encuentra la solución en Internet)

(b) Escribe frases que ilustran tanto el uso del vocablo arriba como el de su antónimo. Intenta incluir las dos palabras en la misma frase

(Se encuentra la solución en Internet)

5. (a) **Encuentra sinónimos de los vocablos siguientes**

amontonarse, aparecer, avalancha, bahía, barranco, bosque, brillante, centellear, colina, desierto, destacarse, montaña, pantanoso, sombrío, viento

(b) Indica las diferencias entre los sinónimos

(c) Haz frases para ilustrar estas diferencias

6. (a) Encuentra los sentidos figurados de los siguientes vocablos

aflorar, áspero, bonanza, caluroso, caudal, cúspide, despejado, dominar, eclipsar, luz, llano, manso, pesado, sombra, sosegarse, templado, temporal, tronar, universo, violento

(b) Construye frases para ilustrar el uso del sentido figurado de estos vocablos

7. Encuentra la diferencia entre los vocablos de las siguientes parejas de vocablos

barra/barro, barranca/barranco, campa/campo, copa/copo, cota/coto, cuenca/cuenco, fonda/fondo, golfa/golfo, lima/limo, loma/lomo, marea/mareo, nevera/nevero, puerta/puerto, punta/punto, raya/rayo, seta/seto, sota/soto, tormenta/tormento

8. (a) Encuentra en la lista B el sentido de las locuciones de la lista A

A	B
tener mucho mundo	de golpe
llovido del cielo	reprimido sexual o moralmente
salir a la luz	enfado o desagrado
de sol a sol	en el mejor momento
mala sombre	tener experiencia
de cabo a rabo	en la cárcel
tener la moral por los suelos	ser publicado
dar cima a	del principio al final
ser una roca	todo el día
tener atravesado en la garganta	concluir con éxito
salir del paso	resultar antipático
ser un estrecho	mala suerte
en tromba	reconciliarse
echar pelillos a la mar	ser una persona inamovible
me cago en la mar	superar una dificultad
a la sombra	estar deprimido

(b) Construye frases para ilustrar el uso de las locuciones en la lista A

9. Explica el sentido de las siguientes locuciones

desde que el mundo es mundo
no dejar a alguien ni a sol ni a sombra
echar rayos y centellas
¡Mal rayo te parta!
perder el norte
estar al cabo de la calle
decir algo por lo llano
alcanzar la cúspide de la fama
ser firme como una roca
valle de lágrimas
notar a cien leguas
perder la brújula
estar con el agua al cuello
pasarlo la mar de bien
tener resaca
por el cauce reglamentario
volver las aguas a su cauce
de fuente oficiosa
ganar el cielo
poner en los cuernos de la luna
besar la tierra que pisa
marea negra
en el dique seco

10. Traduce al español

i. We're not out of the woods yet
ii. The physicists pushed back the frontiers of knowledge
iii. The political landscape changed overnight
iv. He went from the depths of despair to the heights of stardom
v. The party scored a landslide victory and they stayed on the crest of a wave for a year
vi. Talks had been frozen for a fortnight and the wave of discontent turned into a flood
vii. His career plunged downward, and he ended up hanging on by his fingertips to the edge of a cliff
viii. I was met with a torrent of abuse, and I needed all my diplomatic skills to calm the waters
ix. The meeting was plain sailing but soon became stormy and then the floodgates opened
x. He never jumps until he sees which way the wind blows

(Se encuentra la solución en Internet)

11. Juego de rol que se prepara para la próxima semana

Se elige a diez miembros de la clase. Estos diez miembros representan el Sol y los nueve planetas que recorren una órbita elíptica alrededor del Sol. (Hay que encontrar los nombres de los planetas en una enciclopedia española). El miembro que representa el Sol se pone en el centro de la sala y los otros miembros se sitúan alrededor del Sol según su mayor distancia del Sol. Cada miembro tiene que enterarse de las propiedades del planeta que representa, y de otros detalles como su distancia del Sol, y cuando le corresponda hablar, explica a la clase todas sus propiedades, etc. Los otros miembros de la clase que no participen en el juego tienen que asociar el planeta y el miembro de la clase. Harían bien en informarse con antelación de los planetas. Los miembros que participen no pueden en ningún momento revelar su identidad de planeta.

12. Trozo de español para traducir oralmente en clase

Kiev.- Un reloj blanco con las agujas clavadas en las 01.23 horas (instante en que se produjo la explosión del reactor nuclear, el 26 de abril de 1986), abre la exposición permanente del Museo Nacional de Chernobil en Kiev.

Uniformes y mascarillas antirradiación que parecen salir de *La Guerra de las Galaxias*, documentos visuales que testimonian lo suicida de las labores de limpieza que acometieron miles de jóvenes milicianos, una maqueta en tres dimensiones del reactor número cuatro que se destruye ante nuestros ojos, centenares de fotos de niños afectados y un cerdo mutado con una sola cabeza y dos cuerpos.

Estas son sólo algunas de las sorpresas que alberga el original Museo Chernobil de Kiev, que combina un excepcional fondo documental con un simbolismo sobrecogedor, a veces explosivo por la mezcla de referencias bíblicas con el rancio regustillo soviético que destilan las fotos de época y las más de 7.000 muestras que componen la exposición.

. . .

Como explica a EL MUNDO la vicedirectora del museo, Anna Vitalivna, los numerosos adeptos a la versión divino profética, el nombre Chernobil proviene de *Chernobilka* una de las treinta especies de *palin* -ajenjo en ucraniano- que crece sólo en esta región de Palesia del norte de Ucrania, la que más padeció las consecuencias del accidente.

A continuación, nos cita el fragmento del Apocalipsis con el que pretende dejar claras las connotaciones divinas del accidente de Chernobil: "Tocó la trompeta el tercer ángel y cayó del cielo un astro grande ardiendo como una tea, y cayó en la tercera parte de los ríos y las fuentes de las aguas. El nombre de ese astro es *palin* (ajenjo). Se convirtió en ajenjo la tercera parte de las aguas y muchos de los hombres murieron porque éstas se habían vuelto amargas."

Si a esto añadimos la coincidencia de que el Cometa Halley -preludio cada 76 años de grandes tragedias según antiguos teólogos- se dejó ver desde el observatorio astronómico de Kiev aquel 26 de abril de 1986, los supersticiosos tienen la versión de la plaga divina servida en bandeja.

Daniel Utrilla, "Enviado especial", *El Mundo*, 14/12/2000

13. Formando parejas abrir un diálogo sobre el tema anterior y poner en común posteriormente

14. Aquí tienes un pronóstico del tiempo en México. Después de leerlo, contesta a las preguntas

Una masa de aire frío sobre el norte y centro del país mantendrá bajas temperaturas principalmente por la noche y mañana, así como tiempo estable y despejado en dichas regiones, pronosticó el Servicio Meteorológico Nacional. En el informe meteorológico se indica que la onda tropical 38 se ha intensificado a una baja presión sobre Quintana Roo, se mueve al oeste, y favorecerá nublados y lluvias fuertes en Campeche, Quintana Roo y Yucatán. La afluencia de aire húmedo del océano Pacífico, golfo de México y mar Caribe ocasionará nublados y lluvias fuertes en Chiapas, Tabasco y Veracruz; moderadas en Oaxaca; ligeras en Puebla e Hidalgo y escasas en el Distrito Federal, Guerrero, México, Michoacán y Tlaxcala.

El Servicio Meteorológico Nacional estimó que hay circulación anticiclónica sobre la mayor parte del territorio nacional, excepto en el sureste, sur y península de Yucatán que domina una circulación ciclónica. Pronosticó el Meteorológico Nacional una temperatura máxima de 38 grados en Ciudad Constitución, Baja California Sur y en Altar, Sonora. La mínima se espera en Tacubayá, Distrito Federal, con 9.5 grados.

El Universal, 21 de octubre, 2001

(a) ¿El pronóstico del tiempo se corresponde al tiempo usual en las diferentes zonas de México? Da tus razones
(b) En el artículo, tienes referencias generales a casi todos los estados de México. ¿Dónde están estas regiones?
(c) Siguiendo este pronóstico para México, imagínate meteorólogo/a e intenta prever el tiempo en tu propio país

Nivel 3 / Level 3

1. (a) Encuentra la definición de los siguientes vocablos

ábrego, acequia, arco iris, arreciar, arremolinarse, bochorno, calima, calma chicha, carámbano, cauce, céfiro, cerrazón, cierzo, curtir, dehesa, escampada, esfumarse, estrella fugaz, hojarasca, lecho, lodazal, reguero, remanso, serpentear, sima, solana, solanera, soto, témpano, tromba, ventisca, Vía Láctea

(b) Construye frases con quince de estos vocablos para ilustrar su uso

(Se encuentra la solución en Internet)

(c) Una buena cantidad de estos vocablos tienen un registro bastante elevado (R3). Encuéntralos

(Se encuentra la solución en Internet)

2. Explica las diferencias (si hay) entre los vocablos de los siguientes grupos

tormenta, temporal, tempestad; helada, hielo, deshielo; viento, vendaval, ventisca; niebla, neblina, calima; presa, pantano, embalse; lago, laguna, albufera; barro, fango, cieno; cálido, caluroso, caliente; meseta, llanura, llano, vega; cala, ensenada, caleta, concha, bahía, golfo; acantilado, precipicio, risco; orilla, ribera, ribero, litoral; prado, pradera, campiña; afluente, confluencia, tributario; boca, embocadura, desembocadura; alud, avalancha, desprendimiento; maleza, matorral, espesura; hoz, desfiladero, garganta; escollo, arrecife, Gran Barrera de Coral; pendiente, declive, inclinación

3. (a) Relaciona los vocablos de A con los vocablos de B para completar una locución

A

unos nacen con estrella, capear, no pagar, perder, dar vueltas, le luce, crecer como, ya apareció, cegarse, trágame, leer un libro, a estas, cueva, salir, echarse, me cago, llegar, remanso, mudar, oler

B

paz, buen puerto, monte, ira, aires, espuma, aquello, tierra, otros estrellados, temporal, papeles, cola, rayos, idea, cabo a rabo, pelo, ladrones, paso, mar, alturas

(b) Explica el sentido de las locuciones y haz una frase para ilustrar su uso

4. Encuentra el sentido de las siguientes locuciones

En tierra de ciegos el tuerto es rey
quedar a la altura del betún
la vida pendiente de un hilo
No todo el monte es orégano
llegar el agua a su molino
mear agua bendita
nadar entre dos aguas
tener la mar de suerte
Quien a buen árbol se arrima buena sombra le cobija
volver la hoja
no llegar la sangre al río
regar fuera del tiesto
salirse de madre
echar una cana al aire
¡Que te parta un rayo! (R1)
A río revuelto ganancias de pescadores
tomar el rábano por las hojas
andarse por las ramas

(Se encuentra la solución en Internet)

5. Encuentra el sentido figurado de los siguientes vocablos

amainar, arraigarse, chaparrón, desbordarse, deshielo, frescura, llover, niebla, nieve, nublarse, oscurecer, patinar, pesado, quebrantar, ráfaga, relampaguear, retumbar, reventar, selva, sombra, soplar, tormenta, tromba, viento

6. (a) ¿Qué entiendes por las siguientes locuciones?

echar un jarro de agua fría a
llover sobre mojado
la gota que colma el vaso
estar como una rosa
quebrarse la cabeza
no dejar piedra sobre piedra
pasar por la piedra
hacer una montaña de un grano de arena
una verdad como la copa de pino
besar la tierra que pisa
quedarse a la luna de Valencia
tirar la piedra y esconder la mano
tirar piedras contra su propio tejado
ver algo en globo
tener los pies en la tierra
tragarse la tierra

(b) Elige diez de estas locuciones y explica porque tienen su sentido

7. (a) Encuentra todos los adjetivos que puedan describir el mar y el cielo
Ejemplo: mar encrespado, cielo cubierto

(b) Haz frases para ilustrar el uso de la combinación de las dos palabras. Intenta evocar un tono poético en las frases

8. Describe, con dos párrafos, la evolución de una tormenta, desde su inicio, pasando por los relámpagos y el trueno, hasta que se calma. Te puedes inspirar en la Sinfonía "Pastoral" de Beethoven

9. Describe un río desde su fuente hasta su embocadura. Un punto de referencia puede ser el segundo movimiento de la sinfonía del checo Smetana "Mi Patria" que evoca el Moldava, el río que discurre por Praga

10. Traduce al español

i. He's a real nice guy, as solid as a rock, but seems to live on another planet
ii. Giving a gardener apples is like giving coal to a miner
iii. Asking him to pay the round is like asking the tide to go back out
iv. Floods of tears streamed down her cheeks as she confronted what was a mountain to climb
v. Generosity and goodwill suddenly melted so that, where there was once warmth and sun, now there was frost and tempest
vi. Fire glowed in her eyes as she swung uncontrollably from the depths of despair to the heights of exultation
vii. In a stormy debate punctuated by booing from the heated opposition, the minister referred to rivers of wealth cascading down the generations
viii. The value of shares shot up and went into orbit, the value of the currency took on a universal attraction, and unemployment dropped to an all-time low
ix. A sea change had occurred in the public's attitude to bankruptcy, which allowed a bankrupt person to shake off the mud of the past
x. The revolution erupted like a volcano, spread far and wide like flowing lava, engulfed its instigators in its ash, while their ideals evaporated into thin air
xi. The author's universe consisted of a constellation of brilliant, starry-eyed characters, nebulous thoughts and a solar-like structure with the protagonist at the center
xii. A star-studded cast sparkled with flashes of wit and lightning repartee, and was only eclipsed by audience participation up in the family circle / gods

(Se encuentra la solución en Internet)

11. Traduce al español

It was hot here in the woods, and over the less hurried stretches of water thousands of gnats hung, glinting like gold dust in the shafts of sunlight. Every now and then, Denis, who led, started back as a silk thread of cobweb broke across his face. Sometimes they found webs, perfectly symmetrical, sagging beneath the weight of a gleaming spider at least as alarming and venomous as any tarantula. Though neither of them said anything, they were both glad when the character of the wood changed, and they reached the cathedral-like grove of beech-trees, with holly bushes clustering round their smooth, straight trunks. Soon they were out on the moor, with springy, rabbit-bitten turf near the water's edge, and heather, cut here and there by sheep and rabbit tracks, stretching away to the horizon.

R. C. Sherriff and Vernon Bartlett

12. (a) Lee atentamente el texto siguiente anotando los vocablos y expresiones más interesantes

Hace unos años cualquier rapaz de nueve años era capaz de decir de carrerilla "El río Duero nace en los Picos Urbión, provincia de Soria, pasa por Soria, Almazán, Aranda, Roa, Valladolid, Tordesillas, Toro y Zamora, pasa a Portugal donde desemboca en Oporto," incluso algunos dirían con más detalle que tiene una longitud de 770 Km y una cuenca de más de 77.000 km^2, y que sus afluentes son el Pisuerga, el Esla, Duratón, Adaja y Tormes. Pero decir eso es decir muy poco, porque ocupa la cuenca entera de la Meseta de Castilla la Vieja, lo cual supone una pléyade de variadas comarcas que van descendiendo suavemente hacia el mar, desde altitudes de mil metros, donde abundan canales de riego, y alguno concebido para el transporte, aunque fuera desplazado por el ferrocarril, con más de 250 centrales eléctricas medianas y grandes, algunas de ellas con presas enormes, formando embalses que cubren grandes extensiones de tierra, verdaderos lagos entre las llanuras cerealistas.

Pero lo anterior, con ser importante, algunos dirán que el Duero es la vena de Castilla, porque la cultura de esta tierra se ha ido tejiendo en sus orillas.

M.A.S.

(b) Construye frases con las anotaciones anteriores

13. Estudia el siguiente trozo sacado de un periódico mexicano, y a continuación, contesta a las preguntas

Esta noche, lluvia de estrellas

Puntualmente hacen su aparición cada mes de octubre, surcando el cielo nocturno y dejando sendas estrellas luminosas entre las constelaciones otoñales. Se trata del ingreso de cientos de pequeñas partículas esparcidas en el espacio interplanetario por el legendario cometa Halley, fenómeno que popularmente es conocido como "lluvia de estrellas."

Este año, las oriónidas prometen ofrecer un bello espectáculo celeste ante la presencia de una luna creciente que no afectará con su brillo el fugaz paso de los meteoros en las altas capas de la atmósfera.

Las oriónidas toman su nombre de una de las constelaciones más conspicuas del cielo, la de Orión o gran cazador de la mitología griega, ya que de este lugar de la bóveda celeste parecen salir los meteoros . . . Las oriónidas fueron una de las mejores lluvias de estrellas observadas durante el siglo XIX. Estudiando la órbita del enjambre de meteoros, los astrónomos pudieron deducir que tenían su origen en detrito que el cometa Halley esparcía en cada una de sus vueltas por las cercanías del Sol.

Toda lluvia de estrellas tiene una radiante o zona del cielo por donde parecen salir los meteoros. Durante el primer cuarto del siglo XX, la ubicación de la radiante de las oriónidas fue motivo de debate, ya que parecía ser muy difusa. Los astrónomos ahora saben que está localizada a la izquierda de la estrella Betelgeuse.

Los meteoros parecen salir de la radiante, por la misma razón visual que nosotros experimentamos en un automóvil cuando atravesamos una espesa lluvia y miles de gotitas parecen surgir concentradas de una sola dirección. Análogamente podemos ver a la Tierra como un gran auto desplazándose a gran velocidad en el espacio y a los meteoros como gotitas de agua estrellándose contra nuestro planeta.

El Universal, 21 de octubre, 2001

(a) Explica el sentido de los siguientes vocablos: surcar, sendas estrellas luminosas, detrito, ubicación, bóveda celeste, enjambre de meteoros
(b) ¿Qué es el contrario de *luna creciente*?
(c) Se usa la palabra *fugaz* para calificar a un sustantivo asociado con el cielo. Busca este sustantivo
(d) Encuentra la diferencia entre tierra y Tierra
(e) ¿Quién era Halley?
(f) Consulta una enciclopedia de lengua española y busca información sobre un astrónomo como Copernico o Galileo. Escribe diez líneas sobre uno de ellos
(g) Haz un resumen del texto en cincuenta palabras
(h) Hay un vocablo, que se repite pero de forma abreviada, que nos deja deducir que el artículo fue escrito en México. Encuéntralo

14. Escribe una redacción sobre uno de los siguientes temas

i. La contemplación del universo llena al hombre de una añoranza inexplicable
ii. El espacio ofrece al género humano el único futuro. Tiene los días contados en esta Tierra
iii. ¿Cuál de las fuerzas de la naturaleza es más temible? Da tus razones
iv. Describe el cielo nocturno

Ejercicios(2) / Exercises(2)

Nivel 1 / Level 1

1. (a) Encuentra dos sentidos de los siguientes vocablos

agresión, aislamiento, calor, capa, central, crudo, emisión, erosión, explotación, fallo, mina, naufragio, petrolero, planta, reactor, recurso, reserva, residuo, sanitario, tratamiento

(Se encuentra la solución en Internet)

(b) Construye frases con los doce primeros vocablos para ilustrar su uso con estos sentidos

(Se encuentran los modelos en Internet)

2. (a) De las diez listas de sinónimos que siguen elige seis listas y encuentra las diferencias (si hay) entre los vocablos de cada una de ellas. Si encuentras diferencias de registro (R1, R2, R3) indícalo

agravamiento	cataclismo	defender	contaminación
degeneración	catástrofe	esponsorizar	derrame (de petrolero)
deterioro	desastre	patrocinar	polución
empeoramiento	siniestro	proteger	

abastecer	achaque	dañino	choque
aprovisionar	daño	deletéreo	golpe
distribuir	destrucción	nocivo	impacto
facilitar	devastación	pernicioso	impresión
repostar	estrago(s)	prejudicial	influencia
suministrar	ruina	tóxico	(hacer) mella

basura/cascote	crear/fabricar
desecho/desperdicio/escombros/residuo/vertidos	generar
	producir
	provocar

(b) Construye frases para ilustrar el uso de estos sinónimos. Describe las diferencias también

3. Define la función de los siguientes

abono, aislamiento, alcantarilla, alcantarillado, barrendero, basurero, biomasa, capa de ozono, capa freática, combustible, compostaje, contenedor de vidrio, depuradora, desagüe, ecosistema, fosa, gasolina sin plomo, oleoducto, panel solar, parque eólico, parque nacional, partido verde, reciclaje, vertedero

4. (a) ¿Qué entiendes por los siguientes vocablos?

agujero de ozono, clorofluorocarbonos, desengrasante, desertización, disolvente, efecto del invernadero, medio ambiente, radiación, sequía

(b) Compón frases para ilustrar el uso de estos vocablos

(Se encuentran los modelos en Internet)

5. (a) Encuentra el adjetivo que se corresponda con los siguientes sustantivos
Ejemplo: flor-floral

agricultura, agua, barro, carbón, daño, energía, escasez, lago, medio ambiente, perjuicio, perturbación, petróleo, protección, renovación, residuo, río, roca, selva, sol, tierra

(Se encuentra la solución en Internet)

(b) Construye frases para ilustrar el uso de estos adjetivos

6. (a) He aquí una pequeña lista de vocablos cuyo sentido puede engañar a un angloparlante. Explica por qué es así

alterarse	energético	petróleo	recurso
disponer	intoxicación	política	seguridad

(b) Construye frases que indiquen el carácter equívoco de estos vocablos

7. Según ciertas estadísticas, el consumo medio de agua por hogar supera los trescientos veinticinco litros diarios, cantidad que podría reducirse a la mitad sin perder un ápice la calidad de vida. Encuentra seis normas básicas para ahorrar agua en casa

8. Describe la explotación de las siguientes energías. Explica por qué la explotación de ciertas energías es más perjudicial que la explotación de otras

i. **energía** eólica/geotérmica/hidroeléctrica/mareomotriz/nuclear/solar
ii. carbón, gas, madera, petróleo, turba

9. (a) Relaciona los vocablos de la lista B con los de la lista A para dar un sentido más completo a los vocablos de A. Los vocablos se pueden usar más de una vez

A
aceite, poder, planta, medicamento, peligro, control, filtración, dosis, tala, agua, demanda, alteraciones, energía, residuos, producto, impacto, contaminación, compuesto, cadena, curso, calentamiento, exposición, sanción, radiación

B
perjudicial, ambiental, caducado, bosque, tratamiento, dulce, potable, radiactivo, paulatino, agua, radiación, medioambiental, extinción, mundial, alimenticio, verde, alternativo, tóxico, biodegradable, mineral, orgánico, capa, corto plazo, correspondiente

(b) Construye frases para ilustrar el uso de las expresiones

10. Juego de rol
Formando grupos y tomando a uno de los componentes como coordinador suponemos que debemos formar la plana mayor de la protección civil de una gran comarca. Cada uno de los componentes se tendría que responsabilizar de una serie de contingencias, elaborar una lista de esas contingencias y sus medidas precautorias. Ponerse en común con los compañeros, explicando cada uno el documento elaborado

11. Lee el siguiente trozo y, a continuación, contesta las preguntas

La celebración de las fiestas navideñas supone a menudo un grave daño a la naturaleza. La venta de más de dos millones de pinos y abetos, y los que se añaden otros adornos vegetales, afecta directamente a la naturaleza. Aunque las leyes y el control sobre la corta y venta de algunas de estas plantas (abetos, acebos, o muérdago) han frenado su deterioro, el musgo utilizado para decorar los belenes se sigue extrayendo de forma incontrolada. Según la Asociación para la Recuperación del Bosque Autóctono, durante la época navideña, multitudes de camiones cargan toneladas de musgo en bosques del norte peninsular y causan un daño gravísimo, ya que estas plantas retienen el agua y protegen el suelo contra la erosión.

Habría que empezar recordando que no se debe arrancar en todo o en parte cualquier planta de su medio natural. La segunda recomendación consiste en comprar el árbol de Navidad, las hojas y frutos de acebo u otros adornos en lugares que certifiquen su procedencia de viveros o plantaciones comerciales. Los cultivadores de árboles de Navidad garantizan la repoblación de tres ejemplares por cada uno comprado. El tercer paso tiene que ver con su desecho. Quien deje tranquila su conciencia colocando el árbol de Navidad en la calle y pensando que será recogido y replantado por el ayuntamiento se equivoca. El árbol, casi siempre sin vida, acaba en el vertedero, y como mal menor, se recicla para fabricar compost.

M.A.S.

(a) **¿Qué entiendes por:** corta, belén, época navideña, musgo, medio natural, vivero, desecho, autóctono, vertedero, mal menor?
(b) Encuentra la diferencia entre *corta* y *corte*
(c) Explica el valor del reciclaje
(d) Haz un resumen en cincuenta palabras del trozo

12. Traduce al español

i. We must tap into alternative sources of energy if the inhabitants of this planet are to survive
ii. Wind, geothermic and solar energy have not yet become cost-efficient
iii. The most serious nuclear accident has posed the acute problem of safety in nuclear plants, and often the leak of wastage is discovered too late for serious pollution to be avoided
iv. Energy consumption keeps rising beyond what was forecast, and is outstripping our oil, coal and gas production, and soon the reserves of these fuels will be exhausted
v. The main advantage of the new and renewable types of energy lies in their diversity of supply
vi. Waste generated by petrochemical industries entails a grave risk for the fragile balance of the environment, and some animals are now endangered species
vii. Our reserves of drinking water have often become unusable through the pollution of toxic waste
viii. Water purifying plants, and this includes desalination plants, must increase water supply as overpopulation becomes a dangerous reality
ix. Lack of rain reduces the quantity and quality of trees and vegetation, which in turn encourages desertification and erosion
x. Unchecked emissions of radioactive substances have damaged the future prospects of the area's flora and fauna

(Se encuentre la solución en Internet)

13. Contesta a dos de las siguientes cuestiones

i. Describe el ecosistema de la dehesa salmantina / la pampa / el Desierto de Sonora (clima, flora y fauna)
ii. Describe el efecto erosivo de las grandes trombas de agua en las laderas
iii. Enumera los efectos adversos que puede tener el cambio climático
iv. ¿Qué efectos puede producir la desaparición del bosque en la zona subsahariana?
v. La sobreexplotación de los acuíferos para el regadío en algunas zonas próximas a costas está unida a la salinización de los pozos. ¿Qué consecuencias puede tener esto, a la larga?
vi. Justifica si podría resultar interesante la reparación de canales y acequias para evitar pérdidas de agua en las explotaciones agrícolas

vii. ¿Crees que el eucalipto pueda ser un árbol apropiado para plantar en terrenos pantanosos? Justifícalo
viii. Escribe un comentario sobre la afirmación: "la ecología empieza por mantenerse aseado uno mismo"
ix. ¿Qué efectos beneficiosos y perniciosos puede tener la exposición a los rayos solares?

Nivel 2 / Level 2

1. (a) Encuentra sentidos figurados de los siguientes verbos

almacenar, alterar, calentar, dañar, desperdiciar, deteriorar, erosionar, escasear, llover, naturalizar, naufragar, sanear, sepultar, suministrar, trasplantar, verter

(Se encuentra el modelo en Internet)

(b) Construye frases para ilustrar el uso de estos verbos con sus sentidos figurados

(Se encuentra el modelo en Internet)

2. (a) Encuentra todos los vocablos que se derivan de los siguientes sustantivos.
Ejemplo: equilibrio-equilibrado/equilibrar/equilibrismo/equilibrista/desequilibrio/desequilibrar/desequilibrado

ahorro, ambiente, calentamiento, ciclo, consumo, contaminación, degradación, ecología, energía, grasa, invernadero, peligro, petróleo, riesgo, salud, tóxico

(b) Elige ocho de los grupos de vocablos y construye frases para ilustrar su uso

(Se encuentra el modelo en Internet)

3. (a) Sustituye los verbos en las siguientes expresiones por otro verbo que sea un antónimo

destruir el ecosistema	aumentar el riesgo	vigilar los índices de radiación
proteger la fauna	ahorrar energía	regenerar el suelo
controlar el impacto	sancionar infracciones	generar residuos
mantener controles sanitarios	Se calienta la tierra	falta oxígeno
depurar aguas residuales	escasean los recursos	La población crece
talar bosques	aprovechar recursos naturales	aumentar el ruido

(b) Elige diez de estas expresiones. En cada caso, haz dos frases para ilustrar el uso tanto de la expresión que aparece arriba como de la expresión con su antónimo

4. (a) ¿Qué entiendes por las siguientes expresiones?

salud de hierro	corteza cerebral	accidente geográfico
protección civil	recurso de casación	energía cinética
a todo riesgo	estar como un tronco	papel carbón
naturaleza muerta	a raíz de su salida	sociedad de consumo
carta de naturaleza	papel vegetal	Necesito oxigenarme
ducha de agua fría	andar con pies de plomo	no tener vuelta de hoja
voto de calidad	echar el resto	¿Qué pasa contigo, tronco?
balón de oxígeno	curarse en salud	la costumbre ha echado raíces

(b) Elige diez de estas expresiones y construye frases para ilustrar su uso

(Se encuentran los modelos en Internet)

5. ¿Para aprovechar los desechos domésticos, qué tipo de contenedores instalarías en el barrio? Habría quizá varios tipos de contenedores que dependerían de la variedad de desechos. ¿Dónde los pondrías? ¿Cuál sería el método de la recogida? ¿Cómo fomentarías interés por este reciclaje?

6. (a) Relaciona los vocablos de la lista A con los de la lista B para hacer una expresión completa. Se puede usar un vocablo más de una vez

A

recogida, ahorro, seguridad, reserva, materia, residuo, importación, vertido, energía, umbral, almacenamiento, efluente, central, previsiones, medicamento, emisión

B

agua potable, energía, abastecimiento, incontrolado, industrial, geotérmico, hidrocarburo, caducado, basura, nuclear, demanda energética, rentabilidad, forestal, combustible, aguas residuales, prima

(b) Construye frases con la expresión completa para ilustrar su uso

7. Traduce al español

genetically modified food	lead-free petrol	power station leak
reusable containers	environmental impact	dung-based compost
town waste	watch radioactive levels	earth's crust
environmental health check	infrared rays	improvement of quality of life
waste dump	high-frequency radiation	health protection
afforestation	organic compounds	avoid nitrogen-based fertilizer
acid rain	stunted plant growth	contaminating nitrates and sulphur
water sample	to store at great depth	human waste

8. Eres miembro del Partido Verde. Acabas de inspeccionar un río que sufre contaminación producida por el vertido de residuos tóxicos de una fábrica de productos químicos. Mandas una carta a la dirección de la fábrica, advirtiéndole de las consecuencias de esta contaminación y de la probabilidad de una fuerte multa si continúa la contaminación. Escribe la carta y exige una contestación inmediata

9. Juego de rol

Un grupo de jóvenes que se inspiran en ideales ecologistas acaba de instalarse en varias casas que explotan recursos naturales, y han edificado dos molinos de viento que aprovechan la energía eólica. Estos molinos generan no sólo la electricidad que necesita el grupo sino también bastante ruido que se parece más bien a un constante zumbido.

Ahora bien. Los habitantes del pueblecito cercano que ya son mayores, y cuyas ideas son bastante tradicionalistas, se alzan contra estos molestos molinos de viento, comentando que existe una central eléctrica cerca del pueblo.

Se monta un debate público en el Ayuntamiento. Participan en el debate los dos bandos.

Los miembros de la clase se dividen en dos grupos para presentar los dos puntos de vista. Preparad/Preparen (M) el debate para la próxima semana

10. Traduce al español

i. Highly radioactive waste must be placed in containers, lowered deep into the ground into chambers where it will be stored
ii. Large chunks of ice were breaking away from the Antarctic ice-field, all a direct result of global warming
iii. The level of radioactive and other toxic materials in drinking water must be drastically reduced or the human body will be subject to irremediable poisoning
iv. She took water and soil samples to measure the impact of chlorine, calcium, nitrates, phenol and sulphur on the environment
v. The recycling of all this waste material has regenerated the industry but we must keep it cost-effective
vi. The real source of pollution is the density of human waste and agricultural sludge which carries with it all sorts of harmful organic fertilizers
vii. The invasion of chlorofluorocarbons into the upper atmosphere which is generated by domestic fridges and aerosols is causing serious concern over the growing hole in the ozone layer
viii. Unchecked demographic increase and the imminent exhaustion of natural resources have already led to numerous, large-scale disasters
ix. Insecticides, chemical fertilizers, atmospheric dust, poisonous smoke, gas and acid rain are already causing an aesthetic deterioration in our countryside
x. Sound is natural but noise contamination is already reaching a level of intensity that is becoming damaging to health in the workplace
xi. Workers must wear masks when they work in a dust-filled environment, and their eyes should be protected by shock-proof glasses
xii. A Chernobyl-type meltdown can only be avoided by extreme vigilance, but defects in the cooling system are hard to detect and escape of radiation is always a possibility

(Se encuentra la solución en Internet)

11. Elige uno de los títulos y escribe una redacción de mil / quinientas / doscientas cincuenta palabras. Elige el número que quieras

i. No hay vida sin agua
ii. El agotamiento del suelo conduce a la muerte del género humano
iii. El Partido Verde es el único partido que se opone a la agresión al medioambiente
iv. La bicicleta es la única solución de nuestros males ecológicos
v. Provocar mareas negras supone crímenes contra la humanidad

12. Lee atentamente el texto siguiente

Los ancianos decían: “El hombre propone y Dios dispone,” y así es, la naturaleza, a pesar de que el hombre parece domeñarla, al final, impone su criterio. El ser humano desaparecerá de la *faz del planeta verde*, y éste seguirá *girando* miles de millones de años en el espacio. A pesar de que las Naciones Unidas habían señalado la última década del último siglo como “decenio de reducción de desastres naturales,” *el balance es sobrecogedor*: el efecto del “*Niño*” ha sido devastador, los desastres naturales parecen haberse multiplicado con inundaciones, mareas y olas aterradoras, *maremotos*, erupciones volcánicas y fuegos que, después de *arrasar enormes extensiones* de la cubierta vegetal de varios continentes, han cubierto el cielo de humo y cenizas, incrementando el *efecto invernadero*.

En muchas ocasiones los desastres naturales no dependen exclusivamente de la naturaleza, sino de la irreflexión del ser humano. El hacinamiento de la población en áreas de riesgo, susceptibles de sufrir catástrofes o carentes de infraestructuras para afrontar situaciones extremas. El fatalismo de algunos gobernantes y la preocupación por mantenerse en el poder sin dar soluciones hacen el resto. Muchas de las catástrofes producidas por los elementos podrían evitarse mediante la creación de mapas de riesgo, con incorporación de la evaluación del *impacto ambiental*, prohibiendo los *asentamientos urbanos* en torrenteras, ramblas y vegas inundables, faldas de montañas poco compactas o volcánicas, y zonas litorales susceptibles de ser arrasadas por *tsunamis*.

A los políticos compete la creación y gestión de la protección civil que debe llevar a cabo labores de observación, prevención, aviso y evacuación de las poblaciones en peligro. Del mismo modo compete a los diversos gobiernos la redacción de las condiciones de seguridad mínima *de índole constructiva*, especialmente en los *terrenos sísmicos*, donde los terremotos pueden asolar poblaciones enteras en pocos segundos.

M.A.S.

Da un resumen en cien palabras del trozo precedente, y a continuación explica el sentido de los vocablos en itálica

13. Responder las siguientes cuestiones vinculadas al trozo anterior

(a) Describe los efectos del desbordamiento de un río en zona urbana
(b) Enumera las soluciones que pueden tomarse para evitar desbordamientos
(c) ¿Qué puede provocar el hacinamiento de poblaciones en torno a las vegas inundables?
(d) ¿Qué medidas adoptarías en caso de terremoto?
(e) Enumera diversos materiales que emiten los volcanes y sus efectos sobre el medio ambiente
(f) ¿De qué modo pueden influir los grandes incendios de los últimos años en Indonesia, EEUU y la Amazonía?
(g) ¿Cómo puede influir el vertido de aguas residuales sin depurar a los ríos?
(h) ¿Cómo puede afectar la contaminación acústica a la salud de las personas?
(i) ¿Qué efectos positivos y negativos tienen los pesticidas?

14. He aquí un artículo sacado de un periódico mexicano. Léelo y, a continuación, contesta las preguntas. Notarás que este artículo hubiera podido ser escrito en España.

Al año se erosionan superficies que van de 150 mil a 200 mil Has: CNC

En México la desertización avanza y cada año se erosionan superficies que oscilan entre 150 mil y 200 mil hectáreas; en las últimas tres décadas se estima una pérdida de suelo mayor que la registrada en toda la historia del país; empero, lo grave es que hasta el momento no existen programas concretos para hacer frente al fenómeno, y por lo mismo, a causa de la sequía y la desertización, emigran anualmente al menos 900 mil personas de las regiones áridas y semiáridas del territorio nacional. Estudios de la Confederación Nacional Campesina revelan que, debido a la fragilidad ecológica de las zonas áridas y la alta presión ejercida por uso y explotación de las pocas especies vegetales, se hace patente la degradación de los recursos naturales y es más crítico el avance de la desertización. En contraste con otros tipos de ecosistemas -selvas y bosques, por ejemplo- en las zonas áridas las superficies no se cubren por hojas, tallos, ramas y otros elementos botánicos, y como resultado se convierten en suelos pobres en materia orgánica, pedregosos y poco aptos para la producción agropecuaria, por la escasa cobertura vegetal.

Excelsior, domingo, 26 de marzo, 2000

(a) ¿Qué entiendes por *desertización*? ¿Cómo se llama este proceso en inglés?
(b) ¿Qué efecto produce la alta presión sobre la naturaleza?
(c) Describe el proceso de la erosión
(d) ¿Qué entiendes por *fragilidad ecológica*?
(e) Sugiere métodos para combatir el proceso de la desertización, aprovechando los siguientes vocablos: presa, represa (M), capa freática, manto freático (M), cuenca del río, vaso natural, estiaje, aumentar el nivel del acuífero, 600 metros de profundidad, precipitación anual de 300 milímetros, temporada de lluvias, canalizar lluvias, provocar inundaciones, aguas broncas (M), escasez de agua, escasear, plan piloto, infraestructura hidráulica, vital líquido
(f) ¿Cuántas zonas climáticas hay en México/España/Argentina? ¿Dónde están?

Nivel 3 / Level 3

1. (a) Encuentra los sentidos figurados de los siguientes verbos

abonar, agotar, contaminar, degradar, depurar, desechar, disolver, emitir, evaporarse, filtrar, inundar, perturbar, regenerar, talar, tolerar, verter

(Se encuentran las soluciones en Internet)

(b) Compón frases para ilustrar el uso de estos verbos en su sentido figurado

(Se encuentran los modelos en Internet)

2. Encuentra el posible contenido de los siguientes

compostaje natural, lluvia ácida, desechos de explotaciones ganaderas, aguas residuales, clorofluorocarbonos, efluentes de una fábrica, fertilizantes, radiaciones ionizantes, residuos tóxicos, abono químico, residuos forestales, abono natural, heces humanas, estiércol, pesticidas, desperdicios domésticos, desengrasantes

3. (a) Encuentra el sentido de las siguientes expresiones

agua de borrajas	pera de agua	manos limpias	tierra baldía
agua de coco	reloj de agua	tierra ondulada	tierra natal
aguas mayores	vía de agua	curso de agua	paraíso terrenal
aguas menores	aguas negras	tierra santa	verde mar
agua dulce	luz verde	tierra firme	tromba de agua
agua dura	mole verde	haz de la tierra	limpio de polvo y paja
agua gorda	salsa verde	palmo de tierra	pasar a limpio
tierra vegetal	viejo verde	poner tierra por medio	apartar el grano de la paja
colchón de agua	zona verde	tierra adentro	hacer agua
tierra prometida	verde botella	tierra batida	hombre de paja

(b) Elige cinco locuciones con *agua*, cinco con *verde* y cinco con *tierra*, y escribe frases para ilustrar su uso

4. Traduce al español

endangered species
unchecked dumping of waste
decontamination measures
retention of plant life
regeneration of lake life
environmentally sound
water exploitation
sewage treatment plant
wildlife management
increasing pollution levels
decaying natural matter
plant community
herbivorous insects
herbaceous ground layer
fungus-rich area
sulphur-emitting gases
diversification of supply
fuel storage depot
refined oil products
reusable energies

(Se encuentra la solución en Internet)

5. Imagina el impacto producido en un río por la invasión de compuestos orgánicos como jabones, ácidos, grasas y detergentes, y de compuestos inorgánicos como el nitrito, nitrato, fosfato y sulfato. ¿Qué ocurre con los peces, algas, plantas, juncos, nutrias, microorganismos?

6. ¿Qué entiendes por las siguientes expresiones?

energías alternativas, degradación del suelo, combustibles fósiles, quema del rastrojo, suplir los déficits energéticos, biomasa forestal, equilibrio medioambiental, reserva de biosfera, aprovechamiento energético, diversidad biológica, filtración paulatina

7. Describe

i. **el proceso de depuración del suministro del agua con las siguientes medidas** coagulación, filtración, desinfección (generalmente con cloro), análisis continuo
ii. **el proceso de la contaminación atmosférica por la combustión del motor del coche, calefacción doméstica y actividad industrial, recalcando el polvo, humo y gases**
iii. **la contaminación del suelo por restos sólidos, plásticos, botellas de vidrio, latas de estaño**

8. Describe las medidas que se podrían adoptar para aumentar nuestra dependencia de energías renovables. Insiste sobre todo en los recursos naturales tales como las energías eólica, solar, mareomotriz y geotérmica. No olvides todos los residuos o desperdicios que sirvan de fuentes de energía. Por ejemplo, el algodón, avena, arroz, cebada, soja, sorgo, trigo, paja y estiércol

9. Juego de rol para dos grupos (a y b)

(a) Formáis/Forman (M) parte de un partido verde y participáis/participan (M) en un debate sobre la protección del medio ambiente. Se trata de las aguas residuales de ciudades y urbanizaciones, explotaciones ganaderas, y tala de árboles. Vais/Van (M) a hablar de una campaña que sensibilice al público en lo que se refiere a desastres inminentes si no se encuentran soluciones. El debate sigue los siguientes temas: exposición de los problemas, organización de la campaña, vídeos, carteles, discursos de personajes famosos, puesta en contacto con los industriales y ganaderos, colecta de dinero para reforzar el partido

(b) El patronato de una gran empresa que fabrica productos alimenticios se reúne para estudiar la armonización de una actitud "verde" y la obediencia a imperativos financieros. A corto plazo, los cambios van a acarrear cierto déficit para la empresa

pero a largo plazo, los beneficios serán importantes en la medida en que el público, dándose cuenta de los esfuerzos de la empresa, mostrará gran interés por la empresa y comprará sus productos con más frecuencia. Intervienen en el debate los directores de la empresa, los contables, los obreros y un relaciones públicas

10. Traduce al español

This food web is typical of the forests of Eastern North America. Deciduous forests occur in temperate climates with marked warm and cold seasons and adequate rainfall. Common trees include oak, beech, maple, ash and poplar, all broad-leaved species that shed their foliage each winter as an adaptation to the cold season. Each spring, before new leaves appear on the trees, an herbaceous ground layer flourishes. Leaves supply abundant food to herbivorous insects, especially caterpillars, which in turn are eaten by insectivorous birds. Other plant products, seeds such as acorns and beech nuts, are eaten by some birds and such rodents as mice and squirrels. Fungi and bacteria act as decomposers of dead plant and animal materials, recycling nutrients in the ecosystem.

(Se encuentra la solución en Internet)

11. He aquí siete normas que tienen que respetar las empresas en su gestión ambiental. Elige cuatro de estas normas y escribe diez líneas sobre cada una de ellas

i. La prevención, la reducción, y en la medida de lo posible, la eliminación de la contaminación en base al principio "quien contamina paga"
ii. La garantía de una buena gestión de los recursos naturales
iii. La promoción del buen uso de una técnica limpia o más limpia
iv. El desarrollo duradero y sostenible en base al programa presentado por la comunidad interesada
v. El papel de la responsabilidad de las empresas con respecto a la protección del medio ambiente en toda la comunidad
vi. La puesta en práctica por parte de la empresa de una política "verde" en materia ambiental
vii. La transparencia y la credibilidad de las actividades de las empresas. Para ello, es imprescindible prever el reconocimiento de una supervisión independiente y neutral

12. Redacciones

(a) Aprovechando las expresiones indicadas abajo escribe una redacción sobre el siguiente tema

¿Cómo se puede armonizar las necesidades de la naturaleza y las necesidades humanas?

protección de la naturaleza
proteger las especies animales y vegetales
especies amenazadas por la urbanización
extinción de aves
desecación de humedales
uso excesivo de insecticidas
rico en diversidad biológica
pobre en recursos financieros
captura de peces se ha cuadruplicado
reconciliación entre el medio ambiente y el desarrollo sostenible
medio ambiente y el desarrollo social
captura y matanza de animales
desaparición de tiburones azules
marea negra y muerte de aves marinas y mamíferos marinos
mallas de redes demasiado estrechas
deforestación

(b) Escribe una redacción sobre uno de los siguientes temas

Todo progreso genera nuevas necesidades y nuevos peligros
La supervivencia del género humano se reduce a una lucha entre la explotación de la energía limpia y la de la energía sucia

13. Lee atentamente el siguiente trozo y explica el sentido de los vocablos en itálica

La *biocenosis* está formada por un conjunto de poblaciones con mayor o menor número de individuos. Estas poblaciones, y la *biomasa* relativa de cada una de ellas, varía en los distintos *ecosistemas*. De la diversidad de ecosistemas depende el tipo de especies que podamos encontrar. En ecosistemas controlados por grandes limitaciones físicas, como el desierto o la *tundra*, existe poca variación y número de especies.

Es un hecho constatado que las especies del mismo género son normalmente lo suficientemente semejantes como para que sus exigencias sean parecidas. Esto crea una *competencia entre ellas*, al explotar el mismo nivel de la *pirámide alimentaria*. La evolución ha actuado favoreciendo a una de las especies de cada género en un *biotopo* determinado. Vemos que las relaciones no se establecen únicamente entre distintos niveles de la *cadena alimentaria*, sino e incluso dentro de los mismos niveles.

Aunque la comunidad puede contar con muchas especies de animales y vegetales, no todas lo son igualmente importantes, algunas lo son muy poco, y otras, por su actividad o tamaño, son decisivas en el conjunto de la comunidad. Éstas son las llamadas especies dominantes y en muchas ocasiones son las que dan nombre a la biocenosis. En las biocenosis terrestres, las especies dominantes son los vegetales, por dar alimento y refugio al resto de la comunidad, de ahí los nombres de pinares, hayedos, robledales, que reciben algunas comunidades. Sin embargo en las *comunidades acuáticas*, al no ser tan importantes las especies vegetales, son las características físicas las que dan nombre a la comunidad, por ejemplo *comunidad fótica*, de agua dulce y *abisal*.

M.A.S.

Da un resumen en cien palabras del trozo anterior

14. Contesta a las siguientes cuestiones

(a) ¿Qué peligros pueden acarrear los alimentos transgénicos?
(b) Comenta el peligro que supone la existencia de navíos de combate propulsados por energía nuclear, teniendo en cuenta que en caso de conflicto se tiende a destruir el mayor número de barcos enemigos
(c) Enumera diversas clases de energía alternativas diferenciando las renovables de las no renovables
(d) Describe el impacto ambiental que puede suponer la ubicación de una papelera junto a un río, en un país con laxitud en el cumplimiento de las normas medioambientales
(e) Enumera los daños ecológicos que puede causar una marea negra
(f) ¿En qué consiste el efecto invernadero?

15. Estudia el artículo sacado de un periódico mexicano y, a continuación, contesta a las preguntas

Consume EU diariamente una cuarta parte de la energía que se genera en el mundo

En un contexto de dispendio e ineficiencia, Estados Unidos consume diariamente una cuarta parte de la energía que se genera en el mundo, y cuenta con reservas en su territorio que sólo le garantizarían de seis a siete años de existencia. Por eso, la mayor potencia mundial "no puede vivir sin la energía de fuera."

Y también por eso "México es importante, aunque no es el punto central de la estrategia energética de Estados Unidos, porque nuestra reserva apenas alargaría de tres a cuatro años la insuficiencia energética de ese país," planteó el investigador José Antonio Rojas Nieto, integrante de la Mesa Ciudadana de Observación de la Energía. En el foro Petróleo, recomposición geopolítica y seguridad nacional, organizado por *La Jornada*, cuatro especialistas abordaron el tema desde perpectivas complementarias en las cuales ubicaron a México dentro del "círculo" de la seguridad estadunidense.

Definieron el actual contexto como de una "guerra multidimensional" en la que el país es representado por un Presidente de la República y un secretario de Relaciones Exteriores proclives a aceptar como propios los designos de Washington, y la modificación de los términos de entendimiento e interrelación entre ambos países, por el "sometimiento."

Rojas Nieto indicó que, con todos los esfuerzos de ahorro de energía en Estados Unidos, existe una asimetría entre la producción de ese país y su consumo de energéticos. Precisó que las importaciones estadunidenses de petróleo ascienden actualmente a 10 millones de barriles diarios, de los cuales México aporta 1.6 millones; es decir, una cantidad menor para resolver los problemas que genera un patrón tecnológico intensivo en el consumo de energéticos. De Venezuela proceden 2 millones de barriles y de Arabia Saudita la mayor parte.

El problema para la seguridad nacional de Estados Unidos radica en que la mayor parte de esa cantidad de petróleo se mueve por barco, ante la imposibilidad de moverlo por ductos.

La Jornada, 21 de octubre, 2001

(a) ¿Cuál es el gran problema energético de los Estados Unidos?
(b) Da tu opinión sobre el consumo energético de Estados Unidos
(c) ¿Cómo se puede solucionar el desequilibrio entre producción y consumo?
(d) ¿Qué entiendes por: dispendio, ineficiencia, proclives a aceptar . . . , integrante, foro, asimetría?
(e) ¿Cuántos litros caben en un barril de petróleo?
(f) Encuentra en el trozo el equivalente mexicano de *oleoducto* que se usa en España
(g) ¿Por qué el vocablo *energético* puede ser tramposo para un angloparlante?
(h) El texto tiene un adjetivo que no se escribe igual en España. Encuéntralo. ¡Haz trabajo de detective!

Unidad 11 / Unit 11

La Vida económica (Sección 1) / Economic Life (Section 1)

Nivel 1 / Level 1

Comercio / Commerce

almacenar mercancías	to stock goods
auge m económico R3/2	economic peak
aumento m de precios	increase in prices
baja f del precio	drop in price
bienes mpl inmuebles R3/2	real estate, property
bienes mpl muebles	personal assets
comercialización f R3/2	marketing
comercializar un producto R3/2	to market a product
comisión f	commission
competencia f	competition
consolidar una red comercial	to consolidate a commercial network
contener los precios	to hold down prices
crac(k) m	(economic) collapse
crecimiento m	growth
crisis f financiera	financial crisis
cuenta f bancaria	bank account
cuota f de mercado	market share/quota
cupo m de pesca	fish quota
deflación f R3/2	deflation
depósito m inicial	down payment, initial deposit
desarrollo m económico	economic development
desequilibrio m monetario	monetary instability
devaluación f	devaluation
Dinero llama dinero	Money breeds money
dirigir un comercio	to run a business
disminución f de precio	drop in prices
disparar 2/1 M	to pay for (someone), to treat
distribución f de los productos	distribution of products
dividendo m	dividend
El tiempo es oro	Time is precious
equilibrio m monetario	monetary stability
estabilidad f financiera	financial stability
expansión f	expansion
explotar yacimientos de carbón	to exploit coal seams
factura f	invoice, bill
fijar un precio	to fix a price
fomentar el aumento de empleo	to boost an increase in employment
hacer bancarrota	to go bankrupt
hacer de intermediario	to act as an intermediary
hundimiento m	collapse
incremento m de precios R3/2	increase in prices
inflación f	inflation
insolvencia f	insolvency
institución f financiera	financial institution

lanzamiento m de un modelo	launching of a model
marasmo m	slump
marketing m	marketing
medios mpl financieros	financial means/resources/circles
mejorar el nivel de vida	to improve the standard of living
mercado m internacional	international market
moderar el consumo	to dampen down consumption
monopolio m	monopoly
montar una sociedad	to set up a company
movimiento m de capitales	movement of capital
operación f financiera	financial operation
pagar una factura	to pay a bill
perder competitividad	to lose a competitive edge
poder m adquisitivo	buying power
precio m calidad	value for money
precio m competitivo	competitive price
precio m de la plata	price of silver
precio m del oro	price of gold
promocionar la exportación	to promote exports
propaganda f	advertising
quiebra f	bankruptcy
recuperación f del sector	sector recovery
red f de distribución	distribution network
regatear	to haggle, to bargain
rendimiento m anual	annual output
rentabilidad f	profitability
rentable	profitable
salario m anual	annual salary
salario m bruto	gross salary
salario m libre de impuestos R3/2	tax-free salary
salario m neto	net salary
saneamiento m	improvement
socio m	partner, shareholder
solvencia f	solvency
solvente	solvent, credit-worthy
subasta f pública	public auction
subida f de precios	rise in prices
vale m	voucher
valor m del dólar	value of the dollar
valor m del euro	value of the euro

Compra y venta / Buying and selling

¿Algo más?	Anything else? *(in shop)*
¿Alguna cosita más? M	Anything else? *(in shop)*
anuncio m	advertisement
artículo m costoso	costly article
bajar el precio	to drop the price
barato	cheap
¡Cáete con la lana! R1 M	Pay up!
carestía f	high cost, expensiveness
caro	dear, costly
compra f de un artículo	buying/purchasing of an article
comprador m	buyer
comprar una casa	to buy a house
costar	to cost
coste m del producto	cost of the product (coste *not used in Mexico)*
costear un artículo	to pay for an article
costo m	cost
descuento m	discount
envolver	to wrap up
exportar	to export
garpar R1 A	to pay
gastar dinero	to spend money
gastos mpl	expenses
gastos mpl cuantiosos	considerable/heavy expenses
importar	to import
ir de compras	to go shopping
pagar un buen precio	to pay a good price
paquete m	packet, parcel
pedir un presupuesto	to ask for an estimate
perder un contrato	to lose a contract
precio m módico	reasonable price

producir — to produce
promocional m M — advertisement
publicidad f — advertising
rebajas fpl — sales *(i.e. reduced prices)*
seguro m — insurance
subir el precio — to put the price up
vendedor m — vendor, seller
vender un coche — to sell an auto / a car
venta f de un producto — sale of a product

Empresas / Companies

cadena f de supermercados — supermarket chain
cámara f de comercio — chamber of commerce
casa f — company, firm
casa f editorial — publishing company/house
casa f matriz — head office
(oficina) central f — central office
compañía f — company
cooperativa f — cooperative
dirección f de una empresa — running of a company
editorial f — publishing house
empresa f — company, firm
empresa f exportadora — export company
explotación f de una compañía — running of a company
filial f — subsidiary company
firma f de automóviles — automobile company/car firm
gestión f — management
holding m — holding
multinacional f — multinational
mutua f — benefit/friendly society
sociedad f anónima R3/2 — public corporation, public limited company
sociedad f colectiva R3/2 — partnership
sucursal f — branch

Banca / Banking

banca f — banking *(system)*
banco m — bank
banco m comercial — commercial bank
banquero m — banker
billete m de banco — bank bill/note
calcular — to calculate
cámara f acorazada — strongroom, vault
cambio m de moneda extranjera — foreign currency exchange
cambista mf — money changer
cristal m anti-balas — bullet-proof glass
empleado m de banco — bank employee
ente m bancario R3 — banking establishment
entidad f bancaria — bank
pedir prestada una cantidad de dinero — to borrow a sum of money
pedir un crédito — to ask for credit
préstamo m — loan
prestar una cantidad — to loan a sum
sistema m bancario — banking system
tipo m de interés — interest rate
ventanilla f — window *(for service in bank)*

Como gestionar una cuenta bancaria / how to use a bank account

abonar el cheque en caja — to pay the check in at the cash desk
abonar mil dólares en una cuenta — to pay a thousand dollars into an account
abrir una cuenta — to open an account
acumulación f de interés — accumulation of interest
Adjunto talón a nombre de... — I enclose a check in the name of...
ahorrador m — saver
ahorrar dinero — to save money
banda f magnética M — magnetic strip
caja f — cash desk
caja f fuerte — strong box
cajero m — cashier
cajero m (automático) — cash dispenser
cargar a la cuenta de — to charge to the account of

carta f de crédito	credit note
cartilla f de ahorro	savings book
cerrar una cuenta	to close an account
cheque m	check, cheque
cheque m al portador	bearer check
cheque m cruzado	crossed check
cheque m de hule R1 M	dishonored check, check that bounces
cheque m en blanco	blank check
cheque m rebotado M	dishonored check, check that bounces
cheque m sin fondos	dishonored check, check that bounces
chequera f	checkbook
cobrar intereses	to charge interest
cobrar un cheque	to cash a check
comisión f de administración	administration charges
cuantía f máxima	maximum sum
cuenta f bancaria	bank account
cuenta f conjunta	joint account
cuenta f corriente	checking/current account
cuenta f de ahorros	savings account
cuenta f de crédito	credit account
cuenta f de depósito	deposit account
cuenta f personal	personal account
cuenta f presupuestaria	budget account
cuenta f vivienda	mortgage account
dar un cheque en blanco	to give a blank check
debitar una cantidad de una cuenta R3/2	to debit a sum from an account
depositar dos mil pesos en una cuenta	to pay two thousand pesos into an account
deuda f	debt
domiciliación f	payment by direct billing/debit
domiciliar su sueldo mensual	to have your salary paid directly into the bank
giro m	draft
ingresar un cheque	to pay in a check
inversión f	investment
libreta f de ahorro	passbook, bankbook
límite m de crédito	credit limit
Me cargaron doscientos dólares	They charged me two hundred dollars
mostrador m	counter
nota f de crédito	credit note
número m de cuenta	account number
número m de sucursal	sort code
pagar al contado	to pay cash
pagar con talón	to pay by check
pagar en cash M	to pay in cash
pagar en efectivo	to pay cash
pagar en metálico	to pay cash
pago m automático	direct debit
pago m inicial	down payment
recibir un préstamo subsidiado R3/2	to receive a subsidized loan
renta f fija	fixed income
renta f variable	variable income
retirar cien euros	to take out one hundred euros
saldo m a favor de	balance in favor of
saldo m acreedor	credit balance
saldo m deudor	debit balance
talón m	check
talonario m (de cheques)	checkbook
tarjeta f de crédito m	credit card
tarjeta f de débito	debit card
tener cuenta en banco	to hold a bank account
tira f magnética	magnetic strip
visa f	Visa *(card)*

Trabajo / Work

atarearse	to be very busy
chamba f R1 M	job
chambear R1 M	to work
changa f R2/1 A	odd job *(i.e. of short duration)*
chapar R1	to study
chollo m R1	cushy number
colocación f	post, position
comerciante mf	trader, dealer
conchabo m R1 A	job
currar R1	to work
currelo m R1	job
curro m R1	job
destino m	post, position

empleador m	employer
empleo m	employment, post
empollar R1	to study
estar atorado R1 M	to be tied up *(i.e. with work)*
estar en prácticas	to be on a placement
estudiar	to study
faenar	to labor, to work
hacer un paro A/M	to go on strike
hincar los codos	to study
labor f R3	task, work
laburar A	to work
laburo m A	work
ocupación f	occupation
paro m	unemployment
pencar R1	to work
plantilla f	staff
profesión f	profession
puesto m	post, position
secretaria f	secretary
secretario m M	minister
tajo m R1	work
tarea f	task, work
trabajar	to work
trabajar como un condenado	to work like a madman
trabajar como un negro M	to work like a madman *(not offensive in M)*
trabajo m	work

Trabajadores (general) / workers (general)

activo	active
agente mf	agent
aprendiz m	apprentice
asalariado m	wage earner
asistenta f	cleaning lady
asistente m	assistant, helper
aumentar el sueldo	to increase the salary
aviador m M	salaried worker who is never present at his work
caer el sueldo R1	to receive a salary
campesino m	peasant
chambeador R1 M	hard-working
chupatintas mf	office worker
cobrar un sueldo	to receive a salary
currante mf R1	worker
currito m R1	worker
director m interino	acting manager
encargado m	official, person in charge, manager
enérgico	energetic
fabricante mf	manufacturer
funcionario m	employee, member of staff
funcionario m del estado	government employee, civil servant
ganar un salario	to earn a salary
gasero m M	street gas seller
gerente mf	manager
jubilado m	pensioner
jubilata mf R1	pensioner
laburante mf R1 A	worker
mano f de obra	labor
manta mf R1	bad worker, layabout
maula mf R1	bad worker
mundo m laboral R3/2	working world
noqui mf R1 A	government worker, civil servant
obrero m*	workman *(see below)*
oficial m	official, journeyman
oficinista mf	office worker
operario m	*(machine)* operator, operative, manual worker
patrón m	boss, employer
patrono m	boss, employer
pereza f	laziness
perezoso	lazy
personal m	staff, personnel
responsable mf	official, person in charge
solicitar un empleo	to apply for a post
solicitud f empleo	job application
subir el sueldo	to put up the salary
trabajador m*	worker *(see below)* *(also adjective: hard-working)*
vago	lazy, idle

*The difference between *obrero* and *trabajador* is that the former usually denotes work in more humble tasks while the latter covers all those who work, even the President or Prime Minister

Trabajadores con trabajo general / workers with general work

albañil m	builder, bricklayer
barman m	bartender/man
barrendero m	sweeper (in street)
basurero m	garbage collector, dustman
botones m	bellboy
camarero m	waiter
camionero m	truck driver
capataz mf	foreman/woman
carpintero m	carpenter
cerrajero m	locksmith
chispa m R1	electrician, sparky
chófer mf	chauffeur
ciruja m A	junk man
conductor m	driver
dependiente/a m/f	salesperson
destripaterrones m R1	agricultural worker, peasant
fontanero m	plumber
franalero m M	person who washes your car and looks after it even for a day *(in street, i.e., not in garage)*
gato m R1 M	servant
herrero m	blacksmith
jardinero m	gardener
labrador m	farm worker
limpiabotas mf	shoe-black, shoeshine boy
mecánico m	mechanic
mesero m M	waiter
mozo m	porter
pastor m	shepherd
peón m	laborer
pizarrero m	slater
plomero m A/M	plumber
portero m	doorman, concierge
tapicero m	upholsterer, tapestry maker
temporalero m M	seasonal worker
temporero m	seasonal worker
tiradero m M	garbage collector, dustman

Trabajadores profesionales / Professional workers

abogado m	lawyer
aeromoza f	air hostess
amo m	owner, boss
azafata f	air hostess
comerciante mf	dealer, trader
contable mf	accountant
contador m A/M	accountant
detective mf	detective
directivo m	manager, executive
dueño m	owner
economista mf	economist
electricista mf	electrician
empleador m	employer
empresario m	businessman, promoter
enfermero m	nurse
espónsor m	sponsor
facultativo m	advisor overseeing plans (s)he draws up
farmacéutico m	druggist, pharmacist
fotógrafo m	photographer
hombre m de negocios	businessman
ingeniero m	engineer
inspector m	inspector
intérprete mf	interpreter
jefe m de cocina	chef
jurista mf	lawyer, anyone connected with the law
locutor m de televisión	television presenter
maestro m	elementary/primary school teacher
médico mf	doctor
mercader m	merchant *(as in former times)*
meritorio m A	unpaid trainee
mujer f de negocios	businesswoman
negociante mf	trader, dealer

notario m	notary, solicitor
óptico m	optician
patrocinador m	sponsor
piloto mf	pilot
profesor m	professor *(in USA)*, teacher
propietario m	owner
técnico m	technician, repairman, engineer
traductor m	translator

Tenderos y tiendas / Shopkeepers and stores/shops

agencia f de viajes	travel agency
agente mf de viajes	travel agent
almacén m	grocery store, grocer's, warehouse
aparador m M	store/shop window
bazar m	bazaar, hardware store
bisutería f	store-shop for cheap jewelry
bodega f	wine cellar, winery
bodega f M	warehouse, storehouse
boliche m A	small store, bar
bombonería f	cake/candy store/shop
botica f 3/2	drugstore, pharmacy
boutique m	boutique
café m	café
cafetería f	coffee shop, café
carnicería f	butcher's shop
carnicero m	butcher
centro m comercial	shopping mall/center
cerillo m M	food packer *(usually a child in a store)*
changarrero m M	owner of a *changarro*
changarro m M	mom-and-pop store, small shop
chiringuito m	outdoor bar
churrería f	store/shop/stall selling *churros*
churrero m	person who makes/sells *churros*
comercial f M	store/shop
comerciante mf	store/shopkeeper
comercio m	store, shop
correos m	post office
droguería f	store selling cleaning materials and other household goods
dulcería f M	candy store, sweet shop
economato m	store within an institution
embalar	to pack
escaparate m	store/shop window
estanco m	tobacconist's store/shop
estanquero m	tobacconist
estanquillo m M	general store, grocer's
expendeduría f	tobacconist's store/shop
farmacia f	drugstore, pharmacy
ferretería f	hardware store, ironmonger's
ferretero m	hardware dealer, ironmonger
florería f A/M	florist's store/shop
floristería f	florist's store/shop
frutería f	fruit store/shop
frutero m	fruit seller, fruiterer, greengrocer
funeraria f	funeral parlor, undertaker's
galpón m A	store, warehouse
gran área f	supermarket
gran superficie f	supermarket
grandes almacenes mpl	department store
heladería f	ice-cream parlor
heladero m	ice-cream vendor/seller
hiper m R1	hypermarket
hipermercado m	hypermarket
ir de escaparates	to go window shopping
joyería f	jeweler's store/shop
joyero m	jeweler
kiosko m	stall
lencería f	lingerie store

lencero m	seller of lingerie
librería f	bookstore/shop
lonchería f M	outdoor bar
marchante mf M	stall holder
merendero m	outdoor bar
miscelánea f M	general store, grocer's
mueblería f	furniture shop
negocio m	store, shop, business
oficina f de correos	post office
paletería f M	ice cream parlor
panadería f	baker's *(store)*
panadero m	baker
papelería f	stationery store, stationer's
pastelería f	cake shop, patisserie
peluquería f	hairdresser's
peluquero m	hairdresser
pescadería f	fish store/shop
pescadero m	fish dealer, fishmonger
puesto m	stall, stand
pulpería f A	general store *(often associated with farm)*
pulquería f M	store selling *pulque*
pulquero m M	owner of a *pulquería*
quiosco m	stall, stand
rebotica f	back room of a pharmacy
recaudería f M	grocer's *(used in the countryside)*
refresquería f M	store/shop selling chilled soft drinks
relojería f	watchmaker's
relojero m	watchmaker
repostería f	confectionery store, patisserie
repostero m	pastry/cake chef
rosticería f M	delicatessen *(especially for spit-roast chicken)*, takeaway
rotisería f A	delicatessen *(especially for spit-roast chicken)*, takeaway
sección f	department *(within a store)*
sombrerería f	hat store/shop, milliner's
súper m R1	supermarket
supermercado m	supermarket
tabacos m	tobacconist's store/shop
taller m	garage *(for repairs)*
tanatorio m	funeral parlor, undertaker's
tianguista mf R1 M	stall holder in an informal market
tienda f	store/shop
tienda f de abarrotes M	general store, grocer's
tienda f de comestibles	food store/shop
tienda f de ultramarinos	grocery store, grocer's
tiendita f M	small store/shop
tortillería f M	store/shop selling *tortillas*
trastienda f	back room of a store/shop
vendedor m	vendor/seller
vendedor m ambulante	itinerant vendor/salesman
venta f de libros	sale of books
vinatería f M	wine store, liquor shop, bar
zapatería f	shoe store/shop
zapatero m	shoemaker

Varios / Miscellaneous

arreglar	to mend, to repair
barata f M	sale *(for clearance)*
baratas fpl de enero M	January sales
confeccionar	to make *(clothes)*
día m de semana	week day *(i.e. working day)*
día m feriado A/M	day off, public holiday
día m festivo	public holiday
día m hábil	working day
día m laborable	working day
elaborar vino	to produce wine
fabricar zapatos	to manufacture shoes

ganarse la vida	to earn your living
ganga f	bargain
hacer una tarea	to carry out a task
liquidación f	liquidation, sale
manufacturar	to manufacture
ponerse a trabajar	to set to work
quejas fpl M	complaints *(department)*
realizar una tarea	to carry out a task
rebajas fpl	sales
reclamaciones fpl	complaints
reparar un coche	to repair an automobile/car
semana f inglesa	working week with weekends free
tomarse el trabajo de	to take the trouble to
trabajar a destajo	to do piecework
vida f atareada	busy life
vida f trabajosa	busy/hard life

Material de oficina / Office equipment

abrochadora f A	stapler
agenda f	diary
archivero m M	filing cabinet
archivo m	archive, file
armario m	cupboard
attaché m A	briefcase
auricular m	receiver *(of telephone)*
bandeja f (de correspondencia)	(mail) tray
birome f A	ball-point pen, Biro
bloc m de taquigrafía	stenography/ shorthand pad
boli m R1	ball-point pen, Biro
bolígrafo m	ball-point pen, Biro
borrador m	rough draft
broche m A	staple
cajón m clasificador	filing cabinet
calculadora f de bolsillo	pocket calculator
calendario m	calendar
carpeta f para apuntes	folder for notes
cartera f	briefcase
celo m	Scotch tape, Sellotape
cenicero m	ashtray
cera f	wax
chinche f M	thumbtack, drawing pin
chincheta f	thumbtack, drawing pin
clip m	paperclip
color m	colored pencil
compás m	compass, pair of compasses
computadora f M	computer
cortaplumas m	penknife
cuaderno m	writing pad
despacho m funcional	functional office
dictáfono m	dictaphone
durex m M	Scotch tape
engrapadora f M	stapler
estantería f de los archivadores	file shelf
estilográfica f	fountain pen
expediente m	dossier
fichero m	file
fotocopiadora f	photocopier
ganchito m A	staple
goma f de borrar	eraser, rubber
grapa f	staple
grapadora f	stapler
guillotina f	guillotine
hojear un cuaderno	to flip through a notebook
impresora f	printer
lapicero m	automatic/propelling pencil, pencil
lápiz m	pencil
lápiz m de color	colored pencil
llamar por teléfono	to phone
maletín m	briefcase
máquina f de escribir	typewriter
ordenador m	computer
papel m celo	Scotch tape, Sellotape
papel m de embalar	wrapping paper
papel m tamaño folio	A4 sheet
papelera f	waste paper basket
patente f	patent
pegamento m	glue, adhesive
pila f de papel	pile of paper
pliego m	sheet of paper
poner en limpio	to make a perfect copy

portafolio m	briefcase
presentar por duplicado	to provide in duplicate
resma f	ream
rollo m de cinta adhesiva	roll of adhesive tape
rotulador m	felt-tip pen
sacapuntas m	pencil sharpener
sujetapapeles m	paperclip
tabique m	partition (to split up office)
tachuela f M	thumbtack, drawing pin
telecopia f	fax, fax system
telefonear	to telephone
tinta f	ink
tirador m de un cajón	drawer knob
tiza f	chalk
trazar	to draw, to trace, to outline

Reunión del consejo de administración / Meeting of the board of directors

adjunto m del director	deputy director
asesor m	advisor, consultant
asesoría f	consultancy
auditar R3/2	to audit
auditoría f	audit
beneficios mpl	profits
comité m directivo M	board of directors
contabilidad f	accountancy
controlar el balance	to check the balance sheet
cuadrar el balance	to balance the accounts
cuentas fpl de la empresa	company accounts
directiva f	board of directors
director m	director
director m adjunto	deputy director
hoja f de balance	balance sheet
informe m de auditoría	audit report
inventario m	inventory
junta f	board meeting
pasivos mpl	liabilities
planear ventas	to plan sales
planificar el futuro	to plan the future
presidente m	chairman, president
vicepresidente m	vice-chairman/-president

Riqueza y pobreza / Wealth and poverty

abundancia f de dinero	abundance of money
acaudalado R3	wealthy
acomodado R3/2	well-to-do
acumulación f de riqueza	accumulation of wealth
adinerado	wealthy
amolado M	poor
bacán m R1 A	wealthy person, money bags
botar dinero R1 M	to waste money
desamparado R3/2	defenseless, destitute
desperdiciar una fortuna	to waste a fortune
desvalido R3	helpless, destitute
empobrecerse	to become impoverished
empobrecimiento m	impoverishment
enriquecerse	to get rich
enriquecimiento m	enrichment, acquisition of wealth
estar falto de recursos R3/2	to be lacking in resources
estar forrado (de dinero) R1	to be loaded *(with cash)*
estar montado en el dólar R1	to be loaded with dollars
estatus m social R3/2	social status
forrarse de dinero R1	to make a killing
fortuna f	fortune
fregado R1 M	poor, skint
indigente R3	indigent
malgastar dinero	to waste money
menesteroso R3	needy
miserable	wretched, poor
mísero R3	poor, wretched
necesidad f	necessity, need
necesitado	needy
opulento R3	opulent

pelado R1	broke, skint
pez m gordo	fat cat
platudo R1 A	well-heeled
pobre	poor
pobreza f	poverty
poder m adquisitivo	buying power
podrido de dinero R1	rolling in money
prángana R1 M	poor
propiedad f	property
pudiente R3	wealthy
ricachón R1	stinking rich
rico	rich
riqueza f	wealth

Nivel 2 / Level 2

Comercio / Commerce

acción f	share
accionista mf	shareholder
acopiar R3/2	to stockpile
acopio m R3	stock
adquisición f	takeover
agravamiento m de los déficits presupuestarios	worsening of the budget deficit
atender peticiones de crédito	to deal with credit requests
blanqueamiento m del dinero	money laundering
blanquear el dinero	to launder money
boleta f A	receipt
bonos mpl del Estado	Government bonds
boom m (económico)	(economic) boom
cancelar el crédito	to settle the account
clase f patronal	employers' class
código m de barras	bar code
contraer una deuda	to contract a debt
control m monetario	money control
correr a/por mil pesos la unidad	to sell at a thousand pesos the unit
crédito m a corto plazo	short-term credit
crédito m a largo plazo	long-term credit
crédito m a medio plazo	medium-term credit
crédito m instantáneo	instant credit
cuota f de ventas	sales quota
cuota f inicial M	down payment *(for service, i.e. joining club, university, etc.)*
dar el vuelto A/M	to give change
dar la vuelta	to give change
declive m económico	economic decline
demanda f de pago	demand for payment
demanda f final	final demand
derechos mpl aduaneros	customs duties
desembolso m	outlay
deterioro m de la balanza comercial	worsening in the balance of payments
deterioro m del crecimiento económico	slackening of economic growth
dinero m caliente	hot money
dinero m negro	undeclared income
dinero m (de) plástico	plastic money
dinero m sucio	illegally obtained money
dirigente mf de una empresa	company director
dirigente mf gerente	managing director
economía f de servicios	service economy
economía f en declive	declining economy
ejecutivo m	executive
embarcar un producto	to ship a product
embargar bienes	to seize goods
empresariales fpl	business studies
empresario m	businessman
enganche m M	down payment *(for house, car, furniture)*
entrada f	first/down payment
escalada f de los precios	rise in prices

estudios mpl empresariales	business studies
estudios mpl mercantiles	commercial studies
fijación f de intereses	fixing of interest rates
fondos mpl públicos	public funds
fusión f de dos entidades financieras	merger between two financial institutions
gestionar una compañía	to run a company
incremento m de ocho mil unidades	increase *(in output)* by eight thousand units
índice m de precios	price index
La economía se frena	The economy is slowing down
La economía se recalienta	The economy is overheating
letra f de cambio	bill of exchange
levantar una barrera proteccionista	to put up a protectionist barrier
liquidación f por cierre	closing-up/-down sale
Los precios se elevan	Prices are rising
materias fpl primas	raw materials
mejorar la competencia	to improve competitiveness
nacionalizar	to nationalize
oferta f pública de adquisición	takeover
oferta f y demanda	supply and demand
pagar a plazos	to pay in installments
pagar dentro del plazo establecido	to pay at an agreed time
pagar por anticipado/ adelantado	to pay in advance
pago m atrasado	delayed payment
pasar la tarjeta	to zip/swipe the *(credit)* card *(i.e. to record)*
patronal f	management, employers
pequeños comerciantes mpl	small traders
percibir un pago	to receive payment
pérdidas fpl netas	net loss
política f monetaria	monetary policy
precio m asequible	affordable price
precio m inasequible	unaffordable price
presiones fpl alcistas	upward pressure
presiones fpl bajistas	downward pressure
reactivar la economía	to reactivate the economy
recesión f	recession
recibo m	receipt, bill (e.g. gas)
repunte m leve	slight recovery
salado A	costly, expensive
saldo m acreedor	credit balance
saldo m deficitario	debit balance
ser un afano R1 A	to be a rip-off
situación f deficitaria	loss-making situation
sobrecalentarse	to overheat
sobrepasar el listón de los dos millones de dólares	to exceed the two million dollar mark
superávit m R3/2	surplus
tener mucha demanda	to be in great demand *(a product)*
tener un artículo en estock	to have an article in stock
transferencia f de fondos R3/2	transfer of funds
venta f al contado	cash sale
volumen m de cobros y pagos	turnover
volumen m de ventas	turnover

Compra y venta / Buying and selling

adelantar fondos	to advance funds
agobiado por las deudas	debt-ridden
aprovechar un hueco	to exploit a gap
anular un pedido	to cancel an order
artículos mpl de segunda mano	second-hand goods
autofinanciación f	self-financing
baratillo m	rummage/jumble sale
bienes mpl de consumo	consumer goods
bienes mpl de equipo	capital goods
bienes mpl de producción	industrial goods

capacidad f de compra	buying capacity
caudal m social	assets of a partnership
cifra f de ventas	turnover
cliente mf	customer, client
clientela f	clientele
comercio m al por mayor	wholesale trade
comercio m al por menor	retail trade
comprar a crédito	to buy on credit
comprar en línea	to shop on-line
consumidor m	consumer
déficit m	deficit
depreciación f	depreciation
despachar a un cliente	to deal with a customer
despachar un paquete	to dispatch/send a parcel
detallista mf	retailer
deuda f incobrable	irrecoverable/bad debt
doblar el volumen de ventas	to double volume of sales
encargar un producto	to order a product
entrega f de un producto	delivery of a product
entregar con retraso	to deliver late
entregar un artículo	to deliver an article
Esta leche ha caducado	This milk is beyond its sell-by date
expedir el paquete por correo	to send the parcel by post
facilidades fpl de pago	easy payment terms
facturación f	invoicing, turnover
fecha f de caducidad	use-by/sell-by date
fidelidad f a una marca	brand loyalty
gran surtido m	wide range (of goods)
hacer un depósito	to place a deposit
hacer un encargo	to place an order
hacer sólo por encargo	to make only to order
imagen f de marca	brand image
impresos mpl	printed matter
incentivar el rendimiento	to encourage output
incentivo m	incentive
inventario m	inventory
llevar las cuentas	to go through the accounts
mayorista mf	wholesaler
mercancías fpl	goods
mercancías fpl perecedoras	perishable goods
muestra f gratuita	free sample
pago m a plazos	payment by installments
parroquia f	clientele
parroquiano m	client, customer
pedido m	order
poner una orden M	to place an order
productos mpl terminados M	finished products
proveedor m	supplier, purveyor
reembolso m	reimbursement
subastar	to auction
suministrar mercancías	to supply goods
surtido m de ropa	range of clothes
tira y afloja m	horse trading, hard bargaining
triplicar las ventas	to triple sales
utilidad f de operación M	operational profit
utilidad f neta M	net profit
Vence el pago	Payment falls due
vencimiento m	due date *(for payment)*
vender a precios irrisorios	to sell at knockdown prices
vender al costo	to sell at cost price
vender al mayoreo M	to sell wholesale
vender al menudeo M	to sell retail
vender al peso	to sell by weight
ventas fpl en línea	on-line sales
ventas fpl por Internet	Internet sales

Empresas / Companies

constructora f	building company, builders
empresa f constructora	building company
empresa f de transportes	transport company
establecimiento m R3	establishment
pequeñas y medianas empresas fpl (PYME = *a word*)	small and medium-sized companies (SME)
sociedad f de crédito hipotecario	savings and loan institution, building society
sociedad f de responsabilidad limitada (SRL)	limited corporation, private limited company (plc)

Mercado / Market

actividad f mercantil	commercial activity
análisis m de mercado	market analysis
arrendamiento m sin enganche M	leasing with no deposit
demanda f de mercado	market demand
día m de mercado	market day
director m de marketing	marketing director
economía f de mercado	market economy
estudio m del mercado	market survey
generado por el mercado	market-led *(economy)*
líder m del mercado	market leader
mercado m inmobiliario	real estate market
oportunidad f comercial	commercial opportunity
participación f de mercado	share of market (SOM)
penetración f del mercado	market penetration
plaza f del mercado	market place
potencial m comercial	commercial potential
precio m corriente	current price
sección f de marketing	marketing sector
tendencias fpl del mercado	market tendencies

Banca / Banking (System)

amortización f	repayment
amortizaciones fpl susceptibles de desgravación	tax-deductible repayments
amortizar un préstamo	to repay a loan
baja f de los valores	drop in the value of stocks/securities
bajo fianza	against a deposit
beneficios mpl fiscales	tax benefits
cartera f de acciones	shares portfolio
con capacidad de pago	credit worthy
control m de divisas	currency control
crédito m hipotecario	mortgage
crédito m vivienda	mortgage
cuota f mensual	monthly quota
datos mpl macroeconómicos	macroeconomic data
divisas fpl	foreign exchange
divisas fpl convertibles	convertible currency
divisas fpl fuertes	hard currency
divisas fpl inconvertibles	inconvertible currency *(like the rouble)*
especulación f inmobiliaria	property speculation
estar cotizado en Bolsa	to be quoted on the Stock Exchange
estar en/al descubierto	to be overdrawn
estar en números rojos	to be in the red
fajo m de billetes	roll of bills, wad of notes
hacer un adelanto	to make an advance
hacer un anticipo	to make an advance
hacer una transferencia	to transfer
interés m de crédito	interest on credit
inversiones fpl	investments

inversionista mf	investor
invertir en Bolsa	to invest on the Stock Exchange
llenar una solicitud de préstamo M	to fill in a form for a loan
mantener un saldo de mil euros	to keep a balance of one thousand euros
pagar por adelantado	to pay in advance
pagar una cuota de mil dólares al mes	to pay a rate of a thousand dollars a month
pagaré m	IOU, promissory note
plazo m de amortización	repayment installment on loan
reservas fpl de divisas	currency reserves
restricciones fpl de crédito	credit restrictions
revaluación f de la moneda	currency revaluation
solicitar un empréstito R3	to apply for a loan
solvente	credit worthy
subinvertir	to underinvest
tasa f real del orden de trece por ciento	real rate of the order of thirteen per cent
valoración f crediticia	assessment as to whether a person is credit worthy
valores mpl de renta variable	variable yield securities
valores mpl en cartera	investments, holdings
valores mpl inmobiliarios	real estate
ventas fpl a crédito	installment plan, hire purchase

La Bolsa / The Stock Exchange

accionariado m	stock/shareholders
actividad f bursátil	activity on the stock market
agente mf de la Bolsa	stockbroker
ampliación f de capital	capital increase
BMV (Bolsa Mexicana de Valores) M	Mexican Stock Exchange
bolsista mf	stockbroker
caída f de los valores	drop in value of stocks/shares
capitalista mf	capitalist
contratación f	transactions, trading
corredor m de Bolsa	stockbroker
cotización f de apertura	opening price
cotización f de cierre	closing price
cotización f de clausura	closing price
cotizar	to quote
cotizar en Bolsa	to be listed/quoted on the Stock Exchange
El precio fluctúa	The price fluctuates
especulaciones fpl	speculation
especular en Bolsa	to speculate on the Stock Exchange
evolución f del índice de cotizaciones	change in the price index
experimentar una ligera baja	to drop slightly
experimentar una ligera subida	to go up slightly
experimentar una subida acusada	to go up sharply
fluctuación f de la moneda	currency fluctuation
gestionar una cartera	to manage a portfolio
gráfica f de estadísticas	statistical graph
índice m de la Bolsa	Stock Exchange index
interés m fijo	fixed interest
interés m variable	variable interest
invertir en bonos del Estado	to invest in Government bonds
jugar a la baja	to speculate on a price fall
jugar al alza	to speculate on a price rise
La Bolsa baja	The market / Stock Exchange is becoming slack

La Bolsa sube	The market / Stock Exchange is becoming bullish
lanzar una emisión de obligaciones	to launch an issue of bonds
Las acciones se cotizan a mil pesos	Shares are quoted at a thousand pesos
obligaciones fpl	bonds, debentures
oferta f pública hostil	unfriendly takeover bid
páguese al portador	pay the bearer
parqué m	floor *(in Stock Exchange)*
plusvalía f	capital gain, added value
sala f de la Bolsa	Stock Exchange hall
suscriptor m	underwriter
tablón m con las cotizaciones bursátiles	*(Stock Exchange)* prices board
título m de portador	bearer bond
tramo m	share issue
vender títulos	to sell securities/bonds

Mundo laboral (general) / World of work (general)

absentismo m	absenteeism
accidentes mpl laborales	industrial accidents
apuntar	to sign up
ascender	to promote
ascenso m	promotion
ausencia f	absence
ausentarse	to be absent
cargo m	position, post
cesar a un funcionario R3	to dismiss a government official
clase f media	middle class
clase f obrera	working class
cobrar un jornal	to earn a day's pay
cobrar una jornada M	to earn a day's pay
conchabar R1 A	to hire
conchabo m R1 A	job, work
condiciones fpl de trabajo	working conditions
contratación f de personal	hiring of staff
contratar a un obrero	to hire a worker
correr a un empleado M	to fire an employee
currículum vitae (CV) m	résumé, curriculum vitae
dar puerta a R1	to fire, to show the door to
deber m	duty
descanso m	break
desempleado m	unemployed person
desocupados mpl	(the) unemployed
despachar a un camarero R1	to fire a waiter
despedir	to dismiss, to fire
despido m	dismissal, layoff, redundancy
destino m	post, posting
destituir de su cargo R3/2	to dismiss from his post
día m de asueto R3/2	day off
echar (a la puerta)	to fire
enseñar la puerta R1	to fire, to show the door
estar dado de baja	to be on sick leave
estar en (el) paro	to be out of work
estar enchufado R1	to have friends in high places
evaluación f del empleo	work assessment
faena f	(hard) work
fichar a un futbolista	to sign up a football player
flexibilidad f en el empleo	flexitime
gerencia f	post, position as manager
gestión f de recursos humanos	human resources management
gestión f de una empresa	running of a company
horas fpl de oficina	office hours
horas fpl de trabajo	work hours
huelga f	strike
huelguista mf	striker
inscribir	to enrol, to sign
jornada f de ocho horas	eight-hour day

mandar a paseo R1	to fire
mundo m laboral	working world
nacionalizar una industria	to nationalize an industry
no dar golpe R1	to do no work, to loaf around
no dar un palo al agua R1	to loaf around
nombrar al candidato	to appoint the candidate
parado m	unemployed person *(also adjective)*
personal m	personnel, staff
pleno empleo m	full employment
pluriemplearse	to do more than one job, to moonlight
poner de patitas en la calle R1	to kick out
prestación f por desempleo	unemployment benefit
privatización f	privatization
privatizar	to privatize
proletariado m	proletariat
promoción f	promotion
sindicalista mf	union member, trades unionist
sindicato m	labor union, trades union
siniestralidad f laboral R3	industrial injuries
tajo m R1	job, work
tasa f de empleo	rate of employment
tener enchufe	to have friends in high places, to pull strings
Tiene turno de noche	She's on night shifts
trabajo m a tiempo parcial	part-time work
trabajo m manual	manual work

Sueldo y condiciones de trabajo / Salary and conditions of work

acuerdo m salarial	wages agreement
asignación f	wages, pocket money, weekly allowance
bonificación f	bonus
condiciones fpl de trabajo	working conditions
congelación f de sueldos	freezing of salaries
contrato m del colectivo	wage agreement
descripción f del puesto/trabajo	job description
devengo m	amount earned
día m de paga	pay day
estar ajetreado	to be busy
estar desbordado de trabajo	to be swamped with work
estipendo m R3	stipend
estudio m del trabajo	time and motion study
evaluación f de empleo	work assessment
flecos mpl	fringe benefits
garantía f de trabajo	guarantee of work
gratificación f	bonus
hoja f de sueldo	pay slip
honorarios mpl	fees
horario m flexible	flexitime
incentivo m	incentive
jornal m	day's pay
licencia f de maternidad	maternity leave
licencia f de paternidad	paternity leave
Mi sueldo corre del primer día del mes	My salary is payable from the first of the month
nómina f	payroll, payslip, salary
oportunidad f de trabajo	work opportunity
pacto m social	wages agreement
paga f	pay, wages
pago m inicial	initial payment
paz f social	industrial harmony
permiso m para parto	maternity leave
permiso m por maternidad	maternity leave
plan m para compartir empleos	job-share plan
plantilla f	staff
propina f	pocket money
raya f M	salary, wages

recibo m de sueldo	pay slip
remuneración f a convenir	salary/remuneration to be agreed
retribución f	salary
salario m	salary
satisfacción f profesional	job satisfaction
seguridad f en el trabajo	job security
sobre m de paga	pay envelope/packet
subsidio m de desempleo	unemployment compensation/benefit
subsidio m de huelga	strike pay
sueldo m	salary, wages
sueldo m bruto	gross salary
sueldo m neto	net salary
vacaciones fpl pagadas	paid vacation / holiday with pay

Oficios generales / general jobs

alfarero m	potter
ama f de cría	wet nurse
bibliotecario m	librarian
bordador m	embroiderer
ceramista mf	ceramist
chacha f R1	maid
cigarrero m	cigarette factory worker, seller of cigarettes/cigars
coser	to sew
cosetodo m	sewing workroom
costura f	sewing
costurera f	seamstress
criada m	maid
deshollinador m	*(chimney)* sweep
deshollinar	to sweep
embalador m	packer
empleado m doméstico	domestic help
enterrador m	undertaker
farolero m	lighthouse keeper
florista mf	florist
hacer calceta	to sew
hacer punto	to sew
herrero m	blacksmith
labrar la madera	to carve
labrar la tierra	to work the earth
lavandera f	washerwoman
lechero m	milkman
librero m	bookseller
limar	to file (nails)
mecanógrafo m	typist
modista mf	couturier, dressmaker
molinero m	miller
oficio m	post, profession, job
pintar	to paint
pintor m	painter
planchadora f	person paid to iron clothes
planchar la ropa	to iron clothes
profesión f	profession
remendar calcetines	to mend/darn socks
ropavejero m	second-hand-clothes dealer
sastre m	tailor
soldar	to solder
sombrerero m	hatter
tejedor m	weaver
tejer	to weave
telefonista mf	telephonist
trapero m	junk man, rag and bone man
vidriero m	glazier

Herramientas / Tools

aguja f	needle
alambre m	wire
alfiler m	pin
alicate m	pliers
batería f	*(rechargeable)* battery
berbiquí m	brace
bisagra f	hinge
bomba f	pump
bricolaje m	do-it-yourself, DIY
cable m	cable
caja f de herramientas	tool box
carrete m de hilo	spool/reel of thread
cepillo m	brush
cepillo m de alambre	wire brush
cerrojo m	bolt
chapuza f	botched job
cinta f aislante	insulating tape
clavo m	nail
cuña f	wedge
dedal m	thimble
destornillador m	screwdriver

formón m	chisel
fragua f	forge
fusible m	fuse
gafas fpl de soldador	solderer's goggles
hacha f	ax
hilo m	thread
hoja f de sierra	blade of saw
interruptor m	*(electric)* switch
lámpara f de bolsillo	pocket torch
lima f	file
llave f	spanner, *(electric)* switch
mango m de una herramienta	handle of a tool
máquina f de coser	sewing machine
martillo m	hammer
mazo m	mallet, sledgehammer
muela f	millstone, whetstone
palanca f	lever
papel m de empapelar	wallpaper
papel m de lija	sandpaper
pico m	pick(ax)
pila f	battery *(for watch)*
plancha f	iron
polea f	pulley
sierra f	saw
tenazas fpl	pliers, pincers
tijeras fpl	scissors
torno m	lathe
torno m de alfarero	potter's wheel

Riqueza y pobreza / Wealth and poverty

aprieto m con un banco	tight spot with a bank
apuros mpl con el banco	tight spot with the bank
arruinarse con el crac	to lose everything when the market crashed
bienestar m económico	economic well-being
cagado en guita R1* A	loaded
calidad f de vida	quality of life
caudal m	wealth, fortune
cobrar una torta de plata R1 A	to earn piles of dough
desahogo m económico	economic affluence
droga f R1 M	debt
endeudamiento m	falling into debt
endeudarse	to get into debt
endrogarse R1 M	to get into debt
estar a sus anchas	to feel at ease
estar apurado de dinero	to be short of money / strapped for cash
estar en la lona R1 A	to be broke
estar en rojo R1 A	to be in the red
familia f holgada R3/2	well-to-do family
forrado en guita R1 A	rolling in it
holgura f económica R3/2	economic well-being
hucha f	moneybox, piggy bank, nest egg
limosna f	alms
limosnear	to beg
marginados mpl R3/2	deprived elements *(of society)*
marginal m R3/2	deprived person
mendigo m	beggar
meterse en un apuro	to get into a jam
mundo m marginal R3/2	deprived sector
no tener un mango R1 A	not to have a dime/penny
países mpl paupérrimos R3	extremely poor countries
pauperización f R3	impoverishment
pobre desgraciado m	poor soul
pordiosero m R3	beggar
profusión f R3/2	profusion
renta f	*(unearned)* income
renta f elevada	high income
renta f vitalicia	life annuity
Su fortuna ha medrado R3	Her fortune has increased
Sus ingresos han disminuido	His income has dropped
tener la buena vida	to enjoy the good life
tener la vida padre R1	to enjoy a wonderful life
vivir como un cura R1	to enjoy a wonderful life

Nivel 3 / Level 3

Comercio (general) / Commerce (general)

abastecedor m R3/2	supplier
abastecer de alimentos	to supply with food
abastecerse	to stock up
abastecimiento m de mercancías	supply of goods
acicate m R3/2	incentive
activo m circulante R3/2	current assets
activo m fijo R3/2	fixed assets
activo y pasivo m R3/2	assets and liabilities
acuñar moneda	to mint money
adjudicar un contrato	to award a contract
administrador m jurídico	receiver *(for a company in liquidation)*
ajetrearse R3/2	to be very busy
albarán m	delivery note
aliciente m R3/2	incentive
aliviar la escasez de un producto	to relieve the scarcity of a product
almoneda f R3/2	auction
amortizar una deuda	to clear a debt
año m presupuestario	budget year
aprovisionarse	to stock up
auditoría f administrativa	audit
balanza f de pagos	balance of payments
campaña f de ventas	sales campaign
comerciar con	to trade with
conglomerado m	conglomerate, financial group
consultoría f gerencial R3/2	management consultancy
contabilidad f de gestión	management of accounts
coyuntura f socioeconómica	socioeconomic situation
desembalar	to unpack, to unwrap
desempaquetar	to unwrap
deuda f flotante R3	floating debt
embalar	to pack
empaquetar	to pack
entrar en liquidación	to go into liquidation, to call in the receiver
entregar a domicilio sin recargo alguno	home delivery at no extra charge
establecimiento m acreditado	reputable establishment
estanflación f R3	stagflation
estar en litigio R3/2	to be in dispute
estraperlo m R1	black market
expedición f de un producto	dispatching of a product
expeditor m	sender
extender un cheque a favor de	to make out a check payable to
fiar	to sell/give on credit
fletar	to charter, to transport
flete m de un barco	chartering of a boat
forma f de pago	form of payment
fuga f de capitales	flight of capital
gancho m	incentive
gran surtido m de artículos	wide range of articles
hacer recortes de plantilla	to downsize the workforce
honorarios mpl de director	director's fees
índice m de precios al consumo (IPC)	consumer price index
ingresos y egresos mpl A	income and expenditure
malbaratar	to sell off cheap
malvender por liquidación	to sell off cheap for clearance purposes
mercado m negro	black market
muestrario m	collection of samples
Nuevas tarifas entran en vigor	New rates apply
pago m pendiente	payment pending
pasivo m superior al activo	liabilities greater than assets
Peligran empleos por alzas salariales	Jobs at risk with salary increases
perito m	loss adjuster

precio m de coste	cost price
precio m de venta	sale price
proveerse de existencias	to get in supplies
racionalizar la producción	to rationalize/ streamline production
recargar la factura	to impose a surcharge on the invoice
recargo m de mora	surcharge for late payment
reclamación f	claim, complaint
regateo m	haggling, bargaining
repuntar	to rally, to pick up *(of sales, stock market)*
resarcimiento m del daño	payment for damages
revisión f de gerencia	management inspection
saldo m final	final balance
saldo m vencido	balance due
salida f	outlet
sanear la economía	to rationalize the economy, to make the economy more healthy
sanear las cuentas	to rationalize the accounts
Se vende coche: Razón portería	Automobile/car for sale: Enquiries at the janitor's/ caretaker's
sector m primario	primary sector
sector m secundario	secondary sector
sector m terciario	tertiary sector
síndico m	trustee, receiver *(in bankruptcy cases)*
subastador m	auctioneer
tener domiciliado el pago de los gastos	to pay expenses by direct billing/debit
tener en el haber	to have on the credit side
tener saldo a creedor	to have a balance in credit
tiene mil euros en el haber	to be a thousand euros in credit
traspaso m del local	transfer of the lease on premises
utilidades fpl M	profits
venta f a domicilio	door-to-door selling
venta f a plazos	credit sale
venta f al detalle	retail sale
venta f al por mayor	wholesale
venta f al por menor	retail
venta f de exportación	export sales
venta f de liquidación	clearance/ closing-down sale
venta f por balance	stocktaking sale
venta f por correo	mail-order selling
venta f por cuotas	hire purchase
ventas fpl brutas	gross sales
ventas fpl directas	direct selling
ventas fpl por teléfono	tele sales
viajante mf (de comercio)	traveling salesman/ woman, commercial traveler

Finanzas / Finance

a cuatrocientos dólares la onza de oro	gold at four hundred dollars an ounce
abaratar el precio de los productos	to lower the price of the products
abonar los intereses del crédito	to pay the interest on the loan
adjudicar al mejor postor	to award to the highest bidder
amortizar el crédito	to pay off credit
arancel m	tariff
barrera f arancelaria	customs/tariff barrier
caída f de los valores	drop in value of stocks/shares
cobertura f de clientes en situación dudosa	customer cover in difficult circumstances
cobro m de interés	collection of interest
conceder crédito	to grant credit
concesión f de préstamo	granting of a loan
consorcio m R3/2	consortium
crédito m a bajo tipo de interés	low-interest credit

cuentas fpl morosas	delinquent accounts
desfiscalizar R3	to exempt from taxation
deuda f externa	external debt
día m de vencimiento	expiry date, date when payment due
diez por ciento de entrada	ten per cent deposit
encarecer el precio de los productos	to raise the price of the products
especulaciones fpl inmobiliarias	real estate / property speculation
facilidades fpl crediticias	credit facilities
fecha f de libramiento R3/2	date for order of payment
financiar el déficit presupuestario	to finance the budgetary deficit
financiar la vivienda	to finance housing
gastar sin tasa	to spend with no thought for tomorrow
gestación f de la industria	growth of (the) industry
impago m de un préstamo	failure to repay a loan
incremento m de la liquidez	increase in liquidity
incremento m medio	average increase
índice m de precios al consumo aumenta un 0.6 por ciento	consumer price index rises by 0.6 per cent
índice m de precios y cotizaciones M	prices and quotations index
industria f de servicios	service industries
La inflación se disparó	Inflation skyrocketed
leasing m sin entrada	leasing with no deposit
librado m R3/2	drawee
librador m R3/2	drawer
libre competencia f	open competition
ligera aceleración f	slight acceleration
ligera desaceleración f	slight deceleration
liquidadora f	liquidator dealing with settlements after bankruptcy and business transactions
Los precios no llevan IVA	The prices do not carry VAT
morosos mpl	those in arrears
notables excedentes mpl	noteworthy surpluses
operación f rentable	profitable operation
pagar mensualidades	to pay monthly installments
pagar un producto contra reembolso	to pay for a product with possibility of refund
participación f en los beneficios	share in profits
participación f en una empresa	stockholding, shareholding
petrodólares mpl	petrodollars
plan m quinquenal	quinquennial/ five-year plan
potenciar la exportación	to encourage exports
precariedad f económica	economic uncertainty
presupuestar la obra en dos billones	to budget for two billions
producto m interior bruto (PIB)	gross national product (GNP)
quince años de amortización	to be repaid over fifteen years
reducción f de los aranceles	reduction of tariffs
reducir el déficit público	to reduce the public deficit
relación f calidad precio	value for money
relanzar la economía	to relaunch the ecocomy
rellenar un impreso de solicitud de préstamo	to fill out/in a form requesting a loan
renta f petrolífera	oil revenue
resguardo m de ingreso	payment counterfoil

resguardo m de reintegro	withdrawal/ reimbursement/ repayment counterfoil
revalorización f en torno al dos por ciento	revaluation at some two per cent
sacar un buen interés a su dinero	to get good interest on your money
salida f de capitales	flight of capital
servicio m telecompra	tele sales
sin limitación de plazos	with no limitation on repayment period
solicitar crédito	to ask for credit
suscribir un contrato	to sign a contract
tasa f de expansión	rate of expansion
último quinquenio m	last five years
voucher m M	voucher

Banca / Banking = Banking (System)

abuso m de información privilegiada	insider trading
ampliación f del capital	increase in capital
banco m emisor	issuing bank
bonificaciones fpl	bonuses
capital m activo	working capital
capital m arriesgado	venture capital
capital m autorizado	authorized capital
capital m de explotación	working capital
capital de riesgo	venture capital
capital m fijo	fixed capital
capital m improductivo	idle capital
capital m invertido	invested capital
capital m pagado	paid-up capital
capital m social en acciones	share capital
cargar intereses	to charge interest
cartera f de valores	portfolio of shares/stocks/ securities
cédula f	bond, warrant
cédula f hipotecaria	mortgage debenture/bond
certificado m de acciones	shares certificate
comisiones fpl bancarias	bank charges
crecimiento m porcentual	percentage increase
cuantía f de la letra de cambio	amount of the bill of exchange
débito m automático	direct billing/debit
devaluar la moneda	to devalue the currency
disminución f del tipo de interés	drop in interest rates
domiciliar sus pagos	to have your payments billed directly to the bank
emisión f en Bolsa	Stock Exchange issue
especulación f bursátil	speculation on the Stock Exchange
estado m de cuenta M	bank statement
exención f de impuestos	tax exemption
extracto m bancario	bank statement
fecha f de vencimiento	repayment date
firmar el aval de un préstamo	to sign a guarantee for a loan *(for another person)*
índice m de cotización de acciones	share quotation index
intereses mpl devengados	accrued interest
inversión f bursátil	investment on the Stock Exchange
inversión f de capital	capital investment
letra f de cambio	bill of exchange
libramiento m de cien millones R3/2	order of payment of one hundred millions
mercado m alcista	bullish market
mercado m de valores	security/stocks market

mercado m floreciente	flourishing market
NIF (Número m fiscal de identificación *(used as a word)*)	Personal Identification Number *(for tax purposes)* = National Insurance number
operación f bursátil	operation on the stock market
orden f permanente de pago	standing order
otorgar una subvención	to grant a subsidy
patrón m oro	gold standard
prima f de emisión	bonus *(offered with the issue of a bond, for example)*
prospecto m de acciones	shares (*explanation*) leaflet
resumen m de cuenta A	bank statement
retirar dinero	to draw out money
revaluar el dólar	to revalue the dollar
sacar plata A	to draw out money
subida f del tipo de interés	raising of interest rates
tarjeta f electrónica	smart card
tasa f de cambio	exchange rate
tasa f de descuento bancario	bank rate
tasa f de interés	interest rate
tasa f de rendimiento	rate of output
tasa f de rentabilidad	rate of interest/ profitability
tipo m bancario	bank rate
tipo m de cambio	exchange rate
tipo m de descuento	bank rate
tipo m de interés base	base interest rate
tipo m de oro	gold standard
títulos mpl financiados en Bolsa	stocks/shares financed on the Stock Exchange
valor m de renta fija	value of fixed income
valor m nominal de la acción	nominal share value
valores mpl energéticos	power shares

Comprando una vivienda / Buying a home

agencia f inmobiliaria	real-estate/house agency
alquilar una vivienda	to rent a house / an apartment
asegurar el contenido	to insure the contents
comprar una vivienda	to buy a house / an apartment
comunidad f de propietarios	owners' association *(in apartments)*
contribución f urbana	local tax, council tax
copia f de la escritura	copy of the title deeds
crédito m a veinte años	twenty-year mortgage
entrega f de llaves	vacant possession, ready for immediate occupancy
escritura(s) f(pl)	title deeds
escrituras fpl M	title deeds
formalización f del contrato de compraventa	completion date
formalizar el contrato de compraventa	to complete
gestionar la venta	to deal with the sale
hacer los trámites necesarios para . . .	to follow the necessary procedure to . . .
hacer una hipoteca A	to take out a mortgage
hipotecar una casa M	to take out a mortgage on a house
Hogar dulce hogar	Home sweet home
honorarios mpl de notario	notary's/solicitor's fees
impuesto m de bienes inmuebles	real-estate / property tax
justificante m del pago	proof of payment
levantar una hipoteca	to raise a mortgage

notaría f	notary's/solicitor's office
notario m	notary, solicitor
ofrecer una casa en venta	to put a house up for sale
original m de la escritura	original of the title deeds
pagadero a veinticinco años	payable over twenty-five years
pagar la entrada inicial	to pay a deposit
plazos mpl de amortización	monthly repayment installments
realizar una transferencia de dinero	to transfer money
redimir una hipoteca	to pay off a mortgage
registro m de la propiedad	land registry
rentar una casa M	to rent a house
saldar la deuda	to pay off the debt
Se vende	For sale
tramitar la compra	to deal with the purchase
venta f inmobiliaria	real-estate/property sale

El Trabajo (patronal y obreros) / Work (management and workers)

(Ver también Unidad 19 = Sindicatos / See also Unit 19 = Labor/Trades Unions)

amenazar despidos	to threaten lay-offs
apoyo m solidario	gesture of support
chundo m	layabout, bad worker
comité m de empresa	works committee, shop stewards' committee
comité m paritario R3/2	joint committee
concertación f R3/2	agreement
concertar una reunión	to arrange a meeting
convenir en poner fin a la huelga	to agree an end to the strike
convocar una huelga	to call a strike
convocatoria f de una reunión	calling of a meeting
dar la orden de huelga	to give the strike order
declararse en huelga	to call a strike
dejar de trabajar	to stop work, to down tools
desfile m de sindicalistas	union march, labor/trades unionists' march
El conflicto se enconó	The conflict became bitter
El conflicto se envenena	The conflict intensifies
esquirol m	strike breaker, fink, scab
exigencias fpl industriales	industrial demands
explotación f industrial	industrial exploitation
gestiones fpl inadmisibles	unacceptable behavior
hacer causa común con los obreros	to make common cause with the workers
horas fpl extraordinarias	overtime
huelga f de brazos caídos	sit-down strike
huelga f de celo	go-slow, work-to-rule
huelga f general	general strike
lanzar una orden de huelga	to call a strike
llevar a cabo una huelga	to proceed to a strike
lockout m R3	lockout
manifestación f obrera	workers' demonstration
manifestantes mpl	demonstrators
matarse trabajando	to overwork
mediación f	mediation

mesa f redonda	round table
negociación f de un acuerdo	negotiation of an agreement
ocupar a diez mil obreros	to provide employment for ten thousand workers
ocupar la fábrica	to occupy the factory
pacto m salarial	salary agreement
piquete m de huelga	strike picket
reanudar el trabajo	to go back to work
rechazar las reivindicaciones	to reject demands
reivindicaciones fpl obreras	workers' demands
reivindicar derechos	to demand rights
salir a la calle	to take to the streets
sindicato m	labor movement, trades union
solidaridad f	solidarity
solidarizarse con	to express support for
supresión f del trabajo	withdrawal of work
taller m	workshop

Trabajadores no profesionales / tradesmen

abaniquero m	fan maker
cajista mf	typesetter, compositor
calcetero m	stocking/sock maker
carbonero m	coal merchant
cestero m	basket maker
cuchillero m	cutler
curtidor m	tanner
ebanista mf	cabinet maker
enjalbegador m	person who whitewashes walls
hojalatero m	tinsmith
hortelano m	truck farmer, market gardener
ladrillero m	person working in a brickworks
leñador m	woodcutter
minero m	miner
orfebre mf	goldsmith, silversmith
peletero m	furrier
pintor m de brocha gorda	painter decorator
tintorero m	dry cleaner
tipógrafo m	typographer
tonelero m	cooper, barrel maker
tornero m	lathe operator

Herramientas / Tools

clavija f	pin *(of electric plug)*
destornillador m de estrella	Phillips screwdriver
escuadra f de carpintero	(set) square
fragua f	forge
garlopa f	plane
gozne m	hinge
indicador m de nivel	spirit-level
juego m de llaves	set of spanners
llana f	trowel
llave f de carraca	ratchet wrench, ratchet spanner
llave f maestra	master key
paleta f	trowel
plomada f	plumb line
rosca f de tornillo	thread of screw
ruedas fpl dentadas	cogwheels
soldador m	solder
telar m	loom
yunque m	anvil

Costura / Sewing

alta costura f	haute couture
bolillos mpl	bobbins
costura f	sewing
dobladillo m	hem
encaje m	lace
huso m	spindle
pespunte m	backstitch
punto m cadena	chain stitch
punto m de cruz	cross stitch
punto m del revés	purl stitch
randa f	lace trimming
rueca f	distaff
vainica f	drawn-thread work

Ejercicios / Exercises

Nivel 1 / Level 1

1. (a) Encuentra el sentido de los siguientes vocablos

acumulación, banco, caja, depositar, depósito, dirigir, explotar, factura, inversión, marasmo, operación, paro, quiebra, recuperación, saneamiento

(b) Haz frases para ilustrar el uso de estos vocablos en su sentido literal

2. (a) Encuentra sinónimos de los siguientes vocablos

acicate, colapso, crecimiento, derrochar, dinero, dirigente, empeorar, empresa, fomentar, pagar, paro, progreso, quiebra, recesión, sanear, sueldo

(Se encuentran los modelos en Internet)

(b) Construye frases para resaltar los sentidos de estos sinónimos

(Se encuentran los modelos en Internet)

3. (a) Encuentra las diferencias, si existen, entre los vocablos de cada pareja

balance/balanza, banca/banco, bolsa/bolso, cobrar/percibir, comercio/comercialización, competencia/competición, coste/costo, factura/facturación, fianza/finanzas, gerente/dirigente, hipoteca/préstamo, importe/importación, moneda/divisa, paga/pago, tasa/impuesto

(b) Construye frases para ilustrar la diferencia e intenta poner los dos vocablos de cada pareja en la misma frase

4. (a) Encuentra la persona asociada con los siguientes

acciones, auditoría, banco, caja, cambio, comercio, competencia, contabilidad, contribución, deuda, empleo, empresa, encargo, estanco, finanzas, firma, hacienda, industria, inversión, jubilación, marginación, préstamo, provisión, Tesorería

(b) Construye frases para ilustrar el trabajo de la persona

5. (a) Encuentra la función de los siguientes establecimientos

alfarería, almacén, alto horno, banco, bisutería, bodega, Bolsa, caja de ahorros, destilería, expendeduría, fábrica, fisco, hipermercado, lencería, Monte de Piedad, peletería, repostería, sucursal, taller, Tesorería

(b) Haz frases para ilustrar el uso de estos vocablos

6. (a) Relaciona las palabras de la lista de A con las de la lista de B para formar una expresión

A oferta, devengar, bienes, índice, pagaré, materias, sector, extracto, mundo, currículum, talonario, relación, caja, cuenta, pagar, Monte, tarjeta, abonar, tendencia, cheque, grupo

B bancario, cheque, laboral, tesoro, corriente, calidad–precio, demanda, crédito, intereses, ahorros, fondos, señal, Piedad, alcista, vitae, señal, equipo, precios, adelantado, primas, primario

(b) Construye frases para ilustrar el uso de la expresión completa

7. (a) Haz una lista de todos los accesorios que se usan en una oficina

Ejemplo: ordenador, chincheta

(b) Elige diez de estos accesorios y haz frases para ilustrar su uso

8. (a) He aquí una lista de vocablos/expresiones que son coloquiales. Encuentra las correspondientes palabras/expresiones estándar (R2)

currar
tener enchufe
forrado
mandamás
pelado
el último mono
ir al tajo
currito
dar el callo
nacer cansado
no tener blanca
chavo
pillarse los dedos
firmar en blanco
dar el cambiazo
poner de patas en la calle
ogro
ser un manta

(b) Construye frases para ilustrar el uso tanto de la palabra coloquial como de la palabra estándar

9. Escribe frases utilizando las siguientes expresiones

pleno empleo
crédito vivienda
actividad fabril
pagar a largo plazo
jugar al alza
fajo de billetes
pequeñas y medianas empresas
llevar las cuentas
mercado negro
marca registrada
máquina herramienta
altos hornos
amortizar una deuda
vacaciones pagadas
tipo de interés
entidad bancaria
déficit presupuestario
vender al por mayor
de segunda mano
gestión del escalafón

10. Completa el tablero. Se trata de palabras equívocas/tramposas / falsos amigos

Español	**Inglés**	**Español**	**Inglés**
balance			balance
banca			bank
billete			billet
carpeta			carpet
comercializar			to commercialize
competencia (comercial)			competence
destino			destiny
dilapidar			to dilapidate
energético			energetic
expediente			expedient
gratuito			gratuitous
importe (precio)			import
imposición			imposition
inversión			inversion
miseria			misery
oficio			office

11. (a) ¿Qué entiendes por las siguientes expresiones?

cuota mensual
generar un descubierto
tasa del orden del 10 por ciento
máximo plazo de amortización
pagar intereses variables
primer plazo del pago
volumen de valores
retirar efectivo de la cuenta
rellenar un impreso de solicitud del préstamo
gastos de carácter familiar
cartera de valores
entidad financiera
solicitar un préstamo
cobertura del cliente en situación morosa
valores mobiliarios
caída de las cotizaciones
entidad bancaria
suscribir un contrato
contribución urbana
vencimiento inferior a dos años

(b) Elige diez de estas expresiones y haz frases para resaltar su sentido

12. Traduce al español

to open an account
to pay into an account
to draw on an account
a deposit account
to fill in a check
to keep the stub/counterfoil
to pay cash
to take out a loan
to earn two thousand euros
to be credit worthy
to pay over twenty years
to enjoy tax benefits
to make a down payment of five thousand pesos
to keep an average balance of two thousand dollars
to check a bank statement
to incur a debt
to call in the liquidators
to clear a debt

13. Traduce al español

i. The government's monetary policy seems to imply that borrowing money will be more expensive
ii. You receive instant credit but you have to pay higher interest rates over four years
iii. Try to pay for the television over the longest period possible
iv. If you can't keep up the monthly payments come to see our personal manager
v. It's a really profitable business, especially since they have extra fixed costs
vi. You could get a top rate of interest on your money if you invested it in stocks and shares
vii. Marketing this product has been a wonderful success but we did a full market survey before we launched it
viii. You must deal with consumer preferences if you want to make even more profit
ix. Your accountant keeps a very close eye on the balance between buying and selling
x. Demand keeps going up and we're more than doubling the volume of sales
xi. We ought to reactivate the economy, improve productivity and embark on a sales drive
xii. Consolidation of our commercial network entails a much faster distribution to all our customers

(Se encuentra la solución en Internet)

14. Lee atentamente el siguiente texto, escribe una lista con los vocablos y frases más interesantes para usar en el futuro. Explica por que son interesantes

Los bancos ya no son lo que eran. Han desaparecido aquellos entrañables oficinistas con visera y manguitos que te atendían siempre serios con su bigotito, anteojos, repeinados, detrás de una ventanilla enmarcada en dorado como los marcos de las fotografías ajadas de la abuelita. Ahora cuando entras en el local espacioso y diáfano, con puertas automáticas, que se abren por medio de un detector de presencia, nos recibe en el vestíbulo una azafata minifaldera que nos señala una u otra mesa o la caja, en función de la operación que vayamos a realizar. Los empleados son jóvenes dinámicos que tutean a todo hijo de vecino, y te miran como si, subidos en el olimpo de las finanzas, conocieran y dominaran todos los entresijos del mercado de bienes mobiliarios, bonos, préstamos, hipotecas y otros productos bancarios, y el cliente fuera un pobre pardillo que se ha caído por allí por pura ignorancia.

Aunque mi fuerte no es la bolsa, creo saber tanto de ella como la mayoría de los expertos, que aconsejan e invierten con fondos ajenos. Ya sé que existen acciones volátiles, fondos y bonos que no son rentables, y empresas que no son sino puro humo y agua de borrajas, y me equivoco al colocar mis ahorros, pero la mayor parte de esos grandes expertos que conozco dicen que ha sobrado papel cuando yo lo veo, o que van a subir las eléctricas cuando es evidente. Es decir que hacen vaticinios sobre lo que va a suceder en el parquet a toro pasado, es decir, que son tan profetas como yo obispo de Constantinopla.

M.A.S.

15. (a) Contesta las siguientes cuestiones

i. Explica lo que es *abono, cargo*, *reintegro*, *letra*, *pagaré*, *bono del tesoro*, *acción* y *obligación*
ii. ¿Qué actividad se realiza en la bolsa?
iii. ¿Qué diferencia existe entre un banco y una caja de ahorros?
iv. Dibuja un organigrama de las personas que trabajan en una oficina bancaria
v. Explica la diferencia entre *oficina principal* y *sucursal* cuando hablamos de bancos
vi. ¿Qué es un *crédito*? ¿Y una *hipoteca*?
vii. Enumera operaciones que puedes realizar con una tarjeta de crédito
viii. ¿Qué es un talón al portador?
ix. Redacta una factura incluyendo el IVA

(b) Construye frases con los vocablos *abono*, *cargo*, *reintegro*, *letra*, *pagaré*, *bono*, *acción* y *obligación*

Nivel 2 / Level 2

1. (a) Encuentra diferencias entre los sinónimos siguientes

dineral	asalariado	casa	directivo
dinero	currante	compañía	director
divisas	dependiente	empresa	dueño
metálico	empleado	explotación	empresario
tela	encargado	firma	jefe
pasta	financiero	holding	patrón
plata	operario	mutua	propietario
	responsable	negocio	

comerciante	centro comercial	atarearse	allegar
concesionario	comercio	bregar	cobrar
detallista	economato	currar	devengar
financiero	expendeduría	empollar	embolsar
hombre/mujer de negocios	gran área	faenar	ganar
inversor	kiosco	laborar	percibir
mayorista	tabacos	pencar	recaudar
mercader	tienda	trabajar	recibir
traficante	tienda de ultramarinos		recoger
			recuperar

(b) Elige cuatro de las listas anteriores y haz frases para resaltar las diferencias entre los sinónimos

2. (a) Encuentra antónimos de los siguientes vocablos o grupos de vocablos

al por mayor, alcista (tendencia), asequible (precio), carestía, déficit, desempleo, despilfarrar, devaluación, día laboral, pagar, prestar, próspero, retirar, solvente, subida, sucursal

(b) Para cada vocablo y su(s) antónimo(s) haz frases para ilustrar su uso. Intenta poner los dos antónimos en la misma frase

3. (a) Relaciona vocablos o grupos de vocablos de la lista A con los de la lista B para hacer una expresión

A huelga, trabajar, día, desempeñar, es obra, tarjeta, cuenta, anular, hacer, vender, vivir, insuficiente, comprar, ganarse, marasmo, balanza, especulación, industria, gestión, ventajas

B desahogo, celo, vida, peso, al por mayor, destajo, puntera, romano, horas extraordinarias, jornal, económico, pedido, integral, laborable, fiscal, crédito, ahorro, bursátil, empleo, pagos

(Se encuentra la solución en Internet)

(b) Construye frases para ilustrar el uso de la expresión

4. Define los siguientes vocablos o expresiones

abonar, junta directiva, regatear, acuñar, mensualidad, saldo a mi favor, de balde, patrocinar, servicio posventa, código de barras, pagar en efectivo, servicio, telecompra, remitir, aplazar, comité de empresas, plusvalía, subcontratista, fuga de capitales, préstamo subsidiado, vacaciones pagadas, ganga, privatizar, valor añadido

5. (a) Encuentra el sustantivo (o más de uno) vinculado a los siguientes verbos

Ejemplo: cambiar – cambio, cambista, recambio

acreditar, alistar, amortizar, auditar, aumentar, cobrar, confeccionar, cotizar, desempeñar, despedir, emplear, encargar, endeudar, fabricar, financiar, firmar, ganar, gestionar, imponer, invertir, lograr, negociar, pagar, prestar, promover, realizar, reclamar, valer

(b) Elige quince de estos verbos y haz frases para ilustrar su uso

(Se encuentra la solución en Internet)

6. (a) Encuentra otro sustantivo (o más de uno) vinculado a los siguientes sustantivos

Ejemplo: cuenta – contable, contabilidad

baja, bolsa, bruto, comercio, consumo, coste, dinero, empresa, factura, finanzas, gasto, gravamen, impreso, inversor, moneda, número, pedido, préstamo, producto, valor

(b) Elige diez de los vocablos que encuentres y haz una frase para ilustrar su uso

7. Explica el sentido y uso de diez de las siguientes expresiones

títulos cotizados en Bolsa
desaceleración del ritmo de la economía
reembolso del crédito
la clientela empresarial
derechos de aduana
volumen de cobros y pagos
financiación a la vivienda
revalorización de divisas
índice de precio al consumo
parroquia bursátil
relación calidad–precio
desembolso de veinte mil dólares
salida de capitales
saturar de productos a bajo precio
adjudicar al mejor postor
fusión entre dos compañías
reservas de divisas
renta petrolífera
tecnología punta

8. Traduce al español

to finance a budget deficit
to lift protectionist barriers
to make the price of goods cheaper/more expensive
to double the value of stock exchange investments
to see prices take off
a collapse at the Stock Exchange
to encourage an increase in employment
to be quoted on the Stock Exchange
prices do not entail any import duty
a moderate rate of inflation
a balance of payments deficit
a colossal rate of expansion
a slow growth rate
consumer/white/brown goods
to exceed the forecast of 5% growth
tight family budget
high family income
downward pressure on rates
to invoice for ten thousand dollars
to sign an open check
please find enclosed a check in the name of Carlos Pérez
to pay one hundred dollars into an account

9. Quieres adquirir un crédito vivienda. Te citas con un representante de banco (por ejemplo el Banco de Santander), y hablas de las varias posibilidades. No sabes sobre todo si prefieres intereses fijos o variables. Depende, claro está, del tipo de interés. Escribe un diálogo entre ti y el agente. Puedes aprovechar los vocablos o grupos de vocablos que figuran abajo

límite de crédito
ochenta por ciento sobre el valor de la vivienda
máximo plazo de amortización
veinte años para pagar
intereses fijos o variables
pagar una cuota de mil euros cada mes
importantes ventajas fiscales
el primer plazo del pago
mensualidades
acreedores
entrada/entrega inicial
seguro en caso de enfermedad
solicitar un préstamo

10. Juego de rol. Tres posibilidades. En cada caso se trata de una pareja de interlocutores que tienen que preparar la conversación para la semana próxima, pero en el tercer caso puede intervenir una tercera persona que represente una entidad financiera

i. Tienes un descubierto en el banco. Acudes al banco para hablar con el director con el fin de solicitar un préstamo. Se necesitan dos miembros de la clase
ii. Una tienda se ha comprometido a entregar un artículo pero no cumple con la palabra. Presentas una reclamación a la empresa. Se trata de una llamada telefónica a la tienda. Se necesitan dos miembros de la clase
iii. Quieres comprar un coche. Vas al salón de exposición para hablar con el vendedor. No se trata tanto de las prestaciones del coche sino del crédito que necesites para comprarlo, y del máximo plazo para amortizar la deuda. Habláis/Hablan (M) también de la posibilidad de la entrega de tu propio coche como parte del pago. El vendedor telefonea a una entidad financiera para comunicarte las mejores condiciones. Tú buscas crédito blando, o sea condiciones de pago muy favorables

11. Traduce al español

i. The usual way to secure a loan is a ten per cent deposit, then monthly installments over, say, fifteen years
ii. To clear the loan more quickly you can pay in lump sums at any time
iii. Saving money with a bank yields much less interest than stocks and shares, but, of course, the risk is minimal
iv. The company's got a first-class accountant who always manages to balance the books and produce a healthy surplus
v. The firm overreached itself by investing several million dollars in new plant. No wonder it is threatened with bankruptcy and liquidation
vi. The market is very bullish at the moment, so, if I were you, I'd wait for the value of shares to go down
vii. Importing raw materials is now costing significantly less since the value of the peso has shot up
viii. If you can't deliver goods on time, you must expect to lose orders and therefore see a drop in profits
ix. The person responsible for marketing the goods was ill, so it fell to an apprentice who'd just come back from a placement to oversee production and dispatch of goods
x. The shop had an enormous range of footwear so the customers were spoilt for choice
xi. Discount at the sales is running at twenty-five per cent and some jewelry has been slashed by sixty-five per cent
xii. I've just had an appraisal and have high hopes of promotion to senior manager, and a substantial rise in salary

(Se encuentra la solución en Internet)

12. Sopa de letras. Buscar términos bancarios y económicos en esta cuadrícula

Y	C	E	O	F	R	T	U	L	I	J	O	Ñ	B	E	R	D	Y	E	A	V	E	S	I	M	O	U
A	H	R	A	C	E	E	A	E	F	E	A	A	G	E	A	A	A	R	R	F	S	P	O	I	R	R
A	C	R	E	E	D	O	R	J	T	R	S	D	U	M	S	S	S	E	R	R	R	A	T	E	TE	Y
N	I	M	S	D	I	L	S	O	Y	N	T	Q	B	E	A	I	T	N	A	R	A	G	E	R	G	I
N	P	E	T	E	I	U	F	F	A	I	E	V	A	R	J	A	M	E	Y	H	B	A	H	C	U	O
I	A	S	A	R	M	T	A	I	R	H	M	S	E	T	O	V	I	D	R	S	W	R	E	N	T	A
R	R	T	L	E	E	O	O	N	C	I	I	A	R	I	T	V	M	D	E	E	T	E	S	F	Y	A
A	R	E	A	A	S	F	T	A	E	P	F	E	B	T	N	E	A	C	F	E	G	A	W	I	P	T
E	O	Y	S	B	L	I	U	D	T	O	A	U	A	O	B	L	I	G	A	C	I	O	N	A	A	E
S	T	U	C	U	A	N	O	L	A	T	T	R	I	N	K	R	E	V	V	A	B	S	U	S	S	K
U	E	A	A	Y	S	E	F	O	F	E	O	C	E	O	A	E	H	O	A	I	S	F	Y	T	T	S
N	O	S	L	R	F	R	A	M	I	C	C	T	A	B	C	A	A	A	L	T	S	G	S	F	R	E
A	S	I	O	A	E	A	P	O	O	A	E	A	S	A	T	S	L	I	U	O	A	V	A	Y	A	T

(Se encuentra la solución en Internet)

13. (a) He aquí un par de anuncios con ofertas de empleo, léelos atentamente, anota las expresiones que te resulten interesantes para usar en el futuro y redacta un anuncio diferente

Importante empresa de Servicios de ámbito nacional desea cubrir en sus oficinas centrales de Madrid, un puesto de

Jefe de Compras

Se responsabilizará de las gestiones para asegurar el suministro de los bienes demandados por las distintas contratas.

Se requiere

Formación en Ingeniería Industrial
Mínimo tres años de experiencia en Compras Industriales, instalaciones y equipos, realizando la gestión integral
Inglés al menos a nivel de traducción
Conocimientos de Informática a nivel de usuario

La empresa ofrece:

Salario interesante a negociar, incorporación inmediata y contrato indefinido

La persona interesada en este anuncio debe enviar Currículo Vitae al apartado no xxxx 28002 Madrid, poniendo en el sobre la referencia "Jefe de Compras"

Director de Exportación

Importante compañía del sector

Materiales de Construcción

Su actividad es la fabricación y comercialización de materiales de construcción. Actualmente la empresa exporta a los mercados del Norte de África, Medio y Extremo Oriento, Europa del Este y El Caribe. La misión principal del Director de Exportación será estructurar la estrategia a seguir para consolidar e incrementar la exportación en los países mencionados y realizar prospección de nuevos mercados.

Buscamos un profesional con estudios superiores y conocimientos de nuevas tecnologías de la información. Experiencia de al menos cuatro años en comercio internacional con puesto similar, dentro del sector de Materiales de Construcción. Debe tener un alto nivel de inglés y francés, tanto hablado como escrito, ser un profesional dinámico, flexible, buen comunicador y orientado a objetivos. El lugar de residencia será Barcelona, con movilidad geográfica necesaria para el correcto desempeño de sus funciones.

Enviar Currículo Vitae con fotografía reciente a:
C.H.O.L.L.O. Avenida Conde de Pesqueruela, s/n, esquina con Esquilache. 08003 Barcelona

(b) Redacta un Curriculum Vitae para solicitar el puesto del segundo anuncio

(c) La empresa se llama C.H.O.L.L.O. ¿Por qué el puesto ofrecido puede ser un trabajo muy fácil?

14. He aquí un artículo sacado de un periódico mexicano. Estúdialo y contesta a las preguntas

APOYARÁ BANAMEX PRODUCTOS GUERRERENSES

Directivos de Banamex comunicaron al gobernador René Juárez Cisneros que, ya que Guerrero es un terreno ideal para invertir, esa institución bancaria financiará e impulsará a mediano plazo proyectos productivos de alto impacto para potencializar la producción y comercialización del maíz, café y mezcal, así como para crear un mayor número de maquiladoras en la entidad.

Además, el mandatario estatal acordó con Fernando Peón Escalante, director general de la Fundación Fomento Social Banamex . . . la creación de un fideicomiso para contingencias naturales y la posibilidad de instrumentar de manera coordinada mecanismos y servicios que permitirían eficientar diversos procesos de la administración pública estatal.

Durante la reunión celebrada en la residencia oficial Casa Guerrero, el gobernador del estado reiteró su disposición a sumar esfuerzos con quienes están interesados en invertir en la entidad, así como de continuar brindando las facilidades que se requieran para captar capitales productivos que permitan elevar la calidad de vida de los guerrerenses.

El Universal, domingo, 26 de marzo, 2000

(a) ¿Dónde está Guerrero? ¿Es una provincia o un estado?
(b) ¿Qué entiendes por: a mediano plazo, maquiladora, mezcal, eficientar, Banamex?
(c) Encuentra los vocablos vinculados a la economía. Elige cinco de estos vocablos y haz frases para ilustrar su uso

Nivel 3 / Level 3

1. (a) Encuentra la diferencia (si hay) entre los vocablos de las siguientes parejas

valores mobiliarios / valores inmobiliarios, desgravar/devengar, cotización/cuota, entidad privada / caja de ahorros, amortizar/amortiguar, intereses fijos / intereses variables, cuenta de ahorros / cuenta corriente, talón/talonario, saldo/balance, sucursal/filial, préstamo/empréstito, obligación/acción, competitividad/competencia, petición/pedido, reembolso/desembolso, bono/bonificación, subvención/subsidio, alza/subida

(b) Para cada pareja construye una frase que incluya los dos vocablos para ilustrar su uso

2. (a) ¿Qué es lo contrario de los siguientes vocablos?

bajista (tendencia), cheque sin fondos, conceder un préstamo, crack, devaluación, encarecimiento del dinero, frenar el consumo, impuesto, inversión, macroeconómico, marasmo, mercado libre, oferta, pérdida, renta, solvencia, sueldo neto, superávit, ventaja fiscal

(b) Construye frases que incluyan en la misma frase tanto el vocablo que figura arriba como su antónimo

3. (a) Define los siguientes vocablos o grupos de vocablos

acreedor, aranceles de aduana, bonificación, casa matriz, cobertura, desgravación, plazo de, amortización, tipo (de interés), encarecimiento del dinero, especulación, inmobiliaria, estudios empresariales, entidad financiera, saldo, sueldo bruto, subvención, entrada, filial, nómina, obligación, mensualidad, pagaré, plusvalía, rendimiento, tasa, título

(b) Construye frases para ilustrar el uso de estos vocablos

4. (a) Encuentra el adjetivo que se deriva de los siguientes nombres

aduana, amortización, arancel, automóvil, baja, banco, beneficio, bolsa, competencia, coyuntura, déficit, empresa, energía, excedente, fábrica, hipoteca, inflación, lucro, patrimonio, patrón, precariedad, presupuesto, protección, solvencia

(b) Construye frases para ilustrar el uso del adjetivo

5. (a) Encuentra un adjetivo que califique con precisión, y dentro de un contexto comercial, los siguientes sustantivos

agencia, banco, barrera, beneficios, cajero, cuenta, cuota, desgravación, entidad, entrada, ingresos, intereses, mercado, plazo, precio, préstamo, producto, saldo, subida, subvención, superávit, tasa, tecnología, valores

(Se encuentra la solución en Internet)

(b) Construye frases que contengan tanto el nombre arriba como el adjetivo que lo califique

6. (a) He aquí una serie de verbos que son sinónimos de *desarrollar(se)*. Construye dos frases para cada verbo para ilustrar su uso dentro de un contexto económico o comercial

acelerar, ascender, aumentar, crecer, desarrollar, dispararse, doblar, duplicar, elevarse, encarecer, expandir, fomentar, incrementar, multiplicar, progresar, reactivar, recuperar, revaluar, sanear, subir

(b) He aquí una serie de sustantivos que son sinónimos de *desarrollo*. Construye dos frases para cada sustantivo para ilustrar su uso dentro de un contexto económico o comercial

adelantos, apogeo, ascenso, auge, aumento, crecimiento, desarrollo, duplicación, encarecimiento, escalada, expansión, incremento, inflación, medra, mejora, reactivación, recuperación, revaluación, saneamiento, subida

7. (a) He aquí una serie de verbos que son sinónimos de *disminuir*. Construye dos frases para cada verbo para ilustrar su uso dentro de un contexto económico o comercial

abaratar, aminorar, bajar, caer, decaer, declinar, decrecer, desacelerarse, descender, deteriorar, devaluar, disminuir, empeorar, estancarse, frenar, menguar, menoscabar, moderar, reducir, restringir

(b) A continuación hay una lista de sinónimos de *disminución*. Construye frases para ilustrar su uso dentro de un contexto económico o comercial

abaratamiento, baja, bajada, caída, colapso, crack, deflación, depreciación, devaluación, disminución, empeoramiento, hundimiento, marasmo, merma, moderación, ocaso, penuria, recesión, reducción, regresión

8. (a) Encuentra en las listas el vocablo que no cuadra con los restantes vocablos

accionista, acreedor, bolsista, cambista, capataz, contable, prestamista
acciones, bonos, dividendos, pagarés, títulos, valores
abonar, acuñar, desembolsar, financiar, remunerar, saldar
albarán, cuenta, factura, minuta, nota, recibo
amortización, honorarios, ingresos, paga, pago, renta

(Se encuentra la solución en Internet)

(b) Cuando hayas encontrado los vocablos que no cuadran construye frases para ilustrar su uso

(Se encuentra la solución en Internet)

(c) Analiza la razón por la cual los restantes vocablos son todos parecidos

9. Traduce al español

to keep a healthy bank balance
to stay in credit
to pay off interest on a bank loan
to keep a profitable portfolio of securities
to boost consumer confidence
to take advantage of tax allowances
to pay banker's fees
to make money much more expensive
payable over the maximum time possible
to receive the end-of-month salary
to finance the public debt
to experience slight variations in interest rates
to face sharp rises in the cost of living
to offer the customer value for money
to avoid tax on the increase in the value of property
to apply for a loan
to increase buying power by five per cent

10. Traduce al español

i. You will need to have studied a combination of modern languages and business management to land that job
ii. Buying a washing machine on credit is fine provided that you cover yourself with an insurance policy in case it breaks down and you get a big bill
iii. To take on a deputy manager's job you must acquire at least seven years' experience
iv. I don't understand how a country's economy can be healthy and yet have a balance of payments deficit that has lasted for years
v. Studying macroeconomics is one thing but applying it to the varying conditions of world markets is another
vi. If he bought property in the States he'd have to protect himself against unfavorable currency speculation
vii. In foreign trade we must keep a balance between the real value of imports and a moderate increase in the value of exports
viii. Facing competition from the multinationals means considering a merger with another company, and going for the highest bidder
ix. The ailing car giant was taken over by an American firm which, to go back into the black, called in a liquidator and downsized the work force by half
x. Accidents at work are one of the biggest drains on our finances and it's all part of the management of human resources
xi. Salaries have absolutely rocketed in the last ten years, but it's especially the big guys who've given themselves juicy handouts who have reaped the benefit
xii. We aim to draw up the annual inventory before the end of the tax year so as to be ready to replenish our stocks which are being run down

(Se encuentra la solución en Internet)

11. Redacta una lista de cualidades necesarias para ejercer las siguientes profesiones

i. Un encargado en una agencia de desempleo. A esta persona le corresponde entrevistar a los parados
ii. Un agente de bolsa que compra y vende acciones en la Bolsa de Madrid / México / Buenos Aires
iii. El patrono de una mediana empresa textil que está en plena expansión. Quiere contratar a más de cincuenta personas
iv. Un contable que asesora a diferentes empresas en lo que se refiere a sus inversiones y a sus impuestos (ver la siguiente unidad que trata de los impuestos)
v. Un encargado que dirige una cadena de tiendas de calzado. Su trabajo consiste tanto en velar por el buen funcionamiento de las sucursales como en contratar y despedir al personal

12. Eres representante de una empresa española. Visitas México a fin de convencer a una empresa allí para invertir en tu compañía que comercializa vino en el mundo entero. Se trata también de contratar a buen número de empleados de la compañía mexicana para trabajar en España. Convocas a varios solicitantes de puestos a una serie de entrevistas. Escribe tres diálogos entre ti y los candidatos que solicitan el puesto en tu compañía

13. Juego de rol

Se convoca una junta directiva para poner a punto la política económica de su empresa para hacer frente a una inflación galopante en el país. Elegid/Elijan (M)

entre vosotros/Vds. (M) a un presidente que dirige el debate, dos contables, dos economistas, un/a secretario/a, y dos asesores venidos desde fuera. Se trata sobre todo de reducir los gastos, despedir a bastante personal, comprar materias primas en el tercer mundo donde no son tan caras, e introducir nuevas normas con respecto al horario de los trabajadores

14. (a) Lee atentamente el texto siguiente y explica el sentido de los vocablos en itálica

Le *trincó* la policía, pero no era para menos, llevaba metiendo mano en la caja más de la cuenta. Todo porque se echó una *pelandusca* que le sacaba los cuartos y los *dilapidaba*. El sueldo no le llegaba, y cuando se *descubrió el pastel*, los jefes no pudieron tapar el escándalo, el *desfalco* era enorme, y aunque quisieron *liar al conserje*, que suele ser el *chivo expiatorio* para todos los casos semejantes, la operación no salió bien y el probo D. Rodo, casado, acomodado, jefe de sucursal del caja de ahorros y socio del casino, *terminó en el banquillo* como el más ruin de los *chirleros*.

La esposa había pedido ya la separación de bienes por aquel tiempo, sus acciones *estaban a buen recaudo*, y los chicos colocados en diversas entidades. El agujero de más de un millón de euros *no pudo ser tapado* y Don Rodo terminó con sus reumáticos huesos en prisión. El muy *carcamal* creía que su querida iba a *desvivirse* por él, pero ella dio buen aire a los bienes que su protector le había agenciado, se organizó un fondo de pensiones y se echó un amigo *golfante*, algo más joven que ella y menos opulento.

M.A.S.

(b) Da un resumen de cincuenta palabras del trozo anterior

(c) Describe la actitud de la esposa de Don Rodo en lo que a su delito se refiere

15. Contesta las siguientes cuestiones

(a) Busca apelativos familiares (R1) que se apliquen a los agentes de policía de España/México/Argentina (consulta la sexta unidad)
(b) Enumera los diversos delitos que puede cometer un empleado de banca sin escrúpulos
(c) Enumera diferentes tipos de cuentas que pueden abrirse en una entidad bancaria
(d) Describe el uniforme de un guardia de seguridad, una azafata o empleado de información en una entidad pública
(e) Escribe los argumentos que utilizaría un vendedor de seguros para hacerte un seguro de vida, en el caso que eres un nuevo rico que te ha tocado la lotería
(f) Escribe la argumentación de un vendedor de automóviles que desea venderte un coche todoterreno porque se ha enterado que eres cazador y vas tres veces al año de montería
(g) Enumera diferentes modos de derrochar una fortuna en poco tiempo
(h) Escribe una lista con los diferentes tipos de impuestos y tributos que conozcas

Unidad 12 / Unit 12

La Vida económica (Sección 2) / Economic Life (Section 2)

Nivel 1 / Level 1

Actividad industrial / Industrial activity

General

actividad f constructora	construction work
actividad f económica	economic activity
actividad f laboral	industrial activity
aumento m anual	annual increase
Cámara f de Comercio e Industria	Chamber of Commerce and Industry
ciclo m económico	economic cycle
cinturón m industrial	industrial belt
costes mpl de producción	costs of production
debilidad f de la demanda	weak demand
dinámica f industrial	industrial dynamics
economía f industrial	industrial economy
estructurar la economía	to structure the economy
éxodo m del campo	drift from the land
extracción f de combustibles	fuel extraction
fabricación f de electrodomésticos	manufacturing of white goods
fabricante mf	manufacturer
fabricar en cadena	to mass-produce
fuerte afluencia f de inmigrantes	steady flow of immigrants
fuerte crecimiento m	strong growth
fuerte expansión f	strong expansion
incremento m de la población activa	increase in the working population
ingeniero m industrial	industrial engineer
instrumentos m de precisión	precision instruments
manufacturar un producto	to manufacture a product
materia f básica	basic material
materias fpl primas	raw materials
modernizar la planta	to modernize the plant
montar una fábrica	to set up a factory
nuevas tecnologías fpl	new technologies
plantilla f	staff, personnel
política f industrial	industrial policy
producir mercancías	to manufacture goods
riquezas fpl mineras	mining wealth
riquezas fpl petrolíferas	oil wealth
sector m de la construcción	building sector
sector m industrial	industrial sector
sector m manufacturero	manufacturing sector
sector m privado	private sector
sector m público	public sector
staff m M	staff
vigorosa demanda f	keen demand
volumen m de producción	volume of production

Industrias / industries

aeronáutica f	aeronautical engineering
agricultura f	agriculture
cría f de animales	animal breeding/rearing
crianza f de vacas	cattle breeding
diseño m industrial	industrial design
encuadernación f	book-binding
industria f agrícola	agriculture
industria f agroalimentaria	food industry
industria f agropecuaria R3/2	farming and agricultural industry
industria f alimentaria	food industry
industria f artesanal	cottage industry
industria f automotriz	automobile/car industry
industria f automovilística	automobile/car industry
industria f cafetalera M	coffee industry
industria f cafetera	coffee industry
industria f cinematográfica	cinema(tographic) industry
industria f constructora	building industry/trade
industria f de bebidas alcohólicas	drinks industry
industria f de bebidas refrescantes	soft drinks industry
industria f de la confección	ready-made garment industry
industria f de la imprenta	printing industry
industria f de la madera	wood industry
industria f de la moda	fashion industry
industria f de plásticos	plastics industry
industria f del calzado	footwear industry
industria f del carbón	coal industry
industria f del libro	publishing industry
industria f del turismo	tourism industry
industria f editorial	publishing industry
industria f electrónica	electronics industry
industria f en declive	declining industry
industria f espacial	space industry
industria f farmacéutica	pharmaceutical industry
industria f ferroviaria	rail-road/-way industry
industria f fotográfica	photography industry
industria f hídrica	water industry
industria f ho(s)telera	hotel trade
industria f licorera	alcohol industry
industria f ligera	light industry
industria f manufacturera	manufacturing industry
industria f metalúrgica	metallurgy
industria f minera	mining industry
industria f naval	ship-building industry
industria f nuclear	nuclear industry
industria f pesada	heavy industry
industria f pesquera	fish industry
industria f petrolera	oil industry
industria f química	chemical industry
industria f relojera	watch and clock industry
industria f siderúrgica	iron and steel industry
industria f tabacalera	tobacco industry
industria f tequilera M	tequila industry
industria f textil	textile industry
industria f vinícola	wine industry
industrialización f de un país	industrialization of a country
industrializar la fabricación de muebles	to mass-produce furniture
industrias fpl básicas	staple industries
siderúrgica f	iron and steel works
tecnología f de avanzada	leading-edge technology
tecnología f de vanguardia	leading-edge technology
turismo m	tourism

Fábricas / factories

acerería f	steelworks
acería f	steelworks
alto horno m	blast furnace
armadora f M	automobile/car assembly plant
aserradero m	sawmill
astillero m	shipyard
azucarera f	sugar refinery
cantera f	quarry
central f eléctrica	electric power station
central f nuclear	nuclear power station
cervecería f	brewery
cristalería f	glassworks
curtiembre f A	tanning factory
estado m industrial M	industrial estate
fábrica f	factory
fábrica f de cemento	cement factory
fábrica f de porcelana	porcelain factory
factoría f	factory
factoría f de automóviles	automobile/car factory
frigorífico m A	meat processing plant
hilandería f	spinning mill
hilandería f de algodón	cotton mill
imprenta f	printing works
ingenio m azucarero M	sugar refinery
joyería f	jewelry workshop
maquiladora f M	cross-border *(USA–Mexico)* assembly plant
matadero m	slaughterhouse
mueblería f	furniture factory
papelera f	paper mill
petroquímica f	petrochemical factory
planta f maquiladora M	cross-border assembly plant
planta f siderúrgica	steel plant
refinería f	*(oil)* refinery
relojería f	watch factory
serrería f	sawmill
siderúrgica f	iron and steel works
tabacalera f M	cigarette factory
taller m	workshop
taller m de fundición	smelting works
taller m mecánico	vehicle repair shop, garage
talleres mpl gráficos	printing works
tonelería f	barrel-making factory
vidriera f	glassworks
usina f (eléctrica) A	hydro-electric plant

El Seguro / Insurance

General

agente m de seguros	insurance broker
asegurado m	(the) insured
aseguradora f	insurance company
asegurar el continente y el contenido	to insure the home and contents
asegurar la casa contra incendios	to insure the house against fire
asegurar un vehículo	to insure a vehicle
asegurar una vivienda	to insure a home/dwelling
beneficiario m	beneficiary
casa f asegurable	insurable house
cobertura f	cover
compañía f aseguradora	insurance company
condiciones fpl de la póliza	conditions of the policy
contratar un seguro	to take out a contract/policy
corredor m de seguros	insurance broker
cubrir al máximo	to take out maximum cover
demanda f de seguro	request for insurance
descuento m sobre la primera prima	discount on the first installment
elegir la forma de pago	to choose the form of payment
en caso de fallecimiento	in case of death
en caso de invalidez	in case of disability
garantizar el futuro	to guarantee the future
garantizar sus ingresos	to guarantee your income
Hogar dulce hogar	Home sweet home

indemnización f conforme al baremo	compensation in accordance with the rates
invalidez f permanente	permanent disability
multirriesgo m del comercio	commercial all-risks policy
número m de póliza	policy number
pagar cotizaciones	to pay premiums
pagar una prima fija	to pay a fixed premium
pago m inmediato	immediate payment
plan m de seguro	insurance plan
planificación f económica	financial planning
póliza f de seguro	insurance policy
póliza f de seguro de vida	life insurance/ assurance policy
recibir una cantidad global	to receive a lump sum
reclamar al seguro	to make an insurance claim
reimbolso m de gastos médicos	reimbursement of medical expenses
reimbolso m entero	full reimbursement
requisito m médico	medical requirement
seguro m	insurance
seguro m contra el robo	insurance against theft
suma f asegurada	sum assured
suscribir una póliza de seguros	to take out an insurance policy
tasador m de seguros	insurance assessor
tipo m de seguro	insurance rate
titular m de la póliza	policy holder
varias opciones fpl	various options

Diferentes tipos de seguros / different kinds of insurances

seguro m de automóvil	automobile/car insurance
seguro m de compensación por accidentes laborales	compensation insurance for industrial injury
seguro m de enfermedad	health insurance
seguro m de incendio	fire insurance
seguro m de la vejez	pensioner's insurance
seguro m de tarjeta de crédito	insurance against loss of credit card
seguro m de viaje	travel insurance
seguro m de vida	life insurance/ assurance
seguro m de vivienda	home insurance
seguro m médico	medical insurance
seguro m de responsabilidad civil	civil/public liability insurance

Seguro de automóvil / automobile/car insurance

accidente m de coche	automobile/car accident
bonificación f por no siniestro	no claims bonus
cobertura f de los riesgos	risk cover
cobertura f sobre el vehículo	vehicle cover
daños mpl corporales	bodily damage
daños mpl materiales	material damage
declaración f amistosa de accidente de automóvil	vehicle accident statement
en caso de accidente	in case of accident
en caso de avería	in case of breakdown
gastos mpl de hotel	hotel expenses
percance m	accident
reparación f de urgencia	urgent repairs
seguro m a todo riesgo	comprehensive insurance
seguro m ahorro	endowment policy
seguro m contra accidentes	accident insurance
seguro m contra terceros	third-party insurance
seguro m de cobertura amplia M	comprehensive insurance
valorar los destrozos del siniestro	to assess the accident damage
vehículo m interviniente	vehicle involved

Seguridad social / Social security

abarcar diversos riesgos	to cover multiple risks
abogacía f de oficio	legal representation for the poor
abogacía f de pobres	legal representation for the poor
asilo m de ancianos	old persons' home
asilo m de la tercera edad	retirement home
asistencia f médica	medical care
asistencia f sanitaria	medical care
asistencia f social	social care
asistente m social	social worker
auxilio m social	domestic help
ayuda f oficial a la vivienda	official domestic help
beneficiario m de prestaciones	welfare recipient
beneficiencia f pública	social welfare
bienestar m social	social well-being
centro m de cuidados primarios	center for primary *(medical)* care
cobertura f social	social welfare
cotizaciones fpl sociales	National Insurance Contributions *(for your social welfare)*
crisis f de la vivienda	housing crisis
cubrir todas las necesidades básicas	to cover all basic needs
cuidado m sanitario	health care
desempleo m	unemployment
discapacitado m	disabled person
financiación f del sistema	financing of the system
garantizar derechos individuales	to guarantee individual rights
garantizar un nivel de vida razonable	to guarantee a reasonable standard of living
jubilación f anticipada	early retirement
jubilación f forzosa	compulsory retirement
jubilación f prematura	early retirement
jubilación f voluntaria	voluntary retirement
jubilado m	retired person
jubilarse	to retire
justicia f social	social justice
marginados mpl	deprived elements in society
mejorar la calidad de vida	to improve the quality of life
minusválido m	disabled person
parado m	unemployed person
paro m	unemployment
persona f de bajos ingresos	low earner
personas fpl necesitadas	persons in need
prestación f por invalidez	disability benefit
prestación f por maternidad	maternity benefit
prestaciones fpl sociales	social benefits
rehabilitación f social	social rehabilitation
reinserción f social	social rehabilitation
retirarse a los sesenta años	to retire at sixty
salud f pública	public health
Seguridad f Social	Social Security
servicios mpl sociales	social services
subsidio m de desempleo	unemployment benefit
subsidio m familiar	family allowance

Impuestos / Tax

año m fiscal	tax year
asesor m fiscal	tax advisor
bajar los impuestos	to bring down taxes
base f imponible	tax threshold
base f taxable M	tax threshold
carga f impositiva	tax burden
categoría f tributaria	tax band
código m impositivo	tax code
contralor m A/M	comptroller *(i.e. of taxes)*
contribución f urbana	local tax
contribuciones fpl fiscales	taxes
contribuyente mf	tax payer

declarar a Hacienda	to fill out/in the tax form, to make out the tax return
declarar al fisco	to declare for tax purposes
delito m fiscal	tax fraud
derechos mpl tributarios	tax rights
deudas fpl tributarias	tax debts
devolución f de impuestos	tax rebate
Dirección f General Impositiva A	IRS, Treasury, Inland Revenue
eludir el pago de tributos R3	to avoid payment of tax
evadir impuestos	to avoid payment of tax
evasión f de impuestos	tax evasion
evasor m fiscal M	tax evader
exención f tributaria	tax exemption
financiar las actuaciones de los poderes públicos	to finance the public purse
financiar los gastos públicos	to finance the public purse
fisco m	Treasury, Exchequer
fondos mpl públicos	public funds/purse
formulario m de declaración	tax form
Hacienda f (Pública)	IRS, Treasury, Inland Revenue, Tax Department *(also in M)*
imponer contribuciones a	to tax
importación f imponible	dutiable import, import subject to tax
impuesto m directo	direct taxation
impuesto m indirecto	indirect taxation
impuesto m sobre valor añadido (IVA)	VAT (Value Added Tax)
incentivo m fiscal	tax incentive
libre de impuestos	tax free
llenar el formato de Hacienda M	to fill out/in a tax form/tax return
mejorar equipamientos colectivos	to improve public facilities
nivel m de impuestos	level of taxation
pagar impuestos	to pay taxes
paraíso m fiscal	tax haven
recaudador m de contribuciones	tax collector
reembolso m fiscal	tax rebate
rellenar un formulario	to fill out/in a form
sistema m tributario	tax system
sobreimpuesto m	supertax
sobretasa f	supertax rate
subir los impuestos	to put up taxes
sujeto a imposición	subject to tax
suma f imponible	taxable sum
tasa f	rate paid for something
tasa f de recogida de basuras	rate for garbage/rubbish collection
tasador m de impuestos	tax advisor
tesoro m público	public treasury
tributación f	taxation, tax system
tributo m	tax

Nivel 2 / Level 2

Actividad industrial / industrial activity

General

actividad f fabril	manufacturing activity
aplicar nuevos procedimientos	to apply new procedures
automatización f de las líneas	automated lines

automatización f de producción	automated production
cadena f de suministro	supply chain
capacidad f de producción	production capacity
cartera f de pedidos	order book
cien mil metros cuadrados de solar	hundred thousand square meter site
cinta f continua	conveyor belt, assembly line
confección f de microchips	microchip manufacturing
cuota f de producción	production quota
entregar un pedido	to deliver an order
equipamiento(s) m(pl)	equipment, facilities
equipo m mécanico	mechanical equipment
explotación f agrícola	farm
explotación f de recursos minerales	extraction of mineral resources
explotación f minera	mine
fabricación f en masa	mass production *(of the same article)*
fabricación f en serie	production *(of the same article with the same characteristics)*
hacer un pedido	to place an order
industria f en plena expansión	rapidly expanding industry
mantener tendencias desaceleradoras	to pursue a decelerating path
máquina f herramienta	machine tool
material m eléctrico	electrical material
parque m superior a 300 000 unidades	number exceeding 300 000 units
perforación f de un pozo de petróleo	drilling of an oil well
planta f de abonos	fertilizer plant
planta f de congelados	frozen foods factory
planta f de energía eléctrica	power station
planta f química	chemical plant
planta f siderúrgica	steelworks
plataforma f de perforación	drilling rig
plataforma f petrolífera	oil rig
pozo m de sondeo	boring/drilling well
(La) producción f supera la cifra del 50%	Production passes the 50% mark
productos mpl de alta tecnología	leading-edge products
productos mpl derivados del petróleo	oil-derived products
reconversión f industrial	industrial restructuring
refinar el petróleo crudo	to refine crude oil
repartimiento m del trabajo	job sharing
revolución f industrial	industrial revolution
sistema m de tuberías	piping
taladrar	to drill
taller m de fundición	smelting works
tecnología f de punta	leading-edge technology
tejido m industrial de un país	country's industrial framework
tolva f	chute
torre f de perforación	derrick
tubería f	pipe, system of pipes
tubo m	pipe
tubo m de perforación	drill pipe
viabilidad f de la industria	viability of the industry
zona f industrial	industrial park/estate

Diferentes industrias / different industries

confección f	manufacturing *(usually of clothing)*
construcción f naval	ship building
industria f de los medios de comunicación	media industry
industria f del corcho	cork industry

industria f del cuero	leather industry
industria f del esparcimiento M	leisure industry
industria f del ocio	leisure industry
industria f del vidrio	glass industry
industria f exportadora	export industry
polígono m industrial	industrial estate

Personal / Personnel

ajustador m	fitter
almacenero m	storekeeper, warehouseman
auxiliar f del hogar	home help
auxiliar m/f técnico/a	qualified worker
cervecero m	brewer
dotación f del hotel	hotel staff
embalador m	packer
empacador m M	packer
empaquetador m	packer
enlace mf sindical	labor union representative, shop steward
estibador m M	person who arranges boxes of finished goods
fundidor m	foundry worker
ingeniero m	engineer
interino m	substitute, replacement, acting *(for someone)*
jefe m de dirección	manager
metalúrgico m	metallurgist
montador m	fitter
obrero m calificado	qualified worker
obrero m de la construcción	construction worker
obrero m industrial	industrial worker
obrero m montador	fitter
obrero m temporalero M	seasonal worker
obrero m temporero	temporary worker
obrero m titulado	qualified worker
oficinista mf	office worker
operario m diplomado	qualified operator/machinist
operario m electricista	electrical operator
personal m	personnel
remachador m	riveter
sacerdote m obrero	worker priest
soldador m	solderer
técnico m	technician
técnico m superior	qualified worker
trabajador m a domicilio	person working from home
trabajador m agrícola	farm worker
trabajador m ambulante	itinerant worker
trabajador m independiente	freelance
trabajador m por turnos	shift worker
turno m matutino M	morning shift
turno m nocturno M	night shift
turno m vespertino M	afternoon/evening shift
turno m de día	day shift
turno m de mañana	morning shift
turno m de noche	night shift

Seguro / Insurance

General

accidente m corporal	physical injury
adaptar necesidades a su medida	to tailor to your needs
anticipo m del 25% de la suma asegurada	advance of 25% on the sum assured
anular un contrato	to cancel a contract
asegurar un capital	to insure a sum
asistencia f jurídica	legal assistance
asistencia f psicológica	psychological counseling
avalar un plan de pensiones	to guarantee a pensions plan
bonificación f por carencia de reclamaciones	no claims bonus
cerrar un contrato	to take out/sign a contract
comisión f de seguro	insurance commission

costes mpl funerarios	funeral costs
cotización f	statement of value
dañar los bienes	to damage possessions, property
entidad f aseguradora	insurance company
fallecimiento m traumático	sudden death
formalizar un seguro	to draw up an insurance policy
garantizar una jubilación asegurada	to guarantee a retirement insurance
incapacidad f profesional	professional disability
indemnización f inicial	down / initial compensation payment
indemnización f mensual	monthly compensation payment
informe m del perito	expert's report
invalidar un contrato	to invalidate a contract
lugar m del fallecimiento	place of death
mayor cobertura f	greater cover
modalidad f de seguro	method of payment
multirriesgo m del hogar	comprehensive home insurance
obtener anticipo sobre póliza a bajo interés	to obtain an advance on a low-interest policy
pérdida f sufrida en (la) propiedad	damage/loss suffered by property
perito m de la Aseguradora	insurance expert, assessor from the insurance company
plan m de jubilación	retirement plan
plazo m de carencia	period free of interest payments and debt repayments
presentar los justificantes	to provide supporting evidence
prestaciones fpl del servicio contratado	benefits of the service paid for / agreed
prestaciones fpl en caso de accidente	benefits in case of accident
presupuesto m más bajo	lowest quotation
proteger el valor de la vivienda	to protect the value of the home
proteger el valor del mobiliario	to protect the value of household goods
realizar un presupuesto personalizado	to take out a personal budget plan
recargo m de la prima	surcharge on the premium
rellenar los datos necesarios	to fill out/in the necessary data/information
renovar una póliza	to renew a policy
reporte m del perito M	expert's report
rescindir un contrato	to cancel/rescind a contract
robo m por expoliación R3	theft, burglary
seguro m de casa con cobertura amplia M	comprehensive house insurance
tasar los daños	to assess the damage
trámite m rápido del siniestro	accident claim speedily resolved
ventajas fpl fiscales	tax advantages

Póliza del hogar / home insurance policy

allanamiento m de morada	breaking and entering, burglary
aparatos mpl sanitarios	bathroom fittings
bienes mpl asegurables	insurable possessions
contenido m mobiliario	contents
daños mpl por agua	water damage
daños mpl por helada	frost damage
descompostura f del refri M	fridge breakdown
escalamiento m	housebreaking, burglary

garantía f de incendio y robo — guarantee against fire and theft
gastos mpl de extinción — fire extinction costs
honorarios mpl de peritos — assessor's fees
incendio m y riesgos complementarios — fire and other risks
localización f de la avería — locating the breakdown/damage
objetos mpl de seres queridos — objects of sentimental value
parada f de cámaras frigoríficas — fridge and freezer breakdown
paralización f de cámaras frígoríficas — fridge and freezer breakdown
reemplazo m de artículos — replacement of articles
reparación f de la tubería — pipe repairs
reposición f de artículos — replacement of articles
reposición f de documentos — replacement of documents
reventón m de la tubería — pipe burst
robo m del contenido — theft of contents
rotura f de cristales — breakage of windows
rotura f de espejos — mirror breakage
rotura f de servicio de mesa — breakage of set of dishes
rotura f de vajilla — breakage of chinaware
salvamento m y desescombro — clearing of site
sustitución f de llaves y cerraduras — replacement of keys and locks
uso m privado del asegurado — private use of the insured

Seguro del coche / automobile/car insurance

asegurar el segundo vehículo de la unidad familiar — to insure the family's second car
asesoramiento m exclusivo — exclusive advice
asistencia f en viaje — travel assistance
bonificaciones fpl en caso de no siniestralidad — no claims bonus for zero accident rate
cincuenta por ciento de descuento — fifty per cent discount
cobertura f amplia M — comprehensive cover
cobertura f contratada en España — cover bought in Spain
daños mpl causados a terceros — injury/damage to third party
daños mpl causados por terceros — injury/damage caused by third party
daños mpl personales — personal injury
daños mpl producidos por remolque — towing damage
defensa f en multas — legal defense with respect to traffic fines
defensa f jurídica — legal defense
descuento m en la prima de accidentes — discount on accident premiums *(i.e. for no accidents)*
entablar demanda por descuido — to sue for carelessness
gastos mpl de avería — breakdown expenses
gastos mpl de remolque — towing expenses
incendio m del vehículo — vehicle fire
insolvencia f de terceros — third-party insolvency
libre elección f de taller — free choice of repair shop / garage
limpieza f del vehículo — car valeting
mil puntos mpl de atención — full attention at all times
peritación f ágil — expert loss adjuster's report
peritaje m oficial de los daños — official loss adjuster's report of the damage
protección f jurídica — legal protection
red f de oficinas — network of offices

rehabilitación f de lesionados	rehabilitation of the injured
robo m del vehículo	vehicle theft
rotura f de lunas	windshield/ windscreen breakage
rotura f de parabrisas	windshield/ windscreen breakage
seguro m del conductor	driver's insurance
subsidio m por privación temporal del permiso de conducir	financial aid for temporary loss of driving license
tasación f de los daños del accidente	evaluation of accident damage
todo riesgo	comprehensive
transporte m de heridos	transport for the injured
uso m particular	private use

Pensiones / Pensions

beneficiarios mpl de la seguridad social	those insured with social security
cobrar una pensión	to receive a pension
cobrar una jubilación	to receive a pension
edad f de jubilación	pensionable age
fondo m de pensiones	pensions fund
hogar m del jubilado	pensioners' club
pensión f alimenticia	maintenance
pensión f de la empresa	company pension
pensión f de viudedad	widow's pension
pensión f de viudez	widow's pension
pensión f del Estado	State pension
pensión f vitalicia	life annuity
pensionado m M	pensioner
pensionista mf	pensioner
plan m de jubilación	retirement pensions plan
plan m de jubilación a favor de Gloria	pensions plan in favor of Gloria
plan m (personal) de pensiones	(personal) pensions plan
subir las pensiones de los jubilados	to raise the old age pension

Seguridad social / Social security

asegurados mpl (sociales)	those insured with social security
asilo m de huérfanos	orphanage
ayuda f familiar	home help
ayudas fpl en el hogar	home help
bienestar m de los niños	child welfare
casa f de reposo	rest home
centro m de asistencia social	social welfare center
clínica f de reposo	convalescent home
club m de pensionistas	pensioners' club
cobrar un subsidio de desempleo	to receive unemployment benefit
comprobar medios de vida	to means-test
continuidad f del ingreso profesional	continuation of professional income
cotizaciones a la Seguridad Social	contributions to state welfare scheme
cuota f patronal	employer's contribution
desmantelar el sistema	to terminate / wind up the system
en función de los ingresos profesionales	depending on professional income
financiar un sistema de cobertizo	to finance a comprehensive system
gozar de protección social	to enjoy social welfare
guardería f infantil	crèche
huérfano m	orphan
indemnización f de desempleo	unemployment benefit
ingreso m mínimo	minimum wage
INSALUD m (Instituto Nacional de la Salud)	Department/ Ministry of Health

intervenciones fpl al cargo del Estado	state pay-out
orfanato m	orphanage
orfelinato m	orphanage
parados mpl de larga duración	long-term unemployed
perceptor m de subsidio de desempleo	person drawing unemployment benefit
política f sanitaria	health policy
prejubilación f	early retirement
prejubilado m	person who has retired early
prestaciones fpl económicas en caso de invalidez	financial help in case of disability
prestaciones fpl en asistencia social	social welfare/benefits
privatizar el sistema	to privatize the system
reducir al mínimo las intervenciones sociales	to minimize state intervention
residencia f de ancianos	old people's home
revalorizar pensiones	to increase pensions
revaluar subsidios	to increase benefits
Secretaría f de Salud M	Department/ Ministry of Health
servicios mpl de comida	meals service, meals delivered to your home, meals on wheels
situación f precaria de las finanzas públicas	precarious state of public finances
subsidio m de enfermedad	sick pay/benefit
subsidio m de natalidad	maternity benefit
subsidio m de vejez	old age pension
subvención f estatal	state subsidy
subvencionar	to subsidize
subvenir a los gastos R3	to meet the expenses
sufrir una contingencia social R3	to meet with unforeseen circumstances
tener derecho a prestaciones	to have a right to benefits

Impuestos / Tax

aprobar los presupuestos generales del Estado	to approve the State budget
asesor m contable	tax advisor/ accountant
cometer una infracción tributaria	to defraud the Treasury / Inland Revenue
conceptos mpl deducibles	amount deductible
contable mf especializado/a en asuntos tributarios	tax specialist/advisor
contribución f territorial	real-estate/property tax
contribuyente m con cónyuge a cargo	tax payer with dependent spouse/wife
contribuyente mf divorciado/a	divorced tax payer
contribuyente mf separado/a legalmente	legally separated tax payer
contribuyente mf soltero/a	unmarried taxpayer
cuota f del impuesto de la renta	tax scale
declaración f de renta	income-tax return
deducir previamente	to deduct at source
defraudar a Hacienda	to defraud the Treasury / Inland Revenue
Delegación f de Hacienda	local tax office
desgravable del 17% en el impuesto de renta	17% relief on taxable income
desgravación f fiscal	tax relief
desgravación f personal	personal allowance, personal tax relief
desgravar un producto	to reduce the tax on a product

disfrutar de beneficios fiscales	to enjoy tax benefits
exento de contribuciones	tax exempt
exento de impuesto	tax free
exento del pago de impuestos	exempt from the paying of tax
exiliado por motivos fiscales	tax exile
eximir de impuestos	to exempt from tax
falsear los datos de la declaración	to make a false declaration on the tax form/return
familiar mf dependiente	dependent family
financiar la producción de bienes y servicios públicos	to finance government services and property
fiscalidad f	taxation, tax regulations
fraude m fiscal	tax fraud/evasion
gastos mpl deducibles	deductible expenses
gravar con un impuesto	to burden with taxes
gravar una vivienda	to tax a house/dwelling
imponer contribuciones a	to tax
impreso m de declaración de renta	tax form/return
impuesto m de circulación	vehicle tax
impuesto m de lujo	luxury tax
impuesto m sobre la propiedad	real-estate/property tax
impuesto m sobre sucesiones	death duties
ingresar una cantidad al tesoro	to pay a sum to the Treasury
ingreso m gravable	taxable income
ingreso m sujeto a impuesto	taxable income
Inspección f de la Hacienda Pública	Tax Inspector's Department
inventar gastos	to invent/concoct expenses
legislación f fiscal	tax legislation
liquidar el impuesto	to pay off your taxes
omitir ingresos	to fail to declare income
pagar fuertes contribuciones	to pay heavy taxes
persona f autoexiliada para evitar impuestos	tax exile
presión f fiscal	tax burden
privilegio m tributario	tax concession
recaudación f de impuestos	tax collection
recaudería f M	tax office *(i.e. where you actually pay your tax)*
reducción f de impuestos	tax reduction
refugio m fiscal	tax haven
renta f bruta anual	annual gross income
renta f imponible	taxable income
sujeto al pago de	liable for the payment of
tasador m de impuestos	tax assessor
tener personas a su cargo	to have dependants
tipo m impositivo	tax coding/bracket
vivir sin pagar contribuciones	to live tax-free

Nivel 3 / Level 3

Seguro / Insurance

accidente m laboral	industrial injury
actuación f pericial	expert valuation
ampliar prestaciones sociales	to expand social benefits
asegurador m	underwriter
asegurar los efectos de la inflación	to insure against the effects of inflation
compromiso m de la Aseguradora	Insurance Company's commitment

cumplimentar un formulario	to fill in a form
daño m físico	bodily damage
daños mpl a terceros	third party liability
demandar por daños y perjuicios	to sue for damages
desgravar el 15% de las primas	to reduce premiums by 15%
efectos mpl personales	personal belongings
fraccionar el importe de las primas	to space out the premiums
hipoteca f dotal	endowment mortgage
leer la letra chiquita M	to read the small print
leer la letra menuda	to read the small print
máxima rentabilidad f	maximum profitability
máxima seguridad f	maximum insurance possible
mutualidad f	mutual benefit society, friendly society
oficina f de reclamaciones	claims unit
pagar una franquicia	to pay an excess
participación f en los beneficios	share in benefits
percepción f del capital	receipt of the capital
percibir un capital plenamente actualizado	to receive a sum on current valuation
pérdida f de objetos de valor	loss of valuables
pérdida f total	write-off
pertenencia f asegurada	property insurance, insurance of possessions
procedimiento m de reclamación	complaints procedure
reasegurador m	underwriter (on second insurance)
responsabilidad f ilimitada	unlimited liability
revaloración f anual	annual reappraisal
revaluar un 10% todos los años	to increase annually by 10%
salvo de los efectos de la inflación	immune from the effects of inflation
seguro m de incapacidad	disability insurance
seguro m de valor de nuevo	new for old
seguro m dotal	endowment insurance/assurance
seguro m mercantil	commercial insurance
seguro m mixto	endowment policy
seguro m para comercios	business insurance
seguro m para daños estéticos	insurance for superficial damage
ser culpable	to be at fault
siniestro m total	total write-off
tener valor sentimental	to have sentimental value
tipo m de seguro	insurance rates
tramitar un seguro de atraco	to take out insurance against theft
valor m de sustitución	replacement value

Seguro para comunidades / Insurance for homeowner's association

afrontar eventualidades	to meet contingencies
alojamiento m en un hotel	hotel accommodation
expuesto a múltiples eventualidades	high-risk
extracción f del lodo	mud removal
inhabitación f del edificio	uninhabitable building
inundaciones fpl	flood *(damage)*
metros mpl cuadrados construidos de jardín	square meters of landscaped yard/garden
recinto m asegurado	insured enclosed area
robo m de los bienes de los copropietarios	theft of co-owners' property

seguro m para Comunidades	Property Owners' association insurance

Seguro de viaje y vacaciones / travel and vacation insurance

asistencia f sanitaria	medical care
cobertura f por demora	delayed departure cover
cobertura f por equipaje	baggage cover
desplazamiento m de un familiar acompañante	travel for an accompanying family member
dinero m de bolsillo	pocket money
dinero m de mano	pocket money
domicilio m habitual	usual place of residence
envío m de medicamentos	dispatch of medicine
envío m de piezas de recambio	dispatch of spare parts
estancia f de un familiar acompañante	accommodation for a traveling close relative
fianzas fpl	bail
gastos mpl de desplazamiento	traveling expenses
gastos mpl de hospitalización	hospital expenses
gastos mpl de urgencias médicas y gastos asociados	medical emergency and associated expenses
gastos mpl judiciales	legal expenses
indemnización f por invalidez permanente	permanent disablement compensation
indemnizaciones fpl pecuniarias	financial compensation
lugar m de destino	destination
partida f cancelada	cancelation of departure
piratería f	hijack
prolongación f de estancia	extended stay
remolque m del vehículo	towing of vehicle
repatriación f del fallecido	bringing the deceased home, repatriation of the deceased
repatriación f sanitaria	bringing the insured home for health reasons, repatriation on health grounds
secuestro m	hijack
supresión f del viaje	cancelation of trip
tener cubiertas todas las eventualidades	to have all contingencies covered
traslado m del vehículo	repatriation of the vehicle

Impuestos / Tax

agentes mpl tributarios	tax agents/inspectors
Aplazamientos mpl devengan interés de demora	Late payment attracts interest
arancel m	tariff
banda f impositiva	tax band
base f de cálculo de retención	basic rate of tax
beneficios mpl antes de impuestos	profits before tax
capital m mobiliario	personal assets
comprobación f de los hechos imponibles	proof of taxable matters
cumplimentar los datos en el impreso por triplicado	to fill out/in the forms in triplicate
cumplir sus obligaciones tributarias	to meet your tax obligations
cuota f tributaria	tax dues
desgravar el interés sobre la hipoteca	to allow tax relief on mortgage repayments
erario m R3	public treasury/ purse
evasión f fiscal	tax evasion
evasión f tributaria	tax evasion
fecha f de devengo del impuesto	final date for payment of tax

fraccionamiento m de pago	payment by installments
gravamen m	tax burden
gravamen m de una hipoteca	mortgage liability
hechos mpl que resultan gravados	matters attracting tax liability
impuesto m de actividades económicas	tax on commercial and professional activities
impuesto m de plusvalía	capital gains tax
impuesto m de radicación	real-estate/property tax
impuesto m de venta	sales tax
impuesto m del timbre	stamp duty
impuesto m revolucionario	tax paid to revolutionary groups
impuesto m sobre apuestas	betting tax
impuesto m sobre el capital	capital levy
impuesto m sobre espectáculos	entertainment tax
impuesto m sobre la renta de las personas físicas	tax on an individual's income
impuesto m sobre la riqueza	wealth tax
impuesto m sobre las sucesiones	estate duty
impuesto m sobre los bienes heredados	estate duty
impuesto m sobre sociedades	corporation tax
ingresos mpl no imponibles	non-taxable income
justificantes mpl de gastos y deducciones	evidence of expenses and deductions
ley f reguladora del impuesto	tax-governing law
libre de gravamen	free from encumbrance *(debts, tax liability, etc.)*
ordenación f de pagos	order to pay
ordenanzas fpl fiscales	tax regulations
pasivo m circulante	current liabilities
pasivo m corriente	current liabilities
pasivo m diferido	deferred liabilities
percepción f de impuestos	tax collection
perceptor m de haberes pasivos	pensioner
presentar las declaraciones tributarias	to make a tax declaration
realizar la declaración de impuesto sobre la renta (PADRE)	to fill out/in a tax return
régimen m de impuesto	tax rules/system
régimen m tributario	tax rules/system
rendimiento m del capital inmobiliario	returns on real estate / property
SR (Impuesto Sobre la Renta) M	tax taken from source
tasa f de aeropuerto	airport tax
tasa f por vados	tax on garage entrance *(to keep it free)*
tasación f de los activos de una compañía	assessment of a company's assets
tramitación f de los expedientes	processing of the dossiers
tributar	to pay taxes
vacaciones fpl fiscales	provisional suspension of tax payment

Seguridad social / Social security

ampliar beneficios sociales	to expand social benefits
aumento m de las cargas sociales para los asalariados	increase in the cost of social security for salary earners
aumento m de las cotizaciones	subscription increase
averiguar los recursos económicos	to assess income

ayuda f oficial a la vivienda	grant for public housing / council accommodation
beneficencia f social	charitable work
beneficio m de justicia gratuita	entitlement to legal aid
beneficios mpl relacionados con los ingresos	earnings-related benefits
casa f para personas de la tercera edad M	home for elderly people
cobrar el seguro de desempleo	to receive unemployment benefit
cobrar la incapacidad M	to receive sick pay
cobrar la incapacidad por maternidad M	to receive maternity pay
concierto m de beneficiencia	charity concert
cotizaciones fpl patronales	employers' contributions
empleo m a tiempo parcial	part-time work
envejecimiento m de la población	ageing population
escasez f de viviendas	housing shortage
familia f monoparental	one-parent family
hogar m sin pareja	one-parent family
IMSS (Instituto Mexicano del Seguro Social) M	Social Security Agency for Employees of Private Companies
ISSSTE (Instituto de Seguridad y Servicios Sociales para los Trabajadores del Estado) M	Social Security Agency
obra f de beneficiencia	charitable organization
problema m de la vivienda	housing problem
pronóstico m demográfico	demographic forecast
recibir prestaciones de la Seguridad Social	to receive Social Security benefits
reclamar una subvención	to claim benefit / a grant
SSA (Secretaría de Salubridad y Asistencia) M	Government Social Security Agency *(neither ISSSTE nor IMSS)*
subsidio m por discapacidad	disability benefit
trabajo m temporal	temporary employment
trabajos mpl de asistencia social	social work
vivienda f de renta limitada	public housing, council house
vivienda f para obreros	workers' housing
vivienda f protegida	public housing, council house
vivir a cargo de la asistencia social	to live on social welfare

Ejercicios / Exercises

Nivel 1 / Level 1

1. (a) Escribe frases de orden financiero para ilustrar el sentido de los siguientes vocablos

abono, amistoso, compromiso, cotización, entidad, familiar, fiscal, particular, pensión, percibir, prestación, red, reforma, rescate, siniestro, vencer

(b) Encuentra otros sentidos de estos vocablos

2. (a) Encuentra la diferencia entre los vocablos de las siguientes parejas

balance/balanza, beneficio neto/beneficio bruto, bienes muebles/bienes inmuebles, cotización/pago, cobertura/cubierta, factura/facturación, renta/sueldo, ingresar/invertir, pago al contado/pago a plazos, máquina/maquinaria, rotura/ruptura, prestación/beneficio, jubilación/prejubilación, subsidio/subsidiario, particular/privado

(b) Construye frases que contengan los dos vocablos de la pareja para ilustrar su uso y su diferencia

(Se encuentra la solución en Internet)

3. Define los siguientes términos

cobertura social	minusválido psíquico	seguro de vida
prestación social	seguro de ancianidad	enfermedad profesional
cotización social	seguro a todo riesgo	seguro de automóviles
cotización patronal	seguro contra terceros	seguro del hogar
casa de reposo	póliza de seguro	seguro de enfermedad
calidad de vida	seguro de ahorro	seguro de viaje
visita domiciliaria	seguro multirriesgo	

4. Asocia la definición al vocablo que corresponda

anticipo	experto en una determinada materia
avalar	parte del sueldo recibido antes del tiempo
beneficiario	cantidad de dinero recibido por un jubilado o inválido
desgravar	dinero que se deja como garantía
desperfecto	dedicar dinero a una actividad para conseguir un beneficio
fianza	daño que sufre una cosa
garantía	acción y resultado que acarrean un servicio o ayuda
importe	que produce beneficio suficiente
indemnización	acción y resultado de cambiar una cosa para mejorarla
invertir	cosa que protege contra un riesgo o necesidad
pensión	dar garantía
perito	valor de una cosa en dinero
prestación	que disfruta de una pensión o de una herencia
reforma	acción y resultado de compensar
rentable	reducir la cantidad que debe pagar una persona

(Se encuentra la solución en Internet)

5. ¿En qué circunstancias se usan las siguientes expresiones?

valor de nuevo	responsabilidad civil	libre elección de taller
rotura de parabrisas y lunas	sistema de bonificaciones	dos mil puntos de atención
daños personales	subsidio de desempleo	cobertura en caso de robo y avería
defensa en multas	asistencia social	seguro con prima fija
en caso de pérdida total	rehabilitación de lesionados	tramitación rápida del siniestro
seguro con franquicia	declaración amistosa	aseguradora

6. Traduce al español

to take out an insurance
to pay a monthly premium
home sweet home
to evaluate damage
mutual declaration of an accident
to damage your belongings
the payment falls due
a house valued at two hundred thousand dollars
serious material damage
commercial insurance center
to inform the insurer
fill in all the relevant details
the vehicles involved
a policy with increased cover
second car discount
a better quote
twenty-four-hour emergency helpline
vehicle breakdown service
long-term unemployed

7. (a) Encuentra sinónimos de los siguientes vocablos

accidente, cobrar, coste, daño, gastar, incendio, incrementar, indemnizar, muerte, proteger, rentable, romper, robo, sueldo, valorar, ventaja

(b) Construye frases para ilustrar las diferencias entre los sinónimos

8. Contesta a las siguientes preguntas. En cada caso escribe un párrafo

i. **¿Cuál es la diferencia entre daños corporales y daños materiales?**
ii. **¿Cómo se puede garantizar económicamente el futuro?**
iii. **¿Qué entiendes por una "pensión vitalicia?"**
iv. **¿Qué tipo de pensión prefieres? ¿Estatal o privada?**
v. **¿Qué tipo de seguro prefieres? ¿A corto, medio o largo plazo?**
vi. **¿Conviene asegurarse contra la invalidez permanente?**

9. Tienes un accidente en casa. Una tubería de agua reventó y el agua se derramó por toda la planta baja de la casa. Avisas a la compañía de seguros que te manda un formulario. Imagínate el contenido de este formulario y las posibles preguntas. Las preguntas del formulario exigen los siguientes datos

(a) **¿Cuándo tuvo lugar el accidente?**
(b) **¿Hay testigos?**
(c) **¿Qué hiciste para parar la inundación?**
(d) **¿Estabas en casa cuando ocurrió el accidente?**
(e) **¿Puedes evaluar el coste de los daños?**
(f) **¿Sería posible reparar las alfombras, por ejemplo?**
(g) **¿Se pueden rescatar los aparatos electrodomésticos?**
(h) **¿Cuándo podría visitarte un tasador de la compañía?**

10. (a) Encuentra verbos que se correspondan con los siguientes sustantivos

Ejemplo: rotura-romper

auxilio, avalista, avería, beneficio, cobertura, compromiso, cumplimiento, finanzas, gestor, impreso, impuestos, jubilación, percepción, plan, recaudación, responsabilidad, riesgo, seguro, valorar, ventaja

(b) Construye frases con los verbos para ilustrar su uso

11. Traduce al español

i. I'm particularly interested in a personal pension plan for when I retire
ii. If I took out a life insurance policy today, how much would I receive at the age of sixty by way of an initial sum and monthly income?
iii. If the insured died before the expected date his beneficiaries would receive all the premiums paid plus profits
iv. With the policy you get tax relief on all the premiums invested annually
v. I'd like a home insurance policy which covers buildings and contents, and valuables when I'm abroad
vi. The company really needs a policy to deal with personal accidents, breakdown in machinery, fire, theft and flood
vii. Would this insurance meet legal costs if an employee made a claim against us?
viii. In the event of illness, this holiday policy guarantees transportation and repatriation, health treatment while the insured is still abroad, and any necessary journey made by next of kin to where the insured is hospitalized
ix. You can even insure against delays to your plane departure, and it goes without saying that loss of baggage and currency is covered
x. The value of units can go up or down and bonus rates are not guaranteed
xi. You have to be out of work for at least fifteen consecutive days to claim unemployment benefit but all your rights are safeguarded
xii. Employers' contributions form part of your benefit but wage earners bear the highest percentage of the cost

(Se encuentra la solución en Internet)

12. (a) Lee atentamente el texto siguiente. Escribe los vocablos o expresiones que te interesen asimilar

Extensión del campo de aplicación.–

1. Estarán comprendidos en el sistema de la Seguridad Social, a efectos de las prestaciones de modalidad contributiva, todos los españoles, cualesquiera que sean su sexo, estado civil y profesión, que residan y ejerzan normalmente su actividad en territorio nacional y estén incluidos en alguno de los apartados siguientes:
   (a) Trabajadores por cuenta ajena en las ramas de la actividad económica o asimilados a ellos, bien sean eventuales, de temporada fija, aun de trabajo discontinuo, e incluidos los trabajadores a domicilio, y con independencia, en todos los casos, de la categoría profesional del trabajador, de la forma y cuantía de la remuneración que perciba y de la naturaleza común o especial de su relación laboral.
   (b) Trabajadores por cuenta propia o autónomos, sean o no titulares de empresas individuales o familiares, mayores de dieciocho años, que reúnan los requisitos que de modo expreso se determinen reglamentariamente.
   (c) Socios trabajadores de Cooperativas de Trabajo Asociado.
   (d) Estudiantes
   (e) Funcionarios públicos, civiles y militares.
2. A efectos de los dispuestos en el apartado anterior, no tendrán la consideración de trabajadores por cuenta ajena, salvo prueba en contrario: el cónyuge, los descendientes, ascendientes y demás parientes del

empresario, por consanguinidad o afinidad hasta el segundo grado inclusive y, en su caso, por adopción, ocupados en su centro o centros de trabajo, cuando convivan en su hogar y estén a su cargo.

Ley General de la Seguridad Social Española, Capítulo II, 7

(b) Contesta las siguientes cuestiones

i. La Seguridad Social, si no es obligatoria, no es segura
ii. Escribe sinónimos de *social*, *seguro*, *obligación*, *individual*, *pensión*
iii. ¿Qué es *capitalizar una suma de dinero*?
iv. ¿Qué diferencia existe entre *pensión contributiva* y *no contributiva* (o de beneficiencia)?
v. Enumera diferentes categorías profesionales
vi. Explica el significado de *relación laboral entre dos personas*
vii. ¿Qué significa *trabajador autónomo*?
viii. ¿Qué es una *cooperativa*?
ix. ¿En qué condiciones se dice que una persona es trabajadora por cuenta ajena?

Nivel 2 / Level 2

1. (a) Encuentra otros sentidos, si los hay, de los siguientes vocablos. Algunos de estos se encuentran en el vocabulario de nivel 1

asistencia, caja, cartera, cobertura, competencia, derecho, empresa, equipo, industrial, ingreso, intervencionismo, inversión, jubilación, seguridad, tributo

(b) Construye frases para ilustrar el uso de estos vocablos con otros sentidos

2. Define el sentido de los siguientes vocablos o grupos de vocablos

contribuyente
Hacienda (Pública)
fisco
impuesto directo
impuesto indirecto
IVA
recaudación
desgravación
persona física
declaración de renta
justificante
devengo
aplazar el pago
fraccionar el pago
gravar un producto
falsear un producto
falsear datos
persona de bajo ingreso
pronóstico demográfico
contingencia social
indemnización social
estado providencia
barrera psicosocial
formación ocupacional
beneficios fiscales
agente tributario

3. ¿Qué entiendes por las siguientes expresiones?

impuesto sobre bienes inmuebles
tracción mecánica
impuesto sobre la plusvalía
tasa por licencias de autotaxis
tasa por prestación de servicios de bomberos
tasa por utilización del vertedero
tasa por retirada de vehículos de la vía pública
tasa por vados
tasa por protección del medio ambiente
tasa por abastecimiento de agua potable
tasa de alcantarillado
tasa de mercados municipales
tasa por estacionamiento en las vías municipales
tasa por mesas y sillas en la vía pública
tasa por quioscos
tasa por el depósito canino municipal

4. (a) Relaciona las palabras o grupos de palabras de la lista A con las palabras o grupos de palabras de la lista B para completar una expresión. Estos términos se refieren al seguro

A

cubrir, gastos, año, bienes, prestaciones, metros cuadrados, incendio, salvamento, daños, roturas, coste, reparación, sustitución, solicitud, conteniente, recinto, datos, medidas, alojamiento, locales, prima

B

asegurable, aparatos sanitarios, solicitante, otros daños, todas las eventualidades, comercial, llaves, anual, asegurado, contenido, construcción, urgencia, extinción, tubería, desescombro, especiales, corporales, judicial, presupuesto, provisional, construido

(b) Cuando hayas compaginado los vocablos de las dos listas construye frases para ilustrar el uso de las expresiones

5. (a) Encuentra un adjetivo que se corresponde con los siguientes sustantivos

Ejemplo: accidente-corporal

beneficio, cotización, finanzas, seguro, fraude, inmueble, impuesto, renta, tributo

(Se encuentra las soluciones en Internet)

(b) Construye frases para ilustrar el uso de estos adjetivos

(Se encuentra las soluciones en Internet)

(c) Encuentra el verbo que se corresponde con los siguientes nombres

Ejemplo: protección-proteger

aplazamiento, bono, fraude, gestión, gravamen, impuesto, recaudación, tramitación

(d) Construye frases para ilustrar el uso de estos verbos

6. (a) Encuentra las diferencias entre los siguientes nombres sinónimos de *impuesto*:
arancel, contribución, gravamen, impuesto, percepción, recaudación, tributo

(b) Construye frases para ilustrar las diferencias

7. (a) Redacta una lista de materias primas y describe su uso

(b) Redacta una lista de industrias que explotan estas materias primas

(c) Construye frases que incluyan en cada una materia prima y su correspondiente industria

8. (a) He aquí una lista de sinónimos de *empresa*. **Construye frases para ilustrar las diferencias entre ellos**

cadena, casa, compañía, cooperativa, empresa, explotación, firma, holding, multinacional, mutua, negocio, sociedad

(b) He aquí una lista de sinónimos de *coste*. **Construye frases para ilustrar las diferencias entre ellos (si hay)**

importe, coste, costo, gasto, precio (¿se usa *coste* en México?)

(c) He aquí una lista de sinónimos de *producir*. Construye frases para ilustrar las diferencias entre ellos

confeccionar, llevar a cabo, fabricar, plasmar, elaborar, componer, formar, producir, generar, crear, hacer, realizar

9. (a) Relaciona los vocablos de la lista A con los de la lista B para construir una expresión

A

productos, industria, oferta, chapa, tecnología, vivienda, recursos, construcción, ingreso, riquezas, material, finanzas, empresa, volumen, parque, bienes, coste, servicios, paraíso, mediano, peligro, confección, último, negociación

B

textil, equipo, rehabilitado, social, consumo, producción, colectivo, microchip, empresa, quinquenio, automovilístico, mínimo, nuclear, vanguardia, público, minero, naval, natural, siderúrgico, plástico, hierro, fiscal, inversiones, demanda

(b) Construye una frase para cada expresión para ilustrar su uso

(Se encuentra la solución en Internet)

10. Elige diez de las siguientes locuciones y haz frases para ilustrar su uso

oro negro	no es oro todo lo que reluce	estrujar el dinero
una mina de oro	trabajo temporal	dinero plástico
un corazón de oro	trabajo a domicilio	dinero caliente
pico de oro	trabajo a demanda	echar dinero
regla de oro	trabajo de jornada completa	dinero llama dinero
siglo de oro	dinero contante y sonante	Poderoso caballero es Don dinero
vellocino de oro	dinero efectivo	dinero líquido
valer su peso en oro	dinero suelto	trabajos forzados
patrón de oro	dinero negro	mercado de trabajo
a precio de oro	dinero de bolsillo	reglamentación de trabajo
ni por todo el oro del mundo	dinero sucio	bolsa de trabajo

11. Traduce al español

industrial muscle	industrial relations	tax-deductible
industrial action	industrial tribunal	tax exile
industrial disease	tax rebate	tax exempt
industrial espionage	tax year	tax allowance
industrial design	taxable income	tax code
industrial archeology	a taxing job	tax collector
industrial accident	tax avoidance	real-state/property tax
industrial unrest	tax evasion	tax incentive
industrial belt	tax haven	

12. (a) Asocia el producto y la industria o trabajo

Producto

cuero, algodón, piedra, cerveza, trigo, arena, libros, corcho, petróleo, madera, mármol, hojalata, acero, ladrillo, cerámica, caucho

Industria

imprenta, calzado, neumático, cantera, botella, alimento, alfarería, construcción, vestido, vidrio, cervecería, siderurgia, refinería, lata, imprenta, pompas fúnebres

(b) Construye frases para ilustrar el uso de la expresión

13. Traduce al español

i. If they put the tax up by another three per cent I'll apply for a reimbursement
ii. I don't mind paying direct tax but it's this indirect taxation which makes life more expensive
iii. You've got to fill in your tax form by December or the tax office will be charging you interest at six per cent
iv. Looking for a tax haven is not really fraud but the tax office will need some convincing
v. Not many people know the difference between tax avoidance and tax evasion. The first is tolerated but the second attracts a fine, and, of course, you have to pay all the back interest
vi. State-of-the-art technology should be the aim of all companies, blue chip or not, if they want higher productivity
vii. Investment in machinery and consumer goods leads to a sudden but not unexpected rise in profits
viii. The food industry, like all manufacturing industries, is feeling the negative effects of world-wide recession and falling demand
ix. We must keep our costs of production low, and that entails a tight hold on the budget as well as downsizing a bit
x. In the last quinquennium the automobile industry has increased its efficiency by thirty per cent, but when we achieve maximum production, recession could mean we'll have thousands of units left on our hands
xi. The rate of microchip production has slackened off, since the sale of computers has now reached saturation point
xii. Social Security covers all types of risks, from dental care like the filling of teeth to provision of playgroups and home helps

(Se encuentra la solución en Internet)

14. (a) Estudia atentamente el siguiente trozo y, a continuación, contesta las preguntas en (b)

MADRID.- La compañía aseguradora Winterthur ha lanzado al mercado una nueva póliza que cubre cualquier tipo de avería mecánica que se produzca en el automóvil. Se denomina Garantía Mecánica y ha sido desarrollada tras más de dos años de trabajo con la confederación que agrupa a los talleres españoles de reparación de coches (Cetraa).

Está dirigida a cualquier vehículo que tenga entre dos y diez años de antigüedad, sin límite de kilometraje, y se asimila a una ampliación de la tradicional garantía cubierta por los fabricantes. De hecho, ya hay marcas que cuentan con un servicio parecido aunque el plazo de contratación es más corto pues, en el mejor de los casos, sólo permiten una ampliación por cuatro años.

Para acogerse a ella es necesario que el automóvil pase una revisión anual obligatoria en la que se encuentra en un estado de mantenimiento que, como mínimo sea el exigido por el constructor para mantener la suya.

A partir de aquí, el cliente tendrá cubierta la reparación de cualquier avería (no están incluidas las derivadas de un siniestro ni las producidas por un desgaste normal), por toda España y con libre elección del taller legalizado (que esté asociado a Cetraa) y que puede ser perfectamente un concesionario. También se dispone de un servicio de atención telefónica durante las 24 horas del día.

El importe de la prima es variable y se fija en función de la edad del automóvil y de su kilometraje en el momento de la contratación pero, según los estudios realizados por Winterthur, la póliza del cliente tipo se encuentra en torno a las 50.000 pesetas anuales.

Félix Cerezo, *El Mundo*, 1/12/2000

(b) ¿Qué entiendes por . . .?

póliza, plazo de contratación, acogerse a, pasar la revisión, estado de mantenimiento, siniestro, libre elección del taller, concesionario, prima

15. Elige dos de las siguientes cuestiones y escribe un párrafo sobre ellas

(a) ¿Qué tipo de trabajo realiza un ajustador?
(b) Enumera diferentes tipos de soldaduras para metales
(c) Describe en pocas líneas el cometido de la industria siderúrgica
(d) ¿Qué industrias están ligadas al sector papelero?
(e) ¿Un producto terminado de una industria puede ser materia prima para otra? Justifica la respuesta
(f) Enumera las industrias de las que recibe materias primas el sector de la fabricación de automóviles
(g) ¿Qué significa *fabricación en cadena*?
(h) ¿Por qué se dice en muchas empresas que hay que fabricar "*bueno, bonito y barato*"?
(i) ¿Por qué la competencia resulta beneficiosa para el consumidor?
(j) ¿Qué significado tiene la expresión "*escalada de precios*"?

16. (a) En gran grupo elaborar el organigrama de una factoría de fabricación de automóviles

(b) A partir del organigrama anterior, en pequeño grupo (cinco o seis compañeros), cada uno de los componentes debe elaborar un listado de funciones de un miembro de la plana mayor o staff de la empresa, por ejemplo: del jefe de ventas, jefe de fabricación . . .

17. Estudia el siguiente trozo sacado de un periódico mexicano y, a continuación, contesta a las preguntas

Advierte subsecretario de Hacienda de ajustes al gasto público si no se aprueba reforma fiscal

México tendría que ajustar su gasto si el Congreso no aprueba la reforma para aumentar los ingresos tributarios, advirtió el subsecretario de Hacienda, Agustín Carstens.

"Si esta reforma no se lleva a cabo en los próximos meses, el ajuste del gasto para mantener el nivel de endeudamiento público dentro de los límites que se nos han establecido tendría que ser muy importante," declaró Carstens en una conferencia financiera en Cancún. "Este ajuste en el gasto tendría impactos importantes sobre el crecimiento del país," agregó el funcionario en el último día de sesiones del congreso de la Asociación de Ejecutivos de Finanzas. La reforma permanece trabada en el congreso debido al rechazo de los legisladores a una iniciativa para extender el pago del impuesto al valor agregado (IVA) de 15 por ciento a alimentos básicos y medicinas, ahora exentos."

En el primer semestre, el gobierno anunció recortes y ahorros en el gasto público por unos mil millones de dólares para enfrentar una caída en los ingresos, respecto a lo esperado, por la desaceleración de la economía.

Sin la reforma, dijo Carstens, no se lograría tampoco financiar parte de los proyectos de inversión de Petróleos Mexicanos (PEMEX) y la Comisión Federal de Electricidad.

El funcionario aseguró que la no aprobación del plan fiscal de México dificultaría la diferenciación de México con otras economías emergentes, en momentos de alta inestabilidad externa tras los ataques del 11 de septiembre en Estados Unidos.

La Jornada, 21 de octubre, 2001

(a) ¿Por qué es necesaria la reforma?
(b) ¿Qué entiendes por . . . ingresos tributarios, endeudamiento público, desaceleración, recortes, exentos, impuesto al valor agregado?
(c) Explica el uso del eufemismo *ajuste*
(d) El verbo *trabar* tiene varios sentidos. ¿Cuáles son? ¿Cuál es su sentido aquí?
(e) Define el papel del subsecretario de Hacienda
(f) Si desempeñaras el papel de subsecretario de Hacienda, ¿qué medidas adoptarías?
(g) ¿Cuál es el equivalente en España de *impuesto al valor agregado*?

Nivel 3 / Level 3

1. (a) Encuentra el sentido figurado de los siguientes vocablos

aislamiento, caldera, chapa, comercio, compañía, corte, entramado, gama, industria, ladrillo, maquinaria, montaje, motor, plantilla, plomo, proceso, química, recurso, tubo, válvula

(b) Construye frases para ilustrar el uso de estos vocablos en su sentido figurado

2. (a) Encuentra el sentido coloquial de los siguientes verbos

arreglar, cepillar, enhebrar, fundir, hilvanar, machacar, moler, pegar, planchar, remachar, secar, zurcir

(b) Construye frases para ilustrar el uso de estos vocablos en su sentido coloquial

(Se encuentra la solución en Internet)

3. (a) Encuentra diez sinónimos de *envase*

(b) Haz frases para ilustrar el uso de estos sinónimos

4. (a) Encuentra todos los vocablos asociados con los siguientes verbos
Ejemplo: teñir-teñido, desteñir, desteñido

acelerar, competir, consumir, desarrollar, diseñar, emprender, facturar, gestionar, prever, producir, ralentizar, recrudecer, saldar, tasar, valorar

(b) Elige diez verbos de la lista y construye frases para ilustrar el uso del verbo y sus palabras asociadas

5. Analiza el uso de los siguientes motores y bombas

motor de explosión, motor de reacción, motor Diesel, motor de gasolina, motor de vapor, motor hidráulico, bomba de agua, bomba de aire, bomba de compresión, bomba neumática, bomba de incendios

6. (a) Encuentra el adjetivo que pueda calificar los siguientes sustantivos
Ejemplo: daño - material

aceite, acero, agua, algodón, alimento, caballo, café, carne, cerdo, chocolate, hierro, lana, leche, oveja, queso, vaca

(b) Construye frases para ilustrar el uso de los adjetivos

7. (a) Asocia el verbo y el objeto. Es posible que, en algunos casos, el mismo verbo se use para dos objetos

verbo

curtir, forjar, tejer, almidonar, labrar, fundir, coser, planchar, serrar, laminar, enhebrar, machacar, teñir, limar, pintar, extraer, moler, soldar, zurcir, imprimir, encuadernar, remachar, bordar, arar

objeto

aguja, mantelería, libro, uña, botón, piedra, cuero, ropa, tela, clavo, oro, tierra, tubería, cuadro, tejido, acero, folleto, llave, café, madera, media, metal, diamante, prenda

(Se encuentra la solución en Internet)

(b) Construye frases para ilustrar el uso del verbo unido al sustantivo

8. (a) Encuentra una serie de artículos que se fabrican con los siguientes metales

acero, aleación, bronce, cinc, cobre, estaño, hierro, níquel, plomo, silicio

(b) Construye diez frases que contengan en la misma frase el artículo y el metal que lo integra

9. Traduce al español

a solid guarantee
to have an iron constitution
to rule with a rod of iron
holidays are an escape valve
a carbon copy of her mother
a golden handshake
a heart of gold
leaden steps
leaden sky

born with a silver spoon in her mouth
the silver screen
silver tongued
a silver wedding
the Iron Age
a silver lining
Silicon Valley
the Bronze Age

10. (a) ¿Qué tipo de lugar, fábrica o industria se asocia con los siguientes? En algunos casos puede haber más de una respuesta

acero, algodón, azúcar, caldera, carbón, cerveza, electricidad, gasolina, hierro, hilo, lámina, lana, melazas, papel, piedra, plancha, prensa, sidra, vidrio, vino

(b) Construye veinte frases que contengan todos los vocablos anteriores y las palabras asociadas

11. (a) Encuentra las tiendas o negocios asociados a los siguientes artículos

casa, cerveza, cigarrillo, embutido, fruta, herramienta, ladrillo, legumbre, pastel, pelo, pendiente, ropa interior, sartén, vestido de señora, traje de hombre, zapato

(b) Construye frases para describir estos establecimientos

12. (a) Formando equipos de cinco compañeros, a semejanza de un equipo de ventas de material de *línea blanca* (lavadoras, frigoríficos, lavavajillas, etc.), se pretende que cada uno de los componentes elabore, por escrito, estrategias de venta

(b) Escribir una "entrevista tipo" para persuadir a que compren el producto los posibles clientes

13. Lee atentamente el texto siguiente. Anota los vocablos y expresiones que te resulten novedosas. Después, contesta a las preguntas

Especializada en la comercialización de manetas, herrajes, tornillería, adhesivos y todo tipo de artículos de decoración e interiorismo, la compañía se dirige fundamentalmente a carpinteros e instaladores, en un radio de acción que abarca Barcelona y Tarragona.

Un importante stock de productos, entre los que se cuentan primeras marcas de los más variados sectores, como los laboratorios Rayt -por lo que respecta a colas y componentes adhesivos para madera-, Carvi en cuanto a herrajes y tornillería- o Koblenz- como marca de correderas-permite a Herrajes Baix Penedes ofrecer un excelente servicio a todos sus clientes, a los que suministra los materiales que necesiten prácticamente al momento.

Y es que, para esta empresa familiar que cuenta además con su establecimiento abierto al público en Tarragona, la solución de cualquier problema que se le pueda plantear a sus clientes, en el menor plazo de tiempo, es la clave de su excelente evolución, respaldada, lógicamente, con productos que ofrecen una ajustada relación calidad–precio. Así, consecuencia de los fuertes crecimientos experimentados año tras año por Herrajes Baix Penedes, los principales objetivos a corto y medio plazo pasan por el traslado a nuevas y mayores instalaciones, que le permitan responder de forma más rápida y eficaz a la demanda, diversificando su oferta e incorporando todo lo necesario para abastecer la demanda de ferretería para carpintería e interiorismo.

"Industria del metal, Dominical," *Guía de Prensa*, Barcelona, Julio, 1999

¿Qué entiendes por . . .?

radio de acción, stock de productos, empresa familiar, correderas, relación calidad–precio, ferretería, carpintería, interiorismo

14. Traduce al español

i. The heavy manufacturing industry seems to be disappearing altogether, but light industry for nuts, bolts, spanners, screws, chisels and metal joints is on an accelerating upward path
ii. The advanced technology industries involved in the making of microchips, computers and mobile phones, together with the service industries like banking and insurance, are becoming highly competitive
iii. Our productive capacity is developing at an ever-increasing pace, but we still have to keep production costs below those of our keenest competitors
iv. Consumer satisfaction is our sole aim, which is why quality control, committed management and a happy and dedicated work force are our top priorities
v. Cutting back on our overall costs, the recycling of containers and packaging, and the avoidance of wastage with the gradual introduction of a new roster system are now our number one targets
vi. Quality of workmanship, the highest levels of service possible to the customer, and the respect for delivery dates, these are the criteria for a successful and forward-looking company
vii. Our subsidiary company produces thousands of articles ranging from hooks of all sizes, clothes hangers, automobile roof racks, shelving, photograph frames, to display stands and even tables on casters
viii. The volume of investment in machinery, machine tools and new plant remains steady, and, after a market survey, the future looks bright now we are targeting "do-it-yourself" stores
ix. The store's got top-quality braces, drills, rawl plugs and screws of all sizes and threads, so you can install anything from fitted cupboards to television shelving
x. The Trade Fair has a special stand where advice will be given on the new competitive cost structure and the retail price index

(Se encuentra la solución en Internet)

15. He aquí un trozo sacado de un cuento de un autor argentino. Estúdialo, y a continuación, encuentra todos los vocablos y expresiones que sean típicamente argentinas. Después, busca los equivalentes que se usarían en España

Por su parte los Estados Unidos de la Patagonia progresaron a ritmo inusitado. Vendiendo petróleo, gas e hidroelectricidad a la Argentina, aún a precios inferiores a los del mercado mundial, ingresaban anualmente miles de millones de dólares de divisas que se utilizaban para el desarrollo de su infraestructura. Los valles de los ríos y la precordillera fueron irrigados y explotados para exportaciones agropecuarias y agroindustriales al exterior y un contingente enorme de inmigrantes se fue radicando libremente en una República que echando por la borda el estatismo porteño, se apoyó en la empresa privada para afirmar su desarrollo. En sólo diez años la población patagónica se triplicó con los inmigrantes y en toda la región lacustre y fluvial de la cordillera, centros de turismo de renombre mundial atraían millares de turistas anuales que reforzaban el muy favorable balance de pagos de la flamante nación. Industrias electrointensivas y petroquímicas se instalaron para aprovechar los recursos energéticos disponibles a bajo costo. La exportación industrial superó largamente a las exportaciones agropecuarias.

Como La Argentina perdió a la Patagonia, Salvador San Martín

(Se encuentra la solución en Internet)

16. Lee el siguiente artículo sacado de un periódico mexicano, y, a continuación, contesta a las preguntas

Emplazan cafeticultores a la Secretaría de Agricultura a tener un diálogo más formal

Cerca de 300 delegados de organizaciones cafetaleras indígenas de siete estados lanzaron la advertencia: queremos diálogo más formal con la Secretaría de Agricultura para establecer las reglas de los programas y no atrasar su aplicación, "si no, nos movemos más rápido, la baja del precio internacional y la sobreoferta nos afectarán más. Si no hay respuestas, en noviembre habrá una movilización nacional a la ciudad de México y retendremos la producción."

En el marco del Encuentro Nacional Cafetalero y primera reunión del conjunto de las organizaciones indígenas con el presidente del Consejo Mexicano del Café (CMC), los delegados insistieron en la urgencia de "pasar de la fase del diagnóstico a poner orden entre los industriales y los comercializadores para que dejen de importar café verde de baja calidad, iniciar la restructuración del CMC y que el gobierno federal actúe con mayor dinamismo en el marco internacional."

No queremos que el próximo año vuelvan a convocarnos a otro encuentro para analizar lo mismo y repetir lo que ya todos conocemos; las decisiones son ahora, insistieron los delegados en las cinco mesas de trabajo. Particularmente en la restructuración del CMC, los delegados indígenas se confrontaron con los representantes del sector privado o industrial, ya que éstos pretendieron interpretarla como su privatización.

Para el presidente del CMC el encuentro es una reunión de "buenas intenciones." Es un encuentro sin precedentes para que quienes se dedican a la actividad nos digan qué les gustaría hacer y en dónde les gustaría vernos en el momento en que los precios se recuperen para que México sea competitivo en el ámbito de la cafeticultura. Y dejó abierta la posibilidad de la restructuración del organismo.

La Jornada, 21 de octubre, 2001

(a) Explica el problema planteado por los productores de café
(b) Encuentra los vocablos que se derivan de *café*. Explica su uso
(c) ¿Qué entiendes por . . . emplazar, sobreoferta, diagnóstico, café verde, pretendieron interpretarla . . . , industriales, comercializadores?
(d) ¿Dónde se cultiva el café en México?
(e) Haz una lista de los países productores de café. ¿Producen más o menos que México?
(f) ¿Se escribe *restructurar*, *restructuración* así en España?

Unidad 13 / Unit 13

Transporte / Transportation, Transport

(Ver también "La Circulación Urbana" en Unidad 6 / See also "Town traffic" in Unit 6)

Nivel 1 / Level 1

General

accidente m de tráfico	traffic accident
agarrar el camión M	to catch the bus *(local or long-distance)*
agencia f de viajes	travel agency
agente m de viajes	travel agent
atravesar la calle	to cross the street
billete m abierto	open ticket
billete m colectivo	group ticket
billete m de autobús	bus ticket
billete m de ida y vuelta	return ticket
billete m de preferencia	ticket for reserved seat
billete m de primera	first-class ticket
billete m de segunda	second-class ticket
billete m gratuito	free ticket
billete m reducido	discount ticket
billete m sencillo	one-way ticket
billete m valedero	valid ticket
boleto m A/M	ticket
boleto m abierto A/M	open ticket
boleto m de primera clase A/M	first-class ticket
boleto m de promoción A/M	special-offer ticket
boleto m de segunda clase A/M	second-class ticket
boleto m expirado A/M	out-of-date ticket
boleto m gratuito A/M	free ticket
boleto m válido A/M	valid ticket
¡Buen viaje!	Bon voyage!
cancelación f de última hora	last-minute cancellation
carné m de identidad	identity card
cheque m de viaje	traveler's check
circulación f	traffic
circulación f rodada	vehicular traffic
clase f club	club class
clase f de negocios	business class
clase f turista	tourist class
coger el avión/bus/tren	to catch the plane/bus/train *(not in A/M)*
conducir un coche	to drive a car
conductor m	driver
conexión f A/M	connection
consigna f	check-room, left-luggage office
consigna f automática	coin-operated locker
control m aduanero	customs control
control m de inmigración	immigration control
control m de pasaportes	passport control

correspondencia f con el tren de las 6	connection with the six o'clock train
cruzar la calle	to cross the street
dar la vuelta	to return
dar la vuelta al parque	to go round the park
dar un aventón a M	to give a lift to
departamento m de fumadores	smokers' compartment
derechos mpl de aduana	customs dues
despachador m de equipajes	luggage handler
desplazarse	to travel, to move about
destino m	destination
divisa f	currency
efectivo m	cash
El metro circula hoy	The subway/underground is running today
empacar la maleta A/M	to pack the suitcase
empalme m con el autobús de las 4	connection with the 4 o'clock bus
enlace m	connection
estacionamiento m A/M	parking lot, car park *(Spain = R3/2)*
estacionarse A/M	to park *(Spain = R3/2)*
etiqueta f adhesiva	sticker, baggage label
excursión f	excursion, trip
excursionista mf	tourist, tripper
expendedor m automático de billetes	ticket-vending machine
¡Feliz viaje!	Bon voyage!
ficha f de reserva	reservation form
formato m de reservación M	reservation form
fumadores m	smokers, smoking compartment
gira f	tour
hacer preparativos	to get ready
hacer sus maletas	to prepare your baggage, to get ready
hacer una reserva	to make a reservation
hacer una reservación M	to make a reservation
horario m	schedule, timetable
hotel m de tránsito	stopover hotel
información f	information *(desk/office)*
interventor m de tren	train inspector
itinerario m	itinerary
litera f	couchette
llegar a tiempo	to arrive in time
llevar a la estación	to take to the station
maleta f	suitcase
mapa m	map
máquina f	machine
oficina f de reserva	booking office
pasaje m A	ticket
pasajero m	passenger
pasajero m en tránsito	passenger in transit
pasaporte m	passport
plano m	map (of town)
playa f de estacionamiento A	parking lot, car park
recorrer la ciudad	to travel around the city
regresar	to return, to go back, to come back *(Spain = R3/2)*
regresarse M	to come/go back
reservar una plaza	to book a seat
rodar cientos de kilómetros	to travel hundreds of kilometers
ruta f	route
ruta f A 2	road 2 *(designated 2)(road between two towns, cities)*, highway
tablero m	bulletin/notice board
tablón m	bulletin/notice board
taquilla f	ticket office
tarjeta f de embarque	boarding pass
tomar el bus A	to catch the bus *(long-distance)*
tráfico m aéreo	air traffic
tráfico m marítimo	shipping
transitar R3	to travel
tránsito m rodado	vehicular traffic

transporte m público	public transportation
valija f A	suitcase
ventanilla f	ticket office
verificación f de identidad	proof of identity
viajar	to travel
viaje m de buena voluntad	good-will trip
viaje m de compras	shopping trip
viaje m de ida y vuelta	return journey
viaje m de novios	honeymoon
viaje m de trabajo	working holiday
viaje m fin de curso	end-of-year trip
viaje m organizado	package holiday
viaje m redondo M	round trip
viajero m	traveler
volver	to return, to come back, to go back *(little used in M – see* regresar *above)*

Transporte por carretera / Road transportation

acelerón m	sudden acceleration
acera f	sidewalk, pavement
adelantar un coche	to overtake a car
adelanto m	overtaking
Alto M	Stop *(sign)*
aparcamiento m	parking lot, car park
aparcar el coche	to park the car
atasco m	traffic jam
autopista f	freeway, motorway
autostopista mf	hitch hiker
autovía f	divided highway, dual carriageway
avenida f	avenue
aviso m	notice, sign
bici f R1	bike
bicicleta f	bicycle
bicla f R1 M	bike
calle f	street
calzada f	road(way)
carnet m de conducir	driver's license
carnet m de manejo M	driver's license
carretera f	road
carretera f comarcal	local road
carretera f de circunvalación	belt-way, ring road
carretera f de cuota M	free-way, motorway *(with toll)*
carretera f de pago	free-way, motorway *(with toll)*
carretera f de peaje	free-way, motorway *(with toll)*
carretera f general	main highway/road
carretera f nacional	main highway/road, A road
carretera f radial	belt-way, ring road
carril m de circulación	belt-way, ring road
código m de circulación	highway code
conducir un auto A	to drive a car
cruce m	crossroads
derrapar	to skid
dirección f única	one-way
eje m (vial) M	main artery through/round a city
El coche no arranca	The car won't start
encrucijada f	crossroads
entronque m M	crossroads
gasolina f	gas, petrol
gasolinera f	gas/petrol station
gasolinería f M	gas/petrol station
hacer autostop	to hitchhike
hacer dedo R1	to hitchhike
isleta f de tráfico	traffic island
letrero m	notice, sign
llenar el depósito	to fill up the tank
luz f amarilla	amber *(traffic)* light
luz f roja	red *(traffic)* light
luz f verde	green *(traffic)* light
manejar un auto A/M / carro M	to drive a car
mecánico m	mechanic
moto f	motorbike
motociclista mf	motorcyclist, biker
motoquero m R1 A	motorcyclist, biker
motor m	engine
motorista mf	motorcyclist, biker
parar el vehículo	to stop the vehicle
pareja f M	*(pair of)* traffic policemen

párking m	parking lot, car park
parque m de estacionamiento	parking lot, car park
pasar un coche	to overtake a car
paso m de peatón	crosswalk, pedestrian crossing
pavimento m	*(road)* surface
pendiente f	hill, gradient
pendiente f prolongada	long gradient
piso m	*(road)* surface
placa f de matrícula	license/number plate
policía mf de tráfico	traffic cop
retención f	hold-up, traffic jam
salir	to set off
semáforo m	stoplight, traffic lights
semáforo m en rojo	stoplight/traffic lights on red
semáforo m en verde	stoplight/traffic lights on green
sentido m único	one-way
señal f de carretera	traffic/road sign
trayecto m	journey
túnel m de peaje	pay tunnel
variante f	belt-way, ring road
viajar en carretera	to travel by road
volcar(se)	to turn over *(of a car)*

Coche / carro M / automobile / car

abolladura f	dent *(in a car)*
accesorios mpl	accessories
acelerar	to accelerate
amortiguadores mpl	shock absorbers
arranque m	starting mechanism
asiento m delantero	front seat
asiento m trasero	rear seat
automovilista mf R3/2	motorist
autoradio m	auto/car radio
batería f	battery *(rechargeable)*
bocina f	horn
bomba f de pie	foot pump
caja f de cambios automática	automatic gear box
caja f de cambios manual	manual gear box
capot m	hood, bonnet
carro m M	automobile/car
chapa f	bodywork
cinturón m de seguridad	safety belt
claxon m	horn
claxonazo m M	hoot
coche m	automobile/car
depósito m	gas/petrol tank
embrague m	clutch
engrasar	to grease
equipo m electrónico	electronic equipment
estación f de servicio	service station
faro m	headlight
frenar	to brake
freno m	brake
garage m M	garage *(for keeping automobile/car) (pronounced as in English and tonic accent on the second* a*)*
garaje m	garage *(for keeping automobile/car)*
gato m	jack
hacer un servicio M	to have a service
intermitente m	turn signal, indicator
limpiaparabrisas m	windshield/windscreen wipers
llanta f de refacción M	spare wheel
llave f	wrench, spanner
llave f de tuercas	spanner
llave f inglesa	adjustable wrench, monkey wrench
lubricante m	lubricant
maletero m	trunk, boot
marca f	make
matrícula f	license/number plate
mecánica f fiable	reliable engineering
palanca f de cambios/velocidades	gearshift, gear lever
parabrisas m	windshield, windscreen
parachoques m	fender, bumper
paragolpes m A	fender, bumper
patente f del auto A	license/number plate

permiso f de conducción R3	driving license
poner en marcha el coche	to start the car
portezuela f	door *(of automobile/car)*
radiador m	radiator
refacción f M	spare part
retroceder	to reverse
revisión f	checking, servicing
rueda f	wheel, tire
rueda f de repuesto	spare wheel
stárter m	choke
surtidor m de gasolina	gas/petrol pump
torcer a la izquierda	to turn to the left
ventanilla f	window *(of automobile/car)*
volante m	steering wheel

Tipos de vehículo / types of vehicle

auto m A/M	automobile, car
autocaravana f	recreational vehicle, dormobile
automóvil m R3	automobile, car
berlina f R3	saloon car
cacharro m R1	jalopy, old banger
camión m	truck, lorry
camioneta f	van, light truck
caravana f	trailer, caravan
carro m	cart
carro m M	automobile, car
carro m corrido M	old automobile/car
carroza f	*(state)* coach, carriage
carruaje m R3/2	carriage
coche m antiguo	veteran automobile/car
coche m celular	patrol wagon, police van
coche m de choque	bumper car, Dodgem
coche m de segunda mano	second-hand automobile/car
coche m escoba	vehicle that picks up those left behind in cycle race
coche m patrulla	patrol car
diligencia f	stage coach
furgoneta f	van
lata f R1	jalopy
lechera f R1	police van
limusina f	limousine
ranchera f	station wagon, estate car
rural f A	station wagon, estate car
taxi m	taxi
todo terreno m	off-road vehicle, four-wheel drive
turismo m	saloon car
turismo m de cuatro puertas	four-door saloon
vehículo m	vehicle
velomotor m	moped

Autobús/Bus

asiento m de pasillo	gangway seat
autobús m	bus
autobús m urbano	city bus
autobús m de dos pisos	double-decker bus
autocar m	*(long-distance)* bus, coach
billete m combinado	flexible ticket
boleto m A/M de autobús	bus ticket
bondi m R2/1 A	bus
bonobús m	book of bus tickets
camión m M	bus
chofer m A/M	driver *(on public buses, taxis, etc.)*, chauffeur
chófer m	chauffeur
cobrador m	bus conductor
coche m de línea	long-distance bus/coach
colectivo m A/M	bus *(local)*
combi m R1 M	bus
guagua f	bus *(in Canary Islands)*
micro m A	bus *(often long-distance)*
minibús m	minibus
parada f	stop
parada f discrecional	request stop

prestar un servicio	to provide a service
recorrido m	journey, trip
sacar un billete/ boleto A/M	to buy a ticket
tachero m R2/1 A	taxi driver
taxista mf	taxi driver
transporte m escolar	school bus
transporte m público	public transportation
usuario m	user

Seguridad vial / Road safety

accidente m de circulación	traffic accident
accidente m de tráfico	traffic accident
adaptar la velocidad a las circunstancias	to adapt speed to the circumstances
aprovechar áreas de reposo	to use rest areas / lay-bys
área f de servicio	service area
arrollar a un peatón R3/2	to knock down a pedestrian
atropellar a un peatón	to knock down a pedestrian
autoescuela f	driving school
baliza f	marker, warning lights *(on road)*
balizamientos mpl	warning lights *(on road)*
buena conducción f	good driving
código m de la circulación	Highway Code
crecimiento m de número de vehículos	growth in the number of cars
cursos mpl para conductores	driving course
eliminar riesgos	to remove risks
escuela f de conducción	driving school
estado m físico del conductor	driver's physical condition
evitar acelerones	to avoid sudden acceleration
llevar de corbata a un peatón R1 M	to knock down a pedestrian
mantener la distancia	to keep a safe distance
marcas fpl viales	road markings
mejorar la seguridad vial	to improve road safety
permitir los adelantamientos	to allow overtaking
posición f correcta al volante	correct position at the wheel
respetar las señales de tráfico	to observe traffic signs
respetar las normas de conducción	to observe driving regulations
riesgo m de colisión	risk of collision
seguridad f vial	road safety
señales fpl de los agentes de la circulación	traffic policeman's signals

Transporte por ferrocarril / Rail transportation

agujas fpl	switches, points
andén m	platform
bajar(se) del tren	to get off the train
boletería f M	ticket office
cantina f	buffet
coche-cama m	sleeper
compartim(i)ento m	compartment
departamento m	compartment
doble vía f	double track
eléctrotren m	electric train
estación f de ferrocarril	railroad/way station
estación f de metro	subway/underground station
expreso m	express train
facturar el equipaje	to register baggage
funicular m	funicular
furgón m	boxcar, goods van
furgón m de equipajes	baggage/luggage van
guardagujas m	signalman
hora f de salida	departure time
jefe m de tren	station master
kiosco m	news-stand, newspaper kiosk
línea f de largo recorrido	long-distance train/line

línea f interurbana	intercity line
llegar con retraso	to arrrive late
llegar con un retraso de dos horas	to arrive two hours late
locomotora f	locomotive
locomotora f de vapor	steam locomotive
maquinista mf	engineer, engine driver
mozo m	porter
ómnibus m	slow train
pasillo m	corridor
plaza f reservada	reserved/booked seat
plaza f sentada	seat
por ferrocarril	by railroad/way
quiosco m	news-stand, newspaper kiosk
rápido m	express train
red f ferroviaria	railroad/way network
RENFE (Red Nacional de Ferrocarriles Españoles)	Spanish Railways
revisor m	ticket inspector
salida f del tren	train departure
¡Señores viajeros, al tren!	All aboard!
silbato m	whistle
sistema m ferroviario	railroad/way system
subir(se) al tren	to get on the train
tablero m indicador	schedule, timetable
taquilla f de billetes	ticket counter
tren m	train
tren m de cercanías	local train
tren m de mercancías	goods train
tren m de viajeros	passenger train
vagón m	coach, car, carriage
vagón m restaurante	dining compartment
ventas fpl anticipadas	advanced sales
vía f angosta M	narrow gauge
vía f férrea	railroad/way
vía f única	single track

Transporte aéreo / Air transportation

a vista de pájaro	from a bird's eye view
a vuelo de pájaro	at a rough guess
abrocharse el cinturón	to fasten your safety belt
aeropuerto m	airport
aeropuerto m regional	regional airport
amerizaje m	sea landing
amerizar	to land on the sea
aterrizaje m	landing *(on the land)*
aterrizar	to land *(on land)*
auxiliar m de vuelo	flight attendant
aviación f	aviation
avión m	airplane
avión m de pasajeros	passenger plane
avioneta f	small plane
azafata f	air hostess
capitán m	captain
carlinga f	cockpit
comandante mf de aeronave	captain
compañía f aérea	airline company
controlador m aéreo	air traffic controller
desembarco m	getting off *(the plane)*
desfase m horario	jet lag
despegar	to take off
despegue m	take-off
duración f del vuelo	flight time
equipaje m de mano	hand baggage
escalerilla f	steps
estar a bordo	to be on board
estrellarse	to crash
exceso m de equipaje	baggage excess
flota f de aviones	fleet of aircraft
hacer escala en	to stop over at
jumbo m	jumbo
lista f de partida	departure list
navegante mf	navigator
operar vuelos	to operate flights
personal m de tierra	ground staff/crew
peso m permitido	baggage limit
piloto m	pilot
pista f (de aterrizaje)	landing strip
plan m de vuelo	flight procedure
Prohibido fumar en aseos	Do not smoke in the lavatory
puerta f de embarque	departure gate
puerta f de partida	departure gate
retirada f de equipajes	baggage collection
sala f de llegada	arrival lounge

sala f de partida	departure lounge
sala f de salida	departure lounge
salida f	exit, departure
salida f de emergencia	emergency exit
tablero m de llegadas	arrivals board
tablero m de salidas	departures board
tarifa f aérea	air fare
tarifa f de aeropuerto	airport tax
tasa f de aeropuerto	airport tax
tener jetlag	to have jetlag
terminal f (aérea)	(air) terminal
tomar tierra	to touch down
torre f de control	control tower
transporte m aéreo	air transportation
tripulación f	crew
tripulante mf	crew member
volar	to fly
vuelo m	flight
vuelo m chárter	charter flight
vuelo m de cabotaje A/M	domestic flight, short-haul flight
vuelo m diario	daily flight
vuelo m interior	domestic flight
vuelo m internacional	international flight
vuelo m semanal	weekly flight
vuelo m sin escalas	non-stop flight
vuelo m transatlántico	transatlantic flight

Transporte marítimo / Shipping

abandonar el barco	to abandon ship
abordar M	to board
ahogarse	to drown
ancla f	anchor
borda f	handrail
botar un navío	to launch a ship
caer por la borda	to fall overboard
camarote m	cabin
camarote m de primera	first-class cabin
capitán m de barco	ship's captain
cargar	to load
chaleco m salvavidas	life jacket
cubierta f	deck
descargar	to unload
diferencia f de horario M	time difference
embarcarse	to board
estela f (de espuma)	wake
flotador m	anything which enables an object to stay afloat
flotador m de corcho	cork float
flotar	to float
grumete m	cabin boy
hamaca f	hammock
¡Hombre al agua!	Man overboard!
marinero m	seaman
milla f marina	nautical mile
mostrador m de información	information desk
operador m (de tour) M	tour operator
pasarela f	gang-way/-plank
puente m de mando	bridge
quedarse a bordo	to remain on board
remar	to row
remo m	oar
subir a bordo	to go onboard
travesía f	crossing
veinte nudos por hora	twenty knots an hour

Tipos de barcos / types of boats

balsa f	raft
barca f	*(small/rowing)* boat
barcaza f	barge, lighter
barco m	boat, ship
barco m arrastrero	tug
barco m de motor	motor boat
barco m de pesca	fishing boat
barco m mercante	merchant ship
barco m pesquero	fishing boat
barquichuela f	small *barca*
bote m de remos	row(ing) boat
buque m	ship
buque m de guerra	warship
buque de insignia	flag ship
buque m desamparado	ship in distress
canoa f	canoe
carabela m	caravelle
carguero m	freighter, cargo ship
cascarón m	old battered ship, wreck
chalupa f	skiff, small canoe

corbeta f	corvette
crucero m	cruiser
draga f	dredger
embarcación f	*(any kind of)* boat
falúa f R3/2	felucca, tender
ferry m	ferry
fletador m	charterer
fragata f	frigate
gabarra f	barge
goleta f R3/2	schooner
hidroplano m R3/2	hydroplane, flying boat
lancha f	launch, cutter, motorboat
motor m fuera de borda M	outboard motor
motora f	small motorboat, power boat
nave f	ship
navío m	ship
navío m de guerra	warship
pesquero m	fishing boat
petrolero m	oil tanker
piragua f	canoe
porta(a)viones m	aircraft carrier
remolcador m	tug
submarino m	submarine
transatlántico m	liner
vapor m	steam ship
velero m	sailing ship
yate m	yacht

Puerto / Port

armador m	ship builder
astillero m	shipyard
bahía f	bay
baliza f	buoy
botadura f	launching
boya f	buoy
buzo m	diver
canal m	canal
dársena f	dock
desembarcadero m	jetty, landing stage
dique m	dike
embarcadero m	jetty
ensenada f	inlet, cove
escafrandra f	diving suit
esclusa f	lock, sluicegate
escollera f	breakwater
espigón m	breakwater
farero m	lighthouse keeper
faro m	lighthouse
grúa f	crane
malecón m	sea wall, jetty
muelle m	jetty, quay, pier
puerto m	port
puerto m comercial	commercial port
puerto m militar	naval port
rompeolas m	breakwater

Nivel 2 / Level 2

Red vial y conducción / Road network and driving

acelerar	to accelerate
acotamiento m M	berm, verge
alquilar un auto A	to rent a car
alta intensidad f de tráfico	high volume of traffic
andar en bicicleta m	to ride a bicycle
arcén m	berm, verge, hard shoulder
arteria f	*(main)* artery, thoroughfare
autoescuela f	driving school
avería f	breakdown
averiarse	to break down
baja intensidad f de tráfico	low volume of traffic
banqueta f M	sidewalk, pavement
barredora f	*(mechanical)* road sweeper
bordillo m de acera	curb of sidewalk/ pavement
brea f	pitch, tar
camellón m M	traffic island, median strip, central reservation

camino m angosto	narrow path, road
carretera f con cuatro carriles	expressway (with two lanes on either side), dual carriageway
carretera f de acceso	slip road
carril m bus	bus lane
carril m de autobús	bus lane
carril m para rebasar M	overtaking lane
caseta f de cobro M	toll point/booth
circuito m para bicis	cycle lane
concreto m A/M	concrete
conducción f	driving
crucero m M	crossroads
dar marcha atrás	to reverse
decomponerse M	to break down
descompostura f M	breakdown
desconchabarse R1 M	to go bust *(of an engine, suggests for good)*
desembragar	to release the clutch, to declutch
desgaste m del motor	engine wear
deslave m M	landslide
desprendimiento m	landslide
desviación f	detour
desvío m	detour
doscientos kilómetros por hora	one hundred and twenty miles an hour
embragar	to put in the clutch
embrague m	clutch
enchapapoteador m M	tar-spraying machine
ensanche m de carretera	road widening *(process)*
equivocarse de ruta	to take the wrong road/route
estar en punto muerto	to be in neutral *(of engine with manually operated gears)*
estrechamiento m de carretera	road narrowing
excavadora f	excavator
excursión f	tour, excursion
frenazo m	sudden braking
glorieta f	traffic circle, roundabout
guardia mf de tráfico	traffic policeman/woman
hacer cola	to stay in a traffic line/queue, to queue
hacer un giro	to turn around
hito m R3	milestone, landmark
hora f punta	commute/rush hour
horas fpl pico M	commute/rush hour
horas fpl de máximo tránsito	commute/rush hour
hormigón m	concrete
intersección f	intersection
ir a toda castaña R1	to race along
ir a toda velocidad	to race along
ir a todo gas R1	to race along
licencia f de conducir	driving license
licencia f de manejo M	driving license
mediana f	median strip, central reservation
parque m vehicular	number of cars *(e.g. in a national network, belonging to a company)*
parquímetro m	parking meter
pasada f	overtaking
pasarela f	footbridge
paso m a desnivel M	overpass, flyover
paso m a nivel	grade/level crossing
paso m elevado	overpass, flyover
periférico m M	belt way, / ringroad
placa f kilométrica	= mile stone
placas fpl M	license/number plate
plantas fpl de aparcamiento	multistory parking lot / car park
poner en neutro M	to put in neutral *(of engine with manually operated gears)*
poner neutral R1 M	to put in neutral *(of engine with manually operated gears)*

prioridad f de la derecha	priority from the right
puente m	bridge
puerto m de montaña	mountain pass
quedarse sin combustible	to run out of gas/petrol
rebasar M	to overtake
recoger en la estación	to collect at the station
red f estatal de carreteras	national road network
reducir la velocidad al coger una curva	to slow down on a bend
refugio m	traffic island
renta f de autos M	car rental
rentar un carro M	to rent a car
retroceder	to turn back
ripio m A	gravel road
rotonda f	traffic circle, roundabout
talud m	embankment
tenencia f M	road tax
tobogán m	overpass, flyover
tour m A/M	tour, excursion
tramos mpl congestionados	congested sections
transporte m fluido	free-flowing traffic
trazado m de una carretera	route, layout *(of city)*
verde m	traffic policeman
virar	to turn, to swerve
voltear(se) M	to overturn, to turn over

Piezas del coche y tipos de coches / Car parts and types of car

4 cilindros m	4 cylinder engine
11 litros a los cien	25 miles to the gallon
acabado m interior	interior finish
aire m condicionado	air conditioning
alto m de la gama	top of the range
arranque m en frío	cold start
baca f	roof rack
bajo m de la gama	bottom of the range
bajos mpl gastos de mantenimiento	low maintenance costs
baúl m A	trunk, boot
capacidad f de maletero	trunk/boot capacity
capot m	hood, bonnet
carrocería f	bodywork
checar la presión M	to check the pressure
checar las llantas M	to check the tires
cierre m centralizado	central locking
circuito m refrigeración	air conditioning system
coche m de altas prestaciones	high performance car
cofre m M	hood, bonnet
concesionario m	dealer
consola f central	central console/panel
consumo m homologado	officially confirmed consumption
contador m	counter
cubierta f	tire
defensas fpl M	fenders, bumpers
descapotable m	convertible
dirección f asistida	power steering
diseño m atractivo	attractive design
diseño m interior	interior design
equipamiento m	equipment
espejo m regulador eléctrico	electrically adjustable mirror
espejos mpl exteriores regulables	adjustable external mirrors
estado m de los frenos	condition of the brakes
estilo m aerodinámico	aerodynamic styling
faldón m	mud flap
faros mpl anti-niebla	fog lamps
fiabilidad f mecánica	engineering reliability
freno m de mano	hand brake
guantera f	glove pocket
guardabarro m	fender, mudguard
habitáculo m cómodo	comfortable interior
imagen f de marca	brand image
indicador m de aceite	oil gauge
limpieza f de filtro	filter
llave f de contacto	ignition key
llenar el depósito m	to fill up the tank
llevar el auto al service A	to have the car serviced

luces fpl traseras	tail/rear lights
matriculación f	license number
mofle m M	muffler, silencer
neumático m radial	radial tire
nivel m de aceite	oil level
pinchar una goma A	to puncture a tire
pinchazo m	puncture
ponchadura f de llanta M	tire puncture
ponchar una llanta M	to puncture a tire
poner a punto un motor	to tune an engine
potencia f de 118 caballos	118 horse power
precalentamiento m	warming up *(of engine)*
puesta f a punto	(fine) tuning
refrigeración f	air conditioning
reglaje m de faros	headlamp adjustment
rendimiento m excepcional	exceptional performance
reposacabezas m	head restraint/rest
retrovisor m	rear mirror
reventar un neumático	to burst a tire
reventar una goma A	to burst a tire
reventar una llanta M	to burst a tire
revisar un coche	to service/check a car
revisar la presión	to check the pressure
revisar los neumáticos	to check the tires
salpicadero m	dashboard
silenciador m	silencer
suspensión f independiente	independent suspension
sustitución f de filtro	filter change
tablero m de mandos	dash board
talacha f M	puncture repair
tanque m de gasolina m	gas/petrol tank
taquímetro m	tachymeter
techo m corredizo	sliding roof
tracción f delantera	front-wheel drive
tratamiento m anti-corrosivo	anti-rust treatment
tubo m de escape	exhaust
velocidad f máxima	top speed
velocímetro m	speedometer
volante m ajustable	adjustable steering wheel

Vehículos / Vehicles

apisonadora f	road/steam roller
aplanadora f M	road/steam roller
bicimoto f M	motorbike
bólido m	racing car, any fast and impressive car
bulldozer m	bulldozer
camión m cisterna	tanker *(for fuel, water)*
(auto) cero kilómetros A	new car
escúter m	scooter
minimoto m M	motorbike
motoneta m A/M	scooter
motor m de 4 cilindros diesel	4 cylinder diesel engine
motor m de inyección	injection engine
pesera f M	bus, taxi
pesero m M	bus, taxi
pipa f M	tanker *(for fuel, water)*
pipero m M	tanker owner/driver
tráiler m	trailer, caravan
turbo m	turbo
turbodiesel m	turbodiesel
van f A/M	van

Seguridad vial / Road safety

adelantar con precaución	to overtake with care
advertir con antelación	to give plenty of warning
aparcar en doble fila	to double park
badén m	speed bump
buenas aptitudes fpl mentales y físicas	good mental and physical reflexes
ceder el paso	to yield, to give way
comprobar el estado del vehículo	to check the condition of the car
congestionamiento m M	traffic jam
cruce m de las vías	intersection

cuidacoche m M	person who looks after your car even for the whole day
desplazarse todos los días	to travel daily
detenciones fpl de urgencia	emergency stops
elevada velocidad f	high speed
equilibrado m de ruedas	wheel balancing
espejo m retrovisor	rear mirror
generación f motorizada	motorized generation
girar a la izquierda	to turn to the left
guardia m tumbado	road calming device, sleeping policeman, speed bump
inagotables colas fpl de doble fila	two unending lines/ queues of traffic
indicador m de dirección	indicator
llevarse puesto a un peatón A	to knock over a pedestrian
lomo m de burro A	speed bump
manejar como un cafre / un chafirete R1 M	to drive like a maniac
moderar la velocidad	to slow down
No adelantar por la derecha	Do not overtake on the right
No superar el límite de velocidad	Do not go over the speed limit
paso m de peatones	pedestrian crossing
pisar a un peatón A	to knock over a pedestrian
policía m acostado M	speed bump
presión f de inflado	tire pressure
realizar una maniobra	to maneuver
retención f	hold up *(often on major road)*
riesgo m de derrapar sobre el hielo	risk of skidding on ice
saltarse un semáforo en rojo	to run a red light, to go through on red
señales fpl acústicas	sound/audible signals
señales fpl ópticas	visual signals
tope m M	speed bump
vehículos mpl estacionados	stationary vehicles
velocidad f máxima autorizada	maximum permitted speed
zona f peatonal	pedestrian precinct

Transporte ferroviario / Rail transportation

alzar la ventanilla	to wind/put up the window
andén m	platform
apearse del tren	to get off the train
AVE f (Alta Velocidad Española)	Spanish High-Speed Train
barrera f automática	automatic barrier
barrera f levadiza	rising and falling barrier
barrera f oscilante	swinging barrier
bifurcación f	junction
cabús m M	calaboose, guard's van
cambiar de tren	to change trains
cambio m de vía M	switch point
carro m M	coach, car, carriage
coche-restaurante m	restaurant car
convoy m ferroviario	train
corte m	cutting
cruce m	junction
de vía única	single track
demora f R3	delay
descarrilar	to come off the rails
despedirse de	to say good-by(e) to
días mpl azules	*(in Spain)* days of average congestion
días mpl blancos	*(in Spain)* days of least congestion and therefore cheapest
días mpl rojos	*(in Spain)* days of serious congestion and therefore the most expensive and dangerous

dique m	embankment
durmiente m M	sleeper
furgón m de cola	calaboose, guard's van
guarda mf	guard
guarda equipaje m M	left baggage
jefe m de la estación	station master
línea f electrificada	electrified line
locomotora f diesel	diesel locomotive *(first* e *not pronounced in A/M)*
luz f de posición	night light
metro m	subway, underground
pagar un suplemento de velocidad	to pay extra on a fast train
paso m a nivel	grade/level crossing
paso m subterráneo	underpass, subway
penacho m de humo	plume of smoke
picar un billete	to punch a ticket
ponchar un boleto M	to punch a ticket
Prohibido asomarse por la ventana	Do not lean out of the window
salirse de los raíles	to go off the rails
señalización f	system of signals, signaling
subte m A/M	subway, underground
TALGO m (Tren Articulado Ligero Goicoeoches Oriol)	air-conditioned express train
talón m de equipaje	baggage stub
taquilla f de boletos M	ticket office
tráfico m ferroviario	railroad traffic
transbordar	to change trains
traviesa f	tie, sleeper
tren m de carga	freight/goods train
tren m de largo recorrido	long-distance train
tren m de pasajeros	passenger train
tren m de vapor	steam train
tren m lento	slow train
tren m postal	mail train
tren m procedente de Sevilla	train coming from Seville
vía f 7	platform 7
vía f ancha	broad gauge
vía f estrecha	narrow gauge
vía f muerta	siding

Transporte aéreo / Air transportation

aerolínea f M	airline
Aerolíneas fpl Argentinas	Argentine Airlines
Aeroméxico f	Mexican Airlines
aeromoza f M	air hostess
ala f	wing
altavoz m	loudspeaker
altitud f	altitude
altura f	height, altitude
arrojar lastre	to drop ballast
asiento m de ventana	window seat
asistente m de vuelo	flight attendant
audífonos mpl	earphones
auriculares mpl	earphones
aviación f civil	civil aviation
avión m a reacción	jet plane
avión m cisterna	tanker plane *(often for forest fires)*
avión m de corta distancia	short-haul plane
avión m de larga distancia	long-haul plane
avión m de largo recorrido	long-haul plane
avión m de media distancia	medium-haul plane
bache m de aire	air pocket
bolsa f de aire	air pocket
caer en picado	to nose dive
clase f económica	economy class
clase f turística	tourist class
comandante mf de avión	captain
conectar con	to connect with
control m de equipaje	to check baggage
documentar el equipaje M	to check in baggage
en recepción	at the reception desk
escuadrilla f	squadron
espacio m aéreo	air space
facturar el equipaje	to check in baggage
fuselaje m ancho	wide body
hacer millas	to travel a lot

helicóptero m	helicopter
hidravión m	flying boat *(often for forest fires)*
hora f límite de registro	latest check-in time
huso m horario	time zone
Iberia f	Iberia (Airlines)
jet m	jet plane
joystick m	joystick
juntar millas A/M	to collect airmiles
licencia f de piloto	pilot's license
línea f aérea	airline
lista f de pasajeros	list of passengers
maletero m	porter
mostrador m de facturación	check-in desk
palanca f	joystick
paracaídas m	parachute
pase m de abordar M	boarding pass
pérdida f de altitud	loss of altitude
personal m de cabina	cabin crew
picado m	dive
pozo m de aire A	air pocket
puerta f de abordar M	boarding gate
reactor m	jet plane
recolección f de equipaje M	baggage retrieval
red f aérea	airline network
ruta f polar	polar route
sala f de abordar M	departure lounge
sobrecargo f M	flight attendant
sobrevolar un territorio	to overfly a territory
vuelo m directo	direct flight
vuelo m doméstico	domestic flight
vuelo m nacional	internal flight
vuelo m y alquiler de coche	fly drive
zumbar	to buzz
zumbido m	buzz

Transporte marítimo / Shipping

amarrar	to moor
armador m	shipowner
atracar	to dock, to berth
baranda f	deck rail
barandilla f	deck rail
bordear la costa	to hug the coast
brújula f	compass
camino m de sirga	tow path
carga f	cargo
casco m	hull
compás m	compass
compuerta f	sluicegate
ganar la mar	to set out to sea
gemelos mpl	binoculars
hacer rumbo a	to set sail for
hacerse a la mar	to take to the sea
hundimiento m	sinking
hundirse	to sink
ir a la deriva	to drift
ir contra corriente	to go against the current
irse a pique	to sink, to go down
largar amarras	to cast off
levar el ancla	to raise anchor
llegar a buen puerto	to arrive safely
mar f gruesa	heavy sea
mar f lisa	calm sea
marina f	quay side, area close to sea
marino m	seaman *(in merchant navy or navy)*
mástil m	mast
naufragar	to be shipwrecked
naufragio m	shipwreck
náufrago m	shipwrecked person
navegación f	navigation, sailing
navegante mf	navigator
navegar	to sail, to navigate
nudo m	knot *(per hour and in rope)*
pabellón m	flag *(with coat of arms)*
pabellón m de conveniencia	flag of convenience
popa f	stern
por vía marítima	by sea
prismáticos mpl	binoculars
proa f	bow, prow
quilla f	keel
remo m pequeño	paddle
rescatar	to rescue
rescate m	rescue

silla f plegable — folding chair
singladura f — nautical day, day's run
sobrecargo m — purser
sonda f — sounding/lead line
timón m — rudder
tirar la basura por la borda — to throw trash/rubbish overboard
toldo m — awning, tarpaulin
vela f — sail
zarpar — to set sail

Nivel 3 / Level 3

Coche / Car

afinado m — tuning
afinar — to tune up
agarre m en carretera — road holding
amortiguadores mpl — shock absorbers
amortiguadores mpl hidráulicos — hydraulic shock absorbers
apoyacodos m — arm rest
árbol m de levas — camshaft
asiento m abatible — reclining seat
asientos mpl de cuero en opción — optional leather seats
balata f — brake shoe
balizas fpl A — system of turning signals and indicators
barra f de dirección — steering column
bastidor m — chassis
batería f — battery
bocina f — horn
buena relación f prestaciones consumo — good consumption–performance ratio
bujía f — spark plug
cajuela f M — trunk, boot
calarse — to stall
calcomanía f A/M — *(car)* sticker, decal
calibre m — tire gauge *(to measure tread depth)*
cámara f (de rueda) — inner tube
camión m con carga máxima de 10 toneladas — truck with maximum 10-ton load
candado m — padlock
capó m — hood, bonnet
cárter m — crankcase, sump
catalizador m — catalyzer
cigüeñal m — crankshaft
cilindrada f — cubic capacity
columna f de dirección — steering column
cuentakilómetros m — = *mileometer*
cuentarrevoluciones m — rev counter
cuña f — wedge *(i.e. to hold car on slope)*
dibujo m — depth/tread of tire
diesel m — diesel *(fuel) (the first* e *is not pronounced in A/M)*
eje m — axle
eje m delantero — front axle
eje m trasero — rear axle
el sin plomo — leadless/unleaded gas/petrol
elevalunas m eléctrico — electric window
entrada f de gasolina — gas/petrol inlet
faro m delantero — headlamp
faros mpl halógenos — halogen headlamps
forro m de palanca de cambio — gear change gaiter
freno m de disco — disc brake
freno m de tambor — drum brake
gasolina f sin plomo — leadless/unleaded gas/petrol
gomería f A — tire repair shop
habitáculo m insonorizado — soundproofed interior
indicador m de velocidad — speedometer
indicador m del nivel de la gasolina — gas/petrol gauge
insonorización f óptima — maximum soundproofing

intermitente m	turn signal, indicator
kilometraje m	= *mileage*
llanta f	rim *(A/M = wheel)*
llanta f de repuesto M	spare wheel
llantas fpl de aleación ligera	light alloy rims/wheels
luces fpl altas	full beam
luces fpl bajas	dipped headlights
luces fpl de carretera	dipped headlights
luces fpl de posición	side lights
luna f tintada	tinted window
luneta f trasera f	rear window
luz f de giro A	turn signal, indicator
luz f larga	full beam
mando m a distancia de cerradura	remote control locking
manómetro m	tire pressure gauge
medir la presión	to measure the (tire) pressure
mejorar el coeficiente de resistencia al aire	to improve drag coefficient
motor m de pequeña cilindrada	small engine
motor m V6 con tres litros	six cylinder 3 liter engine
nafta f A	gas, petrol
número m del bastidor	chassis number
número m del cuadro M	chassis number
ordenador m a bordo	on-board computer
pegatina f	(car) sticker
pinzas fpl de arranque	jump leads *(for starting a car with flat battery)*
pistón m	piston
poner las bajas M	to put on dipped headlights
poner las luces altas/largas M	to put on the full beam
poner las luces cortas	to put on dipped lights
poner las luces largas	to put on the full beam
poner los cuarteles M	to put on side lights
potencia f fiscal	power rating, horsepower *(for tax purposes)*
precio m llaves en mano	on-the-road price
ráfaga f de aviso	warning flash
reglaje m lumbar	back adjustment *(for seat)*
rejilla f del radiador	radiator grill
respaldo m	back of seat
roce m de aparcamiento	scratch, scrape *(from parking car)*
rueda f anti-bloqueo	anti-locking wheel
rueda f de auxilio A	spare wheel
sistema m de frenado	braking system
tanque m de nafta A	gas/petrol tank
tapacubos m	hubcap
testigo m luminoso de reserva de carburante	fuel warning light
tobera f	nozzle *(for fuel)*
tobera f antihielo	defroster vents
varilla f de cambios	gear lever
vástago m	rod
velocidad f de crucero	cruising speed
velocidad f de travesía M	cruising speed
vulcanizadora f M	tire repair shop

Tipos de vehículo / Types of vehicle

carro m clásico M	vintage car
carro m grúa M	breakdown van
carro m rentado M	hired car
carromato m	covered wagon, old worn-out car, banger
carroza f fúnebre	hearse
coche m bomba	car bomb
coche m de bomberos	fire truck/engine
coche m de carrera	racing car
coche m de cinco puertas	hatchback
coche m de cortesía	courtesy car
coche m de época	veteran car
coche m familiar	station wagon, estate car

coche m fúnebre	hearse
hatchback m A	hatchback
remolque m	trailer, caravan
tráiler m A/M	semitrailer, articulated lorry
trailero m M	driver of semitrailer

Seguridad vial / Road safety

adherencia f del vehículo	vehicle road holding
alcohómetro m	drunkometer test, Breathalyzer
alumbrado m de cruce	dipped headlights
alumbrado m de niebla	fog lights
alumbrado m público	street lighting
calzada f dividida en carriles	road divided into lanes
cambio m de carril	lane changing
chingarazo m R1 M	bang
coche m mal aparcado	badly parked car
comprobar la visión	to check your sight
corregir un deslizamiento	to correct a skid
cruzarse con un vehículo	to go past an oncoming vehicle
desconchinflarse R1 M	to have a bang
escalonar las salidas	to space out departures *(on vacation)*
Evitar peligro de deslumbramiento	Avoid danger of dazzling (others)
indicador m de marcha atrás	reversing light
línea f discontinua	broken line
No atravesar líneas continuas	Do not cross unbroken lines
No cambiar bruscamente de carril	Do not change lanes suddenly
patinar	to skid
peligrosidad f en las travesías	dangerous crossings
preseñalización f	warning signs
pruebas fpl de alcoholemia	blood test for alcohol
pruebas fpl de impregnación alcohólica	alcohol blood test
rueda f anti-bloques	anti-locking wheel
Se me averió el coche	My car broke down
Se me descompuso el auto M	My car broke down
Se me rompió el auto A	My car broke down
seguridad f aerodinámica	aerodynamic safety
señales fpl de orientación	direction signs
señales fpl de prohibición	restriction signs
señales fpl de restricción	restriction/warning signs
señales fpl informativas	information signs
señales fpl preceptivas	signs giving orders
suspensión f del permiso	suspension of license
tocar el claxon	to hoot, to honk
triángulo m en caso de avería	breakdown warning triangle
velocidad f máxima de 120/h	70 mph maximum speed
visión f nocturna	night vision

Tipos de avión / Types of aircraft

aeronave f R3	airship, dirigible
ala f delta	hang glider
avión m anfibio	amphibian flying boat
avión m birreactor de gran capacidad	twin jet wide-bodied airliner
avión m de carga	freight plane
avión m de combate	fighter plane
avión m de despegue y aterrizaje verticales	vertical take-off and landing plane
avión m de gran capacidad	wide-bodied long-haul airliner

avión m de hélice	propeller-driven aircraft
avión m de papel	paper plane
avión m de reconocimiento	reconnaissance plane
avión m espía	spy plane
avión m para trayectos cortos	short-haul plane
avión m para trayectos largos	long-haul plane
avión m supersónico	supersonic plane
avioneta f de viaje	small single-engine plane
avioneta f deportiva	small single-engine racing plane
bimotor m comercial	twin-engine business plane
birreactor m de pasajeros	twin-jet passenger plane
birreactor m para trayectos cortos y largos	twin-jet, short- and long-haul plane
caza m	fighter
cuatrorreactor m para trayectos largos	four-jet long-haul airliner
globo m	balloon
monomotor m	single-engine aircraft
monomotor m de viaje	single-engine passenger aircraft
nave f nodriza	tanker
planeador m	glider
planear	to glide

Avión / Airplane

aeródromo m	aerodrome
ala f delta	delta wing
ala f ojival	ogival (pointed) wing
ala f rectangular	rectangular wing
alerón m	flap
aleta f del estrangulador	choke flap
amperímetro m	ammeter
antena f	antenna
antena f de radar	radar antenna, scanner
asiento m eyectable	ejection/ejector seat
atención f en vuelo	in-flight catering and other services
aterrizaje m forzoso	forced/crash landing
avionazo m M	plane crash
azagata f R1 M	air hostess
balizamiento m	runway lights
cabeza f de rotor	rotor head
cabina f del piloto	cockpit
cabina f delantera	cockpit
cabina f trasera	rear cabin
caída f libre	free fall
cala f de equipaje	baggage hold
capotar	to flip over
cernerse R3	to hover
chaleco m salvavidas	life vest/jacket
chiclé m del ralenti	idling jet
código m de banderas	flag code/signal
cola f en T	T-tail
cola f en V	V-tail
copiloto mf	copilot
cubierta f	deck
dial m de velocidad vertical	boost gauge
émbolo m	piston
entrar en barrena	to go into a spin
envergadura f	wingspan
estabilizador m horizontal	horizontal stabilizer
estabilizador m vertical	vertical stabilizer
forma f del ala	wing shape
hacer un aterrizaje de emergencia	to make an emergency landing
helipuerto m	heliport
indicador m de impulso	boost gauge
mandos mpl	controls
máscara f de oxígeno	oxygen mask
motor m trasero	rear engine
palanca f de acelerador	throttle lever
perturbación f atmosférica	turbulence
pirata m/f aéreo/a	hijacker
presión f de aceite	oil pressure
presión f de combustible	fuel pressure
puente m aéreo	airlift, airbus service
queroseno m	kerosene

quitar calzos — to remove the chocks
radiobrújula f — radio compass
rotor m — rotor/wing blade
secuestrar — to hijack
terraza f de visitantes — spectators' balcony
tren m de aterrizaje — undercarriage

Transporte marítimo / Shipping

a sotavento — leeward
abordaje m — mooring, collision, boarding
achicar — to bail out
aparejar — to rig
aparejo m — rig
arboladura f — spar
armada f R3/2 — navy
arriar la bandera — to lower the flag
arribar a puerto — to put into port
arrimar una carga — to stow freight
balancear — to rock
balanceo m — rocking
barlovento m — windward
bodega f — hold
bogar R3 — to row
cabecear — to pitch
cabeceo m — pitching
cabrestante m — capstan
calado m — depth of water
calma f chica — dead calm
cargamento m — cargo
cofa f mayor — maintop
compañía f naviera — shipping company
contramaestre mf — boatswain
desatracar — to cast off
desembarco m de gente — disembarkation (of people)
desembarque m de mercancías — unloading of goods
desplazamiento m — displacement
echar el ancla — to drop anchor
El barco cala cinco metros — The boat draws five meters
embarco m de gente — boarding (of passengers)
embarque m de mercancía — loading of freight
embarrancarse — to run aground
empavesar un barco — to dress a boat
encallar(se) — to run aground
escorar — to list, to heel
escotilla f — hatch
estiba f R3 — stowage, loading
flotilla f — flotilla
fondear — to anchor
izar la bandera — to hoist the flag
jarcias fpl — rigging
lastre m — ballast
litera f — berth
luz f de babor (roja) — port light (red)
luz f de estribor (verde) — starboard light (green)
maromas fpl — ropes, cables
mesana f — mizzen mast
navegación f fluvial — river traffic
países mpl de ultramar — overseas countries
pasaje m — passengers
pecio m R3 — shipwreck
pecios mpl R3 — flotsam
polizón m — castaway
remolcar — to tow
roda f — stem
sirena f de niebla — foghorn
sumergir — to submerge
timonel m — helmsman
timonera f — wheelhouse
toldilla f — poop
varar(se) — to run aground
verga f R3 — spar, yard
virar — to veer
volcar(se) — to keel over
zozobrar — to sink

Tipos de barcos / Types of boat

barca f de motor — motorboat
barca f de pesca — fishing boat
barca f de remos — rowing boat
barco m carbonero — collier
barco m cisterna — tanker
barco m de apoyo — support ship
barco m de recreo — pleasure boat
barco m de vela — sailing boat
barco m meteorológico — weather-ship

barco m náufrago — wreck
barco m patrullero — patrol-boat
barco m vivienda — house boat
bote m de goma — rubber dinghy
bote m de paso — ferry boat
bote m neumático — rubber dinghy
bote m salvavidas — lifeboat
buque m escuela — training ship
buque m granelero — bulk-carrier
buque m mercante — merchant ship
buque m nodriza — mother ship
galeote m — galley slave
galera f — galley
mercante m — merchant ship
portacontenedores m — container ship
trainera f — fishing boat *(with oars) (especially in northern Spain)*

Tipos de tren / Types of train

automotor m eléctrico rápido — fast electric multiple-unit train
automotor m ligero — short-distance railcar
ferrocarril m cremallera — rack railroad/way
teleférico m — cable car
tren m botijo R1 — excursion train
tren m búho R1 — night train
tren m de la bruja R1 — ghost train
tren m diurno — day train
tren m fantasma R1 — ghost train
tren m ICE (Intercity Exprés) — intercity express
tren m nocturno — night train

Tren (varios) / Train (other)

amortiguadores mpl de choque — buffers
anchura f de la vía — gauge width
arca f de agua — water tower
depósito m de agua — water tower
distribuidor m automático — automatic dispenser *(of tickets)*
enganche m de vagones — wagon coupling
eslabón m de enganche — coupling links
expender billetes — to sell tickets
fogonero m — stoker, fireman
garita f de señales — signal box
guía f de ferrocarriles — railroad schedule, railway timetable
pasillo m central — central aisle
placa f giratoria — turntable
puerta f doble plegable — double folding door
timbre m de alarma — alarm bell
tope m — buffer
trenazo m M — train crash
vagón m de mercancías — freight/goods wagon

Expresiones relacionadas con el viaje / Expressions related to travel

arribar a buen puerto — to come to a satisfactory conclusion *(e.g. plan)*
chupar del bote R1 — to curry favor
chupar rueda R1 — to tailgate, to follow closely
como barco sin timón — rudderless, drifting aimlessly
El que no corre vuela — More haste less speed
Es un avión R1 A — She's gorgeous
Es un maleta — (S)he's hopeless
Está como un tren R1 — She's terrific / hot stuff
Está como para parar un tren R1 — She's a stunner
Está en el bote R1 — It's a shoo in / It's in the bag
ir a buen tren — to go at a good speed
ir sobre ruedas — to run smoothly
írsele el tren — to miss *(an opportunity)*
mejorar su tren de vida — to improve your standard of living / life style
navegar contra corriente — to swim against the tide
pegar un bote — to be startled
perder el tren — to miss the boat

ponerse las botas	to strike it rich	tomar el timón de la empresa	to take charge of the company
quemar las naves	to burn your boats	tren m de vida fantástico	fantastic life style
subirse al tren	to jump on the band wagon		

Ejercicios / Exercises

Nivel 1 / Level 1

1. (a) Define el sentido de los siguientes términos

andén, arrollar (a un peatón), atasco, carretera, conducir, cruce, derrapar, desplazarse, enlace, pendiente, permiso de conducir, recorrido, salir, señal, tren, vehículo, ventanilla, volcar(se)

(b) Busca un sinónimo (o más si hay) de estos términos y explica la diferencia entre ellos

(c) Construye una frase para cada uno de estos términos y de sus sinónimos

2. Señalar en español la diferencia entre los siguientes vocablos o expresiones

adelantar / cruzarse con, puerto de montaña / puerto de mar, aterrizar/despegar, carretera/camino, autobús/autocar, semáforo rojo / semáforo verde, autopista/autovía, limusina/turismo, barca/barco, subida/bajada, billete valedero / billete caducado, travesía / paso a nivel, tren correo / AVE, marino/marinero, camioneta/furgoneta, vía férrea / red ferroviaria, capitán/grumete, vía única / vía doble

(Se encuentra la solución en Internet)

3. Describe las circunstancias en que se darían las siguientes situaciones

dar un acelerón
pagar un peaje
circular por zona peatonal
tener un derrape
un paso de peatones
una grúa que se lleva un coche
un pasajero que se marea
un barco que va a la deriva
un camión con los frenos averiados
puesta en punto muerto
sufrir un desvío
verse obligado a retornar
dar un frenazo
sufrir una retención
un avión que cae en picado
un avión que lleva varias horas de retraso
la exclamación: ¡Hombre al agua!
un barco que se hace a la mar
cambio de sentido
tener un pinchazo en una rueda

4. Describe la función de las siguientes personas

agente de viajes, azafata, capitán de un barco, chófer, cobrador, controlador aéreo, despachador de equipaje, jefe de estación, maquinista, mecánico, navegante, piloto, policía de tráfico, radiotelegrafista, revisor, transportista

5. (a) Describe las gestiones que tienes que hacer para reservar una plaza de avión

(b) Describe un accidente de carretera

(c) Un policía para a un conductor por exceso de velocidad. Describe el diálogo entre las dos personas

(d) No ha llegado tu equipaje a la cinta transportadora en el aeropuerto. ¿Cuáles son las medidas que tomas para recuperarlo?

6. Comenta en un párrafo las circunstancias aludidas en seis de las siguientes frases

i. Tenía que desplazarme todos los días
ii. La grúa se llevó un coche al depósito por estar aparcado en el vado de un garaje
iii. ¿Cómo se puede eliminar riesgos por el cruce de las vías?
iv. El revisor encontró a un pasajero sin billete
v. El camionero paró a comer en un restaurante donde le esperaban varios compañeros
vi. El revisor dijo: "Usted me toma por idiota. Al menos, debería falsificar el billete de primera o segunda, no uno de tercera, que no existe desde hace más de veinte años"
vii. Dejó el restaurante después de comer un poco mareado por el vino y se puso detrás del volante
viii. Conducía por una carretera estrecha de vía única muy arrimado a la mano derecha
ix. Aunque la carretera era angosta, Gonzalo veía una autopista bajo los efectos etílicos

7. Lee atentamente el texto siguiente y contesta a las preguntas

MADRID.- La calidad de los automóviles vuelve a ser el problema número uno de Detroit. Con ventas cada vez mayores, los altos ejecutivos de General Motors, Ford y Chrysler han insistido en los últimos años en que la diferencia entre sus vehículos y los de las marcas japonesas y europeas, se estaba reduciendo. Entonces la calidad no era un problema, era un dato.

A pesar de que todos ellos han aplicado durante las pasadas dos décadas nuevos métodos para mejorar sus productos, diversos estudios acaban de demostrar que los coches estadounidenses permanecen muy por detrás de los modelos europeos y japoneses.

La conclusión del último análisis de la consultora J. D. Power muestra descorazonadores resultados para la industria norteamericana. No es para menos, porque japoneses y europeos son líderes en trece de las catorce categorías analizadas.

Alejandro Moñiz, *El Mundo*, 22/5/2000 (pág. 44)

(a) ¿En qué consiste el gran problema en Detroit?

(b) ¿Qué entiendes por los siguientes vocablos... ejecutivos, marca, consultora, descorazonadores?

(c) Explicar en español, por lo que se refiere a un coche, el significado de

comodidad, cuota de mercado, fiabilidad, nivel de acabado, prestaciones, prestigio de la marca y valor de tipo emocional que transmite el propio automóvil

8. ¿Qué entiendes por las siguientes expresiones?

hora punta
seguridad vial
vía interurbana
saltarse un semáforo en rojo
prohibido adelantar
entorpecer el tráfico
carril de acceso
desgaste del neumático
punto negro
tramo en obras
recogida de un ticket
señalización de frenado
señales ópticas
señales acústicas
señales preceptivas
señales informativas
aprobar el carnet (de conducir)
equilibrado de ruedas
estrechamiento de calzada
prioridad de paso

9. Traduce al español

i. He was fined for going through the lights on red
ii. You really ought to slow down
iii. It is recommended you change lanes as little as possible
iv. See that the gas/petrol tank is full, and check the oil level and the tire pressure
v. You must yield / give way when you come to a main road
vi. The car's road holding is really good
vii. Put your seat belt on and adjust the rear mirror
viii. Hell! another traffic holdup
ix. When you get to the expressway/motorway you'll have to collect a ticket. Otherwise, you can't go through
x. I really ought to learn how to change the wheel when I have a puncture. I don't even know where the jack and wrenches/spanners are
xi. The plane was three hours late. As a result, I missed my connection to Rio, and, what is more, my case went missing
xii. The boat used to leave Bellingham for Skagway at eleven o'clock in the morning. Now all the schedules are changed

(Se encuentra la solución en Internet)

10. Se te ha averiado el coche Se te descompuso el carro (M) en autopista. ¿Qué gestiones realizas para salir del apuro? Redacta un texto sobre el asunto. Sugerencias

arcén, triángulos de emergencia, teléfono, policía, luces de emergencia/socorro, grúa, compañía de asistencia en viaje

11. Completa las siguientes frases con los vocablos o expresiones de la lista adjunta

Lista

técnica, corriente, timón, las señales, Pinto y Valdemoro, alcoholemia / impregnación alcohólica, deslumbramiento, cruzo, entorpezcas, salida, de vida, puerto

i. No . . . . la marcha de los vehículos que circulan más veloces
ii. Respeta . . . . . de tráfico
iii. Evita peligros de . . .
iv. Una tarjeta de inspección . . .
v. Para controlar el consumo de alcohol la policía somete a los conductores a pruebas de . . . *(dos posibilidades)*
vi. Llegar a buen . . .
vii. Se metió en un cajellón sin . . .
viii. Circular contra . . .
ix. Llevaba un tren . . . apabullante

x. Su vida parecía como un barco sin . . .
xi. Cuando . . . . . el charco siempre visito Nueva York
xii. Está indeciso, se encuentra entre . . . .

(Se encuentra la solución en Internet)

12. Lee atentamente el texto siguiente y contesta a las preguntas

Estaba haciendo autostop al lado de una gasolinera cercana a León, aburrido de ver pasar coches de todas las marcas y modelos, cuando vi acercarse un destartalado camión cargado hasta los topes de barras de acero. El tubo de escape echaba un humo negro y espeso como las calderas del infierno. El reloj de la estación de servicio marcaba las tres de la tarde pasadas. El sol abrasador parecía que iba a derretir el asfalto, del que se desprendía el aire caliente creando espejismos en la lejanía.

Con un interminable chirrido de frenos, fragor de motor diesel casi agotado, y traqueteo estremecedor, el camión paró a mi altura, mientras asomaba por la ventanilla una renegrida cara hirsuta invitándome a subir.

De repente, se me habían pasado las ganas de ir a casa para pasar el fin de semana. Por un momento dudé si me echaba el morral al hombro y volvía al campamento a oler a rancho y kaki durante otras cuarenta y ocho horas.

– Bueno, chaval, ¿subes o no? – me dijo aquella aparición con voz aguardentosa.

Tragué saliva y encomendándome a Santa Bárbara patrona de los artilleros, trepé al asiento vacante de la cabina, mientras daba las gracias a mi anfitrión y musitaba, para mis adentros algo así como una oración, agradeciendo el tiempo vivido y deseando de todo corazón que aquel hombre no percibiera el miedo que sentía un defensor de la patria al subir en aquella tartana.

A los pocos kilómetros ya me había contado su vida cuatro veces, medio asfixiado otras tantas con los humos de su puro y soportado una docena de veces las vaharadas alcohólicas que salían de su boca, cuando reía de sus propias ocurrencias mirándome de hito en hito, dejando de observar la carretera que yo no perdía de vista. Como podéis comprender, sobreviví, porque de otro modo no os lo estaría contando. Quizá fuera porque en la siguiente parada que hizo el hombre para tomar un cafelito y un coñac, me escabullí como pude, con la disculpa de ir al lavabo. Ni que decir tiene que cuando llegué a casa aquel fin de semana ya era casi hora de volver al campamento y cargar otra vez con el fusil. Deseo de todo corazón que a mi bienhechor le tocara la lotería y llevara muchos años disfrutando su dinero, retirado de la conducción.

M.A.S.

(a) ¿Cuál es el trabajo del narrador? Justifica tu elección

(b) ¿Qué entiendes por . . . destartalado camión, cargado hasta los topes, derretir el asfalto, espejismo, oler a rancho, tartana, anfitrión, ocurrencias, vaharadas, parada, escabullirse?

(c) Da un resumen en cincuenta palabras del trozo

(d) ¿Por qué tiene miedo el narrador?

(e) Describe las acciones que realizas en una gasolinera desde que llegas hasta que vuelves a partir tras llenar el depósito de combustible

13. (a) Traduce el siguiente texto, escribe variaciones y relata a tus compañeros

En el autobús, a cien por hora:

– Oiga, conductor, ¿Me quiere explicar con todo tipo de detalles el sentido de ese cartel tan grande que dice "Prohibido hablar con el conductor"?

(b) Describe el interior de un autobús lo más detallado que puedas. ¿Qué mejorarías tanto en el interior como el exterior para mejorar la comodidad de los usuarios?

(c) Escribe varios artículos del Código de Circulación (o equivalente) que se refieran a la seguridad en la conducción

(d) Describe detalladamente un trayecto de autobús haciendo un gráfico de calles, paradas, distancias recorridas entre cada una de ellas, etc.

Nivel 2 / Level 2

1. (a) Encuentra dos sentidos de las siguientes palabras. Algunas de estas palabras se pueden encontrar en el vocabulario de nivel 1

aguja, arrancar, bomba, coche, consigna, depósito, dirección, encrucijada, enlace, equipo, estación, taquilla, tren, vapor, vehículo, vía

(Se encuentra la solución en Internet)

(b) Construye frases para ilustrar estos sentidos

2. (a) ¿Cuál es la diferencia entre los vocablos de las siguientes parejas de vocablos? Incluye frases para ilustrar la diferencia

barca/barco, borda/bordo, borde/burdo, carga/cargo, carretera/carretero, cubierta/cubierto, faro/farola, fonda/fondo, gira/giro, llanta/llanto, marea/mareo, mecánica/mecánico, media/medio, partida/partido, pasa/paso, pesa/peso, rueda/ruedo, plaza/plazo, vela/velo, puerta/puerto

(b) Define cada uno de los sentidos de estos vocablos

3. Describe la función de

bonobús, cinturón de seguridad, cojinete, desvío, esclusa, faro, grúa, intermitente, limpia-parabrisas, luces traseras, matrícula, palanca de cambios, paso a nivel, permiso de conducir, retrovisor, techo corredizo, todo terreno, tracción

4. (a) Encuentra el sentido de los siguientes vocablos o expresiones

ancla, arcén, amerizaje, astillero, barandilla, bordillo, caja de cambios, calzada, carril, compás, crucero, cubierta, embarcadero, facturación, hélice, lastre, manillar, mástil, silenciador, talud, terraplén, timón, tope (M), tubo de escape

(b) Construye una frase para ilustrar el sentido de cada vocablo

5. (a) ¿Qué entiendes por los siguientes modismos?

i. ir en el coche de San Fernando
ii. perder el tren
iii. quemar las naves
iv. las palancas de poder
v. a toda castaña
vi. el ancla de la esperanza
vii. coger el timón
viii. poner la proa (a)
ix. perder el norte
x. salir del bache

(b) Escribe una frase para ilustrar el sentido de estas expresiones

6. Traduce al español las siguientes expresiones

i. constant traveling
ii. Don't change lanes
iii. economical driving
iv. good driving
v. in the Summer period
vi. inner-city area
vii. night driving
viii. pedestrian precinct
ix. power steering
x. Put the car in neutral
xi. risk of skidding
xii. rush hour
xiii. slip road
xiv. to double park

(Ver solución al final del libro)

7. (a.1) Un/a amigo/a tuyo/a de San Sebastián quiere ir de acampada al Parque Nacional de Ordesa en los Pirineos. Su destino es concretamente Torla. Tu amigo/a no está enterado/a del itinerario ni de la distancia. Utilizando un mapa, le facilitas todos los datos necesarios, refiriéndote detalladamente a carreteras generales, autovías, autopistas, peajes y caminos comarcales, sin olvidar el paisaje. Le proporcionas instrucciones para que el amigo / la amiga alcance su destino. Presenta el informe

(a.2) El amigo / la amiga está en Monterrey (México) o Córdoba (Argentina). En el primer caso, se trata de visitar La Barranca del Cobre, pasando por Chihuahua y Creel. En el segundo, de visitar la Cordillera de los Andes pasando por los muy lindos lagos de Bariloche. Presenta el informe

(b) Redacta una carta como la que escribiría tu amigo/a relatando el viaje

8. Llegas al aeropuerto y se te pide que rellenes un cuestionario sobre el servicio de la compañía aérea. Escribes toda la información en un cuadro que aquí tienes. Da una contestación amplia a cada una de las preguntas

	Muy Bueno	Bueno	Regular	Malo
1. Puntualidad				
2. Precio				
3. Confort				
4. Restauración				
5. Atención				
6. Entrega de equipaje				
7. ¿Elegiría la misma compañía la próxima vez? ¿Por qué?				
8. Observaciones y sugerencias				

9. Traduce al español

i. You won't believe this. The car came racing over the hill, hit a rock, flew over a ditch, and tore up an embankment. But there's more
ii. Still at 100 m.p.h., it hurtled down the hill, crashed into a grade/level crossing barrier, skidded on the ice, just missed a train, turned over, and the driver got out unhurt
iii. However careful a driver you are, it is sometimes difficult to judge the stop light / traffic lights, and whether to stop or continue

iv. The traffic cop asked me for my driver's license and my insurance policy
v. The pilot had a heart attack, lost control of the plane which went into a nose dive, but somehow, with instructions from the control tower, a passenger landed the plane safely
vi. Oil started to leak from the tanker as it ran aground in heavy seas, so we sent an SOS signal and soon were hoisted up into a helicopter
vii. The ship was flying a flag of convenience, a Panamanian flag in fact, but the navy stopped and boarded her, asking to inspect all relevant documents
viii. Once I flew non-stop from Alaska to Vancouver and then on to London. Needless to say, I had jet lag for a week
ix. The count-down started at 14.00 hrs. The rocket was launched at the appointed time, reached the moon, circled it six times and returned to Earth with masses of data, having accomplished the mission
x. Although she had had a train driver's license for years, it was considered she drove recklessly, so she ended up in court for causing an appalling accident

(Se encuentra la solución en Internet)

10. Eres el capitán / una responsable de un trasatlántico que corre el riesgo de hundirse. Describe todas las gestiones que haces, desde el anuncio por el altavoz hasta la evacuación del barco. Las siguientes palabras pueden servirte de ayuda

cubierta, tripulación, coordenadas, puente de mando, chalecos, rescate, estado del mar, subalternos, (la y el) orden, pasajeros, lancha salvavidas, pasarela, lanzar un mensaje de socorro, proximidad de barcos

11. (a) Resume el trozo siguiente en unas ocho líneas

Tenía mal día. Al levantarse no recordaba encontrarse en la litera de un camarote de tercera y, al ir a incorporarse, dio con sus huesos en la mampara, cerca del ojo de buey. Aún no había amanecido pero pudo contemplar cómo las luces de la bocana del puerto guiñaban su alternativa luz entre la niebla del océano, a la vez que veía las estrellas dentro de su dolorida calavera. Incorporándose bastante maltrecho no acertaba donde estaba ni babor ni estribor, ni lograba localizar el frigorífico para ponerse unos cubitos de hielo sobre el chichón, que notaba por momentos se le estaba formando en la frente. Al no encontrar hielo en el congelador, optó por enrollarse una toalla húmeda en la cabeza y trepar a su litera, pisando tan sólo dos veces a su mujer, que soltó un par de exabruptos moderados y siguió durmiendo mecida por las olas, soñando en los Mares del Sur y sus paradisíacas islas.

Se había quedado dormido después de un buen rato de calcular mentalmente el coste de aquel segundo viaje de novios, cuando se despertó sobresaltado ante los improperios lanzados por su mujer que observaba crítica su turbante:

– ¡Claro, ahora vestido de indio! ¡Ya te avisé anoche que no bebieras más, cómo no te va a doler la cabeza, después de cuatro tanques de ginebra que te echaste al coleto!

M.A.S.

(b) Describe en español un navío de pasajeros

(c) Relaciona las actividades sociales que se pueden realizar en un crucero de placer por el Caribe

(d) Tu barco ha de atravesar el istmo centroamericano por el Canal de Panamá desde el Atlántico al Pacífico. Describe en español la experiencia de un marinero observando las maniobras correspondientes, utilizando algunos de los vocablos que a continuación se sugieren

Canal, carga, carguero, desnivel, esclusa, lago, locomotora, máquina, mástil, popa, proa, puente, rueda dentada, vapor, vía

12. Lee atentamente el texto siguiente

El barco daba tales bandazos que las copas y botellas titilaban en los estantes con un ruido premonitorio. El sobrecargo veía por el ojo de buey olas tan grandes como trasatlánticos que les venían encima, pero él impertérrito, tratando de apurar su cuarto martín, había dado por perdido el buque. A su lado, uno de los pasajeros bastante achispado, se dirigía al camarero, que detrás de la barra hacía equilibrios para mantenerse en pie, mientras sujetaba la coctelera entre sus delicadas manos.

– ¡Qué suerte tiene usted! – decía el beodo al camarero.

– ¿Por qué señor?

– Porque con esta marejada se ha ahorrado el trabajo de agitar mi cóctel.

El pusilánime sobrecargo seguía bebiendo su martín. Era hombre que naufragaba en un vaso de agua; había seguido la estela familiar ingresando en la marina. Ahora se veía abocado a la tragedia que augurara tiempo atrás. Como hablando consigo mismo, dejó oír su lóbrega voz:

– En menos de media hora seremos pasto de los tiburones.

El otro, mirando borrosamente al camarero, sacó trabajosamente la *VISA* de su lustrosa cartera de piel de cocodrilo, y dirigiéndose al camarero le dijo:

– Tomás, baje todas las botellas del estante, no sea que se aprovechen de ellas los tiburones antes que nosotros.

M.A.S.

(a) Elegir a un/a compañero/a para relatar oralmente el texto. Intenta introducir el tono gracioso del diálogo

(b) Resalta los aspectos cómicos del relato. Hay gran variedad de vocablos y circunstancias que pueden ayudarte

(c) Relata las posibles peripecias de un emigrante centroafricano en su viaje desesperado como polizón en un barco por llegar a Europa. O, describe los avatares de un sudamericano que quiere llegar a Estados Unidos bajo las mismas condiciones

(d) Hay dos sinónimos de *borracho* en el texto. Encuéntralos

13. Encuentra en este cuadro ocho vocablos relacionados con el ferrocarril

a	f	t	y	u	i	p	q	n	n	k	h	e	u	i	o
c	v	n	l	e	t	a	c	ó	x	a	o	e	o	n	r
e	r	a	í	l	v	r	u	g	i	t	o	y	l	o	j
h	b	e	n	s	j	b	a	a	u	r	f	u	s	s	é
v	o	n	e	s	e	q	v	v	í	a	t	i	y	u	r
c	o	ñ	a	n	d	é	n	q	i	e	v	m	j	h	b
i	e	n	s	í	z	r	e	i	a	e	s	n	t	f	y
o	e	r	r	o	c	e	x	p	r	e	s	o	o	i	w
r	e	s	r	s	u	r	i	a	t	o	s	a	z	e	a

(Se encuentra la solución en Internet)

14. (a) Explica el siguiente texto gracioso

Un curtido marinero se acerca al oficial recién salido de la Academia Naval.
– A sus órdenes, mi alférez, estamos haciendo agua en la sala de máquinas.
– Pues dejen de hacerla, porque es más barata tomarla del mar.

M.A.S.

(b) Explicar las múltiples causas por las que un barco puede hundirse

(c) Buscar equivalentes ingleses para Academia Naval, cabo (*tres sentidos*), cubierta, capitán, babor, estribor, marinero, sargento, teniente, timonera, nave, navío

Nivel 3 / Level 3

1. Encuentra diferentes sentidos de los siguientes vocablos. Algunos de estos vocablos se encuentran en los vocabularios de los niveles 1 y 2

aleta, bastidor, batería, calar, conducción, dirección, faro, máquina, muelle, parada, patinar, remolque, retroceder, rodar, tocar (el claxon)

2. (a) Encuentra sinónimos de los siguientes términos

atasco, capotar, cargar, casco, chocar, conservar, escala, fondo, fondear, marejada, revisar/checar (M), zozobrar

(Se encuentra la solución en Internet)

(b) Construye frases para indicar diferencias entre los sinónimos

3. Explica los siguientes términos y construye frases con ellos

alumbrado de cruce/niebla
arranque en frío
asiento de altura regulable
control de alcoholemia
equilibrado de ruedas
habitáculo insonorizado
obras de taludes
plaza giratoria
reglaje de faros
sistema de frenado
tablero de mandos
tubo de escape

4. (a) Relaciona los vocablos de la lista con el medio de transporte expresado e incluye cada uno en el cuadro correspondiente. Es posible que algún vocablo pueda aparecer en dos o más cuadros

aguja, alerón, aleta, alternador, amortiguador, anticongelante, babor, baca, baliza, barandilla, bodega, brújula, buzo, cacharro, camarote, cascarón, casco, chalupa, chatarra, depósito, desembarcadero, durmiente, enganche, enlace, escotilla, espigón, estribor, fondeadero, gato, hélice, intermitente, litera, malecón, maletero, mandos, pabellón, raíl, stárter, surtidor, terraplén, tope, transbordador, traviesa, verga

avión	
barco	
coche	
tren	

(b) Asocia los vocablos que puedas de la lista anterior con otros de diferente contexto, tal como se muestra con los ejemplos colocados en el cuadro adjunto

alternador *conversador*	durmiente *dormido*	enlace *boda*	depósito *tanatorio*							

5. Escribe una frase que resalte el sentido figurado de los siguientes términos

adelantar, caída, chispa, cubierta, disparar, estacionar, explotación, hundirse, navegar, recorrer, remolcar, vehículo

(Se encuentra la solución en Internet)

6. Explica los sentidos de las siguientes locuciones

i. echar por la calle de en medio	**ix. comulgar con ruedas de molino**
ii. precios estancados	**x. ir sobre ruedas**
iii. subirse al carro	**xi. volar solo**
iv. ir como barco sin timón	**xii. sacar a flote**
v. salir del bache	**xiii. ir a toda vela**
vi. pasarlo la mar de bien	**xiv. desinflarse ante una dificultad**
vii. partir por el eje	**xv. echar el freno**
viii. poner freno	**xvi. agarrar un pedal**

(Se encuentra la solución en Internet)

7. (a) Traduce al inglés tres de los siguientes apartados

i. Está terminantemente prohibido detener el vehículo en puentes, pasos estrechos, intersecciones, pasos a nivel, pasos de peatones e islas peatonales

ii. Este coche, con motor V6 y tres litros, es el más alto de la gama, con bajo coste de mantenimiento, enorme capacidad de maletero y llantas de aleación. Está dotado de las prestaciones más modernas, y tiene una aceleración de 140 kilómetros en ocho segundos

iii. Los aerodeslizadores se mueven sobre la superficie del agua merced a un colchón de aire que se introduce bajo el casco, manteniéndose, a modo de burbuja en esa posición, gracias a unos faldones laterales adosados a los costados del navío que cuelgan hasta el agua

iv. Un barco, desde el punto de vista mecánico, puede considerarse como una viga libre, hueca, arriostrada, sujeta a complejos esfuerzos de flexión, torsión, tracción y compresión debidos al esfuerzo del oleaje, de la carga y de su propio peso

v. Un automóvil también tiene que diseñarse teniendo en cuenta las leyes de la aerodinámica. Ha de considerarse que las superficies sufren esfuerzos debidos al aire, a los efectos de los torbellinos que se generan y a las presiones y depresiones que se oponen a su marcha. De ahí, que se construyan modelos en arcilla y materiales moldeables, que introducidos en el túnel de viento sirven para estudiar el coeficiente Cx

vi. Denominamos Ayudas a la Navegación al conjunto de aparatos e instrumentos empleados a bordo para determinar la situación del barco, gobernarlo hacia un rumbo prefijado o determinar su posición, es decir saber sus coordenadas, en un momento preciso

vii. El furgón postal era arrastrado tras el ténder articulado en la locomotora por medio de un pivote, basculando ostentosamente en las curvas cerradas que no tenían el peralte adecuado a tan excesiva velocidad. En el talud que franqueaba la vía veía pasar vertiginosa la sombra de la catenaria. Colgado de una ventanilla, por la parte exterior, sus botas claveteadas hacían saltar chispas de los guijarros, los postes silbaban al pasar cercanos a su cabeza, mientras pensaba que la próxima vez pagaría el billete como todo hijo de vecino

(b) Lee atentamente los textos anteriores anotando los vocablos y expresiones más interesantes

(c) Construye expresiones con las anotaciones del apartado anterior (b)

8. (a) Si compraras un coche último modelo, ¿qué esperarías encontrar en el salpicadero?

(b) Observando el salpicadero, detalla para que sirven los diferentes instrumentos

9. Eres azafata/auxiliar de vuelo. Debes dar instrucciones a los pasajeros sobre el comportamiento en caso de emergencia. Elabora frases en torno a esta situación

10. Se te encarga redactar un folleto para los viajeros que hacen la travesía del estrecho de Gibraltar (Algeciras–Tánger), o la travesía Nueva York–San Juan de Puerto Rico. Ten en cuenta que en el primer caso, los viajeros son marroquíes o argelinos que vuelven a su país de origen para sus vacaciones de verano. En el segundo caso, los viajeros son puertorriqueños que vuelven con sus familias para pasar las fiestas navideñas.

El folleto debe incluir horarios, plano del barco, comportamiento en caso de emergencia, instrucciones de embarque, y datos sobre la documentación obligatoria para el viaje

11. Juego de rol

(a) Se os avería el coche se les descompone el carro (M) en autopista y lo aparcáis/aparcan (M) en el arcén. Con un teléfono móvil, llamáis/llaman (M) a un garaje/garage (M) pero es domingo y la mayoría de los garajes están cerrados. Entretanto llega un coche-patrulla con dos policías de tráfico. Por fin llegan dos mecánicos. Elegir a cinco de vuestro/su (M) grupo para participar en la conversación

(b) Te presentas en el mostrador de una compañía aérea para facturar tu equipaje. El peso del equipaje sobrepasa, y con mucho, el peso reglamentario. Tienes que pagar un suplemento muy fuerte pero insistes en no pagar. La encargada llama a una responsable. Pasa el tiempo y corres el riesgo de perder el avión. Elegir a cinco de vuestro/su (M) grupo para debatir el asunto

12. Traduce al español

i. Three-wheeled motorcycles are also used occasionally. They have two wheels in the rear. Vehicles related to the motorbike include the motor scooter, which is less powerful and has a foot platform, and the moped, essentially a bicycle with a motor that can be started by pedalling
ii. Intercontinental air transport has been firmly established. We can travel on long-range jet airliners with fully pressurized cabins and advanced instrumentation, all able to avoid storms and turbulent winds, enhancing passenger comfort and making operations more economical and consistent
iii. As with many modern vehicles, motorcycles use brakes. Although some of them use drum brakes today's modern motorcycles tend to use disk brakes, especially for the front wheel. In spite of the world's best brakes, the real bumper for a motorcyclist is his head, most times

13. (a) Traduce al español

i. The roof rack got in the way of the sliding roof, and when I forced it I broke the mechanism and it jammed
ii. The other car had a central locking system but now we've progressed to a stylish remote control, a gizmo which locks the car at a distance, sets the alarm and immobilizes everything
iii. The old car only did twenty-five miles to the gallon but now, with the modern aerodynamic styling of the new model, and perfect tuning, we get fifty to the gallon
iv. If she had taken out the ticket a month in advance, she would have saved about thirty per cent and could have chosen a seat near the window instead of next to the aisle
v. When you shift all those goods from the factory, you'll have to charter a boat, and I don't think loading the stuff will be easy without fork-lift trucks
vi. Traveling on trains these days with a big family costs much less than it did, especially if you avoid peak periods
vii. Summer time brought the usual forest fires so out came the air tankers which kept swooping down onto the dam to scoop up water and unload it onto the fire
viii. The cabin crew announced that, because the electricity supply had broken down, fuel couldn't be pumped directly into the plane's tank, so we had to wait our turn to be filled by tankers
ix. She said she didn't want to go through the metal detector, but the officer in charge warned her that her baggage would be unloaded from the plane if she refused
x. More and more wide-bodied planes are being ordered now, which means more passengers, cheaper fares and, horror of horrors, even more fearful catastrophes if the planes crash

(Se encuentra la solución en Internet)

(b) Busca sinónimos que puedan sustituir a los verbos españoles usados en cada una de las traducciones

(c) Comenta brevemente y en español cada una de las situaciones presentadas

14. (a) Lee la carta y encuentra varias alternativas a las expresiones castizas subrayadas del texto

Juanjo Melquíades
Calle Villabáñez 453
Madrid 28012

Madrid 28 de diciembre de 2010

Agapito Villaujué Zorita
Calle del Can, 143
Valladolid 47001

Estimado Juanjo:

Espero que al recibo de ésta te encuentres bien, al igual que toda la familia.

Como hacía tiempo no nos comunicábamos, se me ha ocurrido hacerlo hoy para contarte que el día 22 me tocó un buen pellico en la lotería, y lo primero que hice fue comprarme un *Maserati*, tal como soñábamos cuando éramos críos.

Es el 3200 GT, color azul perla, el último grito de la marca del tridente, que aparece en la parte frontal, en el centro de la calanda. Tiene unos grupos ópticos posteriores como anteriores impactantes, de forma curva ascendente desde el paragolpes. Es un deportivo con dos amplias puertas, en forma de cuña y las llantas de aleación ligera.

Pero lo impresionante es sentarse tras el volante. El rugido del motor V8 biturbo, que da 370 CV flipa un montón. El cambio de seis marchas se encuentra en el eje posterior y el árbol de transmisión es de aluminio, como el diferencial, para ahorrar peso.

Sentado en cómodos asientos de piel con reglajes eléctricos en altura e inclinación parece que vas sobre una nube al pisar el acelerador, que es muy suave, similar a los de Fórmula Uno. Para que no te mueras de envidia te diré que he encontrado un inconveniente: el embrague es un poco duro y con poco recorrido y a la hora de circular por ciudad se hace un pelín pesado.

No te creas que las plazas traseras son muy pequeñas ya que he llevado atrás a Chema y Marisa, y que miden más de 1,75 de altura.

Se pone en 200 Kms/h en menos de 22 segundos y las recuperaciones son fantásticas, claro, que gasta bastante en ciudad, de ahí que su depósito sea de 90 litros, aunque puedes suponer que ahora no voy a mirar el gasto de gasolina, cuando el coche me ha costado 88.348 euros.

Por aquí, el resto de los asuntos siguen normales. Un saludo para todos,

A. Villaujué

P. D. Bueno, ya sé que estarás rabiando de envidia, pero si miras la fecha de la carta, es posible que comprendas y dejes de sufrir.

(Se encuentra la solución en Internet)

(b) Pasa las medidas del sistema métrico, a millas/hora, a pies y pulgadas, a galones según convenga, además de los euros a dólares o libras

(c) ¿Qué significa *P. D.*? ¿Por qué Juanjo dejará de tener envidia? Escribe una explicación relacionada con las costumbres de tu localidad

(Se encuentra la solución en Internet)

15. (a) Traza un cuadro similar al presentado traduciendo al inglés el contenido

(b) Explica en español qué significa motor delantero, longitudinal, ocho en V y una cilindrada de 3200 centímetros cúbicos

Maserati 3200 GT

MOTOR Tipo: Delantero, longitudinal con 8 cilindros en V y dos turbos	TRANSMISIÓN Tipo: Propulsión trasera con cambio manual de seis marchas	CHASIS Tipo: Carrocería cupé de dos puertas. Suspensión delantera independiente con dobles triángulos; muelles; amortiguadores pilotados electrónicamente; barra estabilizadora. Dirección de cremallera asistida con endurecimiento progresivo Frenos de discos autoventilados. ABS
DIMENSIONES Largo/Ancho/Alto 4510 mm/1822 mm/1305 mm Depósito de combustible de 90 litros Capacidad del maletero 250 litros Peso 1.580 kg Neumáticos 235/40 ZR 18 (delante) 265/35 ZR 18 (atrás)	CONSUMO/ PRESTACIONES Velocidad máxima 280 Km/h Consumo urbano: 25,3 litros / 100 km Consumo extraurbano: 11,6 litros / 100 km Consumo mixto: 16,5 litros / 100 km	

(c) Define los tres tipos de consumo que se citan en el cuadro anterior

(d) Explica en qué consiste el endurecimiento progresivo de la dirección, dirección de cremallera y frenos de disco

(e) Enumera las partes de un motor de combustión y los mecanismos intermedios que conducen el movimiento hasta las ruedas

16. Buscar expresiones inglesas equivalentes

i. a porte debido
ii. poner la proa
iii. cambiar de agujas (del tren)
iv. camino de espinas
v. estar en dique seco
vi. estar en el paro
vii. estar en vía muerta
viii. estar varado
ix. hacer agua
x. hacer fu
xi. hacer el avión
xii. hacer una turné
xiii. hacérsele a uno cuesta arriba un asunto
xiv. ir cuesta abajo
xv. ir de bureo
xvi. ir el negocio a pique
xvii. ir en el furgón de cola
xviii. ir viento en popa
xix. la construcción es la locomotora del desarrollo
xx. la cosa va mal
xxi. nadar y guardar la ropa
xxii. viajar de gorra
xxiii. estar en vía muerta

17. Estudia el siguiente texto y, a continuación, contesta a las preguntas

"Viajando a través de la ciudad de México"

La ciudad de México es una de las más grandes del mundo, y como en toda gran ciudad, el transporte es muy diverso y ofrece muchas opciones para viajar de un lugar a otro. Se puede viajar en automóvil, taxi, colectivo, camión, bicicleta, trolebús, moto, metro y tren ligero. La mayoría de la población hace uso del transporte público como el metro y los colectivos. Los vehículos más utilizados de manera privada son los automóviles y los taxis.

Caminar es una opción poco utilizada porque la gente normalmente requiere viajar grandes distancias. Sin embargo existen lugares que se disfrutan más cuando se viaja a pie, como Chapultepec, Coyoacán y el Centro Histórico entre otros. En esos mismos lugares se pueden usar bicicletas o patines dado que el acceso de vehículos motorizados está prohibido. Muy recientemente, en los lugares donde hay gran cantidad de tráfico, se han introducido los "bici-taxis" que son pequeños carruajes para dos pasajeros, jalados por una bicicleta, al estilo oriental.

Es importante reconocer que desplazarse dentro de la ciudad de México usando bicicleta o motocicleta son opciones muy arriesgadas. El tráfico es muy intenso, no hay carriles específicos para estos vehículos y la gente no está acostumbrada a dejar los espacios necesarios para los mismos.

La forma más rápida y económica es el metro. Con un solo boleto se puede viajar de un extremo al otro de la ciudad. El precio es el mismo independientemente a la distancia que se recorra; pero eso sí, hay que evitar las horas pico si uno quiere evitar los empujones y los apachurrones.

Los colectivos se conocen comúnmente como peseros o peseras; son una alternativa complementaria al metro y de gran uso por la población de la ciudad de México. Existen múltiples rutas, circulan muy frecuentemente y son mucho más económicos que el taxi. Lo único difícil para los visitantes es conocer las rutas porque no existen mapas de las mismas; cuando uno quiere usar las peseras hay que preguntarle a un ciudadano o al chofer si esa ruta pasa por el destino que uno quiere visitar. Al igual que el metro, hay que evitar los horarios pico porque se tiene tumultos y empujones que pudieran ser desagradables para el viajero.

Los camiones y los trolebuses son los menos utilizados porque son más lentos y no pasan muy frecuentemente. Cuando se lleva prisa lo más conveniente es el taxi; siempre hay que buscar taxis de sitio.

Jorge Larracilla

(a) Encuentra los vocablos específicamente mexicanos y encuentra vocablos equivalentes que se usarían en España. Encuentra al mismo tiempo un vocablo mexicano que no lleva acento pero que sí lo tiene en español peninsular. ¡Hay que leer el texto detenidamente!

(b) Enumera en dos listas separadas vehículos pesados y vehículos ligeros. Describe las diferencias entre cada uno de ellos

(c) Describe las posibles peripecias de un viaje en hora pico a través de una abarrotada ciudad como es la capital de México

18. Aquí tienes un extracto de un periódico mexicano. Léelo y, a continuación, contesta a las preguntas

Alicia circulaba tranquilamente cuando de pronto su vehículo se detuvo en la lateral de Viaducto y Patriotismo. No encendía el motor, ni las luces, simplemente se quedó detenido a mitad de la calle y la fila de vehículos detrás de ella se formó de inmediato.

Con nulos conocimientos de mecánica, sin seguro para pedir apoyo vial, sola, con prisa y miedo a pedir ayuda de una grúa particular por lo costoso que pudiera resultar, Alicia llamó al Grupo de Apoyo Vial Radares.

Alicia es una de los 120 servicios que diariamente otorga ese grupo de apoyo en el que laboran 287 jóvenes que brindan orientación a los automovilistas durante los 365 días del año.

Cuatro años ya pasaron de la creación de ese grupo al que nadie le daba más de un año de vida. Surgieron en 1997 durante el último año de gobierno de Óscar Espinosa Villareal, propios y extraños pensaban que sólo era un grupo de relumbrón.

Ahora cuenta con 150 motocicletas y además de los auxilios mecánicos y apoyo vial en cruceros peligrosos, colaboran con la Secretaría de Seguridad Pública, en programa "Bienvenido sin mordida" que se tiene sobre calzada Ignacio Zaragoza.

Jorge Martínez Castillo, director de ese grupo conocido también como "Los Pollos," reconoció que por la labor que desempeñan esos jóvenes gozan del aprecio de la mayoría de los capitalinos.

Basta una llamada telefónica al 55-32-38-00 y en menos de 15 minutos un joven a bordo de una motocicleta llega al lugar del incidente, con la logotipo en la parte trasera de la chamarra.

Quienes trabajan en este grupo están preparados para atender urgencias mecánicas como son ponchaduras de llantas, falta de gasolina, alguna falla eléctrica o un problema menor.

El Universal, 21 de octubre, 2001

(a) Encuentra en el extracto el equivalente mexicano de los siguientes vocablos que se suelen usar en España: encrucijada, habitante de la capital, Ministerio de Seguridad Pública, soborno, pinchazo de rueda/neumático, fallo eléctrico, cazadora

(b) ¿Qué entiendes por . . . lateral, apoyo vial, propios y extraños, de relumbrón, grúa, brindar?

(c) Describe los pasos que darías si se te averiara el coche/se te descompusiera el carro (M) o si tuvieras un fallo mecánico / una falla mecánica (M) en pleno centro de la ciudad

(d) Haz un resumen en cien palabras del extracto

Unidad 14 / Unit 14

Ocio (esparcimiento M) y turismo / Leisure and Tourism

(Ver también la Unidad 6: "Fiestas" y "Hoteles" / See also Unit 6: "Festivals" and "Hotels")

Nivel 1 / Level 1

General

aburrimiento m	boredom
aburrirse	to get bored
actuación f brillante	brilliant performance
adversario m	opponent, adversary
aficionado m	enthusiast, fan, amateur
alegre	happy, lively, cheerful
alegría f	happiness, joy
animación f	entertainment, life
animado	lively, animated
aplaudir	to applaud, to clap
aplausos mpl	applause
apostar	to bet
apuesta f	bet, wager
apuntarse un punto	to score a point
árbitro m	referee, umpire
bailar	to dance
baile m	dance
balón m	(big) ball
bola f	ball
broma f	joke
bromear	to joke
calificarse	to qualify
campeón m	champion
campo m de fútbol	football field/pitch
cancha f de baloncesto	basketball court
cancha f de basket	basketball court
cancha f de fútbol A/M	football field/pitch
cancha f de tenis A/M	tennis court
carrera f	race
carrera f por etapas	race in stages *(like Tour de France)*
casino m	casino, men's club
certamen m	contest
chiste m	joke
cine m	movies, cinema
circo m	circle
club m de rugby	rugby club
colección f	collection
coleccionista mf	collector
colegiado m R3	*(football)* referee
columpio m	swing
competencia f	competition *(suggests rivalry = competitiveness)*
competición f	competition *(suggests trophy)*
competidor m	competitor
concursante mf	competitor
concurso m	competition
crac(k) mf	outstanding sportsman/woman
cultura f física	physical culture
dado m	die

deporte m	sport
deportista mf	sportsman/woman
derrota f	defeat
derrotar	to defeat
descalificar	to disqualify
discoteca f	discotheque
disfrutar del tenis	to enjoy tennis
distracción f	entertainment
diversión f	fun, enjoyment
divertirse	to have fun, to enjoy yourself
educación f física	physical education
eliminación f	elimination
eliminar	to eliminate
encuentro m	game
entrenador m	trainer
entrenamiento m	training
entrenar(se)	to train
entretenerse	to have fun, to enjoy yourself
entretenimiento m	entertainment, fun, enjoyment
entusiasta mf	enthusiast
equipo m	team
esparcimiento m M	leisure
espectáculo m	show
estación f	season *(of the year)*
estar embolado R1 A	to be bored
fan m M	fan, enthusiast
feria f	fair, funfair
feria f del pueblo	village festival
ganador m	winner
ganar al adversario	to beat the opponent
ganar un trofeo	to win
gimnasio m	gymnasium
globo m	*(hot air/child's)* balloon
hacer deportes	to practice sports
hacer trampas	to cheat, to trick
juego m de baloncesto	(the) game of basketball *(i.e. the concept)*
juego m de damas	checkers, draughts
jugador m	player
jugar	to play
jugar al billar	to play billiards
jugar al dominó	to play dominoes
jugar al escondite	to play hide-and-seek
jugar al fútbol / al tenis	to play soccer/football/tennis
jugar fútbol/tenis M	to play soccer/football/tennis
juguete m	toy
látigo m	whip *(with top)*
lotería f	lottery
marcar un punto	to score a point
ocio m	leisure
ópera f	opera
partida f de ajedrez	(a) game of chess
partido m de fútbol	(a) game of football
pasatiempo m	pastime
paseo m	walk
paseo m en bicicleta	cycle ride
paseo m en coche	drive in a car
pausa f	break
pelota f de tenis	tennis ball
perder un partido	to lose a game
piscina f	swimming pool
practicar un deporte	to practice a sport
primera parte f	first half *(of game)*
primera ronda f	first round *(of competition)*
profesional mf	professional
público m	public, spectators, audience
¡Qué alegría! ¡Ganaron!	Great! They won!
récord m	record
récord m mundial	world record
recreo m	entertainment, recreation, recess/break/playtime in school
relajación f	relaxation
relajarse	to relax
segunda parte f	second half *(of game)*
silbar	to whistle, to boo
sortear	to draw lots
sorteo m	drawing of lots
tanteo m	score
teatro m	theater
terreno m de fútbol	football field/pitch
tiempo m libre	free time
triunfar	to triumph, to win

triunfo m	triumph, win
vencedor m	winner, conqueror
vencer	to win, to conquer

Diferentes deportes / Different sports

ala f delta	hang gliding, hang glider
arquero m	archer
atleta mf	athlete
atletismo m	athletics
baloncesto m	basketball
balonmano m	hand ball
basket m A	basketball
béisbol m	baseball
bochas fpl A	bowls
boxeador m	boxer
boxeo m	boxing
campista mf	camper
carrera f de coches	car racing
caza f	hunting
correr	to run, to race *(in car, on bike, etc.)*
corrida f de toros	bull fighting
culturismo m	bodybuilding
culturista mf	bodybuilder
deportes mpl acuáticos	water sports
deportes mpl de invierno	winter sports
equitación f	horse-back riding, horse riding
esgrima f	sword fencing
espadachín m	swordsman
espeleología f	speleology, potholing
espeleólogo m	speleologist, potholer
esquí m	ski
esquiador m	skier
esquiar	to ski
futbolista mf	soccer player, footballer
gimnasia f	gymnastics
gimnasta mf	gymnast
golf m	golf
golfista mf	golf player
hacer cámping	to go camping
halterofilia f	weight lifting
halterófilo m	weight lifter
hípica f	horse(-back) riding
hockey m sobre hielo	ice hockey
hockey m sobre hierba	hockey
hockey m sobre pasto M	hockey
jai alai m M	pelota
jinete mf	horseman/rider
judo m	judo *(in M pronounced more or less as in English, i.e. no* jota*)*
kárate m	karate
karate m A/M	karate
lanzar el martillo	to throw the hammer
lucha f	wrestling
luchador m	wrestler
marcha f	walking
nadador m	swimmer
natación f	swimming
navegación f	sailing
navegante mf	sailor
parapente m	paragliding
patinador m	skater
patinaje m	skating
patinar	to skate
pelota f	ball
petanca f	boules, petanque
prueba f	event, race
remar	to row
rugbista mf	rugby player
rugby m	rugby
saltar	to jump
senderismo m	hiking, trekking
senderista mf	hiker
serie f	heat *(in race)*
squash m	squash
taekwondo m	tae kwon do
tauromaquia f R3	bull fighting
tenis m	tennis
tenista mf	tennis player
tirarse	to dive *(into water)*
tiro m al pichón	clay pigeon shooting
tiro m con arco	archery
vela f	sailing
voleibol m	volley ball
volley m A	volley ball

windsurf m	windsurfing
yoga m	yoga
zambullirse	to dive *(into water)*

Turismo y viaje / Tourism and travel

acampar	to camp, to go camping
aduana f	customs
aduanero m	customs officer
agencia f de viajes	travel agency
alquilar un chalé	to rent a chalet
andar en bicicleta	to go for a cycle ride
anular una reserva	to cancel a reservation
área f de servicio	rest/service area *(near road)*
aventura f	adventure
balneario m	spa, sea-side resort
baúl m de viaje	trunk
cancelación f	cancellation
cancelar una reserva	to cancel a reservation
cancelar una reservación M	to cancel a reservation
casa f de veraneo	summer house/villa
centro m turístico	tourist center
cheque m de viaje	traveler's check
cheque m de viajero A/M	traveler's check
circuito m turístico	tourist circuit
ciudad f costera	sea-side resort
control m fronterizo	frontier control
cuadrilla f	party, group
dar una fianza	to pay a deposit
descanso m M	rest area *(near road)*
día m de asueto	day off
documentación f	documents
dormir al fresco/sereno	to sleep in the open air
dormir al raso	to sleep in the open air
encontrar en la estación	to meet at the station
espectáculo m impresionante	wonderful spectacle
espectáculo m padrísimo M	fabulous spectacle
estación f de deportes de invierno	ski resort
estación f de esquí	ski resort
estar de viaje	to be traveling
estar de visita	to be visiting / on a visit
etapa f	stage *(in journey)*
exceso m de peso	excess baggage *(in airport)*
excursión f	trip, excursion
excursionista mf	tourist, tripper, hiker
expedición f	expedition
exploración f	exploration
explorar	to explore
extranjero m	foreigner
folleto m	brochure
forastero m	stranger, outsider
frecuentes viajes mpl al extranjero	frequent trips abroad
guía f	guide book
guía mf turístico/a	(male/female) tourist guide
hacer dedo RI	to hitchhike
hacer las maletas	to get the bags ready
hacer preparativos	to make preparations
hacer turismo	to visit, to travel around
hacer una gira por Argentina	to have a trip round Argentina
hacer una reclamación	to make a complaint
horario m	schedule, timetable
hospitalidad f	hospitality
hostelería f	hotel and catering trade, hotel management
hotel m completo	no vacancies
hotel m de dos estrellas	two-star hotel
información f	information desk
ir de acampada	to go camping
ir de campamento	to go camping
ir de turismo	to tour around
ir de veraneo	to go on vacation/holiday
irse de vacaciones	to go on vacation/holidays

itinerario m	itinerary
licencia f con goce de sueldo A	paid leave
llegada f	arrival
llegar con retraso	to arrive late
llenar una ficha M	to fill in a form
maleta f	suitcase
mapa m de México	map of Mexico
mochila f	backpack, rucksack
mochilero m	backpacker, camper
morral m	haversack *(often smaller than backpack)*
oferta f especial	special offer
oficina f de turismo	tourist office
pagar un depósito	to pay a deposit
panorama m	panorama
panorámica f imponente	splendid panorama
papeles mpl	documents
parque m nacional	national park
parque m zoológico	zoo
pedir aventón M	to hitch a lift
periplo m R3	very long journey
permiso m con goce de sueldo M	paid leave
plano m de la ciudad	city map
prolongar la estadía A	to stay longer
prolongar la estancia	to stay longer
promoción f	promotion, reduced offer
propina f	tip
prospecto m	brochure
recepcionista mf	receptionist
recorrer un país	to travel round a country
registrar el equipaje	to search the baggage
rellenar un formulario	to fill in a form
rellenar una ficha	to fill in/out a card
rentar un chalet M	to rent a chalet
reserva f	reservation
reservación f M	reservation
reservar un coche	to reserve an automobile / a car
restaurante m de tres coronas	three-star restaurant
ruta f	route
safari m	safari
salida f	departure
salir en bicicleta	to set off on a cycle
semana f de asueto R3	week's break
temporada f alta	high season
temporada f baja	low season
termas fpl	hot/thermal baths
tienda f de campaña	tent
¿Tiene Vd. una habitación?	Do you have a room?
turismo m	tourism
turista mf	tourist
vacacionar en Estados Unidos M	to go on vacation/holiday to the United States
vacaciones fpl pagadas	vacation/holiday with pay
vacaciones fpl retribuidas	vacation/holiday with pay
valija f A/M	suitcase
veranear en Carolina del Norte	to spend the vacation/holiday in North Carolina
viajar con mochila	to backpack
viajar por todo Brasil	to travel round Brazil
viaje m	journey, travel, tour
viaje m organizado	package tour
viajero m	traveler
visa f A/M	visa
visado m	visa
visitante mf	visitor
visitar las pirámides	to visit the pyramids
volver con recuerdos agradables	to return with pleasant memories
zoo m	zoo

Playa / Beach

ahogarse	to drown
alpargata f	rope sandal
arena f	sand
arena f ardiente	burning sand
arenas fpl movedizas	quicksands
Baja la marea	The tide is going out
bajar a la playa	to go down to the beach
banco m de arena	sand bank

bandera f amarilla	yellow flag *(take care)*
bandera f roja	red flag *(no swimming)*
bandera f verde	green flag *(swimming allowed)*
bañador m	swimming trunks
bañarse	to swim, to bathe *(not used this way in M =* to take a shower/bath*)*
bañero m A	life guard
bañista mf	bather, swimmer, swimming-pool attendant
baño m de sol	sun-bathing
barrenar una ola A	to come in on a wave *(i.e. swimming)*
bata f (de playa)	beach wrap
bikini m	bikini
bóxer m	boxer shorts
bronceado m	suntan
bronceador m M	protective suntan lotion
bronceadora f protectora	protective suntan lotion
broncearse	to get a tan
bucear	to dive *(go down deep)*
buceo m	diving *(going down deep)*
buscar la sombra	to look for the shade
buzo m	diver
caseta f de playa	beach hut
chapalear	to splash, to lap *(of water on the shore)*
chapaleteo m	splashing, lapping *(of water on the shore)*
chapotear	to splash about, to paddle
chapoteo m	splashing about, paddling
chocar el pie contra una piedra	to stub a foot against a rock
colchón m neumático	air bed, Lilo
corriente f peligrosa	dangerous current
Cruz f Roja	Red Cross
cubito m de arena	sand bucket
cubrirse	to cover yourself up
descansar	to (have a) rest
descanso m	rest
deslumbramiento m del sol	dazzling of the sun
deslumbrar	to dazzle
desnudarse	to take your clothes off
desnudismo m	nudism
desnudista mf	nudist
días mpl soleados	sunny days
echarse un clavado A/M	to dive
efecto m relajante	relaxing effect
ejercitar el cuerpo	to exercise the body
eslip m	very short swimming trunks
esnórquel m	snorkel
esquí m acuático	water skiing
gafas fpl de bucear	diving goggles
gafas fpl de sol	sun glasses
grano m de arena	grain of sand
guardavidas mf A	life guard
guija f	pebble
guijarro m	pebble
guijarroso	pebbly, stony
hacer el muerto	to float *(on your back)*
hacer la plancha	to float *(on your back)*
hacer pie	to be in your depth
hacer una montaña de un grano de arena	to make a mountain out of a molehill
hamaca f	deck chair
insolación f	sun stroke
ir descalzo	to go barefoot
ir topless	to be topless
La quemadura escuece	The sunburn stings
lancha f inflable M	inflatable dinghy
lancha f neumática	inflatable dinghy
Las olas rompen en la orilla	The waves break on the shore
mar m revuelto	choppy sea
medusa f	jelly fish
nadar de muertito M	to float *(on your back)*
normas fpl de la playa	beach regulations
nudismo m	nudism
nudista mf	nudist
orilla f del mar	seashore

pala f	spade
patines mpl	pedalo
pendiente f empinada	steep slope *(into sea)*
pendiente f suave	gentle slope *(into sea)*
picadura f de medusa	jellyfish sting
picar	to sting
playa f de arena	sandy beach
playa f pedregosa	stony beach
playera f M	T-shirt
playeras fpl	beach shoes
ponerse moreno	to get a tan
prenda f playera	beach wear *(single item)*
primeros auxilios mpl	first aid
puerto m	port, harbor
quemadura f	sunburn
quitasol m	sunshade
resaca f	undertow
respetar los canales	to stay in the channels *(i.e. for setting off on a wind surfer)*
ropa f de playa	beach wear
saber nadar	to be able to swim
salvavidas m	lifebelt
salvavidas mf	life guard
sandalias fpl de playa	beach sandals
silla f plegable	folding chair, deck chair
slip m A	very short swimming trunks
snorkel m A	snorkel
socorrismo m	first aid
socorrista mf	first aider
sombrilla f	sunshade
Sube la marea	The sea is coming in
subir de la playa	to come up from the beach
tanga m/f A/M	very brief swimming trunks, bottom part of bikini
taparrabos m	loincloth, very brief swimming trunks
¿Te cubre?	Are you in your depth?
¿Te tapa? M	Are you in your depth?
tender la toalla	to stretch out the towel
tirado en la playa	lying on the beach
tirarse al agua	to dive into the water
toalla f playera	beach towel
toldo m	awning
tomar el sol	to sunbathe
traje m de baño	swimming costume, swimming trunks
tumbarse	to lie down
tumbona m	sun lounger, deck chair
vendedor m ambulante	peddler, hawker
vestido m playero	beach wear
vigilancia f de la playa	bay watch
visera f de gorra	peak *(of cap)*
visor m M	swimming goggles
voley-playa m	beach volley-ball

Nivel 2 / Level 2

General

abuchear al árbitro	to boo the referee
abucheo m	booing
acertar en la carrera	to succeed in the race
acertar en la diana	to hit the bullseye
afición f al deporte	love of sport
aficionado al tenis	keen on tennis
arreglar un partido M	to fix a game *(i.e. decide result in advance)*
as m del deporte	sports star
ascenso m a primera	promotion to the first division
batacazo m A	unexpected, overwhelming victory
batir el record / la plusmarca	to break the record
campeonato m	championship
¿Cara o ceca? A	Heads or tails?

¿Cara o cruz?	Heads or tails?
carrera m reñida	fiercely contested race
centro m deportivo M	sports center
chiflar al árbitro R2/1 A/M	to boo the referee
competir por el premio	to compete for the prize
contar anécdotas	to tell anecdotes
contar chistes	to tell jokes
contrario m	opponent
copa f	cup, trophy
Copa f Mundial	World Cup
Cuando se te sube la adrenalina . . .	When your adrenalin starts pumping . . .
cuartos mpl de final	quarter finals
dar un baño a R1	to massacre, to whitewash
dejar en blanco	to massacre, to whitewash
deporte m de combate	combat sport
deporte m por equipos	team sport
deporte m por parejas	team sport *(involving two on each side)*
deportividad f	sportsmanship
descenso m a segunda	relegation to the second division
destreza f R3	skill, dexterity
devolver la pelota	to give back in kind
dopado m	doped, drugged
dopaje m	dope, drug
empatar	to draw
emulación f R3	emulation, rivalry
emular R3	to emulate
émulo m R3	emulator, rival
encender R1 A	to get moving/cracking *(suggests adrenalin)*
esparcirse R3	to enjoy yourself
espíritu m deportivo	sporting spirit
estadio m	stadium
fallar en el penalti	to miss the penalty
fichaje m	signing on
fichar a un crac	to sign on a star/brilliant performer
final f de la copa	cup final
finalista mf	finalist
fullero m R1	cheat
ganar por afano R1A	to crush *(someone / a team)*
ganar por goleada R1A	to crush *(someone / a team, at soccer)*
gesto m deportivo	sporting gesture
gozar en el campo	to enjoy life in the countryside
gradas fpl	(grand)stand
habilidad f para jugar al . . .	skill in playing . . .
hacer empate	to draw
hacer fullerías	to cheat
hacer tongo R2/1	to fix *(often in boxing)*
hincha mf R1	enthusiast, fan *(especially soccer)*
Juegos mpl Olímpicos	Olympic Games
jugar con maestría	to play skillfully
jugar la promoción	to play for promotion
jugar por deporte	to play for the love of it
llevar una ventaja	to enjoy an advantage
lucha f encarnizada	fierce struggle
mañoso	skillful
marrar el gol R3	to miss the goal
Me dio un calambre en la pantorrilla	I had cramp in my calf
medicina f deportiva	sports medicine
mundial m	world championship
mundial m de esquí	world skiing championship
otorgar el premio a	to present the prize to
palacio m de deportes	sports arena
palestra f R3	arena
partidario de un equipo	supporter of a team
partido m amistoso	friendly game
partido m apretado	fiercely contested game
pasarla bien M	to have a great time
pasarlo bien	to have a good time

pasarlo bomba R1	to have a great time
pasarlo la mar de bien R1	to have a great time
placer m	pleasure
polideportivo m	sports center
recrearse R3 jugando béisbol M	to take pleasure playing baseball
(juegos) mpl recreativos	amusement arcade
rival mf	rival
rivalidad f	rivalry
rivalizar con	to rival
romper el culo a R1 A	to crush *(someone / a team)*
Se me acalambró el estómago	I had cramp in my stomach
Se puso las pilas R1 A/M	Her adrenalin started to pump
seguidor m	follower
semi-final f	semi-final
silbar al árbitro	to whistle at the referee
¿Sol o águila? M	Heads or tails?
solaz m R3	relaxation
solazarse R3	to relax
suspender el encuentro	to postpone/suspend the game
técnico m	manager, coach
tener maña para el tenis	to have skill in tennis
tirar la moneda	to toss the coin
torpe	clumsy
torpeza f	clumsiness
trampear	to cheat
tramposo	cheat(er) *(also adjective:* cheating*)*
traspasar a un jugador	to transfer a player
traspaso m	transfer
tribuna f	stand

Juegos de niños / Children's games

acertijo m	riddle, puzzle
antifaz m	mask
aro m	hoop
bailar la peonza	to spin the top
balancín m	teeter-totter, see-saw
bolo m	skittle, tenpin
bromista mf	joker, prankster
buen perdedor m	good loser
caballito m	rocking horse
calcomanía f	decal, transfer
caleidoscopio m	kaleidoscope
cara f cómica	funny face
chanzas fpl	jokes, derisive comments
chiste m blanco M	"clean"/innocent joke *(for children)*
columpiarse	to be on the swings
columpio m	swing
contar chistes	to tell jokes
contar chistes colorados M	to tell smutty jokes
contar chistes verdes	to tell smutty jokes
crucigrama m	crossword
dar la lata a	to bore
dar una maroma M	to do a somersault
dar una voltereta	to do a somersault
deslizarse por un tobogán	to go/whizz down a slide/chute
desquitarse	to gain revenge
desquite m	revenge
disfraz m	mask, disguise, dressing-up outfit
disfrazarse	to disguise yourself, to dress up *(i.e. like a nurse, Indian, etc.)*
disimulo m	pretence
distraerse	to enjoy yourself
echar a cara o cruz	to play heads or tails
escondrijo m	hiding place
espacio m lúdico R3	playing area
estar de cachondeo R1	to be joking / teasing / messing around
fichas fpl	tokens, dominoes, draughts, counters
fingir	to pretend
futbolín m	table football
futbolito m M	table football
gastar una broma	to play a joke
gomera f A	slingshot, catapult
gracioso	witty, funny

hacer algo a escondidas	to do something secretly
hacer algo a hurtadillas	to do something secretly
hacer diabluras	to play pranks
hacer el payaso	to act the fool
hacer patitos M	to play ducks and drakes
hacer volar una cometa	to fly a kite
hamaca f A	swing
honda f	slingshot, catapult
humor m	humor
humorista mf	humorous person
inocentada f (28 de diciembre)	= *joke on (April) Fools' Day*
jeroglífico m del periódico	the newspaper's puzzle
juego m de azar	game of chance
juego m de ingenio A	puzzle, conundrum
juego m de manos	conjuring, sleight of hand
jugar a la gallina ciega	to play blind man's buff
jugar a la rayuela A	to play hopscotch
jugar a las adivinanzas	to play guessing games
jugar a las bolitas A	to play marbles
jugar a las canicas	to play marbles
jugar a las damas	to play checkers/ draughts
jugar a las escondillas M	to play hide-and-seek
jugar al avión M	to play hopscotch
jugar al parchís	to play Parcheesi/ Ludo
jugar al tejo	to play hopscotch
jugar una mala pasada a	to play a dirty trick on
juguetear	to play
juguetón	playful
lanzar un trompo	to spin a top
lanzar una cometa	to fly a kite
latoso	boring
mal perdedor m	bad loser
monigote m	rag doll
monopatín m	skateboard
muñeca f	doll
no estar para bromas	to be in no mood for jokes
ocurrencia f	witty comment/ saying
ocurrente	witty
palabras fpl cruzadas A	crossword
patín m	skate
patín m de ruedas	rollerskate
patineta f M	skateboard
patinete m M	scooter
pelele m	dummy, figure of straw
placer m	pleasure
polichinela f	string puppet, Punch
poner una adivinanza	to ask a riddle
prestidigitación f	conjuring
prestidigitador m	conjuror
puzzle m	jigsaw puzzle
remontar un barrilete A	to fly a kite
resortera f M	slingshot, catapult
respuesta f atinada	spot-on answer
retozar R3	to frolic, to gambol
retozón R3	frolicking, playful
retruécano m	play on words
rompecabezas m	conundrum
rompecabezas m A	jigsaw puzzle
saltar a la comba f	to skip (with rope)
saltar a la soga A	to skip (with rope)
¡Suerte!	Good luck!
tablero m	board *(for checkers, chess, etc.)*
Te toca a ti	Your turn
tirachinas m	slingshot, catapult
títeres mpl	puppets
travesura f	prank
travieso	naughty, prankish
volar una cometa M	to fly a kite
zancos mpl	stilts

Juegos de sobremesa / Society games

bridge m	bridge
casino m	casino, men's social club
dominó m	dominoes

fallar una baza	to miss a trick
garito m	gambling den
juego m	gambling
jugar a las prendas	to play forfeits
póker m	poker
soplar	to take *(opponent's piece)*
tarot m	tarot

Ajedrez / Chess

ahogar el rey	to stalemate
ajedrecista mf	chess player
campeonato m de ajedrez	chess championship
casilla f blanca	white square
casilla f negra	black square
colgarse una pieza R2/1 A	to take a piece
comer	to take
componer	to adjust
dar jaque a	to check
dar jaque mate a	to checkmate
enrocar	to castle
enroque m	castle
estar en jaque	to be in check
gambito m	gambit
jugada f	move
jugar al ajedrez	to play chess
La partida quedó en tablas	The game ended in a draw
movimiento m de las piezas	move
partida f de ajedrez	game of chess
perder una pieza	to lose a piece
pieza f de ajedrez	chess piece
tablas fpl	draw
torneo m ajedrecístico	chess tournament

Piezas de ajedrez / chess pieces

alfil m	bishop
caballo m	knight
dama f	queen *(more correct than* reina*)*
figura f de ajedrez	chess piece
peón m	pawn
pieza f de ajedrez	chess piece
reina f	queen
rey m	king
torre f	rook

Cartas / Cards

as m	ace
baraja f	pack of cards
barajar las cartas	to shuffle the cards
bastos mpl	*one of the suits in a Spanish pack of cards*
baza f	trick *(legitimate)*
caballo m	*= queen in Spanish pack of cards*
copas fpl	*one of the suits in a Spanish pack of cards*
corazones mpl	hearts
diamantes mpl	diamonds
espadas fpl	spades
jugar a las cartas	to play cards
jugar cartas M	to play cards
oros mpl	*one of the suits in a Spanish pack of cards*
palo m	suit
picas fpl	spades
rey m	king
sota f	jack *(in Spanish pack of cards)*
tréboles mpl	clubs
tresillo m	*card game for three players*
tute m	*typical card game (to win all kings and queens)*

Atletismo / Athletics

adelantar	to overtake
agotamiento m físico	physical exhaustion
baso m A	stitch
bloques mpl de salida	starting blocks
buzo m A	sweat shirt
calle f	lane
campo m a través	cross country
carrera f	race
carrera f de fondo	long-distance race

carrera f de medio fondo	middle-distance race
carrera f de obstáculos	steeple chase
carrera f de vallas	hurdles
carrera f de velocidad	sprint
carril m A/M	lane
chándal m	sweat/track suit
corredor m	runner
corredor m de fondo	long-distance runner
corredor m de medio fondo	middle-distance runner
correr a campo traviesa M	to run on a cross-country race
cronometrar	to time
cronómetro m	stop watch
cros m	cross country
cross country m A	cross country
decatlón m	decathlon
dejar atrás	to outstrip, to leave behind
descalificación f	disqualification
disco m	discus
dorsal m 2	number 2 shirt
El listón m está a dos metros	The bar is at two meters
equipo m	track suit
estar en (buena) forma	to be in good shape
flato m	stitch
foso m	water jump *(in steeple chase)*
franqueamiento m de la barra	going over the bar
ganar por cuatro cuerpos	to win by a few meters
ganar por medio cuerpo	to win by a fraction
hacer flexiones	to do press-ups
hacer footing	to go jogging
hacer jogging	to go jogging
jogging m A	track suit
lanzamiento m de bola M	putting the shot
lanzamiento m de disco	throwing the discus
lanzamiento m de jabalina	throwing the javelin
lanzamiento m de martillo	throwing the hammer
lanzamiento m de peso	putting the shot
línea f M	lane
los cien metros	the hundred meters
los cuatro cientos metros	the four hundred meters
los mil quinientos metros	the fifteen hundred meters
los cinco mil metros	the five thousand meters
los diez mil metros	the ten thousand meters
maratón mf	marathon
marcha f de 50 km	50 km walk
meta f	finishing line
milla f	mile
pants mpl M	sweat/track suit
pértiga f	pole vault
peso m	shot (put)
pista f	track
pista f de material sintético	synthetic surface track
plusmarca f	record
plusmarquista mf	record holder
puntada f (en el costado) A	stitch
punzada f	stitch
rebasar M	to overtake
recta f final	home straight
relevo m	relay
resistencia f física	stamina
romper la cinta	to break the tape
salida f en cuclillas	crouch start
salida f en falso	false start, jumping the gun
saltador m de altura	high jumper
saltador m de pértiga	pole vaulter
salto m	jump
salto m con garrocha A/M	pole vault
salto m con pértiga	pole vault
salto m de altitud	high jump
salto m de altura	high jump

salto m de longitud — broad/long jump
salto m en alto A — high jump
salto m en largo A — broad/long jump
spikes mpl M — spikes *(pronounced as in English)*
sprint m — sprint
sprinter m — sprinter
taco m de salida — starting block
testigo m — *(relay)* baton
tomar carrerilla — to take a run up
tomar impulso — to surge forward
tomar vuelo M — to take a run-up
triple salto m — hop, step and jump; triple jump
vallas fpl — hurdles
vincha f A — hair band
vuelta f — lap
vuelta f de honor — lap of honor
zapatillas fpl (para correr) — spikes, running shoes

Tenis / Tennis

cabeza mf de serie — seed
cancha f de arcilla M — clay court
cancha f de cemento M — hard court
cancha f de pasto M — grass court
cinta f de la red — net strap
cordaje m de la raqueta — racket strings
cuadro m de saque — service court
cuarenta cero — forty love
derecho m — right hander
devolver la pelota — to return the ball
doble m de caballeros — men's doubles
doble m de damas — ladies' doubles
doble m mixto — mixed doubles
ganar por seis juegos a cero — to win six games to love/zero
gran slam m — grand slam
hacer el sembrado A/M — to seed
hacer un globito M — to lob
hacer un lob — to lob
individual m de caballeros — men's singles
individual m de damas — ladies' singles
juez/a mf/f de línea central — center-line judge
juez/a mf/f de línea de fondo — base-line judge
juez/a mf/f de línea de saque — service-line judge
juez/a mf/f de red — net cord judge
jugar sobre hierba — to play on grass
línea f de saque — service line
mango m de la raqueta — racket handle
marcador m — scoreboard
pista f de césped — grass court
pista f de tenis — tennis court
pista f de tierra batida — clay court
quince iguales — fifteen all
raqueta f — racket
recogepelotas mf — ball boy/girl
red f — net
revés m — backhand
saque m — service
sembrado mf M — seed
servicio m — service
servir — to serve
set m — set
smash m — *(overhead)* smash
tenis m en sala — indoor tennis
tenista mf — tennis player
tensor m — *(racket)* press
ventaja f — vantage
volea f — volley

Natación / Swimming

4 × 400 (cuatro por cuatrocientos) estilos — medley relay
alberca f M — swimming pool
aletas fpl — flippers
aprendizaje m en seco — land drill
braza f — breaststroke
brazada f — *(any)* stroke
calle f — lane
cinturón m de corcho — *(cork)* swimming belt
crol m — crawl
cronometrador m — time keeper

cruzar a nado la piscina	to swim across the pool
dar veinte brazadas	to swim twenty strokes
darse un chapuzón	to have a dip
echar una nadada M	to have a dip
espalda m	back stroke
estar al corriente	to be informed / with it
estar en la onda R1	to be in the swim
estilo m espalda	back stroke
estilo m libre	free style
estilo m mariposa	butterfly stroke
estilo m pecho A/M	breast stroke
gorra f (de baño) A/M	(swimming) cap
gorro m (de baño)	(swimming) cap
hacer una vuelta americana	to do a tumble turn
juez/a mf/f de llegada	placing judge
malla f A	swimming trunks
marinera f	side stroke
mariposa m	butterfly
nadadero m R3	swimmer
nadar a braza	to swim breaststroke
nadar diez anchos	to swim ten widths
nadar diez largos	to swim ten laps/lengths
natación f a braza	swimming breaststroke
palanca f de diez metros	ten meter board *(for diving)*
pasar un río a nado	to swim across a river
pedalear en agua	to tread water
piscina f al aire libre	outdoor pool
piscina f cubierta	indoor pool
podio m de salida	diving block
saltador m de la torre	*(highboard)* dive
salto m de salida	racing dive
salto m de torre	*(highboard)* diver
salto m de trampolín	springboard dive
tirarse de cabeza	to dive
tirarse de pie	to jump in
trampolín m	springboard
vigilante mf de piscina	swimming pool attendant
zambullida f	dive
zambullirse (de cabeza)	to dive

Deportes de invierno / Winter sports

aerosilla f A	chair lift
bastón m de esquí	ski stick
bola f de nieve	snow ball
botas fpl de esquiar	ski boots
carrera f de descenso	downhill racing
carrera f de fondo	cross-country
casco m de esquí	crash helmet
cera f	wax
encerar	to wax
eslalon m	slalom
esquí m	ski
esquí m compacto	compact ski
esquí m de fondo	cross-country ski
fuera de pista	off-piste
gafas fpl de esquí	skiing goggles
gafas fpl de sol	sun goggles
gorra f de visera	peaked cap
gorro m de esquí	ski cap
luz f deslumbradora	dazzling light
nieve f en polvo	powdery snow
pasamontañas m	ski mask
patinaje m	skating
patinaje m artístico	figure skating
patinaje m de velocidad	speed skating
poste m de la puerta	gate pole
quitanieves m	snowplough
remonte m	ski lift
slálom m	slalom
sortear balizas	to negotiate markers
tabla f de esquí	ski board
telesilla f	chair lift
telesquí m	ski lift
trampolín m	ski jump
trineo m	sledge

Pesca / Fishing

arpón m	harpoon
atrapar un pez	to catch a fish
barco m de pesca	fishing boat
(una) buena redada f	(a) good catch

caña f de pescar	fishing rod
carrete m	reel
cebo m	bait
cestilla f	basket
coger en el garlito R3	to catch in the trap
coger un pez	to catch a fish
concurso m de pesca	fishing competition
cría f de truchas	fish breeding
criadero m de peces	hatchery
croar	to croak
cuchillo m de descuartizar	filleting knife
echar la caña	to cast the line
echar la red	to cast the net
flotador m	float
gancho m	hook
garlito m	trap
pesas fpl de plomo	leads
pesca f	fishing
pesca f con red	drift-net fishing
pesca f costera	inshore fishing
pesca f de altura	deep-sea fishing
pescador m	fisherman
pescar una barracuda	to catch a barracuda
pez m de colores	goldfish
pez m gordo R1	important person, big fish
picar	to bite
piscicultura f	fish farming
plomada f	plummet
plomitos mpl	leads
púa f	barb
punta f del anzuelo	point of the hook
reserva f de pesca	fish reserve
tragar el anzuelo	to swallow the hook
útiles mpl de pesca	fishing tackle
vivero m	hatchery

Caza / Hunting

abatir un antílope	to shoot down an antelope
acosar	to harry, to hunt
apertura f de la caza	opening of the hunting season
apuntar la presa	to aim at the quarry
batidor m R3	beater
cargar la escopeta	to load the shotgun
caza f	hunting, game
caza f abierta	open season
caza f con perro	stalking
caza f de liebre	hare coursing
caza f vedada	closed/close season
cazador m	huntsman, hunter
conejera f	warren
corzo m	roe deer
coto m de caza	game reserve
dar una batida f	to beat the area
disparar a quemarropa	to shoot at point-blank range
disparo m	shot
encarar	to take aim, to point
escopeta f	shotgun
gemelos mpl de campo	field glasses
guarda mf de caza	gamekeeper
guarida f	lair
hacer el ojeo	to beat the area
herir la presa	to wound the prey
huella f	scent, track
hurón f	ferret
lazo m	snare, trap
levantar la caza	to raise the game
llevar una vida de perros	to fight like cat and dog
madriguera f	lair
marta f	(pine) marten
morral m	game bag
ojear	to beat *(to frighten the game)*
olfatear las perdices	to smell out the partridges
perdigón m	pellet
perro m de caza	stag/hunting hound
piezas fpl cobradas	kill
pista f	scent, track
puntería f	aim
rematar por un tiro final	to polish off
reserva f natural	nature reserve
tirar un tiro	to fire a shot
trampa f	snare
veda f	closed/close season

Turismo / Tourism

acondicionamiento m de balnearios	improvement of beach/sea-side facilities
asolearse M	to sunbathe
atalaya f R3	vantage point, belvedere
boletín m meteorológico	weather forecast
botones m	bellhop, bellboy
buscar alojamiento	to look for accommodation
cama f supletoria	extra bed
campo m de nudistas	nudist camp
carpa f A/M	tent
carta f de crédito	credit card
casa f rural	*bed and breakfast accommodation in Spain*
cátering m	catering
chiringuito m	stall, kiosk *(selling drinks, snacks)*
conserje mf	receptionist
conserjería f	reception
costumbre f exótica	exotic custom
cuenta f	check, bill
cupo m agotado M	no vacancies
divisadero m M	viewpoint, belvedere
documentos mpl de identidad	identity papers
dos habitaciones que comunican	communicating bedrooms
efectuar una reserva	to reserve
fomentar el turismo	to promote tourism
formar parte del patrimonio nacional	to be part of the national heritage
gastronomía f	gastronomy
guiri m R1	*(foreign)* tourist
habitación f con vista al mar	room with a sea view
hacer un recorrido por Guatemala	to travel through Guatemala
industria f hotelera	hotel trade
Mañana es feriado A/M	Tomorrow is a holiday
mayordomo m	butler
merendero m	stand, kiosk *(for snacks and drinks)*
mirador m	viewpoint, belvedere
monumento m de interés nacional	monument of national importance
No hay vacantes M	No vacancies
pernoctación f	night's stay
pernoctar en un parador nacional	to spend the night in a *parador nacional*
planear la ruta	to plan the route
planificar el itinerario	to plan the itinerary
portero m	superintendent, caretaker
pronóstico m meteorológico	weather forecast
propina f	tip, gratuity
régimen m de media pensión	half board
régimen m de pensión completa	full board
sumiller m R3	wine waiter
tarjeta f de crédito	credit card
todo incluido	all inclusive
urbanización f turística	tourist development
vacacionar M	to go on vacation/holiday
Ya no hay cupo M	No vacancies

Nivel 3 / Level 3

Turismo y viaje / Tourism and travel

aliviarse de la canícula R3	to gain relief from the summer heat
apunamiento m A	altitude sickness
atender las necesidades del turista	to deal with the tourist's needs
atracción f turística	tourist attraction

barloventear R3	to travel about the world
bolsa f de dormir A/M	sleeping bag
capacidad f hotelera	hotel capacity
casa f de turismo rural	holiday cottage
clase f turística	tourist class
cliente mf	client
clientela f	clientele
conexión f del vuelo	flight connection
contratar las vacaciones con antelación	to book the vacation in advance
cura f de sol	sun treatment
dejar la rutina	to get out of the rut
despertador m de viaje	travel clock
efectos mpl dañinos del sol	harmful effects of the sun's rays
eficaz protección f solar	effective sun protection
estar de tránsito	to be passing through
excursiones fpl facultativas	optional excursions
franquicia f aduanera	duty-free allowance
fuga f veraniega	summer getaway
gira f de tipo safari	safari-type excursion
hacer frecuentes viajes a EE.UU.	to travel frequently to the United States
hacer turismo	to travel, to go touring
hacer un tour A/M	to go on a trip (organized)
hacer visitas de turismo	to do some touring
hospitalario	hospitable
hospitalidad f	hospitality
huida f de la masificación	flight from the masses
Incluye traslados desde el aeropuerto	Includes transportation from the airport
industria f del turismo	tourist trade
infraestructura f hotelera	hotel infrastructure
ir de crucero a Alaska	to go on a cruise to Alaska
irse en un paquete M	to go on a package holiday
lugar m cazaturistas	tourist trap
Luz f y Sonido	*Son et Lumière*
mal m de altura	altitude sickness
mal m de montaña	altitude sickness
oscurecer la piel	to tan the skin
pasaporte m en vigor	valid passport
pastillas fpl contra la malaria	malaria tablets
peregrinación f	pilgrimage
peregrino m	pilgrim
poner una queja M	to lodge a complaint
programa m del viaje	travel plans
programar el viaje	to plan the journey
promoción f turística	tourist publicity
radiación f solar	solar radiation
reclamación f de reembolso	refund claim
recorrer toda América del Sur	to travel around the whole of South America
recorrido m	journey, route
red f hotelera	hotel network
repelente m de insectos	insect repellent
reservar por Internet	to reserve over the Internet
saco m de dormir	sleeping bag
salir de vacaciones	to set off on vacation/holiday
sector m económico de primera magnitud	economic sector of the first order
ser muy viajero	to travel a lot
ser portador de pasaporte	to carry a passport
sin incluir suplementos	without including extras
temporada f del turismo	tourist season
trámites mpl de facturación	check-in procedure
transportista mf	carrier

turismo m blanco	winter/skiing vacation/holiday
turismo m rural	rural tourism
turistizado	touristy
turoperador m	tour operator
vacacionista mf M	vacationer, holidaymaker
vacuna f	vaccine
vacunación f	vaccination
vacunarse	to get vaccinated
veraneante mf	vacationer, holiday maker
viaje m a precio reducido	cut-price trip
viaje m redondo M	round trip
visa f turística A/M	tourist visa
visado m turístico	tourist visa
visita f relámpago	lightning visit
vuelo m directo	non-stop flight

Bailes / Dances

bailar claqué	to tap dance
bailar tap M	to tap dance
bailar un tango apasionado	to dance a passionate tango
bailarín m	(ballet) dancer
bailarina f	ballerina
baile m de disfraces	fancy-dress ball
baile m de máscaras	masked ball
baile m de movimiento rápido y giratorio	fast-moving, whirling dance
baile m flamenco	Flamenco dancing
bal m de máscaras	masked ball
ballet m	ballet
compás m binario	two-four rhythm
danza f del vientre	belly dance
danzón m M	*typical old Mexican/Cuban dance*
foxtrot m	foxtrot
habanera f	Cuban dance, habanera
jota f (de Aragón)	(Aragonese) jota
lección f de baile	dancing lesson
llevar el compás	to keep time
maestro m de baile	dancing teacher
maestro m de la danza española	master of Spanish dance
marcar el compás	to beat time
minué m	minuet
mover el esqueleto R1	to dance
muñeira f gallega	(Galician) muneira
música f bailable	music that can be danced to
pasodoble m	paso doble
polka f	polka
quebrada f A	*specific movement in the tango*
ritmo m cadencioso R3	lilting rhythm
ritmo marcado y muy lento	very slow, pulsating rhythm
ritmo m vivo	lively rhythm
rumba f	rumba
salón m de baile	dance hall
salsa f	salsa
sardana f (de Cataluña)	(Catalonian) sardana
seguidilla f manchega	*seguidilla* typical of the Mancha
seguidilla f sevillana	Sevillian *seguidilla*
tango m voluptuoso	voluptuous tango
Vals de las Flores (Chaikovski)	"Valse des Fleurs"
Vals Triste (de Sibelius)	"Valse Triste"
vals m vienés	Viennese waltz
valsar	to waltz
valsear A/M	to waltz
zapateado m M	tap dancing
zarabanda f	sarabande
zorcico m (del País Vasco)	*dance typical of the Basque Country*

Baloncesto (Basquet M) / Basketball

ataque m	offense
basquet m M	basketball
bloqueo m	block
canasta f	basket
círculo m central	center circle
defensa f	defense
driblar	to dribble
falta f	violation, foul

falta f en ataque	offensive foul
hacer tropezar a un oponente	to trip an opponent
lanzar corriendo	to shoot while running
pasar la pelota	to pass the ball
rebotar	to rebound
rebote m	rebound
tablero m	board showing points won, score board
tiempo m libre	time-out
tiro m libre	free throw

Corrida de toros / Bullfighting

afición f (por los toros)	passion *(for any sport)* (for bullfighting)
arena f	arena
arrastre m del toro	removal (dragging) of the dead bull from the arena
banderilla f	banderilla *(barbed dart stuck in bull's neck)*
banderillear	to stick a *banderilla* in the bull's neck
banderillero m	banderillero
brindar un toro al público	to offer a *(dead)* bull to the spectators
bronca f R1	spectators' protest *(for poor performance)*
burladero m	barrier for bullfighter's protection
callejón m	alley *(runs round and outside the ring)*
capa f	cape
capear	to make passes with the cape
cargar	to charge *(of bull)*
cimbrearse	to sway *(of matador)*
cogida f	goring
coleta f	short, tightly braided curved pigtail *(worn by matadors)*
coraza f de hierro	armour
corral m	bull pens
corrida f de toros	bullfight
cuadrilla f	troupe of bullfighters under a matador's orders
dar la puntilla	to kill the bull with the *puntilla (dagger)*
dar pases de muleta	to make passes with the cape or *muleta*
descabellar	to kill the bull by driving the sword into the neck
desfilar	to parade
El público pidió una oreja para el torero	The spectators asked for an ear to be given to the matador *(in recognition of a brilliant performance)*
El toro embistió	The bull charged
encierro m	driving of the bulls from a corral to the bullring
Eran las 5 de la tarde	It was 5 o'clock in the afternoon *(mythical moment of drama when bullfight starts)*
espada f	sword
espada m	matador
estocada f	sword thrust
estoque m	sword used in bullfighting
faena f	all the work associated with the bullfight
grada f	covered gallery for spectators
gualdrapa f	blanket for adornment on rear of horse
hacer el brindis	to make a formal salute or dedication of the bull

hacer novillos	to play hooky/truant
hierro m	branding iron
la hora de la verdad	the moment of truth
lazar	to lasso
lazo m	lasso
matador m	matador
montera f	matador's cap
muleta f	cloth draped over a steel-tipped stick
novilla f	young bull
novillada f	bullfight with young bulls
novillero m	fighter of young bulls
novillo m	young bull
palco m de honor	box for dignitaries
pase m de muleta	pass with the *muleta*
paseo m	entrance of the bullfighters
peón m	*banderillero*, or anyone working under a matador
pica f	pike, pole
picador m	person who uses the pike/pole
picar	to stick the *pica* into the bull
pisar	to tread, to stamp *(close to bull)*
plaza f de toros	bullring
quiebro m	dodging, feinting
redondel m	bullring
rejonear	to fight bulls from horseback
rodeo m	rodeo
ruedo m	bullring
salir por la puerta grande	to pull off a wonderful performance
suertes fpl	all maneuvers carried out in a bullfight
sufrir una mala cogida	to be badly gored, to be tossed
taleguilla f	bullfighter's breeches
tauromaquia f R3	art of bullfighting, tauromachy
tendido m	rows of open seats near the ring
tercio m a muerte	killing
tercios mpl	three parts into which the spectacle is divided
tomar la alternativa	to pass from a novice to a fully fledged bullfighter, perform rites of passage
torero m	bullfighter
toril m	enclosure from which the bull emerges into the ring
toro m de lidia	bull raised for fighting
traje m de luces	matador's dress
vaquero m	cowboy

Caza / Hunting

adiestrar al perro	to train the dog
al acecho	lying in wait
caza f con hurón	ferreting
caza f de brujas	witch-hunt
caza f de control	culling
caza f de ojeo	beating hunt
caza f del jabalí	boar hunting
caza f del tesoro	treasure hunt
caza f del zorro	fox hunting
caza f furtiva	poaching
caza f mayor	game hunting, big game
caza f menor	hunting, small game
caza f submarina	underwater fishing
cazador m furtivo	poacher
cazador m mayor	master of the hunt / of foxhounds
cazador-recolector m	hunter gatherer
cetrería f	falconry
chaqueta f de caza roja	hunting pink
ciervo m	deer, stag
cuerno m de caza	hunting horn
Diana la Cazadora	Diana the Huntress
época f de caza	opened/open season
estar a la espera	to stalk
halcón m	hawk, falcon
halconería f	falconry, hawking

jauría f	pack *(of hounds)*
licencia f de caza	hunting license
lugar m de cita	hunt rendezvous
madriguera f de zorro	foxhole
montería f	hunting of big game
navaja f cabritera	hunting knife
ojeador m	beater *(to frighten the game)*
pabellón m de caza	hunting lodge
partida f de caza	hunting party
perdiguero m	gundog
perro m braco	pointer
perro m de muestra	pointer, setter
pieza f	game, what has been caught
podenco m	hound
rastro m	scent
salir de cacería	to go hunting/ shooting
temporada f de caza	hunting season
toque m de acoso	chasse mort, prey's final moments including the horn

Navegación a vela / Sailing

Windsurf / windsurfing

aleta f	fin
botavara f	boom
cojinete m móvil	movable joint
dar bordadas	to tack
mástil m	mast
orza f auxiliar	rudder
orza f de quilla	centerboard
tabla f a vela	windsurfing board
tabla f de windsurf	windsurfing board
vela f	sail
ventana f transparente	transparent window
virar	to tack
windsurf(ing) m	windsurfing
windsurfista mf	windsurfer

Velero / sailing boat

a velas desplegadas	under full sail
alzar velas	to hoist the sails
amainar	to take in the sails
arriar las velas	to lower the sails
balandrismo m	yachting, sailing
barco m de vela	sailing boat
bordada f ciñendo el viento	tacking
boya f de llegada	finishing buoy
boya f de salida	starting buoy
boya f de virada	buoy to be rounded
buque m de vela	sailing boat
cubierta f de proa	foredeck
dar la vuelta al mundo	to go round the world
dar un paseo en barco	to go sailing
deporte m de vela	sailing (sport)
foque m	jib
hacerse a la vela	to set sail
ir a toda vela	to go with all sails set
largar velas	to set sail
lastre m	ballast
lona f	sail cloth
más tieso que una vela	very upright, standing stiff
navegación f	sailing
navegación f de recreo	pleasure sailing
navegante mf a vela	yachtsman/woman
navegar a la vela	to sail
navegar a veinte nudos	to sail at twenty knots
navegar los mares	to sail the seas
navegar por Internet	to surf the Internet
regata f	regatta
salir en balandro	to go sailing
vela f R3	sailing boat
vela f cangreja	gaff sail
vela f de cruz	square sail
vela f de cuchillo	staysail
vela f latina	lateen sail
vela f mayor	mainsail
velero m	sailing boat
virada f de bordo	tacking
yate m de crucero	cabin cruiser

Varios vinculados a la navegación / other terms related to sailing

asiento m de corredera	sliding seat *(sculling)*
balsa f de salvamento	life raft
barco m a motor	motor/power boat
bote m de carreras	sculler

bote m de cuatro sin timonel	coxless four
bote m neumático	inflatable boat
canoa f	canoe
caña f del timón	tiller
carrera f motoras	powerboat racing
chaleco m salvavidas	life jacket
chumacera f R3/2	rowlock
dos m	coxless pair
entrenador m de remo	rowing coach
hélice f	propeller
K4 m	K4 *(four in a kayak)*
kayak m	kayak
lancha f motora	motor boat

Fútbol americano (Rugby americano) / American football

NB. La mayoría de los términos son iguales en español que en inglés / Most of the terms are the same in Spanish and English

ataque m	attack
bloqueo m	block
carrera f	run
castigo m	penalty
defensa f	defense
fallo m	decision *(of referee)*
interceptar	to intercept
tackle m	tackle

Béisbol / Baseball

base f	base
bat(e) m	bat
batear	to strike
cachar la pelota M	to catch the ball
carrera f	run
pegar de hit M	to hit and reach first base
pitching m	pitching

Fútbol / Soccer (Association Football)

¡A la caseta!	Off! *(spectator's furious reaction)*
ala mf	wing(er)
anotar un gol A/M	to score a goal
arco m A/M	goal area
área f de castigo	penalty area
área f de meta	goal area
arquero m A/M	goalkeeper
balón m de fútbol	football *(object)*
bandera f de esquina	corner flag
barra f brava A	fanatical supporters
bocha f R1 A	ball
bota f de fútbol	football boot
camiseta f	shirt
campo m de fútbol	soccer pitch/field/park
cancerbero m R1	goalkeeper
cancha f de fútbol A/M	soccer pitch
centrocampista mf	midfield player
círculo m central	center circle
defensa f	defense
defensa mf central	central defender
defensa mf lateral	outside defender
delantero/a m/f central M	center forward
delantero/a m/f centro	center forward
descanso m	half time
despejar	to clear
despeje m con puños	punching clear *(with fists)*
desviar el balón	to turn the ball *(round/over the post/bar)*
driblar	to dribble
echarse una cascarita M	to have an informal game / kick around
El equipo va coleando	The team's at the bottom of the league
entrada f muy fuerte	very strong tackle
entrar	to tackle
entrenador m	coach, trainer
espinillera f	shin guard/pad
estadio m	stadium
extremo mf	winger, outside forward

extremo m derecho	right winger
extremo m izquierdo	left winger
fuera m de juego	off side
fútbol m sala	indoor soccer, five-/six-a-side soccer *(indoors)*
ganar la liga	to win the first division
golpe m franco	free kick
guardameta m/f	goalkeeper
hacer magníficas paradas	to make some magnificent saves
hincha mf R1	supporter
hinchada f R1	supporters
juez/a mf/f de línea	linesman/woman
jugar en casa	to play at home
jugar fuera	to play away
jugar la prórroga	to play over / extra time
jugar un picadito A	to have an informal game / kick around
lanzamiento m de penaltis	penalty shoot-out *(after regulation time)*
larguero m	crossbar
líbero m	sweeper
línea f de banda	touch line
línea f de medio campo	half-way line
línea f meta	goal line
marcar de cabeza	to score with a header
marcar un gol	to score a goal
marco m M	goal *(i.e. the framework)*
media f	sock
medio tiempo m A/M	half time
mediocampista mf	midfield player
meter (un) gol	to score a goal
míster m	coach, trainer
pantalón m corto	shorts
pase m	pass
pase m corto	short pass
pegar el poste	to hit the post
penal m A	penalty
penalti m	penalty
poner una zancadilla	to trip
portería f	goal *(i.e. place)*
portero m	goalkeeper
quiebre m (de cintura) A/M	dribble
regate m	dribble
regatear	to dribble
saque m de banda	throw-in
saque m de esquina	corner kick
saque m de puerta	goal kick
suplente m	substitute
taco m de rosca	screw-in stud
tarjeta f amarilla	yellow card
tarjeta f de expulsión	red card
tarjeta f roja	red card
terreno m de juego	pitch, field, park
tiempo m de descuento	time added on
tiro m de cabeza	header
tiro m libre	free kick

Varios

Alpinismo/mountaineering

alpinismo m	mountaineering, climbing
alpinista mf	mountaineer, climber
alud m	avalanche
avalancha f	avalanche
chimenea f	chimney
clavija f	pin, peg
congelación f	frostbite
cordada f	rope *(party roped together)*
cornisa f	spur
crampón m	crampon
cuerda f de escalada	climbing rope
dedos mpl congelados	frostbitten fingers
descenso m en rapel	roping down, abseiling
escalada f	climbing
escalador m	climber
escalamiento m	climbing
escalar	to climb
escalón m	step *(cut in ice)*
glaciar m	glacier
grieta f del glaciar	crevasse

montañismo m	mountaineering
pared f rocosa	rock face
picacho m de hielo	ice ridge
piqueta f	ice ax
pitón m	spike
polainas fpl	gaiters
refugio m (de montaña)	(mountain) refuge/ cabin

Boxeo / boxing

boxeador m	boxer
boxeo m	boxing
categoría f peso pesado	heavyweight division
cuadrilátero m	ring
dejar KO	to knock out
noquear A/M	to knock out
noqueo m A/M	knock out
peso m completo M	heavyweight
peso m gallo	bantamweight
peso m ligero	lightweight
peso m medio	middleweight
peso m mosca	flyweight
peso m pesado	heavyweight
peso m pesado de la política	political heavyweight
peso m pluma	featherweight
púgil m R3	boxer
ring m	ring
victoria f a los puntos	win on points

Ciclismo / Cycling

alforjas fpl	saddle bags
bici f R1	bike
bicicleta f	bicycle
bicla f R1 M	bike
BTT (bicicleta todo terreno)	mountain bike
cámara f	inner tube
ciclismo m	cycling
ciclista mf	cyclist
contrarreloj m	time trial
corredor m ciclista	racing cyclist
cuadro m de la bicicleta	bicycle frame
cubo m	hub
dinamo f	dynamo
escapada f	breakaway, échappée *(e.g. in a road race)*
guardabarros f	mudguard
horquilla f delantera	front forks
llanta f	rim
manija f M	handlebars
manillar m	handlebars
parche m	puncture patch
pedal m	pedal
pedalear	to pedal
pedaleo m	peddling
radio m	spoke
Ronda f	round-Spain cycle race
rueda f	wheel
sillín m	seat
Tour m (de Francia)	Tour de France
triciclo m	tricycle
Vuelta f a España	round-Spain cycle race
Vuelta f a Francia	Tour de France

Esgrima / fencing

careta f de esgrima	fencing mask
chaleco m metálico	metallic jacket
envolvimiento m	engagement
esgrima f	fencing
esgrimidor m	fencer
espada f	sword
finta f	feint
florete m	foil
golpe m recto	straight thrust
hoja f	blade
parada f	parry
pomo m del florete	foil pommel
puño m	handle
sable m	saber
tirador m	fencer

Golf / golf

bastón m de hierro	iron
búnker m	bunker
campo m de golf	golf course/links
carrito m de golf	golf trolley
dos bajo par	two under par
embocar la bola en tres golpes	to hole in three
golf m	golf
golfista mf	golf player / golfer
green m	green
hacerlo de un golpe	to make a hole in one

hierro m	iron
hoyo m	hole
obstáculo m natural	rough
palo m	club *(for hitting the ball)*
pelota f de golf	golf ball
salida f	teeing off/ground
tee m	tee
tiro m al hoyo	putting

NB. *Albatros*, *birdie* y *eagle* se usan igualmente. Notar que el primero de estos términos lleva sólo una *s*. / *Albatross*, *birdie* and *eagle* are also used. Note that the first of these has only one *s*.

Gimnasia / gymnastics

anillas fpl	rings
arco m	pommel
barra f	bar
barra f de equilibrio	bench
caballo m con arcos	pommel horse
caballo m sin arco	long horse
colchoneta f blanda	mattress
colchoneta f dura	landing mat
cuerda f fija	climbing rope
espaldar m sueco	wall bars
espalderas fpl	wall bars
gimnasia f	gymnastics
gimnasio m	gymnasium
gimnasta mf	gymnast
hacer flexiones	to touch your toes, to do press-ups
hacer lagartijas M	to do press-ups
paralelas fpl	parallel bars
potro m	buck, vaulting horse
presas fpl	grasps
trampolín m	spring board
trapecio m	trapeze

Hípica / horse riding

bocado m	curb bit
cabalgar	to ride *(a horse)*
cabalgata f	*(horse)* ride
caballeriza f	stable
caballo m de doma	school horse
caballo m de saltos	jumper
carrera f al galope	horse racing
carrera f al trote	harness racing
carrera f de obstáculos	steeple chase
casco m	helmet
charreada f M	rodeo
concurso m de saltos	show jumping
corvejón m	hock
crines mpl	mane
cuadra f	stable
dar coces	to kick
dogal m	halter
doma f de caballos	dressage
encabritarse	to rear up
equitación f	horse riding
espuelas fpl	spurs
estribo m	stirrup
favorito m	favorite
fusta f	whip
galopar	to gallop
gorra f de montar	riding cap
guadarnés f R3	stable boy
herrador m	blacksmith, farrier
herradura f	horseshoe
hípica f	horse riding
hipódromo m	race-track/-course
ir al galope	to gallop
ir al trote	to trot
jinete m	horseman/rider
jugar al polo	to play polo
montar a caballo	to ride a horse
montar a la mujeriega	to ride sidesaddle
montar a mujeriegas	to ride sidesaddle
no favorito m	outsider
picadero m	exercise ring, riding school
prueba f de fondo	endurance test
riendas fpl	reins
silla f de montar	saddle
testuz m	forehead *(of horse)*
trotón m	trotter *(describing horse)*
zorro m	drag

Halterofilia / weightlifting

desarrollar la musculatura	to develop muscles
hacer pesas	to do weights
haltera f	barbell

halterofilia f	weightlifting
halterófilo m	weightlifter
levantador m de pesas	weightlifter
levantamiento m con arranque	snatch
levantamiento m de pesas	weightlifting
pesas fpl	dumbbells
Tiro con arco / archery	
apuntar	to aim
arco m de competición	competition bow
arquero m	archer
astil m de la flecha	shaft
blanco m	target
cuerda f del arco	bow string
dar en el blanco	to hit the target
dar en la diana	to hit the target
empuñadura f	grip, handle
tirar una flecha	to shoot an arrow
tiro m	shot

Equipos / Teams

alineación f	line-up *(team actually on the pitch)*
combinado m	national team
conjunto m	squad *(from which a team is chosen)*
cuadrilla f	squad, quadrille *(used in bullfighting)*
equipo m	team
formación f	team
once m	*(soccer)* team
plantilla f	squad *(from which a team is chosen)*
selección f	team *(often national)*

Ejercicios / Exercises

Nivel 1 / Level 1

1. (a) Encuentra dos sentidos de los siguientes vocablos

arena, balneario, caza, crucero, cuadrilla, descanso, estación, feria, guía, marcha, pelota, propina, prueba, puerto, récord, reserva, serie, temporada, turismo, vela

(Se encuentra la solución en Internet)

(b) Construye frases para ilustrar el uso de estos sentidos

2. (a) Explica la diferencia (si hay) entre los vocablos de las siguientes parejas o grupos de palabras

billete/boleto/entrada, baúl/maleta/maletín, pasaporte/visa/visado, reserva/coto/parque, estancia/estadía, mochila/macuto, factura/facturación, veda/vedado, plano/mapa/guía, circuito/gira/itinerario/recorrido/ruta/viaje, enlace/empalme/conexión/correspondencia

(b) Construye frases para ilustrar las diferencias entre los vocablos de cada grupo

3. (a) Encuentra cinco sinónimos de café, hotel, vacaciones

(b) Construye cinco frases para ilustrar las diferencias entre los sinónimos que hayas encontrado referentes a café, hotel, vacaciones

4. ¿Qué entiendes por las siguientes expresiones?

i. un billete abierto/circular/colectivo/familiar / de ferrocarril / de fin de semana / de ida y vuelta / kilométrico / un boleto redondo M

ii. un tren de cercanías / expreso/rápido/correo/mixto / de mercancías / directo/ómnibus / de largo recorrido
iii. temporada alta/baja/media
iv. permiso de camping / de estancia / de conducir / de residencia
v. coche cama/correo/litera
vi. habitación doblc/individual/sencilla/familiar
vii. **Construye frases para ilustrar el uso de las expresiones con** *billete*, *temporada*, *permiso* **y** *habitación*

5. (a) ¿Qué entiendes por las siguientes expresiones?

luz y sonido, viaje organizado, hotel de primera, urbanización turística, red hotelera, refugio de montaña, equipaje facturado, tarjeta de desembarque, segunda vivienda, pago por adelantado, franquicia aduanera, régimen de media pensión, trámites de facturación, cama supletoria, reclamación de reembolso, enlace directo, pasaje cerrado, aliviarse la canícula

(b) Construye frases para ilustrar el uso de cada una de estas expresiones

(Se encuentra la solución en Internet)

6. (a) Lee el ejemplo que reúne una familia de palabras relacionadas con el mar

Ejemplo: mar – marea, mareaje, mareante, marear, marejada, marejadilla, maremoto, mareo, marina, marinero, marino, marítimo, submarino, ultramar, ultramarino

Hacer lo mismo con las palabras de la lista siguiente

Lista: agua, arena, baño, barco, hotel, sol, verano

(b) Escoge una de las familias de palabras y construye frases para ilustrar el uso de cada vocablo de la familia

7. (a) Asocia el equipo y el deporte

Equipo
telesilla, taco, hierro, descarrilador, botavara, rodillera, crampón, fusta, oxígeno, timón, muleta, canasta, cesta, taco de salida, bañador

deporte
buceo, natación, corrida, atletismo, pelota, ciclismo, windsurf, voleibol, alpinismo, hipismo, corrida, baloncesto, golf, fútbol, vela

(b) Usando cada pareja asociada, construye frases para ilustrar su uso

Ejemplo: taco – billar: He golpeado en un ojo con el taco a Manolo cuando jugábamos al billar

8. Explica el sentido de las siguientes expresiones

saltarse a la torera
no dejar ni a sol ni a sombra
dar una de cal otra de arena
hacer una montaña de un grano de arena
llevar el agua a su molino
no llegar la sangre al río
llevarse el gato al agua
nadar y guardar la ropa
nadar entre dos aguas
hacer las maletas
pasarlo la mar de bien
estar hecho un mar de lágrimas
llevar en cartel

9. Traduce al español

swimming costume, swimming trunks, swimming pool, swimwear
walkie-talkie, walkabout, walking stick, walk-on *(part)*
flying saucer, flying start, flyer, flying boat, flying buttress, flying doctor, flying officer
jumper cables, jump leads, jump jet

10. (a) Describe los deportes que figuran abajo

ala delta, barranquismo, equitación, montañismo, moto acuática, parapente, patinaje, rafting, senderismo, submarinismo, surf, windsurf

(b) Imagínate la sensación producida por

el ala delta, el rafting, el patinaje y el windsurf

11. ¿Qué entiendes por las siguientes locuciones?

devolver la pelota
pasar(se) la pelota
ver los toros desde la barrera
no saber por donde se pesca
perder los estribillos
Fíjate de la Virgen y no corras
saltar a la palestra
lanzarse a tumba abierta
correr por mi cuenta
La cabra siempre tira monte
hacer novillos
tirarse por tierra
patinar las neuronas
tragar el anzuelo
jugarse el pellejo
no ganar para sustos
romper el hielo
correr con los gastos
correr la suerte

12. Traduce al español

to swim against the stream	to jump the line/queue
to be in the swim	to jump to it
things went swimmingly	to jump at an opportunity
in the short run	to exercise your rights
a run for your money	to exercise a judgment
to run a story	to shoot a line
to take for a ride	to shoot yourself in the foot

13. Traduce al español

i. I'd like to go on a safari trip, a sort of package holiday with a knowledgeable guide and a top-class hotel
ii. A relaxing fortnight away from overcrowded beach resorts, first-class travel or club class would be all right, now that's a real attraction
iii. The port boasts a yacht club with lots of small craft, sailing dinghies, catamarans, speed boats for water skiing, surfboards and sailboards, in fact everything to do with water and sailing
iv. The ruins of Machu Picchu, the Iguassu Falls, days with Argentinian gauchos, canoeing up the Amazon, it can all fit your personal requirements
v. The travel agency is making a special offer – a three-week fly-drive holiday, including the Grand Canyon, Yellowstone Park with Old Faithful, and right across Wyoming to South Dakota
vi. The hotel industry, together with the beach resorts, is trying to lengthen the vacation period to avoid overbooking, and excessive use of local services

vii. If you want to travel in Alaska's Denali National Park, you'll need a special permit, excellent equipment for the sudden changes in the weather, a stout tent and sleeping bag, and don't forget the bears!

viii. Your holiday insurance policy does not provide for certain dangerous sports like rock-climbing and caving

ix. For nationals of certain countries, a visa may be required if the stay is more than three months

x. It's an Olympic size swimming pool, with several instructors who can teach everything from crawl, breast stoke, backstroke and butterfly to life-saving

xi. The women's downhill skiing event and the slalom will attract most attention but watch for the ice-hockey match between the Czech Republic and Canada

xii. Spain's finest canoeists in the 1000 meters K4 will get the gold or silver medal, that's for sure

(Se encuentra la solución en Internet)

14. (a) Buscar el Juego de la Oca en alguna enciclopedia y enumerar qué representa en cada uno de los cuadros

(b) Busca algún juego de niños propio de tu país y escribe las reglas del mismo

Nivel 2 / Level 2

1. (a) Encuentra dos sentidos de los siguientes vocablos. Algunos de estos vocablos se encuentran en el vocabulario de nivel 1

ahogar, carrera, corrida, disco, dominó, equipo, estadio, foso, hincha, meta, partido, pelele, peón, peso, pista, portero, red, relevo, tanteo, terreno, valla

(b) Construye frases para ilustrar el uso de estos sentidos

(Se encuentra la solución en Internet)

2. (a) Encuentra todos los nombres de las piezas de ajedrez. Si estos nombres tienen otros sentidos, indícalo y haz frases para ilustrar su uso

(b) ¿Qué entiendes por los siguientes vocablos?

ahogado, ajedrecista, apertura, casilla, comer al paso, componer, dar jaque, enrocar, estar en jaque, gambito, jaque al rey, jaque mate, jugada, movimiento, tablero

3. (a) ¿Qué entiendes por los siguientes vocablos o grupos de vocablos?

cien lisos	al aire libre	hacer la plancha
cabeza de serie	mediocampista	tomar impulso
prueba de selección	plusmarca	camiseta
récord al nivel de mar	máximo goleador	salto con carrerilla
en pista cubierta	saque de esquina	calle cinco
en sala	campo a través	colegiado
tabla de esquí		

(Se encuentra la solución en Internet)

(b) Construye frases con estos vocablos

4. (a) Escribe una lista de bailes típicos relacionados con México, Argentina y España

(b) Construye frases para ilustrar las circunstancias en las cuales se practican estos bailes

(c) Explica las diferencias entre los vocablos de los siguientes grupos

i. baile, ballet, danza
ii. carta, naipe
iii. baile de máscaras, baile de trajes
iv. juego de maña, juego de suerte
v. bola, bolo
vi. balón, canica, esférico, pelota
vii. partida, partido

(d) Construye frases para ilustrar estas diferencias

5. Rellena los espacios en blanco

i. Una hora de aerobic a . . . normal quema una quinientas . . .
ii. En aerobic el equipo consiste en pantalones y . . .
iii. Para practicar la bicicleta hace falta ropa. . . . La . . . del sillín y del . . . tiene que estar adaptada al cuerpo del ciclista
iv. Cuando se hace jogging, media hora . . . unas trescientas treinta calorías. El . . . incluye ropa . . . y amplia, de . . . naturales y calzado . . .
v. La marcha a paso . . . supone un . . . calórico de unas cuatrocientas calorías. El equipo consiste en ropa . . . y zapato . . . para caminar. Favorece los sistemas . . . y las articulaciones
vi. Una hora de natación . . . mil calorías. Hace falta un cómodo, gafas de . . . y . . . para los oídos. La natación favorece los . . ., y mejora el corazón y la . . .
vii. El senderismo es perfecto para mejorar la . . . física, . . . el corazón, la circulación y los pulmones
viii. Para el patinaje, los patines tienen que . . . al pie y . . . el tobillo. Se necesitan también . . . para proteger las rodillas
ix. El tenis es perfecto para . . . la coordinación, . . . la concentración . . . y muscular . . .

6. Relaciona el/los vocablo/s de A con los de B para completar una locución

A
echar, jugar, no poder, poner, dejar, baile, pintar, todo, espantar, quemar, por, mandar, dar, caerse, tomar, apuntarse, poner una vela a Dios, tomar por el pito, no pegar

B
San Vito, en juego, bastos, ni golpe, y otra al diablo, el fresco, rodar la bola, el último cartucho, deporte, a paseo, santo día, ni golpe, la caza, gracias, limpio, un tanto, con todo el equipo, del sereno, balones fuera, a cara o cruz, meter baza

(Se encuentra la solución en Internet)

7. Explica el sentido de las siguientes frases

i. Sus padres no pueden hacer carrera con él
ii. Vive a salto de nata

iii. El médico no está en ejercicio
iv. El trofeo que ganó fue el trampolín hacia la fama
v. Asistimos a una maratón de cine
vi. La empresa está en peligro, nada en deudas
vii. Luisa se zambulló en el trabajo
viii. La comisión empezó a bucear en el pasado del candidato
ix. Los críos torean a su abuelo y no le hacen ni caso
x. Tiene mucha cara, se salta todas las normas a la torera
xi. Dio en el blanco en el examen, con diez sobre diez
xii. No hay que aflojar las riendas con tus estudios

8. Relaciona A con B formando una frase completa

A peonza, aro, honda, bolo, raqueta, tablero, billar, funámbulo, malabarista, botavara, temo, estanque, buceo, blanco, brújula, balón

B cuerda, pelota, bolos gimnásticos, tabla, canoa, gafas, arco, aletas, senderismo, pistola, oxígeno, bola, palo, ficha, orientación, flecha, kayak, barca, pala, botella de oxígeno, rifle, taco, peón, látigo, piedra

9. Escribe frases para ilustrar el uso de las siguientes expresiones

agua de nieve	banco de hielo	no cuaja la nevisca
bola de nieve	hielo seco	nevar la tarta con azúcar
cañón de nieve	hielo picado	campo de nieve
muñeco de nieve	una mirada de hielo	copo de nieve
nieve polvo	hielo movedizo	Blancanieves
nieve virgen	caer una helada	raqueta de nieve
punto de nieve	congelar los salarios	

10. Traduce al español

i. The children's recreation included blindman's buff, leap-frogging, hopscotch and even a bit of juggling
ii. The puppeteer put on a splendid Punch and Judy show where all the puppets seemed to dance independent of their strings
iii. She's only five but already into crossword puzzles and jigsaws, in fact all sorts of brain teasers
iv. The trainer didn't announce the team until just before the kick-off for he kept his trump cards close to his chest
v. They may be on top in the league, but they play abysmal football, and their defense leaks like a sieve
vi. The 800 metres semi-final was very tight indeed, and it was only in the home straight that the world champion got the edge over his nearest challenger
vii. She stormed away on the last lap and, putting in a tremendous kick, reached the finishing line well ahead of the rest of the field but was disqualified for encroaching on another lane
viii. She's such a versatile athlete, a sprinter, middle-distance runner, or even long-distance runner, while at the high jump and pole vault she's unbeatable
ix. The cyclist just about held his own on the flat, but as a climber in the Pyrenees, he has the stamina and speed to pull away from the pack
x. Gifted with the fiercest of serves and a volley to go with it, she walked off with countless championships and won the Grand Slam twice running

xi. He might be small for a basketball player but he can slam dunk as well as the tallest
xii. Although not in pole position, he raced through the field, challenged the leader, overtook him just before the chicane, and there was the checkered flag waving him down as the winner

(Se encuentra la solución en Internet)

11. Juego de rol entre un/a instructor/a de natación y un/a principiante para preparar para la semana que viene. Para simplificar las instrucciones abajo, se ponen los detalles únicamente en masculino

(a) La clase se divide en parejas. Cada pareja se divide entre un instructor de natación y un principiante. Se meten los dos en el agua. Las dos personas deciden el mejor estilo para empezar. El instructor describe el estilo (hay que elegir entre los dos), lo pone en práctica, hablando todo el tiempo. Le imita el principiante. El principiante tiene miedo hasta cierto punto porque le/la cubre el agua. El instructor anima al principiante a que haga una serie de preguntas y que lleve a cabo las instrucciones

Léxico orientativo introducir, bracear, brazo, pierna, rodilla, cabeza, soplar, respirar, ritmo, agua, nariz

(b) Si no sois/son (M) aficionados a la natación, podéis/pueden (M) elegir otro deporte, o el ajedrez, las damas por ejemplo. Cada pareja participa como en la natación arriba. O sea un instructor con un principiante.
El instructor enseña y el principiante hace preguntas, poniendo en práctica las instrucciones

12. Lee el siguiente artículo sacado de un periódico mexicano, y a continuación, contesta a las preguntas

Para que no lo sorprendan sin visa, asegúrese de tramitarla

Ya con la maleta hecha, el traje de baño puesto, la cámara fotográfica a punto de captar la primera imagen, dinero de sobra y pasaporte en mano, nada puede salir mal, así que lo más recomendable al viajar es revisar si los países a visitar en su recorrido piden visa a los mexicanos, ya que actualmente son más de 90 las naciones que exigen dicho documento. Usualmente se adhieren en alguna de las páginas del pasaporte por lo que es necesario primero obtener el mismo.

¿Quiénes la necesitan?

Esto dependerá del país, hay naciones que permiten a cierto tipo de ciudadanos extra-territoriales entrar sin visa, mientras que a otros se la exigen, la decisión comúnmente se basa en la economía y las políticas. A los ciudadanos de países primermundistas es menos probable que se les pida visa que a los ciudadanos de países pobres.

Por lo que debe preguntar a su agente de viajes, Secretaría de Relaciones Exteriores o directamente a la embajada correspondiente si requiere de una visa para visitar cierto país.

Tipos de Visa

Las visas vienen en diferentes versiones: de tránsito, negocios, estudiantes, residentes y turistas. Las tres más importantes para los viajeros son las de tránsito, negocios y de turista.

La primera permite una visa corta, el propósito de ésta es darle oportunidad de conocer rápido alguna ciudad, o visitar un lugar en particular y después continuar el viaje. Cuando se presenta esta visa tal vez un oficial de migración quiera ver su boleto y suficiente dinero que cubra su visita . . .

La visa de turista es la que la mayoría de los viajeros necesitan. Este documento indica su tipo, su duración o fechas de validación, y cuantas veces usted tiene permitido entrar al país. Normalmente se trata de una sola entrada. Si usted necesita entrar, salir y regresar al mismo país, necesitará una visa de entrada múltiple . . .

¿Cómo solicitarla?

Las visas sólo las pueden otorgar las representaciones de los países correspondientes en México, algunas se expiden automáticamente, mientras que otras pueden ser más tardadas, días, semanas o meses. Lo más común es llamar a la embajada para pedir una cita así como informes sobre los requisitos que debe llenar.

El Universal, 21 de octubre, 2001

(a) En el texto hay algunos mexicanismos que no se usan en España. Encuéntralos y da los equivalentes en español peninsular
(b) Explica el significado de los vocablos siguientes: tramitar, dinero de sobra, primermundista, entrada múltiple, requisitos
(c) ¿Cuál es la función de una embajada?
(d) Describe la función de un agente de migración
(e) Estás en España, México o Argentina. Te presentas a la embajada norteamericana/británica, alegando haber perdido tu pasaporte. Describe los trámites que haces para conseguir otro

Nivel 3 / Level 3

1. (a) Encuentra dos sentidos de los siguientes vocablos. Algunos de estos vocablos se pueden encontrar en los vocabularios de los niveles 1 y 2

as, baraja, basto, baza, carta, casilla, cebo, colegiado, fallo, ficha, gancho, garlito, partida, prenda, tablero, taco, tresillo, tute, zancadilla, zanco

(b) Construye frases para ilustrar el uso de estos sentidos

2. (a) Encuentra sinónimos de los siguientes vocablos

bañador, caballo, canoa, capitán, derrotar, equipo, fiesta, ganador, habilidad, mochila, partido, recreo, remo, retozar, superar, títere

(b) Construye frases para ilustrar tanto el uso de los sinónimos que encuentres como el de los vocablos arriba

3. Escribe un párrafo sobre las siguientes actividades deportivas

baloncesto, balonmano, esgrima, espeleología, globo, halterofilia, kárate, patinaje, polo, puenting, voleibol, voleiplaya

4. (a) ¿En qué deportes se usan los siguientes objetos?

aleta, anzuelo, arnés, bocado, canasta, cera, chistera, clavija, colchoneta, cronómetro, florete, gorro, jauría, kimono, mallas, montera, morral, muleta, palanca, perdigón, pértiga, pesas, potro, testigo

(Se encuentra la solución en Internet)

(b) Construye frases para ilustrar el uso de estos objetos

5. Explica el sentido de las siguientes locuciones

no perder comba	cortarse la coleta	esgrimir argumentos
baile de cifras	dar palos de ciego	salir el tiro por la culata
dar juego	no dar un palo al agua	pasarse la pelota
estar en juego	a toda vela	ponerse el mundo por montera
jugar una mala pasada	rematar el punto	vadear una dificultad
apostarse la cabeza	dar en la diana	dar un palo
caer en el garlito	dar la puntilla	Que cada palo aguante su vela
tomar su alternativa	echar el gancho	empuñar el timón

6. (a) Relaciona los vocablos de la lista A con los vocablos de la lista B para completar una locución

A

salirse, traer, apurar, jugar, meter, hacerse, recorrer, levantar, llevar, acertar, romper, pintar, soltar, jugárselo todo, jugarse, dar

B

cabeza, diana, una carta, bastos, taco, siete partidas, un as en la manga, de carambola, dos barajas, baraja, copa de la desgracia, castillos en el aire, bazas, jaque, sus casillas

(Se encuentra la solución en Internet)

(b) Construye frases para ilustrar el uso de las locuciones encontradas

7. Explica el sentido deportivo de los siguientes verbos

alzar, apuntar, barajar, bordear, brindar, bucear, comer, despejar, enjarciar, enrocar, escaparse, golear, picar, placar, regatear, sortear, tirarse, trampear, transformar, vadear

8. Explica el sentido de las siguientes expresiones

jugarse a la baja	ganar por la mano	no perder año
jugarse al alza	ganarse las habichuelas	perder la brújula
jugar con fuego	ganarse los garbanzos	perder los papeles
jugársela	no ganar para sustos	perder la vergüenza
jugarse el tipo	perder hasta la camisa	perder los estribos
jugarse la vida	perder terreno	no ganar un palmo de terreno
jugarse el pellejo	perder el sentido	llevar las de ganar
jugar sucio/limpio	no habérsele perdido nada	ganar la partida
jugárselo todo a una carta	no perder ripio	ganar por la mano
perder la chaveta		

9. Traduce al español

mental gymnastics
a cat and mouse game
a game of two halves
to shoot from the hip
to run the gauntlet
a one-horse town
to jockey for positions
to bridle your tongue
not to put your oar in
to be a foil for another
to box clever
to strike lucky
to give a backhander
to play straight
to have a proven track record
to be back in harness
to be in the swim
to let things slide

10. Escribe un párrafo sobre dos de las siguientes actividades

i. Una etapa en la carrera ciclista "Vuelta a España"
ii. Un partido de fútbol entre España y México
iii. Una maratón que transcurre en la Ciudad de México o la ciudad que elijas
iv. Una carrera de 1000 metros de piragüismo en un estanque olímpico
v. Una partida de ajedrez entre el campeón mundial y su contendiente
vi. Una carrera de yates que dan la vuelta al mundo

11. Describe una corrida de toros aprovechando los siguientes vocablos o grupos de vocablos

arrastre del toro, banda, barrera, capear, cogida, contrabarrera, dar la puntilla, desfile, diestro, estoque, gradas, lance de capa, matador, mono sabio, muleta, palmas, pase de muleta, paso doble, peón, picador, plaza de toros, rueda, redondel, tendido, tercio de banderillas, tercio de muerte, tercio de varas, torero, toril, toro de lidia, vara

12. Traduce al español

i. At the end of the third round, the champion punched his opponent onto the ropes, gave him an uppercut and sent him reeling to the canvas
ii. It was difficult to get through his guard for he was a southpaw and had those weaving skills displayed by only the most clever of boxers
iii. She was footfaulted twice in a row by the line judge but then sent down a thunderous ace to clinch the set
iv. She's a base-line player, and so rarely comes to the net, which means that soft drop shots just over the net will catch her out
v. He has the fastest serve in the tournament, while overhead smashes and cunning lobs are his specialty
vi. He teed off at the ninth hole and reached the outside of the green, then played a miraculous shot which gave him a hole in two
vii. It was a tricky shot in the rough, as she had to avoid an awkward bunker and a clump of trees which cut into her line of vision
viii. She shot out of the starting blocks like a bullet, was well ahead at the fifty meter mark, did a lovely tumble turn and came away to break the world record
ix. The heats were fiercely contested but the competitor in lane six stood out with an impressively easy crawl stroke, which made him the favorite for the final
x. The field events, especially the discus and pole vault, brought together a host of champions, while the broad/long jump and javelin competitors narrowly missed the championship best

xi. She won the sprint double, came close to a record time in both events, and, to cap it all, she was the anchor runner in the triumphant 400 meters relay

xii. To turn round on a windsurfer, you drop the sail slightly, switch your feet to the other side of the board, whip the sail over to the other side while falling back slightly, and away you go

(Se encuentra la solución en Internet)

13. (a) Dividir la clase en grupos. Cada grupo elegirá un juego, redactará un resumen del mismo y uno de los componentes deberá explicárselo al resto de la clase

(b) A partir del ejercicio anterior, se anotarán los vocablos interesantes enunciados por el narrador para construir frases

14. (a) Lee atentamente el siguiente texto y contesta a las preguntas. Antes, explica el sentido de los vocablos en itálica, incluyendo el título

Semana Santa vallisoletana

Al finalizar la *Cuaresma*, allá *al filo de la primavera*, cuando los trigales de la Tierra de los Campos Góticos verdean, y las jornadas son más largas, los vallisoletanos *aprestan sus andas* para sacarlas en procesión por las *enrevesadas* rúas de la ciudad.

Hay un *bullicio de forasteros* invadiendo las calles que sólo se acalla cuando resuena el impresionante *redoblar de los tambores* y atabales.

Los *carteles turísticos*, mostrando las *tallas de madera* policromada repartidos por todos los rincones de la geografía hispana, son el *señuelo* para miles de viajeros que confluyen esos días en *Pucela*. Los servicios de hostelería no dan abasto, la presión automovilística aumenta en la periferia y la densidad de tráfico en las calles desborda de año en año las previsiones.

A la caída de la tarde todo parece calmarse. La gente *cambia de talante*. Comienza a oírse el rítmico batir de las cajas y sonoro clamor de las trompetas llenando el espacio, mientras por las calles y avenidas, discurren silenciosos *penitentes ataviados de largas túnicas* de raso con los colores de las diversas *cofradías*. Esbeltos *capirotes* mantienen enhiestas las capuchas que cubren los rostros. Se alza al cielo cerrado el humo de sus cirios. Suena un *claqueteo* para seguir la marcha, *gruesas cadenas se aferran con grilletes a unos pies ateridos* bajo la *mortecina* luz de las farolas. Pasa el Cristo de los Artilleros. Silencio. *Recogimiento*. Caras serias se alzan a la *faz maltrecha del crucificado*. Ya, a lo lejos, se eleva de nuevo el clamor de la trompetería.

M.A.S.

(b) Imagínate presenciando el desfile descrito en el ultimo párrafo. Describe tus impresiones

(c) Haz un resumen del trozo en cincuenta palabras

Unidad 15 / Unit 15

Educación / Education

Nivel 1 / Level 1

General

abandonar una materia	to drop a subject
aprender español	to learn Spanish
aprendiz m	learner
aprendizaje m	learning, training period
aprobar un examen	to pass an examination
apuntarse en un curso	to sign up for a course
asignatura f	subject
asistir a clase	to attend a class
beca f	grant
carrera f	*(full university)* course, *(professional)* career
castigo m	punishment
castigo m físico	corporal punishment
certificado m	certificate
clase f	class
clase f vespertina	evening class
coeducación f	coeducation
colegiatura f M	school fees
cometer un error	to make an error *(never* hacer *here)*
comprender la explicación	to understand the explanation
comprensión f	understanding
conceder una beca	to award a grant
conocimiento m	knowledge
contar	to count, to tell *(i.e. a story)*
corregir un ejercicio	to correct an exercise
créditos mpl	credits
cultura f	culture
curso m	course, school year
dar clase	to give a class
deberes mpl	homework
derechos mpl de escolaridad	school fees
desconocimiento m	ignorance
diploma m	diploma
disciplina f	discipline
educación f	education
educación f a distancia A	distance learning
educación f a tiempo completo	full-time education
educación f artística	art education
educación f continua	continuing education
educación f infantil	preschool/nursery education
educación f preescolar	preschool/nursery education
educación f religiosa	religious education
educación f sexual	sex education
educado	polite, well-educated
educar	to educate
enseñanza f a distancia	distance learning
enseñanza f estatal	state education
enseñanza f media	secondary education
enseñanza f primaria	elementary/primary education
enseñanza f privada	private education

enseñanza f profesional	vocational training
enseñanza f superior	higher education
enseñanzas fpl de hogar	domestic science
enseñar matemáticas	to teach mathematics
entender la pregunta	to understand the question
entendimiento m	understanding, mind
equivocarse	to make a mistake
escolar mf	student, pupil
escribir una redacción	to write an essay
estudiar ciencias	to study sciences
estudiar idiomas	to study languages
estudiar letras	to study arts
estudios mpl	studies
estudios mpl administrativos	secretarial studies
estudios mpl artísticos	art education
estudios mpl bíblicos	biblical studies
estudios mpl pluridisciplinares	multidisciplinary studies
expresar una idea	to express an idea
fallar M en un examen	to fail an examination
ficha f de inscripción	registration slip/card/form
formación f	training, education
formación f profesional	vocational training
formar R3	to train, to teach
fotocopiar	to photocopy
fotocopias fpl	duplicated notes
fracasar en un examen	to fail an examination
hacer la tarea	to do an assignment, to do homework
hacer un trabajo	to do an assignment, to do homework
hacer una pregunta	to ask a question
horario m	schedule, time-table
ingresar en la universidad	to enter college/university *(i.e. at beginning)*
instrucción f de un estudiante	student instruction
instruir a un alumno	to instruct a pupil
inteligente	intelligent, smart
ir a clase	to go to school/university
lección f de física	physics lesson
lectura f	reading
leer un libro	to read a book
listo	intelligent, smart, clever
manual m de química	chemistry manual
materia f	subject
memoria f	memory
premio m	prize
principiante mf	beginner
recreo m	recreation, playtime
repasar un ejercicio	to revise an exercise
resultado m	result
sacar buenas calificaciones M	to get good marks
sacar buenas notas	to get good marks
solución f	solution
suspender a un alumno	to fail a pupil
suspender en una materia	to fail a subject
tarea f	task
tasas fpl de escolaridad	school/university fees *(tuition)*
tasas fpl de inscripción	registration fees
tasas fpl de matrícula	registration fees
tomar apuntes	to take notes
tomar notas	to take notes
trabajo m escrito	written work
vacaciones fpl	vacation, holidays
vuelta f al colegio	return to school *(after the summer vacation/holiday)*

Cuerpo docente / Teaching staff

cátedra f	chair, post of head of department
catedrático m	professor, head of department

celador m A	monitor *(dealing with discipline)*
conferenciante mf	*(outside)* lecturer
cuerpo m docente R3	teaching body
director m	head of a school/department
director m de estudios	supervisor, tutor
enseñante mf	professor, teacher
examinador m	examiner
maestro m	elementary-/primary-school teacher
maestro m M	any teacher up to university level
maestro m sin título	unqualified/uncertified teacher
personal m docente	teaching body
practicante mf M	trainee teacher
profesor m	professor, teacher
profesor m de universidad	university professor/lecturer
profesor m en prácticas	trainee teacher
profesor m substituto	supply teacher
profesor m suplente	supply teacher
rector m	president, vice-chancellor
sindicato m docente	teaching union
sinodal m M	university examiner
tutor m	tutor

Personal (varios) / Personnel (miscellaneous)

alumno m	pupil
becario m	grant/scholarship holder
bibliotecario m	librarian
candidato m	candidate
colegial m R3	schoolboy, pupil
conserje m	janitor, caretaker
doméstica f R3	dinner lady
estudiante mf	student
estudiante mf de ciencias	science student
estudiante mf de letras	arts student
externo m	day pupil
generación f de 2001	class of 2001
graduado m	graduate
grupo m de investigación	research team
interno m	boarder
licenciado m	graduate, degree holder
niño m prodigio	child prodigy
niño m superdotado	exceptionally gifted child
portero m	doorkeeper, janitor
promoción f del año 2003	class of 2003
pupilo m A	boarder
rajón m R1 M	tattle-tale, sneak

Asignaturas / Subjects

actividad f troncal R3	core activity/studies
arqueología f	archeology
artes fpl plásticas	visual/plastic arts
artes fpl visuales R3/2	visual arts
asignatura f	subject *(in M = only university)*
asignatura f obligatoria	compulsory/core subject
asignatura f optativa	optional subject
bellas artes fpl	fine arts
biología f	biology
cátering m	catering
ciencias fpl	sciences
ciencias fpl ambientales	environmental sciences
ciencias fpl económicas	economics
ciencias fpl naturales	natural sciences
ciencias fpl sociales	social sciences
computación f	computing
contabilidad f (de gestión)	accountancy
derecho m	law
dibujo m técnico	technical drawing
diseño f	design

ecología f	ecology
educación f física	physical education
encuadernación f	book binding
entomología f R3/2	entomology
estudiar leyes R3	to study law
estudios mpl empresariales	management/ business studies
ética f	ethics
farmacia f	pharmacy
filología f	philology
filosofía f	philosophy
filosofía f y letras	arts, humanities
física f	physics
física f nuclear	nuclear physics
fisiología f	physiology
fisioterapia f	physiotherapy
geografía f	geography
geología f	geology
griego m	Greek
historia f	history
hostelería f	hotel management
hostelería f y turismo M	hotel management
humanidades fpl	humanities
idiomas mpl	languages
informática f	computing
ingeniería f	engineering
ingeniería f civil M	civil engineering
ingeniería f de camino	civil engineering
ingeniería f de minas	mining engineering
ingeniería química	chemical engineering
latín m	Latin
lengua f castellana	Spanish, Castilian
lengua f extranjera	foreign language
lengua f madre	mother tongue
lengua f materna	mother tongue
lengua f viva	modern language
lenguas fpl clásicas	classical languages
leyes fpl R3	law
literatura f	literature
márketing m	marketing *(final* g *not pronounced)*
matemáticas fpl	mathematics, math(s)
materias fpl	syllabus
mecánica f	mechanics, engineering
medicina f	medicine
mercadotecnia f M	marketing
odontología f	dentistry
óptica f	optics
paleontología f	paleontology
pedagogía f	pedagogy
periodismo m	journalism
pintura f	painting
plan m de estudios	syllabus
política f	politics
psicología f	psychology
psicología f educacional M	educational psychology
química f	chemistry
religión f	religion
tecnología f	technology
teología f	theology
trabajos mpl manuales	handicrafts
tronco m común	core subjects
turismo m	tourism
veterinaria f	veterinary studies

Espacios escolares / Educational premises

academia f	academy, academic world (A)
academia f de baile	dance academy, school of dancing
academia f de conductores	driving school
academia f de idiomas	language school *(usually private)*
academia f de peluquería	beauty academy, hairdressing school
academia f militar	military academy
anfiteatro m	auditorium, lecture theater
auditorio m M	auditorium
aula f	classroom, lecture/seminar room
centro m de educación	learning resources center
centro m de enseñanza R3	educational establishment
centro m de recursos didácticos	learning resources center

centro m docente R3	educational establishment
centro m escolar	school
ciudad f universitaria	university campus
cole m R1	*(elementary/primary)* school
colegio m	school
colegio m con internado	boarding school
colegio m concertado	private school *(with state subsidy)*
colegio m mayor	hall of residence
colegio m privado	private school
colegio m público	public/state school *(not English "Public School")*
comedor m	dining room, refectory
CU f R1 M	university campus *(pronounced as two letters)*
departamento m de matemáticas	department of mathematics
dormitorio m	dormitory
escuela f	school
escuela f de comercio	business school
escuela f de frontera A	country school *(i.e. school far away from towns, cities, etc.)*
escuela f de manejo M	driving school
escuela f de negocios	business school
escuela f de niños especiales	special needs school
escuela f de pago	fee-paying school
escuela f de párvulos	infant school
escuela f de verano M	summer school
escuela f dominical	Sunday school
escuela f infantil	infants' school
escuela f maternal	infants' school
escuela f para ciegos	school for the visually impaired, blind school
escuela f para invidentes M	school for the visually impaired, blind school
escuela f para no videntes	blind school, school for the visually impaired
escuela f para sordos	school of the hearing-impaired
escuela f primaria	elementary/primary school
facultad f de ciencias	faculty of science
facultad f de ciencias sociales	faculty of social sciences
facultad f de derecho	faculty of law
facultad f de económicas	faculty of economics
facultad f de letras	arts faculty
facultad f de medicina	faculty of medicine
gimnasio m	gymnasium
guardería f (infantil)	crèche, nursery school
insti m R1	high school, grammar school
instituto m	high school, grammar school
instituto m A	private school
internado m	boarding school
jardín m de infancia	crèche, nursery school
jardín m de niños M	crèche, nursery school
kínder m R1 M	nursery school, kindergarten
kindergarten m M	nursery school, kindergarten
laboratorio m	laboratory
laboratorio m de idiomas	language laboratory
paraninfo m	auditorium, main lecture theater
patio m (de recreo)	playground
sala f de clase	classroom
sala f de visita	visitors' room
salón m de actos	auditorium, assembly room
salón m de clase M	classroom
taller m	workshop
universidad f	university
universidad f de verano	university summer school

universidad f laboral	technical college *(emphasizing vocational training)*
universidad f vocacional	technical college

Exámenes y calificaciones / Examinations and qualifications

aprobación f	pass(ing)
aprobar una materia	to pass in a subject
bachiller m	student who has passed the *bachillerato*
bachillerato m	*national examination at 17/18 years of age in Spain, A and M*
boleta f de calificaciones M	monthly elementary-/primary-/school report
boletín m de calificaciones	school report
BUP (Bachillerato Unificado Polivalente)	*three-year course between 14 and 17 (now discontinued)*
catear a un candidato R1	to fail a student
catear un examen R1	to fail an examination
concurso m	competitive examination
concurso m de entrada	entrance examination
COU (Curso de Orientación Universitaria)	university entrance examination (abbreviation pronounced as one word)
diploma m de maestro	teaching diploma
diplomatura f	course leading to a diploma, three-year university course
doctorado m	doctorate
doctorarse	to gain a doctorate
EGB (Educación General Básica)	*basic course for all pupils between 6 and 14*
EP (Educación Primaria)	Elementary/Primary Education
ESO (Enseñanza Secundaria Obligatoria)	Compulsory Secondary Education
evaluación f	assessment
evaluar	to assess
examen m bravo A	tough examination
examen m de fin de curso	end-of-year examination
examen m en blanco	mock examination, "dry run"
examen m escrito	written examination, course work essay *(as part of final assessment)*
examen m oral	oral examination
examinar a un candidato	to examine a candidate
examinarse de biología	to take a biology examination
(examen m) final A/M	final examination
fracasar en un examen	to fail an examination
fracaso m	failure
inscribirse en un examen	to register for an examination
inscripción f	registration
licenciarse en derecho	to gain a law degree
licenciatura f	bachelor's degree
juez m (de exámenes)	examiner
maestría f M	master's degree
mala suerte f	bad luck
máster m	master's degree
matrícula f	registration
matricularse en la Facultad de Derecho	to register at Law School
nota f	mark *(awarded)*
oposiciones fpl	*national competitive examination*

(examen m) parcial A/M	*any examination before the final one*
pasar una asignatura	to pass in a subject
presentarse a un examen	to take an examination
primer ciclo m	school course between 6 and 11
prueba f de aptitud	aptitude test
prueba f escrita	written test
reválida f	final examination
sacar un 7 (sobre 10)	to get 7 (out of 10)
sacar un 8.5 (sobre 10)	to get 8.5 (out of 10)
salir aprobado	to pass
salir bien de un examen	to pass
segundo ciclo	school course between 11 and 14
ser aprobado	to pass
suerte m	luck
suspensión f	fail
tener éxito	to pass, to be successful
tercer ciclo m universitario	doctorate
test m	test *(often multichoice)*
título m	title
tribunal m	examination board

Material educativo / Educational material

birome f A	ballpoint pen, biro
bloc m de notas	note pad
boli m R1	biro
bolígrafo m	ballpoint pen, biro
borrador m de encerado	blackboard duster/rubber
cabás m	schoolbag, satchel
calculadora f	pocket calculator
carpeta f de anillas	ringbinder
cartabón m	set square, triangle
cartapacio m	folder
cartera f	briefcase
catálogo m	catalog
color m R1	colored pencil
compás m	pair of compasses, compass
computadora f A/M	computer
control m remoto M	remote control
cromo m	chromo, *(cheap)* colored print
cuaderno m	exercise/note book
cuaderno m de espiral M	spiral notebook
cuartilla f	sheet of paper, quarto-size paper
diccionario m	dictionary
enciclopedia f	encyclopedia
escritorio m M	teacher's desk
escuadra f	set square
esponja f	sponge *(for cleaning board)*
estilográfica f	fountain pen
estuche m	pen(cil) case
folder m M	folder
folio m	sheet of paper
gis m M	chalk
goma f	eraser, rubber
grapadora f	stapler
hoja f	sheet *(of paper)*
lapicera f	pen
lapicero m	automatic/propelling pencil, pencil, ballpoint pen
lápiz m	pencil, automatic/propelling pencil
lápiz m de color	colored pencil, crayon
libreta f	notebook
libro m de gramática	grammar book
libro m de lectura	reader
libro m de texto	textbook
llenar una ficha de préstamo M	to fill out/in a library loan card
manual m de lengua	language textbook/manual
mapa m	map
mapamundi m	map of the world
marcador m M	bookmark
marcapáginas m	bookmark

mochila f M	satchel
ordenador m	computer
papel m calca M	tracing paper
papel m cuadriculado	squared paper
papel m de calcar	tracing paper
papel m tamaño A4	A4 size paper
papel m tamaño folio	A4 size paper
pegatina f	sticker
pincel m	paintbrush
pluma f	pen
pluma f atómica M	ballpoint pen
plumier m	pencil case/box
plumón m M	felt-tip pen
portafolios m M	briefcase
regla f	ruler
rotulador m	felt-tip pen
tiza f	chalk
transportador m	protractor

Sala de clase / Classroom

armario m de la clase	classroom cupboard
atril m	lectern
auricular m	headphones *(in language laboratory)*
babi m	child's smock/overall
biblioteca f	bookcase
casco m auricular	headphones *(in language laboratory)*
consola f central	central console
encerado m	blackboard
estantería f	bookcase
estantería f de revistas	review stand
estrado m	platform, dais *(for speaker)*
estufa f	stove *(for heating)*
fichero m	file, filing cabinet
fregadero m	sink *(for washing and cleaning up after painting etc.)*
librería f	bookcase
libro m de clase	class book
mando m automático	hand set, remote control *(for television)*
mesa f del profesor	teacher's desk
microficha f	microfiche
micrófono m	microphone
pizarra f	blackboard
pizarrón m M	blackboard
pupitre m	pupil's desk
retroproyector m	overhead projector
servicio m de préstamo	*(library)* loan service
tarima f	dais, platform *(for speaker)*

Ejercicios / Exercises

aprender de memoria	to learn by heart
calcular	to calculate
cálculo m	calculation
composición f	essay, composition *(less used now than* redacción*)*
dibujar	to draw
dibujo m	drawing
dictado m	dictation
dictar	to dictate
ejercicio m	exercise
ejercicio m de clase	class exercise, drill
interpretar	to interpret
monografía f A	essay
recitar	to recite
redacción f	*(school)* essay
saber de memoria	to know by heart
tesina f	dissertation, short thesis
tesis f	thesis
tesis f doctoral	doctoral thesis
traducción f	translation
traducir al ruso	to translate into Russian

Niveles de éxito en el examen / Levels of success in examinations

Argentina

desaprobado (de 0–3)	fail
regular (4–5)	pass
bueno (6–7)	good pass
distinguido (8–10)	excellent

España / Spain		*México*	
suspenso (de 0–4,99)	fail	reprobado (0–5)	fail
suficiente (5)	pass	tronado R1	= *reprobado*
bien (6)	good	aprobado (6–10)	pass
notable (7–8)	good pass, credit	normal (7–8)	good pass
sobresaliente (9–10)	excellent	sobresaliente (8–10)	outstanding
matrícula de honor	distinction, *magna cum laude*, starred first	excelente (9.5–10)	excellent

Nivel 2 / Level 2

General

actividad f extraescolar	extracurricular activity
año m lectivo R3	school year
aprovechado	hardworking
asiduidad R3	assiduity
asiduo R3	assiduous
asistir a clase	to attend classes
autobús m escolar	school bus
autoevaluación f	self-assessment
averiguar	to find out, to check
baboso R1 M	stupid
bobo R1	silly
capacidad f	ability, capacity
capacidad f de análisis	analytical capacity
capacidades fpl intelectuales	intellectual capacity
capacitación f	training
capacitar	to train
capacitarse para	to train to
checar los resultados M	to check the results
chequear la ortografía	to check the spelling
ciclo m de instrucción	instruction cycle
clases fpl particulares	private tuition/classes
cometer una falta de ortografía	to make a spelling mistake
conciencia f	awareness
concurso m de ingreso A	entrance examination
conocedor m	connoisseur
cultivado	cultivated, cultured
culto	cultured
cumplir con la tarea	to fullfill the task
dar un repaso a	to revise *(something)*
deberes mpl complementarios	extra homework
desarrollo m curricular	curricular development
distribución f de premios	prize giving
docencia f de investigación	teaching and research
docto R3	learned
edad f límite de escolaridad	school-leaving age
educarse	to receive an education
egresado m A	high school graduate, graduate
empollar R1	to study, to swot
empollón m R1	grind, swot
enlace m universidad empresa	university–company links
enterarse	to become informed of, to learn of
epistemología f R3	epistemology, science of knowledge
equivocación f	mistake
equivocado	mistaken
error m garrafal	enormous mistake
erudición f R3	erudition
erudito m R3	erudite/learned person *(also adjective)*

escolarización f	education, schooling
escolarizar	to educate
escuela f confesional	denominational/ religious school
escuela f de comercio	business school
escuela f de niñas	girls' school
escuela f de niños	boys' school
escuela f mixta	mixed school
escuela f no selectiva	all-inclusive school, comprehensive
escuela f para sólo niños	single-sex school (for boys)
esparcimiento m M	leisure
especialista mf	specialist, expert
especializado en	specializing in
especializarse en	to specialize in
estrategia f de aprendizaje	learning strategy
estudiante mf de filosofía y letras	arts student
estudiante mf en intercambio	exchange student
estudioso	studious
estudioso m en literatura renacentista	scholar in Renaissance literature
expulsar a un alumno revoltoso	to expel an unruly pupil
expulsión f	expulsion
facultar para ejercer la medicina	to authorize/enable to practice medicine
formación f de base	basic training
formación f en el trabajo	vocational training
formarse en España R3/2	to receive an education in Spain
hábil respuesta f	smart/clever reply
habilidad f para	skill/flair for
habilitar para enseñar	to train/prepare *(someone)* to teach
hacer progresos	to make progress
imposición f M	punishment, extra homework
información f	information
informar de	to inform about
instruirse en una materia R3	to study a subject
lagunas fpl en poesía contemporánea	gaps in contemporary poetry
laico	lay
lección f particular	private class/lesson
lecturas fpl recomendadas	guided/ recommended reading
libreta f universitaria A	student's record of university performance *(kept by student)*
materia f común	core subject
materia f optativa	optional subject
Ministerio m de Educación	Department/ Ministry of Education
necesidades fpl especiales	special needs
nivel m de lectura	reading ability
ocio m	leisure
orla f	graduation photograph *(around the edge of a frame)*
parada f escolar	school bus stop
pedante mf	pedant
pedantería f	pedantry
pensionista mf	boarder *(in school)*
perfil m docente	teaching profile
pericia f	skill, skillfulness
política f educativa	educational policy
programa m	syllabus
psicología f escolar	educational psychology
psicopedagogía f	educational psychology
rectorado m	rectorship, vice-chancellorship
recursar biología M	to repeat biology *(after failure)*
rendir un examen A	to take an examination
repetir un curso	to repeat a year/ course

resolver un problema	to solve a problem
saberse de memoria	to know by heart
sabiduría f	knowledge, wisdom
sabio	wise, knowledgeable
sistema m educativo	education system
situación f de aprendizaje	learning situation
solucionar un problema	to solve a problem
subvención f	subsidy, grant
subvencionar	to subsidize
subvenir al costo de su educación	to pay for her/his education
superhabilidad f	extra intelligence
temario m	syllabus, list of topics
tener base sólida en	to have a good grounding in
tener lagunas preocupantes	to have worrying gaps *(in knowledge/ memory)*
tener muchas aptitudes para los idiomas	to have a great gift for languages
tercer ciclo m	final years of school education
terminar el primer ciclo	to finish elementary/ primary school
toga f	gown
tonto	dumb, silly *(much stronger in M so best avoided here)*
UNED f (Universidad Nacional de Educación a Distancia)	*(Spanish)* Open University
universidad f a distancia	open university
viaje m de estudios	study trip
vigilancia f en el comedor	dinner duty
vigilar un examen	to invigilate an examination

Instrucción / Teaching

¿A quién le toca leer?	Whose turn is it to read?
abuchear al profesor	to play up the teacher, to misbehave in class
ampliar estudios	to develop/broaden studies
analizar un poema	to analyze a poem
apuntar una respuesta	to whisper an answer *(to someone else)*
borrador m	rough draft
borrón m	blot *(on paper)*
campos mpl del saber	fields of knowledge
charla f	talk, informal lecture
comentar un texto	to make a commentary on a text
comentario m a un texto	commentary on a text
¿Cómo quedaste?	How did you get on *(in an examination)*?
compendio m de astronomía	astronomy compendium
conferencia f	*(important)* lecture
conjugar enseñanza con experiencia profesional	to combine teaching and professional experience
conocimiento m parcial	partial/incomplete knowledge
contestación f errónea	wrong answer
contestar al unísono	to answer together / in unison
contestar en buen romance	to answer clearly
contestar (a) una pregunta	to answer a question
control m de matemáticas	mathematics test
copiar un dibujo	to copy a drawing
cursar estudios	to follow studies, to study
dar guerra al profesor	to misbehave in class, to play up the teacher

dar una pista	to give a clue
dedicarse a la instrucción de jóvenes	to devote yourself to teaching young people
deletrear el nombre del autor	to spell (out) the author's name
demostrar la validez de una teoría	to demonstrate a theory's validity
desconocer una obra	not to know a work *(i.e. book)*
devolver deberes	to return homework
disertación f R3/2	lecture
dominar un idioma	to master a language
ejercitar la memoria	to exercise the memory
enseñanza f interdisciplinaria	multidisciplinary teaching
enseñanza f laica	non-denominational/ lay teaching
enseñar historia	to teach history
entregar los deberes	to hand in homework
epítome m R3	epitome, abstract
escribir al dictado	to take dictation
escritura f legible	legible handwriting
escritura f muy clara	very clear writing
Este cálculo no me sale	I can't solve this calculation
estudiar un libro de texto	to study a text
estudio m de campo M	field trip
explicar latín R3	to teach Latin
exponer el problema	to state the problem
garabatear	to scribble
garabatos mpl	scribbling
hojear un libro	to leaf through a book
impartir clases R3	to give classes
imponer el silencio (a)	to order silence, to silence
interrogar a un examinando	to question a candidate
leer de corrido	to read without interruption / straight off
leer en voz alta	to read aloud / in a loud voice
leer en voz baja	to read in a low voice
letras fpl ilegibles	illegible handwriting
mandar hacer un deber	to hand out a piece of homework
Me suena	That rings a bell
método m de educar a los niños	method of teaching children
mostrar mucho interés	to display great interest
perfeccionarse en castellano	to perfect your Castilian Spanish
período m de formación	training period
plantear diversas interrogaciones	to ask several questions
plantear interrogantes fpl M	to ask questions
ponencia f	paper, presentation, address
preparar los concursos	to study for competitive examinations
presentación f	exposé, presentation
programa m de estudios	syllabus
pronunciar claro	to pronounce clearly
pruebas fpl de iniciación	beginners' tests
¿Qué significa . . .?	What does . . . mean?
rangos mpl de alumnos	rows of pupils
recoger los trabajos	to collect up the *(pupils'/students')* work
reformar los planes de estudios	to reshape the curriculum
regresar las tareas M	to hand back the work
responder a las preguntas	to answer the questions
respuesta f correcta	correct answer
respuesta f incorrecta	incorrect answer
resumen m	résumé, summary

resumir la obra en pocas palabras	to sum up the work briefly
saber la lección al dedillo R1	to know the lesson off by heart / off pat
Sabido es que . . .	It is well known that . . .
sacar apuntes	to make notes
seguir leyendo	to go on reading
¡Sentaros y callaros!	Sit down and keep quiet!
Si mal no me acuerdo . . .	If I remember correctly . . .
Si no me engaño . . .	If I am not mistaken . . .
¡Siéntense y cállense! M	Sit down and keep quiet!
significado m de una palabra	meaning of a word
soplar a un compañero R1	to whisper *(answers)* to a school friend
sumario m de un libro	summary of a book
tamborilear sobre/ bajo la mesa	to drum your fingers on/under the desk
temario m de la carrera de letras	arts course syllabus
tener buena letra	to have good handwriting
tener clase	to have a class (to give or attend)
traducir de corrido	to translate spontaneously / straight off
traducir del alemán al ruso	to translate from German to Russian

Niveles de actuación en España (desde muy deficiente hasta excelente) / Levels of attainment in Spain (from very bad to excellent)

muy deficiente	very bad
malo	bad, poor
deficiente	bad
flojo	weak
insuficiente	poor
superficial	superficial
medianillo R1	just about OK
mediocre	mediocre
mediano	average
bien	satisfactory
satisfactorio	satisfactory
regular	so-so, mediocre, nothing special
bastante bien	quite good, OK
notable	quite good
bueno	good
excelente	excellent
destacado	outstanding
sobresaliente	excellent

Material escolar / Teaching materials

acordeón m R1 M	crib
agenda f	diary
anotador m A	note pad
archivador m	file, filing cabinet
archivo m	file, archive
ayudas fpl audiovisuales M	visual aids
bestseller m	bestseller
bibliobús m	mobile library
boletín m escolar	school report
bote m de papel M	trash/wastepaper basket
cajón m de fichas	index card file
canasto m	trash/wastepaper basket
carpeta f	folder
casete m	cassette
cesto m de los papeles	trash/wastepaper basket
chincheta f	thumbtack, drawing pin
chuleta f R1	crib
cinta f adhesiva	Scotch tape, Sellotape
diagrama m	diagram, chart
diagrama m de bloques	flow chart
diagrama m de flujo M	flow chart
diapositiva f	transparency, slide
ejemplar m	copy *(of book)*
epidiascopio m R3	epidiascope

episcopio m R3	epidiascope
espiral f	spiral-bound notebook
estampa f	picture, illustration *(in book)*
fichero m principal	main filing cabinet
globo m terráqueo	globe
gráfica f M	graph, chart
gráfico m	graph, chart
imágenes fpl	pictures
ladrillo m R1	enormous tome
lector m de microfichas	microfiche reader
léxico m	lexicon
libro m de bolsillo	paperback
libro m de consulta	reference book
libro m de cuentos	story book
libro m de pasta dura M	hardback
libro m de referencia A/M	reference book
libro m desplegable	pop-up book
libro m en rústica	paperback
libro m encuadernado	hardback
libro m vivo	pop-up book
machete m A	crib
mamotreto m R1	enormous tome
material m de enseñanza	teaching materials
material m escolar	school materials
medios mpl audiovisuales	audiovisual resources
mesa f de proyección	projection table
microficha f	microfiche
monitor m de vídeo	video monitor
organigrama f	flow chart
pantalla f	screen
papel m de calco	tracing paper
pizarra f blanca	whiteboard
pizarra f con control automático	blackboard with remote control
pizarra f vileda	whiteboard
póstit m	Post-it
proyector m	projector
puntero m	pointer
soportes mpl audiovisuales	audiovisual aids
tablero m de anuncios	notice board
tomo m	volume, tome
vídeo m	video
video m A/M	video
volumen m	volume

Personal (varios) / Personnel (miscellaneous)

académico m	academic
agente mf de formación	training officer
agregado m	senior teacher, lecturer
(profesor m) agregado	associate professor
alumnos mpl de primero	first-year students/pupils
alumnos mpl de segundo	second-year students/pupils
(profesor m) asociado	associate professor
aspirante mf	candidate, applicant
ayudante mf	assistant
bedel m	porter, beadle
bisoño m	inexperienced person, rookie
chivato m	tattletale, tell-tale
colaborador m	collaborator
condíscipulo m	classmate, fellow student
decano m	dean
disertador m R3	speaker, lecturer
docente m R3	professor, teacher
educador m	educator (R3), person dealing with young people
educando R3	pupil, student
estudiante mf de primera	first-class student
estudiante mf de primero	first-year student
estudiante mf de segundo	sophomore, second-year student

estudiante mf novato/a	first-year student, fresher
estudiantina f	traditional student music group
examinando m R3	candidate, examinee
graduando m	degree candidate, graduand
inspector m	inspector
jefe m de estudios	deputy head, tutor
mediopensionista mf	day pupil *(who has school lunch)*
mundo m estudiantil	student world
orador m R3	speaker, orator
orientador m profesional	careers advisor
oyente mf	auditor, occasional student
pasante mf M	probationary teacher
pedagogo m R3	pedagogue
población f escolar	school population
población f universitaria	university population
ponente mf	speaker, lecturer
preceptor m R3	private tutor
profe mf R1	teacher
profesor m adjunto	*(temporary)* assistant professor/teacher
profesor m auxiliar	assistant professor/teacher
profesor m invitado	guest speaker/lecturer
profesorado m	teaching staff/profession
ratio m profesor/estudiante	student/professor ratio
ratón m de biblioteca	bookworm
señorita f	elementary-/primary-school teacher
(profesor) m titular	holder of a given post
tuna f	university musical group
tuno m	member of a *tuna*
universitario m	university professor/lecturer

Capacidad intelectual / Intellectual capacity

abusado M	smart, clever, bright
acordarse de	to remember
aplicado m	diligent, hardworking
aplicarse a sus estudios	to apply yourself to your studies
aprobar el curso	to complete the course
aprobar por los pelos	to scrape through
aprobar raspando	to scrape through
astuto	clever, intelligent
atento	attentive
avispado	smart, bright, lively
bibliófilo m R3	bibliophile
bibliomanía f R3	bibliomania
bocho m R1 A	smart/clever student
calentarse la cabeza R1	to rack your brains
celoso	conscientious, zealous
cerebrito m M	naturally smart/clever person
cociente m de inteligencia	intelligence quotient
cociente m intelectual	intelligence quotient
coeficiente m intelectual	intelligence quotient
competencia f	rivalry, competition
competir con	to compete with
concebir	to conceive
concepción f	conception
consagrarse a la ciencia	to devote yourself to science
contemplar	to contemplate
dar vueltas a una idea	to give thought to an idea
desenvuelto	self-assured, confident
despejado	smart, bright
despierto	lively, awake
diligente R3	diligent
discurrir	to reflect, to ponder
ejercitarse en hablar español	to practice speaking Spanish

ensimismarse en la lectura R3	to become absorbed in reading
esmerado R3/2	diligent, studious
esmerarse en R3/2	to take great care to
espabilado	smart, bright, sharp
estrujarse los sesos R1	to rack your brains
estudiante mf formal	reliable student
estudios mpl de posgrado	postgraduate studies
explicación f de una materia	teaching/expounding of a subject
explicar una clase	to deliver a class
exponer una teoría	to expound a theory
exposición f de un tema R3/2	presentation/exposition of a subject
ganar el curso	to complete the course
hacer caso a	to pay attention to
hincar el codo R1	to study hard
idea f luminosa	brainwave
idear un plan R3	to conceive a plan
ilustrado R3 M	learned
ingeniar un sistema	to devise a system
intelectual m	intellectual
laborioso	hardworking
lúcido R3	lucid
lluvia f de ideas M	brainstorming session
marisabidilla f R1	pretentious female intellectual, know-all, blue stocking
matado R1 M	hard-working and successful
matarse R1 M	to work hard and with success
meditar	to meditate
mina f de información	mine of information
no carburar R1	not to think straight
No se le dan las matemáticas	(S)he's hopeless at mathematics
obedecer	to obey
obediencia f	obedience
obediente	obedient
olvidadizo	forgetful
olvidar(se de)	to forget
ordenado	orderly
paciente	patient
pasar de panzaso R1 M	to scrape through
pasar por un pelo de rana calva R1 M	to scrape through
pensamiento m	thought
pensar en	to think of
perspicaz R3	keen, shrewd
prestar atención a	to pay attention to
puntual	punctual
razonar	to reason
recapacitar sobre R3	to reconsider
recogimiento m R3	absorption, meditation
recordar	to remember
reflexión f	thought, reflection
reflexionar sobre	to reflect on
romperse los codos R1	to work your butt off, to slog away
sabelotodo m R1	know-it-all, know-all
sabihondo m	know-it-all, know-all
tomar en serio	to take seriously
trabajador	hardworking
traga m R1 A	grind, swot
venero m de información R3	mine of information
vivo	smart, bright, lively

Problemas / Problems

absentismo m R3	absenteeism
absentista mf R3	absentee
achantar R1	to bully
acoquinar R1	to bully
alborotador	rowdy, noisy
alboroto m	ruckus, row, racket
alcahuete m A	tattle-tale, telltale
analfabetismo m	illiteracy
analfabeto	illiterate

aplazar a un estudiante A	to fail a student
armar jaleo m	to kick up a racket
atrasado	backward
ausencia f sin permiso	hooky, truancy
ausentismo m A/M	absenteeism
bara(h)únda f	ruckus, uproar
beocio R1	stupid
bochar a un estudiante 2/1 A	to fail a student
bochar en un examen 2/1 A	to flunk/fail an exam
bochazo m R2/1 A	failure in exam
bochinche m R1 A	ruckus, racket
bolsa mf M	lazy student
botón m R1 A	telltale, informer
burro m	dunce
cachazudo R1	slow, sluggish
cagar un examen R1* A/M	to screw up an exam
capirote m	dunce's cap
carecer de interés	to show no interest
charlatán	talkative
chupamedias m R1 A	apple polisher, ass-kisser, bootlicker, creep
colgar una materia R1 A	to drop a subject
copiar	to cheat *(by copying)*
dar calabazas R1	to flunk, to fail
deficiente mf mental	mentally deficient person
desaprobar A	to fail *(an exam / a student)*
descuidado	careless
descuido m	carelessness
desgana f	lack of enthusiasm
desmemoriado	forgetful
desobediencia f	disobedience
desobediente	disobedient
diletante mf R3	dilettante
diletantismo m R3	dilettantism
distraído	absent-minded
escándalo m	ruckus, racket
estar pez en biología R1	not to have a clue in biology
fatiga f cerebral	brain fatigue
flojera f R1 M	laziness
fodonga f M	laziness
fodonguear R1 M	to do nothing
follón m R1	ruckus, din, row
fracaso m escolar	school drop-out
gandul R1	lazy
ganso R1	lazy, idle, stupid
hablador	talkative
hacer novillos	to play hooky/truant
hacerse la rabona R1 A	to play hooky/truant
hacerse la rata R1 A	to play hooky/truant
haragán	lazy
hecho un fiaca R1 A	lazy, idle
holgazán	lazy
huevón R1* M	lazy
ignorancia f	ignorance
ignorante mf	ignorant person
iletrado	illiterate
inculto	uncultured, uneducated
indolencia f R3	indolence
indolente R3	indolent
irse de pinta R1 M	to play hooky/truant
justificante m de faltas	absence note
justificativo m A	absence note
lerdo m	slowpoke, slowcoach *(also adjective: dim-witted)*
maltratar a un niño	to bully/illtreat a child
meter bulla	to make a racket
minusválido m mental	mentally retarded person
niño m inadaptado	maladjusted child
niños mpl sin escolarizar	uneducated children
no pegar golpe R1	to do no work
obcecado R3	obstinate, stubborn
ocioso R3	idle, lazy
pereza f	laziness
perezoso	lazy
pirarse la clase	to cut a class
prepotear R1 A	to bully

registro m de faltas	attendance register
remolón R1	idle, lazy
rendir poco	to perform poorly
reprobar en física A/M	to fail *(a student)* in physics
retardado m mental	mentally retarded person
sacar calabazas	to flunk, to fail
ser de madera R1 A	to be thick / a dunce
ser duro de mollera R1	to be dumb / thick
soplón m R1	tattletale, telltale
tarabilla mf R1	chatterbox
tener cabeza de chorlito R1	to be a dunce
tener fallas A/M	to have weaknesses
tener fallos	to have weaknesses
terco	stubborn
testarudo	stubborn
tozudo	obstinate, stubborn
trastornado	*(mentally)* disturbed
tumbón m R1	lazy, bone-idle person
vago	lazy
volarse la clase M	to play hooky/truant
zángano m R1	lazy bum, layabout

Nivel 3 / Level 3

General

admitido m	successful candidate
antiguo alumno m	alumnus
aprendizaje m lúdico	play-centered learning
baremo m de corrección	marking scheme/scale
certificado m de estudios	certificate of studies
ciclo m escolar M	school year
conceder una dispensa	to grant an exemption
conocimientos mpl de matemáticas	mathematical knowledge
consagrarse a los estudios	to devote yourself to studies
correctivo m educativo	remedial education
cuaderno m de comunicaciones A	behavior report book passed between teacher and parent
cuidar un examen	to invigilate an examination
curva f de aprendizaje	learning curve
dedicarse a los estudios	to devote yourself to studies
diploma m de socorrismo	first aid diploma
dispensar de un examen	to exempt from an examination
empollar rápido un examen R1	to cram for an exam
emular R3	to emulate
émulo m R3	rival
equipo m educativo	teaching team
escala f de calificación M	marking scale
escaparse por los pelos R1	to just scrape through
evaluación f continua	continuous assessment
evaluación f educativa	educational assessment
examen m de pega R1	mock oral examination
examen m de trampa R1	mock oral examination
exentar un examen M	to be exempt from an exam
eximir de un curso	to exempt from a course
expediente m	past papers
factor m de ponderación	weighting factor
falta f injustificada	hooky, truancy
grupo m de alumnos	class size

grupo m de profesores	teaching staff
guía f de calificación M	marking scale
hacer un comunicado	to give a paper
homogeneizar las notas	to moderate marks
intendente mf	bursar
libro m escolar	school report book
lista f	attendance list
masificación f del mundo estudiantil	explosion in student population
matricularse A	to gain official recognition with a certificate *(after university)*
media aritmética f	average *(of marks)*
meta f de adquisición	attainment target
nota f de admisión	pass mark
obtener la puntuación necesaria	to get the necessary marks
participar en un certamen científico	to take part in a scientific competition
proporción f alumno–profesor A	pupil–professor/ teacher ratio
prueba f objetiva	multiple-choice examination
receso m escolar A	school vacation/ holidays
reciclarse	to go on a refresher course
registro m de faltas	attendance register
repetidor m	failed student repeating a course/year
revista f escolar	school journal
rivalizar con	to rival with
sala f de estudio	study/prep room
seguir carrera literaria	to study arts
seminario m (pontificio)	(Catholic) seminary
ser lento de aprendizaje	to be a slow learner
simposium m	symposium
sufragarse los estudios R3/2	to pay for your studies
tablero m de anuncios	notice board
tener deficiencias en	to have weaknesses in
tener el examen prendido con alfileres	to do the bare minimum for an exam
tesorero m M	bursar
titulación f	tenure
titulado	tenured, qualified
zona f de captación	catchment area

Cursos y calificaciones / Courses and qualifications

apertura f de curso	start of the academic year, week one
aula f virtual	virtual class
calificar con un sobresaliente	to award an outstanding mark
clase f nocturna	evening class
clase f virtual M	virtual class
convocatoria f de oposiciones	announcement of date for *oposiciones*
curriculum vitae m (CV)	résumé, curriculum vitae (CV)
curso m de especialización	specialized course
curso m de reciclaje	refresher course
curso m de recuperación	remedial course
curso m intensivo	intensive/crash course
curso m opcional	optional course
curso m previo	prerequisite course
diploma m de primeros auxilios M	first aid diploma
enseñanza f por correspondencia	correspondence course
examen m de admisión	entry examination
licenciarse en farmacia	to get a degree in pharmacy
papeleta f de examen	grade slip

recibirse de abogado A/M	to qualify as a lawyer
reciclaje m	refresher course
ridículum m R1 M	résumé, CV *(used ironically)*
titularse en física	to graduate in physics
título m universitario	university qualification

Instrucción y evaluación / Teaching and evaluation

crédito m	credit
estudios mpl de Magisterio	studies for elementary-/ primary-school teacher
examen m de opción múltiple M	multiple-choice examination
taller m	workshop
taller m ocupacional	vocational workshop
unidad f de crédito	unit *(composed of credits)*

Establecimientos escolares / Teaching establishments

campus m	campus
colegio m universitario	Teacher Training College
conservatorio m de música	music academy
escuela f normal	college for training of teachers, teacher training college
residencia f universitaria	university hall of residence

Personal docente / Teaching personnel

profesor m de apoyo	support/assistant teacher
profesor m de conservatorio de música	music professor/teacher *(at an academy)*
profesor m de enseñanza secundaria	high school professor/teacher, secondary school teacher
profesor m de escuela de idiomas	language school professor/teacher
profesor m de piano	piano teacher
profesor m de prácticas	professor/teacher overseeing vocational training
profesor m de solfeo	piano teacher
psicólogo m escolar	school psychologist

Cursos de los estudiantes / Students' courses

formación f en el puesto de trabajo	vocational training
formación f en la empresa	industrial placement
formación f profesional de adultos	vocational training for adults
formación f profesional de primer grado	vocational training (first level)
formación f profesional de segundo grado	vocational training (second level)
prácticas fpl de laboratorio	laboratory practicals
prácticas fpl en la empresa	industrial placement
prácticas fpl tuteladas	supervised placement

Investigación / Research

análisis m de costos	cost analysis
capacidad f investigadora	research ability
conocimientos mpl metodológicos	science of methodology
control m de calidad	quality control
equipo m investigador	research team
evaluación f de recursos	evaluation of resources
facilidad f de expresión oral y escrita	ease of oral and written expression
formar profesionales	to train professionals

habilidad f matemática	mathematical skill
investigación f básica	basic research
investigación f científica	scientific research
investigación f de diseño urbano	research into urban design
investigación f de mercados	market research
investigación f operativa	operational research
investigación f y desarrollo	research and development
investigar ingeniería genética	to research into genetic engineering
investigar la novela contemporánea	to research into the contemporary novel
métodos mpl de investigación	methods of research
pensamiento m abstracto	abstract thought
programación f de obra	work planning
realizar una investigación sobre una vacuna	to carry out research into a vaccine
supervisar obras	to supervise work
supervisar proyectos	to supervise projects
taller m de investigación	research workshop
tarea f investigadora	research work
tecnologías fpl alternativas	alternative technologies
teoría f de la probabilidad	probability theory
trabajo m en equipo	team work
verificación f de calidad	quality control

Ejercicios / Exercises

Nivel 1 / Level 1

1. Buscar el significado de los siguientes vocablos

anotar	nota
deber	deberes
listón	listo
probar	aprobar
profesor	profesar

2. Explicar el significado de las expresiones siguientes

anotarse un punto	quedarse en blanco
centro de formación	catear física
cumplir con el deber	saber una barbaridad de cosas
dar la nota	ir para nota
suspender el examen	sacar un rosco
hacer los deberes	devanarse los sesos
quedarse suspenso	estar pez

(Se encuentra la solución en Internet)

3. (a) Buscar al menos dos sinónimos de los vocablos que aparecen a continuación

apto	
clase	
educado	
escolar	
escuela	
niño	
notable	

(b) Construye frases con los vocablos encontrados para ilustrar su uso

4. (a) Indicar las diferencias entre los siguientes vocablos

cartabón		cartapacio	
gandul		ganso	
cuaderno		cuadrado	
materia		material	
juguetear		jugarreta	
música		músico	
repaso		repisa	

(Se encuentra la solución en Internet)

(b) Aplicar mediante la construcción de frases las diferencias encontradas

5. (a) Explicar el significado de

saber la lección al dedillo
ser el primero de la clase
hacer novillos
hacer novatadas
Cada maestrillo tiene su librillo
sacar punta a todo
sacar un cero
decir de corrido la lección
ser incorregible
saber más que Lepe

(b) Componer frases en torno a las expresiones anteriores

6. Completa las frases de la izquierda con frases de la derecha

i) hemos pintado un cuadro
ii) el profesor trazó una perpendicular
iii) pon los libros sobre
iv) hay que sentarse derecho
v) borra la pizarra para poder volver
vi) traza una línea recta con la
vii) mide la longitud y la anchura de
viii) escribe del uno al novecientos uno

a) en el pupitre so riesgo de escoliosis
b) la repisa porque están estorbando
c) a escribir sobre ella con la tiza
d) en clase de artes plásticas
e) este folio y halla su superficie
f) pero solamente los números impares
g) regla y el lapicero sobre la hoja
h) con la regla y el cartabón

(Se encuentra la solución en Internet)

7. Completar las frases que aparecen a continuación con los vocablos de la lista adjunta

El alumno está sentado en el . . . . escuchando la lección
El profesor pasa lista poniendo . . . . a los alumnos que no están en clase
En diciembre tendremos las vacaciones de . . . .
Las hojas del cuaderno son de papel . . . .
El conserje controla la . . . . de los alumnos
El director recibe a los padres en el . . . .
Los alumnos escuchan los . . . . del tutor

Lista

navidad entrada consejos despacho cuadriculado pupitre falta

8. Escribe quince frases relacionadas con la actividad docente

9. Describe las actividades que podría realizar un adolescente durante las clases de Ciencias Naturales

10. Definir o señalar en español las características de las escuelas que se mencionan a continuación

escuela laica/militar/naval/nocturna/privada/pública/religiosa / de arte dramático / de baile / de ballet / de bellas artes / de conductores / de equitación / de música

11. Lee atentamente el siguiente texto y, a continuación contesta las preguntas de (a)

> Durante algún tiempo se ha debatido la reducción de los años del bachillerato en España. Algunos han apuntado que se ha diseñado un bachillerato anoréxico, con una disminución de años similar a la reducción de las tallas que han venido proponiendo los modistos en las pasarelas durante los últimos años. Al igual que la moda ha dado lugar a una epidemia de jóvenes mal nutridos por la tiranía de los modelos en boga, los políticos han ido reduciendo los niveles de exigencia y los años de bachillerato que conduce a los adolescentes a un lamentable estado de postración intelectual.
>
> "Tiza en polvo," *Debate Escolar*

(a) ¿Qué entiendes por . . .

bachillerato, apuntar, diseñar, anoréxico, postración intelectual?

(b) Comenta el tema del trozo y da tu opinión

12. (a) Actualmente la Enseñanza Secundaria en España comprende la secundaria obligatoria (ESO), hasta los 16 años, el Bachillerato y la Formación Profesional de Grado Medio y Superior, además de ciertas variantes ocupacionales, tal como aparece reflejado en el esquema siguiente. Estudia dicho esquema y escribe un resumen del mismo sin utilizar cuadros ni otro tipo de grafismo salvo la expresión escrita

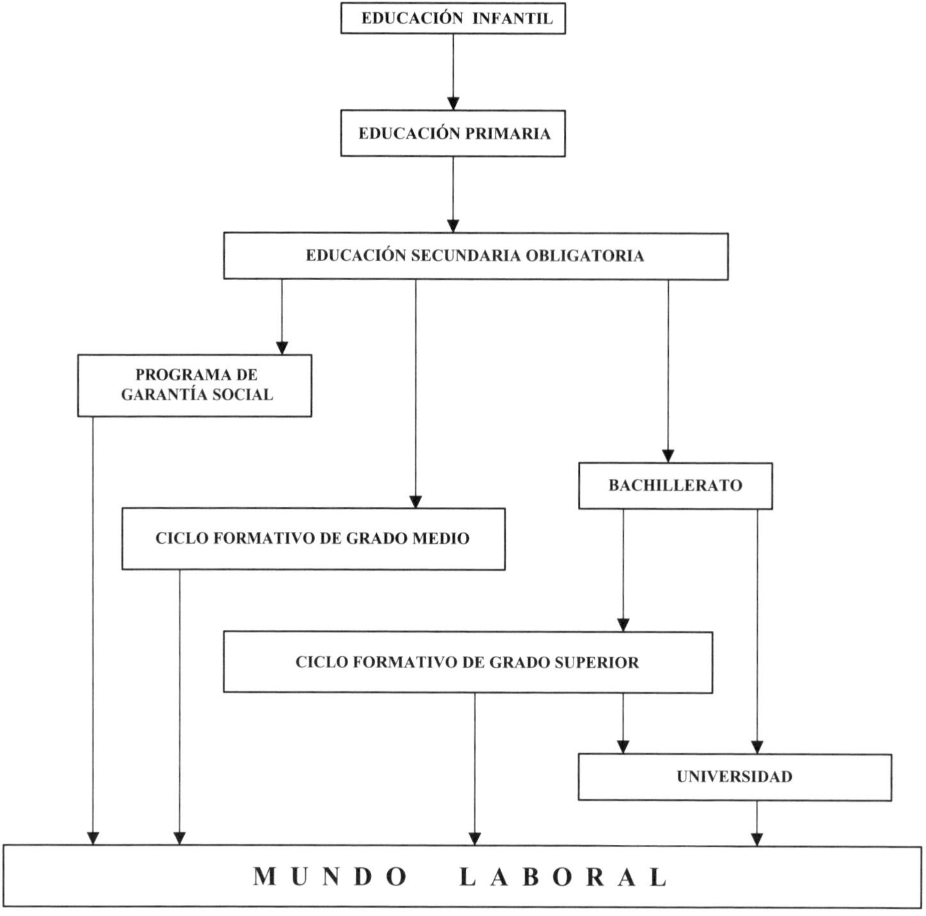

(b) Dibuja y traduce al español un esquema similar al anterior con el sistema educativo de tu propio país

(c) Escribe un comentario sobre las diferencias y semejanzas de los esquemas de los ejercicios anteriores

13. Lee atentamente el texto siguiente y, a continuación, contesta a las preguntas

Estaba sentado a la orilla del río. Era la segunda tarde de primavera que hacía novillos y se escapaba a ver discurrir el agua plácidamente mientras los compañeros sufrían los rigores de la clase de matemáticas. Estaba harto de oír el piar de los jilgueros en los olmos del patio de recreo, mientras el profesor desgranaba en el verde encerado su perorata sobre ecuaciones de segundo grado, parábolas que no venían en los evangelios, y rectas que no iban a ninguna parte.

El primer día se vino sin compañía. Hoy le había acompañado Jesús, un muchacho desgarbado, que parecía emplear todas sus energías para crecer y en cosechar una pelusilla negra encima del labio superior, semejante hilos de azafrán a juego con el pelo de panocha lacia que le cubría las orejas. Hasta esa tarde no había cambiado con él más de dos palabras, a lo largo de los tres cursos que llevaban estudiando en la misma clase.

La soledad del lugar, la placidez del ambiente y la complicidad de la acción les hizo soltar la lengua. Jesús le contó que de niño había vivido en un pueblo, cercano a Guadalajara, que allí lo había pasado muy bien, incluso en la escuela unitaria donde leían historias muy bonitas en el libro de lecturas. No le gustaba contar cosas de su pueblo por miedo a ser considerado un palurdo, como aquellos que abundaban en las películas de por entonces.

Puesto a hacer confidencias, siguió contando las dificultades por las que estaba pasando en el instituto porque el nivel de conocimientos de los compañeros de la ciudad era muy superior al suyo. No en vano algunos acudían desde muy pequeños a clases particulares. La frustración que arrastraba durante este tiempo, por su fracaso en los estudios, le condujo a perder la esperanza de concluir bachillerato y soñaba con entrar a trabajar en un banco como botones.

-Ser botones- le dije yo-, es un bicoca. Estás en el banco sin pegar ni clavo. Te mandan a la calle a hacer recados, comprar sellos, traer algún café y otras cosillas que te producen algunas propinas.

El otro miraba soñador la corriente donde se reflejaban los árboles de la orilla opuesta. Parece que le estoy viendo en este momento. No escogió mal el angelito. Hoy, muchos años después, está prejubilado del banco con buena pensión, mientras yo explico aquello de las parábolas, que no vienen en las escrituras, y rectas que no terminan de llegar a la jubilación.

M.A.S.

(a) Resume el tema del trozo

(b) Justifica la actitud del niño

(c) Describe el ambiente de una clase de idiomas: elementos materiales del aula, materia que se puede exponer en tal clase, ayudas al estudio, vídeos, diferentes agrupaciones de trabajo...

(d) Compara la actividad de una clase de matemáticas y una de lenguaje haciendo resaltar las diferencias

14. Escoge dos de los siguientes textos y explica con tus propias palabras el asunto de que se trata

i. Esta tarde no saldrán al recreo porque la señorita de tercero ha castigado a toda la clase por mal comportamiento durante la entrada a clase
ii. Cuando todos estaban en silencio durante la hora de matemáticas comenzó a oírse maullidos de un gato, al principio todos creímos que era un alumno haciendo el gamberro, pero pronto salimos del nuestro error al verificar que se había colado un gato por la entreabierta ventana
iii. Cuando todos estábamos haciendo los ejercicios por parejas en la clase de lengua, el profesor se puso como un basilisco porque pilló a dos compañeros jugando a los barcos, en vez de hacer la tarea encomendada
iv. Nunca llego tarde a clase pero hoy me levanté con el pie izquierdo, llovía a cántaros, no encontraba las botas de agua, el autobús llegó tarde, y para el colmo, me equivoqué de autobús
v. En la primera clase de Estadística el profesor nos contó que si Juan se come un pollo y Pedro no come nada, la media resulta que han comido medio pollo cada uno. Como a mí no me gusta la carne de pollo, creo que la Estadística no se me va a dar nada bien

vi. El futuro pasa por menos materias, menor número de lecciones y clases más cortas con música ambiental. Además, al final de curso, he oído que en los exámenes oficiales sólo se examinarán los profesores tutores de cada grupo por sus alumnos. De este modo, quizá, termine bachillerato el ministro de cultura

Nivel 2 / Level 2

1. (a) Explicar el significado de

castigo, chuleta, diagrama, expulsión, gráfico, ignorante, laico, maltratar, obligatorio, pantalla, programa, puntero, solución, taller, vocabulario

(b) Construir frases con cada uno de estos vocablos

(c) Construir frases relacionando dos o más vocablos de la lista

2. (a) Explicar el significado de los vocablos siguientes

calidad, cantidad, chincheta, compensación, culto, laguna, lerdo, listo, nivel, ocio, optativo, premio, problema, progreso, responsable, vago

(b) Buscar sinónimos de los vocablos de la lista

(c) Haz cinco frases con dos sinónimos en la misma frase

3. (a) Explicar al menos dos significados de los siguientes vocablos

clase, don, índice, indicio, laico, letra, libro, magistral, materia, mesa, nota, programa, seminario, solución, suma, voz

(Se encuentra la solución en Internet)

(b) Componer al menos una frase con cada uno de los vocablos anteriores

(c) Componer frases utilizando dos o más de los vocablos anteriores dentro de la misma frase

4. Explicar en español las diferencias entre

i. tener *aprensión*	tenerlo *aprendido*
ii. ser una mujer *calculadora*	Esta mujer tiene una *calculadora*
iii. El alumno tiene mucha *capacidad*	La cantimplora del alumno es de gran *capacidad*
iv. La asignatura es de ocho *créditos*	Le dieron un *crédito* de dos millones
v. El *curso* está a punto de finalizar	Dieron *curso* a su petición
vi. La batalla tuvo lugar en la *Edad Media*, hacia 1212	Era un hombre de *edad media*
vii. Juan es un buen *letrado*	Pedro es un hombre de *letras*
viii. El profesor hizo una *observación* en su discurso	La *observación* del tiempo es importante

(Se encuentra la solución en Internet)

5. Explicar el sentido de las expresiones siguientes

hacer un examen de libro	ir al psicólogo
mirar el examen con lupa	no hacer caso al profesor
hablar como un libro abierto	molestar en la clase

sabérselo todo al dedillo	recibir muchos cates
saber de memoria	recibir una buena lección

6. Escoge dos de las siguientes frases y explica con tus propias palabras el asunto de que se trata

i. Nunca me sale ningún cálculo. Aprobé el examen de matemáticas por los pelos
ii. Este muchacho tiene muy buenas aptitudes, una actitud levantisca y mala reputación
iii. Ser iletrado suele tener como efecto colateral no poder acceder a ciertos puestos
iv. Pudo aprobar el arte por medio de artimañas, porque en eso de las malas artes siempre fue primero
v. Tuvo un atisbo de inspiración y el examen le salió bordado. Pero el profesor es muy borde y no sabe si aprobará la asignatura, a pesar del examen
vi. Las capacidades intelectuales son innatas, pero gran parte del éxito en los estudios depende del tiempo que cada uno hinque los codos
vii. Las chuletas de cerdo son menos provechosas que las de matemáticas durante la temporada de exámenes, pero unas y otras pueden ser indigestas
viii. La paciencia es la madre de todas las ciencias, decía Juan que presumía sentado al sol, sin pegar golpe por ver si le venía la ciencia infusa
ix. Estudiaba en un colegio confesional, esto no quiere decir que fuera devoto de la confesión, aunque sí de la bota, pues empinaba el codo más de la cuenta
x. No era consciente de sus propias limitaciones, intentó abarcar más de lo que podía y le suspendieron en todas las asignaturas

7. Completar las frases escritas a continuación con las palabras de la lista dada

el ejercicio tiene resultado ....
la .... que proporcionó Merlín le sanó al instante
el cálculo .... la agilidad mental
el Big Bang no es una nueva ....
los profesores fueron .... al jubilarse
al chocar .... partículas se desintegraron
Lista pócima, agasajados, ambas, positivo, incrementa, teoría

8. (a) Explicar en español las funciones de cada uno de las siguientes personas

conserje, administrativo, tutor, jefe de estudios, director, inspector de enseñanza

(b) Representar una escena en la cual uno, haciendo de alumno, acude al profesor para pedir una revisión de la nota del examen

(c) Representar una escena o varias escenas en la que un joven acude por primera vez a la universidad para hacer su inscripción (matrícula) sin conocer el ambiente en absoluto. Escribir un guión con los diversos personajes que van a intervenir y los diálogos correspondientes

9. Encontrar vocablos del mismo grupo etimológico que

Ejemplo: memoria – desmemoriado, memorizar, memorización
academia, aprendiz, boleto, castigo, crédito, cultura, educación, enciclopedia, escuela, ficha, formación, graduado, gráfico, intelectual, letrado, libro, pizarra, profesor, silla, universidad

(Se encuentra la solución en Internet)

10. (a) Lee atentamente el texto siguiente, y anota los vocablos y expresiones que, desde tu punto de vista, son interesantes. Justifica tu elección

La Prueba de Acceso a los ciclos formativos de grado superior de formación profesional consta de dos partes. Una general, que sirve para acreditar la madurez en relación con los objetivos del bachillerato (Lengua Castellana y Literatura, Lengua Extranjera y Matemáticas), común con todos los ciclos. Otra específica, que tiene como objeto acreditar las capacidades referentes al campo profesional. Existen diversas opciones en función de las afinidades de los ciclos de base asociados.

De la parte específica pueden ser dispensados aquellos que acrediten al menos un año de experiencia laboral que se corresponda con los estudios que se deseen realizar y presenten la documentación oportuna en el momento de la inscripción para realizar las pruebas.

Texto legal, MEC

(b) ¿Qué entiendes por la Prueba de Acceso? ¿Por qué se ha introducido esta prueba? ¿Existe en tu propio país?

(c) Explica los problemas que se le plantean al / a la estudiante que no tenga las calificaciones normales para ser admitido/a a un curso superior

11. (a) Traduce al español el texto presentado

Robert joined a small crowd to see what was happening; the centre of attraction was an old man with a performing monkey. The monkey's tricks were very simple, so after throwing a few pennies in the dirty hat the man had placed on the pavement, Robert began to move off, along with other members of the crowd. At this point the man suddenly let out a loud cry. Everyone turned to see what had happened. The man was bending over his monkey, which now lay quite still on the pavement. He picked up the lifeless body and began to weep. A young man stepped forward from the crowd and dropped some money into the hat. Robert and several other people did likewise, until the hat was brimming with coins. A few months later, Robert came across the old man again; the man had a monkey, bought no doubt with the money which the crowd had given him. Robert was pleased to see that the old man was still able to earn a living. After a short performance, as the people were moving away, the old man let out, once again, a loud cry. Once again the monkey lay still on the pavement.

The man picked up the "dead" monkey and, clutching it in his arm, began to weep. The same young man stepped forward and threw some money into the hat. Again the crowd followed suit – except for Robert. Smiling to himself, he went on his way, amazed at the man's audacity. Was all that education really necessary?

Texto procedente de las Pruebas de Acceso a la Universidad Española Año 1999

(b) Contesta a las siguientes preguntas. ¿Por qué el gentío comenzó a marcharse? ¿Crees que el joven estaba compinchado con el viejo? ¿Por qué se reía Robert?

(c) El mono estaba *amaestrado*. Explica en español la diferencia entre *amaestrado* y *educado*

(d) ¿Qué había aprendido Robert con aquella experiencia? ¿Hay una lección para ti en el pasaje?

12. (a) Lee atentamente el texto siguiente y explica el sentido de los vocablos en itálica

Adjudicación de plazas

Para el ingreso en el primer curso de las *Licenciaturas*, Ingenierías, Arquitectura y Diplomaturas los alumnos *relacionarán* en su *solicitud* por orden de preferencia todos los estudios en que deseen ser admitidos, hasta un máximo de doce *titulaciones*. Finalizado el plazo de *preinscripción* no podrá efectuarse ninguna rectificación en los estudios consignados.

Dichas solicitudes se atenderán con el siguiente orden de *prelación*: Para el ingreso en cualquiera de los estudios universitarios, las solicitudes de aquellos que hayan superado la Prueba de aptitud para el Acceso a la Universidad en la última *convocatoria* o en convocatorias de años anteriores del *Curso de Madurez del Curso Preuniversitario* o el *COU* con anterioridad al año 1975.

Para la *adjudicación de las plazas* del cupo del 30% de Formación Profesional de 2ª Grado, Módulos Profesionales de III Nivel y Ciclos Formativos de Grado Superior se considerarán las solicitudes de alumnos que hayan terminado dichos estudios en la convocatoria de junio del último curso anterior a la solicitud de preinscripción al ingreso a la universidad.

Los alumnos extranjeros tendrán reservado el 5% de las plazas disponibles. Los alumnos que posean nacionalidad de Estados miembros de la Unión Europea tendrán el mismo tratamiento que los a quienes les corresponda la nacionalidad española.

Texto de la Administración Educativa. Año 1999

(b) Explica las gestiones administrativas que hiciste para ser admitido/a a tu curso. Puedes describir también visitas al departamento, entrevistas, etc.

13. Lee el siguiente texto y, a continuación, contesta a las preguntas

Ley Federal del Trabajo de Méjico establece, según el Cap.III Bis. Art. 153 Fracción A: "Todo trabajador tiene el derecho a que su patrón le proporcione capacitación o adiestramiento en su trabajo, que le permita elevar su productividad, conforme a los planes y programas formulados de común acuerdo por el patrón y el sindicato a sus trabajadores, y aprobados por la Secretaría del Trabajo y Previsión Social . . ."

(a) ¿Qué entiendes por *capacitación* **y** *adiestramiento***?**

(b) Haz un cuadro resumen con los programas estatales, municipales o privados de capacitación o formación profesional que se realicen en tu país, municipio o comunidad

(c) Escribe un resumen de diferentes denominaciones de diplomas o títulos que se expiden en los programas anteriormente mencionados

Nivel 3 / Level 3

1. (a) Buscar el significado de los vocablos o expresiones siguientes

absentismo, académico, aprendiz, apto, asignatura, aula virtual, carrera, castigar, clase a distancia, conocimiento, cuaderno, curso intensivo, decano, docente, diploma, dispensar, escolar, hacer novillos, ilustrado, refrán

(b) Elige diez vocablos de la lista anterior y construye frases para ilustrar su uso

2. (a) Buscar sinónimos de las palabras siguientes

diploma, diseño, educación, ejercicio, estudiante, empollar, encargado, genio, letrado, ilustrado, ensayo, equipo, escolar, estética, pedante, expediente, factor, revisar, novillos, simple

(Se encuentra la solución en Internet)

(b) Elige diez vocablos de la lista anterior, y construye frases para ilustrar su uso

(c) Escribe una redacción utilizando al menos una docena de los sinónimos encontrados en el ejercicio (a)

3. (a) Encontrar la diferencia entre los vocablos de cada pareja

abandonado	abanderado	cuaderno	cuaderna
admitido	omitido	curso	recurso
aprobar	probar	decano	decanato
apto	harto	sesudo	seseo
aula	jaula	vacación	vocación

(Se encuentra la solución en Internet)

(b) Construye frases para ilustrar las diferencias entre los vocablos de cada pareja

4. (a) Enumera las tareas más frecuentes que realizará

i. el tutor de un grupo de alumnos	iv. el conserje del instituto
ii. el jefe de estudios de un instituto	v. el rector de la universidad
iii. el profesor de educación física	vi. el jefe de departamento en la universidad

(b) Describe la reunión de un alumno con su tutor porque el rendimiento académico del alumno no es satisfactorio

5. Explica el sentido de las siguientes expresiones

nadar en la abundancia
brillar con luz propia
caldearse el ambiente
estar en el cenit
venir alicaído
tener sed de justicia
no caber en sí de gozo
rayar el alba
el ocaso de su vida
ser un portento

6. Escribir expresiones en inglés que puedan equivaler a

estar suspenso	obtener un aprobado	llegar a sobresaliente
alcanzar notable	repetir curso	dejar una asignatura
catear todas	poner un cero	quedarse en blanco
ser evaluado	no saber nada de nada	pillarle copiando (a uno)

7. Escoge cinco de los textos siguientes procedentes del lenguaje administrativo y explica su sentido con tus propias palabras

i. La integración escolar es la respuesta educativa adaptada a las necesidades de los alumnos en un proceso de enseñanza-aprendizaje en el aula
ii. El sistema educativo dispondrá de los recursos necesarios para que los alumnos con necesidades educativas especiales, temporales o permanentes, puedan alcanzar, dentro del sistema, los objetivos establecidos con carácter general para todos los ciudadanos
iii. El programa de integración persigue lograr una respuesta educativa que respete y se adapte a los diferentes individuos del alumnado
iv. Todos los centros públicos son centros de integración. Disponen de profesorado de apoyo específico en función de las necesidades educativas especiales del alumnado escolarizado
v. Potencialmente, todos los centros concertados son integradores también. De hecho, están dotados con apoyos específicos aquellos centros concertados que justifican una mayor necesidad, en razón del alumnado con necesidades educativas especiales que tienen escolarizado
vi. La Educación Compensatoria es la respuesta educativa adaptada a las necesidades planteadas por los alumnos en situación de desventaja por razones de tipo sociocultural
vii. Para la consecución de la Educación Compensatoria existen actualmente un colectivo de profesores distribuidos en aquellos centros de Educación Primaria y de Educación Secundaria que escolarizan el mayor número de alumnos con necesidades de compensación educativa
viii. La Secretaría de Absentismo Escolar es un servicio de apoyo externo a los centros cuya finalidad es colaborar en la solución del absentismo escolar, reforzando así las medidas de compensación educativa que se desarrollan en este tema
ix. Para ello cuenta con un equipo multiprofesional que desarrolla actuaciones de orientación y sensibilización a las familias y a los alumnos que presentan esta problemática
x. En los Centros de Educación Secundaria con más de doce unidades, los alumnos tendrán cuatro representantes. Si el Centro es menor tendrá tres. En los Centros de Educación Primaria, dependerá de las condiciones que contemple el Proyecto Educativo de Centro

8. (a) Definir los siguientes conceptos

gente de la vieja escuela	la escuela andaluza	hacer escuela
la escuela de la vida	dejar la escuela	una escuela dura
Escuela Oficial de Idiomas	colegio de pago	obra maestra
reclamar al maestro armero	cloaca maestra	llave maestra
el maestro se lució en el ruedo	maestro de oficio	ser expulsado

(b) Componer otras frases con las expresiones anteriores para ilustrar su uso

9. (a) ¿Qué entiendes por las siguientes expresiones?

llave maestra, maestro de ceremonias, la calle ha sido mi maestra, amaestrar a un mono, conseguir su maestría, viga maestra, pared maestra

(b) Componer una narración en español utilizando las ideas sugeridas por los vocablos o expresiones anteriores. ¡Échale un poco de imaginación!

10. Lee atentamente el texto siguiente, y contesta a las siguientes preguntas

Paco ansiaba desde su niñez ser como uno de aquellos tunos que rondaban a su prima Margarita las románticas noches cuando la luna jugaba al escondite en el celaje de veloces nubes y las luces de las farolas brillaban en el asfalto húmedo de las calles, al alegre son de los pasacalles de la estudiantina.

Al ingresar en la facultad de medicina tuvo que aguantar novatadas diversas, prohibidas, claro está, por todos los estamentos, docentes y extradocentes, con la entereza del que se sabe en los albores de una iniciación que va a transformar su existencia.

No podía imaginar que acceder a una plaza fija de veterano en la tuna supusiera una carrera tan dura como la de matasanos, como diría su hermano Pepe.

Hubo de presentarse descalzo y cabizbajo ante un tribunal de tunos, y confesar sus miserias: ser un vil aspirante, lego en el arte de rascar guitarra, bandurria o laúd -aún cuando hubiera asistido al conservatorio durante siete años académicos-, no saber entonar, ser lego en trucos y estratagemas, en el pedir, dar, coger, compartir y todo un rosario de afirmaciones gratuitas que tuvo que aceptar sin rechistar. Tras este acto fue aceptado en la tuna como "novato."

Ser novato significa estar, acompañar, oír, ver y callar, a no ser que te pregunten o te ordenen. Se deberá llevar una bata blanca, señal de candidez, y pasar la pandereta recogiendo los donativos, si recibe autorización para ello. Si uno se porta bien puede acceder a la consideración de "ladilla," con bata blanca también, pero recibiendo alguna que otra palabra de consideración, e incluso, pueda meter baza en la conversación sin ser preguntado.

Con el paso del tiempo, y méritos por medio, se accede a la consideración de "nuevo," pudiendo vestir el traje de tuno, que consiste en casaca de terciopelo negro, con farolillos en la parte alta de la manga, calzón corto acuchillado, medias de seda negras, capa negra con escudos y cintas de colores, regalo de sus enamoradas -ciertas o inventadas-, beca del color de la facultad o escuela, y zapato negro. El novato todavía no tiene derecho a voto, que sólo alcanzará cuando, tras un par de años, haya madurado hasta la calidad de "veterano," tras haber circulado por plazas y calles muchas noches de ronda, incrementando el número de cintas de su capa, el repertorio de canciones, y arrastrando, nostálgico, mil cicatrices amorosas en su corazón.

M.A.S.

(a) ¿Qué entiendes por los siguientes vocablos?

tuno, tuna, celaje, farola, pasacalle, novatada, docente, extradocente, descalzo, cabizbajo, rosario de afirmaciones, novato, pandereta, meter baza

(b) Enumera las agrupaciones o clubes de actividades en las que suelen participar los alumnos de un centro escolar o universitario de tu país

(c) Describe las actividades, relaciones, amistad y camaradería, grados, bromas, ceremonias de iniciación, etc., de alguno de esos grupos

11. Lee atentamente este artículo sacado de un periódico argentino, y a continuación, contesta a las preguntas

LA ESCUELA VA A LOS CHICOS DE LA CALLE

De un día para otro no apareció más por la escuela. Cayó preso, y la cárcel congeló el tiempo por dos años. Pero no se olvidó de que muchos seguían esperándolo. Y así como se fue una tarde, una mañana volvió, **con los sueños intactos.** Abrió la puerta del aula, y los que lo vieron entrar, sonrieron y recordaron. En sus manos traía la misma carpeta, que abrió en el día que había quedado esa última vez.

Marcos (19) -su nombre fue cambiado para preservar su identidad- es un chico de la calle. Su Estación, Constitución. Padre, 19 años, una "bruja" de la que está enamorado, un trabajo que lo obliga a madrugar después de noches que prefiere olvidar. Se presenta como alumno de la primaria del Centro educativo de adultos de la Secretaría de Educación porteña que funciona en un espacio que presta la Central de los Trabajadores Argentinos (CTA) en Independencia al 700.

En un cuarto de tres metros por dos funciona una escuela de doble turno. Como en cualquier otra, hay tiza y pizarrón, cuentas para resolver, pruebas que se entregan, lápices, cartucheras. **Pero no hay bandera ni patio**, sólo una mesa alargada para 17 jóvenes y adultos.

Indocumentados en su gran mayoría, con vínculos familiares ausentes o quebrados, adicciones, problemas de salud psíquica y corporal. Deambulan de día por la calle y algunos vuelven a la noche con sus familias o vecinos. La mayoría trabaja: hacen changas, limpian autos, cartonean.

Recorren las estaciones de tren pidiendo. Muchos están tutelados y con causas judiciales por haber perdido la escuela. Pero este círculo se rompe, en muchos casos, cuando los adultos se acercan con propuestas pensadas casi **a su medida** . . .

Le convocaron hace cuatro años, cuando se abrió esta primaria de adolescentes y adultos. En ese momento, Susana Ramos-44 años, 24 de experiencia en analfabetización-venía de trabajar en Floresta con chicos de la calle. En los 70 fue alfabetizadora en inquilinatos.

A la vuelta de la escuela, está el Servicio de Paz y Justicia (SERPAJ) que tiene operadores de calle que recorren zonas como Constitución. Se acercan a los chicos y los empiezan a mandar a la escuela porque descubren que **quieren probar**.

Marcos llega tarde. "¿Cómo vine por primera vez? En SERPAJ me trajeron de la oreja. Quieren que yo estudie, que cambie, entonces vine a la escuela. Ahora estoy trabajando como yesero en un galpón. Así me ordené un poco más," contó. Está en tercer ciclo pero seguramente le tomará un año más terminar.

Debajo de sus rulos, tiene una mirada siempre alerta, sin ningún resto de inocencia. "Sigo porque me interesa y quiero terminar el primario. Tengo una hija que cumple dos años, quiero que estudie y la voy a anotar en el Jardín." Pero nada es fácil. Se levanta de la silla y renguea. "Ve, seño, todavía me duelen las piernas. Hoy amanecemos todos a palazos."

En ese clima se concentran en su trabajo, tienen carpetas impecables, mejoran su expresión oral y escrita, mantienen sus útiles, valoran el boletín. Les gusta que los califiquen y escribir que sienten. Los maestros lo saben: "Si los ayudamos a zafar, van a zafar."

Clarín, Domingo, 28 de octubre, 2001

(a) Encuentra los vocablos típicamente argentinos y busca los equivalentes en España

(Se encuentra la solución en Internet)

(b) ¿Qué entiendes por . . . ?

de un día para otro, aula, carpeta, Constitución, espacio, Central de los Trabajadores, en Independencia al 700, indocumentados, inquilinatos

(c) ¿Qué significa No hay bandera ni patio?

(d) Haz un resumen del artículo en cien palabras

Unidad 16 / Unit 16

Letras y ciencias / Arts and Sciences

(Para "Números" y "Cálculos," ver Unidad 9 / For "Numbers" and "Calculations" see Unit 9)

Nivel 1 / Level 1

Gramática / Grammar

acento m mexicano	Mexican accent
adjetivo m	adjective
adverbio m	adverb
artículo m definido	definite article
artículo m indefinido	indefinite article
conjugación f	conjugation
conjugar	to conjugate
conjunción f	conjunction
consonante f	consonant
declinar un sustantivo	to decline a noun
dialecto m	dialect
en condicional	in the conditional
en femenino	in the feminine
en futuro	in the future
en imperativo	in the imperative
en indicativo	in the indicative
en itálica	in italics
en masculino	in the masculine
en negrita	in bold
en plural	in the plural
en pretérito	in the preterite/past
en sentido concreto	in the literal sense
en sentido figurado	in the figurative sense
en sentido propio	in the literal sense
en singular	in the singular
en subjuntivo	in the subjunctive
error m de gramática	grammatical error
expresión f	expression
falta f de ortografía	spelling mistake
fonética f	phonetics
frase f	sentence, phrase
frase f hecha	set phrase
género m	gender
gramática f	grammar
griego m	Greek
idioma m	language
latín m	Latin
lengua f	language
lengua f franca	lingua franca
lenguaje m	*(type of)* language
lenguaje m indio	pidgin language
lenguaje m médico	medical language
lingüística f	linguistics
manual m de gramática	grammar manual
negación f	negative
No se usa esta palabra	This word is not used
nombre m	noun
objeto m	object
palabras fpl acabadas en	words ending in
participio m de pasado	past participle
participio m de presente	present participle
participio m pasivo	past participle
poner en plural	to put in the plural
poner en singular	to put in the singular

preposición f	preposition
pronombre m	pronoun
raíz f etimológica	etymological root
registro m	register
Se emplea en español	It's used in Spanish
subrayar	to underline
sujeto m	subject
sustantivo m	noun, substantive
tiempo m	tense
tratar de tú	to use "tú" to *(someone)*
tratar de Vd.	to use "Vd." to *(someone)*
tutear	to use "tú" to *(someone)*
tuteo m	the use of "tú" *(with someone)*
verbo m	verb
verbo m auxiliar	auxiliary verb
vocal f	vowel

Literatura / Literature

acto m	act *(in play)*
argumento m	argument, plot
asunto m	theme, matter
aventura f	adventure
bruja f	witch
capítulo m	chapter
contar	to relate, to tell
contenido m	contents
cuento m	story, tale
cuento m de hadas	fairy story
derechos mpl de autor	royalties
describir	to describe
descripción f	description
discurso m	speech
elocuencia f	eloquence
elocuente	eloquent
enigma m	enigma
ensayo m	essay *(of an author, much less of a student)*
estilo m	style
fábula f	fable
fantasía f	fantasy
folleto m	brochure, pamphlet
fondo m	content
forma f literaria	literary form/shape
género m	genre
humor m	humor
humorístico	humorous
jornada f R3	act *(in play)*
literario	literary
literatura f	literature
mito m	myth
narración f	story, account
narrativa f	fiction, narrative technique, narrative
novela f	novel
novelística f R3	novel *(as a genre)*
obra f	work *(of art)*
obra f de teatro	play
obra f novelística R3	novel
obra f teatral	play
pasaje m	passage
portada f	title page, front cover *(of magazine)*
princesa f encantada	enchanted princess
prosa f	prose
redacción f	student essay
referir R3	to recount, to tell
relatar R3	to relate, to tell
relato m	story, tale, account
revista f	magazine, review
tratado m	treatise
trozo m de inglés	passage of English

Estilo / Style

apartarse de la historia	to digress
bosquejar R3	to sketch
bosquejo m R3	sketch
caricatura f	caricature
clásico	classic
constar de tres partes	to be comprised of three parts
crear	to create
culto	cultured
dejar correr la pluma	to write spontaneously
delicadeza f	delicacy
delicado	delicate

desarrollar	to develop
destacar	to highlight
divertido	amusing
enérgico	vigorous, energetic
entretenido	amusing, entertaining
escribir a vuela pluma	to write spontaneously
espíritu m creativo	creative spirit
fino	delicate, subtle
gracia f	wit, flair, gracefulness
gracioso	witty, attractive
hacer una digresión R3	to digress
imaginar(se)	to imagine
imitar	to imitate
inventar	to invent
metro m	meter
noble	noble
objetivo	objective
pintar del natural	to paint from reality
poético	poetic
popular	popular
prosaico R3	prosaic
rebuscado	overelaborate, recherché
representar	to represent
romántico	romantic
seco	dry, unadorned
sencillez f	simplicity
sencillo	simple
simple	simple
sobrio R3/2	sober
subjetivo	subjective
sugerir R3/2	to suggest
sugestivo R3/2	suggestive
sutil R3/2	subtle
sutileza f R3	subtlety
tomar como modelo	to take as a model
vivo	lively

Escritores y libros / Writers and books

autógrafo m	autograph
autor m	author
bestseller m	bestseller
biógrafo m	biographer
capítulo m	chapter
casa f editorial	publishers, publishing house
crónica f	chronicle
cronista mf	chronicler
cuentista mf	storyteller
dramaturgo m	dramatist
editor m	publisher, editor
enciclopedia f	encyclopedia
encuadernación f	binding
encuadernar	to bind
ensayista mf	essayist
escribir	to write
escritor m	writer
escritor m comprometido	committed writer
estampa f	illustration, picture
fabulista mf	writer of fables, fabulist
grabado m	engraving
ilustración f	illustration
ilustrar	to illustrate
imprenta f	printing, printing works/press
impresor m	printer *(machine and person)*
imprimir	to print
índice m	table of contents
introducción f	introduction
ladrillo m R1	enormous tome
lector m	reader
leer una revista	to read a review
librería f	bookstore/shop
librero m	bookseller
libro m	book
libro m de bolsillo	paperback
libro m de viejo	old book
libro m en rústica	paperback
libro m encuadernado	hardback
literato m R3	man of letters
mamotreto m R1	enormous volume
manuscrito m	manuscript
negro m	ghost writer
novelista mf	novelist
original m	original *(of a work)*
poeta mf	poet
portada f	cover
prefacio m	preface
prensa f	press
redacción f	writing, drafting, drawing up

redactar	to draft, to draw up
sacar un libro	to take/bring out a book
salir a luz R3	to appear
título m	title
tomo m	tome, volume
traductor m	translator
tratar de un tema	to deal with a subject
volumen m	volume

Ciencias (general) / Sciences (general)

adelanto m	progress
ampliar los conocimientos	to develop knowledge, to push back the frontiers of knowledge
análisis m	analysis
analizar	to analyze
arder	to burn
avance m	advance, progress
ciencia f	science
ciencias fpl aplicadas	applied sciences
ciencias fpl exactas	exact sciences
ciencias fpl experimentales	experimental sciences
ciencias fpl naturales	natural sciences
ciencias fpl puras	pure sciences
científico m	scientist
clasificación f	classification
clasificar	to classify
combustible	combustible
consistencia f R3/2	consistency, thickness, solidity
cosa f	thing
densidad f	density
denso	dense
derretimiento m	melting
derretir	to melt
descubrimiento m	discovery
diluir	to dilute
disolver	to dissolve
dulzura f	sweetness
dureza f	hardness
elemento m	element
ensayar	to test
especie f	species
estar compuesto de	to be composed of
experimentar una fórmula	to experiment with a formula
experimento m	experiment
explosión f	explosion
explotar	to explode, to exploit
fenómeno m	phenomenon
filo m agudo	sharp edge
fórmula f	formula
frágil	fragile
fragilidad f	fragility
hacer experimentos	to do experiments
hacer investigaciones	to carry out research
hallazgo m	find, discovery
humear	to smoke, to steam
humo m	smoke
inflamable	flammable
innovación f	innovation
innovar una técnica	to create a technique
investigador m	researcher
invisible	invisible
laboratorio m	laboratory
lija f áspera	rough sandpaper
líquido m	liquid
llama f	flame
llano	flat
llenar	to fill
lleno de agua	full of water
madera f suave	smooth wood
materia f orgánica	organic matter
material m duro	hard material
materias fpl primas	raw materials
metal m blando	soft metal
mezcla f	mixing, mixture
mezclar agua y sal	to mix water and salt
muelle m	spring *(coiled)*
no haber inventado la pólvora	not to be earth-shattering
observación f	observation
observar	to observe
opaco	opaque
orgánico	organic
organismo m	organism
origen m	origin
palo m puntiagudo	pointed stick
perfeccionar un método	to perfect a method
podrido	rotten

poroso	porous
pudrirse	to go rotten
quemar	to burn
reacción f	reaction
registrar una patente	to register a patent
resorte m	spring *(coiled)*
saber a ciencia cierta	to know for certain
sabio m	erudite person *(often a scientist)*
solidez f	solidity
sólido	solid
suavidad f de la piel	smoothness of the skin
sustancia f	substance
transparente	transparent
vaciar	to empty
vacío	empty
vapor m	steam, vapor
visible	visible

Minerales y metales / Minerals and metals

acero m	steel
aleación f	alloy
aluminio m	aluminum
amianto m	asbestos
arcilla f	clay
arena f	sand
azogue m R3	mercury, quicksilver
azufre m	sulphur
bauxita f	bauxite
bronce m	bronze
cal f	lime
cantera f	quarry
carbón m	coal
cerámica f	ceramics
chatarra f	junk/scrap metal
cinc m	zinc
cobre m	copper
creta f	chalk
cristal m	glass *(made from* vidrio*)*, crystal
cristal m quebradizo	fragile glass
esmalte m	enamel
esquisto m	schist
estaño m	tin
estructura f férrea	iron structure
extracción f	extraction
extraer	to extract
férreo	ferrous
filón m	seam, vein
fundición f	smelting
granito m	granite
hierro m	iron
hierro m fundido	cast iron
hojalata f	tin plate
imán m	magnet
latón m	brass
magnesio m	magnesium
manganeso m	manganese
mercurio m	mercury
metal m puro	pure metal
mina f de cobre	copper mine
mineral m	mineral
minero m	miner
níquel m	nickel
oro m	gold
pedernal m	flint
piedra f	stone
pizarra f	slate
plata f	silver
plomo m	lead
porcelana f	porcelain
puerta f metálica	metallic door
pureza f	purity
sedimento m	sediment
sílex m	silex, flint
uranio m	uranium
vena f de cobre	copper vein, seam
vidrio m	glass *(usually material)*
yacimiento m de hierro	iron vein, seam

Color y luz / Color and light

amarillo	yellow
azul	blue
blanco	white
brillo m	shine, sparkle
claro	bright, light, clear
color m	color
colorado	red, rosy
colorido m	coloring
dorado	golden, gilded
gris	gray

incoloro	colorless
lila	lilac
luz f	light
marrón	brown
mate	dull, matt
matiz m	nuance, shade of color
moreno	tanned, dark-skinned, brown
negro	black
oscuro	dark
pálido	pale
pardo	brownish gray
plateado	silvery
rojo	red
rosa	pink
televisión f en color	color television
tono m	tone, shade
ver el mundo de color de rosa	to see the world through rose-colored glasses
verde	green
violeta	violet

Blanco/white

arma f blanca	knife, dagger
blanco m del ojo	white of the eye
carta f blanca	*carte blanche*
continente m blanco	Antarctic
foto en blanco y negro	black and white photo
hulla f blanca	water *(for hydroelectric energy)*
mirlo m blanco	miracle

Negro/black

aguas fpl negras	sewage
agujero m negro	black hole
bestia f negra	*bête noire*
continente m negro	dark continent *(Africa)*
humor m negro	black humor
novela f negra 3/2	thriller
oveja f negra	black sheep *(of the family)*

Sistemas de información, periódicos, Correos y teléfono / Information systems: newspapers, Post Office and telephone

Ahora se pone	(S)he's coming to the phone now
Ana no está	Ana isn't here
antena f	antenna
apartado m de correos	Post Office (PO) Box
¡Bueno! M	Hello! *(on phone)*
buzón m	mail/post box
cabina f telefónica	telephone booth/box
carta f	letter
cartero m	mailman, postman
casa f de correos	Post Office
colgar el teléfono	to hang up
comunicarse con	to speak to *(on phone)*
contestador m	answer phone
contestadora f M	answer phone
contestar a vuelta de correo	to reply by return of post
correo m certificado	registered mail/post
correo m urgente	urgent mail/post
correspondencia f	correspondence
corresponsal mf	correspondent
dar un recado	to give a message
dejar un mensaje	to leave a message
descolgar	to pick up the phone
diario m	daily
¡Diga!/¡Dígame!	Hello! *(on phone)*
dirección f	address
directorio m telefónico M	telephone directory
dominical m	Sunday
echar al buzón	to mail, to post
enviar una tarjeta	to send a card
estampilla f A/M	stamp
estanco m	tobacconist's shop *(where stamps are sold)*
franqueadora f	postage meter, franking machine
franquear un paquete	to frank / pay the postage on a parcel
franqueo m	postage, franking
gaceta f R3	gazette
guía f telefónica	telephone directory

hacer un llamado M	to make a call *(used less than* llamada*)*
hacer una llamada	to make a call
informar	to report
informe m	report
llamada f internacional	international call
llamada f interurbana	long-distance/trunk call
llamada f telefónica	telephone call
llamada f urbana	local call
llamar a un amigo	to call a friend
mandar una carta	to send a letter
mantener correspondencia con	to correspond with
marcar el número	to dial the number
matasellos m	postmark
medios mpl de comunicación	media
número m de teléfono	telephone number
número m equivocado	wrong number
ocupado	busy, engaged
¡Ola! A	Hello! *(on phone)*
operador m	operator
paquete m	packet, parcel
periódico m	newspaper
periodista mf	journalist
por avión	by air
reportar M	to report
reporte m de televisión M	television report
revista f	magazine
sello m	stamp
semanario m	weekly
señas fpl	address
sobre m	envelope
tarjeta f postal	post card
telefonear	to telephone
teléfono m	telephone
timbre m M	stamp
tren m correo	mail train
Voy a correos	I'm going to the Post Office
Voy al correo A/M	I'm going to the Post Office

Nivel 2 / Level 2

Gramática y lenguaje / Grammar and language

abreviatura f	abbreviation
adjetivo m demostrativo	demonstrative adjective
alfabeto m	alphabet
antepenúltima sílaba f	antepenultimate syllable
antónimo m R3/2	antonym
arcaísmo m R3/2	archaism
bilingüe	bilingual
bilingüismo m	bilingualism
caló m R3/2	gypsy slang
caso m ablativo	ablative case
caso m acusativo	accusative case
caso m dativo	dative case
caso m genitivo	genitive case
caso m nominativo	nominative case
complemento m	complement, object
concordancia f en género y número	agreement in gender and number
deje/dejo m mejicano	Mexican accent
derivación f	derivation
derivado m	derivative
derivarse de	to derive from
diptongo m	diphthong
ejercicio m gramatical	grammatical exercise
en comparativo	in the comparative
en superlativo	in the superlative
Esta palabra quiere decir . . .	This word means . . .
estética f	aesthetics
etimología f	etymology
expresión f arcaica	archaic expression
extranjerismo m	foreign borrowing/word

falta f de sentido — lack of meaning
fonema m R3/2 — phoneme
hablar (el) castellano — to speak Castilian/Spanish
hablar en cristiano — to speak in plain Spanish
hablar en romance — to speak plainly
hablar español — to speak Spanish
hablar náhuatl M — to speak Nahuatl *(language of the Aztecs)*
hablar quechua — to speak Quechua
jerga f — jargon, slang
latín m vulgar — Vulgar Latin
lengua f románica — romance language
léxico m — lexicon, vocabulary
lexicografía f R3/2 — lexicography
lexicógrafo m R3/2 — lexicographer
lunfardo m A — Buenos Aires slang
monosílabo m — monosyllable
neologismo m R3 — neologism
nombre m común — common noun
nombre m propio — proper noun
objeto m directo — direct object
objeto m indirecto — indirect object
palabra f esdrújula — word with stress on antepenultimate syllable
palabra f llana — word with stress on penultimate syllable
penúltima sílaba f — penultimate syllable
prefijo m — prefix
pronombre m demostrativo — demonstrative pronoun
pronunciación f — pronunciation
pronunciar — to pronounce
regla f gramatical — grammatical rule
sigla f — acronym, abbreviation

Letras (con indicaciones de pronunciación) / Letters (with pronunciation indicators)

la a, la b(e), la b(e) grande (M), la b(e) larga (A), la c(e), . . . ch(e), d(e), e, (e)f(e), g(e), h (hache), i, j(jota) k(a), (e)l(e), (e)ll(e), doble l (e)l(e) (M), (e)m(e), (e)n(e), (e)ñ(e), o, p(e), q (cu), r (e)r(re), (e)rr(e) doble, doble r (e)rr(e) (M), (e)s(e), t(e), u, (u)v(e), la b chica (M), la b corta (A), w (uve doble, doble uve (M)), x (equis), y (i griega), z (zeta/zeda)

significar — to mean
sílaba f — syllable
sinónimo m — synonym
sintáctico — syntactic
sintaxis f — syntax
sufijo m — suffix
uso m coloquial — colloquial usage
uso m elevado — lofty/literary usage
uso m estándar — standard usage
uso m grosero — vulgar usage

Verbos y tiempos / verbs and tenses

en modo m indicativo — in the indicative mood
en modo m subjuntivo — in the subjunctive mood
en presente — in the present
en voz activa — in the active voice
en voz pasiva — in the passive voice
futuro m — future
futuro m perfecto — future perfect
gerundio m — gerund
imperfecto m — imperfect
potencial m — conditional
presente m — present
pretérito m anterior — past anterior
pretérito m perfecto — perfect
pretérito m pluscuamperfecto — pluperfect
pretérito m simple — past definite
subjuntivo m imperfecto — imperfect subjunctive
subjuntivo m presente — present subjunctive
tiempo m — tense
verbo m intransitivo — intransitive verb
verbo m irregular — irregular verb
verbo m reflexivo — reflexive verb
verbo m regular — regular verb
verbo m transitivo — transitive verb

NB.

1. All letters are feminine
2. *mayúscula* f = capital letter
3. *minúscula* f = small letter
4. *la hache* = h
5. As isolated letters, *r* and *rr* are the same sound, which explains the use of *doble* for *rr*
6. The *x* in *México* is pronounced as a jota; same for *Oaxaca* and *Texas*
7. The *ll* in Argentinian Spanish is pronounced as *je*, as in the French pronoun *je*
8. The *n* with the tilde is nearly always referred to as *la ñ*
9. *Jota* is pronounced like English *h*
10. M *ce* and *ceta* are pronounced as *se* and *seta*, i.e., they have the *s* sound of English *sit*

Acentos/accents

acento m agudo	acute accent
acento m circunflejo	circumflex accent
acento m grave	grave accent
acento m tónico	tonic accent
acentuación f	accentuation
acentuar	to accentuate
diéresis f	diaerisis
la ñ	ñ
signo m ortográfico	diacritic
tilde m	accent over *n (i.e., ñ)*

Signos de puntuación / punctuation marks

apóstrofe f	apostrophe
asterisco m	asterisk
coma f	comma
dos puntos mpl	colon
entre comillas	in inverted commas
entre corchetes	between (square) brackets
entre paréntesis	in parenthesis
exclamación f	exclamation
guión m	hyphen
interjección f	interjection
interrogante mf	question mark
punto m (final)	period, full stop
punto m y aparte	period new paragraph, full stop new paragraph
punto m y coma	semi colon
puntos mpl suspensivos	dot dot dot
puntuar	to punctuate
signo m de admiración	exclamation point/mark
signo m de interrogación	question mark
signo m de puntuación	punctuation mark

Figuras retóricas / Figures of speech

NB. Casi todos los siguientes casos corresponden a R3 / Almost all the following cases correspond to R3

alegoría f	allegory
aliteración f	alliteration
anáfora f	anaphora
antítesis f	antithesis
capicúa f	palindrome
comparación f	simile, comparison
contraste m	contrast
elipsis f	ellipsis
énfasis f	emphasis, hyperbole
epítome m	epitome
exageración f	exaggeration, hyperbole
figura f retórica	figure of speech
hiperbole f	hyperbole
imagen f	image
litote f	litotes, understatement
lugar m común	commonplace
metáfora f	metaphor
metafórico	metaphoric
metonimia f	metonymy
onomatopeya f	onomatopoeia
oximoron m	oxymoron
palindromo m	palindrome

paradoja f	paradox
personificación f	personification
prosopopeya f	prosopopoeia
proverbio m	proverb
repetición f	repetition
representación f	representation
retórica f	rhetoric
simbólico	symbolic
símbolo m	symbol
símil m	simile
sinécdoque f	synecdoche
tópico m	platitude
transposición f de palabras iniciales	spoonerism
tropo m	trope

Géneros literarios / Literary genres

antología f	anthology
arte m poético	poetic art
autobiografía f	autobiography
balada f	ballad
biografía f	biography
cómic m	comic
crítica f literaria	literary criticism
epístola f	epistle
epopeya f	epic
farsa f	farce
florilegio m	anthology
folletín m	newspaper serial
leyenda f	legend
libros mpl de caballería	chivalresque literature
máxima f	maxim
romance m	romance
romancero m	collection of ballads
saga f	saga
sainete m	comedy sketch, one-act play
tebeo m	comic *(like* Batman*)*

Tipos de novelas / types of novels

fotonovela f	photoromance
historia f de fantasma	ghost story
novela f de amor	love story
novela f de aventura	adventure story
novela f de capa y espada	swashbuckling historical romance
novela f de ciencia ficción	science-fiction novel
novela f de costumbres	novel of manners
novela f de espionaje	spy thriller
novela f de la posguerra	post-(civil-)war novel
novela f de tesis R3	philosophical novel
novela f epistolar R3/2	epistolary novel
novela f exitosa M	successful novel
novela f filosófica	philosophical novel
novela f gótica	Gothic novel
novela f histórica	historical novel
novela f pastoril R3/2	novel of idealized relationship between shepherds and shepherdesses
novela f picaresca	picaresque novel
novela f policíaca	thriller
novela f por entregas	serialized novel
novela f radiofónica	radio serial
novela f rosa	romantic novel
novela f sentimental	romantic novel
novelón m	long novel
obra f de vulgarización	popular work
picaresca f	picaresque genre

Algunas novelas y obras de teatro no hispánicas (A), y cuentos de hadas (B) / Some non-Hispanic novels and plays (A), and fairy stories (B)

(A)

A puerta cerrada (Sartre)	*In Camera / No Exit*
Adiós a las armas (Hemingway)	*A Farewell to Arms*
Al este de Edén (Steinbeck)	*East of Eden*
Almas muertas (Gogol)	*Dead Souls*
Calle mayor (Sinclair Lewis)	*Main Street*
Cartas desde mi molino (Daudet)	*Letters from my Windmill*
Crimen y castigo (Dostoievski)	*Crime and Punishment*

Cuentos de la Alhambra (Irving)	*The Alhambra*
Cuentos fantásticos (Hoffmann)	*Tales of Hoffmann*
El cazador de ciervos (Fenimore Cooper)	*The Deerslayer*
El Don apacible (Cholojov)	*And Quiet flows the Don*
El gran Gatsby (Scott Fitzgerald)	*The Great Gatsby*
El libro de la selva (Kipling)	*The Jungle Book*
El mercader de Venecia (Shakespeare)	*The Merchant of Venice*
El paralelo 42 (Dos Passos)	*The 42nd Parallel*
El proceso (Kafka)	*The Trial*
El sueño de una noche de verano (Shakespeare)	*A Mid-Summer Night's Dream*
El último mohicano (Fenimore Cooper)	*The Last of the Mohicans*
El viejo y el mar (Hemingway)	*The Old Man and the Sea*
En busca del tiempo perdido (Proust)	*In Search of Lost Time*
Este lado del paraíso (Scott Fitzgerald)	*This Side of Paradise*
Guerra y paz (Tolstoi)	*War and Peace*
Hijos y amantes (D. H. Lawrence)	*Sons and Lovers*
Hombres y ratas (Steinbeck)	*Of Mice and Men*
La Cartuja de Parma (Stendhal)	*The Charterhouse of Parma*
La casa de las siete torres (Nathaniel Hawthorne)	*The House of the Seven Gables*
La letra roja (Hawthorne)	*The Scarlet Letter*
La montaña mágica (Mann)	*The Magic Mountain*
La muerte de un viajante (Miller)	*Death of a Salesman*
La peste (Camus)	*The Plague*
La piel de zapa (Balzac)	*The Wild Ass's Skin*
La serpiente emplumada (D. H. Lawrence)	*The Plumed Serpent*
Las alegres comadres de Windsor (Shakespeare)	*The Merry Wives of Windsor*
Las brujas de Salem (Miller)	*The Witches of Salem*
Las olas (Virginia Woolf)	*The Waves*
Las uvas de la ira (Steinbeck)	*The Grapes of Wrath*
Lo que el viento se llevó (Mitchell)	*Gone with the Wind*
Los caminos de la libertad (Sartre)	*The Roads to Freedom*
Los hermanos Karamazov (Dostoievski)	*The Brothers Karamazov*
Los novios (Manzoni)	*The Betrothed*
Metamorfosis (Kafka)	*Metamorphosis*
Orgullo y prejuicio (Austen)	*Pride and Prejudice*
Otelo (Shakespeare)	*Othello*
Panorama desde el puente (Miller)	*View from the Bridge*
Por quien doblan las campanas (Hemingway)	*For Whom the Bell Tolls*
Rojo y Negro (Stendhal)	*Scarlet and Black*
Seis personajes en busca de autor (Pirandello)	*Six Characters in Search of an Author*
Un mundo feliz (Huxley)	*Brave New World*

(B)

Barba Azul m	Blue Beard
Blancanieves f	Snow White
Cenicienta f	Cinderella
El Gato con Botas	Puss in Boots
La Bella Dormida	The Sleeping Beauty
La Bella Durmiente del Bosque	The Sleeping Beauty
La Caperucita Roja	Little Red Riding Hood

Los Tres Cerditos	The Three Little Pigs
Príncipe Azul m	Prince Charming
Pulgarcito m	Little Tom Thumb

Novela / Novel

aludir a R3	to allude to
ambiente m de la posguerra	circumstances of the post-(civil-)war period
argumentar	to argue
argumento m secundario	secondary plot
boceto m	outline
carácter m	attributes (of a character)
caracterizar	to characterize
cita f	quotation
citar	to quote
color m local R3/2	local color
contexto m	context
corriente f del pensamiento	interior monologue
dedicatoria f	dedication
denotar 3/2	to denote
describir a grandes rasgos	to describe with broad brush strokes
desenlace m	dénouement
destacar	to highlight, to bring out, to stand out
diálogo m	dialogue
discurso m	speech, discourse
discurso m directo	direct speech
discurso m indirecto	indirect speech
edición f	publishing
editar	to publish
El texto trata de...	The text deals with...
en plena madurez creadora	in full creative flow
episodio m	episode
escena f	scene
estar ubicado en R3/2	to be set in
estilo m directo	direct speech
estilo m indirecto	indirect speech
estructura f del texto	structure of the text
evocar una época	to evoke / to create a period
flash-back m	flash-back
hacer alusión a	to allude to
hacer hincapié en	to stress
héroe m	hero
heroína f	heroine
hilo m del relato	thread of the story
inspirarse en	to be inspired by
introducción f	introduction
La historia se complica	The plot thickens
lleno de resonancia kafkiana R3/2	full of Kafkaesque echos
llevar al cine	to adapt to the screen
machacar sobre el mismo tema R1	to keep stressing the same subject
monólogo m interior	interior monologue
novelar	to write novels
novelar la vida de	to write a novel about the life of
nudo m de la novela	most complex part of the novel
obra f de ficción	work of fiction
párrafo m	paragraph
personaje m novelesco	fictional character
pintar	to paint, to depict
plagiar	to plagiarize
plan m	plan, project
poner de manifiesto R3/2	to highlight, to bring out
preámbulo m	preamble
prólogo m	prologue
protagonista mf	protagonist
recalcar la importancia de	to emphasize the importance of
referir un cuento R3	to relate a story
relatar en primera persona	to tell in the first person
relatar en tercera persona	to tell in the third person
relato m bien construido	well-structured story
representar	to represent
segundo plano m	background
tejer una trama	to weave a plot
tema m subyacente	underlying theme
trama f de la novela	novel's plot

universo m narrativo	narrative universe
urdir una trama	to weave a plot
versión f revisada, puesta al día y ampliada	revised, updated and expanded version/edition

Poesía / Poetry

NB. Casi todos los términos de esta lista son R3 / Unless otherwise indicated, almost all the terms in this list are R3

acróstico m	acrostic
alejandrino m	alexandrine
asonancia f	assonance
balada f	ballad
cantar m de gesta	*chanson de geste*
clasicismo m	classicism
conceptismo m	*17th-century style making extensive use of conceits*
copla f	stanza
culteranismo m	*elaborate 16th- and 17th-century literary style*
elegía f	elegy
encabalgamiento m	enjambement
endecasílabo m	hendecasyllable
epígrafe m	epigraph, inscription
epigrama m	epigram
epitafio m	epitaph
epitalamio m	epithalamium
estancia f	stanza
estar a la vanguardia R2	to be in the vanguard
estribillo m	refrain
estrofa f	stanza, verse
género m bucólico	pastoral genre
género m pastoril	pastoral genre
gongorismo m	*style after the manner of Góngora*
hemistiquio m	hemistich
hiato m	hiatus
idilio m	idyll
lírica f	lyric
métrico	metric
musa f	muse
numen m (poético)	(poetic) inspiration
octosílabo m	octosyllable
oda f	ode
panegírico m	panegyric
poema m R2	poem *(often long)*
poesía f R2	poetry, poem
quiasmo m	chiasmus
Renacimiento m	Renaissance
rima f asonante	assonant rhyme
rima f consonante	consonant rhyme
rimas fpl encadenadas	coupled rhymes
ripios mpl R3/2	irrelevant material, padding
ritmo m R2	rhythm
secuencia f lingüística	linguistic sequence
Siglo m de Oro R2	Golden Age
Siglo m de las Luces R2	Enlightenment Period
sinalefa f	elision
sinéresis f	syneresis
soneto m R3/2	sonnet
versificar	to versify
verso m R3/2	verse, line of verse
verso m blanco	blank verse

Estilo / Style

acompasado	rhythmic, regular
afectado	affected
amanerado	affected, mannered
animado	lively
barroco	baroque
brioso	lively
burlesco	burlesque
campechano	frank, open
cínico	cynical
cinismo m	cynicism
coloquial	colloquial
conciso R3/2	concise
declamatorio R3	declamatory
deshilvanado	disjointed
El autor ha descrito Castilla	The author has described Castille

elevado	lofty, noble
empalagoso	cloying
entrecortado	staccato, jerky
entretejer dos historias	to weave two stories *(into each other)*
épico	epic
estrafalario	weird, bizarre
familiar	colloquial
florido	flowery, florid
fluido	easy, flowing
gráfico	graphic
grandilocuencia f R3	bombast
grandilocuente R3	bombastic
grotesco	grotesque
harmonioso	harmonious, flowing
ironía f	irony
irónico	ironic
La autora ha descrito el Chaco A	The author has described the Chaco
lacónico R3	laconic
lapidario R3	terse, lapidary
lírico	lyrical
meter ripios R3/2	to indulge in irrelevancies
mordaz R3	scathing, caustic
natural	natural
parodia f R3/2	parody
parodiar R3/2	to parody
patético	moving
pomposo	pompous
prolijo R3	wordy, prolix
recargado	excessively ornate
rítmico	rhythmic
sátira f	satire
satírico	satirical
satirizar	to satirize
sensiblero	maudlin
solemne	solemn
subido de tono	risqué
trágico	tragic
vigoroso	forceful

Física (general) / Physics (general)

aire m rareficado	rarefied air
amperímetro m	ammeter
amperio m	ampere
aparatos mpl de laboratorio	laboratory apparatus
atracción f	attraction
baja temperatura f	low temperature
barrera f del sonido	sound barrier
batería f	battery
bomba f	pump
brújula f	compass *(for direction)*
burbuja f	bubble
cable m flojo	slack cable
cable m rígido	tight/rigid cable
calor m	heat
caloría f	calorie
carga f eléctrica	electric charge
central f eléctrica	electric power station
central f nuclear	nuclear power station
centro m de gravedad	center of gravity
circuito m eléctrico	electric circuit
condensación f	condensation
condensador m	condenser
condensar	to condense
conductor m	conductor
consistencia f	consistency, density
contracción f	contraction
contraer	to contract
corriente f	current
corriente f alterna	alternating current
corriente f continua	direct current
cuerpo m gaseoso	body of gas
dar una descarga	to give a(n electric) shock
descomposición f de la luz	decomposition of light
despedir un gas	to give off a gas
difusión f del sonido	expansion of the sound
dilatación f de un gas	expansion of a gas
dilatar	to dilate
eco m de una voz	echo of a voice
El líquido se derramó	The liquid spilt
electricidad f	electricity
electrocutar	to electrocute
electroimán m	electromagnet
enchufe m	electric plug
equilibrio m	balance
espejo m	mirror

espejo m cóncavo	concave mirror
espejo m convexo	convex mirror
estabilidad f de un gas	stability of a gas
estable	stable
evaporación f	evaporation
evaporarse	to evaporate
física f	physics
físico m	physicist
fisión f nuclear	nuclear fission
fluido m	fluid
fluido m gaseoso	gaseous fluid
foco m acústico	acoustic focus
frío m	cold(ness)
fuerza f centrífuga	centrifugal force
fuerza f centrípeta	centripetal force
fuerza f viva	kinetic energy
fundirse	to melt
fusión f nuclear	nuclear fusion
gas m tóxico	poisonous gas
gravedad f	gravity
hidrólisis f R3	hydrolysis
imán m	magnet
imanar un metal R3	to attract a metal
imantar un alfiler	to attract a pin
inercia f	inertia
inerte	inert
inestable	unstable
ingravidez f	weightlessness
ingrávido	weightless
inventor m	inventor
lente f (m M)	lens
leyes fpl de la física	laws of physics
linterna f mágica	magic lantern
líquido m	liquid
Los polos opuestos se atraen	Opposites attract each other
lupa f	magnifying lens
magnetismo m	magnetism
masa f de un cuerpo	mass of a body
mecánica f	mechanics
mechero m Bunsen	Bunsen burner
metal m afilado	sharp metal
movimiento m	movement
nuclearización f	introduction of nuclear energy
nuclearizarse	to go nuclear
onda f expansiva	blast
onda f sonora	sound wave
opaco	opaque
opaquedad f	opacity
oro m macizo	solid gold
oxidarse	to oxidize, to rust
palanca f	lever
pararrayos m	lightning conductor
peso m	weight
peso m específico	specific gravity
pila f	battery
polea f	pulley
presión f	pressure
prisma m	prism
profetizar el fin del mundo	to prophesy the end of the world
prueba f nuclear	nuclear test
puntiagudo	pointed
punto m de congelación	freezing point
punto m de ebullición	boiling point
reacción f nuclear	nuclear reaction
rechazar la luz	to reflect the light
reflejar una imagen	to reflect an image
reflejo m	reflection
refracción f	refraction
refractar los rayos del sol	to refract the sun's rays
repeler una fuerza	to repel a force
resistencia f	resistance, resistor, element *(in electrical apparatus)*
resistente al agua	water resistant
sólido m	solid
sustancia f friable	friable/crumbly substance
tensión f	tension
termómetro m	thermometer
transformador m	transformer
transistor m	transistor
transmitir una corriente	to transmit a current
vatio m	watt
vibración f	vibration

viscoso viscous
volátil volatile
voltaje m voltage
voltio m volt

Química / Chemistry

acidez f acidity
ácido m acid
ácido m acético acetic acid
ácido m carbónico carbonic acid
ácido m cítrico citric acid
ácido m clorhídrico hydrochloric acid
ácido m fórmico formic acid
ácido m láctico lactic acid
ácido m nítrico nitric acid
ácido m sulfúrico sulphuric acid
ácido m úrico uric acid
amoníaco m ammonia
amonio m ammonium
átomo m atom
base f base
butano m butane *(gas)*
carbono m carbon
cloro m chlorine
cloruro m chloride
composición f composition
crisol m crucible
descomposición f decomposition
destilar to distill
energía f atómica atomic energy
estrógeno m estrogen
éter m ether
ferroso ferrous
filtro m filter
fisión f nuclear nuclear fission
fórmula f formula
fósforo m phosphorus
hidrógeno m hydrogen
horno m oven
insoluble insoluble
masa f molecular molecular mass
matraz m (balloon) flask
metano m methane *(gas)*
molécula f de agua water molecule
nitrógeno m nitrogen
oxígeno m oxygen
peso m molecular molecular weight
potasio m potassium
precipitado m precipitate
probeta f test tube
propano m propane
propiedad f property
química f chemistry
química f R1 *(poor-quality)* artificial food *(with additives, etc.)*
química f inorgánica inorganic chemistry
química f orgánica organic chemistry
químico m chemist
retorta f retort
sal f salt
símbolo m symbol
soluble soluble
solución f solution
soplete m blow torch, welding torch
sustancia f substance
tubo m tube

Piedras y metales preciosos / Precious stones and metals

ágata f agate
amatista f amethyst
azabache m jet
bañado en oro gold plated
chapado en oro gold plated
cristal m crystal, glass
cristalizar to crystallize
cuarzo m quartz
diamante m diamond
esmeralda f emerald
fósil m fossil
gema f gem
jade m jade
jaspe m jasper
lapislázuli m lapis lazuli
lingote m de oro gold ingot
márfil m ivory
nácar m mother-of-pearl, nacre
obsidiana f obsidian
oro m gold

plata f	silver
quilate m	carat
rubí m	ruby
topacio m	topaz
zafiro m	sapphire

Sistemas de información / Information systems

Correos / Post Office

acuse m de recibo	acknowledgment of receipt
agregar una postdata	to add a postscript
cartearse R3/2	to carry on correspondence with, to write *(to each other)*
código m postal	zip code, postal code
correo m aéreo	airmail
destinatario m	addressee
destino m	destination
envío m de una carta	sending of a letter
fax m	fax
giro m	giro
impreso m	printed matter
mandar por fax	to fax
matasellar	to frank, to cancel
recogida f	*(letter)* collection
remite mf	name and address of sender
remitente mf	sender
reparto m de correo	delivery of mail
télex m	telex

Teléfono / telephone

auricular m	receiver
bíper m M	pager, beeper
buscapersonas m	pager, beeper
característica f A	exchange code
caseta f telefónica M	telephone booth/box
celular m A/M	mobile (phone)
conferencia f	call
cospel m A	token *(to be inserted)*
descolgar el teléfono	to pick up the telephone
echar una llamada M	to call up, to ring
estar comunicando	to be on the telephone
extensión f	extension
ficha f	token *(to be inserted)*
inalámbrico m	cordless phone
Interno 30, por favor A	Extension 30, please
llamada f con cobro revertido	reversed-charge call
llamada f de larga distancia	long-distance call
localizador m	pager, beeper
locutorio m	premises with a number of separate booths/cabins
(teléfono m) móvil	mobile (phone)
No cuelgue(s)	Don't hang up
número m de teléfono gratuito	free number
operador/a m/f	operator
páginas fpl amarillas	yellow pages
parásitos mpl	interference
pegar un telefonazo a R1	to give a call to
ponerse al teléfono	to pick up the phone
prefijo m del país	country code
radio f llamada A	pager, beeper
señal f de ocupado	busy/engaged signal
su(b)scriptor m	subscriber
suscribirse (a)	to subscribe (to)
tarjeta f telefónica	telephone card
Telefónica f	Telephone Company *(in Spain)*
telefonista mf	operator
teléfono m de la esperanza	help line
¿Tienes mi teléfono?	Have you got my number?

Ordenador personal / personal computer

abrir un anexo	to open an attachment
accesar M	to access
actualizar un sistema	to upgrade a system
almacenar	to store
anexo m	attachment
archivo m	file
borrar	to delete
buscador m	search engine
buscar	to search

carpeta f	folder
cartucho m	cartridge
chatear	to chat
chip m	chip
código m de barras	bar code
columna f	column
computación f A/M	computing
computadora f A/M	computer
consola f	console, control panel
contraseña f	password
copiar	to copy
correo m electrónico	e-mail
cortar y pegar	to cut and paste
cursor m	cursor
datos mpl	data
dirección f electrónica	e-mail address
e-mail m	e-mail
emilio m R1	e-mail
entrar a	to enter
escáner m	scanner
fallar	to be down, to crash
fichero m	file *(used less than* archivo*)*
guardar	to save
hoja f de cálculo	spreadsheet
icono m	icon
impresora f	printer
imprimir	to print
informática f	computing
informático m	computing engineer
justificar	to justify
laptop m	laptop *(f in A and M)*
menú m	menu
micro-ordenador m	micro-computer
módem m	modem
monitor m	monitor
ordenador m	computer
ordenador m portátil	portable, laptop
pantalla f	screen
pirata mf informático/a	hacker
ponerse en línea	to go on line
procesamiento m de textos	word processing
procesar	to process
programador m	programmer
proveedor m	provider
ratón m	mouse
recuperar	to get back
salvar	to save
servidor m	server
software m	software
tecla f	key
teclado m	keyboard
tinta f de impresora	printing ink
tóner m	toner
tratamiento m de la información	data processing
tratamiento m de textos	word processing
usuaro m	user name
ventana f	window
vídeojuegos mpl	video games

Oficina / Office

agenda f de oficina	desk diary
aprendiz m	trainee
bandeja f de correspondencia	mail tray
block m de notas	desk pad
calculadora f	calculator
compulsar	to collate
cuadro m de avisos	notice board
destructora f de papel M	paper shredder
dictáfono m	dictaphone
edificio m de oficinas	office block
faxear un documento	to fax a document
fotocopiadora f	photocopier
guardia mf de seguridad	security guard
hacer copias	to duplicate
hoja f de pedido	order form
horas fpl de oficina	office hours
interfono m	intercom
jefe m administrativo	office manager
lámpara f de oficina	desk lamp
libro m de cuentas	accounts book
libro m mayor	ledger
líquido m corrector	Wite-out, Tipp-Ex, correcting fluid
material m de oficina	office equipment
mobiliario m de oficina	office furniture

personal m administrativo	clerical staff
sala f de espera	waiting room
sala f de exhibiciones	exhibition hall
secretaria f	secretary
secretaría f	secretary's office
secretaria f bilingüe	bilingual secretary
sede f central	central office, headquarters
silla f giratoria	swivel chair
taquigrafía f	shorthand
trituradora f de papel	paper shredder

Nivel 3 / Level 3

Gramática / Grammar

acepción f	meaning
anglicismo m	Anglicism
apocopar R3	to apocopate
apócope f R3	apocope
atributo m	predicate
aumentativo m	augmentative
barbarismo m	loan word, barbarism
complemento m directo	direct object
complemento m indirecto	indirect object
concordar con	to agree with
contrasentido m	contradiction in terms
declinaciones fpl latinas	Latin declensions
desinencia f R3	ending, desinence
diminutivo m	diminutive
El adjetivo se pospone al sustantivo	The adjective is placed after the noun
enclítico R3	enclitic
enlace m	link *(word)*
Esta palabra se antepone a ésa	This word comes before that one
galicismo m R3/2	Gallicism
gerundio m R3	gerund
hispanismo m	Hispanicism
homónimo m R3	homonym
inflexión f de la voz	voice inflection
modismo m	idiom
morfema m R3/2	morpheme
morfema m de número R3/2	morpheme of number
morfema m de tiempo R3/2	morpheme of tense
oración f directa	direct speech
oración f indirecta	indirect/reported speech
oración f principal	main clause
oración f subordinada	subordinate clause
partes fpl de la oración	parts of speech
partícula f	particle, uninflected word
proposición f subordinada	subordinate clause
prosodia f R3	prosody
radical m	radical, root
raíz f etimológica R3/2	etymological root
sílaba f átona R3	unstressed syllable
solecismo m R3	solecism
terminación f en "a"	ending in "a"
variaciones fpl morfológicas R3	morphological variations

Crítica literaria / Literary criticism

aclarar un texto	to shed light on a text
agudeza f crítica	critical shrewdness
anécdota f graciosa	witty anecdote
antecedentes mpl de un personaje	character's antecedents
argüir razones contra	to argue reasons against
aserción f R3	assertion
aseverar R3	to affirm, to assert
avivar una polémica	to spark a polemic
cita f	quotation
citar a título de ejemplo	to quote by way of example
comentar una novela	to review a novel
composición f literaria	literary composition

conciliar elementos diversos	to bring together different elements
conjeturar la intención del autor	to conjecture on the author's intentions
consonancia f	consonance, rhyme
constar de tres partes	to be comprised of three sections
convencer con la fuerza de su carácter	to convince with her strength of character
deducir una falsa conclusión	to deduce a misleading conclusion
denigrar R3	to denigrate
desprestigiar una obra	to disparage a work
ejercer una influencia deleteria (en)	to exert a deleterious influence (on)
elogiar el estreno de una obra de teatro	to praise the first night of a play
en cuanto a la forma	as for the structure/form
en cuanto al fondo	as for the content
en sentido metafórico	in the metaphoric sense
encomiar una obra R3	to extol a work
encumbrar al premiado R3	to extol the prize winner
ensalzar el mérito artístico de	to praise the artistic merit of
entretener	to entertain, to distract
Es de suponer que...	It is to be supposed that...
esclarecer el sentido	to clarify the meaning
estrenar una obra	to put on a play for the first time
generalizar a partir de un principio	to generalize from a principle
(h)armonizar forma y fondo	to harmonize form and content
Huelga agregar que...	It is unnecessary to add that...
influenciar	to influence
influir en el desarrollo del personaje	to influence the character's development
ir al grano	to go straight to the point
no tener ni pies ni cabeza	to have no meaning
observaciones fpl agudas	sharp observations
para colmo	to cap it all
poner de realce el tema	to highlight the subject
poner de relieve	to highlight
pormenorizar un personaje	to describe a character in great detail
presencia f influyente	influential presence
rasgos mpl distintivos de un personaje	a character's distinctive features
reseña f de una obra	review of a work
revista f de prensa	press review
saber de buena tinta R1	to know from a reliable source
sacar una conclusión	to draw a conclusion
Se continuará	To be continued
Se destaca esta idea	This idea stands out
subrayar un tema	to underline a theme
técnica f novedosa	novel technique
tener en cuenta que...	to bear in mind that...
tirada f	print run
titular	to entitle
tomar como modelo	to take as a model
trozos mpl escogidos	selected passages
vapulear R1	to berate, to trash

Estilo / Style

altisonante R3	high-flown
ampuloso R3	pompous, bombastic
aparatoso	flamboyant, showy
armonioso	harmonious
atrevido	daring
confuso	confused
cristalino R3	crystalline, crystal clear
desenfadado	carefree, easy
desenvuelto	relaxed, natural
detallado	detailed
directo	direct
donaire m R3	charm, wit, elegance

donoso R3	charming, witty
enfático R3/2	bombastic, emphatic
enrevesado	intricate
equilibrado	balanced
esmerado	careful, polished
indirecto	indirect
ininteligible	unintelligible
límpido R3	limpid
llano	plain, unadorned
manido R3	trite, stale
manoseado	hackneyed, well-worn
melifluo R3	mellifluous, sweet-sounding
melindroso R3	affected, finicky
mesurado R3	measured, restrained
minucioso	detailed
monótono	monotonous
musa f	muse
naturalista	naturalistic
novador R3/2	innovative
ocurrente	entertaining, witty
ponderado	balanced
realista	realist
refinado	refined
remilgado	affected, fussy, finicky
rimbombante	pompous, bombastic
salado	spicy, risqué
sobado R3/2	hackneyed
transparente	transparent
trillado R3/2	hackneyed

Mito / Myth

General

aquelarre m	witches' Sabbath
centauro m	centaur
dédalo m R3	labyrinth
dragón m	dragon
duende m	goblin, elf
Eldorado	El Dorado
embrujo m	enchantment, magic
esfinge f	sphinx
fénix m	phoenix
ficticio	fictitious
gnomo m	gnome
hazaña f	deed, heroic act
hechicería f	witchcraft, sorcery
hechizo m	spell, charm
heroico	heroic
hidra f R3	hydra
lares mpl R3/2	household gods
legendario	legendary
maldición f	curse
metamorfosis f	metamorphosis
mítico	mythic
mito m	myth
mitología	mythology
monstruo m	monster
morada f de los dioses R3	dwelling of the gods
ninfa f R3/2	nymph
ogro m	ogre
quimera f R3	chimera
sirena f	siren
sobrenatural	supernatural
sortilegio m R3	spell, charm
tierra f de Jauja	land of plenty, El Dorado

Nombres propios / proper names

Afrodita	Aphrodite
Apolo	Apollo
Aquiles	Achilles
Ariadna	Ariadne
Atenea	Athena
Baco	Bacchus
Dédalo	Daedalus
Diana	Diana
Dionisos	Dionysos
Edipo	Oedipus
Fedra	Phaedra
Hector	Hector
Helena	Helen
Hércules	Hercules
Hipólito	Hippolytus
Ícaro	Icarus
Júpiter	Jupiter
Marte	Mars
Minerva	Minerva
Minotauro	Minotaur
Neptuno	Neptune
Odiseo	Odysseus
Olimpo	Olympus
Pan	Pan

París	Paris
Plutón	Pluto
Poseidón	Poseidon
Teseo	Theseus
Titán	Titan
Ulises	Ulysses
Venus	Venus
Vulcano	Vulcan
Zeus	Zeus

Las Siete Maravillas del Mundo / The Seven Wonders of the World

Coloso m de Rodas	Colossus of Rhodes
Faro m de Alejandría	Pharos of Alexandria
Jardines mpl Colgantes de Babilonia	Hanging Gardens of Babylon
Mausoleo m de Halicarnaso	Mausoleum at Halicarnassus
Pirámides fpl de Gizeh	Pyramids of Egypt/Giza
Templo de Artemisa	Temple of Artemis
Zeus de Fidias	Statue of Zeus at Olympia

Filosofía / Philosophy

amnesia f	amnesia
apocalipsis f	apocalypse
asumir su destino	to assume your destiny
azar m	chance
chamba f R1	luck
chance m M	chance, opportunity
chiripazo m R1	luck
contingencia f R3	contingency
contingente R3	contingent
crédulo	credulous
¡Crucemos los dedos!	Fingers crossed!
determinismo m	determinism
dilema m	dilemma
eclecticismo m R3	eclecticism
ecléctico R3	eclectic
El fin justifica los medios	The end justifies the means
empírico R3	empirical
empirismo m R3	empiricism
empirista mf R3	empiricist
escatología f R3	scatology
escepticismo m	skepticism
escéptico m	skeptic *(also adjective:* skeptical*)*
esencia f	essence
esencialismo m R3	essentialism
estética f	aesthetics
evolucionismo m	evolutionism
existencia f	existence
existencialismo m	existentialism
existencialista mf	existentialist
filosofía f	philosophy
filósofo m	philosopher
fin m del mundo	end of the world
finalidad f	finality
idealismo m	idealism
inconsciente m	unconscious
incrédulo	incredulous, skeptical
jansenismo m	Jansenism
jesuitismo m	Jesuitism
Juicio m Final	Last Judgment
lo concreto y lo abstracto	the concrete and the abstract
lógica f	logic
lógico	logical
(el) más allá	(the) beyond
metafísica f	metaphysics
moral f	ethics
objetivo	objective
ojete m R1* A	luck
oportunidad f	opportunity, opportuneness
optimismo m	optimism
orto m R1* A	luck
pesimismo m	pessimism
plantear un dilema	to state a dilemma
predeterminación f R3	predetermination
¡Qué culo! R1 A	What luck!
racionalismo m	rationalism
relación f de causa–efecto	cause and effect relationship
ser m	being
silogismo m R3	syllogism
sofisma m R3	sophism
suerte f	luck
suertudo R1 A	lucky

superhombre m	superman, overman
supersujetivismo m	supersubjectivism
tener la negra R2/1	to have bad luck
voluntad f de poder	will to power *(of Nietzsche)*
(el) yo	(the) ego

Ordenadores / Computers

ampliar	to maximize
apagar el sistema	to shut down the system
apretar una tecla	to press a key
archivar	to file
bajar archivos	to download files
banco m de datos	data bank
barra f de herramientas	tool bar
bicho m	virus, bug
bit m	bit
booleano R3	Boolean
buzón m electrónico	e-mail address
byte m	byte
cabecera f de página	page heading
cancelar	to delete
cerrar sesión	to shut down
chasquear	to click
código m de entrada	access code
colgarse	to crash
computar	to compute
cyber-espacio m	cyber space
depurar	to remove the virus, to debug
descargar	to download
descodificar	to decode
disco m compacto	compact disk
disco m duro	hard disk
disco m flexible	floppy disk
disquetera f	disk drive
en Internet	on the Internet
entrada f	input
entrar datos	to input data
escanear un documento	to scan a document
espaciador m	space bar
explorador m	scanner
explorar hacia atrás	to backtrack
floppy m	floppy disk
flujograma m	flow chart
formatear	to format
globalización f	globalization
gráfico m	graphic
hacer clic	to click
hojear	to browse
impresora f de puntos	dot printer
ingresar datos	to feed in data
iniciar	to start
lsprt@ [arroba] español...	lsprt@español...
mandato m	command
marcar una frase	to block a sentence
memoria f central	central memory
menú m de visualización	display menu
minimizar	to minimize
multimedia m	multimedia
octeto m	byte
ordenador m de mesa	desktop computer
palabra f de paso	password
panel m de control	control panel
plantilla f de caracteres	character template
plaqueta f	chip
poner en itálica	to italicize
poner en negrita	to put in bold
propiedades fpl	properties
pulsar una tecla	to press a key
quedarse colgado	to crash
realimentación f	feedback
red f comunitaria	freenet
referencia f cruzada	cross reference
reiniciar	to restart
representación f gráfica	graphic display
reserva f	backup
reservar un archivo	to back up a file
resetear	to restart
reticulado m	grid
retroceder	to backspace
salida f	exit
salir	to exit
seleccionar un párrafo	to block a paragraph
servicios mpl en línea	on-line services
sistemas mpl multimedia	multimedia systems

subrayar	to underline
sujetadatos m	clip board
tabulación f	tabulation
tecla f de entrada	enter key
teclas fpl de función	function keys
teclas fpl de las letras	letter keys
teclas fpl de los números	number keys
teclear	to key/type (in)
trabajo m en serie	batch job
unidad f central de proceso	central processing unit
unidad f de discos	disk drive
virus m	virus
visitar un sitio web	to visit a web site
visualizar	to visualize
Windows m	Windows

Color y luz / Color and light

abigarrado R3	multi-colored, rainbow-colored
amarillento	yellowish
amarillo m canario	canary yellow
amarillo m mostaza	mustard yellow
amarillo m oscuro	dark yellow
amarillo m paja	straw color
añil	indigo
arco m iris	rainbow
azul celeste	sky blue
azul de cobalto	cobalt blue
azul de Prusia	Prussian blue
azul de ultramar	ultramarine
azul eléctrico	electric blue
azul marino	sea blue
azul oscuro	dark blue
azul pavo	peacock blue
azul turquesa	turquoise
azulado	blue, bluish
bermejo R3/2	(bright) red
bermellón R3/2	vermilion
blancuzco	whitish
blanquecino	whitish
burdeos	maroon, dark red
cambiar de color	to change color
cárdeno R3	purple, violet
carmesí	crimson
castaño	chestnut colored
ceniciento	ash-colored
chillón	garish, gaudy
cielo aborregado	mackerel sky
color m albaricoque	peach colored
color m amatista	amethyst colored
color m café	coffee colored
color m cereza	cherry colored
color m de ante	suede colored
color m de malva	mauve colored
color m de piel	skin colored
color m de rubí	ruby colored
color m escarlata	scarlet colored
color m paja	straw colored
color m suave	soft color
color m vino	wine colored
coloración f	coloration, coloring
colorido m	coloring
daltónico	color blind
daltonismo m	color blindness
descolorido	discolored, faded
deslumbrante	dazzling
encarnado	red, blood red
estival R3	summery
fotografía f en color	color photograph
(ojos) garzos R3	blue (eyes)
gris carbón	charcoal gray
gris ceniza	ash gray
gris marengo	dark gray
gris metálico	metallic gray
gris perla	pearl gray
gris pizarra	slate gray
grisáceo	grayish
gualdo	yellow, golden *(used almost exclusively of the Spanish flag)*
irisado	iridescent
jaspeado	speckled, flecked
lívido	pallid, deathly pale
llamativo	bright
matizado de azul	tinged with blue
morado	purple
moteado	flecked, mottled
negruzco	blackish
otoñal	autumnal
pajizo	straw colored
pasarlas negras	to be in serious difficulty

pelo m güero M	blond hair	tornasolado	iridescent, multi-colored
pelo m rubio	blond hair	trata f de blancas	white slave trade
pez m de colores	goldfish	verde m botella	bottle green
primaveral	spring(-like)	verde m lima	lime green
purpúreo	purple	verde m manzana	apple green
purpurino	purple	verde m oliva	olive green
rojizo	reddish	vérselas negras R1	to be in trouble
sacar los colores	to bring out the colors	vistoso	showy, colorful, gaudy
tinte m	tinge, coloring		
tordo	dappled, dapple-gray		

NB. Los colores son masculinos. Dos colores que se usan juntos son invariables. Colors are masculine. Two colors used together are invariable.

Verbos relacionados con el color / verbs connected to colors

abigarrar R3	to give a variety of colors (to)	ennegrecer	to blacken, to turn black
amarillear	to turn yellow	enrojecer	to redden, to turn red
azulear	to turn blue	irisar R3	to be/go iridescent
blanquear	to whiten, to turn white	poner rojo	to turn red
colorar	to color, to dye	poner verde	to criticize, to scold, to tell off
colorear	to color, to redden	ponerse rojo	to go red
encalar	to whitewash *(wall)*	ponerse verde	to turn green
enjalbegar R3	to whitewash *(wall)*	sonrojarse	to blush
		sonrosarse	to turn pink
		verdear	to turn green

Ejercicios / Exercises

Nivel 1 / Level 1

1. (a) Encuentra dos sentidos de los siguientes vocablos

acento, artículo, condicional, conjunción, consonante, construcción, cuento, declinar, femenino, frase, género, lengua, manual, masculino, metro, negación, nombre, portada, prensa, raíz, redacción, revista, tiempo, trozo

(b) Construye frases para ilustrar el uso de estos sentidos

(Se encuentra la solución en Internet)

2. (a) Explica por que los siguientes vocablos pueden inducir a error a los angloparlantes

bomba, cálculo, carta, culto, editar, físico, librería, moral, pintoresco, raro, refrán, resta, tópico, vocal, vulgar

(b) Construye frases para ilustrar el uso de estos vocablos resaltando su sentido habitual

3. (a) Encuentra la diferencia entre los vocablos de las siguientes parejas

arca/arco, cuba/cubo, cuenta/cuento, folleto/folletín, grada/grado, gramática/gramático, imprenta/impresor, lingüística/lingüístico, moda/modo, negación/negativa, pasaje/paso, prensa/presa, punta/punto, realista/real, reseña/seña, resta/resto, revista/vista

(b) Construye frases para hacer resaltar estas diferencias

4. (a) Encuentra verbos y adjetivos que se correspondan con los siguientes sustantivos
Ejemplo: conjugación-conjugar, conjunto, conyugal

abstracción	edición	índice	parodia
acto	encuadernación	leyenda	peso
átomo	énfasis	moral	raíz
base	final	narración	sátira
distancia	género	novela	tiempo

(Se encuentra la solución en Internet)

(b) Construye frases para ilustrar el uso de los verbos y adjetivos encontrados

5. ¿Qué entiendes por las siguientes locuciones?

ser de antología	libro de oro	ser la segunda edición
hacer literatura	teneduría de libros	género chico
escribir de su propio puño	leyenda negra	cuento de la lechera
las cuatro reglas	ser todo un poema	cuento de nunca acabar
dolores de la regla	saber de buena tinta	venir a cuento
salir a la luz	elevar a potencia	traer a cuenta
sacar a la luz	elevar al cuadrado	derechos de autor
librero de viejo	pasarse de la raya	tener buena letra
hablar como un libro abierto	mantener a raya	

(Se encuentra la solución en Internet)

6. Explica el sentido de las siguientes locuciones

lengua glaciar	lengua viperina	palabra de honor
lengua de fuego	media lengua	voz activa
lengua de oc	buenas palabras	voz pasiva
lengua de oíl	palabra primitiva	a media voz
lengua materna	palabras mayores	a voz en grito
lengua muerta	última palabra	de viva voz
malas lenguas	a medias palabras	torrente de voz
lengua viva	en dos palabras	tiempo compuesto
lengua segunda	hombre de palabras	tiempo simple
lengua afilada	juego de vocablos	frase hecha

7. Explica las circunstancias en que se usan las siguientes expresiones

parecía haber comido lengua	tener en la punta de la lengua	dar la palabra
andar en lenguas	coger la palabra	en una palabra
darle a la lengua	donde Cristo dio las tres voces	faltarle las palabras
llegar con la lengua fuera	levantar la voz	medir sus palabras
irse de la lengua	tener la lengua muy larga	tragarse las palabras
morderse la lengua	trabársele la lengua	llevar la voz cantante
sacar la lengua	dejar con la palabra en la boca	temblar la voz
soltarse de la lengua	dirigir la palabra	

8. (a) Encuentra las diferencias (si hay) entre los sinónimos de las siguientes columnas

palabra	expresión	caló	autor	diccionario
término	frase	dialecto	dramaturgo	glosario
vocablo	idiotismo	habla	escritor	léxico
voz	locución	idioma	hombre de letras	
	modismo	lenguaje	literato	
		lengua	novelista	

(b) Elige dos columnas y construye frases para ilustrar las diferencias entre los sinónimos

9. Encuentra el vocablo que no cuadre en las siguientes listas

epigrama, máxima, parodia, proverbio, refrán, refranero
oda, poema, poesía, seguidilla, soneto, tenazas
cuadrado, cubo, aceleración, incógnita, potencia, quebrado
azufre, lupa, matraz, probeta, químico, soplete
folio, ejemplar, libro, mamotreto, tomo, volumen

10. (a) He aquí un listado de vocablos que debes asociar con otros relativos a personas, por ejemplo: biología → *biólogo*

astrología, astronomía, biblioteca, biología, botánica, ciencia, crónica, cuento, ensayo, física, geología, herboristería, imprenta, ingeniería, matemáticas, mecánica, meteorología, química, redacción, sainete

(b) Elige diez de las personas que encuentres y construye frases para ilustrar su actividad

11. Escribe dos párrafos sobre uno de los siguientes cuentos de hadas

Barba Azul, la Bella Durmiente, Los Tres Cerditos, Caperucita Roja, El Gato con Botas, Pulgarcito

12. Elige cuatro de los siguientes géneros novelescos y describe sus principales características

novela bizantina, de caballerías, de capa y espada, de ciencia ficción, epistolar, de espionaje, negra, pastoril, picaresca, policíaca, rosa, sentimental, de tesis

13. Traduce al español

i. Studying modern languages is as demanding as mathematics or any of the natural sciences
ii. Once you have the root of a word, you can build families of words with prefixes and suffixes
iii. The problem with Spanish is how you make the verbs and adjectives agree with the nouns, whether everything is in the singular, plural, masculine or feminine
iv. Whether you put the verb in the future tense or subjunctive mood matters a great deal for the subjunctive entails so much more uncertainty
v. A sentence is usually made up of a main clause and a subordinate clause, but you must get your syntax right
vi. I prefer short stories to long novels, for the latter often have complicated plots and unfathomable characters
vii. I have a sense of fun, which is why I like satire and parody which ridicule and censure people
viii. A creative imagination needs to be held in check, otherwise the story line gets blurred and the characters lose their sharpness
ix. She'd love to be a playwright but she's already working on her diaries and memoirs
x. She prefers straightforward biographies to novels for they are, for her, part of the real world, and novels are just fantasy, but it's the novels that bring in the royalties
xi. She gave me a collection of essays but she's really working on a large-canvas saga set in the Middle Ages
xii. Legends, ballads and romances, any work with a romantic and lyrical touch appeals to me

(Se encuentra el modelo en Internet)

14. Lee atentamente el texto siguiente y contesta a las preguntas

Si viajas por España y hablas español o castellano, seguro que todos te entienden, pero es posible que no entiendas a todo el mundo en el mercado, en el bar o en la calle, o cuando algunas personas hablen entre sí, puesto que además del idioma que tú has estudiado existen otras lenguas españolas propias de diferentes regiones de la península ibérica.

En Barcelona oirás hablar catalán, un romance melodioso, con influencias francas, hablado también allende los Pirineos. En Euskadi, especialmente en los pueblos, seguramente oigas hablar en una extraña lengua, que casi había desaparecido, y que últimamente, merced a un gran esfuerzo, está siendo aprendida por muchos jóvenes, que la hablan mejor que sus progenitores: el euskera, que con aportaciones muy antiguas del latín, y el castellano, posteriormente, conserva bastantes vocablos de idioma, que seguramente, hablaron un día los pobladores de toda Europa occidental, desde España hasta Gran Bretaña, los iberos. Por eso no es raro encontrar topónimos dentro de la península que suenan a euskera, en lugares tan alejados de Euskalherría como Alicante, donde el monte más conocido de la provincia es el Aitana, en la sierra de Aitana, monte padre, claro, o donde encontraremos lugares que se llaman Ibi, Onda, Ondara, Ifach (por iphar, norte); el peñón del norte, en el Calpe del norte, porque el otro Calpe, hoy día se llama Gibraltar, Monte de Tarik, en árabe.

La otra lengua bastante extendida dentro de España es el gallego, del que derivó en su día el portugués o luso, idioma peninsular, hablado por más de cien millones de personas por todo el orbe.

M.A.S.

(a) ¿Por qué al español se le llama también castellano?
(b) Explica la diferencia entre *oír* y *entender*. Hay también una muy fina diferencia entre *entender* y *comprender*. ¿Cuál es?
(c) Escribe la diferencia entre *bar*, *taberna* y *tasca*
(d) Busca el nombre de los primeros pueblos habitantes en España y del Reino Unido
(e) Explica por qué existen tantos vocablos de origen latino en español y en inglés
(f) En un mapa de España/Méjico/Argentina señala regiones donde se hablen otras lenguas, además del castellano
(g) Busca sinónimos de *hablar*
(h) Realiza un listado de países donde se hable español
(i) Busca en los estados de California, La Florida, Nuevo Méjico, Arizona, Tejas, Oregón, Colorado y Nevada, veinte topónimos de origen español y explica su significado. ¿Cómo se pronuncia *Florida* en español?
(j) Escribe un resumen del trozo en cien palabras

Nivel 2 / Level 2

1. (a) Encuentra dos sentidos de los siguientes vocablos

auxiliar, coma, complemento, concordancia, conjugar, conjunción, consonante, cita, derivar, editor, estancia, guión, humor, imagen, imperativo, interrogante, jornada, modo, narración, negativo, nudo, oxígeno, prefijo, proposición, regla, resistencia, ripio, volátil

(b) Elige quince de estos vocablos y construye frases para ilustrar su uso con estos sentidos

(Se encuentra el modelo en Internet)

2. (a) Encuentra las diferencias entre los vocablos de las siguientes parejas

abreviatura/abreviamiento, acto/acta, conjugación/conjunción, cursiva/negrita, encuadernar/encuadrar, física/físico, interrogación/interrogante, lente/lenteja, moral/moraleja, neutral/neutro, pesa/peso, poema/poesía, portada/portal, químico/química, romance/romanza, sátira/sátiro, trata/tratado, traza/trazo

(b) Elige diez de estas parejas y construye frases para ilustrar la diferencia entre los vocablos

3. (a) Encuentra sinónimos de los siguientes vocablos

alabar, conocimientos, divertido, enfatizar, inventar, leyenda, máxima, pasaje, poema

(b) Construye frases para ilustrar el uso de estos sinónimos, incluyendo los de arriba

4. (a) ¿Qué entiendes por los siguientes vocablos?

alegoría, analogía, antítesis, metáfora, metonimia, onomatopeya, parábola, paradoja, símil, sinécdoque

(b) Elige cinco de estos vocablos y da ejemplos de su uso

5. (a) Encuentra las diferencias entre los sinónimos de las dos siguientes listas

arenga/intervención
alocución/oración
discurso/perorata
disertación/parrafada/rollo/plática

charlar/chapurrear
chismorrear/hablar
cotillear/largar
departir/perorar
disertar/rajar/pláticar

(b) Construye frases para ilustrar las diferencias

(c) ¿Cuáles de estos vocablos son coloquiales, estándares y elevados (R1, R2, R3)?

(Se encuentra la solución en Internet)

6. (a) ¿Cómo aparecen a simple vista las cuatro fases de la luna?

(b) ¿Qué significan los siguientes términos?

equinoccio, solsticio, Osa Mayor, Osa Menor, Vía Láctea, agujero negro

7. (a) Describe la función de los siguientes objetos

brújula, catalejo, cloro, compás, crisol, imán, lente, lupa, matraz, microscopio, patente, plomada, probeta, redoma, soplete, telescopio

(b) Construye frases para ilustrar el uso de estos objetos

(Se encuentra el modelo en Internet)

8. Describe el proceso de la publicación de un libro, a partir de su inicial presentación a una casa editorial hasta que ve la luz del día. Resalta sobre todo el aspecto editorial de este proceso, y no el aspecto técnico. Se trataría entonces de varios lectores que dan su opinión, de la reunión de un comité, de la previsión de números de libros vendidos, etc.

9. (a) Enumerar los signos del zodiaco. Hacer una lista de personas que hayan nacido en cada uno de dichos signos y contrastar lo que dice un horóscopo sobre ellas y la realidad

(b) Realizar un boceto situando los signos zodiacales en un círculo orientado y citar alguna estrella característica de los expresados signos

10. (a) Relaciona los vocablos de la lista de A con los de la lista de B para formar una locución

A

mirar, echar, inventar, dar, hacer, saber, tocar, olla, mono, perder, caer, fulcro, piedra, sentir, tensión, poner, atracción, niño, tener, astro, carácter

B

poder, luz, pólvora, vergüenza, rayos, peso, imán, palanca, universal, pantalla, presión, lupa, bomba, burbuja, arterial, sabio, gay, corriente, ciencia, rey

(Se encuentra la solución en Internet)

(b) Construye frases para ilustrar el uso de estas expresiones

11. (a) Encuentra antónimos de los siguientes vocablos

alabeado, atraer, calentar, ciencia, cóncavo, convergente, cuadrado, denso, derretir, dilatación, evaporarse, luminoso, movimiento, peso, punto de ebullición, resta

(b) Construye frases que incluyan antónimos dentro de la misma frase para ilustrar sus sentidos

12. Elige quince de las siguientes expresiones y haz frases para ilustrar su uso

tiro al blanco	príncipe azul	tarjeta roja
trata de blancas	pescado azul	piel roja
pasar la noche en blanco	continente negro	marea roja
dar carta blanca	marea negra	números rojos
blanco del ojo	oveja negra	aguas negras
salsa blanca	prensa amarilla	bestia negra
continente blanco	peligro amarillo	caja negra
hulla blanca	páginas amarillas	calor negro
de punta en blanco	maillot amarillo	dinero negro
pescado blanco	tarjeta amarilla	misa negra
cascos azules	alerta roja	pozo negro
sangre azul		

13. Lee atentamente la siguiente poesía

UN NIÑO

Llegó un otoño frío.
Era frágil, como blanca porcelana.
Más débil que otros niños
que jugábamos bajo hielos y nevadas,
sin importarnos un pito
las botas húmedas y la nariz colorada.

Le hicimos un sitio
en la escuela, entre la estufa y la pizarra,
y le cuidamos con mimo,
como al pajarillo más débil de la camada.
Nadie capó el pico
de su boina (porque las boinas se capan),
y le conducíamos con su abrigo
donde esperaba su madre para ir a casa,
antes de irnos al río
a romper los hielos que el remanso se formaba
o chupar los ricos
carámbanos, largos como cachabas,
que con mucho tino,
rompíamos del tejado, a base de pedradas.

Un día quedó vacío
el puesto del "nuevo," y le echamos mucho en falta.
Dijeron estaba tísico
y una gran tristeza se nos enrolló en la garganta.

Mentira, si se dijo,
que la tristeza es patrimonio de la infancia,
pues estuvimos
tristes un día, y dos . . ., y así pasó la semana.
El lunes el maestro dijo
que íbamos a rezar una oración por su alma.

Se nos había ido
sin enseñarle por donde saltar las tapias,
buscar nidos,
dar un baque o jugar a los piratas,
hacer muecas o guiños,
pintarse de fósforo de feria la cara,
para, con su brillo,
llegada la noche, asustar a las muchachas.

No habíamos tenido
tiempo de borrar de su rostro la triste mirada.
Por eso aquellas lágrimas.

Yo fui con Julito
a verle metido en una mínima cajita blanca.
Estaba tan limpio
y repeinado, como siempre, su cara aún más pálida.
Como dormido,
el niño, cuyo nombre nunca supe, estaba,
y como siempre, al cuello, de color lila, la bufanda.

M.A.S., "Romance del niño ciego"

Contesta a las preguntas siguientes

i. ¿Cuál es el principal tema del poema?
ii. Encuentra todos los vocablos que sugieren el frío
iii. ¿Por qué hoy en día no se suelen ver *estufas* en una sala de clase?
iv. ¿Qué entiendes por *nadie capó el pico*?
v. ¿Se puede decir de otra forma *le echamos mucho en falta*?
vi. Encuentra sinónimos de *frágil*
vii. ¿Cuál es la diferencia entre *pájaro* y *ave*?
viii. Comenta la condición física del niño
ix. ¿Intuyes la actitud del autor a través de su sensibilidad poética?
x. Se recomienda que, después de estudiar la poesía, se elija a un/a compañero/a para leerla en voz alta para apreciar su ritmo y el valor de los sonidos

14. Traduce al español

i. If you took the square root of thirty-six, then added ten, what would you get?
ii. The only way to deal with these fractions is to find the common denominator
iii. If you raised two to the power of four you'd end up with sixteen
iv. We've been studying the theorems of Euclid and Archimedes, but I prefer arithmetic and geometric progressions, and relative speeds thrill me
v. I still don't understand why, if the Earth rotates on its axis, we don't whizz off in all directions

vi. The solution is that the force of gravity pulls everything towards the center of the Earth, which is why lift-off for rockets involves incredible power
vii. The difference between the speed of light and the speed of sound explains why you see the lightning long before you hear the thunder
viii. Water is made up of two atoms of hydrogen and one of oxygen
ix. Laboratory experiments must be conducted with great care, especially when volatile substances like sulphur, phosphorus, potassium and sodium are involved
x. Biology covers a vast field with respect to research, so you'll have to concentrate on atoms, molecules, cells and even microorganisms
xi. Plant physiology is the study of life processes of plants, for example, photosynthesis and respiration, and of the functions of different tissues and organs
xii. Darwin's observations of birds, reptiles and flowering plants laid the foundation for his theory of evolution and the survival of the fittest which was published in *The Origin of Species*

(Se encuentro la solución en Internet)

15. Lee atentamente el siguiente texto y contesta a las preguntas

Un ordenador personal tiene como elemento fundamental la UCP, que es la unidad de mando o estado mayor que controla todo el sistema. Pero, ¿en qué consiste tal unidad que calcula, compara y toma decisiones lógicas, cuenta, distribuye cifras y ralentiza las operaciones?
La unidad central de procesos o UCP, es un chip microprocesador que interpreta, controla y ejecuta todas las instrucciones. Constituido por un circuito microscópico sobre una base de silicio, suele tener millones de componentes electrónicos constituyendo una unidad aritmético-lógica, determinando si una expresión es verdadera o falsa a partir de las reglas del álgebra de Bool. Cuenta con registros donde almacena la información provisionalmente a modo de agenda y un sistema para interpretar las instrucciones y actualizarlas poniéndolas en marcha.

Las instrucciones de los usuarios entran a través de sistemas periféricos como el teclado, módems, escáners, lectores de cintas, disquetes o CDs, vía bus.

M.A.S.

(a) ¿Qué entiendes por un ordenador personal? ¿Para qué sirve?

(b) Explica el sentido de *estado mayor*, *almacenar*, *actualizar*, *teclado*, *lector de cinta*, *disquetes*

(c) ¿Cómo se pronuncia *disquete*?

(d) ¿El vocablo *usuario* **se puede usar en otros contextos?**

16. Escribe quince líneas sobre dos de los siguientes científicos

Arquímides, Leonardo da Vinci, Isaac Newton, Charles Darwin, Louis Pasteur, Ramón y Cajal (premio Nobel español) y Marie Curie

17. Escribe una redacción sobre el siguiente tema

En el mundo contemporáneo, el ideal renacentista de conocimientos universales, abarcando todas las ramas del saber, es inconcebible

18. Ejercicio para toda la clase. Leed/lean (M) en voz alta cada letra individual de las palabras a continuación que constituyen expresiones o refranes españoles. Podéis/pueden (M) pronunciar las letras con acento argentino, español o mexicano

i. Empezar la casa por el tejado
ii. Quien mala cama hace en ella yace
iii. Poderoso caballero es Don Dinero
iv. A Dios rogando y con el mazo dando
v. Ir a vendimia y llevar uvas de postre
vi. Mucho sabe la zorra pero más el que la toma

Buscad/busquen (M) también el sentido de estas expresiones

Nivel 3 / Level 3

1. (a) Encuentra dos sentidos de los siguientes vocablos. Algunos de estos vocablos se encuentran en los vocabularios de los niveles 1 y 2

aclarar, apóstrofe, atributo, conjugación, consonancia, discurso, edición, ensayo, epístola, evaporarse, florido, fósforo, inflexión, interrogación, llano, musa, novelón, paréntesis, prosa, reseñar, retórica, sainete, singular, sujeto, tirada, tópico, verbo, vocal

(b) Elige quince de estos vocablos y construye frases para ilustrar su uso

(Se encuentra la solución en Internet)

2. (a) Encuentra las diferencias entre los vocablos de las siguientes parejas

ácido/acidez, balanza/balancín, cloro/cloruro, comprender/entender, concatenación/encadenamiento, (cuarto) creciente/menguante, especie/especia, fundir/derretir, gravedad/ingravidez, juzgar/enjuiciar, lumbre/luz, mecánica/mecánico, media/medio, ola/onda, orador/tribuno, raya/rayo, resta/resto, sucedáneo/sustituto

(b) Elige diez de estas parejas y construye frases para hacer resaltar las diferencias

3. (a) Encuentra los adjetivos de color que se corresponden con los siguientes adjetivos y que evocan la idea de *-ish* en inglés

amarillo, azul, blanco, gris, naranja, negro, pardo, rosado

(Se encuentra la solución en Internet)

(b) Construye ocho frases para ilustrar la diferencia entre los colores indicados arriba y los colores que encuentres

(Se encuentra la solución en Internet)

(c) He aquí una serie de sinónimos de *color*. Encuentra las diferencias entre ellos. Construye frases para ilustrar estas diferencias

color, coloración, colorido, matiz, tinte, tonalidad, tono

(d) He aquí una serie de sinónimos de *brillante*. Encuentra las diferencias entre ellos. Construye frases para ilustrar estas diferencias

brillante, centelleante, esplendoroso, fulgurante, luminoso, lustroso, radiante, refulgente, reluciente, resplandeciente, rutilante

4. Traduce al español

computing equipment	wild card	to download
data base	tool bar	decoder
computer fair	print formatted list	hard drive
extensive memory	change interface	tabulation
word processing	to e-mail	main screen
management	components of integrated circuits	set search condition
computerization	to store on a file	results box
paragraph	to be on-line	to insert

5. (a) ¿Qué entiendes por . . .?

arco iris, cuatro operaciones, espejo convexo, incógnita, onda sonora, patente, promedio, refracción, soplete

(b) Construye frases para ilustrar el uso de estos vocablos

6. Relaciona los vocablos de la lista de A con los de la lista de B para formar una locución

A
balón, fuerza, camisa, barrera, estar, eco, entrar, dejar, mirarse, tener, navegar, patente, solución, niño, coche, estacionamiento, sindicato, círculo, triángulo, cámara

B
calor, frío, imán, continuidad, línea, vicioso, Bermudas, corriente, espejo, onda, sonido, fuerza, oxígeno, viva, gas, probeta, corso, sociedad, vertical, limitado

(Se encuentra la solución en Internet)

7. (a) Explica el sentido de las siguientes frases con expresiones coloquiales

i. El niño es un rayo en matemáticas
ii. La niña ha tosido a base de bien
iii. Siempre coge la horizontal
iv. Si las matemáticas no fallan
v. Se evaporó de la reunión
vi. En cuanto te habla Luisa te derrites
vii. Nada más ver una rodilla se calentaba
viii. Me he oxidado de estar todo el día sentada frente al ordenador
ix. Yo por la mañana no carburo
x. Fue una comedia de sal gorda
xi. Se pasa todo el tiempo escuchando la línea caliente
xii. Tus disgustos no se han acabado, esto es un suma y sigue
xiii. Echó el resto la víspera del examen
xiv. La veteranía es un grado
xv. Esta señora tiene la cabeza cuadrada, no creo que cambie de opinión
xvi. ¿Te vienes a dar un voltio?

(b) Traduce las frases anteriores

(c) Vuelve a escribir las frases pero en un registro elevado (R3)

8. ¿Qué entiendes por los siguientes términos filosóficos?

empirismo, esencialismo, estética, existencialismo, fenomenología, idealismo, krausismo, metafísica, (la) moral, platonismo, pragmatismo, racionalismo, silogismo, sofismo, solidaridad, superhombre

9. Lee atentamente el siguiente texto y, a continuación, contesta a las preguntas

Lo que más caracteriza las épocas preliterarias no es la falta de una norma lingüística, como a primera vista parece, sino la convivencia de muchas normas que luchan entre sí con muy equiparadas fuerzas. El que habla sigue consciente o sub-conscientemente ora una, ora otra, de esas normas en lucha; prefiere una u otra, según el tono y la ocasión del discurso, según las influencias pasajeras que se entrecruzan en la mente mientras se produce el acto lingüístico. En la desconcertante variedad de formas que ofrecen nuestros documentos no hemos de ver un revoltijo del azar, sino un sordo combate de tendencias, el cual, aunque lenta y oscuramente, traerá en definitiva una victoria y una derrota, y cada victoria irá afirmando con un rasgo más el carácter del romance.

En la confusa variedad del documento preliterario hemos de ver, por ejemplo, como las dos más profundas conmociones fonéticas sufridas por el latín hacía mucho tiempo, a saber, la sonorización de la consonante sorda intervocálica y la síncopa de la vocal intertónica, prolongan su eco a través de los siglos, manteniéndolo resonante aún en la conciencia lingüística del siglo X. En los documentos de esta centuria se mezclan continuamente las formas con y sin sonorización, con y sin vocal intertónica; unas veces domina el espíritu erudito, que prefiere la forma pura latina, *populato*, o que sonoriza sólo una consonante, *pobulato*, otras veces domina el gusto popular que impone sonorización y síncopa

Ramón Menéndez Pidal, *El idioma español*

(a) ¿Qué entiendes por . . .?

épocas preliterarias, norma lingüística, convivencia, ora una ora otra, revoltijo del azar, romance, conmociones fonéticas, conciencia lingüística, síncopa

(b) Escribe un párrafo sobre la figura de Ramón Menéndez Pidal

(c) No confundir *síncopa* y *síncope*. Explica la diferencia

(d) El tema del trozo, huelga decirlo, es la *falta de normas lingüísticas*. ¿Cómo el autor justifica esta expresión?

10. Traduce al español

Fall in New England

Ah, autumn!

Every year about this time, for a tantalizingly short while – a week or two at the most – an amazing thing happens. The whole of New England explodes in colour. All those trees that for months have formed a sombre green backdrop suddenly burst into a million glowing tints and the countryside, as Francis Trollope put it, "goes to glory."

Yesterday, under the pretence of doing vital research, I drove over to Vermont and treated my startled feet to a hike up Killington Peak, four thousand two hundred and thirty-five feet of sturdy splendour in the heart of the Green Mountains. It was one of those sumptuous days when the world is full of autumn muskiness and tangy, crisp perfection, and the air is so clean and clear that you feel as if you could reach out and ping it with a finger, as you would a polished wine glass. Even the colours were crisp: vivid blue sky, deep green fields, leaves in a thousand luminous hues. It is a truly astounding sight when every tree in a landscape becomes individual, when each winding back highway and plump hillside is suddenly and infinitely splashed with every sharp shade that nature can bestow, flaming scarlet, lustrous gold, throbbing vermilion, fiery orange.

Bill Bryson, *Notes from a Big Country*

(Se encuentra la solución en Internet)

11. Lee el siguiente trozo y contesta a las preguntas

Causó mucha sorpresa el apogeo del cheli, y hasta la gente de buenos modales coloreó juvenilmente su expresión con algunos de sus vocablos. Probablemente continúa proliferando esa jerga, pero choca menos, y está donde debe: en el mocerío del barrio y de la discoteca, del sábado de la litrona y, quién sabe, de alguna que otra calada perversa. O más. Pero ese lenguagillo de por acá resulta ser un transparente manantial si se compara con el usado por las bandas de muchachos marginados en México.

De allá me mandan un recorte que narra la visita de Cuauhtémoc Cárdenas a un suburbio pobre de la capital, buscando votos en su última intentona electoral. Deseando conocer a aquellos jóvenes desheredados, oía como su portavoz le iba informando: "Al chile, hay bandas a bandas. Hay bandas con tres machines con la butibandón. Hay bandas de cábulas y bandas de culebras; pero al tiro, el resto de banda es alivianada y buena onda. Chingo de banda nos ponemos nombres, el buti nel, pero la neta tochos somos banda." El candidato, sumido en la bruma mental más turbadora, tomaba notas asintiendo halagadoramente con la cabeza a su posible elector. Y escribía en su cuadernillo: "A este gobierno no le importa la gente, no repara en sus necesidades de salud, educación, condiciones de trabajo"; y así, cada penumbra que emitía el chavo era convertida por el político en ascua para su sardina, anotando ideas que pudieran servirle en sus discursos, hasta que llegó el momento de prometer a su auditorio desharrapado que, si llegaba a gobernar, respetaría las bandas y las sacaría de la marginación.

Fernando Lázaro Carreter, *El Dardo en la Palabra*

(a) Construye un resumen de este pasaje en cincuenta vocablos
(b) ¿Por qué causan más sorpresa los vocablos oídos en México que el apogeo del cheli?
(c) ¿Qué entiendes por *cheli*, *calada*, *suburbio*, *intentona*, *chavo*, *penumbra*?
(d) Construye un estudio del vocablo mejicano *chingo* y todos los otros vocablos que se corresponden con él. ¿Por qué es un vocablo de mucho cuidado?
(e) Traduce la frase: *cada penumbra que emitía . . . para su sardina*
(f) Encuentra sinónimos de *barrio*, *desharrapado*, *emitir*
(g) ¿Qué entiendes por *el resto de banda es alivianada y buena onda*?

12. Lee atentamente el siguiente texto y anota las expresiones más interesantes y explica su uso. Se recomienda consultar a un científico o estudiante en ciencias para interpretar este trozo

El multiplexor

Varios programas y servicios digitales pueden ser transmitidos en un solo bloque de frecuencias que se denomina multiplexor y que permite a los emisores proporcionar una amplio espectro de programas. Un multiplexor es un método de transporte de datos que permite que varios programas (lo que ahora conocemos como cadenas radiofónicas) sean transmitidos dentro de un mismo bloque de frecuencias.

Cada multiplexor puede transportar una mezcla de transmisiones en mono o stéreo, así como datos. Cuanto menor es el número de servicios por multiplexor, mayor será la calidad de audio que tendrá cada emisión incluida en él. El sistema multiplexor permite a los emisores digitales ser flexibles con sus programaciones.

Por ejemplo, hay siete Multiplexores en el Reino Unido y han sido asignados de la siguiente forma:

- Un multiplexor para la BBC.
- Un multiplexor para la radio nacional comercial – Digital One.
- Cinco multiplexores para la radio local en Inglaterra y para las estaciones nacionales de Escocia, Gales e Irlanda del Norte (BBC y radio comercial).

En España, la situación es diferente. Al servicio de radiodifusión sonora digital terrenal se le han asignado las siguientes bandas de frecuencias: a.- 195 a 216 MHz (bloque 8A a 10D)

b.- 216 a 223 MHz (bloques 11A a 11D).

c.- 1.452 a 1.467,5 MHz (bloques LA a LI).

d.- 1.467,5 a 1.492 MHz.

Estos bloques de frecuencias han sido divididos por la autoridad en diferentes redes que dan origen a los siguientes multiplexores:1) Red FU-E (Frecuencia Unica-España): Permite programas nacionales sin desconexiones territoriales. En este multiplexor se han asignado cuatro de sus seis programas a Radio Nacional de España. Los otros dos programas han salido a concurso público el jueves 30 de marzo de 2000.

b) Redes MF-I y MF-II: Permiten programas nacionales con la posibilidad de efectuar desconexiones territoriales. En el multiplexor MF-I se han reservado dos programas para RNE. Los otros cuatro programas, más los seis programas del multiplexor MF-II fueron asignados el 10.03.00 por el Ministerio de Fomento a diez concesionarios privados, entre los cuales figura EL MUNDO.

El Mundo, Madrid, 17/07/2001

13. Escribe una redacción sobre uno de los siguientes temas

El fin justifica los medios

No admito lo que dices pero defiendo a la muerte tu derecho a decirlo

La historia nos enseña que la historia no nos enseña nada

El hombre es la medida de todas las cosas

El optimismo es una actitud insostenible

¿El hombre puede ser alienado por un mundo excesivamente informatizado?

Unidad 17 / Unit 17

Bellas artes y artes plásticas / Fine Arts and Plastic Arts

(Para la danza ver Unidad 14 / For dancing see Unit 14)

Nivel 1 / Level 1

General

aficionado m al arte	art enthusiast, art buff
arte m	art
arte m abstracto	abstract art
arte m clásico	classical art
arte m contemporáneo	contemporary art
arte m medieval	medieval art
arte m moderno	modern art
arte m romántico	romantic art
artes fpl decorativas	decorative arts
artes fpl gráficas	graphic arts
artes fpl liberales	liberal arts
artes fpl plásticas	plastic arts
artesanía f	craftsmanship, handicrafts
artesano m	craftsman
artista mf	artist
bellas artes fpl	fine arts
capacidad f creativa	creative capacity
copiar de la naturaleza	to copy from nature
costumbres fpl folclóricas	folklore customs
creación f artística	artistic creation
creador m	creator
crear una obra artística	to create a work of art
creatividad f	creativity
cultivar un interés por	to develop an interest in
culto m a la belleza	cult of beauty
cultura f	culture
cultura f azteca	Aztec culture
cultura f inca	Inca culture
cultura f maya	Maya culture
cultura f mediterránea	Mediterranean culture
cultura f primitiva	primitive culture
desarrollo m cultural	cultural development
edición f preciosa de un libro	splendid edition of a book
entrada f	ticket *(to see a show, play, etc.)*
espíritu m creativo	creative spirit
estética f	aesthetics
estilo m original	original style
evolución f cultural	cultural development
explotación f de museos	museum management
exponer en una galería	to exhibit in an art gallery
exposición f de esculturas	sculpture exhibition
expresar ideas innovadoras	to express innovative ideas
folclore m R3/2	folklore
fomentar el gusto por la cultura	to promote a taste for culture

fuerza f de expresión artística	strength of artistic expression
genio m creador	creative genius
genio m de la música	musical genius
gira f de conciertos	concert tour
imaginación f creativa	creative imagination
imitar la naturaleza	to imitate nature
inspiración f artística	artistic inspiration
juicio m estético R3	aesthetic judgment
labor f creativa	creative task
literatura f profana	profane literature
malas artes fpl	trickery, guile
manifestación f cultural	cultural expression
monumento m prehistórico	prehistoric monument
obra f de encargo	commissioned work
obra f maestra	masterpiece
original m	original
patrimonio m nacional	national heritage
placer m estético R3	aesthetic pleasure
plasmar sentimientos	to express feelings
por arte de magia	as if by magic
publicidad f	advertising, publicity
reproducción f	reproduction
restauración f de un monumento	restoration of a monument
restaurar una pintura	to restore a painting
sensibilidad f artística	artistic sensitivity
sensible a la belleza	sensitive to beauty
subasta f de objetos de arte	art auction
sublimación f artística R3	artistic sublimation
talento m para la música	talent for music
tradición f cultural	cultural tradition
valor m artístico	artistic value

Dibujo / Drawing

carboncillo m	charcoal *(drawing)*
cortaplumas m	penknife
dibujante mf	sketcher, cartoonist
dibujo m	drawing
diseño m gráfico	graphic design
goma f	eraser, rubber
lapicero m	propelling pencil, fountain pen M
lápiz m	pencil
pluma f M	pen *(often ball point)*
pluma f estilográfica	fountain pen
raspar	to scrape, to scratch *(to remove something)*
sacapuntas m	pencil sharpener
silueta f	silhouette
taller m	workshop, studio

Pintura / Painting

autorretrato m	self-portrait
brocha f	large paintbrush
busto m	bust
caballete m plegable	folding easel
caja f de pinturas	box of paints
capa f de pintura	layer of paint
colección f de pinturas	collection of paintings
coleccionar cuadros	to collect paintings
coleccionista mf	collector
colores mpl vivos	bright colors
cuadro m	painting
estudio m de un pintor	painter's study
galería f de arte	art gallery
imagen f de un santo	image/picture of a saint
lienzo m	canvas
maestro m flamenco	Flemish master
marco m de un cuadro	picture frame
marina f	seascape
matiz m	shade of color
modelo mf	model
obra f abstracta	abstract work
obra f pictórica	pictorial work
paisaje m	landscape
paisajista mf	landscape painter
pincel m R3	painter's style
pincel m fino	fine brush
pintor m aficionado	amateur painter

pintura f	painting, art of painting
pintura f de tamaño natural	life-size painting
pintura f deteriorada	damaged/spoiled painting
posar	to pose
pose f	pose
retratar	to portray
retrato m	portrait
técnica f hábil	skillful technique
tono m	tone, nuance

Movimientos artísticos / Artistic movements

barroco	baroque
bizantino	Byzantine
churrigueresco	Churrigueresque, after the excessively ornate style of Churriguera
flamenco	Flemish
gótico	Gothic
impresionismo m	impressionism
impresionista	impressionist
neoclásico	neoclassical
plateresco	plateresque
primitivo	primitive
realismo m	realism
realista	realist
renacentista	(of the) Renaissance
rococó	rococo
romántico	romantic
surrealismo m	surrealism
surrealista	surrealist

Arquitectura / Architecture

arco m	arch
arquitecto m	architect
arquitectónico	architectural
arquitectura f	architecture
arquitonto m R1 M	architect *(used pejoratively)*
bóveda f	vault
columna f	column
fachada f	front, façade
fresco m	fresco
mosaico m	mosaic
ojiva f	pointed arch
pilar m	pillar
portal m	doorway, hall, portal
torre f	tower

Música (general) / Music

armonía f	harmony
audible	audible
banda f	band
batuta f	baton
¡Chis!	Shush! Hush!
componer una sinfonía	to compose a symphony
composición f	composition
concierto m	concert, concerto
conservatorio m municipal de música	town conservatoire
director m de orquesta	orchestra conductor
espectáculo m musical	musical show
festival m de rock	rock festival
gama f	scale
inaudible	inaudible
melodía f	melody
música f	music
música f de cámara	chamber music
músico m	musician
nota f	note
nota f desacorde	discordant note
nota f falsa	wrong note
obra f musical	musical work
orquesta f	orchestra
orquesta f sinfónica	symphony orchestra
partitura f	score
resonar	to ring out, to resound
retumbar	to boom
solista mf	soloist
sonido m armonioso	harmonious sound
tañer un instrumento R3	to play an instrument
tecla f	key
teclado m	keyboard
tocar un aire	to play a tune

tocar una pieza	to play a piece
tono m melodioso R3	melodious tone
trozo m de música	piece of music

Instrumentos de música / Musical instruments

Instrumentos de cuerda / stringed instruments

arco m	bow
arpa f	harp
arpista mf	harpist
bandurria f	type of mandolin
banjo m	banjo
cítara f	zither
clavija f	tuning peg
contrabajo m	double bass
guitarra f	guitar
guitarra f eléctrica	electric guitar
guitarra f española	Spanish guitar
guitarrista mf	guitarist
instrumento m de cuerda	stringed instrument
laúd m	lute
lira f	lyre
mandolina f	mandolin
plectro m R3	plectrum
púa f	plectrum
puntear la guitarra	to pluck the guitar
rasguear la guitarra	to strum the guitar
viola f	viola
violín m	violin
violinista mf	violinist
violón m	double bass
violón mf	double bass player
violoncelo mf	cellist
violonc(h)elo m	(violon)cello

Instrumentos de viento / wind instruments

boquilla f	mouthpiece
clarinete m	clarinet
clarinetista mf	clarinetist
corno m inglés	English horn, cor anglais
embocadura f	mouthpiece
flauta f	flute
flautín m	piccolo
flautista mf	flutist, flautist
flautista m de Hamelin	Pied Piper of Hamelin
gaita f	bagpipes
gaitero m	bagpipe player
instrumento m de madera	wood(wind) instrument
instrumento m de viento	wind instrument
lengüeta f	reed
oboe m	oboe
píccolo m	piccolo
trompa f	horn
zampoña f	panpipes

Instrumentos de metal / brass instruments

corneta f	bugle
corno m de caza	hunting horn
saxofón/saxófono m	saxophone
trombón m	trombone
trompeta f	trumpet
tuba f	tuba

Instrumentos de percusión / percussion instruments

batería m	drums
batería mf	drummer
bombo m	bass drum, bass drummer
castañuelas fpl	castanets
maracas fpl	maracas
pandereta f	tambourine
platillos mpl	cymbals
tambor m	drum
tamboril m	small drum
tímpanos mpl	tympani

Varios/miscellaneous

acordeón m	accordion
armonio m	harmonium
bandoneón m A	kind of accordion
organillo m	hurdy-gurdy
organista mf	organist
órgano m	organ
pianista mf	pianist
piano m	piano
piano m de cola	grand piano
teclado m	keyboard
xilófono m	xylophone

Tipos de música / Types of music

jazz m	jazz
música f ambiental	background music
música f clásica	classical music
música f coral	choral music
música f de cámara	chamber music
música f de fondo	background music
música f enlatada R1	canned music
música f heavy	heavy metal
música f instrumental	instrumental music
música f militar	martial music
música f rock	rock music
música f sacra	sacred music
música f sagrada	sacred music

La televisión y radio / Television and radio

altavoz m	loudspeaker
antena f	aerial, channel
apagar la televisión	to turn off the television
audición f	*(faculty of)* hearing
bafle m	loudspeaker
cadena f	channel
canal m	channel
captar diez canales	to receive ten channels
casete m	cassette *(last* e *not pronounced)*
cinta f	tape *(for recording)*
coger cinco cadenas	to get five channels
compact disk m	compact disc
culebrón m	soap opera
disco m	disk, record
documental m	documentary
elepé m	LP
emisora f	transmitter, broadcasting station
en versión original	in the original version *(i.e. original language)*
encender la televisión	to turn on the television
espacio m	program
grabar una película	to record a film
informativo m	news *(program)*
locutor m	announcer
locutorio m	radio studio
mando m a distancia	handset, remote control
medios mpl de comunicación	media
mundo m audiovisual	audio-visual world, media world
noticias fpl	news
ondas fpl cortas	short wave
ondas fpl largas	long wave
ondas fpl medias	medium wave
oyente mf	listener
pasar en tele R1	to put on the telly
película f en vídeo	video film
pequeña pantalla f	small screen
poner la tele R1	to put the telly on
presentador m	announcer
programa m	program *(single)*
programación f	program *(i.e. for the week)*, listings
publicidad f	advertising
radio f (M = m)	radio
radioyente mf	radio listener
receptor m	receiver
retransmitir	to broadcast *(not necessarily pre-recorded)*
telediario m	television news bulletin
telenovela f	soap opera
telespectador m	viewer
televisar	to televise
televisión f	television
televisión f digital	digital television
televisión f por cable	cable television
transmisión f	broadcast, program
transmitir	to broadcast
TV f en blanco y negro	black and white TV
TV f en color	color TV
usuario m	user
ver televisión	to watch television
vídeo m	video *(recorder)*
video m A/M	video *(recorder)*
videocámara f	videocamera

videograbación f	video recording
V.O. f	original version

Teatro (edificio) / Theater (building)

acomodador m	usher
anfiteatro m	auditorium
balcón m	balcony
butaca f	seat
candilejas fpl	footlights
entresuelo m	dress circle
escenario m	stage
estar de bote en bote R1	to be packed
fila f de espectadores	row of spectators
galería f	gallery
gallinero m R1	gods
guardarropa f	cloakroom
luneta f	orchestra, front stalls
palco m	box
paraíso m	gods
patio m	orchestra, stalls
platea f	orchestra, stalls
platea f alta	dress circle
público m	audience
reserva f de dos plazas	reservation of two seats
reservación f de tres plazas M	reservation of three seats
reservar tres localidades	to reserve three seats
sacar boletos M	to get tickets
sacar entradas	to get tickets
sala f	auditorium
show m	show
taquilla f	box office
teatro m	theater
telón m	curtain
vestíbulo m	foyer

La obra de teatro / The play

abuchear	to boo, to hiss
acto m	act
actor m	actor
actor m taquillero	box-office draw
actriz f	actress
actuación f brillante	brilliant performance
actuar en una obra teatral	to act in a play
aplaudir a los actores	to applaud the actors
aplausos mpl	applause
compañía f de teatro	theater company
dar palmas	to clap hands *(rhythmically)*
desempeñar un papel	to perform a role
director m de teatro	theater manager
drama m	drama
dramaturgo m	dramatist
elenco m (de actores) R3	cast (of actors)
encargado m del guardarropa	wardrobe master
ensayar una pieza	to rehearse a play
ensayo m	rehearsal
entrar en escena	to enter *(the stage)*
escena f	scene
espectáculo m	show
hacer mutis	to exit, to go off
héroe m	hero
heroína f	heroine
intermedio m	interval
llevar a la escena	to adapt for the theater
mimar	to mime
mimo m	mime
montaje m	stage design, decor
montar un espectáculo	to put on a show
obra f de teatro	play
obra f dramática	play
ovación f	ovation
ovacionar	to acclaim, to cheer
poner en escena	to put on, to produce
programa m	program *(to be sold)*
propina f	tip
puesta f en escena	production
repartir los papeles	to cast
reparto m	cast
representar un show	to put on a show
salir	to enter *(the stage)*
sesión f	show, performance
sisear a los actores	to hiss at the actors
soliloquio m R3	soliloquy
vivas mpl	cheers, cheering

Cine / Movies

aparecer en una película	to appear in a movie
artista mf de cine	movie artiste
cara f fotogénica	photogenic face
chica f de película R1	gorgeous girl
cine m	movie
cineasta mf	movie fan/critic/director
cinematografía f	cinematography
director m de cine	movie director
doblar una película	to dub a film
en fila delantera	in the front row
estrella f de cine	movie star
filmar una escena	to shoot/film a scene *(more used in M)*
función f de la tarde M	afternoon performance
gran público m	the audience at large
hacer cola	to wait in line, to queue
industria f cinematográfica	cinematographic industry
La acción tiene lugar en . . .	The action takes place in . . .
matiné f	morning performance *(for children)*
montar una película	to put on a movie
nominar para un Oscar	to nominate for an Oscar
peli f R1	movie, flicks
película f	movie
película f muda	silent movie
película f sonora	talkie
peliculero R1	fond of the movies
peliculón m R1	splendid movie
¿Qué echan esta noche?	What's on tonight?
rodaje m de una película	shooting of a movie
rodar una película	to shoot a movie
sala f abarrotada	full auditorium
sesión f de cine	movie show
subtítulo m	subtitle

Fotografía / Photography

agrandar	to enlarge
ampliar	to enlarge
aparato m fotográfico	camera
calidad f de imagen	quality of picture
cámara f (de fotos)	camera *(for stills or video)*
Ella saca una buena foto	She takes a good photo
foto f R2/1	photo
foto f aérea R2/1	aerial photo
foto f al flash R2/1	photo taken with flash
foto f de carnet R2/1	passport(-size) photograph
foto f de conjunto R2/1	group photo
foto f en color R2/1	color photo
foto f fija R2/1	still photograph
foto f instantánea R2/1	snap(shot)
foto f robot R2/1	quick photo *(i.e. for passport)*
fotocopia f	photocopy
fotocopiador/a m/f	photocopier
fotocopiar	to photocopy
fotografía f	photograph, photography
fotografía f al magnesio	flashlight photograph
fotógrafo m	photographer
fotógrafo m de estudio	portrait photographer
fotógrafo m de prensa	press photographer
hacer fotos	to take photos
instantánea f	snapshot
máquina f (de fotos)	camera
orla f	graduation photograph *(photos round the edge of the frame)*
sacar una foto	to take a photo
Te saco una foto	I('ll) take a photo of you

Nivel 2 / Level 2

Dibujo / Drawing

aguafuerte m	etching *(i.e. with acid)*
apunte m	sketch
bosquejar	to sketch
bosquejo m	sketch
calcar	to trace
chincheta f	thumbtack, drawing pin
collage m	collage
contorno m	contour
croquis m	sketch
dibujar del natural	to draw from life
dibujo m al carbón	charcoal drawing
dibujo m lineal	line drawing
dibujo m publicitario	commercial drawing
difumino m	stump, tortillon
esbozar	to sketch, to outline
esbozo m	sketch
graffiti mpl	graffiti
litografía f	lithography
papel m de calco	tracing paper
pintada f R1	graffiti, daub on a wall *(often political)*
tablero m de dibujo	drawing table
tinta f china	Indian ink

Pintura / Painting

acuarela f	water color
al fondo	in the background
boceto m	cartoon
bodegón m	still life
caricatura f	caricature
claroscuro m	chiaroscuro
contraste m de luces y sombras	chiaroscuro
dar los últimos toques a	to put the finishing touches to
desnudo m	nude
dibujo m a la aguada	water color, wash
dibujo m al pastel	pastel drawing
efigie f R3	effigy
embadurnar de	to daub/smear with
en medio	in the middle ground
en primer término	in the foreground
en último término	in the background
encuadrar	to frame
estampa f	print, engraving, print *(in book)*, vignette
maquillaje m	make-up
maquillarse	to put your make-up on
media tinta f	half tone, hue
mural m	mural
paisaje m pintoresco	picturesque landscape
paleta f	palette
perfil m	profile
perspectiva f	perspective
pinacoteca f R3	art gallery
pintar al óleo	to paint in oils
pintarla R1	to show off, to swank
pintarraj(e)ar R1	to daub, to splash paint
pintarse	to put on makeup
pintura f abstracta	abstract painting
pintura f al óleo	oil painting
pintura f rupestre	cave painting
representación f pictórica R3	pictorial representation
retablo m	altar piece
salir de perfil	to appear in profile
salón m de pintura	painting gallery
sombrear una pintura	to darken/shade a picture
tintas fpl	tints, hues
trementina f	turpentine

Escultura / Sculpture

alabastro m	alabaster
alfarería f	pottery
alfarero m	potter
altorrelieve m	high relief
arcilla f	clay
arcilla f de alfarería	potter's clay
bajorrelieve m	bas-relief
buril m	burin, engraver's chisel
cincel m	chisel

cincelado m	chiseling, engaving
cinceladura f R3	chasing, carving
cincelar	to chisel
ebanista mf	cabinet maker
esculpir en mármol	to sculpt(ure) in marble
escultor m	sculptor
escultura f	sculpture
escultura f en madera	wood carving
estatua f	statue
estuco m	stucco
grabado m	engraving
labrar en la piedra	to carve in stone
lápida f	stone tablet *(with inscription)*
marfil m	ivory
marquetería f	inlaid carving, marquetry
modelar	to model
molde m	mold
orfebre m R3	gold/silversmith
paso m	float *(in Easter-time pageant)*
peana f	stand, pedestal, base
pedestal m	pedestal
platero m	silversmith
repujar	to emboss, to work in relief
silueta f escultural	perfectly shaped silhouette
tallar en madera	to carve in wood
taracear R3	to inlay

Arquitectura / Architecture

acrópolis f	acropolis
alminar m R3	minaret
capitel m	capital
capitolio m	acropolis, large majestic building
cimientos mpl	foundations
construir	to build
contrafuerte m	buttress
cornisa f	cornice
edificar	to build
espadaña f	steeple, belfry
friso m	frieze
gárgolas fpl R3	gargoyles
maqueta f	scale model
obelisco m	obelisk
pilotes m	pile *(for strengthening foundations)*
pináculo m R3	pinnacle
piramidal	pyramidal
pirámide f	pyramid
plaza f	square
plinto m R3	plinth
saliente m	projecting/ overhanging part
sobresaliente	projecting, overhanging
soportales mpl	arcades
zócalo m	plinth, base, town square M

Estilos arquitectónicos / Architectural styles

barroco	Baroque
corintio	Corinthian
dórico	Dorian
funcional	functional
gótico	Gothic
gótico flamígero R3	overelaborate/ flamboyant Gothic
isabelino R3	Elizabethan *(characteristic of the two Spanish Isabels or the English Elizabeth I)*
jónico	Ionic
neoclásico	neoclassical
rococó	rococo
románico	Romanesque, Norman *(in England)*
toscano	Tuscan

Música / Music

acompasado	rhythmic *(suggests slow tempo)*
acústica f	acoustics
afinar el piano	to tune the piano
audición f	audition
cacofonía f R3	cacophony

cacofónico R3	cacophonic
chirriar	to squeak *(e.g. of violin)*
chirrido m	squeaking *(e.g. of violin)*
conjunto m musical	musical ensemble
desafinar	to play/sing/go out of tune
diapasón m	diapason, scale, tuning fork, finger board
diapasón m normal	tuning fork
estar desafinado	to be out of tune
estar destemplado	to be out of tune
estereofonía f R3	stereophony
filarmonía f R3	passion for music
filarmónica f de Chicago	Chicago Philharmonic
fuga f R3	fugue
hacer escalas	to practice scales
hacer gamas R3	to practice scales
libreto m	libretto
metrónomo m R3	metronome
poner música a una obra	to set a work to music
rítmico	rhythmic
silbar una melodía	to whistle a tune
silbato m	whistling, humming
sociedad f filarmónica	philharmonic society

Canción / Singing

alto m	alto
arrullar a un niño	to lull a child to sleep *(by gently singing)*
bajo m	bass
barítono m	baritone
canción f	song, singing
cantante mf	singer
cantar solo	to sing solo
cantata f	cantata
cantautor m	singer songwriter *(i.e. has two roles)*
cántico m	canticle
canturrear	to hum, to sing softly
cascado	unmelodious
chirriar	to sing badly / out of tune
contralto f	contralto
contralto m	counter tenor
copla f	popular song, ballad
coral f	chorale, choir, choral group
corista mf	chorister, member of a choir
coro m	choir
desentonar	to sing out of tune
dúo m	duet, duo
entonar una canción	to sing a song
estribillo m	refrain
letra f	words *(of song)*, lyric
medida f de los versos	measure of the lines
melopea f R3	chant *(often boring)*
ópera f	opera
opereta f	operetta, light opera
soprano f	soprano
tararear	to hum
templado	in tune
tenor m	tenor
tiple f	soprano
tiple m	treble, boy soprano
voz f atiplada	treble/high-pitched voice
voz f de falsete	falsetto voice
voz f grave	low/deep voice

Fotografía / Photography

abertura f	aperture
abrir el diafragma	to open the diaphragm
ajustar el zoom	to adjust the zoom
autofocus m	self-focus
cámara f de vídeo	video camera *(tonic accent on* e *in A/M)*
cámara f de vídeo y audio	audio-video camera *(tonic accent on* e *in A/M)*
cámara f oscura	dark room
cámcorder m R3	camcorder
carrete m (de película)	film reel
cerrar el diafragma	to shut the diaphragm

cinta f de vídeo — video tape *(tonic accent on* e *in A/M)*
clisé m — negative
cubeta f — tray *(for developing photos)*
diapositiva f — transparency, slide
disparador m — release
Enfoca automáticamente — It has an automatic focus
enfocador m — automatic focus
enfoque m — focusing
foto f borrosa R2/1 — blurred photo
foto f de busto R2/1 — head-and-shoulders
foto f tamaño carnet R2/1 — passport-size photo
lente f — lens *(m in A/M)*
lente f telescópica — telescopic lens
medición f de la luz — light measurement
negativo m — negative
nitidez f — clarity, sharpness
objetivo m — lens
obturador m — shutter
papel m mate — matt paper
plano m corto — close-up
plano m largo — long shot
primer plano m — foreground, close-up
prueba f — proof, print
prueba f negativa — negative
prueba f positiva — positive print
punto m de mira — sights *(of a gun)*
revelado m — developing
revelar una foto R2/1 — to develop a photo
rollo m de película — roll of film
teleobjetivo m — telephoto/zoom lens
tiempo m de exposición — exposure time
toma f — shot, take
trípode m — tripod
visor m de imagen — view-finder

Televisión y radio / Television and radio

animador m — host, presenter
cadena f comercial — commercial channel
cadena f de noticias — news channel
cadena f de pago — pay channel
cadena f local — local channel
cadena f musical — music channel
cámara f de televisión — television camera
canal m local — local channel
captar un canal — to receive a channel
control m remoto — remote control
descodificador m — decoder
descodificar — to decode
director m — presenter
disk-jockey m — disk jockey
emitir por cable — to transmit by cable
encriptar — to encrypt
entrevistador m — interviewer
estar en antena — to be on air
estar en la misma onda — to be on the same wavelength
estar enganchado — to be connected
estudio m de televisión — television studio
longitud f de onda — wavelength
magnetófono m — tape recorder
noticiero m M — news program
parabólica f — satellite dish
pescar la señal M — to pick up the signal
plató m — set, floor *(for television/radio productions)*
poner en antena — to put on the air
radiar — to broadcast
radio f comunitaria — community radio
radio f escolar — schools radio
radio f nacional — national radio
radio f pirata — pirate radio
radiocasete m — radio cassette player *(last* e *not pronounced)*
radiodifusión f — radio broadcasting
recepción f por cable — cable reception
recepción f por satélite — satellite reception
recoger una señal — to pick up a signal
red f — network
reportero m radiofónico — radio reporter
satélite m de telecomunicaciones — telecommunications satellite
serial m — serial
serie f — serial

tele f R1	telly
teledifusión f	broadcasting *(on television)*
telera f R1 M	telly
telerreportaje m	television reporting
Televisión m Azteca	*Mexican TV channel*
televisión f de pago	pay-as-you-go television
televisión f matinal	breakfast television
televisión f por satélite	satellite television
televisión f pública	State/public television
Televisora f M	*Mexican television corporation*
transmitir en diferido	to broadcast a recording
transmitir en directo	to broadcast live
TVE f	Spanish Television
visionar	to preview *(a program)*

Teatro (edificio) / Theater (building)

actor m de cartel	famous actor
bambalina f	drop(-scene), cloth border *(at top of the set)*
bastidores mpl	wings
camerino m	dressing room
cartel m	*(advertising)* poster
concurrencia f numerosa	large audience
decorado m	scenery, set
entre bambalinas	behind the scenes
entre bastidores	offstage, behind the scenes
escenario m giratorio	revolving stage
estar en cartelera	to be showing
foro m	back of the stage
orquesta f	orchestra (pit)
revendedor m de entradas	ticket scalper/tout
teatro m al aire libre	open air theater
teatro m de la ópera	opera house
tramoya f	*(piece of)* stage machinery

La obra de teatro / The play

accesorio m	prop
aparte m	aside
apuntador m	prompter
apuntar	to prompt
arte m teatral	art of the theater
auto (sacramental) m	allegorical religious play
bisar a los actores	to hiss/to boo the actors
bufón m	clown, jester
comedia f	play *(stressing life's humorous or pleasant aspects – not necessarily comedy)*
comediante mf	actor/actress
comicastro m R2/1	ham actor
cómico m	comedian, comic
dar un bis	to give an encore
decorador m teatral	theater decorator
descanso m	interval
día m de descanso	closed for today
doble mf	stand-in, double
drama m en tres jornadas	three-act play
entreacto m	interval
escenografía f	scenery
escenógrafo m	theatrical designer, set designer
escenotecnia f R3	stagecraft, staging
estar en gira	to be on tour
estar en primera fila	to be in the first row
estudiar actuación M	to study acting
estudiar artes dramáticas	to study drama
extra mf	walk-on, extra
farsa f	farce
figurante mf	extra, walk-on
fracaso m	flop
género m chico	comic one-act piece
histrión m R3	actor, player
interpretación f dramática	dramatic portrayal/ interpretation
intriga f	plot
intriga f secundaria	sub-plot

La acción está ubicada en ...	The action takes place in ...
La acción transcurre en ...	The action takes place in ...
maquillador m	make-up artist
miedo m al público	stage fright
miedo m escénico	stage fright
mundo m de la farándula	theater world
parlamento m	long-winded speech
payasada f	slapstick
payaso m	clown
pieza f (de entrada)	one-act play, curtain-raiser
pisar las tables	to tread the boards
protagonizar una obra	to take the lead in a play
representación f teatral	play
sainete m	sketch, one-act farce
sastre m de teatros	costumier
sketch m	sketch
teatro m de aficionados	amateur theater
teatro m de calle	street theater
teatro m de títeres	puppet theater
teatro m de variedades	vaudeville, music hall
teatro m del absurdo	theater of the absurd
teatro m experimental	experimental theater
temporada f teatral	theater season
tragedia f	tragedy
tragicomedia f	tragicomedy
trama f	plot
tramoyista mf	scene shifter, stage-hand
traspunte m R3	prompt(er)
zarzuela f	musical comedy

Cine / Movies

cinefilia f R3	love of the cinema
cinéfilo m R3	movie/film buff
cinemateca f	movie library, film archive
cineteca f M	movie library, film archive
coche m de cine R1	fantastic car
doblaje m	dubbing
efectos mpl especiales	special effects
estelarizar una película M	to star in a movie/film
exclusiva f	exclusive
éxito m de taquilla	box-office success
festival m del cine	movie/film festival
film(e) m R3/2	movie/film *(used more in M)*
galardón m	prize
guión m	script
guionista mf	script writer
montaje m	montage
papel m estelar	star role
película f taquillera R1	box-office success *(of movie / film)*
proyección f de una película	showing of a movie/film
sala f de proyección	projection room
séptimo arte m	movies, cinema
vestuario m	cloakroom

Tipos de películas / Types of movie/film

cine m cómico	comedy
cine m de ciencia-ficción	science-fiction movie/film)
cine m de humor	comedy
cine m hablado	talkie
cine m mudo	silent movie
cine m negro R3/2	thriller, *film noir*
cine m sonoro	talkie
cinemascope m	cinemascope
corto(metraje) m	short
cortos mpl M	trailer
créditos mpl	credits
dibujos m animados	cartoon
documental m	documentary
ficha f técnica	credits
largometraje m	full-length movie/film, feature movie/film
película f de suspense	thriller
película f de terror	horror movie/film
película f del Oeste	Western
película f lacrimógena	weepy
película f policíaca	thriller
spaghetti m western	spaghetti western

superproducción f	blockbuster
tráiler m	trailer
western m	Western
western m spaghetti	spaghetti western

Distribución de las películas / Movie/film distribution

censura f	censorship
ciné-club m	movie/film club
circuito m de distribución	distribution network
clasificación f de las películas	movie/film classification
estreno m general	general release
exhibidor m	distributor
filmoteca f	movie/film library
magnate m del cine	movie mogul
no apto para menores	not suitable for juveniles, "Adults Only"
no recomendable para menores	not suitable for children
prohibido a los menores de 16 años	not suitable for under-16s
red f de distribución	distribution network
riguroso estreno m	world première
tolerada para menores	PG, parental guidance

Nivel 3 / Level 3

Pintura/Painting

aclarar la pintura	to thin (down) paint
acusarse R3	to stand out *(e.g. of contours)*
arrebol m R3	red flush *(e.g. of an evening landscape)*
barniz m	varnish
barnizar	to varnish
coger bien el parecido	to catch the similarity (just right)
colores mpl contrastados	contrasting colors
colorista mf	colorist
contornos mpl acusados R3	sharp contours
cromo m	chromo, *(cheap)* colored print
cuadro m en perspectiva cónica	image repeated to infinity *(like Velázquez's* Las Meninas*)*
degradarse	to fade away
descolorarse	to lose color, to fade
desdibujado	blurred, unclear
desdibujarse	to become blurred
desleír una pintura	to thin a paint
destacarse	to stand out
dibujo m al pastel	pastel drawing
difuminarse a lo lejos	to fade in the distance
efecto m	*trompe l'œil*
escorzar R3	to foreshorten
escorzo m R3	foreshortening
esteta mf R3	aesthete
esteticismo m	aestheticism
grabar al agua fuerte	to etch
guache m R3	gouache *(*e *not pronounced)*
La ocasión la pintan calva R1	Don't miss the opportunity
laca f	lacquer
mecenas mf	patron *(of the arts)*
miniatura f	miniature
naturaleza f muerta	still life
pincelada f	brush stroke
pintar al fresco	to paint in fresco
realzar a contra luz	to silhouette against the light
rebajar la pintura	to thin down paint
recargado	overelaborate
rematar un cuadro	to complete a picture
representación f pictórica	pictorial representation
retocar	to touch up, to retouch
suavizar los contornos	to tone down the contours

templar colores R3	to blend colors
tiento m	steadiness of hand
tocar y retocar una pintura	to continue to touch up a painting
trampantojo m	*trompe l'œil*, painted cloth adorning a façade being repaired

Escultura / Sculpture

camafeo m R3/2	cameo
damasquinado m toledano R3/2	Toledo damascene, Toledo ware
damasquinar R3/2	to damascene
embutir nácar en la madera	to inlay mother of pearl in the wood
esmaltar	to cover with enamel
estatua f ecuestre	equestrian statue
estatua f orante	kneeling statue
estatua f yacente	reclining/recumbent statue
estofado m R3	preparation of wooden carving before gilding it, the result of this procedure
estofar R3	to prepare wooden carving before gilding it
hierro m forjado	wrought iron
imaginero m R3/2	maker of religious images
plástica f	art of sculpture, modeling
rejería f	art of making railings from wrought iron

Arquitectura / Architecture

arco m de herradura	horseshoe arch
arco m de medio punto	semicircular arch
arco m de triunfo	triumphal arch
arco m gótico	Gothic arch
arquitrabe m	architrave
cariátide f	caryatid
bóveda f celeste	vault of heaven
bóveda f de cañón	barrel vault
clave f del arco	keystone
con zócalo de azulejos	tiled plinth
dintel m	lintel
en saledizo R3/2	overhanging, projecting
entablamento m R3	entablature
estar cimentado sobre piedra	to have stone foundations
estilo m recargado	overelaborate style
frontón m	pediment
fuste m	shaft
moldura f	molding
morisco	Mauresque
mozárabe	Mozarabic
mudéjar	Mudejar
peralte m	cant, slope
pilastra f	pilaster
repisa f	ledge, shelf *(supporting statue)*
rotonda f	rotonda, circular gallery
saledizo m R3	projection, overhang
torre f enhiesta	straight/erect tower
veleta f	weather vane

Arquitectura de iglesia / church architecture

ábside f	apse
aguja f	spire, steeple
altar m	altar
altar m mayor	main altar
anteiglesia f	porch
arbotante m	flying buttress
atrio m	vestibule, porch
campanario m	belfry, bell tower
capilla f	chapel
claustro m	cloister
cripta f	crypt
crucero m	transept
cúpula f	dome, cupola
espadaña f	steeple, belfry
flecha f	spire
nave f	nave
nave f lateral	aisle
nervios mpl	ribs
pila f bautismal	baptismal font
portada f	front, façade
pórtico m	portico, porch
púlpito m	pulpit
rosetón m	rose (window)

sillería f	choir stalls
tabernáculo m R3	tabernacle
tribuna f	gallery
vidriera f	stained glass window

Arquitectura de un castillo / castle architecture

adarve m R3	walkway *(round battlements)*
almenas fpl	battlements
atalaya f	watch tower
camino m de ronda	walkway
foso m	moat
hacer castillos en el aire	to build castles in the air
matacán m	machicolation
muralla f almenada	battlemented/ crenelated walls
poterna f R3	postern (gate)
puente m levadizo	drawbridge
torre f del homenaje	keep
torreta f	turret
tronera f	loophole, small window

Música / Music

acompasar	to mark the rhythm of
acorde m	chord
alegre como unas castañuelas	very happy, happy as a sandboy
alegro m	allegro
andante m	andante
bemol m	flat
cadencioso	rythmical
capricho m	capriccio
cascabel m	little bell
clase f de solfeo	theory lesson, solfa lesson
clave f	key, clef
clave f de do	key of C
clave f de fa	bass clef
clave f de sol	treble clef
con acompañamiento al piano	with piano accompaniment
concierto m para piano y orquesta	concerto for piano and orchestra
contrapunto m	counterpoint
corchea f	quaver
cuarteto m para cuerda	quartet for strings
decibelio m	decibel
do mayor	C Major
ejecutar una composición musical	to perform a musical composition
escala f musical	music scale
estridencia f de la música R3	stridency of the music
fantasía f	fantasia
floreo m	flourish
instrumentación f	instrumentation
llevar el compás	to beat/keep time
maestro m de música	musical maestro
melomanía f R3/2	passion for music
melómano R3/2	music lover
minué m para dos violines y bajo	minuet for two violins and bass
musicar	to set to music
musicógrafo m R3	musicologist
musicología f	musicology
musicomanía f	love of music
musiquilla f	tune, light piece of music
notación f musical	musical notation
obertura f	overture
octava f	octave
octeto m	octet
orquestación f	orchestration
perder el compás	to lose the beat
poema m sinfónico	symphonic poem
poner en música	to set to music
ponerse al compás de la música	to play in (strict) time to the music
ponerse al unísono	to play/sing in unison
pupurri m	potpourri
quinteto m	quintet
réquiem m	requiem
rondó m en sol mayor	rondo in G Major
scherzo m	scherzo
semicorchea f	semiquaver
septeto m	septet
serenata f	serenade
sexteto m	sextet
sinfonía f 3 en mi bemol mayor	symphony number three in E flat Major

sinfonía f 4 en do menor	symphony number four in C Minor
sinfonía f 5 en sol mayor	symphony number five in G Major
sinfonía f en cuatro movimientos	symphony in four movements
sinfonía f en cuatro tiempos	symphony in four movements
sinfonía f número 4	symphony number 4
solfear	to solfa
solfeo m	music theory
sonata f para alto y piano	sonata for alto and piano
sostenido m	sharp
templar la guitarra	to tune (up) the guitar
tiempo m	beat, tempo
tonada f	tune, air
variaciones fpl sobre un tema rococó	variations on a rococo theme
virtuoso m de piano	piano virtuoso

Canción / Singing/song

al canto del gallo	at daybreak, at cockcrow
aria f	aria
canción f de cuna	lullaby
canción f de gesta	*chanson de geste*
cantar sin acompañamiento	to sing unaccompanied
cante m hondo/jondo	flamenco, Andalusian gypsy singing
cantes mpl de mi tierra	traditional/folklore songs
cantilena f R3	ballad, chant, song
canto m del cisne	swan song
canto m gregoriano	Gregorian chant
cascarse R1	to break *(of boy's voice)*
clase f de solfeo	singing lesson
cuerdas fpl vocales	vocal chords
festival m de canciones	singing festival
flamenco m	flamenco
libretista mf	librettist
libreto m	libretto
nana f	lullaby
ópera f bufa	comic opera
oratorio m	oratorio
recitativo m	recitative
tener buen oído	to have a good ear
tono m	tone, pitch
venir siempre con la misma cantilena	to keep harping on the same tune
villancico m	Christmas carol

Televisión y radio / Television and radio

aplaudímetro m	clapometer *(for measuring applause)*
caja f tonta R1	telly, goggle box
circuito m cerrado de televisión	closed circuit television
concurso m	game show
conductor m A/M	host, presenter
congelar la imagen	to freeze the image
emisión f institucional	party political broadcast
instalar un control remoto	to install a remote control
interferencia f	jamming
interferir	to jam
maratón m televisivo	telethon
presentar en directo	to give a live broadcast
programa m de debate público en directo	live debate program
repetición f	replay
reponer un programa	to repeat a program
reposición f	repeat
teleapuntador m	teleprompter
teletón m	telethon
televisión f de alta definición	digital television
televisión f digital	digital television
videoclip m	videoclip

Teatro (edificio) / Theater (building)

butaca f de platea	ochestra stall
concha f del apuntador	prompt box
entresuelo m	dress circle
escotillón m	trap door *(for surprise exits and entrances)*
foso m del escenario	pit *(below stage)*

palco m de proscenio	stage box
proscenio m R3	proscenium, opening between stage and audience
segundo anfiteatro m	upper circle
telar m	gridiron, higher part of stage into which curtain recedes
telón m de seguridad	safety curtain
telón m metálico	fire curtain

La obra de teatro / The play

aplaudir a rabiar	to applaud rapturously
barba m	noble and generous father
careta f	mask
clac/claque f	claque
comedia f de golpe y porrazo	slapstick comedy
comparsa mf	extra, supernumerary
confidente mf	confidant(e)
dueña f	duenna, companion
estrenar una obra	to put on a play for the first time
estreno m	first showing, première *(of a play, movie/film)*
exposición f	explanatory preamble
galán f	male lead, hero
gemelos mpl	binoculars
golpe m de efecto	*coup de théâtre*
golpe m de teatro	*coup de théâtre*
gracioso m	comic character, funny man
localidad f	seat, ticket
montaje m	stage design
obra f de encargo	commissioned work
obra f de vulgarización	popular work
patear	to stamp feet *(usually with disapproval)*
pateo m	stamping of feet *(see above)*
peripecias fpl	incidents, adventures, ups and downs
primera dama f	heroine
Se inaugura la temporada teatral	The theater season begins
ser un fiasco	to be a fiasco/flop
Todo es teatro	It's all show

Fotografía / Photography

bobina f del rollo de película	spool with film
bolsa f de la cámara	camera case
carro m de diapositivas	slide carousel
fotómetro m	exposure/light meter
objetivo m de enfoque	focusing lens
objetivo m gran angular	wide-angled lens
pie m tubular	tubular stand
proyector m de diapositivas	slide projector
sensor m del enfoque automático	automatic focus sensor
visor m	viewfinder, slide viewer
visor m telescópico	telescopic sight

Cine / Movies

a cámara lenta	in slow motion
a cámara rápida	speeded up
acelerado m	fast motion
adaptación f a la pantalla	screen/film adaptation
banda f sonora	soundtrack
barrido m	sweep
cameraman m	cameraman
casting m	casting
cine m de arte y ensayo	art house cinema
cine m forum	movie/film with discussion after
claqueta f	clapperboard
contrapicado m	low-angle shot
corto m de dibujos animados	cartoon *(like* Tom and Jerry*)*
desincronizado	out of sync
desvanecerse/desaparecer lentamente en pantalla	to fade out/away

efectos mpl de sonido	sound effects
efectos mpl sonoros	sound effects
en directo	live
en locación M	on location
en vivo	live
encuadre m	framing
entrega f de los Oscars	distribution of Oscars
epopeya f bélica	war movie/film
escena f desplazada lateralmente	wipe
escena f retrospectiva	flash-back
esfumado m	soft focus
estatuilla f	statue *(as part of the distribution of Oscars)*
exteriores mpl	location shots
filmación f	shooting
flash-back m	flash-back
fundido m	fade-in
fundirse	to fade in
iluminación f uniforme	uniform lighting
imagen f congelada	freeze frame
larga secuencia f erótica	long erotic sequence
líder m de las taquillas M	big box-office attraction
metraje m	footage
mezcla f	sound mixing
movimiento m acelerado	fast forward/ backward
operador m de cámara	cameraman
pantalla f grande	wide screen

pantalla f panorámica	wide screen
película f de dibujos animados	cartoon *(long or short)*
picado m	high-angle shot
plano m americano	medium close shot
plano m general	long shot
plano m medio	medium shot
realizador m	director
rótulos mpl de crédito	credits
ruido m ambiental	background noise
salto m adelante	flash-forward
salto m atrás	flash-back
secuencia f	sequence
segunda entrega f del Cuarto Festival Capitalino M	second part of Mexico City's fourth festival
sesión f continua	continuous performance
sesión f de matiné	matinée performance
técnica f cinematográfica	cinematographic technique
toma f (fotográfica)	shot
toma f borrosa/difusa	soft focus
toma f de exteriores	outside set
toma f de interior	inside set
toma f de vista	shot
toma f directa	live shot
trávelin m	tracking shot
trucajes mpl	trick photography, special effects
versión f original y subtitulada	original and subtitled version *(i.e. of a foreign movie/film)*
voz f en off	voice over

Ejercicios / Exercises

Nivel 1 / Level 1

1. (a) Encuentra dos sentidos de los siguientes vocablos

arco, bóveda, columna, exposición, estudio, fresco, gama, máquina, marina, matiz, mosaico, obra, ojiva, película, platillo, programa, púa, reparto, reproducción, rodar

(Se encuentra la solución en Internet)

(b) Construye frases para ilustrar el uso de estos sentidos

2. (a) ¿Qué entiendes por las siguientes expresiones?

artes decorativas, malas artes, artes menores, Bellas Artes, artes liberales, obra de arte, artes plásticas, verso de arte mayor, séptimo arte, artes y oficios, verso de arte menor, artes de pesca, arte cinético, artefacto

(b) Elige diez de estas expresiones y haz frases para ilustrar su significado

(c) Explica el cambio de sentido según se use *arte* en masculino o en femenino. Pon ejemplos para ilustrar la diferencia

3. (a) Encuentra las diferencias (si hay) entre los vocablos de las siguientes parejas o grupos

pintar/pintarrajear, embadurnar/barnizar, desleír/aclarar, copiar/calcar, esculpir/tallar, pintada/pintura, brocha/pincel/espátula, color/colorido, blanco/blanquecino/blancuzco, bóveda/cúpula/capitel/ojiva, boceto/esbozo/bosquejo, vidriera/rosetón/cristal, pinacoteca/museo/galería/exposición, lienzo/cuadro/pintura/retablo

(b) Construye frases para ilustrar las diferencias

4. (a) Encuentra todos los adjetivos y sustantivos que se corresponden con los siguientes verbos

Ejemplo: publicar-público, publicitario, publicidad, publicista, publicación
dibujar, encuadrar, fotografiar, grabar, pintar, retocar, revelar, tallar

(b) Construye frases para ilustrar el uso tanto de los verbos arriba como de los adjetivos y sustantivos

5. ¿En qué circunstancias se usarían las siguientes expresiones?

música de fondo
música ambiental
música celestial
caja de música
cadena de música
música ratonera
música enlatada
de voz en grito
de viva voz
torrente de voz
secreto a voces
a coro
de mala nota
al canto
canto del cisne
al canto del gallo
al tenor de
ésa es otra canción
a dúo
cancionero popular
canción de cuna

6. ¿Qué entiendes por las siguientes locuciones?

no tener ni arte ni parte
no poder ver ni en pintura
pintárselas solo
allí no pinto nada
pintor de brocha gorda
ponerse de mil colores
tener rollo
ser un rollo
rollo patatero
tener un rollo
sacar los colores
mudar de colores
so colores
de color de rosa
pez de colores
escalera de color
quedarse en cuadro
dar el visto bueno
de oído

(Se encuentra la solución en Internet)

7. ¿Cuáles son las principales características de las siguientes artes?

i. **pintura** plástica / rupestre / al fresco / al óleo
ii. altorrelieve, bajorrelieve
iii. acuarela, bodegón, fresco, naturaleza muerta, paisaje, pastel

8. (a) ¿Para qué sirven los siguientes objetos o sitios?

arbotante, caballete, cámara oscura, cariátide, chincheta, claustro, cortaplumas, gárgola, goma, lapicero, maqueta, máquina, marco, molde, paleta, pilar, rollo, sacapuntas, tablero de dibujo, taller, travesaño, trípode, tronera, zócalo

(b) Elige doce de estos objetos y haz frases para ilustrar su uso

9. Tienes una máquina de fotos. Quieres sacar una serie de fotos de tu familia, de amigos o de un sitio pintoresco. Aprovechando los verbos abajo, describe lo que haces con la máquina, a partir de la toma de las fotos hasta llevar tus fotos a un fotógrafo. Puedes describir el contenido de tus fotos si quieres

abrir	ampliar	enfocar	posar	revelar
ajustar	cerrar	medir	retratar	sacar

10. (a) ¿Qué instrumentos están clasificados en las siguientes categorías?

Instrumentos musicales			
de teclado	de cuerda	de viento	de percusión

(Se encuentra la solución en Internet)

(b) Busca un libro de música que se refiera a todos los instrumentos que se tocan en una sinfonía, y describe la posición de estos instrumentos en la sala. Se puede aceptar un dibujo

11. (a) ¿Qué entiendes por los siguientes vocablos?

cantata	diapasón	fuga	ópera	sinfonía
concierto	escala	metrónomo	serenata	sonata

(b) Elige cinco de estos vocablos y haz frases para ilustrar su sentido

12. Traduce al español

i. If you wanted to take a photo of me in profile you ought to have told me how to stand
ii. Put the spool in the right way round, have the film developed by a specialist and keep some negatives
iii. The snap is out of focus, which is why the photo's a bit blurred, and you can hardly tell if it's in black and white

iv. The painter placed the canvas on the easel, mixed up some colors on her pallet, added some slight tints, and then picked up the most delicate of brushes
v. The painter's got some lovely pastel shades but I prefer the faded water colors or even the still lives of fruit and flowers
vi. She painted a splendidly sensitive portrait of a politician, in a full, frontal and upright position
vii. The realism of his painting, whether landscape or seascape, doesn't fit my idea of abstract art
viii. As a violinist she displayed the finest of touches, and when it came to Bruch's violin concerto, she touched those chords with a true depth of feeling
ix. My father was a brilliant harpist, and how he managed to play without the score amazed audiences everywhere
x. The most informed of music lovers soon began to appreciate his performances of Tchaikovsky, but how he combined that with jazz was a miracle

(Se encuentra la solución en Internet)

13. (a) Lee atentamente el siguiente texto y explica el sentido de los vocablos en itálica, excluyendo desde luego las obras citadas

Las primeras obras de Falla muestran una cierta influencia de Grieg y de sus experiencias como pianista *incipiente*. Su primer acercamiento a la música española es superficial y a través de la vía de la *zarzuela*. Aunque sólo *se ha estrenado* una de ellas, *Los Amores de la Inés*, pues las cuatro restantes se han perdido, sabemos que utilizó un fragmento de la titulada *La Casa de Tócame Roque* para la *Danza del Corregidor* de *El Sombrero de Tres Picos*. Sin embargo, los consejos de Pedrell le orientaron decisivamente hacia la música española, y *La Vida Breve* es un *logro* excelente porque la obra, aunque influida en gran medida por algunas zarzuelas como el *Curro Vargas* de Chapí e inserta hasta cierto punto en las corrientes del *verismo*, es ya una obra independiente y profundamente española que culmina en las brillantes danzas. Su estancia en París y su amistad con compositores franceses como Ravel y Debussy le sirven para afirmar su técnica, tomar algunos elementos del *impresionismo*, claros especialmente en *Noches en los Jardines de España*, y conocer la influencia "stravinskyana," pero todo ello sin dejar su propia personalidad ni su *profundización* en la esencia de la música popular española. Su profundización en lo *jondo* y lo *gitano* produciría *El Amor Brujo*, pero de hasta qué punto su aliento era nuevo y radical lo demuestra el hecho de que gran parte de la crítica rechazara que se tratara de música española.

Grandes Compositores de la Música, Marc Honegger,
Madrid: Espasa Calpe, 1994

(b) Busca sinónimos de *mostrar*, *incipiente*, *superficial*, *fragmento*, *consejo*, *insertar*, *profundizar*, *culminar*, *técnica*, *radical* **y** *tratar*

(c) Relata el argumento de *El Sombrero de Tres Picos*. Se puede encontrar en un estudio sobre el autor español Alarcón y Ariza

(d) Escribe cinco líneas sobre la vida de tres de los compositores mencionados en el trozo. Consulta una enciclopedia de lengua española para recabar datos

(e) ¿De dónde viene el adjetivo *stravinskyana*?

Nivel 2 / Level 2

1. (a) Encuentra dos sentidos de los siguientes vocablos. Algunos de estos vocablos se encuentran en el vocabulario de nivel 1

acompasado, afinar, alto, arco, bajo, banda, concierto, conjunto, destemplado, diapasón, embocadura, fuga, lira, melopea, nota, silbar, tecla, tocar, tenor, trompa

(b) Construye frases para ilustrar el uso de los sentidos

2. (a) Explica la diferencia entre los vocablos de los siguientes grupos

cante/canto/cántico/canción, bombo/pandereta/pandero/tambor, cantante/cantautor/cantaor/cantador/cantor, trombona/trompa/trompeta, música/músico, canturrear/tararear, son/sonido, gorjear/piar, melodía/melopea, flauta/zampoña, tecla/teclado, violín/violón

(b) Elige ocho de estos grupos y construye frases para ilustrar el uso de cada vocablo, resaltando la diferencia entre los vocablos del grupo

3. Explica el sentido coloquial de las siguientes locuciones

estar trompa
agarrar una melopea
con la música a otra parte
tener bemoles
andar en la cuerda floja
¡Vaya pandero, niña!
comprarse un par de flautas
llevar la batuta
estar otra vez con la misma canción
violín de Ingres
tocar el piano
dar la nota
dar la serenata
templar gaitas
como oír cantar misa
en menos que canta un gallo
cantar de plano
cantar el kirieleisón
cantar las cuarenta
hacer coro
Otro gallo le cantara

(Se encuentra la solución en Internet)

4. Relaciona los vocablos de la lista A con los de la lista B para hacer una locución. Puede darse más de una combinación

A

bombo, bailar, dar, baile, templar, tocar, dar, sonar, agarrar, en menos que, bajo, orden, cantar, ton, música

B

flauta, teclas, trompa, cuerda, concierto, platillo, celestial, cantinela, cuerda floja, cante, San Vito, ángeles, gallo, gaitas, son, murga

(Se encuentra la solución en Internet)

5. (a) ¿Qué entiendes por los siguientes estilos arquitectónicos?

barroco, churrigueresco, corintio, dórico, funcional, gótico, jónico, neoclásico, plateresco, rococó, románico

(b) ¿Cuál es la función de las siguientes partes del edificio?

arco, azotea, balaustrada, bóveda, columnata, cripta, cúpula, escalinata, friso, nave, pedestal, porche, portada, terraza, zócalo

6. (a) Explica la diferencia entre los vocablos de las siguientes listas

esculpir	busto	cincel	estatua	pedestal	molde
modelar	retrato	pincel	estatuilla	zócalo	moldura
tallar	icono				

(b) ¿De qué materiales dispone un escultor para crear su obra?

Ejemplo: bronce

(c) ¿De qué herramientas dispone un escultor para crear su obra?

Ejemplo: cincel

(d) Construye frases para enseñar como un escultor usa sus herramientas

7. (a) ¿Cómo se llama la persona que toca los siguientes instrumentos?

arpa, clarinete, flauta, gaita, guitarra, oboe, órgano, piano, tambor, trompeta, violín, violonchelo

(b) Construye frases para indicar como cada músico maneja su instrumento

8. (a) Describe los siguientes instrumentos

acordeón, arpa, bombo, mandolina, pandereta, trompa, zampoña; **piano** de cola / de manubrio / vertical; violín, violonchelo

(b) Describe el sonido que hacen estos instrumentos

9. Encuentra al compositor de las siguientes obras

Cascanueces
Los cuentos fantásticos
El buque fantasma
La cabalgata de las Valkirias
La flauta encantada
Un sueño de una noche de verano
Sinfonía del Nuevo Mundo
La novia vendida
La viuda alegre
La urraca ladrona
El gallo de oro
Cuadros de una exposición

10. Traduce al español

i. Thousands of opera buffs flooded into Verona to hear and applaud the world's most famous tenors and sopranos
ii. We could only hear Beethoven's Ninth Symphony live on the radio, but the following day, we bought tickets for a real Schubert feast, his "Unfinished Symphony" and then the "Great"
iii. Prague's Spring Music Festival brings together some of the finest musicians in the world
iv. I personally think that, when the orchestra has practiced for weeks under the direction of a conductor, all they need for the real performance is the score and the first violinist
v. The "William Tell Overture" was very lively, and when it rose to a crescendo, with the violinists' bows whizzing backwards and forwards, the audience was in raptures
vi. Our children take their first music examinations next week, and are hard at it practicing scales and working out the first steps in theory

vii. The Gregorian chant was most impressive, especially with the amplifiers going full blast, and then it led naturally to a religious oratorio
viii. That deep, passionate flamencan singing, so reminiscent of Andalusian gipsy music, coupled with the soulful strumming of the guitar, moved me close to tears
ix. Those who wish to listen to this discussion will have to tune in to a different wavelength
x. There's a splendid Czech film tonight and, if you want to see it, here's the code so you can video it for later viewing
xi. All the zapping with the handset, jumping between about fifty channels now we've gotten digital television, is producing a mindless nation
xii. You may prefer documentaries, soap operas or, put together, docusoaps, but I emphatically opt for those pre-war films when cinema was a real art
xiii. The screen was blurred because the local transmitter had been damaged by a storm, so a voice-over apologized for the interference and told us not to adjust our sets or touch the aerial

(Se encuentran las soluciones en Internet)

11. (a) Formar grupos en la clase de modo que uno sea el grupo de músicos, otro el de pintores, otro de escultores, otro de arquitectos, etc. Cada uno de los grupos se encargará de buscar vocablos del arte correspondiente y los pondrá en común con el resto de los grupos

(b) Formar frases a partir de los vocablos recogidos

(c) Un individuo de cada grupo realizará una representación mímica de las acciones propias del arte correspondiente y el resto de la clase deberá escribir, en español, la acción realizada. Por ejemplo: uno gesticulará, sin articular palabra alguna, como si estuviera golpeando un cincel con un mazo y los compañeros podrán escribir, "Peter está esculpiendo"

12. Lee atentamente el texto siguiente y contesta a las siguientes preguntas

Cuando llegan las fiestas del pueblo todo se trastorna. La gente cambia el gesto y todo el mundo se lanza a la calle a mostrar su alegría. Desde muy temprano resuenan los repiques de las campanas en lo alto de la torre parroquial, después se lanzan al vuelo desenfrenadamente las campanas, y los cohetes restallan en el cielo dejando diminutas nubes en el azul.

Una sencilla banda compuesta por un par de saxofones, una tuba, tres oboes, dos tambores y un bombo marchan tocando animados pasacalles. La gente se asoma a las puertas y ventanas, y ofrecen de vez en cuando un trago del porrón a los músicos. Los chicos van corriendo y dando saltos delante de la comitiva, haciendo explotar ruidosos petardos.

A las once de la mañana un par de dulzaineros y un tamborilero, ataviados con trajes típicos, recorrerá las calles con los mozos vestidos de fiesta para recoger a las damas y acompañarlas a la Misa Mayor, que, como es de rigor, será cantada. Este día el vetusto órgano parece rejuvenecer bajo las manos del maestro Villares, y el habitual silbido asmático de sus argentados tubos desaparece y se torna nítido son que llena las bóvedas del templo románico.

M.A.S.

(a) Describe en tus propias palabras el contenido de este trozo

(b) Busca todos los vocablos que evocan alegría. Explica el sentido de cada uno de ellos

(c) Busca todos los vocablos vinculados a la música. Explica el sentido de cada uno de ellos

(d) ¿Qué entiendes por un *vetusto órgano* y las *bóvedas*?

13. Dividir la clase en grupos y cada uno escribirá una lista de todos los nombres de instrumentos musicales que sepan los componentes del grupo (sin ayuda de diccionario). Después, se pondrán en común. Cada nombre equivale a un punto. Ganará el equipo que haya escrito más nombres

Nivel 3 / Level 3

1. (a) Encuentra dos sentidos de los siguientes vocablos. Algunos de estos vocablos se encuentran en los vocabularios de los niveles 1 y 2

antena, candileja(s), comparsa, descanso, ensayo, entrada, escenario, estrella, estreno, exposición, gallinero, gracioso, localidad, luneta, montaje, rematar, reparto, rodaje, trama, zarzuela

(Se encuentra la solución en Internet)

(b) Construye frases para ilustrar el uso de estos sentidos

2. Explica el sentido de los siguientes vocablos

altavoz, audífono, auriculares, cante jondo, conservatorio, cuarteto, cuplé, diva, entreacto, entremés, galán, jornada, nana, nudo, obertura, parásitos, partitura, peripecia, repertorio, sainete

3. (a) Explica el uso coloquial de los siguientes vocablos

bastidores, cine, farsa, figurante, flauta, fresco, galán, pandero, película, sainete, taquillero, teatro, títere, trágico, tramoyista

(b) Construye frases para ilustrar su uso coloquial

4. ¿Qué entiendes por los siguientes modismos?

seguir a la escucha
mirar con lupa
mirar de reojo
mirar con malos ojos
mirarse como en un espejo
no mirar a la cara
mirar la peseta
con miras a
ser todo oídos
regalar los oídos
llegar a oídos de
no ver el pelo
no ver tres en un burro
no pegar ojo
meter por los ojos
no tener ojos en la cara
¡ojo al parche!
aguarse los ojos
a ojos vistas
poner los ojos
la ocasión la pintan calva
pintar bastos
vérselas y deseárselas
más visto que el tebeo
hacer la vista gorda
dinero a la vista

5. (a) Relaciona los vocablos de A con los de B para construir una expresión

A

quedar	entrar	¡cómo está . . .!	ser
tirar	tener	hacer mutis	cosechar
alborotar	entre	hacerle	
hacer	ver	salir	

B

drama	tomates	bambalinas	tablas
escena	gallinero	estrellas	caridad
galería	apuntador	foro	
patio	títere	ovaciones	

(Se encuentra la solución en Internet)

(b) Construye frases para ilustrar el uso de estas expresiones

6. Explica la diferencia (si hay) entre los vocablos de los siguientes grupos

guiñol/marioneta/muñeco/títere, actor/actriz/héroe/galán/intérprete/protagonista, apuntador/traspunte, careta/máscara/pasamontañas, cartel/cartelera, sisear/abuchear/silbar, aplausos/vivas/ovación, desenlace/fin/final, tablao/tablado, entreacto/descanso

7. Explica el significado de las siguientes expresiones

cine mudo, cine sonoro, cine de estreno, cine de terror, cine negro, cine forum, café teatro, teatro del absurdo, teatro de calle, teatro de la ópera, ópera prima, teatro de repertorio, teatro de títeres, teatro de operaciones, proyector de cine, cine-club, cine-porno, cineasta, cinéfilo, cinemateca, cinética, galería comercial

8. Haz frases con los siguientes vocablos para ilustrar su significado dentro de los contextos fotográfico y cinematográfico

balance de blancos, banda sonora, cámara lenta, cinta de vídeo, desvanecer, doblaje, encuadrar, grabación, iluminación uniforme, mezcla, toma de sonido, toma de vistas, trucaje, vídeo-cámara

9. Traduce al español

i. to produce a wide-angled shot / an upward-angled shot / a downward-angled shot
ii. Lighting can give strong effects of depth
iii. Side lighting gives relief to the image
iv. "Star" make-up raises daily beauty to a higher level
v. to put into soft focus / sharp focus
vi. Framing intensifies the image
vii. the camera's exaggeration of contrasts
viii. to take a close-up view
ix. Slow motion can intensify feeling and reaction
x. The camera's evocation of an exaggeration of perspective

10. Eres crítico/a de teatro/cine. Acabas de asistir a un espectáculo, y tienes que enviar a tu periódico tu análisis de la obra. Incluyendo las siguientes palabras, escribe veinte líneas sobre la obra que has visto, que se trate del teatro o del cine

teatro
accesorios, butaca, camerino, candilejas, ensayar, escena, estreno, gira, humor (negro), nominación, público, puesta en escena, reparto, representación, taquillero, telón

cine
censura, cineasta, cortometraje, dibujos animados, director, documental, efectos especiales, estrella, festival, guión, para mayores, primer plano, secuencia, sesión de cine

11. Es la noche del estreno de la obra de teatro. Os/Les (M) han salido muy bien todos los ensayos, al igual que el ensayo general. La sala está abarrotada, y han acudido varias personalidades de la farándula.

Sois/Son (M) el autor, el director, actor principal, actriz principal, varios actores secundarios y el empresario.

Cada uno debe describir las propias aspiraciones, esperanzas y temores, en lo que se refiere tanto a la reacción del público, como a la actuación de cada uno en su trabajo, el éxito, crítica, etc.

12. Traduce al español

i. The director exploited the set to the full, using all possible shots, mixing distance shots and intense close-ups
ii. The film confused the audience by switching from flash-backs to flash-forwards, and by speeding up certain sequences and then slowing them down
iii. Framing is normally designed so that the focus of attention lies within what can be considered as a frame, like a door, a window or even under the upright legs of a horse, and the viewer's eye is drawn towards the key, dramatic feature
iv. While cutting to a close-up works suddenly and dramatically, and surprises us, the tracking shot slowly leads to the heart of the drama
v. The director's favorite method is a straight cut where a shot of one scene is joined directly to that of another so that, when projected, the scene simply flicks from one scene to the next
vi. In the theater we sweep the scene looking for a center of interest while in the cinema the camera thrusts into the depth of things
vii. *Battleship Potemkin* is one of those silent, timeless movies where the Odessa Steps sequence is composed of various shots which concentrate on the suffering of the Russian people
viii. In *The Third Man* the property of the lighting is to invest the actors, decor and costumes with the appropriate character, and set the emotional tone of the scene
ix. I was impressed by the main actress's intensity of gaze which was highlighted by a whole gamut of close-up techniques
x. Buero Vallejo makes particular use of stage lighting, contrasting light and darkness to throw into relief the blindness of his characters
xi. The twentieth century has seen new methods of scene-shifting and stagecraft, such as elevation stages, revolving platforms and even a thrust stage where the platform is surrounded on all sides by the audience
xii. This is a multi-purpose auditorium which is a flexible, adaptable space designed to suit the producer's needs and all types of performance

(Se encuentra la solución en Internet)

13. Te presentamos una crítica sucinta procedente del diario *El Mundo*, de Madrid, referente al festival de Cannes de 2001. Inspirándote en esta corta reseña, haz una lista de todas las cualidades necesarias para hacer una gran película

"La habitación del Hijo," una magistral reflexión sobre el amor, el dolor y la muerte dirigida por el italiano Nanni Moretti se ha alzado con la Palma de Oro a la mejor película del 54 Festival de Cine de Cannes. Moretti, que obtuvo el aplauso unánime de la crítica desde el día de la proyección, ha recibido el prestigioso galardón de manos de la actriz estadounidense Melanie Griffith y de su esposo, el actor español Antonio Banderas.

(AP)

14. Dramatización

(a) Dividir la clase en grupos. Cada grupo debe escribir el guión de una escena con su correspondiente diálogo. (Resulta conveniente buscar el vocabulario en función del tipo de escena que se escoja)

(b) Representar la escena anterior

Unidad 18 / Unit 18

Geografía e historia / Geography and History

Nivel 1 / Level 1

Geografía (general) / Geography

(Ver también Unidad 10 para ríos, montañas, etc. / See also Unit 10 for rivers, mountains, etc.)

accidente m geográfico	relief, geographical feature
archipélago m	archipelago
atlas m	atlas
brújula f	compass
cambios mpl climatológicos	climatological changes
cartografía f	cartography
cartógrafo m	cartographer
clima m	climate
climatólogo m R3	climatologist
comarca f	district *(administrative area in Spain)*
comunidad f valenciana	community of Valencia *(administrative region in Spain)*
continente m	continent
dar la vuelta al mundo	to go round the world
demografía f R3/2	demography
descripción f geográfica	geographic description
descubrimiento m de América	discovery of America
descubrir una isla	to discover an island
distrito m	district
ecuador m	equator
escala f de un mapa	scale of a map
estado m	state *(Mexico and USA)*
explorador m	explorer
explorar la selva	to explore the jungle
explosión f demográfica	demographic explosion
geografía f	geography
geografía f económica	economic geography
geografía f física	physical geography
geografía f humana	human geography
geografía f política	political geography
geógrafo m	geographer
grado m de latitud	degree of latitude
grado m de longitud	degree of longitude
intendencia f A	county *(i.e. administrative part of a* provincia*)*
isla f	island
isleño m	islander
islote m	small island
latitud f	latitude
longitud f	longitude
mapa m	map
mapamundi m	map of the world
mercado m mundial	world market
meridiano m	meridian
meridiano m cero	Greenwich Meridian
mundo m	world
nación f	nation
océano m	ocean

oceanografía f	oceanography
orgullo m nacional	national pride
país m	country
patria f	mother country
polo m	pole
Polo m Norte	North Pole
Polo m Sur	South Pole
provincia f	province *(former administrative region of Spain and present one in Argentina)*
recorrer el mundo	to travel the world
región f	region
región f polar	polar region
servicio m topográfico	topographical service
territorio m nacional	national territory
topografía f	topography
topógrafo m	topographer, surveyor
trópico m de Cáncer	tropic of Cancer
trópico m de Capricornio	tropic of Capricorn
trópicos mpl	tropics
zona f desértica	desert region

Puntos cardinales / Cardinal points

ala f oeste del hospital	hospital's west wing
austral R3/2	southern, south
costa f occidental	western coast
este m	east
hemisferio m austral R3/2	southern hemisphere
noreste m	northeast
noroeste m	northwest
norte m	north
occidental	western
occidente m	west
oeste m	west
oriental	eastern, oriental
oriente m	east
perder el norte	to lose your bearings
región f oriental	eastern region
rumbo a occidente	west bound
septentrional R3/2	northern
sudeste m	southeast
sur m	south
sureste m	southeast
viento m septentrional R3/2	north wind

América latina y habitantes / Latin America and inhabitants

América del Sur f / sudamericano	South America / South American
América-Central f / centro-americano	Central America / Central American
cono m sur	Southern Cone *(includes Argentina, Chile, Paraguay, Uruguay)*
hispanizar	to Hispanicize
Hispano-América f / hispanoamericano	Spanish America / Spanish American
hispanófilo m	Hispanophile
Ibero-América f / iberoamericano	Latin America / Latin American
Latino-América f / latinoamericano	Latin America / Latin American
mundo m hispano	Hispanic world
Sudamérica f / sudamericano	South America / South American
Suramérica f / suramericano	South America / South American

Países de América latina y habitantes / Countries of Latin America and inhabitants

Argentina f / argentino	Argentina/Argentine
Bolivia f / boliviano / bolita A	Bolivia/Bolivian
Brasil m / brasileño / brasuca R1 A	Brazil/Brazilian
Chile m / chileno / transandino A	Chile/Chilean
Colombia f / colombiano	Colombia/ Colombian
Costa Rica f / costarriqueño/ costarricense	Costa Rica / Costa Rican
Cuba f / cubano	Cuba/Cuban
Ecuador m / ecuatoriano	Ecuador/Ecuadorean

El Salvador m / salvadoreño	El Salvador / Salvadoran
Guatemala f / guatemalteco	Guatemala/ Guatemalan
Guayana f / guayano	Guiana/Guianan
Honduras m / hondureño	Honduras/ Honduran
Mesoamérica f	middle America *(most of Mexico and Central America)*
México M / Méjico / mexicano M / mejicano	Mexico/Mexican
Nicaragua f / nicaragüense	Nicaragua/ Nicaraguan
países mpl de habla hispana	Spanish-speaking countries
Panamá m / panameño	Panama/Panamanian
Paraguay m / paraguayo	Paraguay/ Paraguayan
Perú m / peruano	Peru/Peruvian
Puerto Rico m / puertorriqueño/ portorriqueño	Porto Rico / Porto Rican
República Dominicana f / dominicano	Dominican Republic / Dominican
Uruguay m / uruguayo / oriental A / yorugua R1 A	Uruguay/Uruguayan
Venezuela f / venezolano	Venezuela/ Venezuelan

NB. In Mexico, the *x* of *México* is pronounced as a *jota*

América del Norte y habitantes / North America and inhabitants

América del Norte f / norteamericano	North America / North American
Canadá m / canadiense	Canada/Canadian
chicano m M	Chicano *(of Mexican origin and living in USA)*
Estados Unidos mpl (also m)	United States
Estados Unidos de América mpl / estadounidense / estadunidense M	United States of America / American/US
gabacho m R1 M	of North American or European descent
gringo m R1 A	foreigner, especially English-speaking or European
gringo m R1 M	Yank
Gringolandia f R1 M	United States
hispano m	Hispanic *(born in the USA)*
Nació en el otro lado R1 M	She was born in the States *(viewed from Mexico)*
Norteamérica f / norteamericano	North America / North American
paisano m M	countryman, Mexican / of Mexican origin living in USA *(more acceptable than* chicano *and* cholo*)*
yanqui m R1	Yankee

Países de Europa y habitantes / Countries of Europe and inhabitants

Albania f / albanés	Albania/Albanian
Alemania f / alemán / germano R3 A	Germany/German
Andorra f / andorrano	Andorra/Andorran
Austria f / austríaco	Austria/Austrian
Balcanes mpl / balcánico	Balkans / Balkan
Bélgica f / belga	Belgium/Belgian
Bielorrusia f / bielorruso	Belarus/Belarussian
Bulgaria f / búlgaro	Bulgaria/Bulgarian
Chequia f R2/1 / checo	Czech Republic / Czech

Commonwealth f	Commonwealth (British)
Croacia f / croata	Croatia/Croatian
Dinamarca f / dinamarqués/danés	Denmark/Danish
Escandinavia f / escandinavo	Scandinavia/Scandinavian
Escocia f / escocés	Scotland/Scottish
Eslovaquia f / eslovaco	Slovakia/Slovak
Eslovenia f / esloveno	Slovenia/Slovene
España f / español	Spain/Spanish
Estonia f / estoniano/estonio	Estonia/Estonian
Finlandia f / finlandés/finés	Finland/Finnish
franchute m R1	Frenchy, frog *(used pejoratively)*
Francia f / francés / galo (R3)	France/French
gabacho m R1	Frenchy, frog *(used pejoratively)*
gachupín m R1 M	Spaniard *(used pejoratively)*
Gales m / galés	Wales/Welsh
gallego m A	Spaniard
godo m R1	Spaniard from the mainland as seen from the Canary Islands
Gran Bretaña f / británico/inglés	Great Britain/British
Grecia f / griego	Greece/Greek
Holanda f / holandés	Holland/Dutch
Hungría f / húngaro	Hungary/Hungarian
Inglaterra f / inglés	England/English
Irlanda del Norte f / británico/irlandés	Northern Ireland / British/Irish
Irlanda del Sur f / irlandés	Republic of Ireland / Irish
Italia f / italiano	Italy/Italian
Letonia f / letón	Latvia/Latvian
Lituania f / lituano	Lithuania/Lithuanian
Luxemburgo m / luxemburgués	Luxembourg / of/from Luxembourg
Macedonia f / macedonio	Macedonia/Macedonian
Malta f / maltés	Malta/Maltese
Montenegro m / montenegrino	Montenegro/Montenegran
Países Bajos mpl / holandés	Netherlands/Dutch
Países Bálticos mpl / báltico	Baltic States / Baltic
peninsulares mpl	Spaniards *(used by Spanish-speakers outside peninsular Spain)*
Polonia f / polaco	Poland/Polish
Portugal m / portugués / lusitano R3	Portugal/Portuguese
Reino Unido m / británico	United Kingdom / British
República Checa f / checo	Czech Republic / Czech
Rumani(í)a f / rumano	Rumania/Rumanian
Rusia f / ruso	Russia/Russian
Serbia f / serbio	Serbia/Serbian
Suecia f / sueco	Sweden/Swedish
Suiza f / suizo	Switzerland/Swiss
tano m R1 A	Italian
Turquía f / turco	Turkey/Turkish
Ucrania f / ucraniano	Ukraine/ Ukrainian
Ulster m / británico/inglés	Ulster/British/English
Unión Soviética (USSR) f / soviético	Soviet Union / Soviet
Yugoslavia f / yugoslavo	Yugoslavia/Yugoslav

NB. cocoliche m A mixture of Spanish and Italian
ruso m R1 A Jew
turco m R1 A Arab

Países de África y habitantes / Countries of Africa and inhabitants

África del Sur f / surafricano	South Africa / South African
Angola f / angolés/angoleño	Angola/Angolan
Argelia f / argelino	Algeria/Algerian
Benín m / beninés	Benin/Beninese
Botsuana f / botsuano	Botswana/Botswanan
Burkina Faso m / burkinés	Burkina Faso / of/from Burkina Faso
Camerún m / camerunense	Cameroon/ Cameroonian
Costa de Marfil f / marfilense	Ivory Coast / Ivorian
Chad m / chadiense	Tchad/Tchadian
Egipto m / egipcio	Egypt/Egyptian
Etiopía f / etíope	Ethiopia/Ethiopian
Gabón m / gabonés	Gabon/Gabonese
Ghana f / ganés	Ghana/Ghanaian
Guinea f / guineo/guineano	Guinea/Guinean
Kenia f / keniano/ keniata R1	Kenya/Kenyan
Liberia f / liberiano	Liberia/Liberian
Libia f / libio	Libya/Libyan
Madagascar m / malgache	Madagascar/ Malagasy
Magreb m / magrebí	Maghreb / of/from the Maghreb
Malawi m / malawi	Malawi/Malawian
Mali m / malagués	Mali/Malian
Marruecos m / marroquí	Morocco/Moroccan
Mauritania f / mauritano	Mauritania/ Mauritanian
moro m R1	North African
Mozambique m / mozambiqueño	Mozambique/ Mozambican
Namibia f / namibiano	Namibia/Namibian
Níger m / nigerino	Niger / of/from Niger
Nigeria f / nigeriano	Nigeria/Nigerian
República Centroafricana f / centroafricano	Central African Republic / of/from the Central African Republic
Senegal m / senegalés	Senegal/Senegalese
Sierra Leone f / sierraleonés	Sierra Leone / of Sierra Leone
Somalia f / somalí	Somalia/Somalian
Sudáfrica f / sudafricano	South Africa / South African
Sudán m / sudanés	Sudan/Sudanese
Suráfrica f / surafricano	South Africa / South African
Tanzania f / tanzano	Tanzania/Tanzanian
Togo m / togolés	Togo/Togolese
Túnez m / tunecino	Tunisia/Tunisian
Uganda f / ugandés	Uganda/Ugandan
Zaire m / zaireño	Zaire/Zairean
Zambia f / zambiano	Zambia/Zambian
Zimbabue m / zimbabuense	Zimbabwe/ Zimbabwean

Países de Asia y habitantes / Countries of Asia and inhabitants

Afganistán m / afgano	Afghanistan/Afghan
Bangladesh m / bangladesí	Bangladesh/ Bangladeshi
Birmania f / birmanés/birmano	Burma/Burmese
Camboya f / camboyano	Cambodia / Cambodian
China f / chino	China/Chinese
Corea del Norte f / norte-coreano/ norcoreano	North Korea / North Korean
Corea del Sur f / surcoreano	South Korea / South Korean
Filipinas fpl / filipino	Philippines/ Philippine
India f / indio / hindú R1	India/Indian

Indonesia f / indonesio	Indonesia/ Indonesian
Japón m / japonés / nipón (R3) / ponja R1 A	Japan/Japanese
Kampuchea f / kampucheano	Kampuchea / Cambodian/ Kampuchean
Laos m / laosiano	Laos/Laotian
Malasia f / malayo	Malaysia/Malayan
Nepal m / nepalés/nepalí	Nepal/Nepalese
Pakistán m / pakistaní	Pakistan/Pakistani
Sri Lanka m / srilanqués	Sri Lanka / Sri Lankan
Tailandia f / tailandés	Thailand/Thai
Taiwán m / taiwanés	Taiwan/Taiwanese
Tibet m / tibetano	Tibet/Tibetan
Vietnam m / vietnamita	Vietnam/Vietnamese

NB. 1. chino R1 A = oriental, Asian
2. Even Indian Muslims are sometimes called *hindúes* in R1 in Spain

Países del Oriente Medio y habitantes / Countries of the Middle East and inhabitants

Arabia Saudita f / saudí	Saudi Arabia / Saudi
Franja f de Gaza / palestino	Gaza Strip / Palestinian
Irak m / iraquí	Iraq/Iraqi
Irán m / iraní	Iran/Iranian
Israel m / israelí/ israelita/hebreo/ judío	Israel/Israeli/ Israelite/Hebrew/ Jew
Jordania f / jordano	Jordan/Jordanian
Líbano m / libanés	Lebanon/Lebanese
Persia f / persa	Persia/Persian
Siria f / sirio	Syria/Syrian

NB. *Israelita* and *hebreo* of the Old Testament are also used of modern Israelis

Varios / Miscellaneous

Antártida f / antártico	Antarctic
Ártico m / ártico	Arctic
Australia f / australiano	Australia/Australian
Nueva Zelanda f / neozelandés	New Zealand / New Zealander

Historia (general) / History

acontecimiento m	event, happening
antigüedad f	antiquity
arqueología f	archeology
arqueólogo m	archeologist
campo m de concentración	concentration camp
civilización f	civilization
colonización f	colonization
colonizar un territorio	to colonize a territory
colono m	settler
consultar un documento	to consult a document
crónica f	chronicle
cronista mf	chronicler
cruzada f	crusade
decenio m	decade
diáspora f R3	diaspora
dictadura f	dictatorship
Edad f Media	Middle Ages
egiptología f	Egyptology
egiptólogo m	Egyptologist
emigración f	emigration
encuentro m histórico	historic meeting
explorar una zona	to explore a region
explotar a los indígenas	to exploit the local population
fecha f histórica	historic date
folclore m	folklore

fundación f de una ciudad	foundation of a city
fundador m de un país	founder of a country
genocidio m	genocide
guerrero m	warrior
hecho m histórico	historic fact
historia f	history
historia f militar	military history
historia f social	social history
historiador m	historian
independencia f	independence
inmigración f	immigration
invasión f militar	military invasion
legendario	legendary
leyenda f	legend
misionero m	missionary
Nuevo Mundo m	New World
ocurrir	to happen, to occur
origen m de la Tierra	origins of the Earth
pasar	to take place, to happen
poder m	power
potencia f militar	military power
prehistoria f	prehistory
pueblo m	people, town
raza f negra	black race
rebelarse contra	to rebel against
rebelde m	rebel
reinado m	reign
reinar	to reign
reino m	kingdom, realm
siglo m	century
suceder	to happen
suceso m	event
tener lugar	to take place
tribu f	tribe
viejo continente m	old continent *(Europe)*

Aristocracia y gobernantes / Aristocracy and rulers

archiduque m	archduke
aristocracia f	aristocracy
aristócrata mf	aristocrat
autócrata mf R3	autocrat
barón m	baron
conde m	count
condesa f	countess
dictador m	dictator
duque m	duke
duquesa f	duchess
emperador m	emperor
emperatriz f	empress
escudero m	squire
hidalgo m	lower-class nobleman
lord m	lord *(*d *not pronounced)*
lores mpl	lords *(*d *is lost in pl.)*
noble m	nobleman
nobleza f	nobility
presidente m	president
primer ministro m	prime minister
princesa f	princess
príncipe m	prince
reina f	queen
reina f madre	queen mother
rey m	king
virrey m	viceroy
zar m	czar
zarina f	czarina

Épocas históricas y culturas / Historical periods and cultures

NB. En la siguiente lista la mayor parte de los vocablos son tanto sustantivos como adjetivos / In the following list, most of the terms are both nouns and adjectives

amerindio m	American Indian
anglosajón m	Anglo-Saxon
austrohúngaro m	Austro-Hungarian
azteca m M	Aztec
bizantino m	Byzantine
borbón m	Bourbon
borbónico	Bourbon
carolingio m	Carolingian
cartaginés m	Carthaginian
cátaro m	Cathar
celta m	Celt
celtíbero m	Celtiberian
cristiano m	Christian
egipcio m	Egyptian

fenicio m	Phoenician
germánico	Germanic
germano m	German
godo m	Gothic
griego m	Greek
helénico	Hellenic
heleno m	Hellene
hombre m de Neanderthal	Neanderthal man
Horda f de Oro	Golden Horde
huno m	Hun
íbero/ibero m	Iberian
imperio m incaico	Inca empire
inca m	Inca
incaico	Inca(n)
isabelino	Elizabethan
maya m M	Maya(n)
mixteca m M	Mixtec
mongol m	Mongol
mongólico	Mongolian
napoleónico	Napoleonic
neolítico	Neolithic
normando m	Norman
olmeca m M	Olmec
paleolítico	Paleolithic
período m glaciar	glacial period
persa m	Persian
precolombino	pre-Columbian
romano m	Roman
sajón m	Saxon
tártaro m	Tartar
teutón m	Teutonic
tolteca m M	Toltec
vikingo m	Viking
visigodo m	Visigoth
zapoteca m M	Zapotec

Nivel 2 / Level 2

Geografía (general) / Geography

aborigen mf R3	aborigine
apátrida mf	stateless person
aurora f austral R3	southern lights
aurora f boreal R3	northern lights
autóctono m	autochthonous, native, indigenous person *(also adjective)*
cabecita mf negra A	dark-skinned person from the provinces
carta f marina	*(navigation)* chart
cholo m A	person of mixed race, half-breed *(can be used pejoratively)*
cholo m R1 M	*Hispanic adolescent, flashy dresser, living in humble circumstances in USA and speaking Spanglish*
colla/coya mf A	native of north-west Argentina, Bolivia and Peru
compatriota mf	compatriot
conflicto m fronterizo	frontier conflict
cornisa f atlántica	Atlantic coast
cosmopolita mf	cosmopolitan
criollo m	creole *(of European descent, no mixture)*
cruzado m M	mestizo *(suggests good European stock)*
cuenca f	basin
depresión f	depression
economía f insular	island's economy
enclave m	enclave
esquimal m	Eskimo
estrato m	stratum
etnia f	tribe
extranjero m	foreigner *(from another country)*
extraño a	foreign to
forastero m	foreigner *(from another place)*
frontera f	frontier
geopolítica f	geopolitics
geopolítico	geopolitical

hemisferio m	hemisphere
hemisferio m boreal	northern hemisphere
indígena mf	indigenous person, native *(also adjective)*
indio m	Indian
mapa m de carreteras	road map
mapa m físico	relief map
mapa m meteorológico	weather map
mapa m mural	wall map
mapa m político	political map
mapa m turístico	tourist map
mestizo m	mestizo *(of Indian and white descent)*
metrópoli(s) f	metropolis
mulato m	mulatto *(of white and black descent)*
natural m de Madrid	native of Madrid
nómada mf	nomad
originario de Marruecos	coming from Morocco
oriundo R3 de Oaxaca	coming from Oaxaca *(*x *pronounced as* jota*)*
orografía f	orography
pachuco m M	young Mexican influenced by US culture
país m enclavado	landlocked country
país m exótico	exotic country
países mpl de ultramar	overseas countries
plano m de calles	street map
plano m de metro	subway/ underground map
población f	population, town, village
poblar una zona	to settle in an area
relieve m	relief
sudaca mf R1	South American *(used pejoratively in Spain)*
terreno m accidentado	rugged terrain
terreno m inhóspito	inhospitable terrain
zambo A	of Indian and black descent
zona f glacial	glacial zone
zona f tampón	buffer zone
zona f templada	temperate zone
zona f tórrida	torrid zone
zona f tropical	tropical zone

Nombres de regiones, ciudades y habitantes / Names of regions, towns and inhabitants

América Latina (sin traducciones) / Latin America (no translations)

Argentina
Buenos Aires / porteño/bonarense
Chaco m
Patagonia / patagonés
Santa Fe / santafecino
Santiago del Estero / santiagueño
Tierra del Fuego / fueguino

Bolivia
La Paz / paceño
Potosí/potosino
Sucre/sucrense

Brasil
Amazonia/Amazonía
Brasilia
Río de Janeiro / carioca

Chile
Concepción/penquista/pencón
Santiago/santiaguino
Valparaíso/porteño

Colombia/Colombia
Bogotá/bogotano
Medellín/medellinense

Costa Rica
San José / josefino

Cuba
La Habana / habanero
Santiago/santiaguero

Ecuador
Quito/quiteño

Honduras
Tegucigalpa/tegucigalpense

Méjico / México (M) / Mexico
Aguascalientes/hidrocálido
Chihuahua/chihuahuense
Ciudad de México/Chilangolandia f R1 M / chilango R2/1
Guadalajara/jalisquillo
Jalisco/jalisciense
Monterrey/regiomontano
Veracruz/jarocho

NB. 1. *capitalino* m = person from the capital (usually Mexico City)
2. *mexiquense* applies to an inhabitant of the state of Mexico

Nicaragua
Managua/managüense

Perú/Peru
Callao/chalaco
Cuzco/cuzqueño
Lima/limeño

Uruguay
Montevideo/montevideano

Venezuela
Caracas/caraqueño
Maracaibo/maracaibero

América del Norte / North America

Cabo Kennedy	Cape Kennedy
Carolina del Norte	North Carolina
Carolina del Sur	South Carolina
Filadelfia	Philadelphia
Florida	Florida *(tonic accent on* i *)*
Indianápolis	Indianapolis
Memfis	Memphis
Nueva Brunswick	New Brunswick
Nueva Escocia	Nova Scotia
Nueva Hampshire	New Hampshire
Nueva Inglaterra	New England
Nueva Jersey	New Jersey
Nuevo México	New Mexico (x *pronounced as a jota)*
Nueva Orleans	New Orleans
Nueva York / neoyorquino	New York / New Yorker
Pensilvania	Pennsylvania
San Luis	Saint Louis
Terranova	Newfoundland

Ciudades europeas y regiones / European cities and regions

Amberes	Antwerp
Aquisgrán	Aachen/Aix-la-Chapelle
Atenas/ateniense	Athens/Athenian
Basilea	Basle
Baviera/bávaro	Bavaria/Bavarian
Berlín/berlinés	Berlin/Berliner
Berna	Bern
Borgoña/borgoñón	Burgundy/Burgundian
Burdeos/bordolés	Bordeaux / of/from Bordeaux
Colonia	Cologne
Copenhague	Copenhagen
Cracovia	Cracow
Dresde	Dresden
Edimburgo	Edinburgh
Estambul	Istanbul
Estocolmo	Stockholm
Flandes	Flanders
Florencia	Florence
Friburgo	Freiburg
Gante	Ghent
Gascoña/gascón	Gascony/Gascon
Génova/genovés	Genoa/Genoese
Ginebra/ginebrino	Geneva/Genevan
La Haya	The Hague
La Valeta	Valetta
Lisboa/lisbonense/lisboeta	Lisbon / of/from Lisbon
Livorno/livornés	Livorno/Livornese
Londres/londinense	London/Londoner
Lovaina	Louvain
Maguncia	Mainz
Marsella/marsellés	Marseille/Marseillaise

Milán/milanés	Milan/Milanese
Moscú/moscovita	Moscow/Muscovite
Nápoles/napolitano	Naples/Neapolitan
París/parisiense/ parisino	Paris/Parisian
Provenza/provenzal	Provence/Provençal
Roma/romano	Rome/Roman
Ruán	Rouen
Saboya/ saboyano	Savoy/Savoyard
Tesalónica/ tesalonicense	Thessalonica/ Thessalonican
Tolosa	Toulouse
Turín/turinés	Turin / of/from Turin
Varsovia/varsoviano	Warsaw / of/from Warsaw
Venecia/veneciano	Venice/Venetian
Versalles/versallesco	Versailles / of/from Versailles
Viena/vienés	Vienna/Viennese

España / Spain

Regiones/Regions

Andalucía/andaluz	Andalusia/ Andalusian
Aragón/aragonés	Aragon/Aragonese
Cantabria/cántabro	Cantabria/ Cantabrian
Castilla/castellano	Castille/Castilian
Cataluña/catalán	Catalonia/Catalan
Euskadi/eusquero	Basque country / Basque
Extremadura/ extremeño	Extremadura/ Extremaduran
Galicia/gallego	Galicia/Galician
País Vasco / vasco	Basque Country / Basque
(Provincias) Vascongadas	Basque provinces

Ciudades de España (sin traducciones) / Cities of Spain (without translations)

Alcalá de Henares / complutense
Ávila/abulense
Barcelona/barcelonés
Burgos/burgués/burgalés
Cádiz/gaditano
Córdoba/cordobés
Elche/ilicitano
Granada/granadino
Huelva/onubense
Huesca/oscense
Jaén/jaenés
Madrid/madrileño
Málaga/malagueño
Oviedo/ovetense/carballón R1
Salamanca/salmantino/charro
San Sebastián / donostiarra
Santander/santanderino
Santiago de Compostela / compostelano
Sevilla/sevillano/hispalense R3
Tarragona/tarraconense
Valencia/valenciano/che R1
Valladolid/vallisoletano/pucelano
Zaragoza/zaragozano/cesaragustano R3

Ciudades de África / African cities

Addis-Abeba	Addis Ababa
Alejandría	Alexandria
Argel/argelino	Algiers/Algerian
Ciudad de el Cabo	Cape Town
El Cairo / cairota	Cairo / of/from Cairo
Tánger	Tangiers
Túnez	Tunis

Ciudades de Asia / Cities of Asia

Beijing	Beijing
Nueva Delhi	New Delhi
Pekín/pequinés	Peking/Beijing
Seúl	Seoul
Singapur	Singapore
Teherán	Teheran

Oriente Medio

Ammán	Amman
Beirut	Beirut
Belén	Bethlehem
Cisjordania f	West Bank
Damasco	Damascus
Jerusalén	Jerusalem

La Meca	Mecca
Tel-Aviv	Tel Aviv

Islas / Islands

Antillas fpl / antillano	West Indies, Antilles / West Indian
(Islas) Baleares/ balear	Balearics, Balearic Islands / Balearic
Balí/balinés	Bali/Balinese
(Islas) Canarias/ canario/guanche	Canaries, Canary Islands / Canary
Cerdeña/sardo	Sardinia/Sardinian
Chipre/chipriota	Cyprus/Cypriot
Córcega/corso	Corsica/Corsican
Creta/cretense	Crete/Cretan
Filipinas/filipino	Philippines/ Philippine
Galápagos	Galapagos
Gran Canaria / grancanario	Grand Canary / Grand Canarian
Groenlandia/ groenlandés	Greenland/ Greenlander
Guadalupe	Guadeloupe
Hawai/hawaiano	Hawaii/Hawaiian
Honolulú	Honolulu
Ibiza/ibicenco	Ibiza / of/from Ibiza
Islandia/islandés	Iceland / Icelander
Islas Anglo-Normandas	Channel Islands
Islas Salomón	Solomon Islands
Lanzarote/ lanzarateño	Lanzarote / of/from Lanzarote
Las Palmas / palmero	Las Palmas / of/from Las Palmas
Mallorca/mallorquín	Majorca/Majorcan
(Islas) Malvinas	Falklands, Falkland Islands
Marianas	Marianas
Martinica	Martinique
Menorca/menorquín	Minorca/Minorcan
Nueva Caledonia F / neocaledonio	New Caledonia / New Caledonian
Nuevas Hébridas	New Hebrides
Oceanía	Oceania
Polinesia/polinésico	Polynesia/Polynesian
Sicilia/siciliano	Sicily/Sicilian
Tahití/tahitiano	Tahiti/Tahitian
Taiwán/taiwanés	Taiwan/Taiwanese
Tasmania/tasmano	Tasmania/ Tasmanian
Tenerife/tinerfeño	Tenerife / of/from Tenerife

Mares y océanos / Seas and oceans

Bahía f de Campeche	Bay of Campeche
Bahía f de Hudson	Hudson Bay
Cabo m de Buena Esperanza	Cape of Good Hope
Cabo m de Hornos	Cape Horn
Canal m de la Mancha	English Channel
Caribe m	Caribbean
Estrecho m de Gibraltar	Straits of Gibraltar
Estrecho m de Magallanes	Magellan Strait
Estrecho m de Mesina	Straits of Messina
Golfo m de California	Gulf of California
Golfo m de México	Gulf of Mexico
Golfo m Pérsico	Persian Gulf
Mar m Arábigo	Arabian Sea
Mar m Báltico	Baltic Sea
Mar m Caspio	Caspian Sea
Mar m de Aral	Aral Sea
Mar m de China	China Sea
Mar m del Norte	North Sea
Mar m Mediterráneo	Mediterranean Sea
Mar m Muerto	Dead Sea
Mar m Negro	Black Sea
Mar m Rojo	Red Sea
Océano m Antártico	Antarctic Ocean
Océano m Ártico	Arctic Ocean
Océano m Atlántico	Atlantic Ocean
Océano m Índico	Indian Ocean
Océano m Pacífico	Pacific Ocean

Ríos, etc. / Rivers, etc.

Amazonas m	Amazon
Colorado m	Colorado
Danubio m	Danube
Ganges m	Ganges
Grandes Lagos mpl	Great Lakes

Guadalquivir m	Guadalquivir
Guadiana m	Guadiana
Loira m	Loire
Mekong m	Mekong
Misisipí m	Mississippi
Misuri m	Missouri
Nilo m	Nile
Rín m	Rhine
Río m Bravo M	Rio Grande
Río m de la Plata	River Plate
Río m Grande	Rio Grande
Ródano m	Rhone
Salto m del Ángel	Angel Falls
Sena m	Seine
Tajo m	Tagus
Támesis m	Thames
Yang-Tzé m	Yang-Tze
Yukón m	Yukon
Zambeze m	Zambezi

Montañas / Mountains

Alpes mpl / alpino	Alps/Alpine
Altiplanicie f Meridional M	Southern Plateau
Altiplanicie f Septentrional M	Northern Plateau
Andes mpl / andino	Andes/Andean
Barrancas fpl del Cobre M	Copper Canyon
Cáucaso m / caucásico	Caucasus/Caucasian
Gran Cañón m	Grand Canyon
Himalaya m	Himalayas
Monte Kenya m	Mount Kenya
Parícutin m	Paricutin
Pirineo m Aragonés	Aragonese Pyrenees
Pirineos mpl / pirenaico	Pyrenees/Pyrenean
Popocatépetl m	Popocatepetl
(Montañas) Rocosas fpl	Rocky Mountains / Rockies
Sierra f Madre M	Sierra Madre
Sierra Madre f Occidental M	Western Sierra Madre
Sierra Madre f Oriental M	Eastern Sierra Madre
Sierra f Tarahumara M	Sierra Tarahumara
Urales mpl	Urals

Varios / Miscellaneous

cañón m del Sumidero M	Sumidero Canyon
cascada f	waterfall, cascade
cataratas fpl de Iguasú	Iguassu Falls
circo m	cirque
Depresión f de Qattara	Qattara Depression
Desierto m Chihuahense M	Chihuahua Desert
Desierto m de Atacama	Atacama Desert
Desierto m Pintado	Painted Desert
Desierto m Sonorense M	Sonora Desert
estar sobre un volcán	to be sitting on a time bomb
estepa f	steppe
estero m A	marsh
estribaciones fpl	foothills
Gran Barrera f	Great Barrier Reef
Gran Lago m Salado	Great Salt Lake
Gran Muralla f de China	Great Wall of China
Grandes Llanuras fpl	Great Plains
iceberg m	iceberg
laguna f	lagoon
Sáhara/Sahara m A/M	Sahara (h *has the* jota *sound in Spain)*
témpano m de hielo	ice flow
tundra f	tundra
Valle m de la Muerte	Death Valley

Historia (general) / History

acaecer R3	to occur, to take place
anales mpl R3/2	annals
antediluviano	antediluvian
antropología f	anthropology
antropólogo m	anthropologist

años mpl de la posguerra	post-war period
archivero m	archivist
archivología f R3	study of archives
archivos mpl	archives
asentamiento m	settlement
bajo el dominio español	under Spanish control
caída f del imperio	fall of the empire
circunnavegación f del mundo	circumnavigation of the world
civilizar a los bárbaros	to civilize the barbarians
códice m	codex
conceder fueros y privilegios	to grant rights and privileges
condenar a los iconoclastas	to condemn the iconoclasts
condenar al destierro	to condemn to exile
conspiración f contra el estado	plot against the state
conspirador m	plotter
converso m	convert
convertir a los indígenas	to convert the natives
cronología f	chronology
datar el códice del siglo . . .	to date the codex from the . . . century
decaer	to decay, to decline
declive m de un imperio	decline of an empire
decreto m gubernamental	governmental decree
deponer a un presidente	to depose a president
derribar a un tirano	to overthrow a tyrant
derrocamiento m de un dictador	overthrowing of a dictator
derrocar al rey	to overthrow the king
desmembración f de un país	dismemberment/ break-up of a country
Diluvio m (Universal)	Flood
dios m de la lluvia M	rain god
edicto m	edict
encomiendas fpl R3/2	control over land and Indians granted to colonist
escriba mf	scribe
estar sujeto a un señor feudal	to be subject to a feudal lord
etnología f R3/2	ethnology
etnólogo m R3/2	ethnologist
evolucionar	to develop, to evolve
exiliado m	exiled person
exilio m	exile
exterminación f	extermination
exterminar a una raza	to exterminate a race
fechar restos en el siglo . . .	to date remains to the . . . century
feudalismo m	feudalism
feudo m concedido por un soberano	fiefdom granted by a sovereign
golpe m de estado	*coup d'état*
gozar de privilegios	to enjoy privileges
hacerse con el poder	to take power
hegemonía f de los países anglosajones	hegemony of the English-speaking countries
historia f accidentada de México	eventful history of Mexico
holocausto m	holocaust
hordas fpl bárbaras R3	barbarian hordes
independizarse	to gain independence
insurgente mf R3/2	rebel
insurrección f	rebellion
insurrecto m	rebel
interpretar los datos	to interpret the data
La fuerza del gobierno mengua R3	The government's power is weakening
liberación f de los siervos	liberation of the serfs
liberar a los cautivos	to free the captives

malinchismo m R1 M	preference for things foreign
malinchista mf R1 M	person preferring things foreign
mantener la primacia sobre	to maintain primacy over
memorias fpl	memoirs
mengua f del régimen R3	weakening of the regime
ocaso m del occidente R3	decline of the West
oprimir a los ciudadanos	to oppress the people
palimpsesto m R3	palimpsest
patricio m	patrician
pergamino m	parchment
persecución f de las minorías	persecution of minorities
picota f	pillory
plebe f	(the) masses
plebeyo	plebeian
poder m divino	divine power, divine right
poderío m del rey	power of the king
poner en la picota	to call (someone) into question
por orden cronológico	in chronological order
posesionarse del país vecino	to take over the neighboring country
potencia f hegemónica	dominant power
provocar un motín	to provoke a rebellion
pueblo m cargado de historia	history-laden town/people
régimen m político	political regime
región f insumisa	rebel region
ruina f de un sistema político	destruction of a political system
Se remonta al siglo diez	It goes back to the tenth century
sociedad f arcaica	archaic society
sociedad f feudal	feudal society
sojuzgar un país R3	to subjugate a country
someter a un pueblo	to subjugate a people
súbdito m	subject *(i.e. of king)*
subir al trono	to ascend the throne
sublevación f	rebellion
sublevado m	rebel
supresión f de derechos	abolition of rights
vasallo m	vassal
verificarse R3	to take place

Épocas históricas o sucesos (general) / Historical periods or events (general)

Alta Edad Media f	Dark Ages
asalto m al Palacio de Invierno	Storming of the Winter Palace
decadencia f	decadence, decline
defenestración f de Praga	defenestration of Prague
Edad f de Bronce	Bronze Age
Edad f de Hierro	Iron Age
Edad f de Piedra	Stone Age
Edad f Media	Middle Ages
Guerra f de los Cien Años	Hundred Years' War
Guerra f de los Treinta Años	Thirty Years' War
Ilustración f	Enlightenment
imperio m romano	Roman empire
Primera Guerra f Mundial	First World War
Reforma f	Reformation
Renacimiento m	Renaissance
Revolución f Francesa	French Revolution
Revolución f Industrial	Industrial Revolution
Segunda Guerra f Mundial	Second World War
Siglo m de la Razón	Age of Reason
Siglo m de las Luces	Enlightenment
Siglo m de Oro	Golden Age

Nivel 3 / Level 3

Geografía y geología / Geography and geology

agua f subterránea a presión	underground water under pressure
agua f subyacente R3/2	underlying water
alta montaña f	high mountain region
altiplanicie f	high plateau
altozano m	hillock
barranco m	gully
bloque m de inclinación	tilt block
camino m de herradura	bridle path
cantos mpl rodados	scree
cañada f	gully, ravine
capa f inferior	mantle
capa f intermedia	intermediate rock layer
capa f rocosa impermeable	impervious rock layer
collado m R3	saddle
cordillera f	mountain range
corteza f terrestre	Earth's crust
cresta f de la montaña	mountain ridge
cuenca f de drenaje	drainage basin, catchment area
curva f de la superficie terrestre	curve of the Earth's surface
eje m de la Tierra	Earth's axis
escaradura f R3	escarpment
escarpa m R3	escarpment
espalda f de la montaña	mountain spur
estratificación f de las rocas sedimentarias	stratification of sedimentary rock
estrato m impermeable R3/2	impervious stratum
estructura f en estratos de la Tierra	stratified structure of the Earth
evolución f geológica	geological development
farallón m	bluff, outcrop
fosa f submarina	deep sea trench
llano m	plain
llanura f	plain
macizo m	massif
manto m	mantle
meseta f	meseta, table land
mil metros sobre el nivel del mar	a thousand meters above sea level
montañas fpl de bloques de fallas	fault-block mountains
montañas fpl de pliegues	fold mountains
mor(r)ena f R3	moraine
núcleo m terrestre	Earth's core
pendiente f de la montaña	mountain slope
pendiente f escarpada	steep slope
petróleo m	petroleum
planicie f	plain
plano m de falla	fault line
pliegues mpl orogénicos R3	range of fold mountains
pozo m artesiano	artesian well
quebrada f	ravine, gorge
relieve m orográfico	mountain relief
roca f impermeable	impervious rock
rocas fpl sedimentarias	sedimentary rock
rotación f de la Tierra	Earth's rotation
sierra f	mountain range, sierra
sistema m orográfico	system of relief, orographic system
surtidor m de agua	artesian spring
talud m	talus, scree

Volcanismo y terremotos / Volcanism and earthquakes

área f epicentral	epicenter
arrojar grandes cantidades de lava	to throw up great quantities of lava
cascotes mpl	rubble
chimenea f de un volcán apagado	vent of extinct volcano
chimenea f volcánica	volcanic vent

colada f de lava	lava flow
cono m	cone
cráter m volcánico	volcanic crater
deslizamiento m de tierras	rock slip
desprendimiento m de tierras	landslide
epicentro m	epicenter
falla f	fault
fluir por las laderas	to flow down the slopes
fracturamientos mpl en la corteza terrestre	fracturing in the Earth's crust
géiser m	geyser
hipocentro m	hypocenter, earthquake focus
hundimiento m en forma de embudo	sink(hole)
maremoto m	tidal wave
meseta f de lava	lava plateau
ola f sísmica	seismic sea wave, tsunami
ondas fpl sísmicas	seismic waves
placa f tectónica	tectonic plate
propagación f de las ondas	shock wave
río m de lava	river of lava
sismógrafo m horizontal	horizontal seismograph
sismología f	seismology
surtidor m termal	geyser
tectónica f R3	tectonics
tectónica f de placas R3	tectonic plates
terremoto m	earthquake
tsunami m	tsunami, seismic tidal wave
volcán m activo	active volcano
volcán m apagado	extinct volcano
volcán m encendido	active volcano
volcán m subterráneo	subterranean volcano

Topografía fluvial / Fluvial topography

arena f movediza	quicksands
avenida f	flood, spate
brazo m de la desembocadura	tributary
brazo m de río	river branch
capa f freática R3	water table
charco m R1	(Atlantic) pond
ciénaga f	swamp, bog
cueva f de estalactitas	cave of stalactites
delta m	delta
depósitos mpl sedimentarios	sediment
duna f movediza	wandering dune
escalón m estratificado R3/2	river terrace
estalactita f	stalactite
estalagmita f	stalagmite
farallón m R3/2	steep rock, headland
fondo m del valle	valley floor
formaciones fpl kársticas R3/2	karst formations
fósiles mpl	fossils
hidrografía f	hydrography
hidrología f	hydrology
infiltración f de un río	percolation of a river
lago m costero	coastal lake
lecho m de roca	bedrock
lecho m del río	river bed
línea f del cambio de fecha	*(international)* date line
línea f divisoria de aguas	watershed
marcas fpl rizadas	water ripples *(on sand)*
marea f creciente	rising tide
marea f menguante	ebb tide
marisma f	marsh
olas fpl rompiéndose en la orilla	waves breaking on the shore
pantano m	bog, marsh
plataforma f continental	continental shelf
río m del cañón	river canyon
saladar m R3/2	salt marsh
salinas fpl	salt flats
sedimentación f	sedimentation
sistema m de grutas	system of caves
talud m continental	continental slope
turba f del pantano	peat

valle m de depresión	trough valley
valle m en forma de V	V-shaped valley
valle m fluvial	river valley
valle m seco	dry river valley
vega f	flood plain
vertiente f continental	continental slope
vía f fluvial R3/2	water way
zona f aluvial R3/2	alluvial plain

Historia (general) / History

actitud f reaccionaria	reactionary attitude
activar la colonización	to encourage colonization / creation of settlements
adueñarse de la zona	to take over an area
afluencia f de inmigrantes	flood of immigrants
aislacionista mf	isolationist
alcanzar un gran desarrollo económico	to attain a strong economic development
aliarse con	to strike an alliance with
anhelo m de independencia	passion for independence
asimilar los pueblos conquistados	to absorb conquered peoples
asumir la presidencia	to assume the presidency
centuria f R3	century
cimentar la unidad del país	to cement/ strengthen the unity of a country
colapso m de la dinastía	collapse of the dynasty
conceder el voto a las mujeres	to grant women's rights
corregir los abusos	to correct abuses
desencadenar la revolución	to cause/start a revolution
dominar con una fuerza férrea	to rule with an iron fist
En los albores del siglo 16 . . . R3	At the dawn of the 16th century . . .
enajenar la confianza del pueblo	to alienate the people's confidence
enarbolar la bandera de la rebelión	to raise the standard of rebellion
esfuerzo m en pro de la paz mundial	effort on behalf of world peace
establecer garantías individuales	to establish guarantees for individual rights
estado m de sitio	state of siege
examen m detenido de los documentos	careful study of the documents
gozar de una amplia autonomía	to enjoy full independence
grupo m de presión	pressure group
iniciar una política de reformas	to undertake a policy of reforms
injusto reparto m de los beneficios	unfair distribution of profits
intervencionismo m	interventionism
irredentismo m	irredentism
irredento	irredentist
legado m de los antepasados	forefathers' legacy
ley f de derechos civiles	civil rights' bill
limitar el poder real	to limit royal power
obligación f de pagar tributo	compulsion to pay taxes
obtener una amplia mayoría	to obtain a large majority
países mpl colindantes	surrounding countries
paleografía f R3	paleography
paleógrafo m R3	paleographer
paleontología f R3	paleontology
paleontólogo m R3	paleontologist
paternalismo m	paternalism
política f de acercamiento	policy of rapprochement
política f de aislamiento	isolationist policy
política f proteccionista	protectionist policy
política f revanchista	revanchist policy

primeros asentamientos mpl humanos — first human settlements
problemas mpl segregacionistas — segregationist problems
promulgar la Constitución — to proclaim the Constitution
proteccionismo m — protectionism
rápido engrandecimiento m del país — rapid growth of the country
Reinaba hondo descontento A — Deep discontent reigned
reivindicaciones fpl históricas — historic claims
rendición f — surrender
rendirse — to surrender
repartición f de las posesiones — distribution of lands
represión f sangrienta — bloody repression
restablecer el orden — to reestablish order
restaurar el orden — to restore order
revanchismo m — revanchism
romper relaciones diplomáticas — to break off diplomatic relations
rusificación f de los países sometidos — Russianization of conquered countries
segregación f racial — racial segregation
someter una huelga — to put down a strike
someter una región — to subdue a region
someterse a la voluntad del monarca — to submit to the monarch's will
sufrir agresiones imperialistas — to suffer from imperialist aggression

Órdenes de caballería / Orders of chivalry

orden f de Alcantara — order of Alcantara
orden f de caballería — order of knighthood
orden f de Calatrava — order of Calatrava
orden f de Montesa — order of Montesa
orden f de Santiago — order of Santiago
orden f del Temple — order of the Knights Templars

Arqueología / Archeology

adoquín m — paving stone, cobble stone
adorador m del sol — sun worshipper
ánfora f — amphora
antropología f R3/2 — anthropology
antropólogo m R3/2 — anthropologist
asentamiento m prehispánico — pre-Columbian settlement
aspectos mpl etnográficos — ethnographic aspects
atracción f escultórica de rasgos mayas — attractive piece of sculpture with Mayan features
calendario m lunar — lunar calendar
calendario m solar — solar calendar
calle f adoquinada — street with cobble stones
calle f empedrada — paved street *(with cobble stones, for example)*
centro m ceremonial — ceremonial center
chamán m — Shaman
civilizaciones fpl antiguas — former civilizations
construcción f de índole religiosa — edifice of religious character
cripta f subterránea — underground crypt
cromlech m — cromlech
descifrar el enigma de la pirámide — to decipher the enigma of the pyramid
dolmen m — dolmen
Egipto m faraónico — Egypt of the Pharaohs
era f precolombina — pre-Columbian era
escritura f cuneiforme — cuneiform writing
escritura f jeroglífica — hieroglyphic writing
excavaciones fpl arqueológicas — archeological excavations
excavar un nuevo yacimiento — to excavate a new site
hallazgo m arqueológico — archeological find
inscripciones fpl glíficas — (hiero)glyphic inscriptions

inscripciones fpl visigóticas	Visigoth inscriptions
jeroglíficos mpl egipcios	Egyptian hieroglyphics
juego m de pelota	ball game *(in Aztec culture)*
maravillas fpl arquitectónicas	architectural marvels
menhir m	menhir
momia f egipcia	Egyptian mummy
momificar un cadáver	to mummify a corpse
museo m arqueológico	archeological museum
Museo m Nacional de Arqueología M	National Archeological Museum *(in Mexico City)*
recinto m del templo	temple precincts
recobrar la alfarería	to recover the pottery
restos mpl que perduran	surviving remains
rituales mpl sincréticos R3	syncretic rituals
sarcófago m monolítico	monolithic sarcophagus
sitios mpl ceremoniales	ceremonial sites
sobrevivir hasta estas fechas	to survive until today
tableros mpl esculpidos	sculptured tablets
Templo m de las Inscripciones (Palenque)	Temple of Inscriptions
termas fpl romanas	Roman baths
tesoro m arqueológico	archeological treasure
tumba f de un faraón	Pharaoh's tomb

Detalles de la historia mexicana / Details of Mexican history

al frente del ejército insurgente	at the head of the insurgent army
apogeo m del imperio azteca	height of the Aztec empire
bajo la dictadura porfiriana	under Porfirio Díaz's dictatorship
conquista f de México	conquest of Mexico
Cortés y el poder de la voluntad	Cortés and the power of the will
desarrollar una labor evangelizadora	to develop missionary work
Día m de la Raza (12 de octubre)	Columbus Day
elaborar la Carta Magna de México	to create Mexico's Magna Carta
establecer la libertad de cultos	to establish freedom of worship
Grito m de Dolores (1810)	Miguel Hidalgo's Cry of Dolores *(town in Mexico)*
hacer prisionero a su anfitrión	to make a prisoner of your host
intervencionistas mpl extranjeros	foreign interventionists
invasión f estad(o)unidense	North American invasion *(no* o *in M)*
levantarse contra las tropas napoleónicas	to rise up against Napoleon's troops
Moctezuma y el poder de la fatalidad	Moctezuma and the power of destiny
nacionalizar los bienes eclesiásticos	to nationalize the Church's possessions
(La) Noche f Triste (1520)	Night of Sorrow *(defeat of retreating Hernán Cortés)*
(La) Nueva España	New Spain *(i.e. Mexico as created by Spain)*
opuesto a las tradiciones hispánicas coloniales	opposed to the Spanish colonial traditions
perder dos millones de kilómetros cuadrados	to lose two million square kilometers *(a million square miles)*
poderío m azteca en pleno ascenso	Aztec power in full ascendancy

poner sitio a Veracruz	to lay siege to Veracruz
pueblos mpl mesoamericanos	Mesoamerican / middle American peoples
rendición f de Guatimocín (1521)	surrender of Guatimocín
Revolución f Mexicana	Mexican Revolution
supresión f de los fueros del clero	removal of the clergy's privileges
suscribir el Tratado de Córdoba	to sign the Treaty of Cordoba

Detalles de la historia de Argentina / Details of Argentinian history

apoyo m de los descamisados	support from Peron's followers
campesinos mpl de la Pampa	peasants of the Pampas
Constitución f Argentina (1853)	Argentine Constitution
convertir en virreinato	to give the status of a viceroyalty
convertirse en capital federal	to become a federal capital
derrota f del partido unitario	defeat of the Unitarian/ Centralist Party
Día m de la Bandera	Flag Day
Día m de la Independencia	Independence Day
Día m del Estudiante	Students' Day
diferendos mpl entre porteños y gauchos	disputes between the Buenos Aires middle classes and the peasants
disolver la asamblea legislativa	to dissolve the legislative assembly
escisión f del Alto Perú	secession of Upper Peru
iniciar una política antinorteamericana	to launch an anti-American policy
intentos mpl de centralización	attempts at centralization
lucha f entre federales y unitarios	struggle between federalists and unitarians/ centralists
oposición f de las tribus charruas y guaraníes	opposition from the Charrua and Guarani tribes
preponderancia f de Buenos Aires	Buenos Aires hegemony
restablecer el régimen constitucional	to re-establish constitutional rule
Revolución f de Mayo	May Revolution
Revolución f Libertadora (1954)	Freedom Revolution
separación f de la Banda Oriental	secession of the Eastern Strip *(Uruguay)*
tendencia f federalista	federalist tendency

Detalles sobre la historia de España / Details of the history of Spain

batalla f del Ebro (1939)	battle of the Ebro
caída f de Granada (1492)	fall of Granada
Califato m de Córdoba	Caliphate of Cordoba
Cid m Campeador	El Cid
desastre m de la Armada Invencible (1588)	defeat of the Spanish Armada
despoblación f y decadencia de España	depopulation and decadence of Spain
Día m de la Hispanidad (12 de octubre)	Columbus Day
El Movimiento (1936)	uprising that started the Spanish Civil War
España bajo los Austria	Spain under the Habsburgs / House of Austria
expulsión f de los judíos (1492)	expulsion of the Jews
Guerra f Civil (1936–9)	Civil War

Guerra f de Independencia (1808–14)	War of Independence
Guerra f de Sucesión (1713)	War of Succession
guerras fpl carlistas	Carlist wars
Navas fpl de Tolosa (1212)	conclusive battle against the Moors
ocho siglos de presencia árabe	eight centuries of Arab presence/rule
pérdida f de las Filipinas (1898)	loss of the Philippines
poner fin al domino musulmán	to put an end to Muslim rule
privado m R3	chief minister, counselor
Reconquista f	Reconquest *(of Spain)*
Reyes Católicos mpl	Catholic Monarchs
Semana f Trágica de Barcelona (1909)	Tragic Week of Barcelona
sufrir el épico descalabro de Roncesvalles	to suffer the epic disaster of Roncesvalles
Tarik pasó el Estrecho (de Gibraltar)	Tarik crossed the Straits (of Gibraltar)
toma f de Granada (1492)	capture of Granada
Tribunal m de la Inquisición (1480)	Court of the Inquisition
triunfo m de la flota aliada en Lepanto (1571)	victory of the allied fleet at Lepanto
valido m R3	(royal) favorite

Detalles sobre la historia de los Estados Unidos / Details of the history of the United States

abolición f de la esclavitud	abolition of slavery
abolicionista mf	abolitionist
Alianza f Atlántica	Atlantic Alliance
América para los americanos	America for the Americans
anexión f de Texas	annexation of Texas *(*x *pronounced as* jota*)*
anexionarse Texas	to annex Texas *(as above)*
apoderarse de Nuevo México	to take over New Mexico *(as above)*
aprobar la ley de derechos civiles	to approve the civil rights bill
asesinato m de los presidentes	assassination of the presidents
bienhechor m de los negros	supporter of blacks' rights, philanthropist supporting the black cause
bombardeo m del fuerte Sumter	bombardment of Fort Sumter
colonias fpl arrebatadas a Holanda	colonies seized from Holland
confederados mpl	Confederates
conquista f del Oeste	conquest of the West, western expansion
cuáqueros mpl	Quakers
Declaración f de Independencia	Declaration of Independence
declarar su neutralidad	to declare neutrality
desobedecer las órdenes reales	to disobey royal decrees
devolución f de la Florida a España	return of Florida to Spain
distensión f de la guerra fría	détente from the cold war
ensancharse hasta el Pacífico	to expand as far as the Pacific
esclavista mf	person who is pro-slavery *(also adjective)*
fiebre f del oro	gold rush
fuerte m de El Álamo	Fort of The Alamo
Gran Sublevación f Sioux	The Great Sioux Uprising
Guerra f de Independencia	War of Independence

huir de las persecuciones religiosas	to flee from religious persecution
incidente m del buque *Amistad*	*Amistad* boat incident
integración f racial de la población de color	racial integration of the colored population
La población aumentó prodigiosamente	The population expanded at a prodigious rate
lanzamiento m de bombas atómicas	dropping of atomic bombs
Masacre f de Wounded Knee	Massacre at Wounded Knee
motín m del té	Boston Tea Party, tea riot
nordistas mpl	Northerners
Padres mpl Peregrinos	Pilgrim Fathers
países mpl recién independizados de Sudamérica	South American countries recently made independent
panamericanismo m imperialista	imperialist panamericanism
planteamiento m del problema de la esclavitud	analysis of the slavery question
poner trabas al régimen proteccionista	to place obstacles in the way of the protectionist policy
prohibicionismo m	prohibitionism
promulgar la Carta del Atlántico	to announce the Atlantic Charter
repentino ataque m japonés	sudden Japanese attack
represalias fpl masivas	massive retaliation
roces mpl entre esclavistas y abolicionistas	conflicts between pro-slavery and anti-slavery advocates
sistema m de aniquilación masiva	system of massive annihilation
sudistas mpl	Southerners
tributos mpl impuestos sobre el té	tea tax
Unión f	Union
voladura f del *Maine*	blowing up of the *Maine*
votar la Ley Seca	to vote the 18th Amendment *(forbidding sale of alcohol)*

Detalles sobre la historia del Reino Unido / Details of the history of the United Kingdom

Alfredo el Grande	Alfred the Great
caída f de Singapur (1942)	fall of Singapore
Carta f Magna (1215)	Magna Carta
colonización f de América del Norte	colonization of North America
conceder la autonomía a Irlanda	to grant Ireland independence
conquista f de la India	conquest of India
derecho m divino	divine right
día D (1944)	D-day
época f isabelina	Elizabethan period
expansión f del imperio colonial inglés	expansion of the British colonial empire
expedición f de la Armada Invencible (1588)	expedition of the Spanish Armada
Guerra f de las dos Rosas (1455–85)	War of the Roses
Guillermo el Conquistador	William the Conqueror
ingresar en la Unión Europea	to enter the European Union
insurrección f de las colonias americanas	revolt of the American colonies
invasión f normanda (1066)	Norman invasion
restaurar la prerrogativa real	to restore the royal prerogative
Ricardo Corazón de León	Richard the Lion Heart

Ejercicios / Exercises

Nivel 1 / Level 1

1. (a) Encuentra dos sentidos de los siguientes vocablos

accidente, antigüedad, argentino, austral, cono, cristiano, diáspora, edad, estado, explotar, franja, gallego, grado, país, presidente, rumbo

(b) Construye frases para ilustrar el uso de estos sentidos

2. Escribe un pequeño párrafo sobre los aztecas, los incas, los romanos y los visigodos, incluyendo referencias a ciertos personajes históricos, legendarios o literarios

3. (a) Escribe un párrafo de diez líneas sobre las siguientes órdenes religiosas o militares: la Orden de Alcantara, de Calatrava, de los Carmelitas, de las Clarisas, de Santiago, del Temple

(b) Escribe un párrafo de diez líneas sobre seis de los siguientes personajes históricos

Alejandro Magno	Emiliano Zapata	Francisco Pizarro
Don Rodrigo	Santa Ana	Cristóbal Colón
Carlomagno	Perón	Atahualpa
Roldán/Rolando	Evita	Fernando Magallanes
el Mío Cid Campeador	Catalina la Grande	Benito Juárez
los Reyes Católicos	Federico el Grande	Miguel Hidalgo
Felipe Segundo	Pedro el Grande	Simón Bolívar
Francisco Franco Bahamonde	Alejandro Nevski	San Martín

(c) Escribe un párrafo de diez líneas sobre cinco de los siguientes acontecimientos

Roncesvalles	la Armada Invencible
el sitio de Sagunto	el sitio de Zaragoza
la batalla de Covadonga	la batalla de El Álamo
la batalla de Las Navas de Tolosa	la toma de Veracruz
la caída de Granada	la toma de la Ciudad de Méjico
el sitio de Zamora	la toma de Chapultepec

4. Relaciona los vocablos de la lista A con los de la lista B para formar una locución

A

no se ganó	hay moros	nobleza
Éstas son, Señora,	perro	pacto
quemar	buscar	poderoso caballero
hacer	desenterrar	torre
memoria	ir a la	veloz
paz	entre la espada	hacer castillos

B

aire	hacha	caballeros
hora	romana	Babel
naves	moda	flecha
llaves de este paraíso	historia	pared
raza	elefante	Don Dinero
guerra	obliga	costa

(Se encuentra la solución en Internet)

5. (a) Encuentra diez nombres de personajes de la antigüedad griega. Sitúalos en su período histórico

(b) Encuentra diez nombres de personajes de la antigüedad romana. Sitúalos en su período histórico

(c) Encuentra cinco nombres de personajes bíblicos. Sitúalos en su correspondiente libro

(d) Encuentra cinco nombres de la civilización azteca. Sitúalos en su época

6. A continuación aparecen vocablos desordenados que tienes que ordenar por parejas

penquisto	greco	francés	suizo
keniata	parisino	lusitano	griego
nipón	keniano	dinamarqués	latinoamericano
español	japonés	canario	gringo
sudamericano	guanche	hispánico	portugués
húngaro	bonaerense	magiar	helvético
porteño	País Vasco	pencón	parisiense
euskadi	galo	norteamericano	danés

7. (a) Define los siguientes términos geográficos

afluente, austral, boreal, cala, confluencia, desembocadura, eje, escala, glacial (zona), globo terráqueo, hemisferio, mapamundi, meridiano, metrópoli, occidental, oriental, septentrional, templada (zona), tórrida (zona), trópico de Cáncer/Capricornio

(b) Construye frases para ilustrar el uso de estos términos

(c) Encuentra la diferencia entre los siguientes términos

criollo, indiano, indígena, indio, mestizo, mulato

8. ¿Cuáles son los países de habla española? ¿Se hablan otros idiomas en estos países?

9. (a) Haz una lista de todas las extensiones de agua. Hay al menos veinte fenómenos de este tipo
Ejemplos: presa, río

(b) Elige diez de los vocablos y compón frases para ilustrar su uso

10. (a) Hay varios países, regiones y ciudades a los que precede el artículo definido. Encuéntralos. En algunos casos, sobre todo en lo que a los países se refiere, el uso del artículo definido va desapareciendo. ¿Cuáles son? Te puede ayudar un buen libro de gramática

(b) Compón frases para ilustrar el uso del artículo definido con respecto a estos países, regiones y ciudades

11. ¿Qué entiendes por los siguientes modismos?

tener la mar de suerte	correr ríos de tinta
echar pelillos a la mar	no llegar la sangre al río
estar hecho un mar de lágrimas	A río revuelto, ganancia de pescadores
la mar de contento	un río de oro
llover a mares	Cuando el río suena agua lleva
cagarse en la mar	un océano de dificultades
Hay un mar de diferencia	ala delta
cruzar el charco	

12. Con la ayuda de una enciclopedia de lengua española, cuenta en tres párrafos o bien las conquistas de Alejandro Magno o bien las aventuras de Marco Polo o bien los viajes efectuados por Cristóbal Colón por América Central. Recalca la topografía por donde pasaron estos personajes y las principales fechas que jalonaron sus vidas durante sus viajes. Puedes, si quieres, presentar tu trabajo en primera persona como si las vivencias de estos personajes fueran tuyas

13. Contesta a las siguientes preguntas

i. Busca acepciones del vocablo *golfo*, *cabo*, *accidente* y *sierra*
ii. Define *meseta* y compara con *mesita*
iii. Define *océano*, *mar*, *lago*, *laguna* y *charca*
iv. Discrimina *guerra*, *batalla*, *escaramuza*, *pelea* y *trifulca*
v. Comenta la frase "No hay guerra civil, todas las guerras son inciviles"
vi. Escribe una ficha en español con los accidentes geográficos más sobresalientes de España/Méjico/Argentina
vii. Enumera elementos de un castillo medieval
viii. Describe la indumentaria, armas y pertrechos de un soldado de las guerras napoleónicas / la Segunda Guerra Mundial
ix. Describe la bandera y escudo de España/Méjico/Argentina

Nivel 2 / Level 2

1. (a) Encuentra dos sentidos de los siguientes vocablos. Algunos de estos vocablos se encuentran en el vocabulario de nivel 1

cabo	delta	laguna	pico
cala	este	metrópoli	polo
caluroso	globo	niebla	puerto
ciénaga	golfo	norte	punta
corriente	grado	oasis	sierra
cumbre	helado	oeste	templado

(Se encuentra la solución en Internet)

(b) Construye frases para ilustrar el uso de estos sentidos

2. (a) Encuentra las diferencias (si hay) entre los vocablos de los siguientes grupos

altiplano, llano, llanura, meseta, planicie, vega
angostura, barranca, barranco, cañada, cañón, desfiladero, garganta, hoz, puerto, quebrada, tajo
altozano, cerro, colina, collado, eminencia, loma, montículo, otero
arbolado, arboleda, bosque, chopera, encinar, floresta, jungla, monte, pinar, selva
(lo) alto, cima, cumbre, cúspide
glaciar, nevero, ventisca, ventisquero
bahía, cala, caleta, concha, ensenada, golfo

(b) Elige cuatro de estas listas y compón frases para ilustrar el uso de los vocablos

(c) Elige diez vocablos de todas las listas y da ejemplos concretos sacados de diferentes países

3. (a) Nombra todos los países que rodean a Bolivia, Bulgaria, Guatemala, Hungría, Irak y Laos

(b) ¿Cómo se llaman los habitantes de estos países, incluso los de los países arriba?

4. (a) Describe la ruta emprendida por Fernando Magallanes para alcanzar el archipiélago de Las Molucas en el siglo dieciséis

(b) Describe la ruta emprendida por Fernando Pizarro en mil quinientos treinta, desde Panamá hasta Perú

(c) Describe la ruta emprendida por Hernán Cortés para alcanzar la Ciudad de México en mil quinientos diecinueve

5. ¿Qué entiendes por las siguientes expresiones?

Esto no es Jauja	montaña rusa
la villa del oso y del madroño	valle de lágrimas
la Gran Manzana	jungla de asfalto
país del Sol Naciente	selva virgen
las Islas Afortunadas	llegar a buen puerto
la Ciudad Eterna	punto de nieve
prometer montes y morenas	llover sobre mojado
Todos los caminos llevan a Roma	gota fría

(Se encuentra la solución en Internet)

6. Rellena los espacios en blanco

En la tarde del dieciséis de noviembre de mil quinientos treinta y dos, el . . . Atahualpa y el . . . Pizarro protagonizaban el encuentro más . . . de toda la conquista de . . . El inca y el español, representantes de dos mundos y dos culturas . . . , se veían frente a frente en medio de un ceremonial impresionante. La historia es de sobra . . .: a . . . le presentan una biblia mientras un fraile . . . trata de explicarle complicados dogmas del . . . El inca, que no entiende nada, deja caer el libro. Pizarro se apodera del inca, reteniéndole . . . A partir de ese instante, el . . . español tendrá en sus manos las llaves de un inmenso . . . que iba desde . . . hasta . . .

La . . . de Sudamérica está marcada por dos características fundamentales: el . . . del oro y una . . . enormemente compleja y difícil que va desde el . . . a la selva, desde las . . . inaccesibles de los Andes a . . . inmensos como el Amazonas. La combinación de ambas-el . . . de Eldorado y el medio geográfico . . . , serán capaces de crear personajes excepcionales como . . . y Orellana

7. (a) Asocia las palabras de la lista A con las de la lista B

A

capital, provincia, tribu, edad, indígena, cabo, apogeo, godo, mulato, estuario, insurrecto, árabe, mudéjar, sierra, destierro, frontera

B

época, criollo, promontorio, metrópoli, lindero, comarca, cordillera, visigodo, etnia, sublevado, mozárabe, desembocadura, cumbre, exilio, autóctono, moro

(b) Elige diez parejas y compón frases que incluyan los dos vocablos de la pareja

8. ¿Qué entiendes por las siguientes expresiones?

patria adoptiva, besar la tierra, patria chica, dar en tierra, madre patria, echar por tierra, madre de la patria, tierra de nadie, patria potestad, tierra firme, hacer patria, lengua de tierra, merecer bien de la patria, haz de tierra, palmo de tierra, cono sur, capa española, España profunda

9. (a) Encuentra sinónimos de los siguientes vocablos

campo, conflicto, conquistar, montaña, rebelión

(b) Compón frases para ilustrar el uso de estos sinónimos y para subrayar la diferencia entre ellos

10. (a) Localiza las siguientes tribus o naciones

apache, arauco, azteca, caribe, comanche, guaraní, hopi, inca, maya, mohicano, navajo, quechua, semínola, sioux, tarahumara, ute

(b) Elige seis de estas etnias o naciones y escribe un párrafo sobre cada una de ellas

11. Traduce al español

borderland	border town	frontier dispute	speed limit
borderline	border guard	boundary stone	to have the edge
herbaceous border	frontiersman	boundless	edgy
border states	frontier post	brink of defeat	edge of madness
wall-paper border	frontiers of physics	brinkmanship	to lack edge

12. Traduce al español

i. The Andes mountains extend across Peru from northwest to southeast, and divide the country into three distinct regions, a coastal lowland to the West, the Andean highlands and the Upper Amazon basin
ii. Peru's twenty million inhabitants are predominantly Indian and mestizo, that is of mixed Indian and European heritage. Europeans make up about fifteen per cent of the population, and the remaining one per cent are black, Japanese or Chinese

iii. The conquest of Spain by Napoleon sparked the independence movements in most of Central and South America
iv. Most Argentinians are descendants either of Spaniards who settled in the sixteenth century or of the millions of European immigrants who arrived later in the nineteenth century and early in the twentieth century
v. Approximately one fourth of the total area of Argentina is occupied by the flat, fertile Pampas of the east and the center
vi. To the south of the Pampas and South of the River Colorado lies Patagonia, whose arid and windy plateaus are cut by occasional ravines
vii. Three geological regions run north–south through Chile: the Andes, the Central Valley, and a coastal escarpment which ends in steep cliffs along the Pacific coast
viii. The Mexican Plateau is divided into the dry, sparsely settled Northern Mesa, and the lake-dotted, densely populated Central Mesa
ix. Mexico's most fertile soils are alluvial in origin and develop mainly in river valleys, and on the Gulf and Pacific coastal plains
x. Mexico's climate is hot and humid along the coastal areas, and becomes increasingly arid towards the north, while during the warmer half of the year, all of the country lies in the belt of northeast trade winds
xi. The "Night of Sorrow" marked the defeat of Hernán Cortés' troops as they retreated from Mexico City in fifteen hundred and twenty
xii. Mexico gained independence from its Spanish masters in the nineteenth century, and this formed part of the independence process in the whole of the Americas, following the American War of Independence
xiii. Mexico lost over two million square kilometers to its northern neighbors in the nineteenth century, and Mexico City itself was occupied by North American troops after the siege of Veracruz
xiv. The removal of the clergy's privileges accompanied the independence movement in Mexico but the soldier priest Miguel Hidalgo still had to pay the ultimate price for his forward-looking ideas when executed in Chihuahua

(Se encuentra la solución en Internet)

13. Lee atentamente el siguiente texto y contesta a las preguntas

Sin perjuicio de que concurrieran otros motivos de diversa índole en el gigantesco esfuerzo de exploración y conquista de América, para muchos de los descubridores el principal e incluso, con frecuencia, el único motivo que les movió a emprender tan largo viaje y peligrosas aventuras fue el deseo de enriquecerse. No por avaricia, no por amor a la riqueza en sí misma, sino por las oportunidades de promoción social que procuraba. La búsqueda de oro llegó a convertirse en una obsesión; infinidad de aventureros encontraron la muerte persiguiendo el mito de El Dorado. ¿Tenemos derecho a criticar su credulidad cuando, con frecuencia, la realidad que encontraban superaba lo que jamás llegó a inventar la mas fantástica imaginación?

En el mismo Colón se ha hecho notar muchas veces la mezcla de elementos elevados y sórdidos (o que nosotros consideramos tales) que le impulsaron a través de la cadena interminable de contrariedades que fue su azarosa existencia. Como buen genovés, profesaba hacia el oro un respeto casi supersticioso. El oro es cosa santísima. Con el oro de Indias pensaba que podría realizar la Cristiandad grandes y meritorias hazañas, incluida la recuperación de Tierra Santa. Por supuesto, esta consideración de la riqueza como medio, no como fin, es totalmente antiburguesa. Y sin embargo, el descubrimiento de filones americanos fue un paso importante hacia la consolidación del capitalismo europeo.

Antonio Domínguez Ortiz, *Los Tesoros de América*

(b) Explica en cincuenta palabras el argumento del autor

(c) ¿Cómo se puede justificar la búsqueda de oro en nombre del cristianismo?

(d) Buscar sinónimos de: *índole, explorador, mito, aventurero, obsesión, criticar, azaroso, supersticioso, hazaña* y *filón*

(e) Construye frases con los sinónimos que hayas encontrado

(f) Escribe cincuenta palabras sobre la vida y las hazañas realizadas por Colón

14. A partir del texto (13a) haz los siguientes ejercicios

(a) Encuentra la diferencia entre

perjuicio/prejuicio, cristiandad/cristianismo, índole/idóneo

(b) Construye frases con las diferentes acepciones encontradas en el punto anterior (a)

(c) Encuentra otros sustantivos a los cuales puede preceder la preposición *por*, **al igual que** *por* avaricia, *por* amor

(d) ¿Qué entiendes por *la Tierra Santa*?

(e) Explica el sentido de la frase *Por supuesto, esta consideración . . .*, **que se encuentra hacia el final del segundo párrafo**

(f) ¿Qué entiendes por *el mito de El Dorado*?

(g) ¿Por qué el vocablo *descubridor* **en este contexto no es políticamente correcto?**

15. Escribe una redacción sobre un paisaje montañoso de Argentina o México. El siguiente texto te puede ayudar. Consulta también una enciclopedia o/y una guía turística

Allá, en el medio de la puna, en el punto tripartito de Argentina, Chile y Bolivia, se encuentra ubicado el nevado de San Pedro, con sus imponentes 5995 metros parejo al cerro de Zapaleri, señoreando sobre las cumbres de las montañas Jujuy, con el nevado Chañi, cuya cota de 5896 fue alcanzada por primera vez en 1901, en penosa ascensión, aunque la cruz que aún perdura fue plantada mucho más tarde, en 1947, por el Rvdo. Padre Oliverio Pelicelli.

M.A.S.

Nivel 3 / Level 3

1. (a) Encuentra el sentido de los siguientes vocablos

anexionar, argentino, bordear, convertir, decaer, desmembración, desterrar, explotar, fundar, lindar, menguar, someter

(b) Elige ocho de estos vocablos y haz frases para ilustrar su uso con otros sentidos

2. Encuentra nombres coloquiales para las siguientes nacionalidades

alemán, americano, árabe, español (en México/Argentina), francés, inglés, italiano, sudamericano (en España)

3. ¿Qué entiendes por las siguientes locuciones?

estar de capa caída	A moro muerto gran lanzada
estar en Babia	bajar al moro
caldera de Pedro Botero	oro del que cagó el moro
de cabo a rabo	cabeza de turco
paso del Ecuador	¡Ancha es Castilla!
a estas alturas	hacer castillos en la arena
partir por el eje	la España cañí
esfera celeste	hacer el indio
hablar en griego	pastor alemán
calendas griegas	hacerse el sueco
ensaladilla rusa	valer un Perú
marcharse a la francesa	cuento chino
trabajo de chinos	engañar como a un chino
despedirse a la francesa	trabajar como un negro

(Se encuentra la solución en Internet)

4. Construye frases para resaltar el sentido de los siguientes sustantivos

caldera, capa, celaje, Chaco, corteza, depresión, eje, estrato, estribaciones, falla, filón, géiser, glaciar, hendidura, magma, pliegue, rastrojera, regato, surtidor

(Ver solución al final del libro)

5. (a) Encuentra verbos y sustantivos que se corresponden con los siguientes adjetivos

Ejemplo: quebradizo – quebrar, resquebrajar, quiebra, quebrada, quebradero
apacible, burgués, decadente, flojo, libre, noble, poderoso, rebelde, sumiso

(b) Compón frases para ilustrar el uso de los verbos y sustantivos

6. (a) Encuentra la diferencia (si hay) entre los vocablos de las siguientes parejas o grupos de vocablos

América del Sur, Sudamérica, Suramérica, Hispanoamérica, Latinoamérica; África del Sur, Sudáfrica, África Austral; israelí/hebreo/judío/israelita, judeo/sefardí; finés, finlandés; chino, sino; vasco/vascuence/vascongado/euskadi; japonés, nipón; árabe/arábigo/moro; ajeno/extraño/extranjero/forastero; apátrida/patriota, patriótico

(b) ¿Qué incluyen las siguientes denominaciones?

Balcanes	Grandes Antillas	Magreb
Países Bálticos	Pequeñas Antillas	Extremo Oriente
Países Escandinavos	Oriente Medio	Cercano Oriente

7. ¿Dónde están las siguientes regiones, ciudades, países o ríos y cómo se llaman en inglés?

Amberes	Delfos	Lucayas	Rosellón
Aquisgrán	El Cabo	Magancia	Ruán
Basilea	Gante	Niza	Saboya
Borgoña	Génova	Órcadas	Sajonia
Brujas	Ginebra	Ratisbona	Sena
Burdeos	Jartún	Rin	Támesis
Colonia	La Haya	Rocosas	Tolosa
Córcega	Livorno	Ródano	Tombuctú
Costa del Márfil	Lovaina	Rodas	Venecia

8. (a) ¿Cómo se refiere a las siguientes ciudades españolas como denominación alternativa?

Ejemplo: Zaragoza se llama también *Ciudad del Pilar* Barcelona, Cádiz, Cuenca, Madrid *(dos formas)*, San Sebastián *(tres formas)*, Segovia, Sevilla, Toledo, Valencia, Valladolid, Zaragoza

(b) Idem para Argentina

Buenos Aires, Córdoba, Mar del Plata

(c) Idem para México

Cuernavaca, Guadalajara, México D.F., Pachuca

(Se encuentra la solución para a, b y c, en Internet)

9. (a) ¿Cómo se llama un habitante de las siguientes ciudades o provincias españolas?

Álava, Albacete, Alicante, Aragón, Asturias, Ávila, Barcelona, Burgos, Cádiz, Castilla, Córdoba, Cuenca, Extremadura, Galicia, Granada, Guadalajara, Huelva, La Coruña, León, Madrid, Málaga, Mérida, Murcia, Orense, Oviedo, Pamplona, San Sebastián, Santiago de Compostela, Sevilla, Soria, Valencia, Valladolid, Vigo, Zaragoza

(b) Idem para Argentina

Buenos Aires *(dos formas)*, Córdoba, La Plata, Mar del Plata, Patagonia, Rosario, Santa Fe, Tierra del Fuego

(c) Idem para México (incluyendo estados)

Acapulco, Aguascalientes, Campeche, Chiapas, Chihuahua, Ciudad de México, Coahila, Cuernavaca, Estado de México, Guadalajara, Guerrero, Jalisco, Mérida, Monterrey, Morelos, Oaxaca, Puebla, Quintana Roo, Saltillo, Sonora, Yucatán

(Se encuentra la solución para a, b y c, en Internet)

10. (a) A un habitante de Aragón en España se le llama *maño*. Es un tipo de apodo. ¿A qué ciudad/provincia se pueden aplicar los siguientes apodos usados para sus habitantes?

cantabrón, gato, carballón, charro, bolo, che, pucelano

(b) Idem para México

Ciudad de México, Guadalajara, Puebla

(Se encuentra la solución para a y b, en Internet)

11. Estudia un mapa de toda Hispanoamérica, incluyendo el Caribe. Encuentra el origen de todos los nombres de países

12. ¿Cuáles son las cualidades personales necesarias para llevar a cabo una expedición como la que realizó Colón?

13. Traduce al español

i. Geological history is divided into four main eras, and the first, called the PreCambrian Era, began 4.6 billion years ago, and includes the first four billion years of geological history, about eighty-five per cent of all geological time
ii. Earthquakes cause indirect damage through landslides, fires and collapse of dams
iii. During an earthquake, buildings located along a fault line may be torn apart but more damage is done by the shaking alone
iv. An earthquake is a naturally induced shaking of the ground, caused by the fracture and sliding of the rock within the Earth's crust
v. Seismic waves can be detected at great distances from the epicenter of an earthquake, and seismic sea waves can inflict havoc on shores far beyond the earthquake itself
vi. The Earth, because it is composed of silicate rocks, is a so-called terrestrial planet, as are Mercury, Venus and Mars
vii. Heat flows continually from deep within the Earth to the planet's surface while the interior of the Earth is heated primarily by energy released from the breakdown of radioactive elements
viii. Some experts have speculated that the Earth originated from condensing gases and dust, while others regard it as having developed around a cloud of meteorites and meteoric dust revolving around the sun
ix. The fall of the Roman Empire marked Europe's slide into the anarchy of the Dark Ages, but the torch of civilization burnt brightly again with Islam's march from the Middle East across North Africa and into Spain
x. The foundation of Cordoba is attributed to the Phoenicians, but its highest cultural expression is to be found in the dynasty of the Abd-Ar-Rahman
xi. A warrior who served both Moors and Catholics, the Cid finally conquered the kingdom of Valencia where he died as governor of the city
xii. During the reign of the Catholic Monarchs, Europeans visited the Americas for the first time, the Inquisition was established, the Jews were expelled, Granada fell, all in fourteen ninety-two
xiii. On the abdication of Charles the Fifth, Philip the Second ascended the throne, had a monastery built at El Escorial, defeated the Turks at Lepanto, and sent the Invincible Armada on its fateful mission to conquer England
xiv. Napoleon's invasion of Spain led to the siege of Saragossa where General Palafox distinguished himself in the defence of the city which finally surrendered in eighteen hundred and nine
xv. With the help of the other Axis powers, Germany and Italy, caudillo Franco invaded Spain in nineteen thirty-six, coming from the Canary Islands and North Africa, and a bloody civil war ensued
xvi. Spain was isolated by the Allies until nineteen fifty-four when the economic blockade was lifted

xvii. On the death of Franco in nineteen seventy-five, Spain moved from a dictatorship to a democracy and is now playing a full part in the European Union

(Se encuentra la solución en Internet)

14. Lee atentamente el texto siguiente y anota los vocablos y expresiones más interesantes

El Ciclo de Oro

Apenas pone los pies en América, Colón se informa acerca de la posibilidad de obtener oro. Lo encuentra en las Antillas, que fueron el primer Eldorado; primero, los descubridores confiscaron el oro que en forma de joyas poseían los indígenas; luego se les obligó a trabajar en los *placeres* o arenas auríferas, señalando a cada indio una cuota de oro, que debía entregar so graves penas. Esta política fue la causa de la extinción rápida de la población de la isla Española y contiguas, pues, aparte de las enfermedades introducidas por los recién llegados, su economía y su sistema de vida quedaron totalmente destruídos; sólo vivían para buscar oro, y, en tales condiciones, su alimentación y aun su reproducción resultaban muy difíciles.

En menos de medio siglo la Española y las islas contiguas quedaron despobladas casi totalmente; no sólo los indios desaparecieron, sino que los españoles empobrecidos pasaron al continente en busca de nuevas tierras que explotar. Llamaron al istmo centroamericano *Castilla de Oro* pero los resultados no justificaron este nombre. Tampoco los alemanes que obtuvieron un concesión en Venezuela sacaron mucho provecho. Oro se encontró en otros varios sitios, en Colombia, en Chile, en Perú donde el rescate de Atahualpa proporcionó un botín impresionante. Sin embargo, su importancia fue continuamente decayendo, tanto en cifras absolutas como en relación con producción de plata . . . La baja en la producción de oro fue compensada con creces con el alza espectacular de la plata, gracias al descubrimiento de yacimientos riquísimos en los virreinatos del Perú y Nueva España.

Antonio Domínguez Ortiz, *Los Tesoros de América*

15. Contesta a las siguientes preguntas referentes al trozo anterior

(a) Encuentra otros sentidos de

botín, explotar, oro, pie, población, rescate

(b) ¿Cómo se llama hoy en día *Española*?

(c) Encuentra sinónimos de

compensar, confiscar, contiguo, desaparecer, obtener

(d) ¿Qué entiendes por *istmo*?

(e) Explica las razones por las cuales los indígenas sufrieron tanto a manos de los Españoles

(f) ¿El uso del vocablo *placer* en este contexto está generalmente conocido en el mundo hispánico?

(g) Explica la frase *el rescate de Atahualpa proporcionó un botín impresionante*

16. Escribe una redacción sobre uno de los siguientes temas

Los indios tenían muy malas leyes de inmigración
La conquista y ocupación del Perú por los españoles sorprendieron a los propios protagonistas
Una persona sin sentido de la historia no puede ser culta
Los viajes edifican el entendimiento

17. (a) Lee atentamente el texto siguiente y explica el sentido de los vocablos en itálica. Después, contesta a las preguntas

La Historia no es, como normalmente se cree, el estudio de los acontecimientos a lo largo de un periodo temporal, sino la manipulación interesada de esos acontecimientos, la *ocultación* de unos y la exaltación de otros.

No es cierto que el vencedor escriba la Historia, sino que paga para que otros la escriban. Los vencidos eran perversos, merecedores de todo tipo de castigos, traiciones y asesinatos. A eso se llamará justicia. Los derechos dinásticos están *enraizados* en miles de asesinatos, y tal vez aquel pobre de la esquina sea a quien le correspondería en justicia, no en ley, ser monarca, por ser el verdadero heredero de la corona mil veces *zarandeada por la traición*. Pero la historia es como es, y los hombres siempre juegan a creer lo que les conviene en cada instante.

La Guerra Civil en España es el más claro exponente de manipulación interesada. Es un *tema constantemente recurrente* porque a alguien le viene que así sea. Al cabo de tantos años aún suscita *emociones enfrentadas* la guerra en sí, y el régimen en que *desembocó*: *un semifascismo aguado por el humanismo cristiano*, o una "dictaregencia," que a muchos europeos parecía mucho más peligroso que el totalitarismo soviético que había *engullido* desde Berlín hasta la isla de Sajalín, y desde la península de Kola hasta Bakú. Realmente, lo que se hacía, rememorando aquella guerra civil, cuenta como todas las guerras, no era otra cosa que desviar la mirada de otros problemas, esconder las vergüenzas propias, las terribles Guerras Mundiales, que habían *asolado* Europa, y las guerras civiles que acompañaron a la Segunda Guerra Mundial en casi todos los países invadidos, con sus colaboracionismos, asesinatos, *ajustes de cuentas* y fusilamientos, que era mejor esconder en sobrado. Resultaba más fácil *hurgar en las heridas* de España, aunque fueran más lejanas, por ver si, manteniendo éstas abiertas, *cicatrizaban* antes las propias.

M.A.S

(b) Explica en cien palabras el tema del trozo

(c) ¿A la luz del argumento propuesto por el autor, es posible justificar cualquier régimen político?

(d) Escribe una redacción de quinientas palabras sobre el tema: La Historia no es sino la manipulación interesada de los acontecimientos

(e) ¿Se podría decir que el punto de vista del autor es cínico? Da tus razones

Unidad 19 / Unit 19

La Política / Politics

Nivel 1 / Level 1

General	
burguesía f	bourgeoisie
clase f alta	upper class
clase f baja	lower class
clase f media	middle class
controlar los fondos públicos	to keep control of the public purse
delegación f	delegation
delegado m	delegate
diputado mf	representative, member of parliament
dirigente mf	ruler, leader
dirigir un país	to rule a country
estado m	state
Estado de Bienestar A	Welfare State
Estado m Providencia R3/2	Welfare State
jefe/a m/f	leader, head
líder mf	leader, head
liderazgo m	leadership
masificación f de las grandes ciudades	overwhelming growth of large cities
negociaciones fpl	negotiations
negociar un acuerdo	to negotiate an agreement
parlamento m	parliament
pedir la palabra	to ask to speak
política f de apertura	liberalization policy
presidente/a m/f	president
primer ministro m	prime minister
proceso m democrático	democratic process
senado m	senate
ser partidario de	to be in favor of
sublevación f de las masas	people's rebellion
suprimir derechos	to abolish rights

Patria / Mother country, homeland	
apego m a la patria	attachment to the mother country, patriotism
ciudadanía f	citizenship
ciudadano m	citizen
compatriota mf	fellow countryman/woman, compatriot
concordia f R3/2	concord, agreement
connacional mf M	fellow countryman/woman
costumbre f castiza	pure/traditional custom
defender el interés nacional	to defend the national interest
fidelidad f a la patria	loyalty to your country
fiel al gobierno	loyal to the government
igualdad f ante la ley	equality before the law
juramento m de lealtad	oath of loyalty
jurar defender la nación	to swear to defend the nation

libertad f	freedom, liberty
nacionalidad f estadounidense/ estadunidense M	United States nationality
naturalización f	naturalization
pacifismo m	pacifism
pacifista mf	pacifist
país m natal	mother country, country of birth
paisano m	person from same region or city
patria f	mother country, homeland
patriotero	jingoistic, flag-waving
patriótico	patriotic
sacrificarse	to sacrifice yourself
sacrificio m	sacrifice
territorio m nacional	national territory
traición f	betrayal
traicionar sus ideales	to betray your ideals
traidor m	traitor

Regímenes / Types of governments

absolutismo m	absolutism
bolchevique mf	Bolshevist
bolchevismo m	Bolshevism
centralismo m	centralism
centrista mf	centrist
centro m	center
comunismo m	communism
comunista mf	communist
condado m	county
conservador m	conservative
conservadurismo m	conservatism
corona f	crown
coronación f	coronation
coronar al emperador	to crown the emperor
corte f	court
defender el proceso democrático	to defend the democratic process
democracia f	democracy
demócrata mf	democrat
déspota mf	despot
despótico	despotic
despotismo m ilustrado	enlightened despotism
dinastía f de los Borbones	Bourbon dynasty
ducado m	dukedom
ejercer la autoridad	to exercise authority
estadista mf	statesman/woman
fascismo m	fascist
fascista mf	fascist
federalismo m	federalism
federalista mf	federalist
gobernar un país	to rule a country
gobierno m absoluto	absolute government
gobierno m constitucional	constitutional government
gobierno m legítimo	freely elected government
ideas fpl republicanas	republican ideas
imperio m persa	Persian empire
(la) internacional	(the) International
legal	legal
majestad f	majesty
marquesado m	marquisate
marxismo m	Marxism
marxista mf	Marxist
monarca mf	monarch
monarquía f	monarchy
partido m de derecha	right-wing party
partido m de izquierda	left-wing party
política f	politics, policy
política f del avestruz	policy of the ostrich
política f del gobierno	government policy
político m	politician
postura f laborista	labor/socialist posture
principado m	principality
progresista mf	progressive
racismo m	racism
racista mf	racist
régimen m autoritario	authoritarian regime
régimen m dictatorial	dictatorial regime
región f autónoma	autonomous region
reina f	queen
Reinó en México durante . . .	He reigned in Mexico for . . .
república f	republic
rey m	king
sistema m político	political system

soberano m	sovereign
socialismo m	socialism
socialista mf	socialist
tiranía f	tyranny
tirano m	tyrant
tomar medidas ilegales	to take illegal measures
transición f	transition

Elecciones / Elections

abstención f	abstention
abstencionista mf	abstentionist
alocución f	short speech
cabina f de votación	voting booth
colegio m electoral	electoral college
debate m televisado	televised debate
derecho m al voto	right to vote
elecciones fpl	elections
elector m	voter
elegir a un diputado	to elect a representative/member of parliament
escrutinio m público	public ballot
fraude m electoral	electoral fraud
hacer el escrutinio	to put to the vote
manifiesto m político	political manifesto
mitín m (político)	political rally
modo m de elección	election method
papeleta f	ballot paper
plataforma f electoral	electoral platform
población f votante	voting population
presentar su candidatura	to put yourself forward as a candidate
presentarse candidato a las elecciones	to stand at the elections
programa m electoral	electoral program
pronunciar un discurso	to deliver a speech
quedar empatados	to tie, to face a run-off
reelegir	to reelect
repartir panfletos	to distribute leaflets
reunión f electoral	election meeting
solicitación f de votos	canvassing for votes
solicitar votos	to canvass for votes
sufragista f	suffragette
urna f	ballot box
votación f	voting, all the votes
votante mf indeciso(a)	wavering voter
votar al partido de la oposición	to vote for the opposition party
voto m por correo	postal vote
voto m postal	postal vote

Sindicatos / Labor/trades unions

accidente m laboral	industrial accident
accidentes mpl de trabajo	industrial accidents
boicot m a las mercancías	goods boycott
boicotear una empresa	to boycott a company
clase f obrera	working class
conflicto m laboral	industrial conflict
conseguir un aumento del 8 por ciento	to obtain an 8 per cent increase
convocar a huelga	to call for a strike
convocar una huelga	to call a strike
defender los intereses de los obreros	to defend the workers' interests
delegación f sindical	labor/trades union delegation
derecho m de huelga	right to strike
derechos mpl sociales	social rights
desempleado m	unemployed person
desempleados mpl	(the) unemployed
desempleo m	unemployment
desigualdad f social	social inequality
despedir a los huelguistas	to lay off the strikers
día m laborable M	working day
día m laboral	working day
disturbios mpl callejeros	street disturbances
empresario m	employer
estar en huelga	to be on strike
firmar un acuerdo	to sign an agreement
fortalecimiento m de la economía	strengthening of the economy
ganancia f media por hora	average hourly earnings/wages

huelga f	strike
huelguista mf	striker
incremento m medio del 6 por ciento	average increase of 6 per cent
incrementos mpl porcentuales	percentage increases
ir a la huelga	to go on strike
los más desfavorecidos	the most deprived
luchar por sus intereses	to fight for your interests
manifestación f en contra del racismo	demonstration against racism
manifestarse	to demonstrate
masa f salarial	payroll
mejores condiciones fpl de trabajo	better working conditions
movimiento m sindical	labor/trades union movement
negociar un acuerdo	to negotiate an agreement
nivel m de empleo	level of employment
nómina f	payroll, payslip, salary
organización f sindical	labor/trades union organization
pago m	payment
parado m	unemployed person
paro m	unemployment
patrón m	employer
patronal f	management, employers
pleno empleo m	full employment
política f de austeridad	harsh policy
Primero m de mayo	May Day
puesto m de trabajo	job, work station
reciclaje m	retraining
reclamar la cobertura social	to demand proper social benefits
reentrenarse M	to retrain
reivindicaciones fpl salariales	wage demands
salud f laboral	health at the work place
sindicalismo m	labor union movement, trades unionism
sindicalista mf	member of labor union, trades unionist
sindicato m	labor/trades union
subempleado m	underemployed person *(also adjective)*
sueldos mpl bajos	low wages

Relaciones internacionales / International relations

anglofilia f	Anglophilia
anglófilo m	Anglophile
anglófobo m	Anglophobe
conciliar intereses opuestos	to reconcile opposing interests
cónsul m	consul
consulado m	consulate
cooperación f internacional	international cooperation
cooperar con el país vecino	to cooperate with the neighboring country
cosmopolita mf	cosmopolitan
cosmopolitismo m	cosmopolitanism
Cuarto Mundo m	Fourth World
cuerpo m diplomático	diplomatic corps
desacuerdo m entre dos países	disagreement between two countries
desterrar a un disidente	to exile a dissident
destierro m	exile
diplomacia f	diplomacy
diplomático m	diplomat, diplomatic
embajador m	ambassador
embajadora f	female ambassador, ambassador's wife
emisario m	emissary
espía mf	spy
estar de visita oficial	to be on an official visit
francofilia f	Francophilia

francófilo m	Francophile
francofobia f	Francophobia
fraternizar con el enemigo	to fraternize with the enemy
germanofilia f	Germanophilia
germanofobia f	Germanophobia
guardar la neutralidad	to remain neutral
intercambio m de científicos	exchange of scientists
OTAN f	NATO *(pronounced as a word)*
pacto m	pacto
países mpl en vías de desarrollo	developing countries
potencia f militar	military power
primermundista M	of the western, rich powers
relaciones fpl internacionales	international relations
reunión f en la cumbre	summit meeting
ruptura f de relaciones diplomáticas	breaking-off of diplomatic relations
superpotencia f	superpower
superpotente	all-powerful
Tercer Mundo m	Third World
tercermundista	of the third world
tratado m de paz	peace treaty
visa f A/M	visa
visado m	visa
xenofobia f	xenophobia *(*x *pronounced as* jota *in M)*
xenófobo	xenophobe *(*x *pronounced as* jota *in M)*

Unión Europea / European Union

acabar con el aislacionamiento	to do away with isolationism
actitud f anti-europea	anti-European attitude
adhesión f a la Unión Europea	joining the European Union
circular sin obstáculos	to travel unhindered
Comisión f Europea	European Commission
Comunidad f Europea	European Community
euro m	euro
eurocheque m	eurocheck
eurociudadano m	Eurocitizen
eurócrata mf	Eurocrat
eurodiputado mf	Euro MP (Member of European Parliament)
eurodólar m	Eurodollar
Europa f de los quince	fifteen member states of Europe
europeísmo m	pro-Europeanism
europeísta mf	pro-European
europeizar	to Europeanize
mercado m único	single market
miembro m estado	member state
moneda f única	single currency
países mpl comunitarios	Community states
Parlamento m Europeo	European Parliament
partidario m de Europa	pro-European
pasaporte m europeo	European passport
política f comunitaria	community policy
presupuesto m comunitario	community budget
sistema m monetario europeo	European monetary system
suprimir el control fiscal	to remove fiscal controls
Tratado m de Roma	Treaty of Rome
unidad f monetaria europea	European monetary unit
Unión f Europea	European Union

Inmigración / Immigration

añorar a su país	to be homesick
autoridades fpl de inmigración	immigration authorities
botar a un refugiado M	to kick out a refugee

bracero m M	illegal Mexican immigrant *(in USA)*
buscar refugio en otro país	to seek refuge in another country
campamento m de refugiados	refugee camp
comunidad f de inmigrantes	immigrant community
conseguir los papeles	to obtain the (necessary) documents
control m de inmigración	immigration control
controlar a los inmigrantes	to subject to immigration control
coyote m R1 M	person dealing illegally in immigrants to the USA
cumplir con los requisitos mínimos	to fulfill the minimum requirements
cuota f de inmigración	immigration quota
dar los papeles	to provide with documents
demandante mf de asilo	asylum seeker
derecho m de asilo	right of asylum
derecho m de permanencia	right of residence
desertar	to defect
devolver a su país de origen	to send back to his/her country of origin
discriminación f racial	racial discrimination
documentación f falsa	false identity papers
echar	to kick out
echar de menos a su país	to miss your country
echar en falta a su país	to miss your country
emigración f gallega	Galician emigration
emigrante mf mexicano/a	Mexican emigrant
emigrar	to emigrate
empleadores mpl fraudulentos	dishonest employers
encontrarse en situación ilegal	to be lacking the necessary documents
expulsar	to expel
expulsión f	expulsion
extraditar	to extradite
extrañar a su país R3 (M R2)	to miss your country
flujo m inmigratorio	wave of immigrants
igualdad f de oportunidades	equality of opportunity
indocumentados mpl	persons lacking correct papers
inmigración f	immigration
inmigración f ilegal	illegal immigration
inmigrante mf clandestino/a	illegal immigrant
inmigrante fm económico/a	migrant worker
inmigrar	to immigrate
inmigrar en los países ricos	to emigrate to rich countries
ley f de extranjería	immigration laws
Migra f R1 M	North American immigration police
morriña f	homesickness
naturalizar	to naturalize
nostalgia f	homesickness
país m de acogida	host country
país m de destino	host country
patera f	small power boat *(used for ferrying illegal immigrants)*
permiso m de residencia	residence permit
política f de inmigración	immigration policy
preso m político	political prisoner
pueblos mpl deshabitados	abandoned towns/villages
rechazar en la frontera	to turn back at the frontier

refugiado m político — political refugee
refugiarse en una embajada — to take shelter in an embassy
regresar a su país de origen M — to send back to the country of origin
regularizar su situación — to regularize her situation
relaciones fpl raciales — race relations
repatriación f — repatriation
repatriar a los extranjeros — to repatriate foreigners
(los) sin papeles R1 — persons lacking correct papers
sociedad f multinacional — multiracial society
sociedad f pluriétnica — multiracial society
solicitar ciudadanía americana — to request American citizenship
solicitar nacionalidad británica — to request British nationality
temporero m — seasonal worker
tolerar a los extranjeros — to tolerate foreigners
trabajador m inmigrante — migrant worker
traficantes mpl de mano de obra — *(illegal)* traders in foreign labor

Nivel 2 / Level 2

General

administración f local — local administration
administración f pública — public administration
administrador m — administrator
administrar un país — to administer a country
adueñarse del poder — to take power
afinar los ideales mpl democráticos — to perfect democratic ideals
altos responsables mpl — top-ranking officials
andar en chanchullos R1 — to be involved in illicit dealings
andar metido en trapicheos R1 — to be involved in shady dealings
anular una ley — to repeal a law
arte m de gobernar — statecraft
asunto m controvertido — controversial affair
asunto m de estado — affair of state
cabildo m — City/Town hall/council
cabildo m insular — Canary Islands' council
campaña f de prensa — press campaign
chanchullero R1 — shady, dodgy
chanchullos mpl políticos R1 — political fiddling
cisma m en el partido — split in the party
clases fpl pasivas — people receiving state pensions
comisión f parlamentaria — parliamentary commission
derribar un gobierno — to overthrow a government
destituir de un puesto — to dismiss from a post
dimitir — to resign
directriz f gubernamental — governmental directive
ejercer presión sobre — to exert pressure on
ejercer su derecho de veto — to exercise a right of veto
endurecer la ley — to toughen up the law
enmendar la ley — to amend the law
enmienda f — amendment
entablar las negociaciones — to start negotiations
entrega f de poderes — handing over of powers
escisión f del partido — split in the party
establecer núcleos de resistencia — to establish cells of resistance
estado m de derecho — constitutional state, democracy
estado m independiente — independent state
estado m policía — police state

estar en contra de una política	to be against a policy
estar en pro del partido en el poder R3/2	to be for the party in power
facción f conservadora	conservative faction
funcionario m	government employee, civil servant
gobierno m disidente	breakaway government
grupo m de presión	pressure group
intrigante mf	schemer
intrigas fpl políticas	political scheming
investidura f del presidente	president's investiture
legalidad f del sistema político	legality of the political system
legislación f	legislation
legislar sobre la libertad individual	to legislate on personal freedom
levantar un veto	to lift/remove a veto
ley f marcial	martial law
libelista mf R3	lampoonist
lobby m ambientista	environmental lobby
mandato m	term of office
mantener una entrevista con	to hold an interview with
mesa f de negociaciones	negotiating table
miembros mpl del partido	party members
oponer un veto (a)	to veto
organización f estatal	state organization
pactar con la oposición	to strike an agreement with the opposition
pactar una tregua	to agree on a truce
paquete m de reformas sociales	package of social reforms
partido m disidente	dissident party
partido m en el poder	party in power
perseguir a una minoría	to persecute a minority
poder m ejecutivo	executive power
poder m judicial	legal power
poder m legislativo	legislative power
política f expansionista	expansionist policy
política f gubernamental	governmental policy
politicastro m R1	politician, politico
politiquear R1	to dabble in politics, to be involved in shady politics
politiqueo m R1	dabbling in politics, shady political dealings
portavoz mf	spokesman/woman
presentar su dimisión	to offer your resignation
presionar en pro de una reforma	to press for a reform
primer mandatario m	president, prime minister
proyecto m de ley	bill
redactar un tratado	to draw up a treaty
régimen m constitucional	constitutional rule/regime
represión f	repression
seguidor m	follower
suavizar su actitud	to soften your attitude
transar R1 A/M	to maneuver
trapichear R1	to maneuver
trapicheos mpl R1	maneuverings, wheeling-dealing
vigilar el orden público	to ensure law and order

Gobierno / Government

abrir un debate	to open a debate
abrogar una ley R3	to repeal a law
acta(s) f(pl)	minutes *(of meeting)*
adelantado m R3	governor *(of a border province under Spanish colonial rule)*
adoptar en segunda lectura	to adopt on a second reading
aprobar una ley	to pass a law
asesor m del presidente	president's advisor

bando m opuesto	opposing camp
Boletín m Oficial del Estado	Official Gazette
Cámara f Alta	Upper House/Chamber
Cámara f Baja	Lower House/Chamber
Cámara f de los Comunes	House of Commons
Cámara f de los Diputados	Chamber of Deputies
Cámara f de los Lores	House of Lords *(loses the* d *in the plural)*
Cámara f de Representantes	House of Representatives
Cámara f de Senadores	Senate
canciller m (alemán)	(German) chancellor
clausurar un debate	to close a debate
coalición f gobernante	governing coalition
comisión f investigadora	board of enquiry
comisión f mixta	joint committee
congresista mf	congressman/woman
congreso m	congress, parliament, conference
Consejo m de Estado	Council of State
Consejo m de Ministros	Council of Ministers
contar con una cómoda mayoría	to rely on a comfortable majority
contencioso m administrativo	court case brought against the state
Cortes fpl Constituyentes	*(Spanish)* Constituent Assembly
debatir un proyecto de ley	to debate a bill
decreto m	decree
Defensor m del Pueblo	Ombudsman
Delegación f M	City Hall *(in Mexico City)*
Departamento m de Estado de los EE.UU.	United States Department of State
desacuerdo m en el Gabinete	Cabinet disagreement
disolución f de la asamblea	dissolution of the assembly
disposiciones fpl administrativas	administrative regulations
en consejo de ministros	at the council of ministers / Cabinet meeting
esfera f de influencia	sphere of influence
estado m constitucional	constitutional state
formar una subcomisión	to create a subcommittee
gabinete m fantasma	shadow Cabinet
gobernador m	governor *(of an administrative area)*
gobierno m civil	civil government
gobierno m de coalición	coalition government
gobierno m de concentración	government of national unity
gobierno m mayoritario	majority government
gobierno m minoritario	minority government
hombre m de estado	statesman
inmunidad f parlamentaria	parliamentary immunity
jefe m de protocolo	head of protocol
Jefe m del Estado	Head of State
jerarquía f de la clase gobernante	hierarchy of the governing class
líder m carismático	charismatic leader
ministro m sin cartera	minister without portfolio
orden m del día	agenda
orden m ministerial	ministerial decree
palestra f parlamentaria R3	parliamentary arena
pedir un hueso R2/1 M	to ask for a *(political)* post

plan m de urbanismo	town planning project
prerrogativa f del presidente	president's/chairman's prerogative
presentar una moción de censura	to put forward a motion of censure
Presidente m del Gobierno	President, Head of State
presidente m en funciones	acting president
proposición f de ley	bill
reajuste m ministerial	ministerial reshuffle
realizar una encuesta pública	to carry out a public enquiry
régimen m de terror	reign of terror
régimen m marioneta	puppet regime
remodelación f del gabinete	cabinet reshuffle
respetar el protocolo	to observe protocol
Secretario m de Estado	Secretary of State
senado m	senate
senador m	senator
senador m vitalicio	life senator
terrorismo m de estado institucional	institutional state terrorism
tomar disposiciones para . . .	to take measures to . . .
tomar la resolución de . . .	to resolve to . . .
vicepresidente m	vice president
visita f de estado	state visit

Ministerios / Departments, Ministries

Ministerio m de Agricultura	Department/Ministry of Agriculture
Ministerio m de Defensa	Defense Department / Ministry of Defence
Ministerio m de Educación y Ciencia	Department/Ministry of Education and Science
Ministerio m de Hacienda	Department of the Treasury, the Exchequer
Ministerio m de Justicia	Department/Ministry of Justice
Ministerio m de Relaciones Exteriores	State Department, Foreign Office
Ministerio m de Trabajo	Department/Ministry of Employment
Ministerio m del Interior	Department of the Interior, Home Office
Ministerio m Fiscal	Attorney General's Department
Secretaría f de Agricultura M	Department/Ministry of Agriculture
Secretaría f de Defensa M	Defense Department/Ministry of Defence
Secretaría f de Economía M	Department of the Treasury, Chancellor of the Exchequer
Secretaría f de Pesca M	Department/Ministry of Fisheries
Secretaría f de Relaciones Exteriores M	State Department, Foreign Office

Administración local / Local government

administración f comarcal	regional administration
administración f municipal	local administration
alcalde m	mayor
alcaldesa f	mayoress
alcaldía f	post of mayor, mayor's office
aplazamiento m de una sesión	postponement of a session
aplazar una reunión	to postpone a meeting
autonomía f	autonomy
ayuntamiento m	City/Town Council
casa f consistorial	City/Town Hall
celebrarse a puertas cerradas	to take place in closed session

comunidad f local	local community
concejal m	councillor
consejería f	ministry *(in some Spanish autonomous governments)*
consejero m	minister *(in some Spanish autonomous governments)*
consejo m municipal	local council
corporación f municipal	City/Town Council
descentralización f	decentralization
diputación f	council
diputación f foral	regional council
diputación f general	regional council
diputación f provincial	provincial council
distrito m	district
edil m	councillor
estar en sesión	to be in session
intendente m A	mayor
jurisdicción f local	local jurisdiction
mancomunidad f de municipios	group of municipalities
municipio m	municipality
obras fpl públicas	works department
ordenación f del territorio	town and country planning
organismo m autónomo	autonomous body
pleno m del Ayuntamiento	plenary session at the City/Town Hall
primer teniente m del alcalde	deputy mayor
provincia f	province
sesión f plenaria	plenary session
someter un informe	to submit a report
suspender una reunión	to adjourn a meeting
término m municipal	city limits, municipal area

Disturbios políticos / Political unrest

activista mf a ultranza	hard-core activist
agitación f social	social unrest
agitador m	agitator, *agent provocateur*
alarma f	alarm
alarmista mf	alarmist
alterar la paz	to disturb the peace
amotinado m	insurgent, rebel
amotinamiento m	uprising, insurgency
anarquía f	anarchy
anarquista mf	anarchist
anomia f A	anarchy
antiglobalización f	antiglobalization
aporrear	to hit with a billy club
arrestar a un manifestante	to arrest a demonstrator
atentado m terrorista	terrorist attack
autobuses mpl cruzados	buses strewn across the road
aventar una bomba M	to throw a bomb
bala f de goma	rubber bullet
bala f perdida	stray bullet
banda f de quilomberos R1 A	gang of hooligans
bioterrorismo m	bioterrorism
brigada f antidisturbios	riot police
cabecilla m de la sublevación	ringleader
cachiporra m	billy club, truncheon
cachondeo m R1	disorder, real mess
camión m cisterna antidisturbios	water cannon truck
cantar slogans A	to chant slogans
caos m	chaos
célula f comunista	communist cell
chaleco m antibalas	bullet-proof vest
coche m bomba	car bomb
coche m celular	patrol waggon, police van
convertirse en un desmadre R1*	to get screwed up
convertirse en un relajo R1 M	to become chaotic
correr (a alguien) a palazos A	to hit out with billy clubs / batons as you run (towards someone)
correr incontroladamente por las calles	to run wildly through the streets

cubrir los muros de pintadas	to daub paint over the walls
dar cachiporrazos	to hit with a billy club / truncheon
dar porrazos a los estudiantes	to hit students with billy clubs / truncheons
dar trompadas a los manifestantes R1 A	to punch the demonstrators
dar vuelta a un coche A	to overturn a car
degenerar en bronca	to degenerate into a brawl / to get out of control
derribar a puñetazos	to punch to the ground
desfile m estudiantil	student march
desgobierno m R3/2	chaos, anarchy
desmadrarse R1*	to go wild
detener a gente inocente	to arrest innocent bystanders
dispersar a los manifestantes	to scatter/disperse the demonstrators
disturbios mpl callejeros	street disturbances
echar a los indeseables	to kick out the undesirables
echarse a la calle	to demonstrate *(in the street)*
encarcelar a un activista	to imprison an activist
enfrentamientos mpl violentos	violent confrontations
Estalló una bomba	A bomb exploded
extrema izquierda f	extreme left
extremismo m	extremism
fuerza f antidisturbios	riot police
fuerza f pública	police force
fuerzas fpl del orden	police force
gases mpl lacrimógenos	tear gas
golpear con la porra	to hit with a billy club/truncheon
gritar consignas fpl anti-capitalistas	to shout anti-capitalist rallying cries
gritar eslóganes	to shout slogans
gritar slogans M	to shout slogans
grupo m de incontrolados	bunch of wild hooligans
hombre m bomba	suicide bomber
hooligans mpl M	hooligans
imponer un toque de queda	to put a curfew into force
incendiar coches	to set fire to cars
incitar a la violencia	to incite to violence
intentona f de golpe de estado	attempted *coup*
lechera f R1	police van for riots
levantar barricadas	to put up barricades
llevar un casco	to wear a helmet
llevar un pasamontañas	to wear a balaclava helmet *(to avoid recognition)*
lucha f callejera	street fight
lucha f de clases	class struggle
madrear R1* M	to hit
malestar m social	social unrest
manifestación f subversiva	inflammatory demonstration
manifestante mf incondicional	hard-core demonstrator
mantenimiento m del orden	preservation of law and order
misión f suicida	suicide mission
ola f de terrorismo	wave of terrorism
organización f antiglobalización	anti-globalization organization
pandilla f de gamberros	bunch of hooligans
partido m extremista	extremist party
pedir refuerzos	to call for reinforcements
pegar fuego a coches	to set cars on fire
perturbar la paz	to disturb the peace
piquete m	picket
piquetero m A	political activist who blocks roads
piratería f aérea	(airplane) hijacking, skyjacking
plena batalla f campal	full pitched battle
policía f antidisturbios	riot police

porra f	billy club, truncheon
portar pancartas contra el gobierno	to carry anti-government banners
prender fuego a tiendas	to set fire to stores/shops
prócer m R3 A/M	*national hero leading Latin American independence movement*
propaganda f	propaganda
protegerse con un escudo	to protect yourself with a shield
protestar a (voz en) gritos	to shout protests
provocar una reacción violenta	to provoke a violent reaction
quinta columna f	fifth column
recoger adoquines	to pick up cobble stones
regicidio m R3	regicide
repartir folletos	to distribute leaflets
represión f ilegal A	unacceptable form of repression
reprimir con dureza	to use heavy-handed tactics
romper cristales	to smash windows
saquear tiendas	to loot stores/shops
saqueo m	looting
secuestro m aéreo	(airplane) hijack, skyjack
sedición f R3	sedition
seguridad f ciudadana	public safety
soflama f R3	rabble-rousing speech
suicida mf	person who commits suicide, suicide
suicidarse	to commit suicide
suicidio m	suicide
tensión f racial	racial tension
terrorismo m	terrorism
terrorista mf	terrorist
tirar cócteles/cocteles M molotov	to throw Molotov cocktails
tirar piedras	to throw stones
tirar una bomba molotov A	to throw a Molotov cocktail
toma f de rehenes	hostage taking
trompear R1 A	to punch
unidad f de reserva	reserve unit
utilizar cañones de agua	to use water cannon
volcar coches	to overturn cars
voltear carros M	to overturn cars

Elecciones / Elections

actitud f partidista	partisan attitude
alcanzar la mayoría de edad	to reach the age of majority
aspirante mf R3	candidate
banca f A	seat
boleta f de voto A/M	voting slip
campaña f electoral	electoral campaign
censo m electoral	electoral roll
centro m electoral	polling station
comicios mpl R3	elections
conseguir la mayoría absoluta	to gain an absolute majority
consulta f electoral	elections
cumplir con su deber de ciudadano	to fulfill your duty *(to vote)*
dedazo m R2/1 M	selection by arbitrary choice
dirigir una alocución a	to address
distrito m electoral	electoral district, constituency
efectuar un escrutinio de los votos	to count the votes
el noventa por ciento de los encuestados	ninety per cent of those polled
elección f parcial	by-election
elección f presidencial	presidential election
elecciones fpl generales	general/parliamentary elections
elecciones fpl legislativas	legislative/parliamentary elections
elecciones fpl municipales	local elections

elecciones fpl primarias	primary elections
electorado m indeciso	wavering electorate
elegir a una congresista	to elect a congresswoman
encuesta f de opinión	opinion poll
encuestar	to (carry out a) poll
escaño m vacante	vacant seat
escasa participación f electoral	low (electoral) turnout
escrutador m	polling clerk, teller
estar en cabeza	to be in the lead
ganar la elección	to win the election
ganar por amplia mayoría	to win by a big majority
ganar por los pelos R1	to scrape through
impugnar la votación	to call the vote into question
iniciar una campaña electoral	to launch an election campaign
lanzar una campaña	to launch a campaign
lista f electoral	electoral register
listado m electoral A	electoral roll/register
llegar a un arreglo con un partido minoritario	to come to an agreement with a minority party
mayoría f de cuarenta miembros	forty-seat majority
obtener doscientos escaños	to obtain two hundred seats
padrón m de una población	electoral roll
padrón m municipal	municipal register
papeleta f de voto	voting slip
petición f del voto	canvassing
prestar juramento (como diputado)	to swear an oath (as a representative / Member of Parliament)
primera votación f	first round *(of voting)*
primera vuelta f	first round *(of voting)*
rechazar por votación	to vote out
reforma f electoral	electoral reform
registro m electoral	electoral register
Resultó electo el diputado… R3	Member… was/is elected
retener su escaño	to retain your seat
ser el más votado	to get the most votes
someter a votación	to submit to a vote
sondear la opinión pública	to sound out public opinion
sondeo m de opinión	opinion poll
tendencia f de la votación	voting tendency
tener las elecciones aseguradas	to be assured of a shoo in / an election victory
terna f	short list of three candidates
votante mf	voter
votar por poderes	to vote by post/proxy
voto m de calidad	tie breaker, casting vote
voto m de castigo	protest vote
voto m de censura	vote of no confidence
voto m de conciencia	free vote
voto m de confianza	vote of confidence
voto m en blanco	spoilt ballot paper
voto m nulo	blank/spoilt ballot paper
voto m por correo	absentee/postal vote
voto m secreto	secret ballot

Sindicatos / Labor/trades unions

agravación f del desempleo	worsening unemployment situation
agremiación f A	labor/trades union
agremiarse A	to form a union
agruparse M	to form a union
ajuste m A	austerity policy
apaciguar a los manifestantes	to pacify the demonstrators
apoyo m fraternal	support from fellow workers
Aumenta el número de demandantes de empleo	The number of job seekers is increasing
baja categoría f económica	low wage bracket
bajo nivel m de vida	poor standard of living
cartel m	banner

cartelón m M	banner
central f sindical	union headquarters
colectivo m de enseñantes	teaching body
colectivo m médico	medical profession
conciliar a los representantes sindicales y patronales	to reconcile union and employers' representatives
consejo m de administración	board of directors
consejo m patronal	employers' meeting
contestación f social	social protest
convocar a una manifestación	to call to a demonstration
cumplir sus compromisos	to meet your commitments/pledges
desarraigo m social	social alienation
descontento m de las masas trabajadoras	workers' discontent
desempleo m de larga duración	long-term unemployment
despidos mpl en el trabajo	lay-offs
echar a la calle R1	to fire/dismiss
(los) económicamente débiles	(the) economically disadvantaged
elecciones fpl sindicales	union elections
élite f social	social elite
enfrentarse a la empresa	to confront the company
erosión f del poder adquisitivo	erosion of buying power
Escasea el trabajo	Work is scarce
Fiesta f de los Trabajadores	May Day
fomentar una política de pleno empleo	to promote a full-employment policy
fortalecer la justicia social	to consolidate social justice
gremio m A/M	labor/trades union
hacer causa común con	to make common cause with
huelga f de brazos caídos	sit-down strike
huelga f de celo	go slow, work to rule
huelga f de hambre	hunger strike
huelga f general	general strike
huelga f salvaje	wildcat strike, unannounced strike
individuos mpl vulnerables	vulnerable individuals
ingresos mpl menguantes	falling income
laboralista mf R3/2	labor relations lawyer
Las negociaciones estancan	Negotiations are at a standstill
llamado m a la huelga A	call to strike
llamamiento m a la huelga	call to strike
Magistratura f del Trabajo	Industrial Tribunal
mano de obra f agremiada A	unionized work force
marginación f social	social isolation
militancia f sindical	union militancy
militante mf del partido	union militant
militar en el partido socialista	to be active in the socialist party
movilización f contra	mobilization against
movilizarse en contra de la patronal	to mobilize against the employers
movimiento m contestatario	protest movement
negociaciones fpl bloqueadas	deadlocked negotiations
paralizar el país	to paralyze the country
paritarias fpl A	meeting of, and discussion between, government, unions and employers
paro m A/M	strike
patronal f	employers, management
peces mpl gordos R1	big wigs
piquetear A	to picket

política f de rentas	incomes policy
politización f de los sindicatos	politicization of the unions
politizar el debate	to politicize the debate
ponerse en huelga	to go on strike
pretender mejores salarios	to put in a claim for higher salaries
privilegiados mpl	privileged class
proteger a los desfavorecidos	to protect the disadvantaged
quedarse con la parte del león	to keep the lion's share
rechazar las reivindicaciones obreras	to reject the workers' demands
reconversión f	industrial retraining
recorte m supuestario	budget cutback
regulación f de los conflictos sociales	management of social unrest
reivindicaciones fpl laborales	workers' demands
relación f de fraternidad	comradely relations
ronda f de negociaciones	round of negotiations
satisfacer reivindicaciones	to meet demands
sector m privado	private sector
sector m público	public sector
simpatizante pero no militante	sympathizing but not militant
sindicarse	to become unionized
situación f conflictiva	controversial situation
sociedad f en evolución	changing society
solidaridad f obrera	worker solidarity
solidario de una causa	supportive of a cause
solidarizarse con	to show support for
subsidio m por desempleo	unemployment benefit
tanda f de negociaciones	round of negotiations
trabajar horas suplementarias	to work overtime
trabajo m a reglamento A	work to rule
triunvirato m sindicalista	union triumvirate
troica f empresarial R1	employers' troica

Relaciones internacionales / International relations

acceder a la independencia	to become independent
actitud f agresiva	aggessive attitude
aduana f	customs
aduanero m	customs officer
agregado m cultural	cultural attaché
aislamiento m económico	economic isolation
alcanzar un arreglo	to reach an agreement
aldea f mundial	global village
amenazar con un ultimátum	to threaten with an ultimatum
amor m patrio R3	love for the mother country
antibelicista mf	person who is anti-war *(also adjective)*
arbitrar	to arbitrate
asesor m belicoso	hawkish advisor
asuntos mpl exteriores	foreign affairs
belicista mf	militarist, warmonger *(also adjective:* militaristic, warmongering*)*
bloque m del este	Eastern bloc
bloque m del oeste	Western bloc
bloqueo m económico	economic blockade
canciller m	Secretary of State, Foreign Secretary
cancillería f	State Department, Foreign Office
carrera f diplomática	diplomatic career
ciudad f hermanada con Nueva Orleans	city twinned with New Orleans
conferencia f en la cumbre	summit conference

cónsul m honorario	honorary consul
contemporización f frente a los radicales	appeasement of the radicals
contemporizar con	to be accommodating with
contencioso m fronterizo	frontier dispute
derecho m de injerencia	right of intervention
desempeñar el cargo de embajador	to occupy the post of ambassador
deshielo m de las relaciones entre ...	thaw in relations between ...
diplomacia f de la cañonera	gunboat diplomacy
diplomático m de carrera	career diplomat
distensión f (política)	(political) détente
embajador m volante	roving ambassador
emisario m con plenas competencias	emissary with full powers
encargado m de negocios	chargé d'affaires
equilibrio m de poder	balance of power
espacio m vital	living space, *lebensraum*
espionaje m industrial	industrial espionage
firmar un convenio	to sign an agreement
halcón m	hawk
hermanamiento m	twinning *(of towns)*
infiltrarse en el partido	to infiltrate the party
injerencia f extranjera	foreign interference
injerirse en asuntos ajenos	to interfere in foreign matters
inmiscuirse en R3/2	to meddle in
inmunidad f diplomática	diplomatic immunity
intervención f armada	armed intervention
intervenir en	to intervene in
legación f argentina	Argentine legation
legado m pontificio	Papal legate
ley f del más fuerte	might is right
ley f del talión	an eye for an eye
litigio m fronterizo R3/2	frontier dispute
maniobra f diplomática	diplomatic maneuvering
mediar entre dos países	to mediate between two countries
ministro m plenipotenciario	plenipotentiary minister, minister in whom are invested full powers
Naciones fpl Unidas	United Nations
nuncio m apostólico	Papal nuncio
operación f clandestina	covert operation
pacto m de no-agresión	non-aggression pact
pacto m de no-intervención	non-intervention pact
países mpl participantes	participating countries
paloma f	dove
partidario m de la línea dura	proponent of a hard-line policy
pasaporte m diplomático	diplomatic passport
patriotería f R1	jingoism, flag waving
piso m franco	safe house *(for terrorists)*
presidir la conferencia	to preside over the conference
proponer a un cardenal para la nunciatura	to nominate a cardinal for the nunciature
reanudar negociaciones	to resume negotiations
reanudar relaciones diplomáticas	to resume diplomatic relations
recibimiento m de cartas credenciales	acceptance/ acknowledgment of credentials
recursos mpl tercermundistas	resources typical of / associated with the Third World
red f de espionaje	spy ring

relaciones fpl diplomáticas plenas	full diplomatic relations
representación f diplomática	diplomatic representation
retirar al embajador	to recall the ambassador
ronda f negociadora	negotiating round
salvoconducto m para viajar	safe-conduct for traveling
servir a la patria	to serve your country
telón m de acero	iron curtain
tendencia f belicista	bellicose tendency
tensión f fronteriza	frontier tension
tercermundismo m	backwardness *(typical of poorly developed countries)*
tirantez f política	political tension
topo m	mole
tránsfuga mf	turncoat
valija f diplomática	diplomatic bag
vivir en un mundo desquiciado	to live in a deranged world

Feminismo / Feminism

actitud f sexista	sexist attitude
agrupación f feminista	feminist group
cerdo m machista R1	male chauvinist pig
derecho m al aborto	right to abortion
feminismo m	feminism
feminista mf	feminist
intimidar	to intimidate
lesbiana f	lesbian
lesbianismo m	lesbianism
machismo m	macho attitudes, male chauvinism
machista mf	macho, male chauvinist pig *(also adjective)*
maltratar	to ill treat, to batter
permiso m de natalidad	maternity leave
permiso m maternal	maternity leave
permiso m por paternidad	paternity leave
posición f humillante	humiliating position
posición f social débil	inferior social position
respeto m a la mujer trabajadora	respect for working women
sexo m débil	weaker sex
sexo m fuerte	stronger sex
voto m femenino	women's vote

Profesiones practicadas por mujeres / professions practiced by women

abogada f	lawyer
alcaldesa f	mayoress
aparejadora f	architect
arquitecta f	architect
catedrática f	head of department, professor
dentista mf	dentist
diputado mf	member of parliament
ingeniera f	engineer
jueza f	judge
médica f	doctor
médico f	doctor
ministra f	minister
mujer f sacerdote	woman priest
piloto mf	pilot
policía f	policewoman
presidenta f	president
primera ministra f	prime minister
reportera f	reporter
senadora f	senator

Nivel 3 / Level 3

Gobierno / Government

acabar con la subversión	to eliminate subversive activities
acefalía f R3 A	lack of a leader
actividad f golpista	subversive activity
adoctrinamiento m de la juventud	youth indoctrination

adoctrinar	to indoctrinate
adoptar normativas	to adopt measures/ regulations
apelar al pueblo	to appeal to the people
asamblea f constituyente	constituent assembly
asumir el cargo de dictador	to assume the role of dictator
campaña f de desprestigio	smear campaign
campaña f demagógica	campaign designed to stir up the people
Casa f Blanca	White House
Casa f Rosada A	Casa Rosada *(residence of the Argentine president)*
censar a la población	to take a census of the population
Congreso m de los Diputados	House of Representatives
conjuración f contra el primer mandatario	conspiracy against the head of state
conjurado m enardecido	passionate conspirator
constituirse en nación independiente	to become an independent nation
contubernio m R3	conspiracy
corrupción f de los gobernantes	corruption in high places
cumplir su compromiso con el pueblo	to fulfill your commitment to the people
de derechas	on the right
de izquierdas	on the left
debatir el plan quinquenal	to debate the quinquennial plan
decretar la nacionalización de los ferrocarriles	to announce the nationalization of the rail-road/-ways
derechismo m	right-wing policies/ tendencies
desacertadas medidas fpl económicas	unsuccessful economic measures
desviacionismo m	deviationism
detentar el poder R3	to hold power
Dieta f	Diet
disolver la asamblea	to dissolve the assembly
enfrentarse con una ola de protestas sociales	to face a wave of social protests
entrar en liza R3	to enter the fray
fiscalía f	District Attorney's / Public Prosecutor's office
fungir como presidente M	to act as president
gobernación f	government
gobernador m civil	civil governor
gobernador m militar	military governor
gobernantes mpl del país	country's rulers
gobierno m de transición	provisional/ transition government
gobierno m en funciones	caretaker government
incompetencia f gubernamental	government incompetence
izquierdismo m	left-wing policies/ tendencies
impulsar el progreso de la nación	to further the nation's progress
junta f ministerial	ministerial meeting
La Zarzuela	residence of the King of Spain
ley f orgánica	constitution
Los Pinos M	residence of the president of Mexico
lucha f intestina	infighting, internecine strife
ministro m saliente	outgoing minister
oligarquía f griega	Greek oligarchy
organismo m no-gubernamental	non-governmental organization
Palacio m de Moncloa	Moncloa Palace *(residence of the Spanish president)*

planificación f económica	economic planning
planificar un relanzamiento de la economía	to plan the relaunching of the economy
poder m legislativo	legislative power
poder m oligárquico	oligarchic power
política f sin partidismo	non-partisan policy
ponerse en vigor	to come into effect
portavoz mf del gobierno	government spokesman/woman
presidente m entrante	incoming president
problemas mpl conyunturales	current problems
procuraduría f general A/M	Attorney General's office
progreso m en legislación social	progress in social legislation
pura demagogia f	sheer demagogy
recobrar la preponderancia	to regain supremacy
régimen m imperante	government in power
renunciar a la línea ortodoxa	to abandon the orthodox line
secuaz mf R3	follower, acolyte
sistema m político bicameral	two-chamber/bicameral political system
solicitar los plenos poderes	to seek full powers
subir a la tribuna	to go onto the platform *(to deliver a speech)*
titular de la Cartera de Defensa	Defense Secretary/Minister
tribuno m de la plebe R3	tribune
tribuno m elocuente R3	eloquent orator
usurpar el poder	to usurp power
vetar las decisiones del Senado	to veto the Senate's decisions
vocero m presidencial A/M	presidential spokesman

Los partidos en Argentina, España y México / The parties in Argentina, Spain and Mexico

ala f dura del partido	party hawks
ARI f A	(Alternativa para una República de Iguales)
FREPASO m A	(Frente para un País Solidario) *(pronounced as a word)*
jefatura f del partido	party leadership
PAN m M	(Partido de Acción Nacional) *(pronounced as a word)*
PJ m A	(Partido Justicialista = Partido Peronista) *(pronounced as a word)*
PNV m	(Partido Nacional Vasco)
PP m	(Partido Popular) *(pronounced as a word)*
PPS m M	(Partido Popular Socialista)
PRI m M	(Partido Revolucionario Institucional) *(pronounced as a word)*
PSOE m	(Partido Obrero Español) *(pronounced as a word)*
PT m M	(Partido de los Trabajadores)
PVEM m M	(Partido Verde Ecologista de México) *(pronounced as a word)*
UCR f A	(Unión Cívica Radical)

Elecciones / Elections

abuchear al orador	to boo the speaker
acudir a las urnas	to go to the polls
acusación f de pucherazo	accusation of vote rigging
amañar elecciones	to rig elections
ánfora f M	ballot box
arenga f R3	harangue
arengar a los partidarios R3	to harangue the committed members
aspirar a la reelección	to hope to be re-elected
ballotage m A	second round
candidata f por la circunscripción de...	candidate for the electoral district/constituency of...
caravana f electoral	election cavalcade
clientelismo m	vote catching
convocatoria f de las elecciones	notification of the election (date)
cuarto m oscuro A	voting booth
desplazamiento m de votos	voting swing
elecciones fpl anticipadas	early elections
elecciones fpl chuecas R1 M	rigged elections
electoralismo m	electioneering
elegido en sufragio universal	elected by universal suffrage
elegir a dedo A	to nominate *(without a vote)*
elegir al miembro por votación	to vote in a member
elegir en segunda votación	to elect on a second ballot
emitir un voto	to cast a vote
empadronamiento m	register *(for election and other social purposes)*
empadronar a los votantes	to register the voters
enardecer el ambiente electoral	to whip up electoral feeling
escrutinio m proporcional	vote on a basis of proportional representation
Estaba arreglado M	It was rigged
formar una coalición	to form a coalition
ganar por robo R1 A	to win by a landslide
ganar raspando R1 A/M	to win by a whisker
gira f relámpago	whistle-stop tour
hacer campaña a favor de	to campaign in favor of
horquilla f de entre doce y quince escaños	range of between twelve and fifteen seats
Hubo tongo R1 A	It was rigged
impugnar el voto A	to spoil a ballot paper
índice m de participación en las elecciones	election turnout
intención f de voto	voting intention
lista f sábana A	list of a party's candidates *(i.e. you vote for all or none)*
lucha f encarnizada	fierce struggle
manipuleos mpl electoreros M	vote catching, electioneering
municipales fpl R1	municipal elections (elecciones *needed for M)*
partidos mpl contendientes en liza R3	contending parties involved
pegar carteles	to stick up posters
plebiscitar la secesión de la provincia R3	to hold a plebiscite on the province's secession
plebiscito m	plebiscite
presidenciales fpl R1	presidential elections (elecciones *needed for M)*
promesas fpl electoralistas	vote-catching promises
recorrido m electoral	electoral trail
recurrir al ejército	to resort to the army
representación f proporcional	proportional representation

someter a referéndum — to submit to a referendum
sufragar por A/M — to vote for
tonguear R1 A — to rig
victoria f arrolladora — landslide victory
viraje m de votos — electoral swing
voto m calificado A — restricted vote
voto m secreto y universal A — universal suffrage
voto m unánime — unanimous vote

Sindicatos / Labor/trades unions

abogar por el igualitarismo — to plead for an egalitarian policy
alto índice m de conflictividad — high number of disputes
asesor m para relaciones laborales — industrial relations advisor
clamar por sus legítimos derechos — to demand your legal rights
cohesión f económica — economic cohesion
conflictivad f laboral — industrial disputes
contratar a un obrero — to take on a worker
cortar gastos — to cut costs
coste m salarial de la construcción — wage element in the building industry
costo m salarial de la empresa M — wage element in the company *(coste not used in M)*
derroche m de recursos — waste of resources
escalada f de conflictos laborales — escalation in industrial disputes
espíritu m igualitario — egalitarian spirit
fijar un techo de aumentos salariales — to set a ceiling on salary increases
flexibilidad f de plantilla — labor force flexibility
formación f profesional continua — continuous professional training
indicadores mpl salariales — wage/salary indicators
logro m de las reivindicaciones — achievement of demands
movida f social — social protest
participación f en los beneficios — worker participation
persona f de confianza M — non-member of labor/trades union
persona f sindicalizada — member of labor/trades union
plantón m M — sit-in, blocking of roads
preaviso m de huelga — notice of strike action
presentar un abanico de propuestas — to put forward a range of proposals
racionalizar los gastos de la empresa — to streamline the company's costs
recortar gastos — to cut costs
reducción f de desigualdades — leveling out of inequalities
reducción f de personal — cutback in the workforce
reducción f de plantilla — slimming down of the workforce
reformas fpl institucionales — institutional reforms
reivindicación f de sus derechos — demand for recognition of rights
subvenciones fpl fiscales — tax subsidies
suscribir un contrato — to sign a contract
tasa f de desempleo sobre la población activa — level of unemployment among the working population
vinculación f entre salario y productividad — relationship between salary and productivity

Unión Europea / European Union

Agencia f Atómica Europea — European Atomic Agency
Comunidad f Económica Europea — European Economic Community
Comunidad f Europea del Carbón y del Acero — European Coal and Steel Community
estado m supranacional — supranational state

eurocentrismo m	eurocentrism
Eurotúnel m	Eurotunnel
miembro m de la Comisión Europea	member of the European Commission
pago m en ecus	payment in ecus
Política f Agrícola Común	Common Agricultural Policy

Feminismo / Feminism

aborto m clandestino	illegal abortion
acoso m sexual	sexual harassment
agresiones fpl sexuales	sexual assaults
ascenso m lento y desfasado	slow, haphazard improvement
aspirar a la maternidad	to hope to be a mother
bello sexo m R3	fair sex
casa f de acogida	shelter
categoría f vulnerable	vulnerable group
compaginar vida privada y trayectoria profesional	to combine private life and professional development
conceder el voto a la mujer	to enfranchise women
concesión f al derecho de voto	enfranchisement
derecho m a la propiedad	right to own property
derechos mpl de la mujer	women's rights
despenalizar el aborto	to legalize abortion
diferencias fpl salariales	salary differentials
discriminación f por razón de sexo	discrimination on grounds of sex
discriminación f positiva	positive discrimination
discriminar a la mujer	to discriminate against women
disponer de su persona como le guste	to do as you please with your person
erradicar la marginalidad	to eradicate social exclusion
estudios mpl de la mujer	women's studies
falocracia f R3	male domination/ chauvinism
falócrata m R3	male chauvinist pig
feminismo m radical	radical feminism
feminista mf empedernido/a	hardened feminist
flexibilidad f de la jornada laboral	flexibility in the working day, flexitime
guardería f infantil	crèche
hembrismo m R1	radical feminism
ideología f machista	macho ideology
incorporación f al mercado del trabajo	incorporation into the labor market
liberación f de la mujer	Women's Liberation
malos tratos mpl	ill treatment
manifestación f sufragista	suffragette demonstration
misoginia f R3	misogyny
misógino m R3	misogynist
mujer f como objeto sexual	woman as sex object
mujeres fpl golpeadas A	battered women
mujeres fpl maltratadas	battered women/wives
oponerse a la exclusión social	to oppose social exclusion
otorgar derechos cívicos a la mujer	to grant women voting rights
participación f femenina a la sociedad	women's contribution to society
pensión f de viudez	widow's pension
permiso m por maternidad	maternity leave
potenciar la movilidad vertical	to improve upward mobility
practicar la resistencia pasiva	to practice passive resistance

responsabilidades fpl familiares	family responsibilities	status m económico inferior R3	lower economic status
sevicias fpl sexuales R3	sexual abuse	víctimas fpl de prejuicios machistas	victims of macho prejudices
sexismo m arraigado	deep-rooted sexism		

Ejercicios / Exercises

Nivel 1 / Level 1

1. (a) ¿Qué entiendes por los siguientes vocablos? Varios de estos vocablos tienen más de un sentido. Da sobre todo el sentido dentro de un contexto político

autonomía	derecho	imperio	pueblo
caída	dieta	noble	régimen
carrera	discutir	poder	rey
cartera	empate	política	suceder
corte	estado	potencia	trono

(Se encuentra la solución en Internet)

(b) Construye frases para ilustrar el uso de estos sentidos

2. (a) Encuentra diferencias (si hay) entre los vocablos de las siguientes parejas o grupos de vocablos

reino/reinado, ayuntamiento/diputación, feudo/deudo, extranjero/extraño, papeleta/papelera, patriota/patriótico/patriotero, potencia/poder/poderío/potestad, provincia/comarca/región/estado, portavoz/altavoz, real/regio, tránsfuga/refugiado, concejal/consejero, visado/visa, voto/votación, trata/tratado, pancarta/cartel, gobernador/gobernante, noble/prócer, cabeza/cabecilla, rango/fila

(b) Elige diez de estos grupos de vocablos y forma frases para ilustrar la diferencia entre su uso

3. Traduce al inglés

huelga de brazos caídos	mayoría silenciosa	comisario político
huelga de celo	voto nominal	geografía política
huelga general	poder absoluto	intervención política
huelga revolucionaria	plenos poderes	clase media
huelga de hambre	poder adquisitivo	clase baja
derecho de gracia	poder ejecutivo	clase alta
brazo derecho	poder judicial	clase magistral
derechos pasivos	poderes fácticos	clases pasivas
derechos de autor	poderes públicos	clase turista
mayoría absoluta	hermano político	lucha de clases
mayoría simple	animal político	voto de confianza
mayoría de edad	asilo político	voto solemne

4. ¿Qué entiendes por las siguientes locuciones?

hacer votos
hacer carrera
caminar derecho
hacer la carrera
ser un cero a la izquierda
la unión hace la fuerza
ser de dominio público
política del avestruz
Cada uno es rey en su casa
silla de la reina
hacer la corte
con todas las de la ley
jurar la bandera
ley de la ventaja
ley del talión
caída libre
estar lleno hasta la bandera
bandera a media asta
vender por cuatro reales
elegir a dedo

5. (a) ¿Cómo se llama una persona extranjera que es aficionada a la cultura, historia y costumbres de los siguientes países?

Alemania, España, Francia, Inglaterra, Rusia

(b) ¿Cómo se llama una persona extranjera que odia la cultura, historia y costumbres de los siguientes países?

Alemania, España, Francia, Inglaterra, Rusia

(c) ¿Cómo se llama una persona que habla los siguientes idiomas?

español, francés, inglés

(d) ¿Cómo se llaman en el idioma coloquial o peyorativo de España, o de los otros países hispanohablantes, los habitantes de los siguientes países o regiones?
Por ejemplo extranjero (en España): – *guiri*

África del Norte, América del Sur, Estados Unidos, Francia, Inglaterra, Italia

6. Describe las actividades de las siguientes personas. Construye frases para ilustrar el uso de los vocablos

agregado cultural, alcalde, cónsul, cortesano, embajador, emisario, encargado de negocios, enviado, espía, golpista, integrista, militante, nuncio, relaciones públicas

7. Encuentra el vocablo fuera de lugar en las siguientes listas

i. izquierda, derecha, centro, junta
ii. interior, defensa, escaño, exteriores, hacienda
iii. bando, decreto, jerarquía, ley, orden
iv. diplomático, enviado, encargado de negocios, agregado cultural, ideólogo
v. reivindicación, solidaridad, militancia, patronal, sindicalismo
vi. subvención, pancarta, movilización, huelga, paro, preaviso

8. Tenemos dos listas de vocablos, una en español y otra en inglés, que pueden dar lugar a error en la traducción. Busca el significado de cada pareja, tal como aparece en el primer ejemplo. En algunos casos puede haber correspondencia parcial, que conviene señalar

Español	Inglés	Español	Inglés
afrontar	*to confront*	*insultar*	to affront
asesor			assessor
canciller			chancellor
competencia			competence
conferencia			conference
contencioso			contentious
convocatoria			convocation
cortesano			courtesan
diputado			deputy
discusión			discussion

9. (a) Encuentra sinónimos de los siguientes vocablos

convenio, derribar, destituir, documentación, elegir, gestiones, inspeccionar, político, protestar, rebelarse, soberano, tratado

(b) Construye frases para ilustrar el uso, tanto de los sinónimos como de los vocablos dados en la lista

10. (a) Explica las siguientes expresiones con ejemplos

cobertura del desempleo
acción sindical
desigualdad social
incremento salarial
derroche de recursos
precarización del empleo
salud laboral
salario mínimo
reducción de jornada
demandantes de empleo
sistema de promoción
trabajadores emigrantes
valija diplomática
buenas condiciones laborales
parados de larga duración
ajuste de plantilla
estar en plantilla
despedir con cajas destempladas

(Se encuentra la solución en Internet)

(b) Encuentra el nombre de diez carteras del Gobierno Español, Argentino o Mexicano

(c) ¿Cómo se llaman los titulares actuales de estas carteras? Describe en cinco líneas su actividad en el seno de su gobierno respectivo

11. Escribe un párrafo de quince líneas sobre tres de los siguientes temas

i. Protección y refuerzo de la democracia en Europa, Estados Unidos o Méjico
ii. Paz, seguridad y desarme en el mundo
iii. Mejora de las relaciones Este/Oeste o de las relaciones Occidente / países árabes
iv. Apoyo al progreso de los países en vías de desarrollo
v. Fortalecimiento del papel europeo entre los países industrializados
vi. Protección de los lugares mayas y aztecas
vii. Protección del medio ambiente para asegurar condiciones de vida

12. Traduce al español

i. The militants disobeyed the party leader and gave a press conference
ii. The opinion polls suggest that the disillusioned electorate will not turn up to vote on election day
iii. The viewing figures for the televised debate were very poor and many constituents have been hostile towards canvassers
iv. The consulate spokesman argued that a dialogue with the rebels would require neutral observers from the United Nations
v. The country's president was encouraged by the media to come to some rapprochement with the neighboring country over the border dispute
vi. How long a party can stay in power when it is tainted by corruption is difficult to say
vii. A number of foreign nationals were not carrying passports or visas so they ended up in court and needed official lawyers to fight their case
viii. A real scandal came to light after a newspaper published an article on a mole who had stolen top-secret information and sold it to a foreign power

(Se encuentra la solución en Internet)

13. Estudia el siguiente trozo y contesta a las preguntas que siguen

El ministro del Interior expresó el agradecimiento "en nombre del Gobierno y de la mayoría de los españoles" al Ejecutivo y a las autoridades judiciales estadounidenses por la extradición del terrorista. Este hecho sin precedentes demuestra, en opinión del ministro, que "España está muy bien acompañada y respaldada en Europa y fuera de Europa" en la cooperación en la lucha contra ETA. La entrega de este etarra "supone una lección para todos, y es que se podrá tardar más o menos, pero el funcionamiento de los estados de derecho es constante y permanente."

En este caso, el proceso judicial duró dos años y culminó con la decisión del Tribunal Supremo norteamericano de dar luz verde a la entrega, al rechazar el recurso de apelación de la defensa del terrorista. Ayer, el juez de guardia en la Audiencia Nacional decretó su ingreso en Soto del Real (Madrid).

Cuando fue detenido el 2 de diciembre de 1997 en una operación conjunta de las policías española y norteamericana, el terrorista llevaba tres meses en EE.UU, adonde había llegado procedente de Méjico. Allí fue detectada su presencia en 1993 tras haber huido a Francia cinco años antes junto a otros miembros del comando Araba al que supuestamente pertenecía como *liberado* (a sueldo de la organización). Con ese grupo se le atribuyen los asesinatos de varios militares y policías, además del ataque al cuartel de la Guardia Civil en Llodio.

El País, 1999

(a) ¿Cuál es el tema de este pasaje?
(b) ¿Qué entiendes por *etarra*?
(c) ¿Qué entiendes por un *estado de derecho*?
(d) ¿Por qué los vocablos *comando* y *proceso* pueden ser tramposos/equívocos para un angloparlante?
(e) Encuentra sinónimos de *respaldar* y *prisión*
(f) Encuentra el verbo que se corresponde con *extradición*. Compón una frase para ilustrar su uso

(g) Imagínate ser ministro/ministra del Interior y que escribas una carta al Gobierno norteamericano, agradeciéndole su cooperación en lo que se refiere a la captura y entrega del terrorista. Escribe la carta

14. A continuación presentamos una noticia de *El Imparcial*, de Jalisco, en su edición del 2/9/2001, donde aparecen espacios en blanco que deberás rellenar con la lista adjunta

CIUDAD DE MEXICO.- El . . . . . . de la "incertidumbre" ha . . . . . . esta primera etapa de la federal . . . . . . foxista, que termina con el Primer Informe de Gobierno. De acuerdo con la . . . . . . , en el país ha crecido sensiblemente la desconfianza ante el Gobierno "del cambio" encabezado por Vicente Fox Quesada, debido al incumplimiento de sus promesas . . . . . . , especialmente en materia . . . . . .

El dirigente del Partido Acción Nacional (PAN), Luis Felipe Bravo Mena, reconoce que los programas de Gobierno se han visto obstaculizados, pero lo atribuye "a los . . . . . . de la . . . . . . de la economía de los Estados Unidos."

Pero en concreto, 7% de crecimiento . . . . . . promedio ofrecido por Fox durante su campaña . . . . . . , se redujo a 4.8% al inicio de su gestión, y en los hechos llegó a cero en el primer semestre de su Gobierno, mientras las mejores expectativas de los especialistas lo establecen en no más de 1% en todo este año.

Mientras el posicionamiento de los panistas es de que las "cosas van bien, aunque ha habido problemas," para los principales . . . . . . de oposición, y aún para los especialistas, Fox Quesada llegó "con muy poco" o de plano "con las manos. . . . . ." a su Primer Informe gubernamental.

Fox no convence a la Oposición

El secretario general del Partido de la . . . . . . Democrática (PRD), Jesús Zambrano Grijalva, destaca que Vicente Fox Quesada ha mantenido una política económica empobrecedora similar a la de los priistas, lo cual está generando . . . . . . social en el país.

Lista:
oposición tensión anual vacías económica rondado electoral Revolución fantasma partidos desaceleración efectos campaña electorales

(Se encuentra la solución en Internet)

15. Estudia este extracto de una revista mexicana y, a continuación, contesta a las preguntas

El Regreso del hijo pródigo

En los últimos días, los periódicos se han llenado de noticias sobre el aumento de los mexicanos que regresan a su país. El gobierno habla de que el número se ha triplicado y otros dan la cifra de 130 mil. Algunos gobernadores se han manifestado ya sobre el fenómeno, mostrando preocupación. En Puebla, Jalisco, Oaxaca, Michoacán, las organizaciones campesinas piden ayuda para hacer frente a la contingencia y en Nueva York, la organización local Tepeyac ha pedido ya ayuda al presidente Fox para los connacionales que deseen regresar, mientras Xóchitl Gálvez viaja a la misma ciudad para hacer un diagnóstico sobre la situación de los migrantes indígenas que han expresado su deseo de retornar a sus lugares de origen . . .

Una de las causas principales es el desempleo. El número de los desocupados en Estados Unidos alcanza ya los 5 millones y, si la economía no se repone el año próximo, es probable que aumente. Entonces, debemos prepararnos al regreso de varios cientos de miles de compatriotas a un país que se encuentra también asolado por la recesión y el desempleo.

Existe un antecedente poco conocido que vale la pena recordar en estos momentos. Entre 1929 y 1939, regresaron a su país 1 millón de mexicanos. La gran depresión que hizo estragos en toda la población trabajadora, fue particularmente cruel con los inmigrantes mexicanos. La crisis en la agricultura y en la metalurgía así como la quiebra masiva de pequeños negocios de servicios, hizo estragos entre nuestros compatriotas... Los afectados no sólo eran inmigrantes recientes, sino también personas que habían residido muchos años o incluso varias generaciones en ese país.

Como prueba del carácter utilitario de la política migratoria de nuestro vecino del norte, cuando se inició la Segunda Guerra Mundial, las puertas de Estados Unidos volvieron a abrirse a los trabajadores mexicanos, pero para aquel entonces muchos de los expulsados no estaban ya en condiciones de regresar. Así se creó en México el problema de los repatriados.

Proceso, 21 de octubre, 2001

(a) Haz un resumen del trozo en cincuenta palabras
(b) Encuentra en un mapa los estados de Puebla, Jalisco, Oaxaca, Michoacán
(c) Explica el sentido de los siguientes vocablos: gobernador, connacional, diagnóstico, aducir, duradero, asolado, gran depresión, quiebra, hacer estragos
(d) Un fenómeno lingüístico del español es que se crean fácilmente sustantivos a partir de los participios de pasado de verbos, y sobre todo en plural. Ejemplos: olvidar-olvidados, desaparecer-desaparecidos. Hay varios ejemplos de este fenómeno en el texto. Encuéntralos
(e) Huelga decir que los vocablos *regresar*, *regreso* y *volver* existen tanto en México como en España y Argentina. Pero los dos primeros vocablos se usan con mucha más frecuencia en México que en los dos otros países. Es más, *volver* con el sentido de *regresar* se usa allí muy poco. En cambio, al igual que en España y Argentina, *volver* se usa con frecuencia en México con el sentido de *de nuevo*. Busca un ejemplo en el texto donde *volver* evoca la idea de *de nuevo*
(f) Escribe tres frases con *volver* ilustrando el sentido de *de nuevo*

Nivel 2 / Level 2

1. (a) ¿Qué entiendes por los siguientes vocablos?

asistencia, cámara, comisión, consejo, control, cumbre, ejecución, escaño, gabinete, maternidad, medida, oportunidad, país, permiso, promoción, propaganda, restaurar, salida, tratado, violación

(b) Construye frases para ilustrar el uso de estos vocablos

2. (a) Encuentra las diferencias (si hay) entre los vocablos de las siguientes parejas o grupos de vocablos

esperanza/ilusión, comicios/elecciones, debate/discusión, integrismo/separatismo, condecoración/decoración, comité/junta, plan/proyecto, jefe/líder, potencia/poder, mitin/reunión, sondeo/sonda, afrenta/enfrentamiento, autonomía/independencia, tensión/tirantez, preso/prisionero, obrero/trabajador, librar/liberar/libertar, detención/paro, media/promedio, macho/masculino

(b) Construye frases para ilustrar las diferencias

3. Rellena el espacio en blanco

... de Asuntos Exteriores
... Diplomático
defender ... nacionales
un buen relaciones ...
... una entrevista
ideólogo ... por la doctrina
... de Diputados
afiliarse a un ...
debate sobre reducción de ... nucleares
... de Gibraltar y Melilla
países ... de desarrollo
contar con una mayoría ...
paquete de ... sociales
afirmar ... democráticos
escalada de ... sociales
hacer ... común con
en ... de ministros
... carismático
elegido en ... universal
... fronterizo
mejorar la ... femenina

(Se encuentra el modelo en Internet)

4. Describe la función de los siguientes establecimientos

aduana
alcaldía
ayuntamiento
Cámara de Diputados (M)
Cámara de Senadores (M)
campo de concentración
casa de acogida
Hacienda
cancillería
Congreso de la Unión (M)
consulado
Cortes Generales
diputación
embajada
Palacio de la Zarzuela
Pública Casa Consistorial

5. Explica el sentido coloquial de los siguientes vocablos o locuciones

apretarse los machos
de bandera
diplomático
dar el pasaporte
politiqueo
¡Oiga, jefe!
rey
sultán
ley del embudo
¡(menuda) papeleta!

(Se encuentra la solución en Internet)

6. Traduce al inglés

elecciones anticipadas
elección parcial
convocar a las urnas
participación electoral
partidos contendientes
acudir a las urnas
emitir un voto
Jefe de estado
papel del Estado
terrorismo de estado institucional
estado de ánimo
ecos de sociedad
golpe de estado
razón de estado
tercer estado
secreto de estado
estado civil
cobertura social
estratificación social
prestación social
sociedad de consumo
sociedad de responsabilidad limitada
sociedad limitada
sociedad mercantil
sociedad protectora de animales

7. Traduce al español

average hourly earnings
average increase of six per cent
salary increase
labor/trades union movement
flexible working hours
the right to strike
escalation of social conflicts
diminishing income
to erase salary differentials
constantly developing society
reduction in the working day
extension of workers' rights
improvement in the standard of living
worsening of the unemployment situation
full employment policy
to harmonize career development and private life
to legalize abortion

8. Escribe una redacción de 500 palabras sobre uno de los siguientes temas

i. El derecho a la huelga
ii. La no discriminación por la militancia sindical
iii. A igual trabajo igual salario
iv. El derecho a la formación permanente y al reciclaje
v. Un sistema de promoción claro
vi. La negociación de incrementos porcentuales sobre la masa salarial

9. (a) Encuentra el adjetivo que se corresponde con los siguientes sustantivos

carisma, conde, conflicto, derecha, discriminación, feminismo, frontera, gobierno, golpe (de, estado), huelga, igualdad, izquierda, marginación, mayoría, ministerio, minoría, policía, presidente, soberanía, tercer mundo

(b) Construye frases para ilustrar el uso de los adjetivos

10. (a) Relaciona los vocablos de la lista A con los de B para formar una expresión

A

atravesar crisis, responsabilidad, favorecer, apertura, medianía, iniciativa, economía, rutina, supremacía, eficacia, solución, conceder, libertad, estructura, ejercer, igualdad, modelo, trabajo

B

masculino, prefabricado, mercado, voto femenino, estancada, gestión dinámica, mayor autonomía, burocrático, oportunidades, valores, innovación, individual, liberal, privado, tiempo completo, futuro, expresión, igualitarismo

(b) Construye frases para ilustrar el uso de la expresión

11. (a) Encuentra las formas femeninas (si hay) de los siguientes sustantivos

abogado, agente, albañil, alcalde, aparejador, arquitecto, candidato, catedrático, cliente, cónsul, delineante, diputado, embajador, físico, ingeniero, jefe, médico, ministro, presidente, primer ministro, procurador, químico, reportero, sirviente

(b) Escribe un párrafo de veinte líneas sobre la cuestión del género en español. Ten presente que puede haber más de una forma para designar a una mujer, y que algunas mujeres, para afirmar su feminidad, usan una forma femenina rechazada por ciertos hombres

12. ¿Qué entiendes por las siguientes expresiones?

partido amistoso	lucha interna	verso libre
partido de desempate	¡Hola, macho!	barra libre
cabeza de partido	atarse los machos	bufé libre
sacar partido	malos tratos	sílaba libre
tomar partido	sevicias sexuales	tiro libre
estado providencia	armarse de valor	por libre
política de tierra quemada	juicio de valor	libertad de prensa
lucha de clases	valor añadido	teología de la liberación
dejar el campo libre	en pie de igualdad	

13. Traduce al español

i. The union claimed a salary increase of at least ten per cent but the employers blocked all negotiations
ii. Industrial unrest, fuelled by a reduction in personnel, spilled out onto the streets, and this broke the agreement of two weeks' notice
iii. The strikers carried their banners to the company's gates and called on the rest of the workers to down tools and join the strike
iv. Labor relations had degenerated to such a critical point that it became impossible to call the parties to the negotiating table
v. The dissidents were kept in prison where brutal methods of forced feeding were adopted, notwithstanding the vociferous protests of human rights groups
vi. The hardening of the regime led to a campaign of fear, ethnic cleansing, suppression of civil rights, and finally the imprisonment of conscientious objectors and all political opponents
vii. Voting rights were finally given to women, abortion was legalized, so that all females could combine their private lives and a professional career
viii. All salary discrepancies should be dissolved so that upward mobility would be guaranteed to all minority groups
ix. As far as equality of opportunity goes, and however well placed women are in society, they ought to benefit from maternity leave, nurseries, improvement in the social infrastructure, and work flexibility
x. The European ideal consists of one space devoid of frontier control in which citizens, goods and capital can move without obstacle
xi. Today's consumer lives in a mass market which is slowly whittling away the isolation of national-based, parochial interests
xii. The true aim of the Welfare State is to provide even the most vulnerable of people, however deprived they are, with the possibility of self-improvement, and hope for properly remunerated, full-time, not part-time, jobs

(Se encuentra la solución en Internet)

14. (a) Lee atentamente el texto siguiente y explica el sentido de los vocablos en itálica

Muchas mujeres participaron valientemente en la lucha armada en los años 70. A pesar de algunas situaciones brillantes en la Cuba revolucionaria, Nicaragua y en Chile bajo Allende, muchos de los problemas reales nunca fueron confrontados. Aunque Cuba introdujo una ley progresiva familiar su récord en otras áreas relativas al género fue menos preciso. En 1974 Fidel Castro mismo reconoció que el 6% de los cargos y funcionarios del Partido eran mujeres, en realidad las *políticas* cubanas hacia las mujeres emergieron no de un cuidadoso análisis y revisión del marxismo sino del *pragmatismo*. Esta cuenta (y por supuesto que no hay nada malo con esto) presenta el fuerte énfasis de traer mujeres a la *fuerza laboral* y a los hombres a *compartir responsabilidades familiares*. Pero otras políticas como la persecución de homosexuales especialmente en los años 60 y al inicio de los 70 reforzó la idea del *machismo* en la ley familiar supuestamente combatida contando que el problema eran las políticas gubernamentales que estaban basadas en asumir los problemas de la mujer más que en la situación de género. El pragmatismo del gobierno cubano en relación a las políticas sexuales ha sido mucho más *permisivo* como es su reciente mirada en la prostitución. Mientras que en la prostitución en los años 60 era estudiada como un *pernicioso efecto* del capitalismo y todos los esfuerzos eran llevados a reeducar a las prostitutas e incorporarlas hacia la fuerza laboral, hoy día el *comercio sexual* no sólo es tolerado sino que es estimulado por los intereses de la industria turística.

Jean Franco, *El largo camino al feminismo*

(b) Describe la actitud ambigua del gobierno cubano con respecto a la mujer

(c) Comenta la contradicción flagrante de la política cubana en lo que se refiere a la prostitución

(d) Escribe una redacción sobre el siguiente tema

El feminismo ha conseguido cierto éxito en las sociedades occidentales pero le queda mucho camino por recorrer

15. Estudia el artículo sacado de un periódico mexicano y, a continuación, contesta a las preguntas

Indispensable, la fuerza laboral de mexicanos en Estados Unidos

Estados Unidos necesita de los trabajadores migrantes mexicanos, porque en quince años los impuestos que generen pagarán la jubilación de la generación conocida como el *baby boom*, es decir, los nacidos después de la Segunda Guerra Mundial.

Por otro lado, ese país atraviesa por un problema demográfico reflejado en el estancamiento del crecimiento de su población, y por ende, de su fuerza de trabajo, afirmó Ana María Aragonés . . . Agregó que México está perdiendo una parte muy importante de su fuerza laboral, en una invasión silenciosa, aunque "diariamente muere más de un mexicano que intenta llegar a Estados Unidos."

Se trata de uno de los grandes problemas bilaterales, subrayó, por lo que consideró que los mexicanos son "migrantes forzosos," que en la mayor parte de los casos "la pasan muy mal en Estados Unidos, aunque todos tienen empleo." Advirtió que "estamos perdiendo una parte importante de nuestra fuerza de trabajo," por lo que ante la posición adoptada por Washington tras los atentados del 11 de septiembre pasado, que ha endurecido sus controles al máximo, "debemos hacer algo por nuestros conciudadanos."

"Para México se trata de un problema endémico, indicó, y para Estados Unidos es una situación irremediable: los migrantes y sus hijos, mediante el pago de impuestos, van a cubrir la jubilación de los llamados *babyboomers*. Y hay que señalar que en Estados Unidos hay empleos que los estadunidenses no quieren hacer." Éstos, agregó, se clasifican bajo lo que en inglés se denominan las tres **D**: "demanding, dirty and dangerous," es decir trabajos extenuantes, sucios y peligrosos.

La Jornada, 21 de octubre, 2001

(a) Describe en cinco líneas el tema planteado por el artículo

(b) ¿Qué entiendes por...

baby boom, problema demográfico, estancamiento del crecimiento, invasión silenciosa, migrantes forzosos, conciudadanos, problema endémico, cubrir la jubilación de...?

(c) Busca sinónimos de

necesitar, impuestos, agregar, trabajo, señalar

(d) Escribe una frase para ilustrar el sentido de los sinónimos que encuentres

(e) ¿Cómo se dice en España...

mexicano, la pasan muy mal, estadunidense?

Nivel 3 / Level 3

1. (a) ¿Qué entiendes por los siguientes vocablos?

acta, acordar, adalid, aislamiento, atentar, barón, canciller, cobertura, constitución, debatir, disposición, empate, escrutinio, fila, frente, hidalgo, mayoría, parlamento, presupuesto, príncipe, regente, sacrificar, séquito, trono

(b) Varios de estos vocablos tienen más de un sentido. ¿Cuáles son?

(c) Construye frases para ilustrar el uso de estos vocablos

2. (a) Encuentra las diferencias entre los vocablos de las siguientes parejas

asesor / tasador — dimitir / destituir — discusión / debate — aviso / preaviso

convenio / convención — escrutinio / votación — bandera / pabellón — extranjero / forastero

príncipe / principio — denegar / renegar — tasa / impuesto — planta / plantilla

reclamar / reivindicar — conciliar / reconciliar — fila / rango — día / jornada — gobernador / gobernante

(Se encuentra la solución en Internet)

(b) Elige diez de estas parejas y escribe frases para ilustrar la diferencia entre los vocablos que las constituyen

3. Escribe quince líneas sobre dos de los siguientes temas sugeridos por las listas abajo

clase alta, baja, desfavorecida, desprotegida, media, obrera, vulnerable – **clases pasivas**
salario máximo, medio, mínimo – coste/incremento/indicador/ masa/renta/subida **salarial**
objetivo diplomático, gubernamental, militar, prioritario, secundario
sector cuaternario, primario, privado, público, secundario, terciario
asistente/cobertura/conflicto/descontento/desigualdad/desintegración/diálogo/malestar/prestación/protección/vida **social**
acción/central/delegado/derecho(s)/elección(-ones)/enlace/militancia/movimiento **sindical**
condición(-ones)/conflictividad/derecho/día/flexibilidad/jornada/mercado/relaciones/salud/vida **laboral**
huelga de hambre/del celo/general/revolucionaria/salvaje
pleno **empleo** / precarización en el **empleo** / **empleo** a tiempo parcial / **empleo** a tiempo completo, **empleo** comunitario, crecimiento del **empleo**

4. (a) Busca sinónimos de los siguientes vocablos

anarquía	cargo	modernizar	progreso
asamblea	contencioso	pacto	remodelación
burocracia	gestión	poderío	totalitario

(Se encuentra la solución en Internet)

(b) Elige seis de estos vocablos y escribe frases para ilustrar el uso de los sinónimos y las diferencias entre ellos

5. Traduce al español

the Rio summit
to remove tax and police controls
to present credentials
to increase tax exemptions
at the frontier
to embark on an expansion policy
to adopt at a second reading
to debate the five-year plan
eighty per cent of part-time workers
excessive stress from family responsibilities
to face a wave of protests
to consider the possibility of a rapprochement
educational reform bill
the State Department / Foreign Office
to get negotiations moving again
promotion opportunities
strengthening of the world role with respect to less-developed countries
reintegration of women into public life
equality of remuneration between male and female workers
to increase the upward mobility of female workers

6. Escribe frases que resalten el sentido de los siguientes vocablos

compaginar, enclave, espacio vital, etnia, formación profesional, igualdad laboral, ingerencia, malos tratos, marginación, octavilla, proyecto de ley, retribuir

7. Rellena el espacio en blanco

La . . . . . es un régimen político que se generalizó en el siglo XX aunque esta época conoció también las . . . . . y las . . . . . más atroces. En España la bandera roja y . . . . . que había desaparecido durante la Segunda República (1931–1939) reapareció y se confirma con nuevo . . . bajo el régimen democrático de 1975, como símbolo del Reino.

Las . . . de los pueblos les conducen a veces a revoluciones, que constituyen crisis en el normal devenir histórico. En nombre de su . . . . . , unos rebeldes pueden . . . . . el gobierno mediante un . . . . . Hoy día, el pueblo . . . . . para expresar su descontento y puede . . . . . las empresas que rechaza.

Es un hecho constatado que durante la . . . . . , las pegadas de . . . . . se multiplican y los . . . . . reúnen a sus partidarios en unos . . . . . pero la gente ya no se . . . . . tanto a un partido, sea éste socialista o . . . . .
Los . . .votan a los candidatos que prefieren, poniendo su. . . . . en la urna.
El . . . . . de votos permite obtener el resultado de la . . . . . pero se puede prever con los . . . . . efectuados a partir de . . .representativos.

M.A.S.

8. Haz una pequeña descripción y análisis de los principios de las siguientes tendencias políticas. Puedes comparar y contrastar estas tendencias

centrista, comunista, conservador, demócrata, derechista, integrista, izquierdista, liberal, radical, republicano, separatista, totalitario

9. (a) Juego de rol (presentar un debate a la clase la próxima semana)
Se elige a varios miembros de la clase que constituyan los siguientes titulares del consejo de ministros: Defensa, Economía, Educación y Ciencia, Exteriores, Hacienda, Interior, Justicia, Medio Ambiente, Obras Públicas, Ocio y Deportes, Salud, Transporte. Se prevé un debate sobre la ayuda económica a ciertos países del Tercer Mundo. El debate lo dirige el Presidente. Puedes aprovechar la siguiente lista

agricultura, alimentación, apoyo, banco mundial, bienes de equipo, comunicaciones, comunidad, crédito, democracia, desarrollo, deuda externa, economía, gobierno, industria, materias primas, oposición, producto, pueblo, regional, tecnología, transporte

(b) Juego de rol (presentar un debate en la clase la próxima semana)
Se elige a varios miembros de la clase que constituyan diputados de un grupo parlamentario. Se organiza un debate sobre el futuro del empleo en su país. Tratar los siguientes temas

fomento de una política de pleno empleo
gestión previsora de empleo
reducción del tiempo de trabajo
creación de nuevos puestos de trabajo
derecho a trabajar para todos
vencer el desempleo a larga duración
desempleo masivo representa un derroche inmenso de recursos
acceso a la formación, conocimiento de la nuevas tecnologías
Se erosiona el poder adquisitivo
desarrollo del tiempo libre
acceso a la cultura / instalaciones deportivas

10. Describe las actividades de las siguientes personas

concejal
diputado
eurodiputado
fiscal
relaciones públicas
titular de Hacienda

11. Traduce al español

i. Foreign policy is the set of principles by which a country regulates its intercourse with other countries, and the measure by which it implements these principles
ii. It is not easy to enforce international law, so that the threat of a breakdown in cooperation, and ultimately of a resort to force, is almost always present
iii. There's probably only one major present-day alliance, which is called the North Atlantic Treaty Organization
iv. In nineteenth-century Europe, two groups of countries were of approximately equal strength, and Great Britain was able to pursue a balance of power policy by leaning first towards one country and then towards the other
v. The increasing role of governments in regulating and carrying through domestic economic goals complicated the task of conducting policy
vi. Countries have engaged in economic ventures, ranging from mere plunder to the establishment of colonies and empires based on the quest for wealth or the need for raw materials
vii. The Soviet–American competition for power and influence has been the single most important one in international relations in recent years
viii. The main purposes of the United Nations were to save succeeding generations from the scourge of war, and to develop friendly relations among states
ix. Within the United Nations, the organ with primary responsibility for maintaining peace and security is the Security Council
x. Each member of the Security Council has one vote, and, according to the Great Power Unanimity rule, a negative vote or veto will prevent any decision from being taken
xi. Since ancient times, people have migrated in search of adventure, to escape despotism, to avoid military service or to improve themselves economically
xii. The conviction of individuals for acts that were sanctioned by the government of the country they served raised legal issues that have made the Nuremberg Trials the subject of controversy

(Se encuentra la solución en Internet)

12. Responde a las siguientes cuestiones

i. (a) Busca el significado de las siglas UGT, CCOO, CSIF, USO, PP, PSOE, IU, PNV en el mundo sindical y político español
(b) Busca el significado de las siglas PRI, PAN, PTM, PPS, PP en el mundo sindical y político mexicano
ii. ¿A qué se llama *cúpula* del partido político?
iii. ¿Por qué crees que es tan difícil la democracia dentro de la estructura interna de los partidos políticos?
iv. ¿Qué significa *sindicato / partido de clase*?
v. ¿Por qué ha resultado casi siempre, en los partidos totalitarios igualitarios, que los líderes sean tan poco igualitarios?
vi. ¿Por qué crees que la mujer está ocupando ciertos puestos de trabajo, como la medicina, en mayor proporción que los hombres?
vii. ¿Qué es la *igualdad de oportunidades*?
viii. Explica el significado de: "A igual trabajo igual salario"

13. Lee el siguiente extracto de un periódico mexicano y, a continuación, contesta a las preguntas

LLEGA PRD "DESGASTADO" A ELECCIONES

El Partido de la Revolución Democrática (PRD) llegará a las próximas elecciones en Michoacán y otros estados con un historial electoral que va, según sus propios dirigentes, de los "golpes duros" como Tabasco, a los "resultados amargos" reflejados por la pérdida de votos en ocho entidades.

El PRD reconoce que está en peligro de perder los triunfos electorales de 1998 si mantiene la tendencia de perder votos como ha ocurrido en 11 comicios realizados en 10 entidades, en lo que va de año.

Un documento titulado "Informe Electoral 2001," entregado por la dirigencia al Consejo Nacional de ese partido, advierte además la necesidad de que la elección de sus nuevos dirigentes en marzo del 2002 se haga mediante una candidatura de unidad.

"Un episodio de enfrentamientos, conflictos e impugnaciones en la elección de la próxima dirigencia nacional cancelaría cualquier proyecto y posibilidad de reposicionamiento y crecimiento de nuestro partido," dice el informe.

Además, advierte que el Partido Acción Nacional (PAN) podría llegar fortalecido a las elecciones federales del 2003 si la economía mundial mejora, y si la opinión pública continúa dispuesta a seguir perdonando los "tropiezos" del gobierno del presidente Fox.

El documento perredista, a cargo de Martha Dalia Gastélum, señala que, al igual que el PRD, tanto el PAN como el PRI han perdido votos en los comicios de este año . . .

Para contrarrestar esta tendencia la dirigencia perredista planteó las siguientes propuestas:

1. Iniciar una planeación electoral estratégica de cara a la elección federal intermedia de 2003.
2. Identificar desde ahora a sus probables candidatos a diputados federales, cuyos perfiles ganadores les permitan aspirar a obtener 33% de la votación nacional y ganar al menos 170 curules.
3. Cambiar la imagen. "El electorado nos sigue identificando con nuestros pleitos y conflictos internos y eso es un obstáculo para recibir la confianza del elector."
4. Evaluar a sus propios gobiernos, y priorizar el cumplimiento de compromisos de campaña antes que demandar puestos.

El Universal, 21 de octubre, 2001

(a) ¿Cuál es el dilema del PRD?

(b) Encuentra todos los vocablos vinculados a las elecciones

(c) Hay tres vocablos en el texto que tienen en España el equivalente de *liderazgo*, *planificación* y *escaño*. ¿Cuáles son?

(d) Explica la diferencia (si hay) entre *voto* y *votación*, y *elecciones* y *comicios*

(e) Describe una serie de promesas electorales que te comprometerías a cumplir si se te eligiera diputado/senador(a)/representante

Unidad 20 / Unit 20

La Guerra y la paz / War and Peace

Nivel 1 / Level 1

General

acto m heroico	heroic act
aliado m	ally
armar un pueblo	to arm a people
atacar	to attack
ataque m	attack
avanzar	to advance
bandera f	flag
batalla f	battle
bola f M	group of revolutionaries *(especially in the 1911 Mexican Revolution)*
bombardear	to bomb(ard)
bombardeo m	bombing, bombardment
campamento m militar	military camp
campaña f militar	military campaign
combate m	combat
combatientes mpl	soldiers, combatants
combatir	to fight, to combat
conflicto m	conflict
conquista f	conquest
conquistar	to conquer
consigna f	order, instruction
contienda f R3	conflict
defender la patria	to defend your country
defensa f	defense
desarmar	to disarm
desarme m	disarmament
destruir	to destroy
duelo m de artillería	artillery duel
ejército m	army
enemigo m	enemy
estandarte m	banner, standard
estrategia f	strategy
ganar una victoria	to win a victory
guerra f	war
guerrero m	warrior, warlike
herida f	wound
herido m	wounded person *(also adjective:* wounded*)*
héroe m	hero
heroína f	heroine
invadir	to invade
invasión f	invasion
liberación f	liberation
liberar	to free, to liberate
lucha f	fight, struggle
luchar	to fight, to struggle
maniobra f táctica	tactical maneuver
matar a tiros	to shoot down *(and kill)*
militar m	soldier
militares mpl	the military
movilización f	mobilization
movilizar a la población	to mobilize the population
(el) Movimiento	Fascist uprising in Spain in 1936
ocupación f	occupation
ocupantes mpl	occupiers

ocupar un territorio	to occupy a territory
ofensiva f	offensive
orden f	order, instruction
ordenar un avance	to order an advance
paz f	peace
paz f duradera	lasting peace
pronunciamiento m	military uprising
resistencia f	resistance
retirarse	to retreat, to withdraw
revolución f	revolution
revuelta f	revolt
servir a la patria	to serve your country
tirar a matar	to shoot to kill
tirar una bomba	to drop a bomb
tropa(s) f(pl)	troops

Servicio militar / Military service

academia f militar	military academy
carrera f militar	military career
dimisión f	resignation
ejército m de tierra	army
ejército m del aire	air force
ejército m nacional	national army
ejército m profesional	professional army
equipar	to equip
equipo m	equipment
escuela f militar	military academy
fuerzas fpl aéreas	air force
fuerzas fpl armadas	armed forces
hacer la colimba R1 A	to do military service
hacer la mili R1	to do military service *(now defunct in Spain)*
llamamiento m a filas	call to arms
marina f de guerra	navy
milico m R1 A	soldier, military *(often officers)*
prórroga f	deferral, deferment
quinto m	rookie, recruit
recluta mf	rookie
reclutamiento m	recruitment
reclutar	to recruit
reserva f	reserve
reservista mf	reservist
servicio m militar	military service
soldado m	soldier
voluntario m	professional soldier, volunteer

Combate / Combat

alambrada f	barbed wire fence
ambulancia f	ambulance
aniquilar	to destroy, to annihilate
apoderarse de	to take possession of
arrasar una zona	to devastate an area
asalto m	assault
atacar la fortaleza	to attack the fortress
avance m del ejército	army's advance
avanzada f	advance party
bajas fpl	losses
batalla f sangrienta	bloody battle
blanco m	target
cadáver m	corpse
caer	to fall, to die *(in action)*
caer en una emboscada	to fall into an ambush
camilla f	stretcher
campo m de prisioneros	prisoner-of-war camp
camuflaje m	camouflage
camuflar un tanque	to camouflage a tank
captura f	capture
capturar	to capture
casco m	helmet
cobarde mf	coward
cometer atrocidades	to commit atrocities
comienzo m de las hostilidades	beginning of hostilities
contraatacar	to counterattack
contraataque m	counterattack
declarar la guerra a	to declare war on
derrota f	defeat
derrotar	to defeat
desaparecido m	missing person *(also adjective)*
detener al enemigo	to stop the enemy
devastar un país	to devastate a country
disparar	to shoot
disparo m	shot
emboscada f	ambush

Estalló la guerra	War broke out
evacuación f de los civiles	evacuation of the civilians
evacuar	to evacuate
explosión f	explosion
explosionar	to explode
explotar	to explode
exterminar	to crush, to exterminate
frente m de batalla	battle zone
fugarse	to flee
hostilidad f R3/2	hostility
huida f	flight
indemne R3	unharmed
iniciar la ofensiva	to launch an offensive
izar el estandarte	to raise the standard
lucha a ultranza R3	fight to the death
luchar hasta el fin	to fight to the death
mando m supremo	supreme command
maniobra f	maneuver
masacre f	massacre
matanza f	slaughter
matar	to kill
morir(se)	to die
muerto m	dead person *(also adjective)*
ofensiva f	offensive
operación f atrevida	bold operation
pabellón m	flag *(with coat of arms)*
patrulla f	patrol
patrullar	to patrol
pegar un tiro a	to shoot at
pérdidas fpl	losses
pillaje m	looting
pillar	to loot
poner en fuga	to put to flight
poner minas	to lay mines
prisionero m	prisoner
rechazar un ataque	to repel an attack
reconocer la zona	to reconnoiter the area
reconocimiento m	reconnaissance
recuperar el terreno	to regain territory
rehén m	hostage
rescatar	to rescue
rescate m	rescue
retaguardia f	rearguard
rodear	to surround
salir ileso	to escape unharmed
sector m sur	southern sector
sembrar el pánico	to spread panic
sitio m	siege
tirar a	to shoot at
tiro m	shot
toma f (por asalto)	capture, taking
tomar una posición	to overrun a position
trinchera f	trench
vanguardia f	vanguard
vencedor m	victor
vencer	to win

Personal / Personnel

Ejército y general / army and general

alférez m	second lieutenant
ascender en el escalafón	to rise in the ranks
ayudante m de camp	aide-de-camp
cabo m	corporal
cadete m	cadet
camillero m	stretcher bearer
capellán m castrense	army chaplain
capitán m	captain
centinela mf	sentry
comandante m	major, commanding officer, commander
comandante en jefe	commander in chief
comando m	commando, commando platoon
coronel m	colonel
cuerpo m de ingenieros	engineer corps
dragón m	dragoon
espía mf	spy
excombatiente mf	veteran, ex-serviceman/woman
francotirador m	sniper
general m	general
general m de brigada	major/brigadier general, brigadier
generalísimo m	generalissimo
grado m	grade
grupo m paramilitar	paramilitary group

guardia mf	guard
infantería f	infantry
intendente m	quartermaster general
jefe m supremo	commander-in-chief
jefes mpl	top-ranking officers
jerarquía f militar	military hierarchy
mandamases mpl R1	top brass
mandos mpl	top-ranking officers
mariscal m	field marshal
mercenario m	mercenary
oficial m	officer
oficial m de grado superior	high-ranking officer
oficiala f	officer (female)
ordenanza m	orderly, batman
sardo m R1 M	grunt, squaddie
sargento m	sergeant
soldado m raso	private
suboficial m	non-commissioned officer
superior m	superior
teniente m	lieutenant
teniente m coronel	lieutenant colonel
veterano m	veteran, ex-serviceman
zapador m	sapper

Armada / Navy

almirante m	admiral
Almirante m de la Flota	Fleet Admiral, Admiral of the Fleet
armada f	navy
capitán m de corbeta	lieutenant commander
capitán m de fragata	lieutenant commander
capitán m de navío	captain
infante m de marina	marine
marines mpl	marines
marinero m de agua dulce	fair-weather sailor
marinero m de cubierta	deckhand
marinero m de primera	seaman, able-seaman
marinero m de segunda	seaman, ordinary seaman
marino m	sailor
teniente m de navío	lieutenant
tripulación f	crew
tripulante m	crew member

Aviación / Air Force

aviador m	pilot
bombardero m	bombardier
capitán m	captain, flight lieutenant
comandante mf	major, squadron leader
copiloto mf	co-pilot
navegante mf	navigator
paracaidista mf	parachutist
piloto mf	pilot
teniente m	first lieutenant, flying officer
teniente m coronel	lieutenant colonel, wing commander
teniente m general	lieutenant general, Air Marshall
tripulación f	crew
tripulante mf	crew member

Unidades / Units

artillería f	artillery
batallón m	battalion
batería f de artillería	artillery battery
brigada f motorizada	mechanized brigade
caballería f	cavalry
columna f	column
compañía f	company
destacamento m de cascos azules	detachment of United Nations soldiers
división f	division
escolta f	escort
escuadra f	*(naval)* squadron, squad *(of troops)*
escuadrilla f	naval/air squadron
escuadrón m	cavalry unit, squadron
Estado m Mayor	General Staff

flota f	fleet
fuerzas fpl armadas (FF AA)	armed forces *(army, air force and navy)*
infantería f	infantry
marina f	navy
pelotón m	platoon
quinta f	draft, call-up *(now defunct in Spain)*
regimiento m	regiment
sección f	platoon
unidad f blindada	armoured unit

Armamentos / Armaments

ametrallador m	machine gunner
ametralladora f	machine gun
apuntar	to aim
arma f	weapon
arma f blanca	dagger, knife
arma f de fuego	fire arm
armamento m	armament
arsenal m militar	military arsenal
bala f	bullet
bayoneta f	bayonet
bazoka f	bazooka
blandir una arma R3	to brandish an arm
bomba f de efectos retardados	time bomb
bomba f incendiaria	incendiary bomb
calibre m de una pistola	caliber of a pistol
cañón m	cannon
cañonazo m	cannon shot
carabina f	carbine
cartucho m	cartridge
cetme f	automatic rifle
cohete m	rocket
cuerno m de chivo R1 M	machine gun
culata f	*(revolver)* butt, *(cannon)* breech
cureña f R3/2	gun carriage
daga f	dagger
depósito m de municiones	munitions dump
descargar el fusil	to fire the gun
detonación f	detonation
detonar	to detonate
dinamita f	dynamite
dinamitar	to dynamite
disparar contra / un tiro a	to shoot at
disparo m	shot
escopeta f	shotgun
espada f	sword
estallido m de una bomba	bomb explosion
explosivo m	explosive
funda f	holster
fusca f R1 M	rod, pistol
fusil m	rifle
fusil m ametrallador	sub-machine gun, Bren gun
gatillo m	trigger
granada f	shell
granada f (de mano)	(hand) grenade
lanzacohetes m	rocket launcher
lanzagranadas m	grenade launcher
lanzar una bomba	to drop a bomb
lanzatorpedos m	torpedo launcher
matar a balazos	to shoot dead *(with bullets)*
metralleta f	sub-machine gun
mira f	sight *(of gun)*
misil m tierra–aire	ground-to-air missile
misil-antimisil m	anti-missile missile
misil m superficie–superficie	surface-to-surface missile
mortero m	mortar
municiones fpl	munitions
parque m M	munitions
pieza f de artillería	artillery piece
pieza f de largo alcance	long-range artillery
pistola f automática	automatic pistol
pólvora f	gun powder
proyectil m	projectile, missile
revólver m	revolver
rifle m	rifle
roqueta f	rocket
sable m	saber
torpedo m	torpedo
trayectoria f	trajectory
vaina f	scabbard

Vehículos militares / Military vehicles

blindado m	armored vehicle
blindaje m	armor plating
carro m de combate	tank
división f blindada	armored division
oruga f	caterpillar track
tanque m R1	tank
torreta f del carro	turret
vehículo m anfibio	amphibious vehicle
vehículo m blindado	armored vehicle

Buques de guerra / Warships

acorazado m	battle ship
barco m de guerra	warship
buque m almirante	flagship
buque m cisterna	tanker
buque m de desembarco	landing craft
buque m de guerra	warship
buque m escuela	training vessel
buque m insignia	flagship
cañonera f	gunboat
código m morse	morse code
corbeta f	corvette
crucero m	cruiser
desencallar un navío	to refloat a boat
destructor m	destroyer
dragaminas m	mine sweeper
fragata f	frigate
fuerzas fpl navales	naval forces
galeón m	galleon
ir a pique	to sink, to go down
izar el pabellón R3/2	to hoist the flag
lanzaminas m	minelayer
levantar la bandera	to raise the flag
navío m de escolta	escort vessel
navío m de guerra	warship
patrullero m	patrol boat
petrolero m de reabastecimiento	oil supply vessel
poner minas	to lay mines
portaaviones m	(aircraft) carrier
remolcador m	tug
submarino m	submarine
sumergible m R3/2	submersible, submarine

Aviones / Aircraft

aerodromo m	aerodrome, airfield
aparato m R3	aircraft
ataque m aéreo	air attack
avión m	airplane
avión m a chorro R1	jet plane
avión m de bombardeo	bomber
avión m de combate	combat aircraft
avión m de combate polivalente	multirole combat aircraft
avión m de transporte	transport plane
avión m nodriza	tanker
avión m supersónico	supersonic plane
avioneta f	small plane
base f aérea	air base
bombardero m	bomber
caza m	fighter
cazabombardero m	fighter bomber
derribar un avión	to shoot down an airplane
harrier m	harrier *(jump jet)*
helicóptero m	helicopter
hidravión m	hydroplane, seaplane
planeador m	glider
reactor m	jet
reconocimiento m aéreo	air reconnaissance
sobrevolar un territorio	to fly over a territory
vuelo m de ensayo/prueba	test flight

Paz / Peace

alto m el fuego	cease fire
anexión f	annexation
armisticio m	armistice
ceder ante la presión	to yield to pressure
compensar	to compensate
concluir la paz	to complete a peace treaty
conclusión f de paz	completion of a peace treaty
condiciones fpl de paz	conditions of peace
denunciar el tratado R3	to denounce the treaty

devolver territorio	to return territory
entablar las negociaciones	to enter into negotiations
entrar en vigor	to come into effect
estar en tratos R2/1	to be in negotiations
estipular las condiciones	to stipulate conditions
estudiar las cláusulas	to study the fine print
firmar un acuerdo	to sign an agreement
gastos mpl de guerra	cost of war
indemnización f de guerra	war reparation
modalidades fpl de paz	peace terms
parlamentar	to discuss terms
paz f	peace
paz f duradera	lasting peace
paz f precaria R3	unstable peace
pisotear el tratado	to violate the treaty
por mediación de	through the mediation of
preliminares mpl	preliminaries
rendición f	surrender
rendirse	to surrender
resarcir de los daños R3	to compensate for the damage
sanciones fpl	sanctions
tratado m de paz	peace treaty
tregua f	truce
violar el tratado	to violate the treaty
¡Viva la paz!	Long live peace!

Nivel 2 / Level 2

General

aliarse con	to form an alliance with
alistarse en la marina	to join the navy
antagonista mf R3	antagonist
cambio m de guardia	changing of the guard
causar alta en el ejército	to enlist in the army
contraespionaje m	counterespionage
control m	checkpoint
crimen m de guerra	war crime
dar de baja	to discharge
dar en la diana	to hit the target
declarar la guerra a	to declare war on
deserción f	desertion
desertor m	deserter
desfilar	to march past
desfile m	march past, parade
desmilitarizar una zona	to demilitarize a zone
desmovilización f	demobilization
disciplina f castrense R3	military discipline
entrar en acción	to go into action
entrar en campaña	to go into a campaign
entrar en combate	to go into action
espionaje m	espionage
estallido m de una guerra	outbreak of war
estamento m militar R3	military class
estar alerta	to be alert
estar de guardia	to be on guard duty
estar de paisano	to wear civilian clothes
estar de uniforme	to be in uniform
estar en guerra	to be at war
estar en pie de guerra	to be on a war footing
fusilar a civiles	to shoot civilians
garita f	sentry box, checkpoint (M)
geopolítica f R3	geopolitics
hacer diana	to hit the target
hacer el servicio militar	to do military service
herido en combate	wounded in action
hostilidad f	hostility
incorporación f a filas	enlistment
informe m	report
invencible	invincible
maniobra f hostil	hostile maneuver
mensajero m	dispatch rider
milicia f	militia
monumento m a los caídos	war memorial

muerto en combate	died in action
objetor m de conciencia	conscientious objector
países mpl beligerantes R3	countries at war
parte m	dispatch
pasar revista a las tropas	to review the troops
pelotón m de ejecución	firing squad
pelotón m de fusilamiento	firing squad
ponerse en filas	to get into a line
ponerse firme(s)	to stand to attention
prepararse para la guerra	to get ready for war
pueblo m belicoso	bellicose nation
puta mili f R1*	(fucking) military service
relevar la guardia	to relieve the guard
romper filas	to break ranks
saludar a un oficial	to salute an officer
sorteo m	drawing of lots to decide draft posting
tocar diana	to sound the reveille
toque m de diana	reveille

Tipos de guerra / Types of war

guerra f a muerte	all-out war
guerra f abierta	open warfare
guerra f atómica	atomic war
guerra f bacteriológica	bacteriological warfare
guerra f biológica	biological warfare
guerra f civil	civil war
guerra f convencional	conventional war
guerra f de agotamiento	war of attrition
guerra f de desgaste	war of attrition
guerra f de guerrillas	guerrilla war(fare)
guerra f de religión	war of religion
guerra f de trincheras	trench warfare
guerra f fría	cold war
guerra f nuclear	nuclear war
guerra f psicológica	psychological warfare
guerra f química	chemical warfare
guerra f relámpago	*blitzkrieg*
guerra f santa	holy war
guerra f sin cuartel	all-out war
guerra f sucia	dirty war

Jerarquía militar / Military hierarchy

agregado m militar	military attaché
altos mandos mpl	high command, top ranking officers
ascenso m	promotion
conscripto m M	conscript
cúpula f (militar)	high command, leaders of the armed forces
edecán m R3	aide-de-camp
galón m	stripe
jerarquía f militar	military hierarchy
ser de la misma promoción	to be in the ranks at the same time *(as someone else)*
subordinado m	subordinate

Batalla terrestre / Land battle

agarrar por sorpresa A/M	to catch by surprise
agredir R3	to attack
agresión f	attack, aggression
ajustar el tiro	to adjust your aim
área f de alambrada	area of (barbed) wire
arma f de grueso calibre	large-bore gun
arma f de pequeño calibre	small-bore gun
armas fpl convencionales	conventional weapons
armas fpl nucleares	nuclear weapons
armas fpl químicas	chemical weapons
asolar un pueblo	to devastate a town
ataque m frontal	frontal attack
atrincherarse	to dig yourself in, to entrench yourself
avanzar escalonadamente	to advance in echelon
balacera f M	*(repeated)* shooting, burst of gunfire
baluarte m	bastion
batirse en retirada	to beat a retreat

caer en una emboscada	to fall into an ambush
campo m de batalla	field of battle
campo m de prisioneros	prisoner-of-war camp
cargar una pistola	to load a pistol
carnicería f	butchery
cercar al enemigo	to surround the enemy
coger por sorpresa	to catch unawares
cohete m de largo alcance	long-range rocket
cohete m de medio alcance	medium-range rocket
cortar la ruta de abastecimiento	to cut the supply route
cubrir	to cover *(someone)*
degollar	to slaughter *(by cutting the throat)*
degüello m	slaughter *(by cutting the throat)*
derramamiento m de sangre	bloodshed
desplegar a las tropas	to deploy troops
despliegue m	deployment
efusión f de sangre R3	shedding of blood
El tiroteo arreció	The shooting intensified
enfrentamiento m	clash
enfrentarse con el enemigo	to confront the enemy
estampidos mpl de cañón	*(bursts of)* cannon fire
frente m oriental	eastern front
fuga f	flight *(escape)*
genocidio m	genocide
hacer explotar una bomba	to explode a bomb
hacer saltar en pedazos	to blow up
hacer una brecha	to open a breach
herida f de arma blanca	knife wound
herido de gravedad	seriously/gravely wounded
huida f	flight *(escape)*
inteligencia f militar	military intelligence
interrogatorio m	interrogation
maniobrar	to maneuver
muerto en el campo de honor	killed in action
orden m de batalla	battle order
paisaje m lunar	lunar landscape
pedir refuerzos	to ask for reinforcements
poder m de fuego	fire power
ráfaga f de ametralladora	burst of machine-gun fire
realizar una maniobra envolvente	to carry out an encircling movement
reconocer el terreno	to reconnoiter the terrain
red f de radar	radar network
reforzar las defensas	to reinforce the defenses
refugio m subterráneo	dug-out, underground shelter
replegarse a sus posiciones	to pull back to their *(original)* positions
rezagado m	straggler, soldier left behind
romper las hostilidades	to start hostilities
saco m de arena	sandbag
sistema m de misiles	missile system
teatro m de operaciones	theater of operations
Tercera División f Acorazada	Third Armored Division
tirar a bocajarro	to shoot at close range
tirar a quemarropa	to shoot at close range
tirotear	to shoot *(repeatedly)*
tiroteo m	*(repeated)* shooting
tocar retreta	to sound the retreat
tropas fpl de choque	shock troops
vendaje m	dressing *(on wound)*
vendar una herida	to dress a wound
voladura f de un puente	blowing up of a bridge
volar un búnker	to blow up a pillbox
zona f de operaciones	area of operations

Equipamiento / Equipment

binoculares mpl M	binoculars
bota f	boot
cantimplora f	water bottle, canteen
capote m	cape
cartuchera f	cartridge/gun belt
casco m	helmet
charretera f	epaulette
cinto m	belt
cinturón m	belt
cizallas fpl	*(metal-cutting)* shears
desenvainar	to unsheathe
envainar	to sheathe
equipamiento m	equipment
equipar	to equip
equipo m	equipment
escudilla f	dixie, billy can
gorra f	cap
guerrera f	*(army)* jacket
hombrera f	epaulette
impedimenta f R3	impedimenta, baggage
macuto m	haversack
máscara f de gas	gas mask
mochila f	back pack
morral m	haversack
paracaídas m	parachute
pertrechos mpl R3/2	equipment
polainas fpl	gaiters
prismáticos mpl	binoculars
puñal m	dagger
traje m de campaña	battledress
traje m de paisano	civilian dress
traje m de paseo	civilian dress
tricornio m	three-cornered hat *(former distinctive feature of the Guardia Civil)*
uniforme m	uniform
vestuario m	changing room

Sitio / Siege warfare

abandonar el pueblo al amparo de la noche	to abandon the town under cover of darkness
asediar una ciudad	to lay siege to a city
atrincheramiento m	entrenchment
baluarte m	bastion
barrera f	barrier
bastión m inexpugnable R3/2	impregnable bastion
botín m	booty
caer en las manos del enemigo	to fall into the enemy's hands
cercar la fortaleza	to surround the fortress
ciudad f desabastecida R3/2	city deprived of supplies
ciudad f indefensa	defenseless city
debilitar	to soften up
embestir a los asediados	to charge the beleaguered soldiers/people
entrar a sangre y fuego	to treat mercilessly
erigir una muralla defensiva	to erect a defensive rampart/wall
estado m de sitio	state of siege
evacuar la ciudad	to evacuate the city
fortaleza f inexpugnable	impregnable fortress
fortificación f de la ciudad	fortification of the city
fortificar las trincheras	to fortify the trenches
foso m	ditch, moat
levantar el cerco de una ciudad	to raise the siege of a city
levantar un sitio	to raise a siege
liberar a los sitiados	to relieve the besieged town/city/people
metralla f	shrapnel
morir con las botas puestas	to die on the battlefield
obstáculo m insalvable	insurmountable obstacle
pasar a cuchillo	to put to the sword
poner cerco a una plaza fuerte	to besiege a stronghold
poner sitio a un pueblo	to lay siege to a town

recinto m de la fortaleza	fortress precinct, area within the fortress
resistir los asaltos	to resist the onslaughts
sitiador m	besieger
sitiados mpl	besieged people
sitiar la ciudad	to lay siege to the city
socavar los cimientos de la fortaleza	to undermine the fortress's foundations
tierra f transformada en barrizal	land transformed into a quagmire
tomar por asalto	to overrun
tomar por hambre	to force surrender through famine
tomar rehenes	to take hostages
último reducto m	last redoubt
varios meses de asedio	several months' siege
verse reducido a escombros	to be reduced to rubble
zapar la ciudadela	to (under)mine the citadel

Batalla naval incluyendo aviones / Sea battle including airplanes

abandonar el buque	to abandon ship
abastecer de combustible	to supply with fuel
abordar un barco	to ram/board a boat
abrir un boquete enorme	to open an enormous hole
acribillar a balazos	to spray/riddle with bullets
acribillar con ametralladora	to machine-gun
ahogarse	to drown
alabear con el calor	to buckle with the heat
alarma f anti-aérea	anti-aircraft siren
amerizar de emergencia	to crash-land into the sea
amotinarse	to mutiny
áncora f R3	anchor
arriar (la) bandera	to lower the flag
atacar un depósito m de combustible	to attack a fuel depot
aterrizaje m forzoso	forced landing
atracar un buque	to come alongside a boat
autonomía f de cuatro mil kilómetros	range of four thousand kilometers
avión m de largo alcance	long-range plane
avión m de medio alcance	medium-range plane
bajar un bote salvavidas	to lower a lifeboat
bala f trazadora	tracer bullet
bandera f pirata	Jolly Roger, skull and crossbones
bloquear el puerto	to blockade the port
bloqueo m del puerto	port blockade
bombardear en picada M	to dive-bomb
bombardear en picado	to dive-bomb
bucear	to dive, to swim underwater
buceo m	swimming underwater
caer al agua	to fall overboard
cañonazo m	gunshot, cannon fire
carga f de profundidad	depth charge
catapulta f de lanzamiento	catapult
chillido m de los aviones	screaming of the planes
cobertura f aérea	air cover
compartimentos mpl estancos	water-tight compartments
criptografía f R3	cryptography
criptógrafo m R3	cryptographer
dar vueltas alrededor de un barco	to circle over a boat
defensa f anti-aérea	anti-aircraft defense
derivar	to drift
descifrar el código	to decipher the code
descifrar la clave	to decipher the code
disparar un torpedo	to shoot a torpedo
echar a pique	to *(cause to)* sink
echar por la borda	to throw overboard

eludir un ataque	to take evasive action
encallar	to run aground
escalonar los buques	to string the ships out in a line
escoltar	to escort
escorar R3/2	to heel over
estela f de un avión	plane's trail
estela f de un barco	boat's wake
estrellarse contra un portaavión	to smash into a carrier
explosión f estrepitosa	thunderous explosion
flotador m	rubber ring *(to stay afloat)*
flotilla f	flotilla
fuego m amigo	friendly fire
fuerza f de tarea	task force
garfios mpl	grappling irons
grupo m de operaciones especiales	task force
guerra f submarina	submarine war
hacer agua	to take on water
hundimiento m	sinking
hundir un barco	to sink a boat
incendio m furioso	fierce fire
interceptar una señal	to intercept a signal
ir a la deriva	to drift
kamikaze m	kamikaze pilot
La bodega empezó a hacer agua	The hold started to flood
La nave zozobró	The ship sank
lucha f cuerpo a cuerpo	hand to hand fighting
mandar en misión de reconocimiento	to send on a reconnaissance mission
marina f mercante	merchant marine
misión f kamikaze	kamikaze mission
misión f suicida	suicide mission
¡Mole! M	Crash!
naufragar	to be shipwrecked
olas fpl sucesivas de cazas	wave after wave of fighters
pandear con las llamas	to warp with the flames
¡Pataplum!	Crash!
periscopio m	periscope
perseguir	to pursue
pirata mf	pirate
piratería f	piracy
ponerse un chaleco salvavidas	to put on a life jacket
protección f aérea	air cover
quedarse exánime R3	to be lifeless
quedarse sin vida	to be lifeless
rampa f de lanzamiento	launching pad
recoger a los supervivientes	to pick up survivors
refugiarse bajo cubierta	to take cover below deck
remolcar	to tow
señal f de socorro	distress signal
ser torpedeado	to be torpedoed
silbido m de las bombas	whistling of the bombs
sobrevolar un buque	to fly over a ship
sumergirse	to go under
tirar salvas	to fire salvoes
tirar una andanada	to fire a broadside
torpedero m	torpedo boat
trazador m	tracer
volver a la base	to return to base

Aviación / Aviation

abatir un aparato	to shoot down a plane
apuntar a instalaciones militares	to aim at military installations
asiento m eyectable	ejector seat
avión m supersónico	supersonic plane
barrera f del sonido	sound barrier
bomba f de racimo	cluster bomb
bomba f incendiaria	incendiary bomb
bomba f vuelamanzanas	blockbuster
bombardear posiciones estratégicas	to bomb strategic positions
cañón m antiaéreo	anti-aircraft gun
cernerse sobre R3	to hover above
combate m aéreo	aerial combat, dog fight

dar en el blanco	to hit the target
desfile m aéreo	fly past
despegar con urgencia	to scramble
dominio m del aire	air supremacy
garantizar la supremacía del cielo	to ensure air supremacy
jet m militar	military jet
lanzabombas m	bomb release gear
lanzar bombas	to drop bombs
lanzar un artefacto explosivo	to drop an explosive device
llegar de paracaidista A/M	suddenly to turn up *(without invitation)*
patrulla f	patrol
pista f de aterrizaje	landing strip
planear	to hover, to glide
planeo m	hovering, gliding
realizar una misión de combate	to carry out a combat mission
refugio m subterráneo	underground shelter
reponer combustible	to take on more fuel
romper la barrera del sonido	to break the sound barrier
rizar el rizo	to loop the loop

Nivel 3 / Level 3

Vida de cuartel / Barracks life

¡A sus órdenes / su servicio, mi capitán!	Yes, Sir!
acuartelarse	to return to barracks
alinearse	to fall in
alistamiento m de tropas	recruitment
ambiente m de camaradería	atmosphere of *camaraderie*
área f de entrenamiento	training ground
ascender a oficial	to be promoted to officer
cambio m de guardia	changing of the guard
campo m de instrucción	drilling ground
campo m de maniobras	maneuvers terrain
cantina f	mess *(dining-room)*
centinela mf	sentry
círculo m de oficiales	officers' club
condecorar con la cruz de . . .	to decorate with the . . . cross
consejo m de guerra	court-martial
cuadrarse	to stand to attention
cuartel m de artillería	artillery barracks
cumplir con las obligaciones militares	to do military service
cumplir la orden	to carry out orders
desfile m del ejército	military march-past
diana f	reveille
disciplina f férrea	iron discipline
engancharse	to enlist
entrar en quinta	to be called up
estar de centinela	to be on sentry duty
estar de guardia	to be on sentry duty
estar de guarnición	to be in the garrison
formar un consejo de guerra a	to court martial
garita f	sentry post
guarnición f	garrison
imponer una condecoración a	to decorate, to put a decoration on
inspeccionar las tropas	to inspect the troops
ir con permiso	to go on leave
ir de militar	to be dressed in military clothes
ir de paisano	to be dressed in civilian clothes
junta f de clasificación	draft board
junta f de reclutamiento	draft board

jurar (la) bandera	to swear allegiance *(before the flag)*
llamar a filas	to call up
mandar a un regimiento	to command a regiment
marcha f nocturna	night march
marchar por la avenida principal	to march down the main avenue
montar la guardia	to stand guard
parada f militar	military parade
por orden del capitán	on the captain's order
prófugo m	draft dodger
promoción f del año 2002	class of the year 2002
reconocimiento m médico	medical check-up
reengancharse	to enlist again
relevar la guardia	to change the guard
rendir honores militares a	to bestow military honors on
revistar a las tropas	to review the troops
sala f de oficiales	officers' mess/club
sancionar a un insubordinado	to punish an insubordinate soldier
tiro m al blanco	target practice
tomar el mando	to take command
violar una consigna	to defy an order

Órdenes / Orders

¡A las armas!	To arms!
¡Adelante, marchen!	Forward, march!
¡Armas al hombro!	Shoulder arms!
¡Batallón, a formar!	Squad, fall in!
¡Calen la bayoneta!	Fixed bayonets!
¡Carguen!	Load!
¡Descansen armas!	At ease!
desobedecer una orden	to disobey an order
¡Firmes!	Attention!
¡Fuego a discreción!	Fire at will!
¡Marquen el paso!	Mark time!
¡Pelotón, alto!	Squad, halt!
¡Preparen, apunten, fuego!	Ready, aim, fire!
¡Presenten armas!	Present arms!
¿Quién vive?	Who goes there?
¡Rodilla en tierra!	Kneel!
saltarse una orden R1	to defy an order

Guerra terrestre / Land warfare

abrir una brecha a cañonazos en las defensas enemigas	to blast a hole in the enemy's defenses
actitud f derrotista	defeatist attitude
agrupar a las tropas en la frontera	to mass troops on the frontier
aislar las fuerzas más avanzadas	to isolate troops in an advanced position
ametrallar a los rajados R1	to machine-gun the cowards
aniquilar el emplazamiento de artillería	to take out the gun emplacement
arremeter contra las posiciones enemigas	to charge the enemy positions
artificiero m	explosives expert
artillería f pesada	heavy artillery
asestar un golpe durísimo a	to deliver a very heavy blow to
asociación f de mutilados de guerra	disabled servicemen's association
atacar en un frente amplio	to attack on a wide front
ataque m frontal	frontal attack
avances mpl en todos los frentes	advances on all fronts
avanzadilla f	advanced party
blocao m R3/2	portable shelter, light pillbox
bolsa f de resistencia	pocket of resistance
bombardeo m mortífero	deadly bombardment
brigada f de desactivación de explosivos	bomb disposal unit
cabeza f de puente	bridgehead
cañoneo m	cannon fire, shelling, bombardment
cargar sobre	to charge against
columna f acorazada	armored column

comandar a la tropa	to command the troops
combatir contra el invasor	to fight the invader
cometer un error estratégico	to commit a strategic error
cortar el alambre de púas	to cut the barbed wire
cortar la retirada a	to cut off (someone's) line of retreat
cortar las líneas de comunicación	to cut the lines of communication
cortar los suministros de petróleo	to cut oil supplies
cubrir la retirada	to cover the retreat
daños mpl colaterales	collateral damage
dar en el blanco	to hit the target
dar guerra a	to annoy, to trouble (someone)
desactivar una bomba	to deactivate a bomb
desbandarse	to be routed
descanso m	lull
desencadenar una ofensiva	to unleash an offensive
diezmar la población	to decimate the population
dispersar en desbandada	to rout, to scatter
división f de caballería	cavalry division
efectuar una incursión	to carry out a raid
ejecución f sumaria R3	summary execution
entablar combate con R3	to engage with
escenario m bélico R3	theater of war
esgrimir un arma	to wield/brandish a gun
estampidos mpl de cañones	boom of cannon
estruendo m de los estampidos	thunder of the explosions
factor m sorpresa	surprise factor
fallar el blanco	to miss the target
flanquear al enemigo	to (out)flank the enemy

fortín m R3/2	*(small)* fort, pillbox
fuerzas fpl motorizadas	mechanized forces
ganar una victoria aplastante	to win a crushing victory
gasear a los soldados	to gas the soldiers
grupos mpl de partisanos	guerrilla bands
guerrear	to wage war
guerrilla f	guerrilla warfare
guerrillero m	guerrilla
hacer blanco a una distancia de . . .	to hit the target at a distance of . . .
hacer estragos R3	to wreak havoc
hecatombe f impresionante R3	staggering loss of life
herido de arma blanca	with a knife wound
Hermandad f de los Mutilados	Association for the Severely Disabled
hostigar al enemigo R3/2	to harass the enemy
hostilizar a las tropas en retirada	to harass the retreating troops
instalar una batería de misiles	to set up a missile battery
inteligencia f militar	military intelligence
La granada le mochó una pierna R1 M	The shell blew off his leg
lanzallamas m	flamethrower
lanzar a paracaidistas en zonas enemigas	to drop parachutists behind enemy lines
librar una batalla escarnizada	to fight ferociously
limpieza f étnica	ethnic cleansing
liquidar una nación entera	to annihilate an entire nation
lucha f por la superviviencia	struggle for survival
luchar a muerte	to fight to the finish
luchar a ultranza R3	to fight to the finish
machacar al enemigo	to pound the enemy
martillear a cañonazos las posiciones enemigas	to pound the enemy positions
mina f anti-persona(l)	anti-personnel mine
minar la moral	to undermine morale

minar una zona	to mine an area
misil m teledirigido	guided missile
mortandad f aterradora	frightening slaughter
movimiento m de tenazas	pincer movement
muñón m	stump *(of member of the body)*
mutilar	to mutilate
neutralizar el poder de fuego enemigo	to neutralize the enemy's fire power
nido m de ametralladoras	machine-gun nest
operación f ofensiva a gran escala	large-scale offensive operation
oponer una resistencia feroz	to put up ferocious resistance
pasar a la ofensiva	to go on the offensive
pelear a muerte	to fight to the death
pelotón m de ejecución	firing squad
poder m de fuego irresistible	irresistible fire power
política f de tierra quemada	scorched earth policy
ponerse a cubierto	to run for cover
proteger la línea cueste lo que cueste	to protect the (front) line come what may
ralentizar el avance	to slow down the advance
rastrear una zona para rezagados	to comb an area for stragglers
realizar una punta de lanza	to open a spearhead
red f de radar	radar network
reducir a escombros	to reduce to rubble
refugio m a prueba de bombas	bomb-proof shelter
repeler a los ataques	to repulse attacks
replegar a las tropas	to withdraw troops
replegarse para evitar bajas	to withdraw to avoid losses
repliegue m	withdrawal
resistencia f obstinada	stubborn resistance
retaliación f A	retaliation
retirada f táctica	tactical withdrawal
salir al descubierto	to break cover
sembrar de minas una zona	to lay mines in an area, to mine an area
subestimar las fuerzas enemigas	to underestimate enemy forces
sufrir muchas bajas	to suffer many losses
tanques mpl camuflados	camouflaged tanks
tomar la ofensiva	to go on the offensive
tomar represalias	to take reprisals
torturador m acusado de crímenes de guerra	torturer indicted for war crimes
torturar	to torture
traumatizado por el bombardeo	shell-shocked
tribunal m de crímenes de guerra	war crimes tribunal
triunfo m contundente	overwhelming victory
tropa f de primera línea	front-line troops
tropas fpl aerotransportadas	airborne troops
tropas fpl de choque	shock troops
volver a la carga	to counterattack

Ataque aéreo / Air attack

aeronáutica f militar	military aeronautics
ametrallador m trasero	rear gunner
aviación f militar	military aviation
avión m de reconocimiento	reconnaissance plane
avión m dotado de los últimos adelantos tecnológicos	aircraft equipped with the latest technological devices
avionazo m M	plane crash
bomba f de napalm	napalm bomb
bombardeo m por saturación	carpet bombing
caer en barrena	to go into a spin
El misil se fijó a un avión	The missile locked onto a plane

helicóptero m artillado	helicopter gunship
mira f de bombardero	bomb sight/aim
misil m aire–aire	air-to-air missile
señuelo m R3	decoy *(to confuse / distract missiles)*
sistema m de puntería por rayos láser	laser-guided system
tabletear	to rattle *(of automatic fire)*
tableteo m	rattling *(of automatic fire)*
tirarse en paracaídas	to parachute
volar a ras de tierra	to fly low to the ground

Armamentos nucleares / Nuclear armaments

arma f nuclear	nuclear weapon
armamento m nuclear	nuclear weapon
base f de misiles	missile base
bomba f atómica	atomic bomb
bomba f de hidrógeno	hydrogen bomb
bomba f nuclear	nuclear bomb
bomba f nuclear táctica	tactical nuclear bomb
bomba f termonuclear	thermonuclear bomb
cabeza f nuclear	nuclear warhead
combustible m nuclear	nuclear fuel
confrontación f nuclear	nuclear confrontation
despliegue m de misiles	missile deployment
energía f nuclear	nuclear energy
escudo m nuclear	nuclear shield
guerra f de las galaxias	star wars
ingenio m nuclear	nuclear device
lanzadera f de misiles	missile launcher
lanzamisiles m	missile launcher
megatón m de potencia	power of a megaton
nuclearización f de una zona	nuclearization of a region
ojiva f nuclear	nuclear warhead
panoplia f de ingenios nucleares R3	panoply/collection of nuclear devices
paraguas m nuclear	nuclear umbrella
potencia f nuclear	nuclear power
prueba f nuclear	nuclear test
rampa f de misiles	missile launching pad
refugio m antinuclear	fall-out shelter
represalias fpl masivas	massive retaliation
sombrilla f nuclear	nuclear umbrella
submarino m nuclear	nuclear submarine

Varios / Miscellaneous

carrera f de armamentos	armaments race
contingente m de cascos azules	United Nations contingent
declarado exedente de contingente	surplus to the army's requirements
dispositivo m militar	military presence
escuchas fpl (telefónicas)	phone tapping
incorporarse a filas	to enlist
insumiso	person refusing to do military service
mandar al paredón R1	to put before the firing squad
mujahedín m	mujaheddin
no apto para el servicio militar	unfit for military service
operación f encubierta	undercover operation
operaciones fpl de rescate	rescue operation
solicitud f de exención	request for exemption
solicitud f de prórroga	request for deferral
sorteo m	lottery *(to decide who enlists)*

Espacio / Space

astronauta mf	astronaut
astronave f	spaceship
cápsula f espacial	space capsule
carrera f del espacio	space race
casco m espacial	space helmet

colocar en órbita	to put into orbit
conquista f del espacio	conquest of space
cosmonauta mf	cosmonaut
dar la vuelta a la luna	to go round the moon
estación f espacial	space station
exploración f solar	solar exploration
ingravidez f	weightlessness
lanzar un cohete	to launch a rocket
módulo m lunar	lunar module
nave f espacial	spaceship
nave f nodriza	supply vessel
paseo m espacial	space walk
plataforma f espacial	space platform
poner en órbita	to put into orbit
puesta f en órbita	placing into orbit
rampa f de cohetes	rocket launch pad
satélite m de comunicaciones	communications satellite
sonda f espacial	space probe
traje m espacial	space suit
transbordador m espacial	space shuttle
viajes mpl por el espacio	space travel

Paz / Peace

Aquí paz y después gloria	Let it rest there *(after a discussion)*
bloqueo m de las negociaciones	deadlocked negotiations
canjear a prisioneros	to exchange prisoners
canjeo m de prisioneros	exchange of prisoners
capitulación f deshonrosa	dishonorable capitulation
capitular tras un largo asedio	to capitulate after a long siege
cese m de hostilidades R3/2	cessation of hostilities
cese m del fuego A	cease fire
coexistencia f pacífica	peaceful coexistence
conciliador m	mediator
convivencia f pacífica	peaceful coexistence
convivir en paz	to live together in peace
crear una tierra de nadie	to create a no-man's land
Cuerpo m de Paz	Peace Corps
deponer sus armas	to lay down your arms
desarmarse	to disarm
desarme m incondicional	unconditional disarmament
desmantelamiento m de cohetes	dismantling of rockets
desmantelar cohetes	to dismantle rockets
desmilitarizar una zona	to demilitarize a region
desmovilizar	to demobilize
desnuclearización f	denuclearization
en épocas de paz	in peace time
fuerza f disuasoria	deterrent
fuerzas fpl de paz	peace-keeping force
gracias a los buenos oficios de	thanks to the good offices of
hacer las paces	to make peace
hacer un llamamiento a la paz	to make a call to peace
manifestación f anti-nuclear	anti-nuclear demonstration
manifestación f pacífica	peaceful demonstration
mantenimiento m de la paz	peace keeping
movimiento m pacifista	pacifist movement
pacificar la zona	to restore peace to the area
paloma f de la paz	peace dove
paz f armada	peace created by balance of power
paz f octaviana R3	*pax romana*, Octavian peace
paz f romana R3	*pax romana*
poner paz	to make peace
pueblo m amante de la paz	peace-loving people
reactivar el proceso de paz	to relaunch the peace process
rendición f incondicional	unconditional surrender

rendirse sin condiciones	to surrender unconditionally	suspender las hostilidades	to call a cease-fire
rescate m de tierra	reclamation of territory	tratar a los vencidos con magnanimidad R3	to be magnanimous in victory
revivir el proceso de paz M	to revive the peace process	zona f desmilitarizada	demilitarized zone
		zona f divisoria	buffer zone

Ejercicios / Exercises

Nivel 1 / Level 1

1. (a) Encuentra dos sentidos de los siguientes vocablos

apuntar	carro	derribar	fortaleza
blanco	casco	duelo	frente
cabo	columna	ensayo	granada
campamento	comando	estandarte	guerra
cañón	crucero	explosivo	tiro

(Se encuentra la solución en Internet)

(b) Compón frases para ilustrar el uso de estos sentidos

2. Explica las diferencias entre los vocablos de las siguientes parejas o grupos

avance/avanzada, compañía/campaña, bala/bolo / bola, bloque/bloqueo, cuartel/cartel, cartucho/cartuchera, desfile/desfiladero, derrame/derramiento, oficial/oficioso, pelota/pelotón, puñal/puño / puñalada, régimen/regimiento, fusil/rifle / escopeta, bomba/bombo, retreta/retrete, cantimplora/bota, estallido/reventón/estampido, derrota/derrote/derrotero, retiro/retirada, equipo/equipamiento

3. (a) ¿Qué entiendes por las siguientes expresiones?

caballo de batalla	parar el carro	dar guerra
madre patria	tirar del carro	de antes de la guerra
presentar batalla	estar echando bombas	ahuecar el ala
Aquí paz y después gloria	bombardear con anuncios	radio macuto
descansa en paz	matar moscas a cañonazos	en pie de guerra
secreto a voces	meter cizaña	a prueba de bomba
dar un estampido	cambiarse la chaqueta	pasarlo bomba
salir el tiro por la culata	quemar el último cartucho	guerra sin cuartel
las cuentas del Gran Capitán	estar lleno hasta la bandera	paso marcial
no haber inventado la pólvora	bajar la bandera	pasarlo cañón
aguantar carros y carretas	dejar alto el pabellón	

(b) Elige quince de estas locuciones y escribe frases para ilustrar su uso

4. (a) Encuentra matices (si hay) entre los siguientes sinónimos de *espía*

agente (secreto), contacto, espía, topo, esbirro, confidente, delator, infiltrado, chivato, soplón

(b) Encuentra diferencias de registro entre estos sinónimos

(c) Escribe frases para ilustrar el uso de estos sinónimos

5. Describe la actividad de las siguientes personas o grupo de personas

aviador	francotirador	pelotón de ejecución	sicario
bombardero	mercenario	recluta	zapador
centinela	objetor de conciencia	pontonero	vanguardia
comando	vigía	retaguardia	timonel
ordenanza	paracaidista		

(Se encuentra la solución en Internet)

6. Clasifica los siguientes militares según su rango

cabo, capitán general, alférez, quinto, brigada, comandante, soldado raso, teniente general, cadete, general, sargento, coronel

7. (a) Comenta las circunstancias en que se podrían usar las siguientes expresiones

estructura de mando	lanzar una sonda
misiles de largo alcance	paraguas nuclear
derramamiento de sangre masivo	despliegue de misiles
torreta del carro de combate	avituallamiento en vuelo
división acorazada	radio de acción
escenario bélico	panoplia de ingenios atómicos
dispersarse en desbandada	no apto para el servicio militar
solicitantes de prórroga	guerra de las galaxias
rampa de lanzamiento	rendir armas al rey
acantonamiento militar	orden de embarque

(b) Escribir dos pequeñas redacciones usando libremente todas o parte de las expresiones anteriores

8. Traduce al español

i. Nuclear weapons are the ultimate deterrent but you still need conventional arms and soldiers on the ground
ii. The Defense Department / Ministry of Defence decided to purchase more surface-to-air missiles to protect the demilitarized zone
iii. The Third Armored Division retreated from the front line to avoid bombardment from enemy tanks and heavy guns but they were still within bomber range
iv. The barrage started at midnight, and, a couple of hours later, the tanks and infantry went into action
v. From September 9 London was attacked by one hundred and sixty bombers, and on November 14 a night raid destroyed Coventry for retaliatory raids on the Ruhr
vi. The heavy armor broke through the line of advance, and when the pincers closed, thousands of soldiers were captured

vii. The Allies ignored intelligence reports of German concentrations in the area, for no one thought that the Germans were capable of an offensive on such a scale
viii. Some ninety submarines were lost, largely the consequence of aircraft cover of the convoys and radar detection provided by the escorts
ix. The battle of Midway was probably the greatest sea battle of the Second World War, and it cost the Japanese four carriers, a cruiser, two hundred and fifty aircraft and three thousand five hundred lives, including those of hundreds of irreplaceable pilots
x. Thousands of tons of bombs were dropped on Hamburg which was razed to the ground by a fire storm but the pounding of the artistic treasures of Dresden was much more controversial

(Se encuentra la solución en Internet)

9. (a) Lee atentamente el texto siguiente y explica el sentido de los vocablos en itálica. A continuación, contesta a las preguntas

Si realizaras una encuesta sobre la guerra entre las personas que conoces, la mayoría se declararían *antibelicistas*. Pero cuando suenan los tambores de guerra es otra cosa. Basta con que los medios de comunicación empiecen a *lanzar soflamas* sobre posibles o hipotéticos peligros, sobre interesadas ofensas, o dignidad patria herida y otras ideas semejantes para que muchos se apresten a *cerrar filas* y marchen a golpe de tambor hacia la catástrofe, casi siempre para que unas personas, que no van nunca a los *frentes de batalla*, manden a la muerte a miles de personas, para firmar después un *armisticio* con el irreconciliable enemigo, ponerse medallas unos a otros y hacer negocios otra vez.

Europa ha vuelto a ver pasar los *bombarderos* a lanzar su horrísona carga sobre los campos y ciudades al final del siglo veinte como si no hubiera tenido bastante con dos contiendas que *dejaron esquilmadas* las naciones. Otra vez el *tronar* del cañón, el *tableteo de las ametralladoras* y subfusiles, el *paqueo de los fusiles* y la sangre inútil *derramada*. Al poco casi nadie recuerda las lágrimas si no tiene la foto de algún caído sobre la cómoda o la mesilla.

El muerto al hoyo. Sigamos con los negocios. Vendamos más armas, porque manejando bien los medios nunca nos pedirán cuentas. Construyamos barcos de guerra y submarinos nucleares con el propósito de *hundir* y ser hundidos, no importa la contaminación de los mares, porque lo importante es que sea boyante la economía de unos pocos.

Suma y sigue, ¿cuántos millones de americanos y europeos caídos en el siglo veinte?

M.A.S.

(b) Analiza la actitud del autor en lo que a la guerra se refiere

(c) ¿Percibes una contradicción entre la postura antibelicista de las naciones y el deseo de combatir?

(d) ¿Qué entiendes por las frases… Al poco casi nadie recuerda las lágrimas… sobre la cómoda o la mesilla; El muerto al hoyo?

(e) Buscar sinónimos de *encuesta*, *guerra*, *peligro*, *tambor*, *catástrofe*, *batalla*, *esquilmar* **y** *derramar*

(f) Construye frases con estos sinónimos

Nivel 2 / Level 2

1. (a) ¿Qué entiendes por los siguientes vocablos?

alianza, baja, base, cadete, camuflar, caza, corneta, ejecución, escaramuza, maniobra, mercenario, mortero, oruga, pabellón, paz, pista, pistola, prórroga, prueba, retirada, sirena, sitio, tregua, vencer

(b) Compón frases para ilustrar el uso de estos vocablos

2. Explica las diferencias (si hay) entre los vocablos de los siguientes parejas o grupos. Puede haber diferencias de registro

castrense/militar, blandir/esgrimir, guerrilla/guerrillero, acorazado/blindado, estallar/estrellar, cautivar/capturar, purga/depuración, armador/armadura, galería/galera, emboscada/acechanza, disparar/tirar, muelle/malecón, ancla/anca / áncora, clandestino/secreto, polvo/pólvora, aeropuerto/aeródromo, volar/estallar/explotar, avión/avioneta, despegue/despego, asediar/sitiar, astronauta/cosmonauta, a babor / a estribor, tripulación/tripulante, cernerse/planear

3. (a) Rellena los espacios en blanco

armas . . . de un megatón
misil . . . aire
. . . desmilitarizada
. . . acorazada
pelotón de . . .
misil de . . .medio
. . . de fuego
dotado de los últimos . . . tecnológicos
alambrada de . . .
defender la . . . territorial
izar la . . .
. . . eyectable
rampa de . . .
campo de . . . militar
Jefe del Estado . . .
colocar en . . . un satélite
barrera del . . .
brazo armado de la . . .
derramamiento de . . .
estar en pie de . . .
poner fuera de . . . al enemigo
. . . una emboscada
la bandera . . . en el viento
pasar . . . al regimiento
hacer . . . en Cartagena

(Se encuentra la solución en Internet)

(b) Elige diez de estas expresiones y compón frases para ilustrar su uso

4. (a) Encuentra sentidos figurados de los siguientes vocablos

acosar, ala, bandera, belicoso, campaña, cañonazo, choque, degollar, derribar, despegar, dinamita, emblema, explotar, hecatombe, minar, quinta, rendirse, sangre, saquear, trampa

(b) Construye frases para ilustrar el uso del sentido figurado de estos vocablos

5. (a) Relaciona los vocablos de la lista A con los de la lista B para completar una expresión

A

jurar, tiro, rendición, entrar, descansen, arma, dado, tocar, saltar, pasar, presentar, concluir, cumplir, bandera, caer, ir, tirar, meter, montar, batalla, caída

B
fuego, blanco, bandera, Navas de Tolosa, paz, baja, combate, sangre y fuego, quintas, media asta, Breda, uniforme, quemarropa, trinchera, orden, armas, guardia, Álamo, retreta, barrena, revista

(Se encuentra la solución en Internet)

(b) Elige diez de estas expresiones y compón frases para ilustrar su uso

6. (a) Encuentra otros verbos a partir de los siguientes verbos. Puedes quitar o añadir prefijos o sufijos a los dichos verbos
Ejemplo: matar-rematar

acometer, apresar, armar, asolar, bloquear, capturar, combatir, desfilar, despegar, desplegar, enfrentar(se), enganchar, envainar, envolver, estabilizar, huir, librar, movilizar, perseguir, reforzar

(b) Hay varios verbos que tienen un sentido opuesto si se quita o añade un prefijo o sufijo a los verbos arriba. Encuéntralos

(c) Elige diez de los verbos, y compón frases para ilustrar las diferencias entre su uso y el de los otros verbos que encuentres con o sin sufijos

7. Describe las circunstancias en que se usarían las siguientes expresiones

nave de San Pedro	buque insignia	arma de doble fila
quemar las naves	diplomacia de cañón	pasar por las armas
nave nodriza	avión a reacción	velar por las armas
nave espacial	batería de cocina	ser de armas tomar
navío de carga	avión de reconocimiento	carrera de las armas
alférez de navío	canto de sirena	patio de armas
buque escuela	paz octaviana	pelotón de los torpes
buque factoría	arma arrojadiza	estacionamiento en batería

NB. Es interesante comentar que la expresión *quemar las naves* se deriva del acto de Hernán Cortés al llegar a las Américas. En realidad, no quemó las naves. ¿Qué hizo?

8. Encuentra el vocablo que no está en su sitio

i. destructor, caza, corbeta, remolcador, aljibe, patrullero
ii. cañón, culata, ametralladora, sable, cartucho, cureña
iii. cabo, oficial, ayudante, alférez, quinto, brigada
iv. mochila, cinturón, polaina, blindaje, galón, equipo, morral, mochila, cantimplora
v. guerrero, bélico, belicoso, castrense, indemne, militar, combativo, marcial
vi. quepis, hombrera, casco, tricornio, gorra
vii. conquistar, derrotar, acantonar, prender, vencer
viii. arremeter, acometer, embestir, asediar, atacar, asaltar

9. Traduce al español

i. The siege of Saragossa lasted for many months and then finally the French army broke through the defenses
ii. Four soldiers of an advanced platoon were killed during a skirmish with the enemy cavalry
iii. Bomb disposal experts are now being replaced by robots but mines still maim people, even in North Africa after the war against Hitler

iv. Peace-keeping forces were sent in by the United Nations but the opposing factions could not be disarmed
v. Whole villages were requisitioned to billet the army, and the big shots were put in barracks with private soldiers
vi. The hijackers gained time in the negotiations by threatening to blow up the plane and kill all the hostages
vii. Bombs rained down on the garrison, and then there was a huge explosion when a munitions dump was hit
viii. The king reviewed the troops on the parade ground, and as they marched by he saluted them

(Se encuentra la solución en Internet)

10. (a) Lee atentamente el siguiente trozo y explica el sentido de los vocablos en itálica. A continuación, contesta a las preguntas

La decisión, pues, del *alzamiento* en cada cabecera de división o *guarnición* dependió esencialmente, sin casi excepciones, de la actitud de las fuerzas armadas y del orden público, si bien el *ambiente político-social* influyó como causa previa y mediata en dicha actitud. Una vez decidida la situación, el bando triunfante aseguraba su dominio por *procedimientos sumarios*, instalaba por lo general, nuevas autoridades – en la zona nacional eran militares, mientras en la zona gubernamental aparecieron autoridades revolucionarias, sin coordinación alguna –, y organizaba de forma más o menos espontánea la defensa contra una posible acción enemiga desde otro punto exterior o bien columnas para intentar la extensión del territorio propio. Como tantos otros rasgos de la guerra civil, este proceso, con *infinitos matices*, se desarrolló paralelamente en una y otra zona. Las columnas llegaban hasta donde una fuerza enemiga las detenía; así se formaron, a lo largo del verano, los frentes cada vez más definidos, aunque dada su enorme longitud y lo variable de la *orografía española*, esos frentes no deben confundirse casi nunca con *campos atrincherados* ni siquiera con líneas rigurosamente definidas y continuas. La guerra de columnas, casi estilo africano por no decir *cabileño*, es característica del primer verano de la guerra. En la fase siguiente, a partir del otoño, la guerra de España se modernizaría al transformarse en guerra de movimientos.

M.A.S.

(b) Explica el principal tema del pasaje. Recalca el paso de la guerra estática a la guerra de movimientos

(c) Encuentra sinónimos de alzamiento, influir, guerra, fase

(d) Explica el sentido de *militares de la zona nacional*, *intentar la extensión del territorio propio* **y** *casi estilo africano*

(e) El vocablo *Movimiento* **tiene una acepción general en la Guerra Civil Española. Explícalo**

(f) Encuentra una obra que trate de la Guerra Civil Española y busca el progreso realizado por el ejército de Franco a través de España. ¿De dónde procedió este ejército al inicio de la Guerra y cuáles fueron las últimas batallas?

(g) ¿Quiénes fueron los protagonistas de la Guerra Civil? ¿Se beneficiaban de apoyo de fuera?

11. Estudia el siguiente pasaje sacado de un periódico mexicano, y a continuación, contesta a las preguntas

Fuerzas armadas bien equipadas

El ejército de Uzbekistán, de acuerdo con la información que pudo recabar este sábado *La Jornada*, cuenta con cerca de 70 000 efectivos, una cifra reducida para los 25 000 000 de habitantes que tiene y que podría elevarse en cualquier momento de ser necesario movilizar a civiles.

Potencialmente, conforme a estimaciones de julio pasado, hay 6 550 000 hombres entre los 15 y los 49 años de edad.

En cuestión de armamento, está bien equipado: dispone de 370 tanques, 270 unidades de artillería, 300 carros blindados, 26 bombarderos, un número similar de bombarderos y aviones de combate, así como 40 helicópteros de combate, y poco menos de medio centenar de helicópteros de transporte.

Prácticamente la totalidad del armamento es de fabricación rusa y, se afirma con orgullo, ninguna pieza fue regalada por Moscú: todo se adquirió mediante riguroso pago.

El país está dividido en cuatro distritos militares y, contrariamente a lo que podría pensarse, la frontera con Afganistán no es la única zona que recibe tratamiento prioritario en este momento.

La capacidad de respuesta del ejército uzbeki, sumada a dos factores adicionales a su favor (toda la infraestructura de guardafronteras heredada de los tiempos soviéticos, que se mantiene intacta), incluido el alambre de púas, y la barrera natural que significa el río Amudari, serían suficientes para rechazar una primera incursión de los efectivos talibanes. Todo ello, con la confianza de que, en caso de sufrir un descalabro, se podría recurrir a las fuerzas de despliegue rápido estacionadas en la base de Hanabad y a la aviación estadunidense, sabedores los uzbekos que Moscú también ofrecería enviar tropas, como oportunidad para contrarrestar el creciente acercamiento entre los gobiernos de Tashkent y Washington.

La Jornada, 21 de octubre, 2001

(a) ¿Qué entiendes por...

70 000 efectivos, movilizar a civiles, riguroso pago, alambre de púas, sufrir un descalabro, fuerzas de despliegue, contrarrestar el creciente acercamiento entre...?

(b) Haz una lista de los vehículos y aviones que figuran en el artículo. Elige un vehículo y un avión y describe su utilidad

(c) Haz una lista de todos los países que rodean a Uzbekistán. Describe su relación geográfica con cada uno de ellos

(d) Escribe con todas sus letras las cifras que aparecen en el artículo. Léelas en voz alta en presencia de la clase

Nivel 3 / Level 3

1. (a) Encuentra dos sentidos de los siguientes vocablos. Algunos de estos vocablos se encuentran en los vocabularios de los niveles 1 y 2

avance	culata	mando	relevo
baluarte	descanso	marina	sancionar
batería	diana	nave	sargento
bodega	escuadra	pelotón	satélite
cartucho	esgrimir	promoción	teniente
consigna	espada	quinta	vaina
cuartel	guarnición	regimiento	volar

(Se encuentra la solución en Internet)

(b) Compón frases para ilustrar el uso de estos sentidos

2. Explica las diferencias (si hay) entre los vocablos de las siguientes parejas o grupos

espadachín/espada, obús/bomba, trayecto/trayectoria, puñal/empuñadura, disparar/tirar, fusilamiento/tiroteo, cuartel/guarnición, ancla/anca / áncora, acoso/hostigamiento, degollar/ahorcar, vanguardia/retaguardia, arriar/izar, navegar/bogar, fortaleza/fortín, insumiso/indisciplinado, contraseña/consigna, dar de baja / dar de alta, misil/cohete, muralla/muro, ciudadela/ alcázar/alcazaba, escuadra/escuadrilla/escuadrón, nave/navío, armador/naviero, flotador/salvavidas

3. Compón frases para ilustrar el uso de los siguientes vocablos

acantonamiento, acorazado, alistamiento, altos mandos, avión cisterna, contingente, disparador, engancharse, excombatiente, gasear, ojiva nuclear, onda expansiva, prismáticos, puntería, remodelación, represalias

4. Explica el sentido de las siguientes expresiones o vocablos

guarda forestal
guarda jurado
ángel de la guarda
guardabarrera
guardabarros
guardacoches
guardacostas
guardaespaldas
guardameta
guardapolvo
guardarropa
guardería
guarida

cuerpo de guardia
Guardia Civil
guardia municipal
guardia montado
guardia pretoriana
farmacia de guardia
médico de guardia
guardia marina
bajar la guardia
poner en guardia
montar la guardia
guardabosques
guardaparque

parabrisas
paracaídas
parachoques
paragolpes
paramédico
paramilitar
parafarmacia
parapente
parasol
parapolicial
paraguas

5. (a) Explica el significado de las siguientes locuciones

Tengamos la fiesta en paz
llevarse a matar con
a mata caballo
matar dos pájaros de un tiro
matarlas callando
atacar los nervios
tener la guerra declarada
sacar fuerzas de flaqueza
sin tregua ni merced
volver a la carga
paloma de la paz
descansar en paz
írsele la fuerza de la boca
ser de dominio público
tropa de niños
ejército de insectos
aprobar con la gorra
meter a sangre y fuego
no dar cuartel
reclamar una reparación
canto de sirena

(Se encuentra la solución en Internet)

(b) Encuentra el registro de estas locuciones (R1 coloquial, R2 estándar, R3 elevado)

6. Eres reportero/a de un periódico que te confía el reportaje de uno de los siguientes acontecimientos. En los tres casos acompañas a las tropas y, por eso, eres un testigo ocular. El reportaje que debes escribir rondará en torno a 200, 400 o 600 palabras, en función, claro está, de los avatares de la guerra

i. La invasión de una isla ocupada por el enemigo, a partir del inicio del bombardeo efectuado por aviones y acorazados hasta el desembarque y el asalto por infantes de marina a los fortines enemigos y su captura, y por fin la toma de toda la isla
ii. El bombardeo aéreo de una ciudad enemiga, a partir del despegue de los bombarderos y cazas y el lanzamiento de misiles y bombas, hasta su regreso después de cumplir la misión
iii. La invasión por paracaidistas de un territorio ocupado por el enemigo desde el salto del avión hasta la captura de las posiciones enemigas

7. Traduce al español

To begin with, there was the nature of the country. The front line, ours and the Fascists', lay in positions of immense natural strength, which as a rule could only be approached from one side. Provided a few trenches have been dug, such places cannot be taken by infantry, except in overwhelming numbers. In our own position or most of those around us a dozen men with two machine-guns could have held off a battalion. Perched on the hill-tops as we were, we should have made lovely marks for artillery; but there was no artillery. Sometimes I used to gaze round the landscape and long – oh, how passionately! – for a couple of batteries of guns. One could have destroyed the enemy positions one after the other as easily as smashing nuts with a hammer. But on our side the guns simply did not exist. The Fascists did occasionally manage to bring a gun or two from Zaragoza and fire a very few shells, so few that they never found the range and the shells plunged harmlessly into the empty ravines. Against machine-guns and without artillery there were only three things you could do: dig yourself in at a safe distance – four hundred yards, say – advance across the open and be massacred, or make small-scale night-attacks that will not alter the general situation. Practically, the alternatives are stagnation or suicide.

G. Orwell, *Homage to Catalonia*

Sugerencias para ayudarte a traducir este pasaje

i. Lee varias veces el trozo para entender el tema y la intención del autor
ii. No traduzcas palabra por palabra. Busca más bien equivalentes. ¿Cómo un/a español/a expresaría las imágenes, las ideas, el tema? La mejor traducción consiste en el equilibrio entre la fidelidad al texto y lo natural del español
iii. ¿Qué tipo de vocabulario usa el autor? En este caso, se trata de un léxico militar
iv. Analiza los tiempos. Es casi seguro que los tiempos básicos para traducir este trozo son el pretérito perfecto simple y el pretérito imperfecto
v. Tienes que elegir entre las formas pasivas y las formas reflexivas. Las formas reflexivas suelen tener una resonancia más natural en muchos casos
vi. El orden de las palabras se impone, sobre todo en lo que a las formas reflexivas se refiere
vii. ¿Qué estilo explota el autor? ¿Coloquial, estándar o elevado? Orwell es un escritor muy realista y emplea un vocabulario muy concreto y práctico
viii. Al hacer un borrador, déjalo un día o más, lo que te permite estudiar más objetivamente tu traducción

8. Lee atentamente el texto siguiente, y contesta a las preguntas

Este año, como todos los anteriores, se ha celebrado un grandioso desfile de las fuerzas armadas el día de la Fiesta Nacional, en el que han participado unidades de los diversos ejércitos, armas y cuerpos.

El Ejército de Tierra ha aportado el mayor efectivo compuesto por fuerzas de infantería, caballería, artillería, intendencia e ingenieros, amén de paracaidistas, cazadores de montaña, legionarios y regulares. También pudimos ver una representación de todas las Academias Militares y de la Guardia Civil.

Las fuerzas motorizadas con sus vehículos todoterreno, sus grandes camiones, tractores, lanzacohetes, góndolas con pontones y carros de combate, no suscitaron tanta emoción entre el público como el paso de la Guardia Civil y los legionarios, *novios de la muerte*, barbudos, atezados, con sus mascotas enjaezadas y su característica marcha de ciento veinte pasos por minuto.

Los marinos desfilaron con su acostumbrada precisión. La Infantería de Marina, como siempre exhibiendo sus vistosos uniformes con gorra y guerrera blanca y el pantalón azul marino galoneado en la pernera con dos tiras rojas.

El desfile terrestre de los soldados del aire quedó empañado por el ruidoso paso, a baja altura, de varios cazabombarderos dibujando con sus estelas la bandera nacional.

La Guardia Civil a caballo cerró el cortejo haciendo sonar las cornetas, los empavesados corceles hacían resonar los cascos sobre el asfalto mientras el público seguía vitoreando y aplaudiendo.

M.A.S.

(a) Describe la actividad de: infantería, caballería, paracaidista, intendencia, cazadores de montaña, legionarios

(b) ¿Para qué sirven los siguientes objetos? vehículo todoterreno, góndola con pontón, carro de combate, cazabombardero

(c) ¿Qué entiendes por empañado por el ruidoso paso de varios cazabombarderos, empavesados corceles?

(d) ¿Por qué a los legionarios se les llama *los novios de la muerte*?

(e) Como en todos los desfiles militares se desprende del pasaje cierto triunfalismo. Explica este triunfalismo e intenta justificarlo o, al contrario, da razones para rechazarlo

9. Lee atentamente el siguiente trozo sacado de una novela mexicana publicada en 1941. Se trata de un joven llamado Alvarito que relata sus experiencias durante la Revolución Mexicana de 1911

Luego, encima de mi cabeza, casi donde terminaba la copa del sombrero, un estallido revolvió el aire tan violentamente como una piedra que, al caer, remueve las aguas; una cortina, de un color dorado rojizo, traslúcida, caliente, apareció por todos lados, y un ruido que detenía, un ruido que aplastaba, poderoso, tembloroso, puso sus manos sobre mis oídos, sacudió mi cabeza y me hizo caer. En diez segundos, el aire se aquietó, la cortina dorada se fue evaporando y el ruido huyó, retumbando como un carro que corre por el pedregal.

Me vi en el suelo, caído de espaldas, con una opresión dolorosa en las piernas y en el vientre; el caballo había caído encima de mí, temblando, sangrando, agitando las patas como si quisiera galopar en el aire; de sus lomos y de sus ancas, la sangre brotaba por una docena de agujeros. ¿Y yo? No sentí estar herido; en el instante de la explosión debo haberme encontrado en el centro de la regadera, ahí donde hay un agujero de menos. Los balines mortíferos cayeron en derredor mío, en círculo. En el eje de la tromba, quedé intocado.

Mas no podía levantarme; el caballo se agitaba, coceando en el vacío, moviendo la cabeza, alzando las narices, como si quisiera absorber la vida que se le iba. Su sangre me empapaba de cuello abajo, penetraba a través de mis ropas, me daba un calor húmedo. Quise salir de su opresión y no pude lograrlo; bajo su tórax, anhelante todavía, habían quedado mis piernas, una enredada en las correas y otra en el aro del estribo.

Di golpes con los puños en el cuerpo, ya laxo, del animal; traté de volverme hacia abajo, para salir arrastrándome; traté de empujar la masa que me había incrustado en la tierra; grité, suplicando al caballo que se levantara, a los hombres que vinieran a sacarme, a los enemigos que me capturaran, llevándome a sus trenes, a las granadas de los cañones, que destrozaran aquel cuerpo muerto sobre mí, para poder levantarme entre sus pedazos. Solamente me vino una sensación de vacío que comenzó a correr desde los pies, enfriándome, adormeciéndome; sentí presión también sobre el pecho, sobre las sienes, sobre los párpados; los puños que habían golpeado furiosos, se volvieron indolentes manos abiertas.

Todavía me di cuenta de que me estaba quedando dormido.

Rafael F. Muñoz, *Se llevaron el cañón para Bachimba*,
México: La Serpiente Emplumada, 2001, pp. 102–4

(a) ¿Qué entiendes por los siguientes vocablos?

revolver, traslúcida, se aquietó, retumbando, pedregal, lomos, ancas, eje, tromba, coceando, empapaba, anhelante, enredada, correas, laxo, arrastrándome, sienes, párpados

(b) Encuentra todos los vocablos vinculados a la guerra y explica su sentido

(c) Explica el uso de la metáfora *cortina* en el primer párrafo

(d) Encuentra otros sentidos de la palabra *copa*. Y da ejemplos de los usos de estos sentidos

(e) *Rojizo* viene de *rojo*. Encuentra otros colores que tengan matices de este tipo

(f) Hay al menos un vocablo que es típicamente mexicano en el presente contexto. Encuéntralo

(g) Describe en tus propias cien palabras la experiencia de Alvarito

(h) La presente novela describe la futilidad de la guerra. Hasta cierto punto, es una sátira de la guerra en el sentido de que el protagonista no dispara ni una bala. ¿En qué circunstancias se puede justificar la guerra y cómo es posible ser pacifista en un caso de agresión no provocada, por ejemplo, la invasión de Polonia en 1939?

(i) Encuentra otras tres novelas (una alemana de Remarque, otra checa de Hašek y una tercera del escritor americano Heller) que atacan el principio de la guerra. Busca datos sobre estos tres autores y entérate de las circunstancias que contribuyeron a la creación de sus novelas